世界传世藏书

【图文珍藏版】

心理学全书

刘凯⊙主编

第二册

线装书局

第四章　性格心理学

一、性格的力量

性格概述

性格这个词来源于希腊语。心理学家认为：性格是个人对现实的稳定的态度和习惯化了的行为方式，是人的心理的个别差异的重要方面。人的个性差异首先表现在性格上，就像恩格斯说的："刻画一个人物不仅应表现他做什么，而且应表现他怎样做。""做什么"和"怎么做"其实就是一个人的性格写照。

我们的性格特征是通过日常生活中的态度及行为体现出来的。例如，一个人在待人处世中总是表现出高度的原则性、热情奔放、豪爽无拘、坚毅果断、深谋远虑、见义勇为，那么这些表现就说明了他的性格。只要稍稍注意一下我们周围的人，我们就能对他们的行为方式和生活态度即性格特征有个大致的把握。社会问题上，是激进的，还是保守的？生活态度上，是乐观的，还是消极悲观的？在对待金钱方面，是大方还是吝啬？在处理生活事务时，是偏见的，还是正义的？在与他人交往时，是自卑的，还是优越的……

恩格斯

一个人的性格特征是比较稳固的，因而当对一个人的性格有了比较深切的了解，我们就可以预测到这个人在一定的情境中将会"做什么"和"怎样做"。如有必要，我们就可以制订对应策略。假如你是一个领导，你就可以根据下属的性格制订不同的教育方法和给予不同的工作任务。

我们已经形成的性格特征具有一定和稳定性，但并不意味着我们现有的一些状况根本无法改变。积极地自我改造性格缺陷，再得益于生活中的偶然事件，我们就能改变性格特征、改变现状生活。

另外，论及什么是性格，就有必要搞清楚性格与气质、能力之间的关系。

性格与气质有下述差别。

（1）性格比气质容易被人们认识和把握，有更大的可塑性。父母及老师常要求我们从具体的小事做起、规规矩矩做人、认认真真做事。常听说"培养孩子的性格"，而很少听说"培养孩子的气质"。气质主要是先天决定的，在我们幼年时就"一是一，二是二"了。性格则不同，教育可以使其改变。比如通过教育、培养可以使一个人从责任心涣散变得责任心很强，从胆小怯懦变得非常勇敢，从心胸狭窄变得胸怀宽阔等。

（2）性格受社会标准和规范的束缚，而气质不受束缚。生活中，我们通常都用一些公共标准去评判别人的行为及态度，评价别人性格的好坏，进而体现出不同的情感反应。例如，我们喜欢那些热情、诚恳、有干劲、易于合作、责任心强的人，不喜欢那些冷漠、伪善、孤僻、不负责任的人。那些具有不讨人喜欢的性格特征的人不得不有所顾忌。气质则不受这些评判标准的限制，具有不同气质类型的人也不会承受来自他人评价的压力。

性格与气质又是密切联系的。人的性格通常都会受到其气质类型的制约，所不同的只是表现明显与否而已。比如，胆汁质气质类型的人通常具有易冲动、攻击性明显、凭感情办事、工作精力充沛、认真负责、缺乏耐性等性格特点；多血质的人在生活中则表现出乐观开朗、对人亲切、干劲足、吃苦耐劳、易感情用事等性格特点。

性格和能力都是个性心理特征，但两者又有不同：能力是决定心理活动效率的基本因素，人的活动能否顺利进行，与能力有关；性格则表现为人的活动指向什么、采取什么态度、怎样进行。例如，某人思考一些问题总是很深刻、很有逻辑性，这表明了这个人的一种智能特点；如果他考虑问题总是很细心、很周到，处事很谨慎，行动很坚定，那么这就在言行态度上反映了这个人的性格特点。

性格的一般结构特征

性格具有如下的结构特征。

1. 态度特征

性格的态度特征，是指人对客观事实的稳固态度的个体差异。主要有三种：

（1）对社会、集体和他人的态度特征。如，爱国与不爱国、爱集体与不爱集体、待人真诚与虚伪等等。

（2）对学习、工作和生活的态度特征。如，努力与懒惰、认真与马虎、节约与浪费、热爱生活与悲观厌世等等。

（3）对自己的态度特征。如，谦虚与骄傲、自尊与自贱、自信与自卑等等。

2. 理智特征

性格的理智特征是指人在感知、记忆、想象、思维等认知过程中表现出来的认知特点和风格的个体差异。比如，有的人对客观世界主动观察，有的被动观察，有的思维细腻，有的思维简单等等。

3. 情感特征

性格的情感特征是指人在情感活动的强度、稳定性、持续性等方面表现出来的个体差异。比如，有的人特别容易激动，有的人则和石佛一般，有的人情感真挚，有的则十分冷漠等等。

4. 意志特征

人对自我行为的控制水平、目标明确度以及在长期工作和紧急情况下表现出来的个体差异，就是性格的意志特征。

健康性格的结构特征

不良性格对人体健康十分有害。比如，性格忧郁会抑制大脑机能，造成免疫功能失调，使人体虚弱早衰；性格暴躁容易导致胃肠功能紊乱，甚至造成器质性损伤；性格脆弱者会因一次精神上的打击而得精神病，性格坚强者则容易平安度过；高血压、冠心病会因患者性格急躁、容易激动而加剧，也能因心境平和、情绪稳定而好转；胃溃疡会由于患者性格忧郁、焦虑而使疼痛加剧甚至恶变；而若性格乐观开放则溃疡面愈合得较快等等。

因此，我们必须改变不良性格，使性格趋于健康。那么什么样的性格才是健康的性格呢？健康性格的结构如下：

（1）独立性：独立自主，办事稳重、负责任，不独断专行。

（2）爱别人：爱自己的家人、亲戚和朋友，并能从中得到乐趣。

（3）现实性：无论现实如何，都勇于面对；脚踏实地，不幻想。

（4）懂得求助别人：困难之时坦白地求助他人，不硬撑；乐于接受别人的帮助与爱。

（5）目光长远：目光长远，不会只顾及眼前利益。

（6）张弛有度：会工作，也会休息。

（7）自控怒火：不可避免地生气时，能够自我控制、把握尺度。

（8）稳定工作：很喜欢自己的工作，不见异思迁，即使需要调换，也会非常谨慎。

（9）喜爱孩子：喜爱孩子，肯花时间去了解孩子的特殊要求。

（10）不断学习和培养情趣：不断地增长学识，广泛地培养情趣。

（11）宽容和谅解：善于宽容和谅解他人，不苛求。

性格的培养

每个人的任何性格特征都不是一朝一夕形成的，而是从小由社会环境、教育和自身的实践共同、长期塑造而成的。一个人的社会环境，包括他的家庭、学校、工作岗位、所属社会集团以及各种社会关系等等。其中的各种社会关系与生活条件，以及人对它们的反应，影响塑造着人的性格。

1. 家庭是一个人性格最初形成的主要决定力量

家庭是社会、经济的基本组成单位，浓缩着各种社会道德观念。所以说，社会环境对儿童性格形成的影响首先是通过家庭发生的。具体来说，主要是通过家庭中人与人之间的关系、儿童在家庭中所处的地位及家庭成员的言行举止对儿童的影响实现的。

近年的研究证明，从出生到 7 岁这段时期是人在其一生中身心发展尤其是大脑发展最旺盛的阶段。因而此时期家庭环境的反复刺激会在儿童的大脑里留下深刻痕迹，促进其大脑潜力的发展与感觉、知觉、记忆、思维、想象等认知、情感和意志过程的发展，这些对人性格的形成具有深远的影响。人的许多不良性格特点都与这一时期所受的家庭不良教养有关。如自高自大、利己主义、脾气固执、缺乏独立精神，源自父母的过分溺爱；孤独、抑郁和执拗，甚至冷酷、残忍的性格特点，是源自父母对孩子过于严厉，经常训斥、打骂，使孩子总感到家庭没有温暖；悲观、孤僻、易钻"牛角尖"兼有坚强、果断的性格特点，与丧失父母被人欺侮或父母离婚有关；容易生气、警惕性高、死不认错或两面讨好、投机取巧、好说谎的性格特点，与父母意见分歧、各搞一套有关……详细状况见下表。

父母教养方式	儿童不良性格特点
支配型	消极、顺从、依赖、缺乏独立性
溺爱型	任性、骄傲、利己主义、缺乏独立精神、情绪不稳定
打骂型	顽固、冷酷、残忍、独立的； 或者怯懦、盲从、不诚实，缺乏自信心、自尊心

父母教养方式	儿童不良性格特点
忽视型	妒忌、情绪不安、创造力差、甚至有厌世情绪
民主型	独立、直爽、协作的、亲切的、社交的、机灵的、 安全、快乐、坚持、大胆、有毅力和创造精神
意见分歧型	易生气、警惕性高；或两面讨好、投机取巧、好说谎
过分保护型	缺乏社会性、依赖、被动、胆怯、深思、沉默

因此，在儿童出生到 7 岁这一段时期内，家人一定要注意正确的教养方式，为孩子营造一个好的家庭成长环境。另外，现在独生子女越来越多，父母在教养孩子上特别要注意防止溺爱，否则会使孩子将来无法独立立足于世。

2. 学校教育对人的性格也具有重要的塑造作用

在一个学校班集体里面，教师的性格、行为和班集体的风气对学生性格的形成具有重要的影响。经常受到老师和班集体肯定、尊重的学生，通常积极乐观、自信心强，并且具有集体主义观念；经常受到老师和班集体否定、排斥和歧视的学生，往往会形成敌对、自卑、软弱等性格特点。

走出班集体，整个学校的风气也会潜移默化地影响学生性格的形成。尤其是学校里的团、队活动，具有生动性、趣味性和灵活性，使学生易于接受，又能丰富学生的心理活动内容，使学生能够懂得如何处理集体利益与个人利益之间的矛盾，促进他们的集体主义品质和意志、性格的发展。例如，让学生担任班主席，利于培养其责任心、组织才能等性格品质；让学生担任小组长，利于培养他们关心同学、团结同学、以身作则等性格品质；体育和劳动活动，有利于培养学生的耐力，养成勇敢顽强、乐观、有责任感、有纪律性、爱护公物与团结友爱等性格特征等等。

所以，培养一个人的健康性格，必须注意正确地加强其学校教育，学校老师负有重要责任。

首先，老师不可动不动就批评甚至打骂学生，要时常肯定、夸奖学生，要领导整个班集体，了解每个学生，教导他们平等相处、彼此尊重。

其次，老师对学生的性格教育要注意"量体裁衣""因材施教"，只有这样才能收到良好的效果。比如，对自尊心强、缺乏勇气的学生，要采用先冷淡处理、后单独谈话的教育方式；对于较固执、不爱多说话的学生，要多用事实、榜样来教育或用后果教育法让他自己接受教训；对于活泼好讲、有点自负的学生，可当面批评、争论，但一定要坚持说理；对于头脑灵活但容易骄傲、批评几句就要哭的学生，可多问几个为什么，帮助他想得周到些，并着重要求实际行动等等。

3. 社会信息影响人的性格形成

通过直接观察或别人间接传授的社会信息，会影响人的性格形成。对社会信息的直接观察能够更为迅速地影响人的性格。

影视节目、书刊或现实中的英雄榜样或模范人物，能够激起人的共鸣，引起模仿意向。比如，当年轰轰烈烈的"学习雷锋好榜样"运动，无数的人加入其中，培养了人们乐于助人、勇于奉献的良好性格品质，这就是一个典型例证。又比如，当个人由于生理残疾或其他原因而悲痛绝望，看看张海迪的故事或许可以唤起生活意志。

影视节目或书刊里的许多暴力、色情等情节，对于年幼无知的孩子的行为发展影响也很大。1971 年，美国学者曾做过一个实验：让一组八九岁的儿童每天花一些时间观看具有攻击性行为的卡通节目，而另一组儿童则在同样长的时间里观看没有攻击性行为的卡通节目。同时对这两组儿童所表现的攻击性行为加以详细的观察和记录，结果发现，观看攻击性卡通节目的儿童，其攻击性的行为有明显增多的现象。另据研究证明，经常看攻击性影视节目的儿童，尤其是男孩，长大以后就会具有较强的攻击性。

4. 个人对性格的自我培养具有重大意义

尽管性格的形成受诸多因素的影响，但人的自我调节潜能是难以想象的。每个人都可以在一定程度上自我塑造性格。青少年在形成世界观之后，能根据世界观来调节他们的行为，性格形成从被控制者变成了自我控制者，能产生一种"自我锻炼"的独特动机。在这种动机支配下，他们力求了解自己的优缺点，主动寻找榜样、确定理想，并给自己规定发展某方面品质的行动规划，有意识地注意行为的练习。一般地，自我培养都会起到一定的效果。所以，诱导学生进行自我性格培养，也是育人者不可忽略的任务。

二、认识自己的性格

为什么要认识自己的性格

古语道："知己知彼，百战不殆。"每个人都不想在人生路途上遭到失败，每个人都想拥有甜蜜的爱情、美满的婚姻、幸福的家庭、亲密的朋友、信赖的知己、腾达的事业、辉煌的成就、别人的仰慕……这一切的得来，离不开机遇与自己的拼搏。而首先要做和必须要做的，不是战胜外在，而是战胜自己，不是了解别人，而是了解自己！

了解自己主要是指认识自己的性格——自己是内向的、封闭的、自卑的、懒惰的、虚荣的、偏执的、浮躁的、狭隘的、贪婪的、怯懦的、多疑的还是开朗乐观的、坦率的、勤奋的、稳重的、坚毅的。无论哪种性格，不要惧怕，你能够克服！歌德说过："人人都有惊人的潜力，要相信自己的力量与青春，要不断地告诉自己，万事全赖在我。"性格是可以塑造的！

我们生来与众不同，世界上只有一个自己，绝对不会有第二个人和你一模一样。我们的性格各不相同，但没有谁是绝对的性格优越，也没有谁是绝对的一无是处。同一种性格特征，从不同的角度看，可能会有不同的利弊结论，关键是你在确定了自己的目标后如何去发挥性格的长处和力量。比如你可能是孤僻偏执的，因此你的朋友会很少，生活乏味，没有快乐，但你却可能超乎寻常的专心研究某个科学问题或刻苦工作，而在事业上更易成功。

因此，要正确认识自己的性格，要找出长处和缺陷；长处要保持，缺陷应克服。只有这样，才能在生活和工作的各个方面获得成功。

上千年前，刻在阿波罗神庙门上的神谕就告诫过我们："认识你自己！"在真相这面镜子前好好端详一下自己，认真反思一下行为，不要为自己的怯懦找任何借口，不要为了表面的浮华用虚假的东西来装饰自己，不要惧怕真相带给我们的压力。

今天当我们重新来审视这个问题的时候，我们会有许多想法与期待，那就让我们来共同探索这个人类的难题吧！

认识自己，离不开性格测试。世界上唯一不变的就是"变"。人的性格也是不停在变的，没有一个人会是100%的属于某种性格类型。通过测试，你就会把握住性格的脉动，引导它变向完美，变成成功。

可是有一点要注意，那就是你必须先对自己有些客观的认识，才能够通过测试得出自己的性格特点。如果对自己一无所知或者不肯理性承认自己的某些性格特征，那么即使做出了自认为应该的选择，也没有什么意义。

怎样才能在测试之前客观地评价自己呢？请朋友帮忙是个不错的办法。你要怀着一颗坦诚的心，请朋友们告诉你，在他们心中你是一个怎么样的人。你会发现你自己的判断往往和朋友对你的看法并不完全一样，甚至有很大出入。

性格的自我测试一：菲尔测试

这个测试是美国知名心理学博士菲尔在著名女黑人欧普拉的节目里做的，挺准确的。回答问题时一定要依照你目前的实际情况，不要依照过去的你。这是一个目前很多大公司人事部门实际采用的测试。

1. 你何时的感觉最好？

A）早晨

B）雪下午及傍晚

C）雪夜里

2. 你走路时是：

A）大步的快走

B）小步的快走

C）不快，仰着头面对着世界

D）不快，低着头

E）很慢

3. 和人说话时，你：

A）手臂交叠地站着 B）双手紧握着

c）一只手或两手放在臀部

D）碰着或推着与你说话的人

E）玩着你的耳朵、摸着你的下巴或用手整理头发

4. 坐着休息时，你的：

A）两膝盖并拢

B）两腿交叉

C）两腿伸直

D）一腿蜷在身下

5. 碰到你感到发笑的事时，你的反应是：

A）一个欣赏的大笑

B）笑着，但不大声

c）轻声的咯咯地笑

D）羞怯的微笑

6. 当你去一个派对或社交场合时，你：

A）很大声地入场以引起注意

B）安静地入场，找你认识的人

c）非常安静地入场，尽量保持不被注意

7. 当你非常专心工作时，有人打断你，你会：

A）欢迎他

B）感到非常恼怒

C）在以上两极端之间

8. 下列颜色中，你最喜欢哪一种颜色？

A）红或橘色

B）黑色

c）黄或浅蓝色

D）绿色

E）深蓝或紫色

F）白色

G）棕或灰色

9. 临入睡的前几分钟，你在床上的姿势是：

A）仰躺，伸直

B）俯躺，伸直

C）侧躺，微卷

D）头睡在一手臂上

E）被盖过头

10. 你经常梦到你在：

A）落下

B）打架或挣扎

C）找东西或人

D）飞或漂浮

E）你平常不做梦

F）你的梦都是愉快的

【分数分配】

1.（A）2（B）4（C）6

2.（A）6（B）4（C）7（D）2（E）1

3.（A）4（B）2（C）5（D）7（E）6

4.（A）4（B）6（C）2（D）1

5.（A）6（B）4（C）3（D）5

6.（A）6（B）4（C）2

7.（A）6（B）2（C）4

8. （A）6 （B）7 （C）5 （D）4 （E）3 （F）2 （G）1

9. （A）7 （B）6 （c）4 （D）2 （E）1

10. （A）4 （B）2 （C）3 （D）5 （E）6 （F）1

【得分分析】

（1）低于21分者：内向的悲观者

人们认为你是一个害羞的、神经质的、优柔寡断的，是需要人照顾、永远要别人为你做出决定、不想与任何事或任何人有关的人。他们认为你是一个杞人忧天者，一个永远看到不存在的问题的人。有些人认为你令人乏味，只有那些深知你的人知道你不是这样的人。

（2）21分至30分者：缺乏信心的挑剔者

你的朋友认为你勤勉刻苦、很挑剔。他们认为你是一个谨慎的、十分小心的人，一个缓慢而稳定辛勤工作的人。如果你做任何冲动的事或无准备的事，你会令他们大吃一惊。他们认为你会从各个角度仔细地检查一切之后仍经常决定不做。他们认为对你的这种反应一部分是因为你的小心的天性所引起的。

（3）31分至40分者：以牙还牙的自我保护者

别人认为你是一个明智、谨慎、注重实效的人。也认为你是一个伶俐、有天赋有才干且谦虚的人。你不会很快、很容易和人成为朋友，但却是一个对朋友非常忠诚的人，同时要求朋友对你也有忠诚的回报。那些真正有机会了解你的人会知道要动摇你对朋友的信任是很难的，但相等的，一旦这信任被破坏，会使你很难熬过。

（4）41分至50分者：平衡的中道

别人认为你是一个新鲜的、有活力的、有魅力的、好玩的、讲究实际的而永远有趣的人；一个经常是群众注意力的焦点，但是你是一个足够平衡的人，不至于因此而昏了头。他们也认为你亲切、和蔼、体贴、能谅解人；一个永远会使人高兴起来并会帮助别人的人。

（5）51分至60分者：吸引人的冒险家

别人认为你具有令人兴奋的、高度活泼的、相当易冲动的个性；你是一个天生的领袖、一个做决定会很快的人，虽然你的决定不总是对的。他们认为你是大胆的和冒险的，会愿意试做任何事至少一次；是一个愿意尝试机会而欣赏冒险的人。因为你散发的刺激，他们喜欢跟你在一起。

（6）60分以上者：傲慢的孤独者

别人认为对你必须"小心处理"。在别人的眼中，你是自负的、以自我为中心的、是极端有支配欲、统治欲的。别人可能钦佩你，希望能多像你一点，但不会永远相信你，会对与你更深入的来往有所踌躇及犹豫。

性格的自我测试二：四种性格类型的测试

美国心理学家弗洛伦斯·妮蒂雅将性格分为四种基本类型：力量型（简称为 C 型）、活泼型（简称为 S 型）、和平型（简称为 P 型）、完美型（简称为 M 型）。这四种性格已经成为我们日常交流中非常自然的一部分，特别是对于了解自己和他人有着前所未有的效果。

你属于四种基本类型中的哪一种呢？下面每种性格类型对应着 40 道题目，仔细阅读一下，在每个适合你的题目后面做下记号，最后统计一下在哪种性格类型中你的记号最多，那么你就是属于这种类型的。

C——力量型

1. 冒险性——对新事物下决心一定要做好，并且要做得尽量完美。

2. 说服性——从不无理取闹，用逻辑与事实让人信服。

3. 自我意识性——决心依自己的方式去做事。

4. 竞争性——几乎把一切都当作竞赛，总有很强的求胜欲望。

5. 机智性——对任何情况都能很快做出理智有效的选择。

6. 自立性——独立性很强，并且很机智，凭自己的能力判断局势。

7. 积极性——相信自己有扭转颓势的能力，并且跃跃欲试。

8. 自信心——很自信，极少优柔寡断。

9. 坦率性——直言不讳，毫不保留，坦率地说出自己的想法。

10. 强迫性——命令别人时，别人不敢违抗不从。

11. 勇敢——敢于冒险，不会知难而退。

12. 自我肯定——自我肯定个人的能力与成功。

13 独立性——自给自足，自我支持，无须他人帮忙。

14. 果断——对任何局势都能够很快做出判断与结论。

15. 行动者——总是闲不住，工作很努力勤奋；做领导时是个拥有很多跟随者的领导。

16. 固执性——不达目的誓不罢休。

17. 领导者——天生的首领，不相信别人比自己强。

18. 首领型——喜欢做领导和别人的拥戴。

19. 工作者——不停地工作，不愿休息。

20. 勇敢性——什么也不怕，敢于冒险。

21. 专制——喜欢命令和支配别人，有时候有点傲慢。

22. 无同情心——不能也不愿理解别人的问题和麻烦。

23. 逆反性——抗拒或犹豫接受别人的意见，固执己见。

24. 率直——直言不讳，不介意把自己的想法直接说出。

25. 耐心——难以忍受去等待别人，觉得是浪费时间。

26. 不善言辞——很难用语言或肢体当众表达自己的想法，不善于和别人交流。

27. 固执——坚持依自己的意见行事。

28. 自负——自我欣赏，认为自己最强。

29. 爱争吵——喜欢和人争论，永远觉得自己是正确的。

30. 莽撞——做事鲁莽，常犯错误。

31. 工作狂——为回报或自己的成就感，不断地工作，对休息感到反感。

32. 不世故——常用冒犯或未斟酌的方式表达自己。

33. 乱指挥——经常冲动地指挥别人或做事情。

34. 排斥异己——不接受他人的态度、观点及做事方法。

35. 喜操纵——处事精明，喜欢控制事物。

36. 顽固不化——决心依自己的意愿行事，不易被说服。

37. 统治欲望——毫不掩饰地表示自己的控制能力。

38. 易怒——当别人不合乎自己的要求时，容易发怒。

39. 烦躁——喜新厌旧，忍受不了长时间做相同的事情。

40. 狡猾——很聪明和精明，总是有办法达到目的。

S——活泼型

1. 不稳定——注意力不集中，兴趣短暂，需要各种变化，很怕寂寞和无聊。

2. 轻率——经常不经三思，草率行事。

3. 不专注——无法专心做事，不能集中注意力。

4. 嗓门大——说话声和笑声总是令人吃惊。

5. 爱表现——喜欢做别人注意的焦点。

6. 无序性——生活没有秩序，经常找不到自己东西。

7. 反复——善变，做事经常矛盾，表里不一。

8. 紊乱——缺乏组织生活秩序的能力。

9. 啰唆——总是滔滔不绝，啰里啰唆，不喜欢当听众。

10. 需要肯定——渴望别人的肯定和赞赏，如同演艺家需要观众的掌声、笑声和接受。

11. 天真——单纯的像个孩子，懒得去理解深刻的事情。

12. 易怒——容易激动，但来得快去得也快。

13. 放任——为了使人喜欢自己，讨好别人，容许别人或自己的孩子去为所欲为。

14. 心血来潮——做事情不依照既定的方法去做，常常冒出新想法。

15. 难预测——时而兴奋，时而苦恼，喜允诺，却不能实现。

16. 好插嘴——不在意别人是否也在讲话，只管自己说东说西。

17. 健忘者——不愿去记些自己不感兴趣的事情。

18. 重复——不断地找话说，即使同一件事已经讲了很多次。

19. 散漫——生活杂乱，工作懒散。

20. 华而不实——好表现，声音大，华而不实。

21. 活力——每天都生气勃勃，充满活力。

22. 受欢迎——每次聚会都是中心人物，受人欢迎。

23. 可爱型——非常讨人喜欢，令人羡慕。

24. 生趣——充满生机，精力充沛。

25. 发言者——很喜欢当众言辞。

26. 结交者——喜欢人多的场合，结交朋友。

27. 不掩饰——常常忘情地表达自己的情感和喜好，和人一起时无意识的接触别人。

28. 鼓励性——喜欢激励别人参与自己的游戏。

29. 感染性——自己的快乐可以感染周围的人。

30. 娱乐性——能够带给别人快乐，别人喜欢与其接触。

31. 趣味性——时时表露幽默，喜欢将小事说成是不得了的大事。

32. 乐观——相信事情会好转。

33. 随意性——不喜欢制定计划来约束自己或受别人牵制。

34. 推广——运用自身魅力鼓励和推动别人的参与。

35. 生机——充满生气，兴致勃勃。

36. 清新振作——给别人以清新感，振奋众人精神。

37. 信服性——个人魅力或性格使人信服。

38. 社交性——与人交际往往不具有其他目的，仅仅是为了好玩。

39. 娱乐性——充满乐趣与幽默感。

40. 生动性——讲话时往往表情生动，手势多多。

P——和平型

1. 适应性——很容易融入新环境。

2. 冷静——在无论多嘈杂的环境中能够不受干扰，保持冷静。

3. 容纳性——容易接受他人的观点，不固执己见。

4. 自制性——能够控制自己的感情，很少流露在外。

5. 保守性——有意识地压制自己的情绪和热忱。

6. 满足性——容易满足现状，容易适应新环境。

7. 耐心——做事情很有耐心，冷静，容忍度大，不急躁。

8. 腼腆——喜欢自己待在一边，不易和人主动讲话，说话腼腆。

9. 妥协性——容易改变自己以适应别人的需要。

10. 友好——待人友善，坦率。

11. 真诚——待人很得体，友善，有耐心。

12. 专一性——情绪稳定，感情专一，处世作风一成不变。

13. 无攻击性——从不背后说人坏话或当面攻击别人。

14. 幽默——有时候也会幽默一下，为了缓和气氛。

15. 调解者——经常调和他人之间的矛盾，避免一切冲突。

16. 容忍者——容易接受别人的意见，不愿看到别人不高兴。

17. 好听众——原意聆听别人的说辞。

18. 知足型——满足自己已经拥有的，很少羡慕别人。

19. 和气型——好相处，好说话，平易近人。

20. 模范性——时刻不忘记使自己的举止合乎认同的道德规范。

21. 单调性——表面很少流露感情，生活少变化，从一而终。

22. 不热忱——很少激动不已，时时感到好事多磨。

23. 回避性——不愿意参与复杂的事情。

24. 忧虑——经常感到忧虑、担心、悲戚。

25. 优柔寡断——很难下定决心。

26. 不愿参与——对集体活动不感兴趣，懒得参与，懒得理会别人的事情。

27. 犹豫不决——遇事犹豫，难以决断。

28. 平淡乏味——总是不瘟不火，情绪没有起伏，很少表露感情。

29. 无目标——不喜欢制定目标，只喜欢一日复一日。

30. 漠不关心——对外界的事情毫不关心，关起门做自己的事，以不变应万变。

31. 担忧——时时感到不确定、不安全、焦虑不安。

32. 胆怯性——遇到难事就退缩，没有毅力。

33. 多疑——事事不肯定，对一切缺乏信心，怀疑别人。

34. 弃权——常常投弃权票，持不参与原则。

35. 含糊不定——说话声音很低，不管别人是否能够听清楚。

36. 迟钝——言行缓慢，懒于行动。

37. 懒惰——总是先估量每件事情要耗费自己多大精力，避重就轻。

38. 拖拉——遇事反应迟钝，言行拖拖拉拉，不干练。

39. 勉强——经常不得已勉强参与一些事情。

40. 软弱——经常放弃自己的立场以避免矛盾。

M——完美型

1. 挑毛病——不断地衡量和斟酌，经常反复提出矛盾的想法。

2. 报复——情感不稳定，记恨性强，想办法严惩得罪自己的人。

3. 猜疑性——怀疑一切，不相信别人。

4. 孤僻——喜欢躲避人群，喜欢独处。

5. 怀疑——不轻易相信别人，总是力图找出所谓的背后阴谋。

6. 情绪化——稍有不如意就闹情绪。

7. 内向——思想兴趣藏在内心，喜欢活在自己的小世界里，不喜欢与外界沟通。

8. 抑郁——经常莫名其妙地情绪低落，没精打采。

9. 敏感性——对事情常常反应过度，过分敏感。

10. 孤独离群——喜欢独处，不喜与人共事。

11. 冷落感——容易感到被人冷落，经常无安全感，担心别人不喜欢自己。

12. 悲观——总是喜欢从不利的角度看待事物，只看到可能的失败，只觉察到存在的缺点。

13. 很难取悦——判断事物或做出选择的标准很高，很难满意，很难被人取悦。

14. 不受欢迎——太过要求完美，太过苛刻，所以不太讨人喜欢。

15. 无安全感——时常处于忧虑、担心的状态，担心种种或明或隐的缺点。

16. 挑剔——对自己和别人都很挑剔，容不得半点缺陷。

17. 怨恨——总是怨来怨去，喜欢发牢骚，喜欢记恨曾经冒犯过自己的人。

18. 不宽恕——对于自己或别人的错误，不会轻易宽恕。

19. 躲避——害怕别人看到自己身上的缺点而躲避别人。

20. 平衡型——走中间路线，避免犯一点儿错误。

21. 完美——对己对人高标准，一切事情井井有条。

22. 图表性——喜欢用图表、数字来说明问题，安排生活及工作。

23. 忠心——对上司、朋友、亲人等都很忠心，兢兢业业做好有关他们的每一件事情。

24. 细心——善解人意，乐于助人，能记住特别的日子。

25. 喜音乐——肯定音乐的价值，喜欢聆听或演奏音乐。

26. 深沉——不轻易做出结论，耻于肤浅论调。

27. 理想主义——总是希望自己的生活和工作处于极其理想的状态。

28. 细节——做事情秩序井然，对细节记忆清晰。

29. 忠诚——保持可靠、忠心、稳定。

30. 有序——安排事情系统、有条理。

31. 程序性——一切事情要依计划表进行，不喜欢干扰和杂乱无章。

32. 策划性——每一件事情都有详尽计划，喜欢策划。

33. 敏感性——对周围的人或事物的每一个细节都很在乎，喜欢追究。

34. 敬仰——对卓越的人很是尊敬和敬仰。

35. 体贴性——关心别人的感受与需要。

36. 敢于牺牲——能够为了帮助别人牺牲自己的利益。

37. 持久性——喜欢完全做完一件事情后再插手其他的事。

38. 逻辑性——喜欢将每件事情的逻辑搞得清清楚楚，受不了不清不楚。

39. 艺术性——特别喜欢学术、艺术，喜欢鉴赏美丽。

40. 消极——往往看到事物的反面，做事不积极。

性格的自我测试三：向性测试

性格把人的类型分为内向型和外向型。下面的 50 道题便是这种"向性"的测试。做测试时注意不要把自己的理想混入其中，不要选择你认为"应该"的选项，而应尽可能客观地把握"现有的"状况，并且还要排除所谓善恶的价值评价。在此前提下，做做下面这些测试吧！

1. **感情方面**

（1）喜怒哀乐等感情的表现：

A. 溢于言表   B. 谨慎、节制

（2）对于愤怒：

A. 立即表现出来   B. 克制、埋藏起来

（3）是否乐观？

A. 乐观   B. 忧郁

（4）是否好胜？

A. 好胜，不甘示弱   B. 怯弱，腼腆

（5）忧虑感：

A. 无忧无虑，满不在乎   B. 经常不安，担心

（6）情绪调动：

A. 容易兴奋   B. 经常保持冷静

（7）忧郁、开朗的变化：

A. 较多较快   B. 较少较慢

（8）是否爽快？

A. 做事干脆爽快   B. 做事拘谨

（9）自寻烦恼，杞人忧天：

A. 经常   B. 很少

（10）耐性方面：

A. 动不动就感到绝望   B. 很有耐心

（11）羞耻心（腼腆、害羞）：

A. 弱   B. 强

2. **思考方面**

（12）思考方法：

A. 经常有新想法   B. 常规性的思考方法

（13）是否很固执？

A. 容易接受他人的意见   B. 固执己见

（14）看待事物的方法：

A. 总是先看到事物的正面   B. 先看到事物的缺陷，批判地看待事物

（15）全盘把握局势：

A. 能做到   B. 目光短浅，只见树木不见森林

（16）逻辑分析：

A. 不擅长   B. 擅长

（17）行动与思考：

A. 做事比较鲁莽   B. 喜欢三思而后行

（18）周密的计划：

A. 没有   B. 有

（19）对于自己的想法：

A. 根据情况而变化   B. 坚持自己的观点，始终如一

（20）头脑：

A. 灵活，反应敏捷   B. 反应较慢

（21）是否进行自我反省？

A. 不是   B. 是

（22）经常空想？

A. 有   B. 没有

3. 行动方面

（23）实干能力：

A. 比较缺乏   B. 有

（24）毅力、忍耐、韧性：

A. 很强   B. 没有

（25）反应速度：

A. 能够很快做出决断   B. 比较慢

（26）做事态度：

A. 粗心大意   B. 很认真，办事一丝不苟

（27）对于一些琐事：

A. 非常细心地做好每件事   B. 马马虎虎

（28）动作：

A. 快   B. 慢

（29）遇见紧急情况：

A. 沉着冷静   B. 慌乱，不知所措

（30）适应能力：

A. 能够很快适应新事物新环境　　　B. 需要较长时间来适应

（31）胆量：

A. 做事大胆，不畏惧困难　　　B. 非常谨慎

（32）对自己所做的事情：

A. 很有信心　　　B. 缺乏信心

（33）对于自己喜欢或计划要做的事：

A. 立即去做　　　B. 拖拉，畏首畏尾

（34）工作、娱乐：

A. 不确定，随时选择　　　B. 容易着迷

4. 对待别人

（35）交际圈：

A. 很广　　　B. 窄

（36）交往方式：

A. 与很多人的泛泛之交　　　B. 交往不多，但都是知己

（37）喜欢一个人待着？

A. 喜欢　　　B. 不喜欢

（38）与初次见面的人：

A. 很容易混熟　　　B. 难深交

（39）吐露心声：

A. 喜欢向别人吐露心声　　　B. 自己闷在心里

（40）观察能力：

A. 洞察别人的一举一动　　　B. 不管别人的感受

（41）公众讲演：

A. 擅长、喜欢　　　B. 不擅长、胆怯

（42）幽默：

A. 喜欢开玩笑　　　B. 一本正经，不苟言笑

（43）对于难以启齿的事情：

A. 直截了当地说出来　　　B. 含糊其词，拐弯抹角

（44）日常话语：

A. 多嘴多舌　　　B. 寡言少语

（45）对于别人的恣恿：

A. 容易接受   B. 抗拒心理

（46）乐于助人：

A. 是   B. 不爱多管闲事

（47）当别人命令或指挥自己时：

A. 服从   B. 不服从

（48）责任感：

A. 不太强   B. 很强

（49）妥协性：

A. 容易对人做出让步   B. 从不轻易让步

（50）奉承别人：

A. 经常   B. 很少

三、性格与心理疾病

性格与疾病

医学专家指出，性格对健康的潜在影响是毋庸置疑的。现代人在激烈的社会竞争中产生的不良情绪和许多疾病密切相关；共患某种疾病的人，其性格有类似之处。

很多的研究都证明，性格和疾病之间存在着某种特定关系。

从 20 世纪 80 年代开始，心理学把人的性格分为 A、B、C、D 四种主要类型，且它们还跟人的得病概率密切相关。研究表明，A 型性格的人争强好胜，上进心都很强，在生活和工作中都力求占据领导地位。也正因为如此，此类人的压力大，易紧张、激动，高血压、心脑血管疾病等的患病风险是人均水平的 2~3 倍。B 型性格的人没有什么大的欲望，易满足现状，知足常乐、内心平静、情绪稳定，发病率相对很低。C 型性格的人总是忍气吞声，强烈压抑自己的情绪，最容易得癌症。D 型性格的人消极忧伤、孤独压抑，心血管疾病发病率高。

据调查，当今社会 A 型性格人群有所上升。比如上海地区，1984 年 A、B 型人群比例为 7：10，1999 年时已经跃升 16：10。这与现代社会的激烈竞争有关。

那么，性格中究竟什么心理因素导致了疾病的发生呢？下面以比较典型的 A 型性格和 D 型性格来说明。

美国心脏病专家研究认为，A 型性格的人多数处于领导地位，过于追求事业和功名，常常忽视个人健康状况，经常处在紧张和压力当中且不懂得如何照顾自己。他们的大脑皮层受到强烈持久的刺激，极易发生紊乱，使得交感神经兴奋、心率加快、心肌耗氧量增加，同时促使血小板聚集，增大了血液粘滞性，导致血脂增高等，因而极易形成冠心病。进一步研究发现，A型性格的人最易导致心血管病形成的原因是"愤怒"和"敌对"两种心理因素。但这两种心理因素必须同时出现，才能给心脏带来破坏作用，任意一个单独因素都不会产生强烈的影响。对于心血管疾病患者来说，这种心理危险因素和他的生活质量下降、病情复发甚至死亡有着密切联系。D型性格的人最大的特点就是有浓厚的消极情感和社会退缩倾向：经常感到烦躁、紧张，无缘无故的担心，对自我抱有消极观念。在他们眼里，这个世界冲突迭起。他们总是窝在自己的圈子中，不愿意跟他人交往，哪怕交往也往往有很多顾虑。他们得病后康复速度慢，而且特别容易再次发作，死亡率比其他病人高。大约有20%的正常人群、27%～30%的冠心病病人和50%的高血压病人具有D型人格。研究表明，在应激状态下，D型性格人的交感肾上腺系统和下丘脑、垂体和肾上腺轴同时激活，从而产生强烈的唾液皮质激素。这种生理方面的超强反应可能是心血管疾病的直接原因。此外，D型性格人的其他不健康行为方式和心理因素（如自我孤立、缺乏社会支持等），可能也是致病的间接原因。

总之，每种性格特点都和疾病有着密切的关系。它既是很多疾病的发病基础，又可以改变许多疾病的发展过程。所以，每个人都有必要了解自己的性格特征，扬长避短，把性格中的消极因素转化为积极因素。比如，A型性格的人压力过大、紧张过度，可以在工作之余多进行户外运动、听听音乐，或者定期强制性休假等；C型性格的人应该学会发泄，将恶性激素排出体外，为此摔个盘子、碗之类的也不算什么；D型性格的人可以适当养养小宠物，培养一下爱心和同情心，有利于改变独处的习惯，并且要学会向他人倾诉。

性格与心理疾病

其实，每个人都或多或少地有一些性格缺陷，如孤僻、懦弱、敏感、多疑、固执、暴躁等，对个人会产生三个方面的危害：一是导致社会适应不良，尤其难以处理人际关系；二是影响学习、工作的效绩和生活质量，影响个人前途；三是容易诱发多种心理疾病和心身疾病。

许多心理疾病的发生都与性格上的缺陷有密切联系。容易诱发心理疾病的性格被医学专家称为易感性素质。在精神与环境方面的不良刺激下，此类性格的人很容易发

生心理疾病。例如：

（1）具有胆怯、自卑、敏感、多疑、依赖性强、缺乏自信、主观任性、急躁好强、自制力差等性格特征的人，容易患神经衰弱。

（2）具有优柔寡断、谨小慎微、犹豫不决、清规戒律很多等性格特征的人，容易得强迫症。

（3）具有热情、活泼、好动、好社交、情绪忽冷忽热、清高、自负等性格特征的人，容易得情感性精神病。

（4）具有感情用事、好夸耀自己、喜欢奉承和被奉承、喜欢不切实际的幻想等性格特征的人，容易患癔症。

（5）具有心胸狭窄、爱生闷气、沉默寡言、顾虑重重、胆小怕事、优柔寡断、易焦虑紧张等性格特征的人，容易患更年期精神病。

（6）具有孤僻、懦弱、害羞、不合群、敏感、多疑、生活懒散、不讲卫生、对人冷淡、不好社交等性格特征的人，容易患精神分裂症。

因此，如果确有上述一些性格缺陷，我们必须努力纠治。

四、性格缺陷的心理治疗

该如何纠治性格缺陷呢？及早发现并了解性格缺陷可能产生的危害，及早接受心理咨询，进行心理治疗，是十分有效的方法。

但通过心理治疗有效纠治性格缺陷不是心理医生一个人的事，纠治对象也必须努力做到以下四点：一是充分自知，高度自觉，配合训练，接受教育；二是必须抱着一丝不苟的态度，积极贯彻、彻底执行各种纠治措施；三是要严格要求自己，对于心理训练的各种要求不能擅自增减或改变，要严格坚持到底；四是要信任医生，这是有效纠治的基础，可谓"诚则灵，信则成"。

循环性格缺陷及其治疗

1. 性格特征

循环性格缺陷的人，情绪忽高忽低，如同物理光学中正弦曲线那样，循环往复，周而复始，并非由于外界因素引起。不少著名人物具有这种特殊性格特征。例如被称为世界十大思想家和大科学家的伊萨克·牛顿。此类人情绪高涨时表现兴奋活跃、乐观欣快、雄心勃勃、体力充沛、外向热情、乐于社交；当情绪低落时表现忧郁寡欢、悲观沮丧、百无聊赖、筋疲力尽、懒于做事。思维和行为缺乏专一性和持久性；情感热情丰富但不深刻，容易疲惫衰退；有自夸自大倾向；比较急躁，动辄激动发怒。循环性格缺陷的人做事经常有始无终，设想和计划很多，实现很少，缺乏深思熟虑。

2. 心理训练方法

对这类性格缺陷，心理训练的重点是"一个克服，一个纠正"——克服情绪不稳及自负心理带来的不利影响；纠正认知浮浅和思维不持久、专一、深刻的弊病。

（1）认知提高法。性格缺陷者发挥主观能动性，积极、充分地了解性格缺陷的特点、危害和纠正方法，提高认知。训练过程中要始终遵循"反复教育、不断强化、长期坚持、稳定提高"的原则。

（2）读书训练法。培根曾说过一句精辟的话："读书足以怡情。"所谓"怡情"是指陶冶人的性格，纠正性格缺陷。缺陷者本人要积极阅读书籍。比如，读数学书籍，保持注意力集中，不允许在演算和学习中出半点差错，养成耐心、细致、自信、顽强的工作作风，培养精确、严谨的治学作风；或者阅读文学作品，练习写文章或进行文学创作。

（3）兴奋专一训练法，又称"成功心理训练法"。兴奋专一性等的良好心理品质是一个人求知、追求事业、完成任何任务的重要基础。要求做事集中注意力，兴奋专一、思维专一，抛却外界干扰，坚持必胜信心，不懈努力。

偏执性格缺陷及其心理治疗

1. 性格特征

偏执性性格缺陷以胆汁质或外向性格者居多，多见于男性。此类人性格固执、敏感多疑、过度警觉，看问题以自我为中心，遇到矛盾喜欢责怪；心胸狭隘又自负，喜欢吹毛求疵，不愿接受批评，且易嫉妒别人；喜欢和异己者争论、诡辩，甚至对其进行言行攻击；时常处于紧张状态，因而常常表现得孤独、沮丧、阴沉、缺乏幽默感。偏执性格缺陷者如不及时接受心理治疗，可能发展为偏执型精神分裂症。

2. 心理训练方法

克服多疑、敏感、固执、不安全感和自我中心的性格缺陷是关键。

（1）认知提高法。心理医生应在相互信任和情感交流的基础上，比较全面地向他们介绍性格缺陷的性质、特点、表现、危险性和纠正方法，提高他们的认知水平。

（2）交友训练法。积极主动地进行交友活动，有助于改变偏执性格缺陷。交友和处理人际关系的原则和要领是：真诚相见，以诚交心；尽量主动地给予知心好友各种

帮助；注意交友的"心理相容原理"。

（3）自省法。通过临睡前写日记来回忆当天的情景，进行自我反省。如检查自己是否对人、对事抱怀疑、敏感态度，办事待人是否固执、以自我为中心，是否还存在由于自己的偏执心理而冒犯别人、做错的事情，以后遇到类似情境，应该如何正确处理等，这就是自省法。自省法是一种很有效的改变性格偏执的心理训练方法。古今中外，大凡有所成就的人，都有自省的习惯。如孔子"吾日三省吾身"。

（4）敌意纠正训练法。经常提醒自己不要陷入"敌对心理"的旋涡；不断增加对他人、对朋友需求的了解，同时努力降低对别人冒犯的敏感性；要懂得"只有尊重别人，才能得到别人的尊重"的基本道理，学会对那些帮助过你的人说感谢的话；学会向你认识的所有人微笑；充分调动自己的心理调节机制，在生活中做到忍让和耐心。

分裂性格缺陷及其心理治疗

1. 性格特征

分裂性格缺陷者主要表现为过分胆小、羞怯退缩、回避社交、离群独处、我行我素、沉醉于内心幻想而缺乏行动；行为外表古怪、离奇，不修边幅，爱好怪癖，喜欢自言自语；情感淡漠、兴趣贫乏、对批评和表扬无动于衷；极少有攻击行为，一般不会给他人制造麻烦，但难以完成责任心强的工作。此类性格缺陷容易进一步发展为精神分裂症。

2. 心理训练方法

（1）社交训练法。旨在纠正孤独、不合群的性格缺陷。首先要提高认知能力，懂得危害，增强训练自觉性；其次制订社交训练评分表，自我评分，每天小结，每周总结。一般要求分裂性格缺陷者通过训练后具有 3~5 位堪称知心朋友的较好合群能力。

（2）情感训练法。通过读书、欣赏文艺作品等，学会欣赏艺术美、自然美、社会美和心灵美，陶冶高尚情操。

（3）兴趣培养法。兴趣培养训练有助于克服这类心理缺陷者的兴趣索然、情感淡薄的不健全心理状态。分裂性格缺陷者必须培养多方面的兴趣爱好，如唱歌、听音乐、绘画、练书法、打球、下棋等。多种兴趣爱好可以培育出向往生活的良好情感，丰富人们的生活色彩，给人的认识留下深刻的印象。另外要积极参加集体活动，扩大社会信息量。

反社会性格缺陷及其心理治疗

1. 性格特征

具有这类性格缺陷的人，不顾社会道德准则和一般公认的行为规范，经常发生反社会言行；冲动易怒，缺乏责任心和罪恶感，高度自我中心主义，具有较强的攻击性。他们常常明知故犯，屡教不改。

心理学家朗姆认为反社会性格缺陷者有九条特征：

（1）在校学生有逃学或殴斗等行为，造成管理困难。

（2）通宵离家外出不归。

（3）经常发生违纪、车祸或犯罪。

（4）工作表现差，无所事事，或无故经常变换工作岗位。

（5）抛弃家庭，离婚，夫妻不和，虐待妻儿老小等。

（6）经常暴怒和殴斗。

（7）两性关系混乱。

（8）缺乏计划地长期在外漂泊、流浪。

（9）持续和重复说谎或应用别名。

2. 心理训练方法

（1）认识提高法。采取加强社会化学习、阅读名人传记、培养独立生活能力、外出参观访问扩大视野等方法，确立正确人生观。

（2）自我情绪调节法。情绪无法自控、心理难以保持平衡，是此类心理缺陷者的通病。因此学会主动的自我情绪调节方法，具有重要的心理意义。具体要领是：大喜时要抑制和收敛；激怒时要镇静、疏导和自控；忧愁时要释放和自解；思虑过头时要转移和分散；悲哀时要娱乐和淡化；惊恐时要镇定和坚强。其中激怒自控法尤其重要，适用于与人争吵，即将暴怒发作的时候，是一种快速对抗的心理控制技术。具体做法：迅速离开争吵现场，转移注意力，避开引起激情发作的刺激源；善于分析他人的性格特征和心理状态，避锐趋和，要以缓对急，以柔克刚，绝不能以急躁对急躁；让别人把话说完，充分发泄，自动消气熄火，这是避免争吵和激怒的有效方法；咽不下气是导致争吵的重要心理防卫机制，此时应用升华法、转移法、幽默法等有效缓释怒气。

（3）不良行为纠正法。在充分教育、启发自觉、明辨是非、提高认知能力的基础上，把不良行为作为靶症状进行纠正训练。

（4）读书训练法。此类心理缺陷者应该多读些哲学、逻辑、政治思想修养方面的

书籍，并且经常对照自己的行为，理论联系实际，加以改正。

（5）兴趣培养法。放弃原来的一些低级趣味的兴趣或娱乐活动，培养弹琴、绘画、文学创作、下棋、歌唱、集邮、体育锻炼等品格高尚、层次较高，具有陶冶心灵、转化心理行为、提高人生追求和情趣作用的兴趣爱好。一方面从高尚的兴趣爱好中得到启迪，净化心灵；另一方面可以分散和发泄过剩的精力和注意力。

癔症性格缺陷及其心理治疗

1. 性格特征

癔症性格缺陷多见于 25 岁以下的青年女性，是一种较典型的心理发育不成熟的性格类型，具有情感过程的不成熟性、戏剧化色彩强、暗示性很强和自我中心四个特征：情感丰富、热情有余而稳定不足、情绪炽热但不深刻；情感变化无常，容易激情失衡，待人的情感呈现肤浅、表面和不真实；经常感情用事；好表现自己，有较好的艺术表现才能，唱说哭笑、演技逼真，有一定感染力；具有高度的幻想性，常把想象当成现实；缺乏独立性，依赖性很强，人云亦云，尤其对自己所依赖的人，可以达到盲目服从的地步；喜欢别人注意和夸奖，别人只有投其所好才合其心意，并表现出欣喜若狂，否则会不遗余力攻击他人。

癔症性格缺陷者既不能省察自己，又不能正确地理解别人。内心的冷酷，表面上的热情，自己亦无法真正把握自己真伪曲直的本质。

2. 心理训练方法

（1）认知提高法。此类性格缺陷者对自己心理缺陷有所察觉，但是认识肤浅，不会自行克服纠正。提高认知能力是心理纠正的重点措施和基础。

（2）自省法。克服心理动荡不稳定、培育良好人格品质的较好方法是自省训练法。通常可采用写日记、记周记、自我反省、自我检查日常的心理行为的方法，回顾检查自己的心理缺陷给个人和集体带来的危害，以及采取正确的纠正方法后所带来的益处。

（3）读书训练法。

强迫性格缺陷及其心理治疗

1. 性格特征

此类缺陷者拘谨、犹豫不决、追求完美、按部就班、过分自我克制、过度自我关心、小心翼翼、自我怀疑、精神高度紧张难以松弛。这类人在工作上通常高度负责、一丝不苟，但效率并不高，且缺乏创造性。另外，不少强迫性格缺陷者的父母亲是强迫性格者或者对自己子女教养方式过分严格、刻板，即家庭因素是导致强迫性格缺陷的重要原因。强迫性格缺陷者很容易发展为强迫性神经症。

2. 心理训练方法

（1）抛却完美法。美国著名精神病学家杰维·伯恩斯曾说过："过分追求完美，是取得成功的拦路虎，是自拆台脚的坏习惯。"过分追求完美的人比一般人容易经受更多的心理压力和忧虑，导致创造能力和其他心理的削弱，使自己的能力、人际关系和自尊心等心理行为扭曲，导致不合逻辑的思考问题方法，轻者陷入强迫性格缺陷，严重者罹患强迫症。

（2）顺其自然法。强迫性格缺陷者减轻和放松精神压力的最有效方式是凡事顺其自然。比如，担心门没关好，就让它没关好；桌上的东西没有收拾干净，遗漏些也无妨。开始时可能会由此带来焦虑情绪，但由于患者的强迫行为还远没有达到强迫症那样无法自控的程度，所以经过一段时间的训练和自己意志的努力，症状会消除。

依赖性格缺陷及其心理治疗

1. 性格特征

依赖性格缺陷者的特征是：总感到自己懦弱无助、无能笨拙、缺乏精力；将自己的需求依附于别人，过分顺从于别人的意志，一切悉听别人决定，生怕被别人遗弃；缺乏独立性，不能独立生活，在生活上多需他人为其承担责任，从事何种职业都得由他人决定；随时需要有人在场，独处时便感到极大的不适。一般地，此类人没有深刻而复杂的思维活动和远大的理想追求，容易满足现状。

2. 心理训练方法

主要是习惯纠正法。首先必须破除依赖别人的不良习惯。具体做法是：清查一下自己的行为中哪些是习惯性地依赖别人去做，哪些是自做决定的。你可以每天做记录，记满一个星期，然后将这些事件分为自主意识强、中等、较差三等，每周一小结。另外，对自主意识强的事件，应坚持自己做主。

五、色彩背后的性格心理学

（一）红色性格：适当给热情的自己泼泼冷水

红色，在许多古老的语言中是最早被命名的颜色，在有些语言里，"彩色"和"红

色"甚至是同样的表达方式，如他们在西班牙语中都是"colorado"。红色最初的含义是象征鲜血和火焰，后来引申为热情、充满活力。所以拥有红色性格的人一般都比较热情、正义感强、活泼好动，且行动力非常强。但也正因如此，他们显得比其他人更鲁莽，行动缺乏思考，不考虑后果。

红色代表着激情，代表着令人热血沸腾的情感。红色能激发人们的好胜心和竞争性，当人们看到红色时会自然而然地产生运动或竞争意识。英国的色彩专家曾对此进行研究，他们经过统计比较拳击、跆拳道、摔跤等竞技运动中穿红色运动衣和蓝色运动衣的运动员之间的胜负比率，结果发现穿红色运动衣的运动员获胜的概率要明显高于穿蓝色运动衣的运动员。如果是两个实力不相上下的运动员比赛，那么穿红色运动衣的那个运动员获胜的概率会大一些。因为不同的颜色可以产生不同的心理效果，而红色是膨胀色，象征着火焰和力量，所以它可以在提升自己信心的同时给对手造成一种压迫感，迫使对方丧失斗志。

红色也代表着战争，而颜色可以将其本身包含的特性转移到人的身上。自19世纪末以来，红色一直是士兵们最常穿着的颜色，因为身着红色的军服会使得他们显得更强大、无所畏惧。红色的军服没有一直沿用下来，是因为随着武器的进步，作战的士兵们不再需要短兵相接，掩体战斗的作战方式决定了红色军服被淘汰的命运——士兵们开始穿着伪装色的军服。

红色还能令人感到威严和正义。中世纪法庭的旗帜是红色的三角旗，而法官们用来签写生死判决书的笔用的也是红色墨水，同时，执行死刑的刽子手们也身着红衣。如今，这种让人们联想到威严和正义的红色制服仍在沿用，很多国家的高等法院的法官制服为红色的长袍，如德国联邦宪法法院的法官所穿的制服便是红色丝绸质地的长袍。

虽然女人们不都是红色性格的人，却常常被人们称为"红颜"或"红粉佳人"，那么一个真正红色性格的女人会是什么样的呢？

隋末唐初著名将领李靖的结发妻子张出尘，便是一个典型的红色性格的女性，世人因她喜欢手拿红拂而称她为"红拂女"。她原本是隋朝大臣杨素家中的侍姬，因缘际会，巧遇当时还是平民的李靖前来拜见杨素。杨素坐在床上接见了李靖，不曾想李靖向前一揖说道："天下方乱，英雄竞起。公是帝室重臣，应以交纳豪杰为上，不应在床上见宾客。"几句话令杨素对其刮目相看。他敛容起身向李靖道歉，并诚心与他谈论天下大势。当时侍立在杨素身侧的红拂女因而对李靖一见钟情。李靖离开后，红拂女立即暗中托人打听李靖的住址，等到晚上扮作男装，大胆夜奔李靖，以身相许。李靖此时非常慌乱，还有些犹豫和畏惧，他责怪红拂女说："杨司空权重京师，若被他知道，岂不是惹祸？"只见红拂女坦然而自信地答道："杨素已是尸居余气，有什么可怕的？现在他的侍女多半逃去，他也无心追逐，所以妾身敢放胆前来，请你不要担心！"听罢此言李靖才放心与红拂女共坐交谈起来，李靖见红拂女谈吐不凡、美貌无双，也不禁心生爱慕，最终与她结成伉俪，造就了一段"红拂夜奔"的世间佳话。

李靖

热情、果敢的红拂女喜爱红色，便红拂不离手；遇到自己心仪的男子，便不计后果地与之私奔。她无疑是典型的红色性格：开朗、外向而热情似火。虽然她的行为稍显鲁莽和任性，却也让人无法不喜爱，否则世间将少去一对如此浪漫的才子佳人。

红色性格的人在爱情中是敢爱敢恨的，若能遇到自己爱的人就能不顾一切，燃烧自己，像红拂女一样破釜沉舟地奔向对方，向往猎人式的戏剧性恋爱，他们一旦认准了目标就不怕他人的否定，只管自己一条路走下去，坚持做到让自己满意为止，不畏艰险，意志坚强。红色性格的人在遇到爱情时是专一而大胆的，他们不会拐弯抹角，爱就爱，不爱就不爱；自尊心特别强的他们直率而固执，不会采用复杂的方式去暗示和试探；他们的思维很单纯，表达爱情的方式也是光明正大、热情而直接的。那些闪电式的恋爱和闪电式的结婚多半都是出自红色性格人的手笔，他们坚持宁缺毋滥，而一旦遇到对的人又可以不顾一切。

红色性格的人还是笑口常开、积极快乐的人，他们一般人缘都很好，总能和身边的人相处得亲密无间，而周围的人也会发自内心地喜爱他们，他们在绝大多数场合里总是最受欢迎的那一类。由于红色也代表了开放和热情，所以拥有这种特质的红色性格的人，总让人们愿意心无芥蒂地亲近他们，也乐于和他们保持这种轻松、快乐的关系。他们会是周围朋友们的开心果，有他们在的地方就能听到欢声笑语，因为他们拥有其他颜色性格的人所没有的快乐感染力，总能将自己的快乐辐射到周围人的身上。

红色性格的人具有超强的竞争性，他们是天生的领导者而人们也很愿意跟随他们。他们似乎永远能找到带领大家前进的方向，即使身处困境也依然能保持热情和积极向上的态度，并用自己的态度感染大家。从另一方面来看，这样的性格也使得他们的发

展具有一定的局限性。红色性格的人喜欢做领导，因此他们可能会喜欢时刻将自己定位成一个领导，喜欢随意地发号施令，希望掌控一切。这样的性格可能使他们在工作中成为一个重视结果而不在乎过程的结果型领导。他们只关心下属的任务是否完成，不在乎导致下属任务无法完成的原因或者其他因素。

红色性格的人虽热情却鲁莽有余，细心不足。因为他们的情绪起伏太大，一旦发起火来后果将不堪设想——他们的行动总是先于思考，说话也不会事先考虑太多，往往临时想到什么便说什么，心直口快。

红色性格的人虽然善于表达、机智敏锐，善于用生动形象的语言来吸引大家的注意，制造活跃的气氛。但若这种特质发挥过当的话，就可能成为人们眼中以自我为中心、只顾谈论自己而罔顾他人的人，而且由于他们总是追求速度和形象，往往对于事情的理解会只停留在表面，无法深入，也没有兴趣和耐心做进一步的研究，容易给人造成一种肤浅的感觉。

红色性格的人由于竞争性强，还会显得太过强硬，而且争强好胜的他们不允许自己失败，也无法容忍自己身边的人失败。这就使得他们容易给自己和周围的人造成过大的压力，显得强势而不平易近人，缺乏必要的弹性和柔韧性。因此，很多性格温和、随遇而安的人若遇到这样红色性格的人只会敬而远之。

红色性格的人性格鲜明而极端，他们若能适当调整自己性格中"红色面积"的比例，用其他的色彩性格适当中和自己强烈的红色性格，将会带来很好的效果。相信这样一来，他们会更受大家欢迎，于自己的生活和工作也更加有利。

（二）蓝色性格：不要让理性隔绝了自己

人们看到蓝色很自然地就会想起天空、海洋这些象征着希望、宁静和理想的事物。据心理学家们测试发现，几乎所有人都喜欢蓝色，或者至少不会对蓝色产生反感。虽然因为各国与各民族文化的差异，各个地区的人对于颜色都有自己的理解，但蓝色总是世界各地人民所喜欢的颜色，因为它给人的印象总是幸福、美好的，而且在以它为背景的环境中，人们的心理会始终处于宁静、淡然的状态。这也从另一方面体现了拥有蓝色性格的人具有的美好心理。在英国，传统的贵族血统就被人们称为"蓝血"（Blue Blood），而皇室和王族女性们穿的深蓝色服装也被称为"皇室蓝"；在童话剧中，"青鸟"（青即蓝色）代表着幸福和好运。不仅如此，在某些宗教文化中，蓝色也代表着希望，而在东亚一些国家中，蓝色则象征着年轻和活力，"青春"一词就是最好的例证。

　　蓝色性格的人通常都具备比较高的精神修养，他们为人正直、诚实，具有强烈的道德使命感。他们的行为总是中规中矩，强烈的道德意识驱使着他们的日常行为。他们乐于助人，热衷于"行善"。许多蓝色性格的人都喜欢寻找帮助别人的机会，只为给别人带来快乐，以"处于自我，胜过于处于自私"的处世哲学指导自己的人生。无私的他们甚至还会因为自己做的事情只有益于自己而感到良心不安。

　　近代护理事业的创始人弗罗伦斯·南丁格尔，就是一位典型蓝色性格的人。南丁格尔出生在一个富有的名门之家：父亲毕业于英国剑桥大学，精通四门语言，擅长多项科目，并具有很高的艺术修养，是一个博学有教养的统计师；母亲出身于英国的望族，不仅家境富裕，还世代行医、声名远播。

弗罗伦斯·南丁格尔

　　南丁格尔自幼接受良好的家庭教育，年轻时过着优越的上流社会生活——生活上有仆人服侍，空闲时常常参加贵族们的舞会、沙龙，与其他贵族们应酬、周旋。虽然这是很多人梦寐以求的幸福生活，但身处其中的南丁格尔却感觉十分无聊，因为她无法在这样的生活状态中找到自己生命的意义。后来，她毅然选择成为一名护士。她是世界上第一位女护士，并开创了护理事业。19世纪50年代，克里米亚战争爆发，英国的战地士兵死亡率高达42%，为此，南丁格尔主动申请担任战地护士。在担任战地护士期间，她把士兵们看作兄弟，为他们做护理，安慰他们。经过她和其他战地护士的精心照顾，仅半年时间，英国士兵的伤病员死亡率就下降到了2.2%。

　　蓝色性格的南丁格尔抛弃了她贵族小姐的优越生活，真正做到了无私奉献。1860年，她用自己得到的4000多英镑奖金建立了世界上第一所正规的护士学院，她也因此被人们称为"现代护理教育的奠基人"。1901年，南丁格尔双眼失明，但乐观的她并没有因此颓废，而是继续以乐于助人实现自己的人生价值，又发起并组织了国际红十字会。在她逝世后，后人为了纪念她，将她的生日（5月12日）定为国际护士节，并把她的事迹拍成电影，使她蓝色性格中的这种强烈的道德使命感的精神得以传承下去，影响更多人。

　　蓝色性格的人通常看上去沉着稳重而颇具理性，他们非常享受在孤独和平静中去

思考，在安静和平凡中寻找乐趣，让自己的心理永远处于平衡状态。他们心理的平衡就像风平浪静的大海，但并不代表它就像看上去那样简单、平凡——它平静的外表下是个变幻莫测的世界，总是在人们不曾察觉的时候暗流涌动。也就是说，蓝色性格的人表面的冷漠和冷静并不意味着他们缺乏感情，实际上他们是非常容易动情的"感性动物"，对蓝色性格的人深入了解之后，人们会发现，他们其实颇具"人情味"。他们感情丰富，虽然表面看来话不多，也不太热情，但他们都非常重视自己身边的人和事物，并会暗暗为他们付出自己的努力。当身边的朋友或家人需要帮忙的时候，他们绝不会袖手旁观，总会热情地向他们伸出援助之手。他们的行动总是先于语言，注重实干的他们不在乎说得多好，只看重行动。和蓝色性格的人在一起，人们会发现，他们可能不会每晚睡前对你说"我爱你"等浪漫话语，却会在睡前帮你倒好满满的一杯水放在床头，让你半夜或早上起床时伸手就能拿到；在你生病的时候，他们可能不善用言语表达对你的关心，却会帮你打理好一切，把你照顾得无微不至。诸如"我爱你""我想你"这些表白性的、过于直白的话语，蓝色性格的人不会挂在嘴边，他们更重视实际的行动和非语言的沟通方式，深信懂他的人应该不用说什么便能读懂彼此。

蓝色性格的人会散发出一种知性之美，他们总能很冷静地看待问题，细心的他们对周围人和环境的关心程度总是比别人高得多。他们总能捕捉到别人注意不到的事情，并富有超强的团队精神。他们团队协调能力强，乐于配合他人，不爱过多地强调自己的主张。谦虚谨慎的他们在进行一项工作前一定会做好周密、细致的计划，而具体实施计划时也能严格按照计划行事，注重细节和程序，极力追求品质和卓越，精益求精。在工作中既严于律己，也习惯以同样严格的标准去要求他人，做任何事情都一丝不苟。

几乎人人都喜欢蓝色，但这并不代表它十全十美。有时，蓝色也会给人一种不成熟、忧郁、悲伤的感觉。中国民间有句俗语"愣头青"，就形容一个人做事情没有脑子，或者不爱动脑子，面对事情不懂得全面而深入地分析情况就贸然行动，结果好心办坏事，弄巧成拙，把事情越办越糟；而做事非常认真的蓝色性格的人，有时也会因为太过认真而弄巧成拙，变成钻牛角尖；在英语中，孕妇产后忧郁症被叫作"Maternity Blue"；因为蓝色属于冷色调，所以蓝色性格的人有时也会给人一种冷漠、冰冰的感觉。

蓝色性格的人与生俱来便带有一种冷漠、孤僻的气质，蓝色从某种意义上来说就意味着拒人于千里之外的无情和傲慢。就像让人们置身于一个蓝色的房间里，人们往往能感受到比实际气温更低的温度。蓝色性格的人习惯用自己特有的思维去思考问题。所以，一般艺术家、文学家、哲学家这些特别注重自己精神世界的人都是蓝色性格的人，他们的精神世界神圣而不容侵犯。他们的严肃和清冷也使得周围的人不敢轻易接近。德国最伟大的作家之一，同时也是伟大的诗人、自然科学家的歌德曾说过："装饰成纯粹的蓝色的屋子，会在一定程度上显得更宽大，但却会显得更加空旷和寒冷。"

蓝色性格的人如果学习音乐，则能够坚忍不拔地约束自己不断地练习和深入钻研，而不需要他人费尽心思来监督、激励。在蓝色性格的人看来，一首自己没有完全练熟的曲子，每一次的练习和旋律的调整都是件快乐的事情。他们会持续专注地反复练习，将他们对于美的发掘和创造的强烈愿望寄托于其中。

蓝色性格的人还很适合研究哲学，成为一个哲学家。天生分析能力非常强的他们具有强烈的分析与剖析事物的愿望，而且能够忍受孤独的他们也不会因为枯燥的研究工作而感到寂寞与不适。

秉承着严肃的处世哲学的蓝色性格的人不喜欢开玩笑，也不太懂浪漫，理性的他们做任何事情都希望能做到尽善尽美。这些性格特征也很容易让他们变成人们眼中不好相处、挑剔、不随和的那一类人，若任由其发展下去，蓝色性格的人则很有可能被自己的理性隔绝自己和他人，严重影响自己的人际交往。虽然理性可以带来知性美等优良的品质，但所谓"过刚易折"，要想取得周围人的帮助和认可，蓝色性格的人还应该适当用其他颜色的性格（比如红色）稍微中和自己的性格，如此才能让自己更受欢迎、更容易取得成功。

（三）黄色性格：积极的乐天派

明亮醒目的黄色代表着太阳、光明和希望，给人一种温暖、轻松、活泼、快乐的感觉，能够扫去人们心中的阴霾，让人们变得积极向上。人们在心理上会觉得黄色能有效地帮助自己缓解心灵上的不适，驱散自己的消极情绪。因此，黄色性格的人都是积极的乐天派，活泼开朗，无论面对顺境还是逆境，他们都是积极向上、勇往直前的。坚强和理性的他们不允许自己软弱，也不允许别人软弱、消极，甚至在他们的字典里没有"认输"这两个字。

黄色性格的人，自己坚强的同时也要求身边的人和自己一样。他们不会被眼前的困难打倒，而且他们所面对的困难和压力越大，就越是不屈不挠，也只有在这样的环境下他们才更能显示出黄色性格的人令人佩服的积极向上、百折不挠的优秀品质。

活泼开朗的黄色性格的人总能让自己快乐起来，同时也能让周围的人和自己一样感到快乐；因为他们具备非凡的快乐影响力。人们若能有个黄色性格的朋友便会发现，

和这样的朋友在一起总能保持一种轻松、自在的感觉。机智灵活的黄色性格的人善于交际、与人合作时不会斤斤计较，不会钻牛角尖，灵活多变的他们总能够用适当的方式来解决问题，让各方都能够满意，得到皆大欢喜的结果。

19世纪中期，大量的淘金者涌入了美国的加利福尼亚州。虽然加利福尼亚州确实盛产黄金，也有不少人靠在这里淘金成了富翁，但即便这里有金山银山也经不住源源不断的开采。后来，随着淘金者越来越多，加利福尼亚州未开采的金矿越来越少，金子越来越难淘，来到此地的淘金者生活也越来越艰难。

加利福尼亚州位于美国西部，该地区气候十分炎热干燥，水资源相当匮乏，而大量淘金者的涌入也使得原本就缺水的这里变得更加难以生存，不少怀着黄金梦的淘金者因为缺水而死去，带着他们的发财梦永远长眠在了这片盛产黄金的土地。面对这样的困境，有的人开始心灰意冷，萌生退意，他们不希望最后金子没淘到反倒把自己的一条命搭在这里。他们虽心有不甘，却还是无奈地离开了这里。然而，有个黄色性格的17岁少年亚默尔和他们想的都不一样，他看到淘金无望，而众多淘金者一个个因为缺水而死去，天生灵活机智的他想到若在这里卖水也许能大赚一笔，而且还能解决很多淘金者的燃眉之急。于是，他断然放弃继续淘金，开始了卖水的生意。他的这一行为引起了很多淘金者的耻笑和鄙视，但他丝毫不以为意。很快，当越来越多的淘金者不得不选择空手离开加利福尼亚时，亚默尔已经成了一个小富翁。

亚默尔和其他淘金者面对着同样的困境，可是典型黄色性格的他天生具有积极乐观心理，他懂得过分的执着常常会害了自己，于是选择变通，用另一种不同的方法来寻求致富途径，而这正是很多人都忽视的一点。有时，在充满变数的环境中，人们不仅仅需要朝着目标勇往直前的勇气和锲而不舍的毅力，更需要在已经无法前行的困境中灵活变通，像黄色性格的人那样，随机应变地在困境中寻求新的生路，打破既定的规则和思维模式，这样才能摆脱困境。人们应该认识到，在那样的环境下，灵活、变通的行动远比固执、执着地走向失败要好得多。

但万事皆有度，黄色性格灵活变通的这一特质如果不加节制，任其膨胀，则很有可能演变成喜新厌旧、缺乏常性；总是打着自己的小算盘，时刻盘算着自己的利益得失；随时准备改变既定的计划，转而将精力投向新鲜事物等。如此也会助长黄色性格人的贪欲，使他们产生这样的心理：总是对目前的境况不满意，总想找到一条通往成功殿堂的捷径来迅速改变现状。

有些固执的黄色性格的人，不会轻易听取他人的意见来改变自己的态度和想法，他们很少会自我反省，即使真是自己做错了。所以，若黄色性格的人成了公司领导，他们固执、决不妥协的脾气可能会对维护公司和谐融洽的人际关系非常不利。尽管他们的工作能力非常强，但若在一些细节处稍有不慎，处理得不够周到、公正，就会给下属造成一种独断专行的感觉。如此一来，下属从心理上就不会接受他，他和下属的关系就会因此越来越远。而最遗憾的是，黄色性格的领导往往对这个问题都不够重视，他们认为，让下属们畏惧自己远比亲近自己要重要得多。因此，黄色性格的人在面对困难时不得不常常孤军奋战，而长此以往就很容易变成一个"独行侠"。显然，身为领导，这样的处事方式很不得人心。

富有强烈好奇心的黄色性格的人总是不甘寂寞，无论身处何种环境，总会积极地创造各种机会让自己的生活变得快乐、有趣起来。他们想象力丰富，喜欢并乐于接受新鲜事物，所以他们总是走在时尚的前沿，善于把握身边的每一个机会，只要他们乐意，他们总能完美地抓住身边任何机会表现自己。但作为黄色性格的人，他们的外表越是装扮得光鲜亮丽、引人注目，他们的内心却可能越是空虚寂寞，所以他们才要将自己装扮成这样来为生活增添一丝色彩和赢得一些关注。

黄色性格的人喜欢幻想，他们总是对自己的人生和未来抱有很美好的憧憬。他们多是理想主义者，总是给自己制订各种完备的人生计划，并投入很高的热情和兴趣开始实施这些计划，可最后这些计划却多半因为各种原因搁浅或直接被遗弃了。

黄色性格的人还具有率真、表里如一的性格特点。他们习惯将什么事情都摆在脸上，他们的表情就是自身心情的晴雨表，只要内心稍有变化，就会在脸上表现出来。他们不刻意去隐藏或掩饰自己的感受，觉得这样是理所当然，这就使得具有潇洒、率性的黄色性格的他们永远不可能成为"笑面虎"之类的人物，他们自然也不会喜欢和这样的人交往。

（四）绿色性格：和善、安静的和平主义者

绿色是大自然中大部分植物的颜色，是一切生命起源的颜色，因此也被人们称作"生命之色"，代表着生命力、希望与和平。绿色的光在人类可见光谱中的波长位置居中，色光的感应性也处于中等，所以人们对于绿色光波长的细微分辨能力是最强的，同时人类的视觉也最能适应绿色光的刺激。绿色能带给人们安稳、舒适的心理感受，绿色性格的人也多表现得较为安静、和善。

绿色性格的人一般比较温和，是礼貌而又坚定的和平主义者，社会意识非常强，具有比其他颜色性格的人更多的社会责任感，为人踏实，做事认真、负责。可以说，

这主要源于他们有一颗平和的心。绿色还能给人一种青春、生机盎然的感觉，而绿色性格的人则能够给周围的人们带来沉静、和谐的氛围。和善的绿色性格的人就像温柔的水一样，他们能绕过生命中的种种艰难险阻，以滴水穿石的毅力解决所遇到的障碍。天生富有温柔吸引力的他们让所有与之接触的人都能够切实地感受到他们的仁慈和柔软。

印度民族解放运动的领导人和印度国家大会党领袖莫罕达斯·卡拉姆昌德·甘地就是一位典型的绿色性格的人，他热爱和平并为争取和平奋斗终生。他发动所有的印度人通过不合作、不妥协的和平反抗方式对抗英国。甘地通过带领印度人民的这番"非暴力，不合作"的运动顺利使印度摆脱了英国的统治，同时还激发了其他殖民国家的人民为了自己民族的独立而奋斗。甘地也因此被印度人民亲切地称为"国父"，并将甘地的生日（10月2日）定为甘地纪念日，同时也是国际非暴力不合作运动的纪念日。甘地的"精神的力量""真理之路""追求真理"等信念同时也激励和鼓舞了很多其他国家的民主运动人士，比如马丁·路德·金和曼德拉等。

美国民权运动领袖马丁·路德·金坚信："我们必须接受失望，因为它是有限的，但我们千万不能失去希望，因为它是无限的。"作为一个典型的绿色性格的人，他永远怀揣着对未来的憧憬和希望，在林肯纪念堂前，他曾对25万观众发表了著名的演说《我有一个梦》，并组织了美国历史上影响最大也是意义最深远的"自由进军"活动。他一生都致力于民权运动，直至1968年领导孟菲市工人罢工时被刺杀。

南非前总统，也是南非历史上第一位黑人总统—纳尔逊·罗利赫拉·曼德拉，他为了推翻南非白种人种族主义的统治，顽强地坚持了长达半个世纪的斗争，1964年他被南非政府以"企图以暴力手段推翻政府"的理由关入罗本岛监狱18年，后又在非洲大陆被囚9年。他有27年的人生是在监狱中度过的，但27年的牢狱生活没有磨灭他反对种族主义、建立平等自由新南非的斗志。他坚信："让自由来主宰一切吧，对于如此辉煌的人类成就，太阳永远不会停止照耀。"鉴于他为废除南非种族歧视政策所做出的巨大贡献，1993年，他被授予了诺贝尔和平奖。

马丁·路德·金

甘地、马丁·路德·金和曼德拉都是天生爱好和平的绿色性格的人，他们重视自己身边的人和自己的民族，就像大自然中的绿色植物需要深深扎根于大地才能生长得更好，他们也非常重视自己的同伴和生存环境。绿色性格的人具备良好的心理状态，在日常生活中会频繁地参加身边各种朋友们的聚会，即使他们有了自己的恋人或者另一半也依然不会影响到自己和朋友或同事之间的交往，擅长人际交往的他们总能够很好地处理好各方面的关系，将自己的生活、人际关系处理得井井有条。

绿色性格的人非常擅长学习：在学校，他们能够勤奋学习，积极参加学校的活动，而从学校毕业进入社会后，他们又会积极地去学习和研究工作中所必须掌握的技能。他们还善于从报纸、电视中收集和学习对自己有用的知识和信息，学习和自己工作相关的专业知识和语言，并以此为乐。

绿色性格的人在公司里会是个非常尊重自己员工的领导，他们会着力培养员工的独立性，而不会把员工当作没有思想的机器零件。这样的领导可以有效地凝聚公司的人心和向心力。绿色性格的领导行事风格稳重而公正，宽以待人的他们提倡工作团队的成员中要有盟友情怀，能善待自己的合作伙伴，并能急员工之所急，尽自己最大的努力为员工创造最好的工作环境，解除他们的后顾之忧，让他们以最佳的状态投入工作中。如说黄色性格的领导是靠着"目标管理"来获得胜利的，那么绿色性格则无疑是靠"人本管理"的方式取胜的——人文主义是他们管理公司的一大法宝。

全球规模最大的搜索引擎公司——谷歌公司，2004年8月19日上市当日市值就达到了270亿美元，而谷歌公司的创始人谢尔盖·布林也因此步入美国新一代亿万富翁的行列。但身价过亿的布林并没有去过奢华的富豪生活，他既没有富豪们占地宽广的豪宅，也没有豪华游艇或者私人飞机。布林平时的生活完全和普通人无异，他的父亲在接受媒体采访时表示，儿子没有任何炫富心理，就如普通人一样租了一套两居室的房子，只开一辆普通的丰田小轿车。这款车不是什么富豪炫富的高档跑车，只是一款价值两万美元混合动力的五座小型轿车，且这款车在美国的年轻人中非常受欢迎，也非常普遍。

虽然自己的生活简单而朴素，但布林对于公司的投入却丝毫不计较。他运用独特的方式尽力让公司的天才们工作得更加舒适——他将"免费"作为谷歌公司文化的一个重要部分，并将其细致入微地渗透到员工的工作和生活中。在谷歌公司，员工的餐饮、洗澡、洗衣、健身、按摩、看病全都100%免费；员工们配备的计算机显示器都是至少17英寸的液晶显示器；公司的每层楼都有一个咖啡厅，所有的员工都可以随时冲咖啡、吃点心，而公司的大冰箱里有大量的饮料和点心，大家可以免费吃喝；每个重要员工都有自己独立的办公室，他们可以按照自己的喜好任意装修；公司甚至还允许员工带着孩子或者宠物来公司上班……绿色性格的布林深谙管理之道，他明白这样做可以给员工们营造轻松的环境，解决了后顾之忧，员工们就能以最佳的状态来工作，同时还能保证他们积极的工作情绪，提高他们的工作热情。

绿色性格的领导为公司的员工营造了舒适的工作环境，员工们就会千方百计地提高自己的专业技能，增加自己的工作效益，来和这优越的工作环境保持和谐。

绿色性格的人也具有一定的局限性，他们虽然具有很好的人际关系，却也常常为了维持自己的好人缘来迎合他人。在与他人相处时，他们总是会产生一些诸如担心自己被周围的人否认甚至责骂的紧张和恐惧，最后演变成病态的妥协——他们宁可在这样的情绪折磨下苟活，也不肯在短暂的痛苦中奋勇而起。

绿色性格的人生活节奏通常比较慢，为人也表现为好脾气，他们很少会提出不同的意见和主张，因此他们很难成为有影响力的人。由于善良的他们总是担心自己的主动会给他人带来麻烦，所以只好让自己停下来、安静下来。安静、和善的绿色性格的人若能针对这些稍做改变，想必会成为更加成功、更受欢迎的一类人。

（五）橙色性格：活泼的快乐精灵

橙色是由红色和黄色混合而来，所以它综合了红、黄两色人的不同特点，他们热情、温暖、活泼，能给人带来快乐的心理感受。橙色同时也是光和热的组合，能让人感觉到舒适和温暖。而且，橙色不像黄色那样尖锐、刺目，显得更加温和；不像红色那样热烈，能使人的精神和身体感觉更放松。

橙色性格的人往往都比较快乐、活泼，他们总是充满了热情和活力，面对自己想要的，从来都是积极主动地争取，有一股永不服输的劲头。橙色性格的人不但快乐、活泼，具有很强的竞争意识，他们还会积极地争取自己所应得的一切，朝着自己的目标不断奋斗、前进。即使面对再大的困难和挫折，橙色性格的人也绝不会退缩，他们只会愈挫愈勇，将竞争进行到底，永不服输。

橙色性格的人是天生的冒险家，他们不会安于现状，永远期待着未知的新鲜事物，而且他们具有坚定的内心，不易被其他人的看法或建议所左右，坚持"走自己的路，让别人说去吧"。他们讨厌规矩和束缚，追求自由和挑战，并为追求的过程而感到由衷的快乐和自豪。他们的行动力强且精力充沛，是典型的行动派，坚信行动才是一切。在他们看来，生命本身就是一次充满了未知和挑战的冒险旅程，行动和冒险精神是这次旅程的必备技能。

　　精力充沛、活动力强的橙色性格的人也同样存在缺点，他们从来不会觉得自己过于好动，有时也会表现得不太在乎别人的感受，有些自以为是。由于他们对婚姻的意识不是很强烈，所以有些橙色性格的人终身都没有结婚。但他们却并没有因此而生活得不愉快，他们中大多数生活得比较自由。他们的感情大多比较丰富，无论是开心或者不开心都会毫无保留地表现出来，并且多表现得较为强烈。

　　橙色性格的人一般都具有很强的支配心理，希望周围的人都按照自己的意愿行事，并一直为做到这一点而努力。这一性格特征在职场或者商场可以成为橙色性格的人前进的推动力，但若不加节制地将这一习惯运用在生活中则可能招来他人的反感，从而给自己的人际关系和工作、生活都带来不利的影响。

　　橙色性格的人本能意识很强烈，他们有自己独立的想法，不易被他人或世俗的社会常识所左右。所以，在现实生活中，在时装、发型、生活方式等方面特立独行、别具一格的人多是橙色性格的人，这也是橙色性格的人常被人们称为"个性派"的原因之一。橙色性格的人奉行的是"你是你，我是我"的行为准则，他们要求自己无论在何种情况下都能够享受真我的人生。他们在需要做出选择的时候往往只忠于自己的直觉，而不会受世俗的教条所束缚循规蹈矩地生活，他们只会选择自己认可的生活方式。

　　本能意识非常强烈的橙色性格的人感觉非常敏锐，第六感非常卓越。无论是在吃、喝方面所需要的味觉，还是与他人交谈、鉴赏音乐时所需要的听觉，橙色性格的人都比其他颜色性格的人要表现得敏锐得多。因此，具备了敏锐的感觉，且第六感强烈的橙色性格的人在演艺界、运动界，甚至是投机金融领域都非常有竞争力，可以充分发挥他们的特长。

　　橙色性格的人个性自由、想象力丰富，再加上自己天生的敏锐使得他们在自己喜欢的行业独树一帜。但他们虽然成就卓越，却常常因此被人们当作异类。

　　20 世纪 90 年代对日本音乐界影响最大的，同时也掀起了被称为"小室狂热"社会现象的著名音乐人小室哲哉，就是橙色性格的人的典型代表。他从 3 岁开始就在母亲的指导下练习小提琴，年少的他非常迷恋摇滚音乐，当时的他和很多具有同样爱好的少年一样，梦想着自己有朝一日能够成为一个音乐家。后来，21 岁的他加入了"SPEEDWAY"乐队，并从这个乐队开始了他辉煌的音乐生涯。虽然这个乐队并未取得理想的成就，并在不久之后就解散了。但橙色性格的小室哲哉天生便有着非凡的音乐天赋，并具备了橙色性格乐观、不服输的性格特征，所以他并未灰心。后来他又和木根尚登、宇都宫隆成立了"TM. NETWORK"乐队，虽然发行的前两首单曲都没有取

得很大的反响，但他们依然对自己非常有信心，终于在发行了 Get Wild 等一系列单曲后成功打入了日本流行音乐排行榜的前十名，迈出了走向成功的重要一步。

橙色性格的小室哲哉在音乐中全面解放了自己，以自己独特的"自我主义"的姿态活跃在亚洲的音乐界。他作为橙色性格的人所具有的卓越的第六感、超强的个人魅力都成了他在流行音乐界所向披靡的重要武器。而且，他卓越的第六感还让他发掘了未来的亚洲流行音乐天后——安室奈美惠。安室奈美惠在小室哲哉的精心打造下一炮而红，迅速成了日本20世纪90年代的当红女歌手，不但一举夺下了日本歌坛第一女歌手的桂冠，还成为当时日本第一位世界级的女明星。而小室哲哉的倾力打造也让安室美奈惠成了日本最"长寿"的歌手，并且一直稳坐亚洲第一天后的宝座。

但小室哲哉的成功并不代表每个橙色性格的人都是天才，都能成就他那样的辉煌。相反，橙色性格的人若不能专注于自己的喜好，而是对任何事情都只抱有"三分钟热度"，那么即使拥有怎样卓越的第六感和敏锐的感觉也无济于事，最终只能一事无成。

所谓"相由心生"，快乐、活泼的橙色性格的人常常会保持一颗快乐的心，因此橙色性格的人身体素质基本都比较好，也多半具有漂亮、出众的相貌，再加上他们活泼的性格和亲切自然的态度，使得他们很受人们的欢迎，其中也自然不乏优秀的异性。橙色通常可以让人们想起夕阳和火焰，给人一种温暖而又华丽的感觉，所以，橙色性格的人对异性来说无疑是具有非常强的吸引力的。而对于爱冒险、充满活力的橙色性格的人来说，谈一场轰轰烈烈的恋爱也正是他们梦寐以求的。他们凭借着自身出类拔萃的个人能力，常常"桃"运当头，所以要想谈一场随心所欲的恋爱绝对不在话下。

鉴于橙色性格的人所具有的种种性格特征，他们需要注意的是，在做出一个重要决定或者行动之前一定要三思，不可仅凭着自己的一腔热血而不加考虑地一头扑进去。但当自己有了一个好的目标或想法的时候就一定要坚持到底，做到最后，切忌半途而废。

（六）紫色性格：神秘与尊贵的结合体

紫色是由富有激情的红色和冷静、沉郁的蓝色混合而成，所以，紫色包含了一种神秘、不可捉摸的感觉，令人好奇且向往的同时又有一丝畏惧。自古以来，紫色就是贵族和神职人员服饰的颜色，是一种代表了宗教和高贵的色彩，因此，紫色也被人们称为"宗教与艺术家的颜色"。在西方国家，那些皇室贵族喜欢用紫色作为他们尊贵身份的代表，这一习惯最早源自古罗马帝国。在古罗马，服饰是身份、地位和等级的象征。那时，不同等级的人穿什么样的衣服都有着严格的规定，而衣服颜色的不同就是其中最重要的标志之一。那时，元老们可以穿一种宽大的紫色托加袍，只有最尊贵的皇帝才能穿全紫色的衣服。而在东罗马帝国，也就是拜占庭帝国，色彩的象征性也非常突出，其中紫色就象征着高贵和威严。当时宫廷里最常用的搭配就是在红紫色的底上用金色的线绣制图案。甚至还有一些拜占庭王族嫡系的皇帝将"紫生"一词加到自己的称号中，用这种方式来向人们表明自己出身正统，显示自己的尊贵和王位的名正言顺，并和那些靠其他手段来获得王位或血统不纯正的君王区分开来。

紫色还代表着宗教权威，在很多宗教的服饰和物品中都运用了大量的紫色，因为他们认为，紫色代表了尊贵、慈爱以及神圣。

正是因为这些传统的文化和宗教思想，紫色才被人们蒙上了一层神秘而又高贵的面纱，而紫色性格的人也大多富有神秘、优雅而高贵的气质。紫色性格的人非常敏感且感情丰富，多是艺术家。他们性格内向，容易多愁善感，非常感性，且具有很敏锐的观察力。有的紫色性格的人可能会自认平凡，但依然会显得非常有个性。敏感而又多情的他们总能在别人不经意间体会到他人无法察觉的感受，他们似乎全身上下都充满了情绪化的"感性触觉"。由于他们的心思纤细，能够对世界万物产生异常丰富的感觉，所以紫色性格的人非常适合唱歌、摄影、绘画等职业，即使是日常生活中一个微不足道的感觉、一块毫不起眼的石头在他们看来也是可以用来雕琢成艺术品的原料。他们还非常擅长将自己这种与生俱来的能力加以运用，能够很好地将自己细腻的感情和敏锐的感官运用在表演艺术中，同时，他们的沟通、适应能力也比一般的人要卓越。也正因为具备这些优势，紫色性格的人多能成为艺术家、歌唱家或者颇有建树的宗教人士。

紫色性格的人还非常好强，"严于律己，宽以待人"的他们总是要求自己要做到更好，不仅要比其他人好，还要比过去的自己做得更好。他们非常渴望获得知识，提升自己的能力，只为让自己早日成为理想中的自我。他们会在日常的生活中不断努力，并因为追求完美而对自己极为苛刻，虽然他们自身也有与生俱来的惰性，有时也会想到放弃或者得过且过，但每次与将要放弃的自己做斗争时，他们却总能让好强的那个自己获得胜利。

紫色性格的人一般人缘都非常好，因为他们在和朋友们相处时，总是先考虑他人而最后考虑自己，事事以他人为先。虽然他们对自己要求严苛，可对待他人却总是很宽容。不过，如此行事，在不理解的人眼里可能就成了自我英雄主义，其实对他们抱有这种想法实在是冤枉了他们。

　　紫色性格因为是红色和蓝色两种极端的性格的混合体，所以常常会显示出一种冰火两重天的矛盾性。人们初次认识紫色性格的人时可能会认为对方是个非常内敛且冷静、持重的淑女或者绅士。因为他们给人的感觉很像是内向、冷静而将自己的感情深埋于心底，绝不将其表露出来的蓝色性格的人。但只要对紫色性格的人稍加深入地了解就会发现，他们的情绪其实非常极端化，就像热烈的红色性格的人所表现的那样，无论是喜怒哀乐都会毫无保留地表现出来，让人们惊觉自己看到的他和初次认识的他有着天壤之别。神秘的紫色性格的人有着许多截然不同的面貌，他们有时可能非常老成、持重，不苟言笑，有时又变得快乐、活泼、充满孩子气，有时还会变得非常具有浪漫情怀……总之，他们总是令人捉摸不透，让人们觉得认识他们越久却好像越不认识他们，最后只好用"神秘"二字来对他们进行概括。

　　紫色性格的人还有自己独特的处世方式，他们行事张弛有度，在闲暇时他们会以一种非常悠闲而又超脱的状态生活，而一旦有了确定的目标，他们就一定会全身心地投入，将一切无关的东西都抛开，而且绝对不会半途而废，即使遇到再多的阻挠也会坚持到底。虽然在实施计划的过程中也会遇到自己非常难以应付的问题或者周围伙伴的不利劝说，他们或许会因此而出现短暂的迷惘和动摇，但经过一番深思熟虑后，最终还是会坚持自己最初的想法，按照自己制订的计划来行动。

　　紫色性格的人能在无形中产生一种被称为"阴柔的吸引力"的磁场，他们非常容易影响周围人的情绪和看法，同时也非常容易被周围人的情绪和看法所影响。紫色性格的人若能将这种独特的"吸引力"善加利用，就可以形成自己独特的性格魅力，为自己赢得他人的瞩目，给自己创造各种各样难得的表现机会。虽然他们可以利用这种"吸引力"来获得周围人的认同，但这种"吸引力"也会在不经意间将麻烦和争执带到紫色性格的人的身边。紫色性格的人在了解了这一点之后，一定要特别注意，不能引火上身。一旦这种"吸引力"的磁场过于强大，则可能将一些不必要的麻烦吸引到自己身上，所以人们会发现有些紫色性格的人明明很受周围人的喜爱，但有时也会被另一部分人所讨厌，还时常会因为一些不知名的原因被他人嫉妒，遭到别人的无故刁难和差遣。这就需要魅力非凡的紫色性格的人要注意自我调节，并在适当的时刻恰当地进行自我抑制，否则锋芒太过反而易遭遇挫折。

　　紫色性格的人崇尚"一见钟情"以及"柏拉图"式的恋情，他们的感情通常都非常热烈，但又蕴藏在冷漠的表面之下，不易被人察觉。他们认为高贵纯洁的爱情是不能被任何世俗的东西玷污的，只有感性的喜欢和爱恋才是爱情的决定因素，爱情在他们心目中永远占据着第一位的宝座，所以为了真爱他们可以不顾一切。也正因此，紫色性格的人常常在爱情的世界里患得患失，多愁善感，既渴望相遇，又对未知情感有着无端的恐惧和焦虑。

所以，作为神秘、优雅而又颇具魅力的紫色性格的人，就应该时刻保持自己内心那份沉静和对真爱的单纯，冷静地驾驭和控制自己内心的感情，直到自己的真爱降临。

（七）白色性格：安静的完美主义者

在某些文化中，白色被认为是最崇高与神圣的颜色，可以代表来自天界的启示。如在古埃及，白色象征着神灵，而在古罗马，来自天界的使者也穿着洁白的衣服；西方神话和传说中的具有驱魔功效的护身符也多为白色；天神和精灵的独特法术也被称为"白魔法"；大自然中白色的动物，诸如白马、白蛇等也被赋予了神圣的象征意义。在东方人的认知中，白色也具有特殊的意义，日本现存的最早的文学著作《古事记》中包含了大量的日本古代的神话传说、历史故事等，其中就有关于白色野猪、白色兔子和白色天鹅等的记载。

白色天生带有一种超凡脱俗、一尘不染的气质，人们一看到它就会联想到纯洁和静谧。在日常生活中，喜欢白色的人很多，这是因为人们都对白色的美好和纯粹怀有真诚的憧憬。白色性格的人也和白色一样拥有一种纯粹、圣洁的气质，他们无论是对于生活、事业还是恋爱都抱有非常崇高的理想和追求，因此，白色性格的人多半是完美主义者。他们无论是对自己还是对别人都要求得非常严格，总是以一种挑剔的眼光来看待一切。他们志向高远，不甘心庸庸碌碌地生活，并且会努力朝着自己的目标前进。

因为追求完美，白色性格的人面对残酷的现实生活常常会猝不及防地受挫，尤其是当现实和自己的完美理想差距太大时。但他们并不会因此而自暴自弃，他们会平静地接受现实，而当他们遇到自己无法接受的现实时，他们会付出更大的努力来改变这个现实，即使需要花费多出几倍的努力和汗水也在所不惜，只希望最后的结果能够更接近心中的完美状态。即使面对一些看上去无法改变的状况时，白色性格的人可能会备受打击，会比其他颜色性格的人感到更大的失望和挫败，但他们也仍是"不撞南墙不回头"，会把压力化作动力，不达目的，誓不罢休。虽然这样的处世心态对身心来说是非常不健康的，长此以往无疑会大大降低白色性格的人对生活的幸福感和成就感，但他们依然欲罢不能。

在日常生活中，人们若看到一个非常完美且对自己和他人都要求非常严格，而自身又"白璧无瑕"的人，都会产生一种由衷的崇拜与羡慕，但也会觉得若和这样的人在一起会感受到一股强大且无形的压力，所以，人们遇到这样白色性格的人往往会对其敬而远之，而不会主动上前与其攀谈、交往。这样就在作为完美主义者的白色性格的人和他人之间形成了一道无法消弭的无形的隔膜。因此，白色性格的人通常很难成为生活中受欢迎的对象，也很难交到交心的朋友，而这样不算好的人际关系也常常会让他们感到孤独，却又无能为力。

白色还是一种代表真理的色彩，所谓"是非黑白"，"白"是真理的强劲的那一面，而英语中的白色（white）也代表"合理"的意思。白色即正确、被认可的那一方，所以白色性格的人大多追求正义、比较正直。

白色还象征着年轻和青春，很多人会随着年龄的增长而越发地喜欢白色，这是因为他们想从白色中找回自己逝去的青春，而这也会使得他们会变得更加热爱生活，并善待自己身边的人。白色性格的人大多都有一颗温柔、善良的心，同时家庭观念也会比较强，很重感情，再加上天生追求完美的性格，他们对于自己所做的每一件事都非常认真，所以白色性格的人大多都多才多艺。

"栀子花，白花瓣，落在我蓝色百褶裙上……"很多人喜欢刘若英都是因为她那干净、轻柔的声音。作为一个流行乐坛的歌手，她没有出众的姿色，也没有什么强大的背景，白色性格的她只是单纯地喜爱音乐，并以一种非常认真的态度在对待音乐，然后用自己那朴实无华却饱含深情的声音演绎出来，她的歌声一次次地触动人们内心深处的情愫。白色性格的刘若英曾经说过："我不喜欢穿那些很复杂的衣服。对于衣服的颜色，我最喜欢白色，因为它看起来会显得非常舒服……"因而，她常常一袭简单的白色连衣裙或者穿着宽松的白色棉布衬衣出现在观众面前，发型简单、利落，妆容清淡，笑容恬静，这一切都显示出了白色性格的她特有的纯洁无瑕。

白色是最接近太阳光线性质的颜色，它和太阳光一样包含着所有色彩的波长，是所有颜色的光中最为"完美"的一种，同样，白色性格的人也是追求完美的绝对完美主义者。刘若英也不例外，她在自己的事业上永远像一根上紧的发条一样不知疲倦，总能把每一件工作都按要求出色地完成。在出道的十年中，她共发行了七张个人专辑和一张精选集，都有着非常好的销售成绩，还曾在多个流行音乐榜上位居榜首，同时她也是滚石唱片公司作品最畅销的女歌手之一。不单是唱歌方面，她在影视界表现出来的表演才能也不容人们小觑，凭借电影《少女小渔》中的小渔一角，她让人们看到了她不凡的表演才能。后来，她还出版了一本名叫《下楼谈恋爱》的书，销量也非常可观。人们都很佩服她能同时兼顾歌手、演员和作家这三个不同的身份，而且每个身份都做得非常好。事实上，这和她追求完美的白色性格是分不开的。简单、质朴、追求完美的刘若英就像洁白无瑕的白色一样纯粹、朴实、不张扬，却蕴含着无限的魅力。

白色性格的人喜欢安静，讨厌冲突和矛盾，他们喜欢安静地待在自己的世界里，不希望有人来打扰，自己也轻易不会去打扰他人。当在某件事情上与他人意见不合时，他们宁愿付出一些代价也不愿意和别人发生正面冲突，即使自身已经感到非常愤怒，也不会情绪爆发地大吼大叫，他们只会用沉默来表示抗议。其实人们要想和白色性格的人发生冲突也是比较难的，因为他们通常都非常乐意征询他人的意见，但自己却不会主动地提出意见或看法。

白色性格的人崇尚独立自主，喜欢自由的生活，拒绝太压抑的生活。不喜欢被控制的他们同时也不喜欢去控制别人，他们不像红色或蓝色性格的人一样有强烈的控制欲。白色性格的人认为每个人都有自己的行事方法，他们既不想被他人干扰，也不会去干扰他人，所谓"己所不欲，勿施于人"是他们的行事准则。对于他人提出的意见和看法，白色性格的人能够大方地接受，而且他们也会为了让对方尽兴、避免双方产生不和谐的情况而刻意地去迎合对方，对对方百依百顺。但这并不代表白色性格的人没有主见，他们在接受他人的意见时更希望得到的是善意的暗示，而不是自上而下的指示。

白色性格的人同样有一定的局限性，例如他们虽然大部分都不愿意承认，但却无法掩盖自己把金钱看得比较重且不够大方的一面。意志力坚定的他们很多时候会显得非常固执甚至顽固。从他人的角度来看，这无疑会显得非常拘泥古板、不近人情，让人难以接近。虽然白色性格的人追求完美是好事，但若事事都如此的话则会给人一种挑剔、敏感的感觉。白色性格的人需要知道的是，自己给人带来纯粹、完美的感觉的同时，也会带给人们清冷和疏离的感觉，这就需要白色性格的人时刻注意提升自己的亲和力，不要"拒人于千里之外"。

（八）黑色性格：冷静而又固执

黑色性格的人大多都精明干练，行事果断，喜欢用黑色来装点自己的生活。黑色的衣服、黑色的皮包、黑色的汽车，这些黑色的东西就像是披在他们身上牢不可破的铠甲，可以让他们变得更强大、不易打倒。

法国先锋时装设计师，香奈儿品牌的创始人——加布里埃·可可·香奈儿，是典型的黑色性格的人。1883 年，香奈儿出生于法国中部的奥弗涅，她的童年生活并不快

乐，在她六岁的时候母亲就永远地离开了她，而后父亲不堪重负，抛下了她和四个兄弟姐妹。后来她被交给姨妈抚养，姨妈将她送进了修女学院学习，也是在那里，她练就了一手精巧的针线手艺。在传记片《时尚先锋香奈儿》中，人们可以看到，她在离开修道院后来到了穆朗城的一家裁缝店工作。在那里，她认识了对她日后的事业和生活都起到了重要作用的军官爱提安·巴勒松，并成了他的知己。从此，她的生活进入了另一个阶段。香奈儿自己也曾说过："巴勒松能够给我一切。"之后，她又认识了人生中的第二个重要人物——阿瑟·卡佩尔，并和他开始了一段刻骨铭心的爱情。

同样出身卑微的卡佩尔对香奈儿的影响无疑是巨大的。卡佩尔原本只是个情妇的儿子，但生性好强的他经过不懈的奋斗最终成了一位商界名流，成功步入了上流社会。正是因为卡佩尔的这些经历，使得他和香奈儿惺惺相惜，而香奈儿更是从他身上看到了希望。卡佩尔也乐于给香奈儿提供帮助，他在巴黎为香奈儿开了第一家女装帽子店，凭借着自身非凡的针线技术，香奈儿缝制了一顶又一顶深受女士们欢迎的帽子。当香奈儿的事业遭受打击时，卡佩尔给她提供了经济支持，还邀请当时著名的女歌剧演员在演出的时候戴上香奈儿设计的帽子，为香奈儿做广告。可惜最终卡佩尔却碍于自己出身的卑微和社会的压力不能娶香奈儿为妻，只能让她作为自己的情人和知己。就在1918年的圣诞节前夕，卡佩尔带着给香奈儿的圣诞礼物——一条珍珠项链，在驱车前往与香奈儿共度圣诞节的途中遭遇车祸身亡。香奈儿赶到现场，伤心欲绝地痛哭了几个小时。或许是这次事件给香奈儿的心灵造成了沉重的打击，此后，她便爱上了黑色长裙搭配珍珠项链的装扮。

黑色性格的香奈儿喜欢黑色长裙，一方面是对于自己出身的地位和因为身份的限制不能去参加心爱的人的葬礼等种种现实的逃避。表面上，她用黑色给自己营造了一种神秘、傲然、俯视一切的感觉，但其实她是在掩饰自己内心的自卑；黑色性格的她遇到这种种挫折和打击不会像红色性格的人那样瞬间的情绪爆发，将自己的所有感受全部宣泄出来，她只会用更强大的自制力来压抑自己的伤痛和感受，让自己变得更加精明和干练，处理起事情来也更加果断，不受外界的影响，也不受自己内心情感的牵制，从而让自己在面对问题时变得更加冷静，更加有威慑力。

现代抽象艺术在理论和实践上的奠基人，俄罗斯著名画家瓦西里·康定斯基曾这样形容黑色："黑色在人们的心灵深处叩响，像没有任何其他可能的虚无，是太阳熄灭后死寂的空虚，像没有未来、没有希望的永久的沉默。"

黑色是种庄重的颜色，黑色性格的人也多半能沉稳、冷静地面对各种情况。也正是这种沉稳、冷静的性格让黑色性格的人在即使遭遇灾难或者事故时也能沉着应对，不惊慌，而凭借着自己这种成熟的心理，黑色性格的人即使身处绝境，也仍能寻找到生存的希望。沉稳、冷静的黑色性格的人因此也很受他人的尊敬，而大多数优秀的政治领袖多为黑色性格的人，他们为人果断而明智，具备超越他人的理性思考能力和心理承受能力。这种沉稳、冷静的性格也是黑色性格的人获得成功的基础，它能让人拥有成功者的气质和精神，磨炼人的意志，使人的心理更加成熟，气质和精神得到更大的提升。

黑色性格的人最初往往对很多事情都抱有兴趣，在没有确定自己想要什么之前，他们会不断地尝试各种事情，体会各种感觉。一旦确定了自己想要的，找到了目标就会固执地坚持到底。他们会对自己认定的事情刨根问底，这也就造就了他们刻苦钻研的精神。

西方有这样一句古老的谚语："多愁善感的人的血液是黑色的。"即使在今天，人们也常常把黑色和一些负面的情感联系在一起，而黑色性格的人又多冷静自持，即使心中的感情已经风起云涌，表面给人的感觉也依然是云淡风轻。所以，黑色性格的人的感情一般都不是很顺利，即使已经开始恋爱，其进程也会非常缓慢，甚至中途搁浅。因为他们即使在内心已经疯狂地爱上了一个人，也不会主动表白，一定要等对方先主动。或许他们会因为好奇或者研究心理和形形色色的人约会、交往，而陷入一种"我虽然有男朋友（女朋友），却没有恋人"的状态。但生性固执的黑色性格的人一旦认准了一个人就会成为最痴情、最专一的恋人，他们会以最认真的态度去对待自己的恋人，绝不会朝三暮四，而且他们还会积极主动地帮助对方完成梦想、挖掘对方的潜能，帮助他（她）提升自己的个人魅力。可以说，只要对方有需要，无论是精神方面还是物质方面，他们都会无私地为对方做出贡献。所以，很多人会发现，黑色性格的人其实就是人们常说的"旺夫"或"旺妻"类型的人。但要想与黑色性格的人在一起，一定要考虑到彼此是否真正的"志同道合"，因为黑色性格的人和恋人相处久了就会渐渐地变得先考虑自己的想法和感受，过多地关注自己的喜好，进而将自己的理想和要求强加到对方身上，这样无疑会给对方造成很大的困扰，进而影响两个人的感情。

（九）褐色性格：脚踏实地，一步一个脚印

"褐"在中国古代指的是粗布衣服或者粗布，即没有上色的衣服或者布料，代表着布料原本的颜色。所以，"褐"在古代也指平民百姓，不同于象征着权力的黑色和象征着皇权的黄色。褐色性格的人则给人一种平易近人、敦厚的感觉。这是因为他们做起

事来脚踏实地、坚实可靠。虽然褐色性格的人没有其他色彩的花哨和繁复，只是简简单单，却能让人不由得对其生出一种信任感，觉得自己可以放心地委托他们做任何事情。

说起中国的杂交水稻之父袁隆平，大家都十分敬重，他解决了世界上五分之一人口的温饱问题，对全世界的粮食生产做出了巨大的贡献。具有典型的褐色性格的袁隆平虽然取得了包括"国家特等发明奖""联合国科学奖""沃尔夫奖""世界粮食奖"等众多国内外的重要奖项，但他依然保持着平易近人的褐色性格，从未因为自己所取得的成就而自视高人一等，永远保持着一颗敦厚、踏实的平常心。

1999 年袁隆平参加在昆明召开的世界园艺博览会，当时他正站在湖南省的展台前给身边的游客介绍杂交水稻，而旁边正立着他在稻田里拍的大宣传照。这时，有没见过袁隆平的游客非常激动地指着照片对旁边的人大喊："快看快看，就是那个照片里的人啊！杂交水稻之父！"袁隆平在一旁听后笑了笑，点点头说："是我，是我。"然后接着向游客们介绍他的杂交水稻。

袁隆平

这就是褐色性格的袁隆平，伟大的科学家，他和人们想象中的科学家似乎有些不一样，少了科学家的光环，也少了高高在上的威严，更多的是他特有的朴实和平和。他不喜欢张扬，不喜欢在媒体上抛头露面，曾多次拒绝电视台的采访。对此很多媒体表示不理解，而他的助手却解释道，他已经非常配合了，上了中央电视台，上了凤凰卫视，还录制了纽约时代广场上的中国形象短片。其实，踏实的袁隆平更愿意把上电视的时间用到研究中来，为人民研制出更高产的粮食。

褐色性格的袁隆平就是这样一个脚踏实地、坚实可靠的人，他对待自己的工作和事业认真而又执着，选定了自己要做的事情之后就会坚持不懈地一步一个脚印地做下去。在获得了不凡的成就和令人瞩目的地位后，褐色性格的他没有产生自负的心理，没有突然变得高不可攀，而仍旧是那个令人感到放松和亲切的人，始终具有一种平民性。可以说，这也是他的一大人格魅力所在。

褐色性格的人不爱抛头露面，不爱追逐功名利禄，他们更愿意在背后默默地工作和付出。初识他们可能会觉得他们很普通，和其他人没什么两样，他们对人不会过度热情，也不会像有些人那样去刻意展示自己。他们行事稳重，生活和工作都会被安排得稳稳当当，而且善于处理生活和工作中问题的他们总能巧妙地避开生活中的"礁石"，恰当地缓解生活中的各种压力。此外，他们还有着非常强的平衡局面的能力，也因此备受周围人的欢迎。

踏实、稳重的褐色性格的人多为人勤恳，在感情方面也是踏实、专一的，若有一个人天生比较花心，那么即使他才能多么出众、为人多么了得也不可能获得褐色性格的人的青睐。褐色性格的人需要的是真正爱自己、对自己有益的人，他们希望能够和自己的另一半互为支持、互相帮助、共同提高。值得一提的是，褐色性格的人在恋爱时属于长相厮守型，他们认准一个人后就会希望只和他（她）长长久久，而且他们善于照顾家人，将亲情看得很重。显然，踏实、稳重的褐色性格的人是人们选择终身伴侣的不二人选。

六、身体语言透露的性格

身体语言又称肢体语言，它是由人的四肢运动表达出来的，可以传递许多信息，我们通过身体语言，可以了解一个人想要表达的真实感情和意图，从其一举一动，一言一行中分析他的性格特点。

俗话说："知己知彼，百战不殆"，如果我们能够掌握身体语言的"魔力"，正确利用身体语言的优势，就能够让我们在工作和生活中游刃有余。

（一）以说话方式判断一个人的性格特征

奥地利心理学家汉斯·克莱特勒曾经表示，人在交谈的过程中所使用的说话方式，往往能反映出一个人的性格特征。在日常生活中，人们的说话方式各不相同，这是因为一个人的说话方式主要与对方的生长环境、教育水平有关，而这些也正是个人性格形成的因素。所以如果能从一个人的说话方式中读出背后隐藏的信息，就能推断出这个人的性格特征。

一个人说话的目的并不是只为了把语言信息传达给对方，更主要的是和对方进行沟通交流，让对方接受并了解自己。同样的词语用不同的态度说出来，一定会有不一样的效果，从一个人的语态上可以推断出一个人的个性特征。

说话直接、不拐弯抹角的人，大多性格比较外向、个性豪爽，做事也风风火火，从不优柔寡断，非常有魅力；勇敢自信，喜欢冒险，具有创新精神。相反，说话拖泥

带水、唯唯诺诺、爱唠叨的人，往往性格比较懦弱，责任心不强，心胸狭窄，喜欢在一些鸡毛蒜皮的小事上纠结。他们爱抱怨，对现实生活不满，但是自己却不会主动去改变，总是在等待别人的帮助，喜欢做白日梦。

在谈话中，习惯用敬语，喜欢恭维对方的人，大多是处事圆滑的人，他们非常善于察言观色，然后判断出对方的心情，投其所好。这些人适应能力很强，性格坚韧，能屈能伸，和周围的人都能保持良好的人际关系。在谈话中常常使用礼貌用语的人，通常都是有一定文化修养，受教育程度较高或者是严格要求自己的人。他们大多数懂得包容他人，心胸豁达，具有奉献精神。

在说话中，带有地方口音或者总是使用方言的人，他们一般很重感情，环境适应能力较弱，一旦到了新的环境通常需要很长的适应期。但是，这类人却有很强的自信心，具有闯荡精神，非常容易取得成功。还有一些人说话爱用口头禅，经常使用"果然"或者"其实"的人，多数是自以为是或者希望引起别人的注意，他们性格比较固执、倔强甚至自负。经常使用流行词汇或者外语的人，一般虚荣心较强，喜欢显摆自己。还有经常使用模棱两可的词比如"可能""或许"这样的人缺乏自信，害怕自己说的话遭人反对。如果一个人过多地使用一些口头语，往往反映出这个人意志不够坚强，做事不够干练，行动力较弱。

在谈话交流中，总是爱发牢骚的人，通常都是好吃懒做，贪图享受的人。他们想改变自己的生活，却不采取行动。遇到挫折，总是为自己找借口逃避。他们自私自利，从来不要求自己，对别人却很苛刻，从来不会替别人考虑，却总想得到别人的回报。

说话风趣幽默，常常能逗乐大家的人，多数直觉灵敏，心胸豁达。他们性格开朗、自由奔放，不喜欢墨守成规。这类人比较聪明，头脑灵活，又充满活力，受到很多人的欢迎。他们往往是人群的中心，却从不会受到他人的嫉妒或嫌弃。还有一些人在谈话中总能给人带来一些新鲜感，让人格外开心。这些人一般个性鲜明，善于随机应变，和他们在一起是非常愉快的事情。这些人总能给人带来欢声笑语，他们的周围也会聚集很多朋友，但是由于个性强烈，处事太过高调，容易遭到他人的嫌恶和攻击。

还有一种人，他们在谈话中很注意倾听，很多时候他们都是在回应对方的表达。这类人待人处事谦虚有礼、性格善良，而且他们心思细密，对事情往往有自己独特的见解。他们不喜欢用过多的表现来引起别人的关注，能够认真听取别人的意见并获得对方的信任，勤奋好学、善于思考，时间久了，他们大多会成为人群中德高望重的人。相反，有一类人和别人谈话时，总是让别人听自己的，好为人师，这类人大多数自以为是，希望引起别人的注意。他们从不站在对方的角度考虑问题，常常目中无人，拒绝他人的建议和意见，要求别人接受自己的观点，给人一种狂妄自大的感觉。

有的人说话直接，而且不顾及对方情绪，总是一针见血，这种人通常洞察力非常强，思维独特。他们很轻易地就能指出问题的关键，善于总结发现事物的本质，但是他们性格中往往带有一定的攻击性。在和他人的交流中，一旦发现对方的问题，就会毫不犹豫地指责对方，令对方难以接受，甚至产生报复心理。

在美国曾经发生过一起凶杀案，凶手是当地一位有名的大学教授，而他谋杀的竟然是自己的妻子。在警察对他审讯时，他毫不犹豫地承认了自己的罪行。对于这个事实，周围的邻居们都不敢相信。

这位教授在学术研究上很有成果，在学校里很受同事和学生们的尊敬。他平时为人善良，说话都是温和平静的，让人感觉很亲切。但是就是这么一位受人爱戴的教授，竟然会杀害自己的妻子，令人不可思议。原来这位教授的婚姻生活很不幸福：妻子是一个习蛮泼辣的人，常常乱发脾气，她总把自己在外遇到的一些不开心的事情都怪罪到教授身上。妻子还对他的学术研究冷嘲热讽，甚至撕毁他的学术论文和研究报告，这让教授痛苦不已。刚开始的时候，教授还能忍受妻子的行为，很耐心地和妻子沟通，请求妻子能够包容他。但是妻子却固执地以为他是在敷衍自己，从而变得更加泼辣，教授也因此受到了很大的精神打击。在一次又一次的争吵之后，教授越来越不满妻子的行为，而妻子总是把生活中的不顺怪罪到他身上，还对他的工作冷嘲热讽。教授认为自己的妻子肯定有其他企图，于是在妻子的又一次情绪爆发后，亲手杀死了她。

从这个教授日常和妻子说话的方式可以判断出，他的性格温顺，习惯逃避争斗。但是正是这样的性格压抑了他的情绪，妻子的无理取闹又触及了他的心理底线，结果导致了凶案的发生。这跟两个人的性格和谈话交流的方式有着很大的联系。说话的方式反映了人的性格，人的性格又决定了人的说话方式。如果教授能够改变自己的说话方式，消减自己性格中懦弱的成分，不回避妻子的打闹，用自己语言的威慑力压住妻子的气场，妻子可能不会那么嚣张，也不会发生如此的惨案。

德国心理学家路德维格·克拉格斯曾经说过："了解一个人最直接的方式就是，通过他的语言和行动来判断其个性特征。"的确，每个人或许很难了解自己，但是他人却能够通过说话方式来了解对方的个性。每个人都有自己的说话方式，就像每个人都有自己的独特性格一样，它们互相影响、互相映照。同样一句话，不同的人说出来，会有不同的表达效果，关键是说话人的方式、态度，而一个人的说话方式是由他的性格所决定的，所以如果注意一个人的说话方式和语言习惯，就很容易判断出他的性格特征。

（二）不同的语言习惯彰显出不同的个性

人们在长期的人际交往中，会逐渐形成一些属于自己的说话方式或习惯，这些说话习惯与他们的性格有着紧密的关系。从某种意义上来讲，人们的性格影响了说话习惯的形成，而说话的习惯各有不同，它们反映的正是彼此个性的差异，即说话者的心理特征。因此，心理学家认为，说话习惯的形成本身就十分复杂，难以改变，即使人们通过明显的修饰试图改变，也会在不经意间流露出来。因此，在人际交往中，你能够从一些习惯性的语言中，找到制胜的关键。

首先，语速是人们说话时最容易形成特定习惯的。每个人的说话方式有所不同，而语速也不尽相同。在一般情况下，如果没有外界的刺激，人们平常会采取自然的语速习惯。从对方的语速快慢中，你大致可以初步了解到一个人的性格：一般思维敏捷、跳跃性强的人，语速通常很快，而心思缜密、大智若愚的人则语速较慢。此外，说话声音的高低，也是分析对方性格的一条线索。每个人说话的声音都是不同的，一般有着开朗、豪爽、固执的性格的人说话的音量会很高，而比较懦弱，或有阴险的性格特点的人，则说话声音较低。除了说话音量之外，人说话时的音调或节奏，也是值得特别注意的线索。有的人在交谈时，抑扬顿挫，显得很有节奏感，这样的人一般感情丰富；而有的人在交谈时，则一直语调平平没变化，如果不是受到了某种打击导致情绪不振的话，就是本身性格比较理性。

这些最为常见的说话习惯，是人与人之间交谈的要素。心理学家认为，从以上这些方面观察一个人的言辞习惯，能够精确地分析出这个人的性格特征。通常，警察喜欢使用比较精密的仪器，对嫌疑人的资料进行全面的收集和细致地整理。当然，除了这些方面的信息收集之外，说话习惯体现的方面也比较广泛。比如，口头禅、打招呼等各种习惯性的方式，在一定程度上也能反映出说话者的性格以及心理状况。

在日常生活或工作中，称呼的使用习惯，代表的是彼此之间的关系和心理距离。从双方交谈的称呼中，在一定程度上可看出双方之间的亲疏关系。比如，有的人习惯称呼自己的同事为"××先生"或"××小姐"，这代表同事之间存有一定的心理距离，不足以掏心掏肺。

对东方人而言，在人际交往中，双方称呼上的问题可以表明彼此之间的亲疏程度，而在美洲一些国家，比如，美国在非正式的场合直呼其名是一种十分普遍的称呼方式，但如果一个人的爱人也这样称呼他的话，说明他们之间的关系并没有想象中的那么深。

因为，伴侣们通常会称呼彼此为"亲爱的"或对方的昵称。在一些社交场合，面对陌生人的时候，人们通常会称呼对方为"××先生"或"××女士"。若是初次见面，还没记住对方的名字时，使用这种称呼方式是十分恰当的。但如果你和对方已认识了很久，还依然如此称呼对方的话，则是向对方表明"我们保持距离"的态度。因此，如果在人际交往中，一个认识了很久的朋友如此称呼另一个人，那么就说明此人试图在心理上和这个人保持距离，希望双方互不干涉。

当然，在一些场合中，你也会遇到那些既不称呼对方为"先生"或"女士"，同时也不称呼对方名字的情况，并以"这位"或"那位"等进行称呼，这些都是内向、不善拉近距离，或和陌生人之间的称呼的表现。而如果夫妻在讲到自己的家人时，不以"我的"为开头，比如，"我的先生"或"我的妻子"等，而是用"孩子的父亲""孩子的母亲"等称呼开头，则是以家庭为重，把家庭放在第一的心理，而总是以"我的"词语为称呼开头的人，从表面上来看是亲密关系的表现，但实际上，这种亲密更多的是源于强烈的占有欲和支配欲。由此可见，人与人交谈的过程中，最开始的称呼，在某种程度上来讲，可以表达人们的心理距离，因此，那些高明的交际者往往会采取改变称呼的方法来拓展人际关系。比如，当他们想亲近一个人时，就会不经意地改变自己对对方的称呼，如此一来，就增加了彼此之间的亲近感，相互之间的心理距离相对来说也会逐步缩小。

因此说，称呼也是一种语言上的说话习惯，在一定程度上可以反映出人与人之间的关系。在警察办理的一些案件中，当警察要求对方供出犯罪者的合伙人时，他们通常不会和合伙人表现得太过亲密，但是警察总会适时地制造机会让其发言，然后就能从称呼上看到犯罪者们的关系深浅，进而找到制胜的关键。此外，警察还尤为关注嫌疑人们的口头禅，因为不同的口头禅代表的是人的不同个性。心理学家通过研究发现，习惯用语里面也藏有人的心理秘密。比如，有的人总是习惯说"这是真的""老实说""不骗你"之类的话，说明他们善于说谎，而事实也往往会告诉别人，与他们所说的状况相差甚远。虽然他们所说的话语在刻意地表明自己的行为是诚实可信的，但他们的目的只是想要让你重视他们所说的话。

在现实生活中，一个人如果想让他人认可自己的观点，通常会说"必须""一定"等强调性强的词语，这种人通常比较冷静、自信；与之相反的是，那些常说"好像""大概""或许吧"等模糊性话语的人，往往防范意识比较强烈，总是通过一些模棱两可的话来掩饰自己的真实想法，不想让别人看透自己的内心世界。这类人往往在做事的时候比较到位，但是在人际交往中，因为与他人的距离拉得过远，所以人际关系并

不乐观。在日常工作中，有些人在表达自己意见的时候，通常会说"听说""据说"等套用"第三者"来完成自己的表述，一方面是不希望有人对自己的建议产生置疑，另一方面则是不想被自己的说话内容所连累，这实际上是一种不想承担发言责任的说话方式。

那些处事圆滑、老练的人，比较喜欢运用这些"推卸责任"的说话方式，这种做法很明显是为了给自己留条后路，但这也是他们缺乏果断决策力的体现。因此，他们说这些的时候，内心也会出现矛盾与纠结的情绪，而当所谓的"据说"没有达到预期的结果时，他们会说"我当时也对这个说法存有置疑"，而当达到预期的结果时，他们又会说"不错，我当时也是这样想的"。

在人际交往中，也经常见到那些把"我"挂在嘴边的人。心理学家认为，这种人往往以自我为中心，他们通常所围绕的话题多为自己，总是会对别人说"我最近如何"之类的话语，而不会认真地听别人表述自己的近况，同时也很少在乎他人的感受。此外，这种人还常常打断别人的谈话，且显得非常直接，使得人们不由得就对其产生了厌恶感。因为，这类人的内心表现欲比较强烈，总是希望自己成为他人眼中的焦点，所以在别人眼中会显得有些自大。

心理学家的研究结果表明，每个人的说话习惯和性格有着密切的关联。但事实上，人们在现实生活交流中，很少会对说话习惯和聊天方式进行分析，因此也就无法了解语言习惯背后所代表的心理特征和性格，当然也就无法掌握人际交往中制胜的关键。因此，如果想要了解一些人的心理状态，打破双方之间的心理界限，掌握语言习惯背后的深意是一条不可忽视的捷径。

（三）声调的高低也能泄露"天机"

人与人之间的言语沟通必然要发出声响，每个人说话的声响都不尽相同，有人习惯于用大声调进行沟通，而有人却习惯用细微的声音进行沟通。或许有人会问："声调的高低与透视别人心理会有联系呢？"在伦敦大学心理研究学院的教授史蒂夫·马克里看来，声调的高低能够传递出很多信息，其中最为关键的一点就是能够透视出别人的心理特征。那么事实真如他所说的那样吗？

在很早之前，史蒂夫·马克里就曾做过这样一个实验：在大学校园里随机找到 300 名学生，然后每两个人一组进行面对面的沟通，并根据这些学生谈话的声调来对其心理进行分析。经过两个小时的观察，史蒂夫·马克里发现一个规律：说话声调高的学生大多能掌握交谈的主动权，甚至让对方没有机会插上一句话；而声调低的学生一般都是被动的倾听，他们很少能掌握说话的主动权。为了进一步读懂这些学生的心理特征，史蒂夫在随后继续对这些学生的心理进行了跟踪式研究。研究中发现，那些说话声调低的人大多具有这样的心理特征：冷静、胆怯、不爱出风头等，而那些说话声调高的人则很勇敢、喜欢出风头等。由此史蒂夫得出这样的研究结论：声调的高低能从侧面反映出一个人的心理特征。那么，在现实生活中有哪些案例能印证这样的结论呢？下面让我们来看看这样一件发生在美国加州警察局的案例。

这一天，警察将几名染着红色头发的年轻人带到警局，因为他们怀疑这几名年轻人与加州的一起纵火案有关。当警察讯问他们是否与纵火案有关时，这几个人都摇了摇头，极力否定与此案有关。无奈之下，警察决定对每一个人进行单独讯问以得出结果。在问讯过程中，警察通过回答者的声调来对他们进行心理分析。当第一个人回答时，他的声音非常微小，同时眼神飘忽不定。此时，警察意识到这个人一定知道与纵火案有关的细节，同时也分析出这个人胆怯且没有主见。为了验证判断是否正确，警察决定找第二个人进行讯问。当问到第二个人时，这个人说话的声调和前一个人十分相似，声调非常低，以至于回答好几遍才听清。此时警察分析出这两个人声调之所以如此微小，可能与他们内心的恐惧有关。带着这样的疑问，警察找到第三个人，当向其问起纵火案的问题时，只见这个人用非常高的声调不耐烦地说道："别问我，我什么也不知道！"声调如此大超乎了在场所有警察的意外。此时，警察从这个人的声调中判断出他是一个争强好胜并具有一定号召力的人。于是便将在纵火现场拍摄的照片拿到这个人的面前，然后对其说道："照片里的人是不是你？"

"你们一定是搞错了，根本不是我！如果你们没有证据证明是我，请尽快将我释放，因为我有权提出抗议！"其实通过现场照片的比对，警察早已知道这个人就是纵火案的策划与参与者，但为了让其主动交代自己的犯罪过程，警察决定暂时不拆穿他的谎言。当警察拿着照片来到前两个人面前问其照片中的人是谁的时候，这两个人的声调比此前更低了，经验丰富的警察从两个人的表现中得知他们心里一定有鬼，于是借机问道："照片中的人是不是你们的头儿？"听完此话后，两个人用几乎听不到的声音回答道："没错，照片中的人是我们的头儿。"警察得出这样重要的信息后并没有感到意外，因为他们事先早已通过这些人语调的高低分析出他们的心理特征，并查明他们就是实施纵火案的犯罪分子。

当警察再次来到那名声调高的犯罪嫌疑人面前时，并没有继续讯问他，而是点燃了一支烟，向其不断地吐烟圈，且来回走动。警靴摩擦地面传出的咚咚声让这个人感到不安，他降低了声调问道："我的同伴和你们说了什么？"警察从他声调的变化中透视了他极度不安的心理特征，于是便将其同伴出卖他的经过告诉了他。还没等警察说完，只见这个人手捧着脸，低头说道："既然如此，我愿意交代我的犯罪过程。"就这样，警察通过心理战术的运用让犯罪分子主动交代了犯罪经过。其实警察之所以能准确把握犯罪分子的心理特征，完全归功于对心理学的研究。当然，更重要的是他们能够从犯罪分子声调的高低中透视出其内在的心理变化。他们坚信，声调中的细微变化看似平常，但其中却蕴含了很深的分析人心的策略方法，这个策略为准确洞悉人心起到了铺垫作用。

（四）语气的高低是一个人心理的直接体现

在人们的日常交流中，语言沟通是主要途径，而语气在其中有着非常重要的作用。心理学家研究指出，人们在谈话过程中总会在无意间加入自己的语气，而这种无意识的行为会在一定程度上助推行为人的情感表达。比如在融洽的谈话过程中，语气的加入可以让谈话气氛更加融洽；而如果是火药味十足的谈话，语气的加入很可能使交谈双方陷入冲突。据此，心理学家表示，语气往往是情绪波动的真实外在体现。行为人如果对语气和心理活动之间的关系有足够了解，不仅可以避免使用不当语气，还可以通过对方语气准确捕捉其心理信息，了解对方所思所想，为自己做出合理的言行寻求依据，以求最终达到理想的交流效果。以下提供几个具体的语气类型分析。

肯定的语气

习惯于使用肯定语气进行交流的人是非常自信的，他们对于自己的观点和行为都十分笃定。即使有人对他们产生质疑甚至反对，他们也认为这只是暂时的，相信通过自己的努力，最终一定可以赢得大家的认可。另一方面，这类人也具有一定的客观分析能力，对自身和外部环境的了解都能做到准确到位。因此，这类人在现实生活中总是可以潇洒自如、信心满满。而最为难得的是，当这类人面对成功和推崇的时候，他们同样是理性并且客观的，正如他们在面对非议、质疑、反对和失败的时候一样沉稳。

吞吐、低缓的语气

总是使用这种语气与人交流的人恐怕在第一印象中已经给人不好的感觉，这类人的性格多数比较软弱，缺乏自信。在这类人看来，外部环境给他们造成了极大的压力，也许是因为种种沉重的负担，也许是因为身边人的优秀，他们根本没有可能在这种环境中显露自己，是外部环境造就了他们的失败。而实际上，无论是自信还是自卑，首先都是来源于行为人的内心。一个真正内心强大的人，根本无所畏惧；而一个内心弱小的人，眼前的任何事物都可以成为他们惧怕的对象，如世俗的眼光、失败的痛苦、既得利益的冒险，甚至是一些对他们来说根本无足轻重的人和事。

委婉、细弱的语气

钟情于这种语气的人性格中自恋的成分多一点，即使他们本身丑陋，或者才智平庸，他们自己也绝对不会这么看，也根本不会这么想。如果作为一名女子，这样的语气是无可厚非的，而且很可能是一种高素质和高修养的体现，尽显她们的柔美和温婉。但是在相关课题的研究过程中，心理学家发现为数不少的男性说起话来同样像性格温柔的女性一样，这就说明行为人的价值定位和人生追求出现了一定的偏差。这类人在具体的工作生活中，关注自己的程度也会大大多于别人和整个外部世界，如果情况严重，这很可能是一个自闭甚至略带神经质的人。

暧昧的语气

心理学家提示，暧昧的语气绝不仅限于恋人和亲人之间，很多人的暧昧语气是习惯性的。也就是说，他们无论面对什么人，无论在什么场合都会不加选择的在交谈过程中加入暧昧语气。暧昧语气可以在交流过程中消除隔阂，增进双方的感情，尤其是可以增进陌生交流者之间的信任和好感。但心理学家警示人们，暧昧的语气除了具有谄媚、讨好、没立场、无是非观念等负面影响之外，这类人还不愿承担风险和责任。他们努力维持融洽的交际关系，是因为可以将风险和责任平摊给每一个人，而当不良后果产生时，这类人往往是逃得最快的。

盛气凌人的语气

盛气凌人的语气中虚张声势的成分会比较多一点，因为这实际上是一种畸形的自信，是一种建立在不自信基础上的抗争。当然，这种气势有时候也会起到一点积极作用，甚至在一定程度上达到了行为人的预期目的。而他们在实际中取得的胜利也是需要建立在对全盘的了解和掌控之上，他们需要具备扎实的功底，对自己和对手进行充分了解，并且对事情的发展规律与规则进行深度透析，然后谋而后动。所以，虚张声势无异于铤而走险、孤注一掷甚至以命相搏，即使最终成功，也属饮鸩止渴的范畴。

条件语气

所谓条件语气，就是在交流过程中习惯性的加入如果、假如、假设等条件词语的人。这类人的性格中最明显的特性就是不切实际。他们会在自己的头脑中将事情想象的几近完美，即使是一个细节甚至是旁枝末节也不会放过，不过可惜，这类人的所有设想都是脱离实际的。他们可以将事情在纸上演化的合乎情理，完全在逻辑之内，但一旦应用于实际，他们的失败就在顷刻之间。此外，这类人面对困难和失败的能力也有所欠缺，他们很少从自身找原因，而是总将责任归咎于别人或环境等客观因素。不过，从另一个角度来看，如果这类人从事一些停留在书面上的工作，他们的价值还是可以得到实现的。

心理学家经过研究发现，在人的性格形成过程中，如果可以进行一些正确的引导性语气交流，对于其良好的性格形成能够起到很大的帮助作用。尤其是对于那些正处在成长期的小孩，家长和老师在和他们进行交流的时候，语气技巧的运用就会显得更为重要一些。不过，因为语气形成对于行为人来讲很难察觉，而且随着情绪改变而变幻无常，行为人要想掌握一定的语气交流技巧，就必须对相关的心理知识有所了解。

信任性的语气

在行为人的成长过程中，长辈和领导往往会给出一些目标，如果行为人未能按期完成，则会伴随着一定的责备甚至惩罚。殊不知，这种促进成长的方式并不适用于每一个人，对于那些自我约束力强的人来讲，这种方式反而会产生适得其反的效果。很明显，目标引导方式可以使行为人的成长速度加快，但与此同时，也会为行为人带来压力，一旦目标任务未能完成，行为人的自信心和积极性必然受到打击，而这种成长一旦陷入恶性循环，对于行为人来讲，简直是毁灭性的打击。

因此，在行为人的成长过程中，指导者应该为行为人留出一定的自主成长空间，并对其发展给出一些指引。这其中，最主要的一点就是要对行为人抱有信任感，比如当行为人遭遇一些挫折和失败的时候，指导者可以说："没关系，我相信你的失败只是因为一时大意或者客观原因，只要你能够吸取这次失败的教训就是值得表扬的。"如此一来，行为者更多的经历便放在了总结经验教训上，而且还会用一个比较平和的心态去迎接下一次挑战。

尊重性的语气

每个人都希望得到别人的尊重和肯定，然而，很多人在交流过程中常常忽略这一点。在家长对孩子的教育过程中，经常会听到这样的疑问："我一切都是为了你好，为什么你就是不听话？"通常情况下，问出这个问题的家长不会意识到自己有错误。如果孩子的教育出了问题，家长真的就一点责任都没有吗？答案明显是否定的。在2~3岁的时候，人的自主意识开始形成，随着年龄的增长，每个人都会逐渐产生自己的认识和想法，这是一个必然过程，像生老病死一样，任何人都无法抗拒。然而，这种意识越是受到打击和压制，其滋长的速度就会越强烈。在16~19岁时，这种自我意识会全面爆发，于是，行为人在成长过程中出现阶段性反叛也就不足为奇了。

可以说，如果不建立起一种有效的沟通方式，不能使孩子的自我意识增长得到有效排解和疏导，其成长问题根本无从谈起。其实，在沟通过程中，孩子需要的东西很简单——仅仅需要一份尊重，只要使他们觉得自己的想法得到了认同和尊重，他们一样会认可家长的观点。如果他们的观点一直受到压制、轻视甚至嘲讽，那么他们唯一可以进行反击的"武器"就是用同样的态度对待家长的观点，于是矛盾就这样产生了。对此心理学家提示人们，成功的家庭教育必须有充分的尊重意识存在，一些家长也会看一些相关的指导书，但往往不能深刻体悟，只是做一些表面文章。由此可见，尊重在沟通交流中显得尤为重要。通过语气的变化，人们可以迅速调整自己的言语策略，以达到更好的沟通效果。

（五）行走姿势：一眼看透性格的"直通车"

在日常生活中，人们最常见的行为就是行走。除了比较正规的行走姿势之外，人们的行走特点也是各有不同、千奇百怪。对此，心理学家研究发现，除去那些因疾病和伤患造成的行走特点之外，行走姿势和性格之间存在着很大的联系。

第一，行走的时候全身肌肉紧绷，又快又稳，而且在行走过程中手掌会摊开，有时甚至给人一种僵直的感觉的人的性格通常比较刻板。他们严肃认真，做事目标明确，目的性很强。同时，他们对规则的认识和遵守也丝毫不打折扣，很少因为客观因素而改变自己的想法或决定。所以，这类人很多时候会让人感觉到他们的强硬，有时候他们还会有一点不通情理甚至是不可理喻，但无可厚非的是，这类人对自己的要求同样严格，从某种程度上来讲，他们只是默守着一种坚定的信念或者信仰。在困难面前，他们通常都是咬紧牙根，坚持到底，即使粉身碎骨也不妥协。强大的信仰和是非观念，往往使这类人过着苦行僧一样的生活，但他们想要用这类标准来影响所有人，就显得困难重重了。所以，在现实生活中他们往往四处碰壁，事业和家庭都不尽如人意。

第二，行走的时候速度适中，给人比较稳重的感觉，手部特征为自然握拳（如果他们在深入思考问题，拳头也可能在不自觉中握得很紧）的人最显著的性格特点就是雷厉风行，他们时刻积攒着力量，随时准备"冲锋陷阵"，具有很强的行动能力和带动能力。那些只会夸夸其谈，做事畏首畏尾的人会令他们极度反感，但总体来讲这类人还是偏理性的，并不会轻易做出一些冒失的决定和过激行为。另一方面，这类人具有较强的正义感，在一些他们看来不合理的情况出现时，他们也敢于出手，同情并保护弱小。因此，这类人在人群中往往比较受欢迎，而且他们的家庭和事业的成功率也很高。

第三，行走的时候喜欢将手插在兜里的人，给人的感觉往往是玩世不恭、洒脱不羁，但实际上他们的心思十分缜密，内心世界中还常会生出多愁善感的情怀。在停下来思考问题或者以思考问题为目的的漫步时，他们也会不自觉地将双手背在身后。严格意义上来讲，这类人属于双重性格，他们会因为自己感兴趣的东西而如痴如醉，也会为那些与自己无关的事情而黯然神伤。与此同时，这类人的感情世界通常是丰富多彩的，他们集浪漫与忧郁为一体的气质会使他们在异性面前充满吸引力。但这类人对待感情的观念又难以被常人接受，简单来讲，如果想和拥有这类性格的异性天长地久，那简直是痴人说梦。

第四，行走的时候速度较慢，手指自然弯曲，全身都很放松，给人的感觉像是一个漫不经心的观光客的人的最大亮点就是宽容，无论是对待别人还是对待自己，他们都能很好地处理各种关系和问题，所以，他们拥有很好的人际关系。另一方面，这类人对于自己认定的东西也是非常坚定的，尽管他们可能迫于压力短时间内放弃或者做出不同程度的妥协。但也正因如此，他们在人群中是很受欢迎的人，并且各类性格的人都不会排斥他们，在一个团队或集体中，聪明的领导者总会留住一个这样的人，有时甚至会将他们的能力放在第二位。更可贵的是这类人通常不辞辛劳，因此"勤能补拙"是他们的优势。

第五，行走时会发出巨响的人。这里所说的"巨响"实际上也不是很大的响动，之所以称为巨响，是因为它已经超出了正常的行走响动，往往会引起别人的瞩目。其中包括男性的皮鞋响声和女性的高跟鞋响声，但只要行为人泰然自若，那么他们的性格必然会有一个共同的特点，那就是自信。而自信不仅来源于实力，有时也来源于无知，所以，那些行走响声很大，同时衣着、配饰和发型等外貌都不合体的行为者，往往会被瞩目的人嗤之以鼻。然而，那些衣着得体且表情自然的人，又往往可以享受瞩目者赞赏甚至是羡慕的目光。此外，这类人通常对待学习和工作也能认真负责，取得较好成绩。但在生活方面，这类人缺乏自制能力，往往会在欲望的促使下做出一些失当的事情。

第六，行走时喜欢扭动身体的人。这里所说的扭动身体，是指由于腰部无力而随步伐左右摇摆，除去伤病原因，这类人的性格以负面因子居多。他们工于心计，虚情假意，喜欢把任何人都当作自己的假想敌，即使对自己最亲近的人也不愿意敞开心扉。因此，他们没有朋友，也没有真正意义上的亲人，孤独感会使他们越来越沉迷于自己的心计，最终使其陷入恶性循环中。这类人在进入集体之初可能会受到欢迎，但随着时间的流逝，他们会逐渐被排斥在外。所以，这类人在工作生活中是难有作为的，并且常常要吃尽苦头。

第七，行走时脚不落地的人。所谓脚不落地，是针对整个脚掌而言，通常是指前脚掌着地行走的人，速度很快，但给人的感觉很飘。这类人性格中最大的特点就是草率，他们在做事之前一般不会进行深入的思考，而且往往做着一件事而脑海中却在思考其他的事。因此，这类人做事总是匆匆忙忙，求快不求细，看上去风风火火，而实际上却没有创造太大价值。此外，这种性格如果作为长辈或者领导会更加"失分"，因为他们往往会牵扯到更多人的共同利益，没有人会愿意将自己的利益甚至身家性命交给一个行为草率的人。如果他们没有提高自己的智慧水准，那么很可能连晚辈或者下属最基本的尊重都得不到。然而，这类人往往是性情中人，他们在生活中是不乏亲人朋友喜爱的，其性格缺陷反而会在生活上为他们"加分"。

第八，行走时速度很快，但步子很小的人。这是一种俗称"碎步"的行走方式，惯于这种行走方式的人通常比较急躁，无论是与人交际还是处理事情，他们都会被一丝潜在的不安所牵绊，究其原因，更多的是因为缺乏自信。相较而言，这类人也很少有昂首挺胸的动作，总是低头看脚下，佝偻的腰部会给人未老先衰的感觉。工作中，这类人一般都是处于被领导的地位，惶惶不可终日。然而不可否认的是，这类人通常比较机警，发现问题的能力比较强，尽管他们可能并不知道该如何应对。在日常生活中，这类人多半也不如意，他们总是过于敏感，而且很多东西都是自己强加给自己的。因此，这类人总是心力交瘁却碌碌无为。

第九，行走时挺着肚子且步伐很大的人。这类人的行走姿势需要结合身体特征区别对待，这里所说的"挺着肚子"和胖人或者腹部前凸的人没有关系，这是一种动作上的"挺着肚子"，一些身材标准的人即使"挺着肚子"，腹部依然要略低于胸部，当然，这里指的主要是男性。这类人最大的性格特点就是自信，甚至已经达到一种威严的地步，通常这样的人都是一个集体中的核心人物。在他们眼中，没有什么事情是办

不到的，困难从来都不能将他们吓倒，即使失败了，他们也会继续前进，直到最终成功。当然，这类人并不莽撞，他们在一次次的失败过程中总会学习和总结。所以，当这类人的威严和智慧相结合时，很多人还是对他们又敬又怕的。

第十，行走时东张西望甚至频频回头向后看的人的性格以负面因素居多，他们通常是多疑、敏感且脆弱的，而在实际生活当中，即使是一件简单的事情，甚至完全与其不相干的事情，也总是会被他们想得很复杂，并且总是担心对自己不利。在这类人眼中，除了自己没有人是可以相信的，而且由于胆怯和心思复杂，这类人时常会在背地里做一些损人利己的事情。此外，心胸狭隘也是这类人的一个重要性格缺陷，他们只求一份打击报复的快感，而完全不顾客观事实和大局所向。总之，这类人无论存在于哪个集体当中，对内对外都是消极因子。

第十一，行走时脚尖朝内的人。通常情况下我们行走时都是不同程度的脚尖向外，严重的还可能被人称为"八字步"，但这类人在行走时却脚尖相对靠拢，脚跟向两边分开，是典型的"倒八字"。这类人通常比较懦弱，甚至不敢公开表达自己的想法。在面对困难和压力时，他们也总是畏畏缩缩，以妥协甚至是逃避为应对方法，毫无气魄可言。在他们的观念中，即使自己的利益被侵占，只要不威胁自己的生存底线，他们也会选择息事宁人、退让妥协的方法去解决。另外，他们独立生活的能力比较强，而且也愿意尽可能地帮助别人，但对于别人的帮助却从不奢望。而面对别人的主动帮助，他们甚至会认为是别有用心而心存防备。当然，别人给予他们的真心实意的帮助他们也会发自内心的感激，一旦对方有需要，他们会以一种难以想象的热情去主动提供帮助，以回报别人的恩惠。

第十二，行走时拖地的人。所谓拖地，是指行走时鞋底几乎不离开地面，并伴随着发出刺耳的噪声，如果查看这类人的鞋底，会发现磨损情况非常严重。这类人的性格比较懒惰，做事也比较拖沓，严重的甚至连个人卫生都很糟糕。在生活当中，这类人也比较消极，对待所有需要付出辛苦的事情都缺乏主动性。此外，这类人的自制能力也比较弱，他们受各种欲望驱使，常常放纵自己，不知节制。所以，这类人难以取得大的成就，经常处在苦闷和疲惫当中。

心理学家认为，行走姿势和性格特征的联系比较复杂，而且男性和女性方面差距较大，所以在研究过程当中存在一定难度。但只要抓住一些重要的"点"，对行走姿势和性格特点之间的联系还是可以有所把握的。

（六）习惯性头部动作透露出的信息

在现实生活中，人们的信息交流动作主要集中在面部，交流双方都可以通过对方的面部表情来深入解读其心理活动。然而，由于面部表情可以进行主观控制，很多人都会刻意做出不同程度的掩饰或夸张动作，于是，通过面部表情解读行为人心理便开始需要一定的心理学基础。而相对来讲，面部以外的头部动作更能体现一个人的真实心理活动。目前，头部动作已经成为一个独立课题，是心理学家解读行为人心理和性格的重要依据。心理学家通过分析总结，将头部动作基本分为四大类：低头、抬头、仰头和侧头。

第一，习惯性低头的人的性格通常比较内向，他们不愿意和别人分享自己的喜怒哀乐，对别人的事也同样不感兴趣。而且，这类人非常敏感——一旦有人破坏了他们的气场，就会使他们立刻产生不安或者厌恶心理。心理学家表示，在双方交谈过程中，如果有一方始终处于低头姿势，说明行为人已经产生了反感甚至敌视态度。如果行为人低头同时伴有双臂交叉于胸前的动作，说明行为人的态度已经十分坚定，往往会沉思不语、置若罔闻，完全不理会对方讲什么。这个时候，双方的交流实际上已经没有任何意义，根本不可能达到预期效果。如果双方不适当改变谈话的内容、方式和时间的话，双方都有可能变得情绪化，然后产生矛盾，甚至发生冲突。

但并不是所有低头动作都表示反对或者反感。有时，低头也表示服从、忏悔和思索，这就要求观察者谨慎认真地进行分析，在没有确定对方的心理信息之前切忌盲目做出反应。

第二，习惯性抬头的人（略微仰头，基本处于平视状态）的性格比较外向，他们大多乐观热情、积极向上，在困难和压力面前具有很好的应对能力。在交谈过程中如果行为人一直处于抬头倾听状态，并不表示他们赞同对方的观点。通常情况下，他们都抱有审视的态度，既不同意也不反对，而是在积极进行分析和求证。在此过程中他们可能会伴有一些小的手部动作和面部表情，那是因为他们在思考。而如果行为人只是保持抬头姿势并无回应的话，说明他们很可能是保持中立。心理学家认为，持有这种态度的人通常都比较睿智，他们为了得到自己想要的信息，会用不同的方式鼓励对方发出信息，例如注视、不时提问或者微笑等。这种情况下，就需要讲述者少说多想，尽量抓住问题的核心进行阐述，不要兜圈子，更不要自作聪明或者喋喋不休。

第三，习惯性仰头的人的性格介于自信和自负之间。在现实生活中，这类人的高姿态一旦和自身能力失衡，衰败和灭亡便会加速向他们袭去。在具体的交流过程中，如果行为人一直处于仰头动作，则需要着重判明他所看的方向。如果行为人是在看表述者之外的东西，那么行为人应该是处于思索状态，并且不希望被打扰，表述者只要保持安静或适时提醒就可以。但如果行为人在仰头的同时一直盯着对方，那么说明这是一种轻蔑甚至挑衅的表情，表述者此时也就没有继续表述的必要了，因为这类人向来自视甚高，他们的看法一旦形成，就不会再改变。对此心理学家提示这类人，如果是面对长辈、领导，或者是有求于人时，应尽量放低姿态。否则，即使得到了别人的帮助，很可能也是对方迫于某种压力，不仅难以赢得对方的尊重，还会让对方产生反感，甚至怨恨。

第四，习惯性侧头的人。这类人的性格比较单纯，他们心地善良、为人率真，很受众人欢迎，只是这类人容易被环境带入情绪化。如果对他们不够了解，也会认为他们是任性的人，而实际上，这类人往往会存在不同程度的以自我为中心。心理学家表示，侧头的姿势一般为女性所钟爱，这是一种表示顺从的姿势，在异性眼中也会显得比较娇美可爱。对于一位男性来讲，如果某位女性对其侧头，则表明两人的关系已经十分亲近。当然，侧头的同时面部表情也需要协调得体，通常情况下女性在侧头的同时会伴有微笑、害羞等能彰显女性魅力的表情。心理学家曾经对古代画像进行过研究，他们发现画作中可爱的少女形象大部分都是侧头姿势，而高高在上的权利女性，则无一不是正襟危坐。由此可以看出，心理学和动作之间的联系早已渗透到了各个领域。

在现实生活当中，可能有些人因为性格使然十分钟爱侧头动作，但心理学家提醒人们，异性之间的信息传递较为敏感，切忌在每个人面前都做出这一动作。因为一些心思敏感的人很可能会因为接收错误信息而做出相应动作，从而造成一些不必要的麻烦。

为了能够更准确地揭示行为人的心理奥秘，心理学家还对头型进行了分析研究，结果表明，不同头型也能反映出不同的性格。例如，头型比较大的人一般性情敦厚、待人真诚、心地善良，而且他们重视亲情，所以他们往往都拥有比较和睦的家庭关系；头型较小的人聪明伶俐，性格开朗，积极乐观，善于接受新事物，能维持良好的人际关系；头型浑圆的人性格豪放，争强好胜、个性鲜明，这类人通常都直来直去，很容易形成凝聚力，成为一个群体的核心人物，而他们容易得到上司的赏识和提拔；头型比较尖的人一般来讲为人处世比较圆滑，富于心计，锱铢必较，但他们又会讨人喜欢，因此他们有潜力成为优秀的商人。

（七）不同坐姿与行为人性格之间的联系

在日常生活中，人们的坐姿存有不同的特点。心理学家在经过对成千上万人的观察之后，对于坐姿和行为人性格之间的联系做出了一些可靠的判断。下面我们就来看看不同的坐姿有怎样的性格特征吧！

第一，双腿交叉的坐姿，即俗称的"二郎腿"，钟情于这种坐姿的人是比较自信的，性格以外向为主。他们积极主动、勇于接受挑战，面对困难和压力的时候能够保持客观理智的心态。对生活品质的追求是这类人的一大亮点，时尚、舒适、可口的菜肴、香醇的美酒是他们的最大追求。在实际生活当中，他们总是情趣十足，死板呆滞的人会被他们集体排斥。他们在社交中也是游刃有余，几乎和每一个人都保持着极为亲密的关系，但这并不一定是真情实感，而是一种礼仪性的社交文化。然而值得一提的是，如果跷着二郎腿的人双腿向内，甚至交叉的双腿同向一侧歪斜，那么很可能这是一种谨慎和矜持的表现，因为这种姿势对于行为者来说并不自然，双腿往往处于一种紧绷状态。

第二，双脚踏地的坐姿。坐着时喜欢两只脚完全踏在地上并有前伸趋势的姿势，是一种成熟稳重的表现。这类人最大的性格特点是诚恳和踏实。他们胸怀宽广，做事讲究原则，而且认真负责。在外人看来，这类人可能有些死板和较真，但实际上他们比较热心，对自己没有能力完成或不认可的事情保持谨慎而已。因此，成熟稳重、不喜欢冒险和接受挑战是这类人的显著特点。另外，他们的变通能力有限，做事不够灵活，创造力也不足。而这类人最致命的性格缺陷就是过于强求，无论是对待别人还是自己，因此，他们的另一个性格特点就是"明知不可为而为之"。

第三，脚尖并拢，脚跟分开，双脚呈倒"V"字踏地。喜欢这种坐姿的人性格多为内向，他们习惯将更多的时间花在自己身上，或者一个人独自处理事情，不愿被别人打扰。他们的逻辑思维能力很强，能够独立完成创造和设计性任务，对待变化和新生事物的洞察力也非常敏锐。但他们的判断能力十分有限，往往事前事后他们都知道问题出在哪里，而且构想和总结很到位，但一旦事到临头，尤其是当事情没有按照他们设想的既定路线发展时，他们就会陷入慌乱之中，直至完全失去对全局的掌控。在面对困难和压力时，他们同样可以游刃有余，但和正面应对的外向型人格不同，这类人总是在第一时间选择退缩并全力隐藏和及时总结，继而从一个最轻易地突破口将事情解决。

第四，坐着时双脚交叉，向前伸出，双手置于腿部或椅子扶手。这是一种较为强势的坐姿，它一般会使行为人形成较强的气场。这类人通常都有较强的支配欲望和领导能力，在一个团队和集体当中会成为核心和领导力量。在面对困难和压力时，这类人往往会变得无比强硬，即使能力有限也要坚持到底，属于典型的"军人性格"。然而，因为他们只需要下属进行服从和执行，所以他们的世界中是少有朋友的。但对于那些具有同样力量的集体领导者，只要双方志同道合，便能够惺惺相惜，成为真正的朋友。

第五，坐着时双腿大开的人。这类人的性格有双重性，在社交场合中他们可以肆意穿梭，独处的时候又可以悠然自得。值得一提的是，这类人对学习和智慧的追求孜孜不倦，而且难得的是他们很注重理论和实际的结合，并善于找到其中最完美的结合点。确切来讲，在这类人眼中根本就不存在什么困难，他们会将所谓的困难进行分解，然后按部就班地将其完成，而这个完成的过程就是意义所在。事实上，人际交往也是这类人的强项，在面对一本正经的人时，他们会表现得更加一本正经，而在面对一些较为圆滑的人时，他们也会变得十分圆滑。所以，这类人可以和各个层面及领域的人成为朋友，是十足的"万能人"。

第六，坐着时脚尖或前脚掌点地而整条腿不停晃动的人。这类人的性格因素以负面为主，他们的虚荣心强烈，自我意识严重，尤其让人无法接受的是他们眼中只有别人的缺点。而在面对困难时，这类人往往会毫不犹豫地选择牺牲别人来成全自我，完全不会考虑别人的利害得失。在共同成果面前，这类人也不愿意和人分享，他们认为自己的功劳最大甚至只有自己的功劳，所以，这是不讨人喜欢的一类人。而至于朋友，这类人也只有在发生共同利益的时候才会结成同盟，而且这种利益关系一旦失衡，同盟者之间会毫不犹豫地发生冲突。但这类人并不掩饰自己的性格缺陷，也会明确自己追求的目标和行为目的，很少对牵扯到他们利益以外的人造成伤害。而在面对具体事情时，这类人往往会生出一些奇怪的想法，而这些想法又确实可以将事情解决。因此，与他们有着共同利益的人有时也不得不依附他们。当然，这种纯利益方面的联盟并不会牢靠。

此外，从坐立的其他方面也可以看出一些行为者的性格特点。比如只坐前半边椅子的人，这类人通常比较谦逊，为人随和、温文儒雅，心地也比较善良，有时甚至会表现出一些软弱；而落座时习惯坐满整张椅子的人，则通常比较强势，他们热衷于争权夺势，希望将所有人置于自己的掌控之中。

相对来讲，女性的双腿姿势更加丰富，而且其中蕴含的意义也多有不同，这大概和她们更加丰富和细腻的感情世界有关。比如喜欢双腿并拢与地面垂直放置的女性，其性格以内向、安静和有耐性为主；喜欢双腿并拢并向一方倾斜的女性则较为敏感、乖巧和缺乏主见；喜欢跷二郎腿的女性通常对自己各方面条件都比较自信，性格会比较强势，因此这类女性常常会不解自己为什么不受男性欢迎；习惯双腿并拢，但自小腿开始分向两边，并且两脚内侧点地的女性，比较聪明，逻辑思维能力较强，而且强势气场较为适度，这使她们在男性面前更具魅力。

心理学家表示，女性对于腿部信息的关注多于男性，因为对于异性散发的性格信息来讲，心思细腻的女性更具捕捉能力。在这方面，女性往往更注重细节的表现。所以，在日常生活当中，如果不想因腿部表现出的信息而招致对方反感，尤其是招致自己心仪对象的反感，了解坐姿中的腿部信息与心理之间的联系就显得很有必要了。

（八）喜欢的发型也能透露性格的秘密

心理专家认为，一个人可以通过改变发型来改变自身的形象和精神面貌，但他无法改变的却是自己那与生俱来的性格。一个人，无论男女，只要是你选择的是自己喜欢的发型，那么你的性格就会通过这个发型向世人彰显出你的性格特征。

有一类人，他们会故意把自己的发型弄得很怪，对于这类人的这种行为在心理专家给出的观点是，这种类型的人大多性格外向，喜欢表现自己，希望自己的所作所为能够吸引更多人的注意，从来不会在乎别人的心情和感受，喜欢我行我素，即只要是他们认为是对的就会坚持去做，并且会始终坚持自己的立场。有着多年从事犯罪行为心理学研究的心理专家霍普金斯说，这种性格类型的人往往给人一种有胆识、有魄力的感觉，而且他们敢于和权势对抗。尽管这类人的行为可能会令不少人难以接受，但他们会赢得很多人的尊敬。霍普金斯认为，这种人还有一个明显的优点，但同时也可以说是一种致命的性格缺陷，那就是对任何事情他们往往都会有自己独特的认识和见解，加上强于他人的好胜心使然，让他们在对待一些事上不够冷静，也不懂得如何去变通。

在霍普金斯看来，平时总爱留着直直的、长长的头发，看起来很飘逸、很潇洒的那种人，往往有着非常强的自信心，并且对成功的渴望也十分强烈，所以他们做起事来显得尤为执着。此外，在他们看似潇洒不拘一格的外表背后，其性格大多处于现代与传统之间，而这使得他们做事通常都不会墨守成规，但又不会过于前卫，即在他们坚定的信念里，做事一向都会采取视情况而定的概念。也就是说，他们做事懂得如何

去变通。

经心理专家分析得出，那种喜欢留着齐眉短发的女人大多属于性格比较内向的人，她们从不去追求什么流行的东西，有着较强的自主意识，所以经常会给人一种安分守己的感觉。但心理学家却认为，其实这种类型的人并不是太保守，只不过她们为人处事都十分含蓄而已。由于无论做什么事情都喜欢力争去达到完美，所以这类人的自尊心通常都比较强，并且爱挑剔。

心理学家研究发现，那些热衷于波浪形烫发的人多数都性格外向，很在乎她们的外在形象，并且十分懂得如何才能够让自己的形象达到最佳的效果。心理专家表示，这种类型的人都比较现实，她们很懂得如何根据客观现实来协调和改变自我，从而更好地完成自己想要做的事情。而留平头的人虽然也是外向性格，做事稳重而又有冒险精神，但相对来说他们的思想大多都很保守，也很要面子，但这种人与波浪形烫发的人相较，性格缺陷却更加突出一些。

喜欢剃光头的人，性格虽然会温和一些，但这类人的心理往往是处于两种极端的自我较量之中的，即做事既胆怯又高傲，对人既冷酷又充满温情，所以经常会处于患得患失的状态，总企图以标新立异的方式改变自己，可结果却往往会适得其反。

（九）从打招呼言语中能看出人的性格

见面打招呼是人之常情，每个人也都有属于自己的打招呼方式和习惯用语。这和人的个性是紧密相连的。就是说，我们可以从一个人打招呼的方式，读出其个性，为接下来的交往铺路。

人的性格特点，在生活中点点滴滴的事情中可以看出来。打招呼是日常生活中最常见的事情，不同的打招呼方式，会透露出一个人怎么样的性格呢？我们一起来看看。

最平常的打招呼方式——你好！

这是与人见面时，用的频率和场合最多的一个词。无论对陌生人，还是老朋友；无论在公共场合，还是在办公室，打招呼用"你好！"绝对最保险。通常，习惯这种方式的人头脑比较冷静，能很好地控制自己的感情，不喜欢大惊小怪。无论做什么时，都是勤勤恳恳，一丝不苟，深得同事和朋友的信赖。对待他人比较实在，有一说一有二说二，很少与人发生正面冲突，人缘很好。

最直率的打招呼方式——喂!

跟人打招呼,用这种方式开头的人,为人比较坦率直白。他们精力充沛,活泼快乐,遇到事情比较乐观,看得开。同时,这类人思维敏捷,富有幽默感,为人活泛,能够接受反对意见。

最害羞的打招呼方式——嗨!

这类人个性腼腆,多愁善感。做起事来,通常小心翼翼,害怕因出错受到轻视。所以,不敢去做具有创新性和开拓性的事情。人际交往上,他们平时少言寡语,也不愿意和朋友一起在外面玩耍,宁可陪同爱人待在家中。但是,面对熟悉的人,他们会表现出热情开朗的一面,故意讨人喜欢。

最热情地打招呼方式——看到你很高兴!

这类人性格开朗,待人热情、谦逊,喜欢参与各种各样的事情,很容易融入新团队中。他们乐于助人,不管自己能不能做,对待需要帮助的朋友,绝不会袖手旁观,因此能赢得好人缘。缺点是,爱幻想,不理智,容易被自己的情感所左右。

最直接的打招呼方式——过来呀!

这类人往往办事果断,好冒险,失败了也能吸取经验教训。并且,很乐意跟他人共享自己的感情和经历,喜欢表达自己。

最八卦的打招呼方式——有啥新鲜事儿?

这类人往往好奇心极强,凡事都爱刨根问底,弄个明白。更有甚者,总爱打探别人隐私,背后议论他人是非,不招人待见。同时,他们热衷于追求物质享受,并对此不遗余力。优点是,办事前能周密计划,做起事来有条不紊。

最言不由衷的打招呼方式——你怎么样?

当他们问"你怎么样?"时,并不是真的关心你,只是想引起你的注意而已。这类人喜欢出风头,对自己自信满满,但又会时常陷入深思。他们做事之前,喜欢经过反复考虑,才采取行动。并且,一旦开始做了,就全力以赴投入其中,有种不达目的誓不罢休的劲头。

我们所见的每个人,都有他自己习惯的打招呼用语。一开口,就暴露了自己的个

性。换句话说，我们可以从一个人日常的打招呼用语中，判断其性格特质，以便很好地与之交往。

（十）回答问题的习惯透露出性格秘密

和人交谈的过程是一个互动的过程，总会有问有答。回答别人问题的方式，不经意间就能透露一个人的性格秘密。所以，从对方的回答中，探知其个性，及时调整说话方式，能促进沟通的有效性。

我们在和人交谈过程中，难免会问他人一些问题，或者回答别人的问题。从回答问题的习惯中，就能得知这个人的性格秘密。一般来说，根据回答情况，可分为以下几种性格：

回答问题时，华而不实者

这种人口齿伶俐，能说会道。回答问题时，口若悬河，滔滔不绝。乍一听，给人留下知识丰富，又善于表达的印象。但是，如果仔细分辨，会发现他的回答听起来天花乱坠，实则没有说到点子上。这类人，往往处事老辣圆滑，虚伪而狡诈。跟他打交道时，一定注意不要被他好听的话蒙骗了。

回答问题时，貌似博学者

这类人多少有一些才华，对各科知识也不能说完全不懂，只不过只知皮毛，泛泛而谈。个性方面，有一点小聪明，却自恃聪明，不肯用功。兴趣广泛，却因为没有恒心，没有毅力，不能够精而专地学习。在工作上，这样的人没什么责任感，不能胜任某样具体的工作，更做不了领导。

回答问题时，不懂装懂者

这类人好面子，虚荣心很强，他们很怕因为无知受到别人的嘲笑，所以只好不懂装懂。而且，他们为人固执，不善于接纳别人的意见，遇到跟自己意见不合者，无论有没有理，一定会争个面红耳赤，直到对方认输。如果本来就是对方的错，更是得理不饶人。所以，这类人在群体中，大家一般都会敬而远之。

回答问题时，避实就虚者

这类人处事圆滑，趋利避害。一般来说，遇到不利于自己的情况，就想蒙混过关。

并且爱使用一些旁门左道的方法，让别人干活，自己坐享其成。另外，他们个性懦弱，不敢承担责任，遇到事情喜欢推诿，唯恐出什么乱子牵扯到自己。不善于把握机会，即便机会很好，也只能在犹豫中眼睁睁看它溜走。

回答问题时，鹦鹉学舌者

这类人没有主见，没思想。碰到问题需要回答，只会套用别人的话语，没什么自己的见解。他们的虚荣心强，把别人的理论拿来宣扬，从来不说明出处。并且，这类人模仿能力也很棒，只要是他们听到或者见到过的，基本上都能复制出来。用人者，完全可以利用一点为吾所用。

回答问题时，滥竽充数者

这类人有一定生活经验，知道如何明智保身，维护个人利益。他们不会第一个发言，总会在最后，讲一些人家已经讲过的观点和见解，整理成自己的东西，让这些见解显得更精辟。个性上，这类人大多性格懦弱，也没有什么脾气，不喜欢与人争辩。喜欢一成不变，缺少改变的勇气。是个没有什么危险，但也没有大的能力之人。

总而言之，暗藏在大家心中的东西，当你越是想隐瞒它、掩盖它的时候，反而会让其暴露无遗。比如说个性，无论你是刻意斟酌才回答问题，还是不假思索就回答，都会在你开口回答的时候暴露无遗。

（十一）口头禅彰显着一个人的个性

口头禅是指人们经常挂在口头的话，是一种逐渐形成的，表达自己内心感受和期望的语言习惯，往往带着鲜明的性格烙印。是一个人个性和内心最直接的展示。听懂他的口头禅，就能读懂他的人。

社交中，绝大多数人都有经常挂在嘴边的口头禅。这种口头禅是由于语言习惯逐渐形成的，具有鲜明的性格烙印。比如，周杰伦的口头禅是"diao"，有酷、棒、帅、好的意思，说明他渴望自己更有男人味、更强大，也表达自己做乖孩子的不安全感，他需要更拽、更有个性的力量证明；再比如，蔡依林的口头禅是"是哦"，可见她很小心，对世界带点妥协与顺应。

在现实生活中，人们爱说的口头禅一般分为这样几种：

说真的、老实说、的确、不骗你

他们特意强调这些词，是担心对方误解、不信任自己。这种人性格有些急躁，内心常有不平，在意别人的看法，也希望别人能够信任自己。

可能、也许、大概

这类人一般比较圆滑，自我防卫本能很强，不会将内心的想法完全暴露出来。在待人接物的时候沉着、冷静，人际关系一般都不错。许多政治人物都喜欢用这类口头禅。

听说、据说

经常使用这类口头禅的人，是在给自己说话留有余地。这类人一般见多识广、处事比较圆滑。但往往没有决断力。

你应该、你必须、一定要

说这样话的人，一般自信心极强，往往比较专制，希望别人无条件顺从自己。在单位大多担任领导职务的人，易有此类口头语。

啊、呀、这个、嗯

常使用这些词的人，一般会有两种：一是反应比较迟钝，或者词汇少，说话时利用这些词做间歇，理清思路；二是做事谨慎、城府较深，比如领导，往往会在发言时说这些词停顿，既可以显示风范，又能防止自己说错话。

好啊、对呀、有道理、是这样的

这是一种顺从的表现。喜欢说这类话的人，一般为人老练圆滑，甚至有些阴险。他们表面表示同意你的意见，博取你的好感，或者鼓励你继续说下去。但你若损害了其利益，他一定会翻脸，并拿你说过的话当弱点攻击你。

但是、不过

这类人有些任性，虽然看似接受了别人的意见，提出一个"但是"作为转折，实则是在为自己辩解。同时，这也说明，他们为人温和，不会断然拒绝他人，说话的语气委婉，让人容易接受。通常，从事公共关系的人常用这类口头禅。

另外、还有

这类人思维比较敏捷，对周围的一切都充满了好奇心，喜欢参与各种各样的事情。但做事往往只有三分钟热度，不能坚持到底，更不能善始善终。这类人思想前卫，富有创新精神，常常会有一些别出心裁的创意，让人耳目一新。

其实、是这样的

这类人大多个性倔犟，并且多是有点自负，坚持自己的意见，不会轻易被说服。而且，他们往往有着强烈的自我表现欲望，说这些话，是希望能引起别人的注意。

通过了解，我们可能明白了，口头禅原来包含这么多的信息。所以，千万不要看它不起眼，它对你了解对方个性会有很大帮助。

（十二）说话声音变化可以反映出人的内心变化

一般来说，人们说话时声音是不变的。但是，遇到特殊情况，内心发生细微变化时，声音也会随着改变。所以，从一个人的声音变化，不仅能够读懂其情绪变化，更能看出其内心活动。

春秋时期，郑国相国子产一次外出视察，看到一位妇女在坟上哭，子产下令拘捕这位妇女，随从们不解。子产解释说："她虽然哭的声音很大，但哭声中没有哀痛之情，反而有恐惧之意，其中一定有诈。"后来经过审问，果然证实这位妇女与人通奸，谋害了亲夫。

从一个人的声音中，不仅可以听出她的情绪，而且，从其声音的变化，也可以看出其内心的变化。

子产

说话声音很大

这类人个性爽快、明朗，待人真诚，说话直来直去，不喜欢绕弯子，常常在无意中得罪人。虽然他们意识到了这点，但也绝对不会改变自己的说话方式。此外，这类人人品正直，做事光明磊落，令人敬佩。他们的组织能力也不错，又有责任心，能得到他人信赖。因此，比较适合做领导。

说话声音很小

这类人缺乏自信，也没有什么气度，常为一些微不足道的小事跟别人吵架。他们城府一般都很深，工于心计，善用谋略，不管什么事情他都要做成功，甚至为了追求成功会不择手段。同时，在待人方面，这类人比较势利眼，对他人也绝对不会流露真心。因此，尽管他们可能事业不错，但知心朋友却很少。

声音突然由低到高

一般来说，出现这种情况，有三种心理原因。

1. 情绪非常激动。当一个人受到刺激，就会情绪失控，说话声音会不自觉地提高。比如，突然中奖的人，一定会兴奋地大喊"我中奖了"，来分享自己的喜悦；又比如，和爱人吵架的时候，总是难以抑制愤怒，越说声音就越高。

2. 试图说服对方。比如在辩论赛上，说到激动处，选手几乎都是喊出来的。这么做，是为了让你接受他的意见。人们在着急的时候，会在潜意识里希望用声音来威慑对方，大声喊出来，会增加说话人的自信。

3. 想支配或者命令对方。常见于家长对孩子，老师对学生，上级对下级。提高声音，是为了增强自己的权威，让他人乖乖服从。

声音突然由高到低

出现这种情况，有两种原因。

一种是，理屈词穷，越说越没自信。当一个人自信满满的时候，说话底气也会很足。当他觉得自己没理的时候，声音也就会慢慢降下来。例如，孩子犯了错误，受到家长批评，虽然还在狡辩，但是随着家长的质问，孩子的声音会越来越小。

另一种是，内心恐惧不安。当一个人由自信到不安时，声音也会慢慢降下来。比如，员工汇报工作，老板一句话也不说，员工会担心自己是不是哪儿做得不好，惹上司生气啦，他说话的声音相应也会越来越小。

可见，声音变化与说话人当下的心理活动密不可分，大小、轻重、缓急、长短不一样，内心的活动也就不一样。所谓闻其声、辨其人，就是这个道理。

（十三）语速快慢不同，内心状况不同

人的说话速度，一般每分钟在 300~500 字之间。不同的人，说话速度略有不同。是什么影响了语速呢？心理学家通过研究发现，语速的快慢，跟人的内心状况关系密切。从语速的变化，也能看到人们内心的变化。

人们说话，是在进行一种思想的交流，同时也是感情的流露。语速的快慢不同，说明其内心的状况不同。比如，某人平时能言善辩，突然结结巴巴说不出话来；或者某人平时木讷，突然滔滔不绝地说一大堆话，则一定事出有因，他的心理发生了颠覆性的变化。因此，仔细留意一个人说话时的语速及变化，就能掌握其心理状态。

说话速度快的人

这种类型的人说话时就像连珠炮，不但语速快，而且一句接一句，根本容不得别人插嘴。一般来说，这样的人很聪明，思维比较快，应变能力较强，因此说话也快。同时，他们性格大多外向，口才也不错，见什么人说什么话，能说会道，在交际场合如鱼得水，深得他人欢心，也容易达成目的。缺点是，他们心里藏不住事情，有时会将不适合说的事讲给大家听。而且，他们脾气比较暴躁，一件小事可能就会让他们生气、发怒，做事比较武断，极有可能一意孤行。

说话速度慢的人

这种类型的人大多属于慢性子，不仅是说话不紧不慢，即使遇到急事，他们也能镇定自若。这样的人心地善良，为人宽厚仁慈，富有同情心，能够关心体谅他人。若是女性，则会性格温柔。一般来说，这类人内心多平静，思维细致缜密，做事爱计划，而且能够听取他人的意见，但又不失自己独到的见解。而且，因为他们富有亲和力，说话委婉，人际关系很不错。缺点是，他们思想比较保守，基本不会接受任何新鲜事物，过于坚持原则，思维也稍显迟钝，做事总是犹犹豫豫，缺乏魄力。

说话速度极慢的人

这种类型的人说话非常慢，很多时候都是吞吞吐吐，不知所云。这类人个性过于软弱、内向，他们缺乏自信，为人木讷，做事迟钝。

语速突然加快

研究表示，一个人在紧张、愤怒、兴奋、急躁、恐惧的时候，会突然加快语速。

他们希望借着快速的谈吐，使内心不平静的情绪得到解除。但是，因为没有冷静地思考，他们谈吐的内容会十分空洞。如果碰到慎重与精明的人，马上就能看到他们内心动摇的状况。

语速突然放缓

当一个人心情沉重的时候，比如，伤心时、困惑时，说话速度也会变得很慢。我们看新闻联播，每当报道灾难，或者某个重要人物去世，播音员会故意放慢语速，与这是同一个道理。

另外，如果对于某个人心怀不满，或者持有敌意的态度，人们说话的速度也会变得迟缓，甚至有些木讷的感觉。因为他们其实不想把不满或敌意表现出来，但越是掩饰别人看得就越清楚。

总之，语速是可以微妙地反映出一个人说话时的心理状况的。多留意他人的语速及语速的变化，其细微的内心活动，就不会逃脱出你的眼睛。

（十四）语言风格是个人修养的显示

语言是打开交际大门的钥匙，也是交际中最重要的沟通工具。我们判断一个人的修养，除了从外貌上看，其说话风格也是一个重要方面。俗话说"言如心声"，一个人的语言风格是自身修养最好的证明书。

俗话说得好：好人出在嘴上，好马出在腿上。语言是打开人际交往大门的钥匙，也是生活中最重要的沟通工具。我们判断一个人不单单只看其外貌是否漂亮，举止是否得体，最重要的是和这个人的接触中，他的语言给我们带来的最直接的感觉。言如心声，一个人的语言风格是自身修养的最好证明书。

语言是一门艺术，在交往中我们往往重视别人的语言合不合自己的胃口。确定要不要和一个人交往下去的最主要动力，就是这个人的语言带给自己的最直接的感受。

在和一个人的交往中，我们往往过于重视对方说话能不能给我们带来愉快，而忽略了通过一个人的言语去观察其内心的活动和他的性格特点。只有深入了解一个人的性格和内心的需求，我们才能投其所好，才能在人际交往中占据主动。

说话文绉绉的人

这一类型的人，往往有着很好的教育背景，喜欢咬文嚼字，交谈中会涉及大量的无关信息。这一类型的人生活中有点附庸风雅的作风，表面上自信，内心是自卑的。

而且喜欢显摆自己的知识和学识。俗话说一个人炫耀什么就说明他缺少什么。这类型的人表面上有着很好的修养，而其实内心是对自己比较没有把握的，所以喜欢在交谈中摆出自己的身份。是一个内心空虚的花架子。

油嘴滑舌的人

这种类型的人工于心计，精于算计。这一类人往往见过一点世面，内心充满了对自己利益的追求和考虑，往往对自己很大方，而对别人非常计较，甚至可以说是非常地小气。他们的性格不稳定，圆滑世故，深谙人际交往的法则。这种类型的人做人比较虚伪，善于隐藏内心的想法。可以与这类型的人交往，但是不可深交。

快人快语的人

这种类型的人往往性格豪爽，为人正直，内心也是非常坦荡。内心的想法和自己的言行是极其一致。这种人往往注重自己的感觉，有什么说什么，心里不藏事情。因为直接而豪爽的性格，所以对自己和别人的事情都不能保密。因而情绪变化快，做事情韧性较差。

沉默寡言的人

这种类型的人多数比较自卑或者是过于工于心计，内心的想法往往不想坦露出来。使别人都不能了解真实的他。自我保护意识较强，往往能够专注于自己的事业。做事情韧性很好，能够坚持，性格比较稳定，不会出现大的反差。

说话粗鲁的人

这一类人往往是学识修养比较欠缺，说话不讲方式，很容易得罪别人。这一种人对自己和别人没有一个很好地认识，不懂得说话的方式。性格豪爽而且直来直去。无论外表看起来成熟与否，其实际情况是没有多好的语言修养。做事情也是粗枝大叶，丢三落四的。这种人往往没有什么大的野心，追求小富即安的生活。

在和别人的交往中不要只注意别人话语给自己带来的心理感受，更多的是注意通过对方的语言风格去了解这个人的性格特点和内心世界，以便自己能够取得主动地位，占据优势。

第五章　人格心理学

一、辨明人格类型，摸清行为模式

　　人格指的是人们所具有的与他人相区别的独特而稳定的思维方式和行事的风格。如果说一个人如同电脑的主机，那么人格就好比主机的运行程序，不同人格的人，为人处世的风格也大不相同。了解一个人的人格类型，对你判断出他是什么"型号"，应采取什么"程序"来沟通大有裨益。辨明对方的行为特征，透视他们的心理活动，对我们识人察人用人，有着意义重大而深远的帮助。

（一）双重人格：一具躯体里的"两个人"

　　我们每一个人都是多面的，但不是所有人都是双重人格。只有人格分裂到了一定的程度，一种人格不能被另一种人格所影响、所左右，才可以称得上是双重人格。

　　很多70后、80后想必都对鸟山明的《七龙珠》十分熟悉，如今的90后恐怕也不陌生。在《七龙珠》里，有一位叫兰奇的姑娘，是个一打喷嚏就会"变身"的怪人。

　　平日里，兰奇是一位头发湛蓝、心思单纯，以做家务和煮饭为长处的温柔女孩儿，但一旦她打了喷嚏，就会变成一头金发，脾气火爆，好斗耍狠，拿着冲锋枪、火箭炮到处抢劫的恐怖分子。

　　漫画里的人物是虚构的，诚然有些夸张，在现实生活中，我们也遇不到一打喷嚏就会变成另一个人的怪人。但在我们周围，确实有很多具备双重性格的人。在刚认识他们时，我们会认为他们是好好先生、纤纤淑女，但是稍微深入了解一些之后，就会发现他们并不像一开始见到那样，而是有着另一种与他们的表象完全不同的性格习惯，甚至，这两种习惯完全相悖，却又奇妙地融合于一个人身上。

　　在韩国的一家心理诊所里，一位打扮得体、妆容精美的中年妇人应邀走进了咨询

师的诊疗室。

"文女士您好，"打过招呼之后，咨询师向她说起心理检查的结果，"根据您的检查结果，我们认为您具备基本的情商，能够保持一般性的人际关系……"

"嗯。"文女士不住地点头，表现出了良好的心态与修养。

"但是，您的抑郁症状况比较严重，对于自己的脾气不能很好调解，常常会因为压力过大而间歇发作……"

"是这样吗？"文女士仍旧点着头，但却反驳道，"我不是那样的，我不怎么发脾气。"

"好吧！可能对这个结果您比较排斥，但是请耐心地听我讲完……"

"一开始就不对，我根本没有抑郁症！"

"请您听我把话说完。"咨询师的脑门上已经开始冒汗，"检查结果认为：您不能很好地认识到自己的情感，因此在与他人的关系上，也出现了一定的问题……"

"这结果可信吗？"文女士仍然在点头，但话语中却尽是疑惑，"我觉得我很正常，没有那么奇怪吧？可为什么这检查结果总是在说我的坏话？"

"当自己的缺点被指出来时，人们总是会在第一时间内否认的。"

"是吗？可我不是那样的啊！"文女士在第一时间内反驳。

诊疗室里出现了瞬间的静默，很快，咨询师忍不住笑了起来，文女士似乎有些不好意思，默默地低下头去，脸红了。

这位文女士就是很典型的双重人格的人。一方面，她是养尊处优的中年贵妇，具备良好的修养品德，即便是他人说自己的不是时，也能够做到不发火、不气恼，而是以点头来表示自己在认真聆听；另一方面，她还拥有自以为是，不允许他人说自己一点不对的强横心态。这两种人格结合在一起，导致她产生了上述奇怪的举动。

人格即是人们所具有的与他人相区别的独特而稳定的思维方式和行事的风格，而双重人格，从字面意思上来理解，就是指一个人的大脑中，具有两种完全不同的思维方式和行事的风格。这两种人格的并存，导致双重人格的人比起普通人来说更具有易变性和复杂性。人们与具有双重人格的人交往，就好像坐过山车一般，时时能够体验到刺激和惊险的感觉。

美国电影《出租车司机》中的主角特拉维斯，就是一个典型的双重人格者。他是一位越战退伍的老兵，在回到纽约之后，以开夜班出租车为生。特拉维斯平时得过且过，还喜欢看情色电影，但同时，他又对罪恶与堕落感到深恶痛绝。一方面，他追求总统候选人的助选人员贝茜，另一方面，他又结识了纽约的雏妓艾瑞丝，想要帮她脱离罪恶源头的掌控，回家继续学业。

然而，现实总是令人扼腕的。最终，特拉维斯因为被贝茜抛弃，又对艾瑞丝的事无能为力，展开了一连串的疯狂行动。他买了四把手枪，刺杀另一位总统竞选人未果之后，又独自血拼控制艾瑞丝的一帮恶徒，带着她杀出了一条血路……

很明显，在特拉维斯身上，就有着堕落者和英雄主义两种截然不同的人格。

双重人格不是偶尔的良心发现，也不是愤怒时的出格表现，而是从根本上，潜意识里，就带有另一种心理习惯与烙印，这种习惯不会随地位的升降而改变，也不会因为其中一种人格占主位，而另一种人格就有所收敛。这两种人格，时时刻刻渗透在双重人格者的生活中，无时无刻不散发出来，即使是对自己的生活造成了影响，也无法彻底改掉。甚至有一些严重的人，他们会因为外力的因素，而随时变成另一个人，就好像特拉维斯，因为外界环境的刺激，从无力的小市民，变成了悲剧式的"英雄"。

双重人格者普遍存在着与社会适应不良的情况。他们所具备的双重性格，也会让他们自身感到困惑，但更多的人却不会意识到这种困惑，而是将它延展为更主观、更自我的心态，也就是我们平时所说的自以为是。

基于这种心态，双重人格者拥有比普通人更难说服、更爱为自己辩解的特点，在遇到让自己尴尬的事时，他们也不会坦率承认错误，而是东拉西扯，找各种理由来狡辩。

生活中双重人格者很常见，一个平时安静羞涩的少女，在家里却总是絮絮叨叨、无缘无故地发脾气；一个无忧无虑的乐天派，有时候却"45度角仰望天空，流下寂寞的眼泪"；一个总是高声吆喝、粗声叫骂的工人，在对待女人时，却显露出比绅士还要周全的礼仪和照顾……这些，都是双重人格的表现。

如果要与双重人格者打交道，也不要过于紧张惊慌，一般来说，他们会以遇到你、认识你的人格为主，来与你进行交流。当然，对于他们总是有意无意所显露出的另一种人格，在不影响你的情况下，你可以视若无睹。如果影响到了你们之间的交流，那么你就要打起精神来，试着适应他的另一种人格，将两个人的谈话转变为三个人的谈话。一般来说，只要不是趋于病态的双重人格，与之交往都是非常安全的。

（二）自恋型人格：傲慢自大的"自私鬼"

自恋型人格的人大多自大，降低自己的身份，只会让他们更看不起你，更随意地利用你。了解他们的心理，表现出比他们更加强大的内心，才能让他们对你不敢小觑。

看过《灌篮高手》的人，都很熟悉里面的主角樱木花道。他是一个单纯的高中生，同时也是篮球队的主力。与其他队员不同的是：樱木是一个非常自恋的家伙，他的每回出场，都伴随着夸张的笑声和"我是天才"的自我吹嘘。

自认为是天才的樱木，在篮球场外，除了教练和队长之外，不听任何人的指挥。"老对头"流川枫一对他流露出不屑的态度，他就觉得那是在嫉妒他，有时候，甚至会有大打出手的情况出现。

作为漫画里的人物，樱木的自恋和心理学中的自恋型人格还是有一定区别的。在自恋之外，樱木更多表现出的是单纯率直的性格，但在生活中，自恋的人往往就没有那么可爱了。

新去外贸公司上班的小陈去拜访一个以难缠著称的客户黎经理，毕恭毕敬地敲开黎经理办公室的大门走进去的小陈只是得到了对方的一个斜眼："你是谁？有什么事吗？"

"我是××公司的销售代表……"

小陈话音未落，就被黎经理粗暴地打断，"只是个销售代表？谁叫你来的？"

"我们公司的杨总让我过来谈一下这次的业务……"

小陈还没说完，黎经理再一次打断了他："哼，只派了个销售代表来跟我谈业务，你们公司就没有更适合的人了吗？"

你这是什么意思！小陈隐忍着心中的怒气，解释道："因为这次的项目我一直跟进，所以杨总觉得派我过来是比较合适的……"

"合适？"黎经理又斜了小陈一眼，"派一个小业务员来跟公司的经理谈生意，这合适吗？杨总这样看不起我，那么这个项目我也要有所更改了，你们公司的报价，必须比单子上列的低20%！"

这实在是有些强人所难，但只是低20%，公司的利益空间仍然很大，相信还是有促成的可能性的。考虑到这一点，小陈点点头说："好的，我回去计算一下，看看能不能给您满意的价格。"

"价格是你能确定的吗？"黎经理从鼻孔中冷哼出一声，"我不是问你的意思，我是问杨总的意思，你回去跑个腿报告一下就行了。"

岂有此理！小陈被气得一佛出窍，二佛升天，勉强压下心中的怒火，他拿出手机一边拨杨总的电话号码，一边说："既然您觉得跟我无法详谈，那您就直接跟杨总说好了。"

"你这是干什么……"看见小陈的动作，黎经理还来不及阻止，电话那边就传来杨总的声音，"喂……"

"哎，杨总啊，是我，小黎。"接过了电话的黎经理顿时没有了刚才的嚣张气焰，即便是电话对面的杨总看不见，他还是堆出了一副笑脸，"是这样的，刚才您公司的一个小业务员来我这儿报价，我觉得价钱稍微有些高了，所以想问问您能不能在价钱上让一些。"

"都合作这么多年了，这个好商量，有什么事你跟小陈说，让他回来告诉我。"杨总很爽快地答道，"我这儿有事，就先挂了，回头一起喝茶。"

"哎，好好，没问题。"

挂了电话，黎经理瞬间又变了张脸儿，冷冷地将手机丢给小陈，说："还在这愣着做什么？你任务已经完成了，回去报告吧！"

生意场上，像黎经理这样的人不在少数。他们狂妄自大，有了一点地位，就觉得自己不可一世，拒绝跟"比自己地位低"或是"没有利用价值"的人交流。而即便是有利用价值的人，只要地位不如自己，他们也会将别人看低一等，如果对方对他阿谀奉承、言听计从，那么还可能取得他们的认同，但只要对他们的命令稍有违抗，或是提出质疑，就会立刻遭到粗暴的对待，被认为是毫无价值的人。

每个人都会或多或少地有自恋倾向，但是，只有自恋倾向根深蒂固地存在于思想本源深处，并对人格造成强烈影响的，才能被称为自恋型人格。典型的自恋型人格，经常会有以下行为表现：

1. 经常会花费很长时间沉溺于幻想，对于无上的权力、成功、才学美貌以及完美的爱情十分憧憬，常因为幻想而陷入自我陶醉。

2. 对自身极度珍视，并拥有强烈的自信心，期待被他人当作是非凡的成功人士，并因此而夸大自己的才能与成就，希望借此而获得特殊的优待与礼遇。

3. 对比自己强的人阿谀奉承、曲意巴结，但实际上却会对别人的成就财产十分妒忌；而对比自己弱的人，则傲慢自大、不可一世，从行为态度上轻视他人。如果被人指责，第一时间不会反省自身的过失，而是认为是别人猜忌或嫉妒自己。

4. 强烈需要比一般人更多的赞美，希望所有人都崇拜尊敬自己，因此经常自封头衔，强调自己的特权，即使是犯了错，也认为自己与他人不同，有理由那么做。

5. 在人际关系上，会有爱占小便宜、利用他人的倾向，只要能达到自己的目的，可以不择手段。

6. 对除了自己之外的所有人都不会抱有同情心，不会也不愿意去想他人的感受与需求，只会考虑到他人的过失会对自己造成什么样的损失。

自恋型人格的人，通常是小时候就受到了来自各方的不良影响，养成贪婪、自私、冷血的性格。这种人多数对权力非常热衷，善于利用他人，只有在他人"有用"时，才会想到对方，而"无用"的朋友，经常被他人视为累赘。

有一个自恋型人格的人，他拜托朋友为他找了个工作，但朋友在要陪他应聘那一天突然病倒，他没有想到朋友当时会如何难受，反而责怪他不能守约，以至于自己"心里没底"，这就是典型的自恋型人格所表现出的自私行为。

跟自恋型人格的人相处，是一件非常辛苦的事。他们可能会是精明强干的领导，事业有成的精英，却绝对不可能是能够关心、理解他人的挚友。所以，与自恋型人格的人交往时，千万不能忍辱负重，一味忍让，那只会让他压榨利用得更加心安理得。正确的做法应该是不卑不亢，心态平和，让他们觉得你是有修养，有内容的人，他们自然不会将你看得过于低下。

（三）强迫型人格：强迫倾向的"工作狂"

强迫型人格的人总是强迫自己去做这个，做那个。殊不知，这种强迫与忧虑的意识，反而正有可能是将事情办砸的原因。

朝鲜王朝时期，有一个著名的将领，名叫李舜臣。他出身于没落的士大夫家庭，幼时家境贫寒，但积极上进，擅诗书骑射，而立之年中了武举，在军旅生涯中奉献了一生。

李舜臣一生忧国忧民，性格刚直不阿，在带领朝鲜海军抵抗倭寇的战役中，立下了不可磨灭的功劳。

但是，这样一个朝鲜史书中都有记载的伟大人物，却有着一个既能称为缺点，又能被称之为优点的性格特征。

李舜臣

那就是李舜臣除了在战争时力求做到备战充分、计划周密之外，即使是不在战时，他也会时时刻刻准备着防御敌人，操练军队。任何事情，他都要制定严密的计划，只要他看不惯的行为或是意见，就忍不住强烈反对或是谴责，即便是打仗时，只要没有必胜的把握，也绝对不会开战。

李舜臣将军的上级觉得他过于严苛，同僚觉得他很难缠，下属们则对他的各种要求十分烦扰。但正是他的这种性格，成就了他在战时的伟业。

像李舜臣将军这样原则分明、要求严厉的人，在战争时期，无疑是国家的瑰宝。但如果放在现下的社会里，恐怕就会成为很多人头疼的"问题"了。他们所带有的强迫性倾向，不仅体现在对自身的约束上，对于他人，也会"爱屋及乌"，经常"关照"一下。

小罗的顶头上司马主任，是个不折不扣的工作狂。他在单位干了20多年，每天兢兢业业，做的事情比谁都多，比谁都好，甚至连周末也经常无偿加班，可即使是如此，他仍然是个小小的主任，快十年了也没有升官。

对于这一点，小罗很是奇怪，同时又对马主任十分同情。有一天，别人都下班走了，他见马主任还在忙着，便走上前去关切地问道："马主任，已经这个时间了，您还不去吃饭吗？"

"一会儿就去，不把手头这些事情忙完，实在是不放心。"马主任回答道。

"那我帮您一起吧！"小罗好心地留了下来。

经过了一个多小时的忙碌，公务终于被处理完了，马主任拍拍小罗的肩膀说："年轻人，你很有干劲呢。走，一起吃饭去。"

能够得到领导的赏识，小罗十分高兴，可是很快，他的这种高兴劲儿就被后悔所代替了。饭桌上，马主任滔滔不绝，但所说的话题完全都是关于刚才的公务，一会儿担心这个没有做好，一会儿觉得那里还需要补充。最后，放下碗筷，马主任拍拍小罗的肩膀说："走，我们回去再把那个方案改一下。"

此刻已经华灯初上，小罗一心想要回家，却有苦难言，因为马主任刚才说的那个方案，有很大一部分是他帮忙做的，所以想要拒绝也不好意思。

就这样，干劲十足的马主任拖着不情不愿地小罗，在办公室里加了一晚上班。

遇到马主任这样的上司，想必每一个下属都会叫苦连天。他们狂热于工作，热衷在细节问题上追根究底，对自己、对别人都有一套极其严格的标准，对完美的苛求达到了病态的程度。

像马主任这样的人，就属于强迫型人格的人。

当然，强迫型人格并不只是在工作方面具有强迫性，在生活中的方方面面，强迫型人格都会有强迫性的行为发生，比如说有洁癖，反复查看门锁是否锁上，对报表上的数字演算再三依然无法放心等。总的来说，强迫型人格的人，经常会有以下行为表现：

1. 拥有强烈的道德伦理和价值观，责任感强，对自己认定的事情具备超常的专一

性，总是要求自己做到完美无缺，毫无过错。对细节性的问题，比如说名单、顺序、报表、时间表等注入了太多的时间和精力，往往会因此而忽略掉工作的重点。

2. 过分克制自我，表现死板难以变通，情感总是处于紧张状态，换句话来说，就是没有安全感。总是一味地做准备，但又对自己所做的事情没有把握，只要别人一提出质疑，自己就会惴惴不安。

3. 基本没有爱好和业余生活，也少有朋友。不放心将事情交给别人去做，即使是交予了，也要强调自己的"清规戒律"，如果别人不遵从他的做事方式，就会更加不安和不放心。

4. 强迫型人格的人大多吝啬而顽固，处理事情整洁有序，但对新事物的出现，则无法很好地接受。另外，这种人多喜欢保存儿时的旧物不舍得扔掉，哪怕那旧物只是一捆无用的废纸。

强迫型人格多形成于幼年时期，父母的管教如果过于严厉，孩子多会养成谨小慎微和拘谨的性格。因为怕做错事受罚，所以每做一件事前，都会再三考虑，从而形成经常性紧张和焦虑的情绪反应，久而久之，就形成了强迫型人格。另外，受到强烈的挫折或刺激，抑或是家人本就有强迫性生活习惯的孩子，也有可能会养成强迫型人格。

实际上，轻微的强迫型人格并不是一件坏事，像斯坦利·库布里克这样的知名导演，就具有强迫型人格，而正是这一点，才促使他把自己的电影拍得更加完美。就国内来说，"星爷"周星驰也有着这种倾向，与他合作的演员普遍都表示他的要求十分严格，并且严令他人按照自己的界定拍戏，稍有不对就会发火。但是，不可否认的是：在搞笑类型的中国近代电影史上，星爷确实是丰碑型的人物。

与强迫型人格的人交际是一件比较费力的事，但好在强迫型人格的人不比自恋型人格的人，还是会多少考虑到别人的感受，只是有时候碍于面子或是其他原因不能纾解心扉。因此，与这种人相处的时候，要多引导他，让他敞开心扉，或者是在他钻牛角尖的时候"当头棒喝"，让他明白自己的行为是有缺陷的。一般来说，只要能引起对方的共鸣，交往的过程就不会如想象中那么麻烦了。

（四）回避型人格：过于羞涩的"老实人"

回避型人格的人不同于普通的冷淡、避世，他们甚至连自己的心都在回避。因此，回避型人格的人，总是带有盲目性、强迫性和非理智性的特点。

老周的女儿今年五岁，到了该去上幼儿园的年龄，但是无论家里怎么劝说，这个

漂亮的小姑娘却始终待在家里，怎么也不肯去上学。

束手无策的家人们只好寻求心理医生的帮助，而张医生第一次见到小美时，也颇费了一番功夫，才让这个内向的小姑娘和自己讲话。

"和阿姨一起去买棒棒糖好不好？"张医生抛出了对小孩子来说无法抵挡的诱惑。

"不。"小美怯生生地摇了摇头，"我想待在家里。"

"为什么啊？"张医生问道，"小美，你不觉得外面的阳光很好吗？你不想去幼儿园里和小朋友们一起玩吗？"

"不想。"小美继续摇头，"我就想待在家里，外面的小朋友们不喜欢我。"

"怎么会呢？"张医生有些诧异，"难道你一个朋友也没有吗？"

"本来有小乐的，她长得可爱，又会唱歌，可是我不会跳皮筋，长得也难看，连她也不喜欢我了。"小美眼泪汪汪地说道。

"怎么会呢？你很好看啊！而且有谁会因为跳皮筋不好就讨厌别人呢？"

"可是她们都不喜欢我。"小美执拗地摇着头，"我不想去上学，就想在家里待着，我一个人也能学写字，学画画……"

像小美这样的孩子，即使是专业的心理医生也会感到棘手。他们明明外在条件不错，但却极为内向，总是觉得自己低人一头，心中存在着会被他人厌弃的被害意识，因此在与人交往时，也会处处小心看别人的脸色，一旦觉得他人对自己稍有不满或是鄙夷，就立刻像乌龟一样，缩进了自己的壳里。

这种情况，不止是在小孩子中常见，成年人中，也可以遇到不少。

新进公司的小黄在同批进公司的同事中算是佼佼者，毕业于国内非常有名的一所大学。因此，他刚一入职，领导就对他给予了非常高的期望，对他的培养也不同于一般的职员。

这情况让其他同事很是眼红，但是没过多长时间，领导就转而器重另一个拔尖儿的职员，将小黄丢在了一边。

深究这其中的原因，看一看小黄是怎样完成领导吩咐下来的任务即可：

第一次给小黄分派任务时，领导就有意培养他，让他做整个项目组的小组长，但是这情况被小黄知道了，他却犹豫着对领导说："我只是个新来的，项目组里还有很多比我经验丰富的前辈，我怕我做不好……"

领导虽然失望，但也了解小黄说的是实情，于是斟酌了一下，放弃了。

在这之后，小黄的成绩倒也十分让领导满意，于是，他又萌生了培养小黄的念头。这一次，他专门挑了个简单些的项目，让小黄带着三个新职员去做。

小黄本想推脱，但是话刚出口，就看到领导沉下来的脸色，于是只好忐忑不安地答应了。

在其后的日子里，小黄十分勤恳努力，兢兢业业，但是老手都会犯错误，更何况是刚就业的小黄呢？没过多久，因为一个新手常见的错误，小黄被领导叫到办公室里训了一顿，恰逢领导心情不好，所以话就说重了一点。

到了收工的日子，领导原本以为能看见小黄"胜利归来"，却不料小黄给他带来的，却是一个一塌糊涂的项目，和三个满腹怨言的员工。

原来，自从被领导训斥之后，小黄的一腔热情就变成了缩手缩脚，瞻前顾后，原本很简单的事，他也会犹豫不决半天。在和手下的员工们吵了几次架之后，小黄甚至连他们都不愿搭理了，如此一来，项目不完败才怪。

了解了情况的领导给小黄安了个"心理素质差，无法担当重任"的帽子，把他丢进了随时裁员的名单里。

像小美和小黄这样的性格，在行为心理学中，有一个专业的术语来概括——"回避型人格"，又称"逃避型人格"。这种人格的人，十分缺乏自信，对自身的价值极端贬低，经常会敏感不安。美国《精神障碍的诊断与统计手册》里，曾系统地综合了回避型人格的行为特点，总的来说，有以下四点：

1. 除了亲人之外，几乎没有朋友，最多仅有一个知心朋友。

2. 敏感羞涩、内心自卑，害怕在他人面前出丑，在公众场合不爱说话，就算是被提问，也害怕回答不出问题，惹人笑话，甚至会无端哭泣起来。

3. 几乎从来不管他人的事，除非是确定这件事非自己不可，而且自己非常重要，会受人欢迎。很容易因为他人的批评或者是反对而受到伤害，哪怕是微不足道的小事，或是他人随口的拒绝，也会让他们情绪沮丧，一蹶不振。

4. 行为退缩，对人群具有无理由的恐惧感，不是无条件接受他人意见，就是根本回避人际关系。对于需要人际交往的工作或活动会尽力逃避，难以同别人进行交流。如果遇到非做不可的事情，也会夸大障碍困难或是潜在的危险。

回避型人格的人不爱出风头，甚至不爱跟人说话，造成这种结果，多数源于他们的幼年时期。形成回避型人格的根本原因是自卑意识，而那些认为父母不喜欢自己、对负面情感感受度高的孩子，更容易形成这种人格。

心理学家认为：自卑感本源于幼年时期，由于某事的无能，而产生的痛苦和无法胜任的感觉，会让人牢牢地烙印在心底；另外，一个人如果有生理或是心理上的缺陷，那么挫折给心灵造成的影响、大大低估自己还有消极的自我暗示，就能形成一个无法挣脱的怪圈，将人们拉放入回避型人格的泥潭。

在生活中，回避型人格的人虽然怕失败，没有自信，不愿结交新朋友，显得很怕生，但是真正交往下来，我们却会发现他们并没有其他人格类型的人那样可怕。与回避型人格的人交往时，需要注意的一点就是要缓慢而小心，尽量表达出自己对他们的喜爱，如果贸然急匆匆地冲过去，最有可能的结果，就是把他们吓跑了。另外，还有一点极为重要，就是批评指责他们时，一定要小心再小心，不然一个不小心，或许收到的就是一封绝交书了。

（五）依赖型人格：小鸟依人的"没头脑"

说得可爱些，依赖型人格的人就好像小鸟依人的"没头脑"，可是说得恐怖些，依赖型人格的人，就好像一个索求无度的"无底洞"。如果不是很享受被依赖的感觉，还是不要轻易招惹这样的人为好。

一对夫妇老年得子，对于掌上明珠十分喜爱照顾，当真是捧在手里怕摔了，含在嘴里怕化了，事事都不让儿子操心动手。

就这么过了几年，儿子长大了。可是有一天，夫妇要出远门，不能带儿子去，又怕儿子饿死，母亲就想了个主意，烙了一圈儿大饼套在儿子的脖子上，这样一来，儿子饿的时候，一伸头就能吃到饼了。

夫妇俩放心地出门了，可是等他们回来的时候，儿子却已经咽了气。他胸前的大饼几乎被吃完了，脖子后面的大饼却还完好无损。这个傻儿子连转一转身后的饼都不知道，就这样活生生地被饿死了。

这个寓言故事在中国家喻户晓，当然，现实中也不可能有这么傻、这么懒的人，不过，这个故事中的"儿子"所表现出的依赖型人格，在我们生活中，倒是随处可见。

依赖型人格，从字面上来分析，就是完全依赖他人、毫无主见的意思，事实上，依赖型人格最主要的特点也正是这样。表现为依赖型人格的人，总是无节制地依靠身边亲近的人，无论是生活、情感、判断还是其他方面，甚至于为了这种依赖，他们连最基本的自尊、自信和感情都可以弃之不顾，似乎没有他人所依赖，对他们来说，就好像到了世界末日一样。

依赖型人格的人普遍都是乖孩子、好学生、贤妻良母，但正是因为对他人的过分依赖，他们所有的一切都受制于人，就连喜怒哀乐也取决于他人所做出的决定。而被依赖的人，通常也会感觉像是被狗皮膏药粘住了一样，想甩也甩不掉。

第一次见到小苗时，阿烈的眼睛一亮。小苗温婉可爱，看起来怯生生的，让阿烈的心中涌起一股强烈的保护欲望。

相亲的过程很顺利，阿烈高大的身材和不错的事业，也让小苗的父母对他极为满意。

但在交往的过程中，阿烈却发现小苗有一个问题：她实在是太过于"孝顺"了，就连自己约她出去吃饭，想抱抱她亲亲她，她也要向父母汇报，得到允许了才可以。沉浸在爱河中的阿烈把这当成是小苗家教严格、珍爱自身的缘故，对小苗更加呵护。

没过多久，二人就步入了婚姻的殿堂。

可谁想，看起来美满和睦的小两口，结婚没几个月，就开始闹矛盾。

"我工作了一天已经很累了，像是抹布放在哪儿，桌布要买什么颜色这样的问题，你就自己决定吧！"疲惫的阿烈耐着性子跟小苗说话。

"可是我没法决定啊！"小苗怯生生地睁着大眼睛，像一头受惊的小鹿。

……

"亲爱的，今天晚上我们吃什么？"迎着上班回来的阿烈，小苗问道。

"亲爱的，你不觉得我们也许可以在家里做点吃的吗？锅碗瓢盆都买了。"阿烈皱着眉头看着崭新的炉具和炊具。

"可是我不会做啊，我妈没教我怎么做菜。"

"那你去买菜，我回来做总可以了吧！"阿烈强压住心头的火气回答。

"可是我不知道我们要吃什么哎。"小苗的回答让阿烈无语了。

……

每天一回家，小苗总会有这样那样的一堆事要问阿烈，让阿烈帮忙处理。终于，不堪忍受的阿烈忍不住建议道："亲爱的，要不你出去找个工作吧！不管做什么，挣多少钱，也比待在家里好。"

从来没有工作过的小苗眼圈儿红了，但还是点点头说："那我去找什么样的工作呢？"

……

好容易让小苗去上班，但是阿烈的问题并没有因此而解决，回到家里小苗的问题更多了，怎样跟同事相处、怎么处理办公事宜，不管是阿烈知道的，还是不知道的，都一股脑儿抛给他处理。

而得知阿烈让自己的宝贝女儿去打工，小苗的父母也急了，冲到二人的小窝，声色俱厉地将阿烈训斥了一顿："我们的宝贝姑娘养到这么大，连盘子都没让她洗一个，

你又不是缺钱，为什么要让她出去打工……"

不堪重负的阿烈最终选择了离婚，而离婚之后，小苗立刻找到了另一个男人，据说那个男人很宠她。

像小苗这样的妻子，乍一看温柔又淑女，可是试问，有几个人能敌得住她的"依赖攻势"呢？依赖型人格的人就像没有成熟的小孩子一样，凡事都让别人替自己做决定，凡事都会征询他人的意见，殊不知，万事过犹不及，依赖过了头，迟早会让人厌烦恐惧。

依赖型的人格，也形成于人们的幼年时期。年幼时，我们会认为父母是万能的，我们依赖着父母来养育自己、保护自己。同理，如果父母在孩子长大之后，仍然过于溺爱，不让孩子自立，那么孩子就会养成缺乏自信、依靠他人、逃避责任的依赖型人格。

想要判断依赖型人格并不难，具有依赖型人格的人，具有以下行为特点：

1. 无法独立

依赖型人格的人总是感觉自己软弱无助，动不动就会生出"我真是好可怜啊"这样的想法，或是觉得自己没有能力，缺乏精力，总是爱将自己的需求依附在别人身上。由于对别人有所要求，他们会十分害怕被人抛弃，乃至于过分地顺从，就连生活、目标、未来也可以让别人安排。

2. 缺乏自主

依赖型人格的人只要找到一座他们认为稳妥的"靠山"，就万事 OK 了。为了稳定而持续的温情，他们会放弃自己的人生观、价值观、兴趣爱好等，这样导致的结果就是依赖型人格的人会越来越懒惰、脆弱，缺乏自主创造性。

3. 无法独处

依赖型人格的人只要一个人待一会儿，就会产生恐慌无助感，因此，他们会竭尽全力逃避单独的时间。并且，在对什么事做出决定前，他们需要从他人那里得到大量的建议和保证，正由于这一点，依赖型人格的人常常会上夸夸其谈的骗子的当。

4. 逃避现实

依赖型人格的人对归属感有强烈的渴求，这种渴求是非理性的，带有强迫性。因此，一旦他们感觉稳定的归属感将要被打破，就会将责任推给他人，自己闭上眼睛，不去看未来的状况。并且由于内心的恐惧感，依赖型人格的人也经常会觉得自己将要被人抛弃。

5. 委曲求全

依赖型人格的人倾向于以他人的看法来评价自己，总觉得他人比自己能干，比自己优秀，因而对于他人过分的举动也会一忍再忍，坚持着不发作，有时候，甚至为了讨好他人，做低下的、自己不愿意做的事情。由于这些原因，依赖型人格的人会产生越来越多的压抑感，使他们放弃自己的追求和价值。

（六）被动攻击型人格：背后捅刀的"老油条"

拥有被动攻击型人格的人通常都是弱者，但他们却每每能够让强者暴跳如雷，他们的攻击不像是直进直出的刀子，更像是藏在棉花里的一根针，因此，又经常被人说成是使用"隐形攻击"。

最近，杨医生被新来的一个患者弄得不厌其烦。

杨医生是出了名的好脾气，而新来的患者，看起来也不像是穷凶极恶的人。他刚来看病时，是犯了急性胃炎，但由于前面正为一个急性阑尾炎患者做手术，所以坚持了快半小时，杨医生才腾出空儿接待他。

这名患者看起来很有礼貌，对于杨医生的道歉也欣然接受，与杨医生闲谈时，他还聊起了自己的家庭，他先是抱怨社会，接着抱怨父母，抱怨妻子，似乎所有事都跟他有仇似的，接下来，他将杨医生大大地夸奖了一通，夸他医术精湛，用药准确，及时地抑制住了自己的急性胃炎。

这原本是个皆大欢喜的局面，但是这些天，杨医生却发现自己的诊室患者少了许多，有一次，他走出办公室去买咖啡，刚巧碰见那位患者穿着病号服，坐在休息椅上与来看病的人聊天。

"听说这个科室的杨医生很不错哦，经验老到，医术也好。"来看病的人说道。

"医术还好吧，只是这里的医护人员态度实在是太怠慢了，我来看急性胃炎，都被耽误了半个多小时呢。"

"不是吧？急性病也这样？"来看病的人惊讶地瞪大了眼睛，"这里医生的医德真不怎么样啊……"

"谁知道呢。"那位患者打着哈哈摆了摆手。

发现了这一点的杨医生非常生气。他扪心自问，自己在手术台上挥汗如雨，下来了之后连水都没来得及喝一口，就立刻去征询他的病情，可是他却在背后说自己的坏话。

忍不住气的杨医生去找那位患者理论，可对方却无辜地看着杨医生，辩解道："医

生，您误会了，我不是在说您，我是说这里的护士，本来我就很不舒服了，可是她们对我的态度冷冰冰的，实在是让人生气。"

原来是这样。杨医生顿时有种错怪了好人的感觉，但是，当他回过头去责备科里的护士时，护士却委屈地说："那个患者对您还算是恭敬，对我们却是吆五喝六的，一个照顾不周就骂人。每天有那么多的患者，我们怎么可能只围着他一个人转？"

那个患者说的似乎也有道理，可是护士们也怨声载道。这一下，杨医生真的不知道该怎么办了，他只希望那位难缠的患者能够早日出院，免得他闲到坐在诊室里找苍蝇。

杨医生的遭遇让人同情，那位患者就好像是一个软绵绵的枕头，当杨医生对其报以愤怒时，却发现根本无处着力，甚至还会有一种自己在欺负"枕头"的感觉。

这种感觉，你有没有遇到过？

生活中有那么一种人，当他们对你不满时，从不当着你的面表达出来，有时候，连他们自己都没意识到自己的不满是那样强烈。但是，他们会犯一些莫名其妙的错误，或者是以消极、拖拉的方式来让你恼羞成怒、暴跳如雷，然而当你想向他们倾泻怒火的时候，他们却总有合适的理由来辩解；或是睁着一双无辜的眼睛看着你，甚至严重的时候，你周围的人都会因为这种人，对你产生敌对的情绪，而那个人就站在一边笑着，就好像电影中用离间计分化众人的阴谋者。

这样的人实在是让人头痛，而他们在行为心理学中，也有一个专有的名词来代表：被动攻击型人格。

之所以是被动攻击型人格，而不是主动攻击型人格，在于这种人的攻击并不是主动、自发做出的，而是以消极、犯错的形式来表示。

这种人与他人交往时，通常处于弱势状态，但不管处于再弱的地位，当他们产生怒气时，第一时间想到的同样是还击。只是，由于势力的严重失衡，他们无法表达出愤怒，甚至于无法拒绝强势方的要求，唯恐会因为这个而失去现在拥有的东西。

在这同时，他们潜意识中积存的愤怒，让他们无法秉持客观的态度，经常出现拖拖拉拉、不守信用，将简单的事情搞砸了的状况。这种态度虽然没有直接表达出愤怒，但是却跟主动攻击没有什么两样，同样能令强势方焦躁不安、怒气勃发。

珍妮在办公室里总是忙忙碌碌的，但是却不得任何人喜爱。新来的阿丹有些同情她，因此跟她走得近了些。

"报表的事情就拜托你了，我会把合同的事弄完。"在与珍妮合作一个项目时，阿丹向她嘱咐道。

"没问题，交给我就行了。"珍妮信誓旦旦。

然而，第二天一早，将要向经理报告时，珍妮却一拍脑袋说："不好，我把报表的事给忘了，实在是对不起，我现在马上去弄。"

原本将合同的事办得很成功，可是因为珍妮的关系，阿丹连带着挨了经理的一顿臭骂。

这样的事情一而再再而三地发生，慢慢地，阿丹看清了珍妮的"真面目"：她的"健忘"并不是一天两天，而同事们也正是因为这一点，才无时无刻不躲着珍妮。

对于被动攻击型人格的人来说，如果一件事有任何不满，最常见的办法就是拖拉、健忘和故意将事情办砸，直到让他们办事的人没了耐心，大发雷霆，最终，让他人对自己的要求越来越低。

另外，他们还会嫉妒、憎恨那些比自己幸运、比自己有权威的人，十分在意自己的不满情绪，常常争辩。在职场上，被动攻击型人格的人，会经常被动抵制上司的命令，总是表面服从背后抱怨，并拖拉不做，因此，在一个公司总是干不长。

遇到被动攻击型人格的人，最好不要对他们有太多的期待，因为他们多数都性格散漫缺乏信用。跟他们交涉时，一味地忍让会让你更加处于劣势，勃然大怒也不可取，因此，向他直接挑明，给他一个最后期限，是比较稳妥的办法。

（七）表演型人格：人生就好像戏剧一样精彩

表演型人格的人往往好幻想，喜欢把想象当成现实，并夸大自身的感受，因此总会给人一种装腔作势、无病呻吟的印象。

"下午好啊！"

社区的义工小南正坐在办公室里整理资料，门外忽然响起一道娇滴滴的声音，他抬眼一看，一个大约50多岁的大妈打扮得花枝招展地走了进来。

"你……你好。"说实在的，小南被吓了一跳。

"小伙子是新来的吧？"大妈眨了眨涂着宝蓝色眼影的眼睛，"人家以前从来没有见过你呢。"

"是的。"小南的冷汗冒了出来，"您有什么事儿吗？"

"哎，这次确实是有点头痛的事，只是我能跟你说吗？"大妈故作哀怨状。

"可……可以。"小南点点头。

"也是，你这个小伙子这样帅气，应该是可以信得过的。"

拜托……我帅气和信得过有什么关系？何况这只是社区吧？有什么事还需要信得过才能说？小南腹诽着。

"其实是这样的，我最近头有些疼，总是睡不着觉……"

"那您应该去社区医院，出了门往左拐，走200米就是。"小南巴不得将这尊瘟神送出去。

"人家不是因为身体不舒服啦。"一口台湾腔的大妈不依不饶地跺着脚。

"您说，您说。"小南举起双手做投降状。

"其实……是因为感情上的问题。"大妈接下来的话，让小南目瞪口呆，"我跟老公冷战了好几个月了，但我知道他还爱着我。可是最近，有一个男人他在追求我，我也不知道我到底爱不爱他，还是仍然爱着我的老公呢……但是，我老公听说了这件事，非常嫉妒，跟我大吵了一架，我真的不知道该怎么办了，所以来这里寻求帮助，像你这么帅的小伙子，应该会帮我调解的吧？"

眼看着大妈的眼神逐渐朦胧，小南哭笑不得："可是……可是我们这是社区，不是婚介所，也不是心理咨询中心啊……"

"如果那个男人像你一样帅气就好了，我会毫不犹豫地答应他的。"大妈似乎没有听见小南在说什么，而是深情地一把抓住小南的手，"小帅哥，虽然我已经上了点年纪，但是，无论什么年纪的女人，也需要爱情的滋润啊，你能理解的吧？"

"能，能……"小南一阵恶寒，拼命抽回自己的手。

"怎么，你讨厌我吗？"感受到小南的抗拒，大妈幽怨地盯着他。

"没有……"就算是讨厌，又怎么能当面说出来，小南快要哭了。

"那你为什么这样排斥我？"

大妈的质问让小南无言以对，眼看着自己的"小手"将要再一次落入"魔爪"之中，小南再也顾不得还在做义工，随便找了个借口，以飞一般的速度冲出了办公室。

小南的经历如果放在网上，绝对可以为那位大妈成就"本年度最恐怖大妈"的殊荣。生活中，我们碰到这样的人，要么是目瞪口呆，要么也会如小南一样，落荒而逃。

这种人总会给人以夸张、做作的感觉，但实际上，他们自身并不觉得这是一件奇怪的事情，反而，如果他们失去了他人的关注，就会感到非常不适应，因此，他们总是在时刻渴望成为所有人关注的中心。

行为心理学中，这种人被定义为"表演型人格的人"。

表演型人格如字义所显示，有这种人格的人的表现总是极为戏剧化，就像是剧本很差、情节夸张的电视剧里所演的那样。有这种人格的人通常穿着奇装异服，正常点的则会打扮得十分华丽，希望以此而得到他人关注。在行为上，他们也表现出挑逗、诱惑的性质，而这种表现并不是说他们希望挑逗或诱惑眼前的人，而是希望得到对方的许可、夸奖和保护。为了达到这个目的，即使是做出与年龄不相符的行为，他们也觉得很正常，还会将他人的奇怪眼光理解为在关注自己。

表演型人格的人是如此需要关注，以至于他们经常过分情绪化，一旦察觉到对方对其的关注度不够，他们就会夸张地表达出自己的情感，甚至于 180 度地转变态度，动不动哭哭啼啼，十分惹人厌烦。

通过朋友的介绍，小江去和一个据说长得很帅的男子相亲。

在咖啡厅里见到他的第一眼，小江确实被他的外貌吸引住了。那名男子有着粗犷的外形、忧郁的眼神，就连端咖啡杯的动作，也显得那么高雅优美。

小江的外貌只属于中等，那名男子显然没有把她放在眼里，但依然很亲切地同她聊了起来。

通过谈话，小江得知他家中祖上曾是一方豪门，只是在近几代没落了。虽是如此，他也认识不少影视图和政界的名流，自己也曾去美国留过学，现在在跨国公司做金领……

他的条件是如此优渥，乃至于小江都有些自惭形秽了。她原以为对方不会再见她第二次，没想到过了几天，他居然打电话将她再次约了出来。

谈话依旧是先前那些内容，但小江的心里却有了一丝疑虑。在约会完后，她联系了帮她介绍的朋友，问及那名男子的状况。

"他？没什么啊，家里情况一般，现在在一家加油站当加油员。"

朋友的话让小江十分费解，在第三次约会中，小江向他提出了心中的疑惑。

"原来你根本就不相信我。"男子的态度转变得让小江有些吃惊，他冲着小江大吼大叫："是，我最近被公司辞退了，在做加油员，但那又怎么样？难道成功的人就没有陷入低谷的时候吗？"

他眼眶发红地冲了出去，让小江在不安的同时又有些愧疚。可是，在问过了朋友之后，她才知道：那名男子与她说过的所有吹嘘都是骗人的，他根本不曾出过国，也没有在跨国公司工作过，至于豪门，更是无稽之谈……

就像与小江相亲的那名男子一样，表演型人格的人通常都爱慕虚荣，肤浅、虚伪、情绪转变极快，当他人对自己胃口时，他们会表现得亲切有礼，而一旦被揭穿，他们会立即歇斯底里，拍案而去。

除了以上的特征，表演型人格的人通常还很容易受暗示影响。无论是外在的环境

还是他人，都可以很容易影响到他们。对于人际关系，他们总是过高地估计自己与他人的亲密程度，过于相信他人，乍一看让人觉得性格随和，但实际交往时，就会暴露出他们的种种缺点。

另外，为了达到自己的目的，表演型人格的人可以使用多种花招，无论是说谎欺骗，还是殷勤谄媚，对他们来说，只是在表演，不会造成任何心理压力。与表演型人格的人交往，陪着他们"演戏"并不是最好的办法，只有辨明他们的人格类型，包容但不纵容他们，才是最好的相处之道。

（八）分裂型人格：人际交往困难的"自闭者"

分裂型人格的人常常被人认为是特立独行、孤独冷漠，造成这一点的原因，是他们本身就对亲密的关系怀有紧张和恐惧感，人际关系也会因此而一落千丈。

朋友阿惠在前些天找上了私家侦探，希望能帮她查一下自己老公阿明的行踪。

阿惠和阿明已经结婚两年多了，婚后的生活虽然算不上是如胶似漆，但也和和美美。然而，阿明有一个奇怪的癖好：他每个月都会从家里消失一段时间，少则一两天，多则一个星期。一开始，阿惠还以为他是出差，可是自从得知阿明的领导从来不让他出差之后，她就起了疑心。

在侦探看来，阿明是一个沉默，甚至可以说有些木讷的人，要说他会到外面找情人，包养小三，打死都不信。

但说归说，阿惠的嘱托，侦探还是要尽力去做的。

经过一段时间的探访，侦探发现了阿明的一个秘密：这个在研究所里做程序员的阿明，除了和阿惠拥有一套三室一厅的住宅之外，竟然在同一个城市里，还买了另外一套住宅。

这下，连侦探也有些怀疑阿明在外面包养女人了。

可是，经过了一个星期的暗中观察，侦探却发现阿明的小户型里并没有任何女人出入的痕迹，他依旧每天正常上下班，只是下班之后不回家，而是回到只有一个人的小居室里，静静地吃饭、看书、睡觉。

就这么过了七八天之后，阿明又回到了家里。阿惠向侦探询问探查的情况，得知了这样的结果时，她也是百思不得其解。

在我们的生活圈子里，像阿明这样的人，被看作是怪人。他们也许拥有着正常的人际关系，但凡是与他们熟悉的人，都会觉得他们表情单一、冷漠无趣，就连对待自己的家人或是朋友时，也是一副什么都不感兴趣的模样。

很多人认为这种人只是内向，但实际上，他们的人格与正常人也有所不同。在行为心理学中，这种人被称为是分裂型人格的人。

分裂型人格并没有达到精神分裂的程度，只是因为严重或者是长期的精神创伤而引起的一种人格障碍。具有分裂型人格的人，大多是独行侠，他们不喜欢亲密的关系，连朋友也没有几个，对性、爱都没有兴趣。从外表上看，分裂型人格的人多孤独冷漠，从不轻易表露自己的感情，除非是谈到自己感兴趣的事情，才会表现得稍微有些不同，但仍无法与他人有精神上的交流。

分裂型人格的人多喜欢从事一些与世无争的工作，例如化学、天文学、数学等学科的研究。对他们来说，只要不是具有社会性的工作，他们就可以凭借自己的知识和毅力做得很好。像阿明，就是这样一个显著的例子。他之所以会离开家庭，是因为他对家人的亲近会产生恐惧心理。对于分裂型人格的人来说，不管是表露心境，还是与他人有亲密动作，都是极其危险的。在积累到一定的程度时，他就必须把自己关起来一段时间，只有躲在自己的世界里，他才能恢复到安心的状态。

典型的分裂型人格，并不只有上述这一种，还有另一种大相径庭的情况，也囊括在分裂型人格的范围内。

李巍在周围人的眼睛里，也算是怪人一个。他喜欢穿类似于古装的道袍，头发长度过腰，有时候拿发带束起来，有时候就干脆披散着，看起来狂乱不羁。

父母觉得李巍是看多了小说，"着了魔"，但对于同龄人来讲，李巍除了"造型"上夸张点，本身还是很有意思的。他经常会跟人讲述自己在玄学方面的研究，对于宇宙的产生、灵魂的存在或是真气的修炼有着自己独到的见解。一些涉世不深，或是知识面不够广阔的人，在听他侃侃而谈时，会从心底里佩服他的博学。

像李巍这样的情况，也属于分裂型人格的一种。当然，并不是说只要爱谈论神神鬼鬼的人就是分裂型人格，除了爱谈论魔幻思想之外，具有分裂型人格的人在行为上还有着其他的古怪表现。一般来说，在讲话时，他们的面部表情比较僵硬、语气独特，用词也与常人不同，经常会从正在做的一件事，而联想到另一件几乎毫不相干的事。这种偏执性的思维关联，也是判断分裂型人格的标准之一。

除了过于强调自身特殊的知觉感受之外，此类分裂型人格的人，与前一类分裂型人格的人最大的不同点，就是他们愿意与他人交流，即使交流的过程也许不尽人意。他们的心中充满了非正常的情感状态，猜疑、偏执、焦虑是他们心情的主流，即使是与他人保持亲密的关系，也不能减少心中的紧张感，反而会因为难以保持良好的人际

关系而更加痛苦。

造成这两种分裂型人格的原因，心理学家弗洛伊德认为与儿童期的创伤有着紧密的联系。幼年时期的不正确的教育，或是长期生活在矛盾之中，都会因为环境或是其他的刺激而产生分裂型人格。

与第一种分裂型人格的人相处，应该尽量理解他们，做到不歧视、不嘲笑，尽量与他们谈论一些他们擅长的领域；而与第二种分裂型人格的人相处，则不能被他们神秘的行为和话语所迷惑，从而崇拜，但也不能轻视他们，不拿他们开玩笑，虽然分裂型人格的人不太在乎别人的嘲笑，但是不知轻重的嘲笑会让他们很难受，有可能惹火他们，造成不必要的后果。

（九）偏执型人格：总是猜疑的"倔脾气"

偏执型人格的人很难意识到自己的缺点，他们的自以为是、嫉妒、怀疑、猜忌、固执，将他们与周围人的关系弄得支离破碎，却仍不知悔改。

电视剧《渴望》，很多人都不陌生，在《渴望》里，要说最没人情味、最执拗桀骜的人，当推慧芳的大姑子，妙手医师王亚茹。

王亚茹是一个自负清高、傲慢无礼、孤僻多疑、冷漠无情的人，她虽然医术高明，但为人不善交际、不苟言笑，与小芳、月娟、刘大妈、慧芳等人十分不对路，即使是自己唯一的弟弟，也难以看见她的笑颜。对待曾经亏欠过自己的恋人罗冈，她更是达到了不近情理的程度，就连唯一一个跟她交好的老同学团莉，也受不了她刚硬古怪的脾气，几次差点跟她绝交。

王亚茹的行为模式，表现出了行为心理学中一种非常典型的人格特征，即偏执型人格。这类人最大的特点，就是处于不停的猜疑和埋怨中。他们通常我行我素，不考虑他人的感受和社会影响，说话办事完全看自己的喜好和意愿，即使是自己有错，也绝不承认，因而总是会伤害到别人，几乎达到了"人见人恨"的地步。

阿杜是一家跨国公司的新人，刚进公司的第一天，他就发现许多同事都对自己投以同情的眼光。

"这个新人真倒霉，被分到老鬼的手下，他可惨了。"

"是啊，还没人能在老鬼手下待过三个月呢，这个新人的转正成问题了……"

老鬼是阿杜顶头上司的外号。虽然上司有些严厉刻板，可是也没那么夸张吧，大不了小心些就是了。阿杜如是想到。

一开始，由于阿杜的小心翼翼、中规中矩，还没有出什么大问题。过了几天之后，阿杜也松懈下来，一不小心，就在交上去的计划书中犯了个小错误。

"你这是怎么回事？"老鬼将阿杜叫进他的办公室时，阿杜就知道自己要倒霉了。

"我……我不是故意的……"

"谁知道你是不是故意的！"老鬼打断了阿杜的解释，"这计划书是要直接拿给总裁看的，如果不是我预先看了一眼，这个错误就要呈在总裁面前了。你是新人，总裁不会说你什么，这次的责任会完全由我负责！"

"对不起，实在是对不起。"阿杜没想到会有这么坏的影响，也不解释了，赶忙道歉。

可是，老鬼接下来的话，却让他丈二和尚摸不着头脑："你是不是嫌我对你太严厉了？所以才故意想害我出状况？"

"怎么会呢？您是我的上司啊……"

"就是因为上司才这样的吧？你什么时候把我当上司尊敬过？才进来几天，小子，你就想踩着我的脑袋爬到我头上去吗？"老鬼的质问让阿杜想辩解，却又不知该从何说起。

经过了一番暴风骤雨般的训斥，阿杜终于被放出了办公室。

这一次他学乖了，第二天一大早，阿杜早早地来到公司，抢着将办公区域和老鬼的办公室打扫了一遍。

阿杜的举动让打扫卫生的阿姨十分高兴，她也看见了阿杜被训斥的惨状，于是便在老鬼面前替阿杜"美言"了几句："槐经理，这个新来的小伙子真不错，你看，他把你办公室打扫得多干净，比我扫的都干净呢。"

"哼。"老鬼冷哼一声，斜了阿杜一眼，"打扫？用得着吗？他以为我会因为那点事儿记恨他？我是那种人吗？他这么做，恐怕是为了演给别人看的吧？"

这一下，阿杜完全傻了。

阿杜的上司老鬼，心胸狭隘、阴险猜疑，无论阿杜怎么说、怎么做，他都能从中抓住把柄。在老鬼看来，阿杜虽然刚进公司，但早已盯上了他的位置，而阿杜之所以会犯那个错误，也是为了让自己在总裁面前失去信用，甚至，就算是在公司里的清洁工阿姨心里，阿杜都要建立起自己对上司恭恭敬敬的假象，实在是太过可恶。

当然，这一切都是老鬼自己的臆想，摊上这么一个偏执型人格的上司，阿杜可真是倒霉。

偏执型人格的人总是在怀疑别人，对他人给自己造成的伤害和侮辱耿耿于怀。他们时时刻刻都像是一只刺猬，不是与他人争吵，就是公开指责别人，或者是在背后说别人的风凉话。他们一旦认为对方是在难为自己，就完全看不到对方的优点，即使是对方诚心想要和解，也绝对得不到偏执型人格的人的信任。

《中国精神疾病分类方案与诊断标准》里曾经介绍过偏执型人格的人常见的行为特征：

1. 会将他人无意甚至是友好的行为理解为恶意，在没有足够根据的情况下，仍然会没来由地认为别人是在利用、欺骗或是想要伤害自己。

2. 十分自负、自命不凡，总认为自己是正确的、有能力的，如果有错，也会归咎到他人身上。哪怕确实是因为自己的问题，证据摆在面前，也不会承认。

3. 容易产生病态的嫉恨，绝不原谅他人对自己犯下的过错，即使过了很久也会记得，还会以小人之心度君子之腹，无论他人做什么，都会认为是在针对自己。

4. 会将周围环境中与自己毫不相干的事件与自己牵扯起来，总觉得什么都是冲着自己来的，甚至会将广播电视中的内容与自己对号入座，对外界的"阴谋"报以十分强烈的警惕和敌意。

5. 如果是结了婚的偏执型人格的人，会反复地怀疑自己的伴侣对自己不忠，并认定只要有一丝一毫都不能容忍。

会形成偏执型人格的原因，普遍被认为是早年缺爱，或是后天受挫的缘故。幼年时的不被信任，和成年后无法承受的挫折、冤屈、失败，都有可能导致偏执型人格的产生。除此之外，对自我的苛求，也可能是形成偏执型人格的原因。比如说没有学历的人因此而自卑，于是更厌恶他人谈论学历；长相不佳的人，处处会觉得他人在针对自己的样貌。

与偏执型人格的人相处时，一定要宽容，不要因为他们的猜疑而引发自己的怒气。另外，坚持原则，与他们保持一定的距离也是非常必要的，对于偏执型人格的人无休止的怀疑，一定要适时地表示反抗。

（十）边缘型人格：情绪不稳的"动荡源"

对于边缘型人格的人来说，人生充满了动荡不安的因素，随便一件小事，都能让他们对一个人、一件事的印象发生翻天覆地的变化。因此，他们的反应行为，也是极不稳定的。

说起戴安娜王妃，我们脑海中会出现高贵、典雅、迷人等字眼，但实际上，你能想象吗？早在 1995 年，她在肯辛顿宫接受英国广播公司的记者采访时，就自曝被诊断出患有边缘性障碍的许多症状。

据戴安娜王妃的朋友和熟人说：她是一个让人捉摸不透的人，经常爱发脾气、哭泣抽搐、热衷于操纵他人，乃至于当面说谎，或者用锋利的物品伤害自己，直到他人完全屈从于自己，愿意服从自己的命令为止。

事实上，具有边缘型人格的人大多数都是俊男美女，具备忧郁或是楚楚可怜的引人气质，很容易让周围不熟悉的人生出保护欲望。但是，他们变化无常的性格，往往会对身边的人际关系造成致命的恶劣影响。

班里新来了一位转学生萌萌，听说她的家境很好，人也长得漂亮，因此很多同学都围上去希望跟她交个朋友，小丹也是其中的一个。

萌萌比大家想象中更冷漠一些，但是经过小丹几个月坚持不懈的努力，她终于对小丹展开了笑颜："小丹，你是同学中最善良、最乐意帮助人的人了，我很喜欢你。"

得到朋友的肯定，小丹十分高兴，但是很快，她的这种高兴就被头疼所取代了。

"小丹，周末有时间吗？我们一起去看《泰坦尼克号》。"电话那头，萌萌的声音兴高采烈。

《泰坦尼克号》剧照

"可是……可是我已经和阿兰她们几个约好去海洋馆了……"小丹有些为难。

"什么？"萌萌的声音冷了下来，"我是你的好朋友，还是阿兰她们是？"

"当然是你了。"小丹赶忙安抚她。

"既然是我重要，那为什么还要抛下我去跟阿兰她们一起？"

"可是那是生物课布置的作业，我们上个星期就已经说好了啊……"小丹为难地解释，可是刚说到一半，萌萌就挂了电话。

思忖再三，小丹还是推掉了跟阿兰她们的约会，大汗淋漓地赶到了萌萌家。

一看见小丹赶过来，萌萌顿时激动地哭了起来："我就知道，我对你来说是最好的朋友……"

这样的事情一而再、再而三地发生，就连小丹的好脾气也受不了了，可是，当她想要跟萌萌绝交时，萌萌竟然哭着在自己的手腕上划了一刀。

她真的把我看得比生命还重要啊！怀着这样的想法，小丹还是选择默默地忍受下去。

萌萌真的把小丹看得比自己的生命还重要吗？答案是否定的，她之所以会那样做，完全是因为她是边缘型人格的关系。

边缘型人格障碍，不是指那一类人处于人格崩溃的边缘，而是指他们的情绪总是很不稳定，对人处事都缺乏安全感和稳定性，就像是走在悬崖边缘一般。

这一类人最显著的特点就是对待他人的态度会随时产生强烈的反差，他们有时候像柔弱的小孩、需要被照顾的小猫小狗，有时候又像是歇斯底里的疯子、冷漠无情的报复者。他们前一刻还可能对你百般友好，后一刻就可能因为一丁点儿的小事大发雷霆，让与他们接触的人无所适从。

造成边缘型人格的原因，心理学家们认为可能是遗传、脑部异常或是环境因素所导致的。在这三点中，最被认同的是第三点环境因素。许多边缘型人格的人，都有着童年被虐待的经历。在童年时，他们遭受父母的影响，情绪极不稳定，导致人格部分分裂，无法对世界产生统一的观念，将好坏两极过于分化。因此，他们对世界缺乏安全感，对事物有着绝对的好和绝对的坏这两种期待，但是很显然，这两种期待都是不现实的。所以边缘型人格的人只好一直在这两极之间震荡，形成了极不稳定的人格特征。

一般来说，有以下几种行为表现中的大部分，就可以认为是边缘型人格了。

1. 极度缺乏安全感，对于被抛弃有着强烈的恐惧，有时候甚至会因为假象中的抛弃感而陷入巨大的恐慌，采用过激的手段，比如说自残或杀人，来保护自己。

2. 对自身具有认同障碍，比如说不知道自己是谁，不清楚自己的信仰等，同时对自己的定位也极不稳定，一会儿觉得自己无所不能，极为自信，过一会儿又会觉得自己一无是处，陷入自卑的状态。

3. 人际关系极不稳定。面对一个人时，有时会觉得他是最温柔、最优秀的人，但有时会因为一点小事，态度180度大转弯，认为对方一无是处，是最可恶的人。对他人的评价，总是在这两种极端的过度理想化和全面否定之间转变。

4. 长期感到空虚。

5. 情绪在短时间内转换激烈，可以在极短的时间内由快乐转为悲伤愤怒，由平静转为暴躁焦虑，反之亦然。

6. 经常会出现强烈的、非正常性的愤怒，经常会被人认为是狂躁症。

7. 具有自残、自虐等难以控制的冲动性行为。

8. 反复地出现自杀的行为。

9. 在巨大的压力下，会出现短暂的偏执性观念，或是存在两种截然相反的人格的分离性症状。比如说在遭遇可能的抛弃时，边缘型人格的人可能会在前一刻极尽所能地做一切事情，万分热情地讨好巴结对方，而在后一刻，又会觉得自己已经被对方抛弃，冷漠无情地做出伤人或者自伤的冲动性行为。

与边缘型人格的人相处，往往会有被利用、被控制的感觉，因为他们是如此没有安全感，总会以威胁、冷战、伤害等方式钳制对方，达到自己的目的。另外，由于他们总是在最好和最坏两种极端跳跃，所以和他们相处时，也是忽冷忽热，所有的变动都无法预测也不可理解，很难被正常人所适应。

但是，只要了解他们的所作所为并非恶意，只是源于心中本能的孤独和恐惧，那么边缘型人格的人，看起来也就不是那么令人深恶痛绝了。不过即使如此，对待边缘型人格的人，也需要极大的心志与强韧的耐性，并且要坚守自己的原则。一般来说，只要不是严重到发生自残自杀行为的地步，普通边缘型人格的人，还是可以与人相处的。

（十一）反社会人格：毫无责任心的"恐怖分子"

反社会型人格的人没有道德心，也没有责任感，不会为他们伤害别人而感到内疚、惭愧，因此，他们总是最冷酷无情，最让旁人避之不及的人。

反社会型人格，也称悖德型人格，或是无情型人格，是心理学家们最为重视的人格障碍之一。

我们通常接触的具有反社会型人格的人，多半是在电影电视剧中。像冷血无情的杀手、高智商的犯罪者、手段残忍的杀人犯这一类的人。但实际在生活中，大多具有反社会型人格的人完全不会嗜杀成性，他们大多只是没有责任心，藐视法律、道德规范，为人自私自利，丝毫不考虑他人的难处和后果。

老魏这些天替单位接待了一个港商，那名港商看起来相貌堂堂，一身名牌服饰，

一副财大气粗的样子。

接待他的第一天，老魏安排几个下属相陪，去本市的一家三星级大酒店吃饭。

席间宾主尽欢，那名港商为人也颇为豪爽，连连同老魏和他的下属们干杯，透露出迫切想与他们合作的意思。

眼看着任务已经有了眉目，老魏也高兴起来，多喝了两口。然而，宴席刚进行到一半，领导一个电话打来，说有紧急公务，将老魏急召回了单位。

喝的有点迷糊的老魏连忙赶回单位，匆忙中，也忘记给自己那几名下属留下结账的钱。

在单位忙了半天，老魏才想起来看电话，一看不得了，有十几个未接来电，都是自己前去陪酒的一名下属打来的。

老魏连忙将电话打过去，那名下属带着哭腔说道："魏科长，您赶紧过来结账吧，我们身上钱不够，酒店的人把我们几个都扣在这儿了。"

"什么？"老魏吃了一惊，"那佟先生呢？"

佟先生就是那名港商，听到他的名字，下属恨得咬牙切齿："佟先生他吃完之后，没等我们开口，就告诉服务员由我们结账，自己回您给他安排的酒店休息去了。"

虽然是客人，但是垫付点酒资又不是什么大不了的事，也没有多少钱，怎么能这样呢？老魏心中腹诽，急忙赶到酒店，将自己的一干手下"解救"了出来。

"魏科长，那位佟先生也太不仗义了。"手下小黄愤愤不平，"你走了之后，他还猛灌我们酒，一开始都觉得他是个豪爽的人，可是谁知道要结账的时候，他看你不在，又看我们几个神色尴尬，不等我们开口，就装醉溜掉了！"

小黄一通抱怨，老魏却在心里留了个心眼儿。一名资产千万的港商，又何必在这几个小钱上斤斤计较？回到单位之后，他立即联系自己在港的亲戚，帮忙查了下那个佟先生的来历。

不查不知道，一查吓一跳。根据老魏亲戚的调查，那个佟先生确实是香港人，只不过资产根本没有千万，反而欠了别人一屁股债，这次来内地装大款，纯粹是想"捞点油水"之后逃之夭夭。

掌握了证据，老魏立刻报了案，避免了单位的重大损失。

老魏所碰上的这个冒牌"港商"，正是典型的反社会型人格的人。基于这种人几乎从来不付账的习惯，他自己为自己"揭了老底"，漏了馅儿。

反社会型人格之所以会得到这个名称，与他们内心中与社会普遍准则相悖的行为准则分不开。一开始接触这种类型的人时，他们往往会表现得很热情，能将气氛制造得十分融洽。但是，只要接触深了，特别是到了承担责任，或是付账的时候，他们总会笑着敷衍了事，或是干脆直接逃掉。在他们的心中，我们习以为常的礼仪和道德，不过是放在纸面上的笑话。

想要辨别反社会型人格的人，一点都不困难。心理学者克莱克在他的著作《正常的银面具》里，详细描述了反社会型人格的各种行为特征：

1. 相貌和智力没有任何问题，给人的第一印象通常也是好感，没有其他人格障碍的精神分裂或是焦虑的情况出现。

2. 缺乏必要的责任心和义务感，不顾及社会规范、道德与法律。少时就可能有撒谎、偷窃的行为，成年之后更是肆无忌惮，可能从事非法交易，甚至是参与到危险的犯罪活动中。

3. 极端以自我为中心，利用感召力和魅力操纵欺骗他人，并对此泰然自若，丝毫不认为自己会伤害到别人，并在满足一己私欲之后，不肯对他人有任何回报。

4. 知错也不会悔改，非常擅长为自己找借口，认为受害人是因为愚笨而上当，完全是自作自受，即使自己不这么做，他们也会遭到其他人的蒙骗，从不会反省自己。

5. 感情冷漠缺少变化，很少像正常人那样有因为感动而出现的喜怒哀乐的表情。从来不关注别人，却强烈地需要别人的关注与信赖。在于他人交往时也偏重于自我满足，从不向对方付出真心真情。

6. 做事冲动，没有计划，经常临时抱佛脚。即使是侵犯他人利益的行为，也多起于隐蔽性的冲动，而非有明确的动机和计划。

7. 性情急躁鲁莽，忍耐力很差，很容易被激怒产生攻击性行为，对自己和他人的安全毫不在意。不少人会有暴饮暴食、纹身穿环、超速驾驶、甚至吸毒自残的行为发生。另外在酒后，会表露出粗鄙丑陋的行为状态。

8. 生活无规律，大多数这种类型的人没有固定工作，即使有也不能胜任很长时间。他们会尽量地逃避干活，却想多拿钱。经常会负债累累，但却总是催着别人还钱。

这八类特征，基本涵盖了反社会型人格的人的行为表现。而在我们身边，反社会型人格的人也并不少，像一到结账就开溜的人，为了满足私欲做假账，丝毫不知悔改的人，或是对工作偷奸耍滑，堂而皇之地说出一些非正当理由的人，都有反社会型人格的影子。

人类之所以会形成反社会型人格的缘故，多数心理学家们认为少部分是因为遗传或大脑发育不良，大部分的原因，还是家庭和社会环境所造成。错误的教育方式、童年的精神创伤和不良的社会环境因素，都是可能造成反社会型人格的原因。

基于反社会型人格的人无羞耻感和无责任心的特征，在遇到这种类型的人时，我们最好还是敬而远之。因为一旦被他们缠上，就好像被蚂蟥叮住一样，在吸了你的血之后，他们还会嫌恶地皱皱眉头，嫌你的血液不够甘甜。

（十二）Ａ型愤怒人格：总是紧张的"高压电"

Ａ型愤怒型人格的人就好像一桶随时会爆炸的火药，总是让周围的人小心翼翼，如履薄冰。在与他们相处时，将自己的心修炼成波澜不惊的大海，才是最有效的。

财务部经理老蒋，被公认为是公司最不好相处的人。他每次一跨进办公室大门，所有人就会立刻呈现出一副鸡飞狗跳的情形。

"什么？这都什么时候了，你的工作报表还没有弄完？你不打算要工资了吗？"老员工被老蒋训斥得唯唯诺诺。

"就算你是新来的，来了这么久了，难道连这个还要我教你做吗？"新员工被教训得欲哭无泪。

"昨天晚上让你放在我桌子上的文件呢？我怎么到处都找不到？你不知道这样会耽误我的时间吗？"秘书被老蒋指使得晕头转向。

"我早就让你做准备，你都做到哪儿去了？一天的时间，账目再弄不好，你自己跟总裁交代去吧！"财务被老蒋逼得走投无路。

"都大中午了，还在打扫地面，这不是早上应该做完的事情吗？大中午的在这打扫，不知道扬起来的灰尘会呛人吗？"就连打扫卫生的阿姨，老蒋都不放过。

你的身边，有没有老蒋这样的人？

这样的人，就好像旷野中的高压电箱，身上写着"离我远点"的标识。一旦谁离他近一些，一道高压电就立刻劈来，电得人魂不附体。

这样的人，在行为心理学中，被称为Ａ型愤怒型人格者。

这种人格在一般的书上都很少见，它的名称，不是来源于Ａ型血，而是代表着高压力人格的行为模式。

之所以被称为是高压力人格的行为模式，是因为Ａ型愤怒型人格者具备强烈的进取心、自信心、成就感和侵略性，他们习惯于从事高压力、高强度的竞争性活动，总是希望能在最短的时间内做最多的事情。这种要求不仅仅体现在他们的自我鞭策上，对于身边的人，他们也会不自觉地进行控制。对于阻碍自己努力的人，他们会表现出强有力的攻击性。

在公交车站排队时，在银行窗口等待时，在火车站里等候买票时，我们经常可以看到A型愤怒型人格的人。无论他们有没有要紧的事，都会表现出一副急匆匆、很不耐烦的样子，不时地看一看手表，抬头望望窗口，嘴里骂骂咧咧地抱怨，从天气到堵车，到现在的社会制度，总是一刻不停地嘟囔着。而他们的这种行为，或多或少地也会影响到周围的人。通常有这种人在的地方，温度总是比正常要高上几度，所有人都会产生焦躁难安的情绪。

这就是A型愤怒型人格的"魅力"，他们总是紧张，不只是自己紧张，还要将紧张的情绪最大化地传递出去，带着身边的人一起紧张，一起战战兢兢，焦躁不安。

"今天是最后一天，必须要把任务赶出来，不然谁也不要想回家睡觉。"设计公司里，总监监督着一干手下，严肃地下了命令。

"这个任务有这么急吗？"已经连着加了四五天的班，自然会有人有怨言。

"怎么不急？"耳朵尖的总监听见了这句抱怨，勃然大怒，"这次的任务，同时还有三四家公司在抢，虽然我们公司占有优势，但是能不能在短时间内拿出最完美的方案，才是最重要的。如果这次不能拿下这个任务，我们以后的升迁都会受到影响。"

"恐怕只是你的升迁会受到影响吧！"又有人嘀咕了一句，不过这一次极为小声，没让总监听见。

整整加了一晚上的班，双眼通红的员工们才终于将方案赶了出来，实在是疲惫不堪的他们干脆就趴在桌子上呼呼大睡，只有责任心极强的总监，仍旧撑着精神，努力对方案做修改。

方案交上去一个星期之后，对方公司的回信才姗姗而来。他们在权衡了几家公司的策划之后，决定还是选另一家公司更全面、更完美的方案。

摊上了这种领导，是幸事，也是不幸。幸运在于：他们总是有热切的能突破一切的冲劲与信心，能够鼓舞你的志气，让你学到不少东西；不幸在于，不管你愿意不愿意，你都得跟着他们向前冲，一旦你因为疲惫而停下脚步，等着你的就是一鞭子。

A型愤怒型人格的人是如此紧张易怒，以至于他们的心理和生理上，负担都非常大。他们不会放松自己，总是把自己安排进忙忙碌碌的日程中，通过顽强的意志力驱使，过度超支自己的精神和身体，对于任何事都只能成功、不能失败，这样独特的行为模式，让他们内心中源源不断地产生紧张和压力。也正是因为如此，A型愤怒型人格的人，是最容易发生心血管疾病和心肌梗塞的族群。

当我们认清A型愤怒型人格的人的本性之后，就能够理解他们的所作所为了。他们不像反社会型人格那样没有责任感，也不像边缘型人格那样缺乏恒心，对他们来说，正因为责任感和恒心过于沉重，才引发他们更大的压力。

A型愤怒型人格的人，多数只重视事业上的成功，对他们来说，拥有显赫的头衔、赚很多钱、得到很高的职位，才是对他们的肯定，除此之外的其他事，他们都漠不关心。

虽然能够理解A型愤怒型人格的人，并同情他们，但是我们在生活中遇到这类人时，还是极为头疼的。如果有可能，当他们发火时，不要一味地顺从，否则会给他们更多能够操控你的感觉。掌握良好的心态，认清自己的目的，不被他们的"高压"所传染，才是根本的办法。

（十三）ADHD型人格：思维跳跃的"外星人"

ADHD型人格的人注意力不够集中，因此，交际时一定要记得时时刻刻把他们拉回到主题上来。对于常人来说，这可是一件需要耐心和强大控制力的工作。

ADHD，在心理学中被称为注意力缺陷多动障碍，原本是在儿童期很常见的精神失调，也就是我们平时所说的少儿多动症。但是，随着对这种病症的认识增加，最近，心理学家们发现：这种症状在成年人身上也会出现，并会形成一种特定的人格，被称为ADHD型人格。

ADHD型人格的人，并不像患有多动症的小孩子那样，只是在行为上表现出好动、不肯安静、注意力缺乏的特征，作为成年人，他们的表现更加隐晦，也更加让人头疼。

司机师傅老张拉上了一个年轻的姑娘，姑娘上车后，他礼貌地问道："姑娘。你去哪儿？"

"嗯，先往前开吧，我还没有想好，大概去桥南那边。"姑娘回答道。

老张发动着车子，刚走没多远，冷不丁那姑娘又问道："师傅，桥南那边的房子很贵吧？"

"啊？"这个问题突如其来，让老张有些猝不及防，想了一想，他回答道，"还真是不便宜，我家也在那边住，这几年房价涨得很厉害……"

"那桥北那边的风景是不是好一点？"姑娘突然打断了他的话。

"桥北？"老张再次想了一下，回道，"那边大学比较多……"

"大学？上大学真的挺有意思的。"

姑娘的感慨让老张有些摸不着头脑，他试探着问道："我说姑娘，咱们是往桥南开，还是往桥北开啊？你是打算去看房子吗？"

"啊，不，我最近打算开个奶茶店。"姑娘摇摇头否认。

"奶茶店？"老张快哭了，你要开奶茶店和我现在往哪儿开有什么关系啊？

"是啊，应该蛮赚钱的。"

"赚不赚钱先不要说，我们现在究竟要去哪里啊！"老张发飙了。

纵观可怜的老张与那位姑娘的对话过程，很多人会有点忍俊不禁的感觉吧？可是，那位姑娘并没有存心想要戏耍老张的意思，之所以会造成这样的效果，完全是因为她所具有的 ADHD 型人格的关系。

ADHD 型人格是由于注意力存在缺陷而形成的，造成这种缺陷的原因至今还没有确切的定论，心理学家们普遍认为是遗传、环境，或是神经及化学性因素影响所导致。具备 ADHD 型人格的人，从行为类型上来看，分为两类，一类特别外向、热情，很喜欢与他人搭话，还有一类则非常安静，喜欢发呆，如果不是自己很感兴趣的事就不会去关注。

而这两类人不论哪一类，都具有不能集中注意力的特征。他们常常粗心大意，分心走神，经常会忘记他人嘱咐的事情，而这些行为如果被他人指出的话，他们也是一副懵懂天真的样子，让人不忍苛责。

白医生最近碰上了一个让他非常头疼的患者。

那是一位年纪约莫 30 多岁的女性，进入白医生的诊疗室之后，她礼貌地打了招呼："医生您好。"

"您好。"白医生笑着向她示意，"请坐，你哪里不舒服？"

"最近有点胃疼。"患者回答道。

"胃疼？胃疼应该去看内科，可是我这是神经外科啊！"白医生有些惊讶。

"是这样的，我最近有点胃疼，可能是吃坏东西了。"在白医生地点头示意下，患者继续说道，"然后我吃了点胃药，就像这个瓶子，差不多吧！"

她拿起白医生桌子上的药瓶比画着："我大概吃了一瓶的样子，可是胃还是不舒服。"

"这是抗抑郁的药。"白医生还是不知道她想说什么。

"啊，您是说我得吃抗抑郁的药吗？我得了抑郁症吗？"

"没有，没有，我没说你得了抑郁症，我只是说我这瓶子里装的是抗抑郁的药。"白医生赶忙澄清。

"难道是我吃错药了？"患者开始拉扯自己的头发，"不会吧！我有一个朋友，就是因为吃错药进了医院，差点一命呜呼。"

"应该不至于吧！"白医生抹了把头上的冷汗，"你不是说你吃的是胃药吗？"

"好吧，应该是胃药。可是内科的医生说我这是压力太大而引起的神经性疼痛，所以我就上您这儿来了。"患者再次拿起白医生桌上的纸镇，"有时候疼起来，就像是用这个东西在砸我的胃似的。"

"那您应该去精神科看一看。"白医生建议道，"神经性疼痛的话，那边比较专业。"

"什么？神经性疼痛不应该看神经外科吗？怎么看这两个都是最相关的吧？你该不会是想要把我推出去吧？"

这一下，白医生彻底不知道该怎么回答了。

跟这一位患者谈话，简直比同时应付三四个人还要费劲，她总是在不停地岔开话题，然后制造麻烦，却一点儿也不听白医生解释。最终，什么问题还没有解决，医生就已经累趴下了。

这就是 ADHD 型人格最显著的行为特征。一般来说，具有 ADHD 型人格的人，通常不会注意听别人讲话。也就是说，他们听人讲话时，通常是左耳朵进右耳朵出，自己认为听得很认真，但实际上根本不了解别人说了什么意思。

其次，他们总是会抢着说话，为的只是发表出自己心中的观点。因为他们的思绪是如此飘忽不定，乃至于他们如果不马上说出来，在下一刻就怕忘掉。也正是因为这一点，这一类人常常会被人认为是没有礼貌，实际上，他们自己根本意识不到这一点。

最后，ADHD 型人格的人多有不安、自信心低的问题，性格比较散漫，用俗语来形容，就是有点"不着调"。他们的反应总是慢半拍，也经常不给他人以回馈。在进行一个动作，说一句话的同时，他们心里的想法可能已经从宇宙绕了一圈，因此，正常人很难理解他们，经常会认定他们是思绪恍惚，行为多变。

其实与 ADHD 型人格的人相处，只需要多一点宽容就可以了。他们本身并不是难相处的人，只是思维跳跃太快而已。但要注意的是：在交际时，千万不能被他们那跳跃的思绪牵着鼻子走，不然很可能商讨了半天，你连自己想要做什么都忘记了。那时候，你就会像案例中的白医生和老张一样，要么大发雷霆，要么彻底投降了。

二、九型人格的心理剖析

（一）古老的人格分类——九型人格

"九型人格"诞生记

有关九型人格的起源和发展，学者们众说纷纭。目前比较主流的说法有两种：一种认为九型人格符号体系最初出现于公元前十世纪到十一世纪的伊斯兰神秘主义教派苏菲派的某些教团中；另一种认为，九型人格早在公元前2500年的巴比伦就出现了。但是这两种说法都仅仅是人们的推测而已。

以上推测使九型人格的起源变得晦暗不明，但值得肯定的是，人们都坚信九型人格来自七宗罪的观念，加上其他两宗罪，就构成了"九宗罪"。其中，七宗罪包括愤怒、傲慢、妒忌、贪婪、饕餮、淫欲和懒惰，另外的两宗罪是欺骗和恐惧。这九宗罪分别代表了一种主导人格，因而衍生出后来的"九型人格"。

真正让九型人格得以发展，要归功于以下几个人：

第一位是乔治·葛吉夫（1877年—1949年）。他是一位崇尚冒险的探险家，神秘的灵修导师以及孜孜不倦的求知者。对于他的评价不尽相同，有人认为他不过是一个玩弄手段的江湖骗子，也有人认为他是一个资深的心理学家。但是不管怎么说，葛吉夫将数学符号体系运用在了九柱图上。他的九柱图将圆周分为了九等份，每等份连接起来就形成了一个三角形和一个不规则的六边形。葛吉夫分析说，九柱图中的三角形代表了更高力量的所在，而六边形则代表了不同的人。

通过葛吉夫的努力传播，九型人格在20世纪初逐渐被欧洲人所熟知。在俄国十月革命之前，葛吉夫带着自己的研究成果在圣彼得堡和莫斯科集中讲授九型人格。后来，葛吉夫又在位于巴黎城外的枫丹白露附近创立了自己的学校。这样，九型人格伴随着葛吉夫的思想通过巴黎、伦敦、纽约以及世界各地小范围的私人研究群体传播开来。

值得注意的是，虽然葛吉夫对九型人格的探究有一种历史的意味，但是他却没有直接证明九种类型的理论，也没有和九型人格符号体系建立联系。我们唯一可以承认的是他首先让西方人认识了九型人格的符号体系，并且综合了其他研究者对九型人格研究的相关观点。

第二位是奥斯卡·伊察索。他是艾瑞卡研究所的创始人，也是九型人格的真正创始人。伊察索的主要贡献在于，他围绕着九型人格中对九种"自我固着"和"私欲"的分布排列以及相关的实例说明，开启了人们对自我结构中精神潜能的探索。

伊察索最初在玻利维亚的拉帕兹应用心理学研究所讲授九型人格。后来，他辗转到了智利，继续对九型人格进行研究。1971年，伊察索来到了美国，并且建立了艾瑞卡研究所，专门进行九型人格的研究。伊察索建立的理论体系称为"九角图"，他将九种人格类型的核心观点和九型人格符号体系按照正确的排列组合在了一起，并且将这个体系放在了灵修教学的大语境中。这个体系不但能帮助我们正确地认识自己，而且能激发我们对九型人格理论和实践的兴趣。

伊察索对九型人格的研究和解释内容繁杂，从各个角度都有涉及，他的研究成果在北美许多大城市的艾瑞卡研究小组和出版物上都可以找到。

第三位是克劳迪奥·纳兰霍博士。纳兰霍博士是一位著名的精神病学家，他早在1970年就参加了伊察索在智利组织的艾瑞卡研究小组。在这个小组中，纳兰霍博士不仅了解了九型人格，还了解了伊察索哲学体系的其他方面。回到美国后，纳兰霍博士自行成立了非正式小组，开始讲授九型人格，这个小组被称为SAT（Seekersafter Truth），即"真理追求者"。

纳兰霍博士扩展了对九型人格类型的描述，他发现九型人格的类型与精神病学各范畴之间是有联系的。纳兰霍博士作为精神病学家掌握了格式塔治疗的经验对所在小组的成员进行访谈，并从中提取有用的信息，以此来完善他对每个类型的认识，对九型人格体系做出了很多补充。

可以说，纳兰霍博士的研究和发展让九型人格更加完善。

第四位是罗伯特·奥克斯神父。奥克斯神父是通过纳兰霍博士及其小组得到的有关九型人格的资料。因为对这些资料有极大的兴趣，奥克斯神父带着它们向耶稣会修士传授其精髓。

起初，耶稣会材料上的核心是包括九个印象式的人格类型轮廓图，后来经过耶稣会修士的不断深入研究，不断地深化和完善，直到对九种类型做出了简短的、印象式的描述。至此，这个描述开始在北美一些地区流传开来。

这四个人的努力使九型人格慢慢被整个世界意识到了。从20世纪70年代开始，所有接触到九型人格的导师都会根据自己的理解不断补充九型人格的材料，并且将自己的理解一并传授给学生；这些学生又融入自己的东西，转而成为九型人格的传授者。就这样，九型人格被代代相传，并且不断地发生着变化。

尽管后续添加的内容，使人们的认识实现了某种进步和跨越，但是也有一些认识偏离了九型人格最初的方向。从理论上看，九型人格确实有一定道理，但是通过理论指导实践时，收到的效果却微乎其微。

苏菲教曾经有这样一则故事：

阿拉伯的一个智者有一个远方亲戚，这个亲戚来看望他的时候，为他带了一只鸭子。智者很高兴，就将这只鸭子杀了，做成美味的鸭汤来招待亲戚。可是，很多人知道这个消息后，都想品尝鸭子的美味，于是，他们纷纷跑来拜访智者，并且声称自己是那个送鸭人的朋友的朋友。

这件事惹怒了智者，有人再来讨鸭汤的时候，智者就给他一碗白开水，来人不解地问："我要喝的是鸭汤，这是什么啊？"智者不紧不慢地说："这是鸭汤的汤的汤啊！"

这则故事告诉我们，当喝汤的人越来越多的时候，鸭汤也就失去了它最初的美味。九型人格的传播也是如此，随着人们的不断传播和扩展，最初古老的智慧变得越来越模糊，人们甚至忘记了九型人格最初的模样和来源。

但是不管怎么样，流传下来的九型人格理论依然有自己的魅力。通过对它的研究，你会重新认识自己，并且能用这个理论来解释自身的经验和人格类型，体验到一种认知上的震撼。

逐一盘点九型人格

根据古老的分类，将九型人格分为完美主义者、给予者、实干主义者、浪漫主义者、观察者、怀疑论者、享乐主义者、领导者和协调者。

他们各自的特点如下：

第一种类型：完美主义者——完美型

完美主义者对自己和对他人都有着很高的要求。他们自身有一种很强的优越感，认为自己强于他人；对待问题的解决，他们总认为会有唯一正确的方法，但是在解决问题的过程中，会显得犹豫不决，因为他们害怕犯错误，因而经常推延行动。他们经常使用的词汇是"应该"和"必须"。

完美主义者在生活中为了追求完美，常常需要付出很大牺牲，且在心中对自己的行为进行严格的控制。最终，他们获得成功的快乐会被自身自我控制的快乐所淹没。完美主义者经过不断的修炼，可以成为人们崇拜的代表睿智的精神偶像。

第二种类型：给予者——奉献型

给予者为了获得他人的好感和认同，总是不断地对他人提供帮助，满足他人的需求，希望自己成为他人不可缺少的一部分，从而获得被爱和被欣赏的感觉。给予者具有多样的自我，能在不同的朋友面前展示不同的自我，本身具有很强的控制能力；能在朋友中处于中心地位，具有吸引人的特质，常常引人注目。

给予者为了满足别人的需求，总是会压抑自己的需求，因而心里会有一种很强的失落感。同时，因为他们拥有多个自我，在角色扮演中，也会产生混乱和困惑，有时会感到自己在愚弄他人。

第三种类型：实干主义者——成功型

实干主义者喜欢接受竞争和挑战，追求成就感。他们希望通过自己的行动和成就获得他人的爱，因而他们总是将自己想象成为一个成功者或者是拥有相当社会地位的人。实干者注重自己的外表形象，精于打扮。他们常常将真正的自我和工作中的角色混为一谈，看上去往往要比实际情况更加优秀。

实干者很符合当代社会上的成功人士，他们年轻有为、精力充沛、积极向上，但是在不断忙碌中，他们会忽略对自身创造力的开发。他们总是将自己的时间安排得满满当当，很少有停下来休息和反思的时间，因而会牺牲内心生活。

第四种类型：浪漫主义者——自我型

浪漫主义者的性格内向、忧伤、敏感而具有艺术家的气质，他们会因为一个朋友的离开而伤心不已，也会痴迷上一个并不存在的恋人。他们总是被不切实际的幻想所吸引，并且沉湎其中无法自拔，他们是一群生活在自己幻想中的思想家。

抑郁和悲伤是浪漫主义者常见的情绪，他们拒绝那些轻易就能获得的东西，认为无法得到的才是美好的。他们不习惯生活中的琐碎和平淡，认为这些会破坏他们脑海中对美好画面的想象。但与此同时，他们又有一种独特的魅力，能帮助那些处于危难和悲伤中的人们，让他们尽快地走出情感和生活的创伤。

第五种类型：观察者——知识型

观察者在情感上总是和周围人保持一定的距离，他们很注重对自己隐私的保护，不愿意牵扯到别人的生活之中。他们有时宁愿一个人待着，也不愿意出去参加集体活动。他们将自己的责任和义务分得很清楚，对于与自己无关的人和事，他们很少去接触和体验，有时也会因为自己本身的义务和别人对他的需要而感到心烦意乱。

观察者的内心就像一座壁垒森严的城堡，城堡的主人很少离开自己的城堡，他总是站在自己的城堡内，悄悄观察来到城堡中的人们。他们为了躲避社交和人群，常常采取不干涉、不参与别人生活的方式。观察者经过不断修炼会成为优秀的决策制定者、象牙塔里的学者或自我约束的修道士。

第六种类型：怀疑论者——忠诚型

怀疑论者总是用怀疑的眼光看待周围的一切，有的时候会因为怀疑而产生对周围环境的害怕和疲惫，但是他们依然会坚持自己的怀疑。怀疑论者在采取行动的时候总是犹豫不决、左右为难，他们对失败的原因非常敏感，同时他们反对和厌恶独裁主义。他们在行动中会表现得非常忠诚，并且非常愿意牺牲自我。

对怀疑论者而言，他们的态度会有两种极端：一种是患有恐惧症的怀疑论者，他们在行动中犹豫不决，觉得自己受到了迫害，常常会通过屈服来保护自己；另一种是反恐惧症的怀疑论者，他们在行动中也有顾虑，但是他们会勇敢站出来面对恐惧，以积极主动的方式化解疑惑。怀疑论者经过不断修炼会成为团队中的好成员以及忠诚的战士，他们是为了某种理想而工作的人。

第七种类型：享乐主义者——欢乐型

享乐主义者是像孩子一样天真的成年人，他们渴望自己永远年轻，对任何事物都是一知半解的态度，爱好冒险，感情肤浅，会不断地更换周围的朋友和恋人。他们不喜欢做承诺，总是希望自己会有多种选择。他们会让自己一直处于情绪的高涨中，喜欢那种如同明星一样前呼后拥的感觉。做事经常半途而废。

享乐主义者有着严重的自恋倾向，他们时常沉迷于自己独特的气质中，而对周围的客观真相视而不见，只追寻支持他们观点的环境和人。但他们会消除环境的枯燥和乏味，让生活充满乐趣和希望。享乐主义者经过不断修炼，可以成为优秀的综合管理家和理论家，也可以成为多才多艺的人。

第八种类型：领导者——领袖型

领导者具有很强的保护能力，他们主动负责、积极好斗，愿意保护自己的亲人和朋友。他们不会控制自己的脾气，会公开地发泄怒火，以此来展示自己的力量。他们不喜欢私底下的行为和动作，与周围人的接触和冲突都会采取面对面的方式，对勇敢站出来接受自己挑战的对手，充满敬意。

领导者有着"弱肉强食，优胜劣汰"的世界观，他们总是将精力放到外界，寻求那些该受到惩罚的人，但他们却不会对自己进行惩罚。他们有时会暴饮暴食和大声喧哗，以此来发泄自己的情绪。领导者经过不断修炼，可以成为优秀的领导者或是孤胆英雄。

第九种类型：协调者——和平型

协调者为人温和亲切，不会对人直接发脾气，他们自身充满着矛盾，他们会考虑周围所有人的观点，并因此而放弃自己的观点。协调者对于他人的需求十分敏感，会及时满足他人的需要，而对自己却是不确定的态度，不知道自己该做些什么以及为什么而做。他们常常会放弃一些重要的事情，而从事毫无意义的琐事。

协调者很容易沉迷于食品、电视和酒精中，给予他们的时间越多，他们做的事情反而越少，他们很容易受到别人情绪的影响。对他人说"不"于协调者来说是一件非常困难的事情。协调者经过修炼，可以成为一个优秀的调解员、谈判者或顾问。

以上就是对九型人格的分类以及各个类型的特点。在现实生活中，每个人都是独立又唯一的个体。通过对九型人格的了解和学习，你就会发现自己、家人、亲戚朋友、同事领导以及周围其他人的性格特点，理清你们彼此之间的关系，让你更好地享受生活。

图解九型人格

我们都知道，九型人格来源于九柱图。要想了解九型人格，就得首先了解九柱图。那么，九柱图是什么呢？九柱图是在一个标准的圆上，用1~9这些数字以相等的等分点来标注，9处于正中间的位置，意在体现对称，每个点代表一种人格类型。

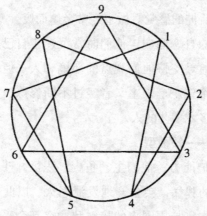

在这个图上，需要注意的是，3、6、9三个数字正好组成了一个等边三角形；其余的点是，1和4连接，2和8连接，4和2连接，5和8连接，5和7连接，7和1连接，这六个点又构成了一个不规则的六角形。其中1代表完美主义者，2代表给予者，3代表实干主义者，4代表浪漫主义者，5代表观察者，6代表怀疑论者，7代表享乐主义者，8代表领导者，9代表协调者。

在九柱图上，1到9的数字连接是有一定的规律和心理学意义的。总体来说，可以将3、6、9组成的等边三角形和其余数字组成的图形看成是两个整体。这两个整体的意义就是指：每一人格类型之间的连线标志着每一种人格向健康的、自我实现的方向和向不健康的、神经质方向发展。也就是说，你所属的人格变得越来越健康或者是不健康的时候，你就可能像九柱图中的线标明的一样，沿着不同的"方向"偏离你的基本类型。

在每个类型向着健康和自我实现的方向发展时，九柱图的连接顺序是 1—7—5—8—2—4—1，也就是说，在健康和自我实现的状态下，第一种类型的人会转向第七种类型，第七种类型的人会转向第五种类型，以此类推。对于等边三角形，他们的顺序是 9—3—6—9，即健康状态下的第九种类型人会转向第三种类型人，第三种类型人会转向第六种类型人，第六种类型人会转向第九种类型人。

但是，当每个类型的人向着不健康、神经质的方向发展时，九型人格的连接顺序又成了 1—4—2—8—5—7—1。这意味着，处于不健康的状态时，第一种类型的人会转向第四种类型，第四种类型的人会转向第二种类型，以此类推。同样，在等边三角形上，数字的连接顺序是 9—6—3—9，也就是说，处于不健康状态下的第九种类型人会转向第六种类型人，第六种类型人会转向第三种类型人，而第三种类型人会转向第九种类型人。

明白九柱图上数字的两种连接方向，你就能明白每种类型的人在健康或者是不健康的状态下所体现出来的行为特征了。

举个例子，第六型人格分别与第九型和第三型相连，按照九柱图所指示的方向，如果处在健康状态下，第六型人会慢慢表现第九型人的行为，即第九型人身上的东西是第六型人一直追求的。如果第六型人的主要问题在于缺乏安全感和感到焦虑，当他向着第九型发展的时候，他就会变得轻松、平和并受人欢迎。即向着第九型发展的第六型人要比之前多些平和、少点焦虑。

反之，朝着第三型发展的第六型人就是不健康的状态。当不健康状态下的第六型人有一种焦虑感、不安全感和自卑感的时候，他们身上的焦虑和不安全感就会体现出第三类型人的行为特点。即如果第六型的人想弥补自己的自卑感，他们就会变得极其自负、傲慢、自吹自擂，就像第三型人表现出来的一样；如果第六型人的焦虑已经达到了难以平复的程度，第六型人就会表现出第三型人的某些神经质特征，即极力想掩盖自己的错误，欺骗他人，疯狂地追求他们相信可以帮助自己找回安全感和自尊的东西。

总之，不管你属于什么类型，不仅要了解自己所属类型的主要特质，同时还要熟悉所属类型朝着健康或者不健康方向发展的类型，将这几种类型整合在一起，才是属于你最完整的自我图像。

与此同时，从分析层面上来说，人们又将九种人格划分为了三个元组，即情感三

元组、思维三元组和本能三元组。在这三个三元组中，每一种人格类型都有自己在健康和不健康项目之下的行为表现，通过对这些健康和不健康行为的分析，会让你对每种人格有更加真切的认识。

一、情感三元组包括2、3、4，也就是给予者、实干主义者和浪漫主义者。给予者会过度表现自己的情感，并且只表现正面情感而压抑负面情感；实干主义者与情感完全没有联系，为了给他人留下良好的印象，他们经常压抑自己的情感，以便有更多的精力投入到工作之中；浪漫主义者总是试图通过某种艺术化的生活或者审美方式间接地表现自己，并且浪漫主义者的情感极易受到幻想的影响。

在情感三元组中，给予者、实干主义者和浪漫主义者在涉及情感的问题上都有着相同的优点和弱点。如果他们都处于健康的状态，那么他们的情感将是他们性格中最受欢迎的部分，对他们的人际关系有很大的帮助；可是如果他们都处于不健康的状态，他们的感情也会因此而失去平衡。

在健康状态下的给予者的力量来自维系自己和他人的情感能力，他们渴望得到别人的爱，却也因此常常冒犯他人；不健康状态下的给予者会欺骗自己，否认自己的不良情绪，希望时时刻刻给别人表现自己良好的一面，却忽略自己对他人进行控制的事实。

在健康状态下的实干主义者的力量来自他们总是不断提升自己以及自己适应他人的能力。他们拥有一种鼓励他人的能力，能适时地压抑自己的情感，使别人更加喜欢自己；不健康状态下的实干主义者在得不到自己想要的赞美和注意时，会对周围的人和事充满敌意。

在健康状态下的浪漫主义者的力量来自客观自省的能力，他们会用各种各样的方式展示自己的情感并很好地与他人进行交流，使自己和他人一直保持联系；不健康状态下的浪漫主义者会感到极度的忧郁和悲伤，经常进行自我怀疑和自我否定，甚至疏远人群，更严重者会不适应现实的环境，走上自杀的道路。

总体而言，在情感三元组中，给予者、实干主义者和浪漫主义者都会面临"认同"和"敌视"的共同问题，他们认同和敌视的对象有时是自己，有时是他人，有时两者都有。

二、思维三元组包括5、6、7，也就是观察者、怀疑论者和享乐主义者。观察者会过度表现自己的思维，常常用思考替代行动，并且经常无休止地沉浸在复杂而又封闭的思想环境中；怀疑论者与思维完全失去联系，总是不断地向外寻求肯定和确认，以此来证明自己存在的价值；享乐主义者的思维发展不充分，无法进行完整的思考，总是随心所欲、虎头蛇尾。

在健康状态下的观察者对周围环境的一方面或者一些人有着极其丰富的知识，并且能针对当前所面临的处境提出创造性的解决方法；而处于不健康状态下的观察者会让思考脱离现实，不但不能解决问题，反而增加许多新的问题。

在健康状态下的怀疑论者能敏锐地预测到潜在的问题，能用自己的力量为整个团体谋取福利，他们是一个忠诚的、值得信赖的好朋友，会将自己的一切奉献给他人；不健康状态之下的怀疑论者会因为自己不断质疑的眼光而处于焦虑、自卑和缺乏安全感的环境中，有时也会做出自我毁灭的行径。

在健康状态下的享乐主义者热情洋溢，在参与各种各样的活动中都有非凡的建树和才能，深受周围人的喜欢；处于不健康状态下的享乐主义者常常以自我为中心，不断地想象，却总是错失最佳的机会，就像一个闲散浪荡的逃避者。

总之，对于思维三元组的观察者、怀疑论者和享乐主义者而言，他们都有"不安全感"和"焦虑"的问题，但是他们各自处理这些问题的方式又是有差异的。

三、本能三元组包括8、9、1，即领导者、协调者和完美主义者。领导者总是着急地对外部环境做出本能的强烈反应，而不能静下心想象自己的行为会造成怎样的后果；协调者完全脱离了本能，他们不愿意对这个世界以及周围发生的一切做出反应，从而维持自己内心的安宁和平静；完美主义者的本能发展不足，他们会制定严格的规则和强大的超我以压抑自己本能的冲动，本能一直被内在的超我死死压抑着。

在健康状态下的领导者会拥有强大的生命活力和敏锐的直觉，他们强大能干，有无比的力量和自信，会激励周围人做出伟大的成就；而不健康状态下的领导者具有很强的攻击性，一味地自我控制和满足，不顾及事情的后果，会无情地破坏和压制阻挡自己的一切事物。

在健康状态下的协调者有着开放豁达的心胸，会给周围人创造一种安宁与平和的气氛，让每个人都感觉很舒服；而不健康状态下的协调者会过于依附完全和自己脱节的幻想，为了让自己平静，会过分理想化，也会因此而变得极度危险和疏忽怠慢。

在健康状态下的完美主义者做事会很讲究智慧和策略，他们对对和错有着强烈的良知和正确的认识，他们理性、公正、遵守原则，会听从自己内心的声音；处于不健康状态下的完美主义者缺乏一颗宽容的心，常常自以为是，强迫性地挑剔别人的毛病，却从不反思自己自相矛盾的行为，对自己和他人都极度残忍无情。

总之，本能三元组中的领导者、协调者和完美主义者都存在"压抑"和"攻击性"的问题，他们对此的处理方式各不相同。与此同时，三种类型有一个共同的问题，即为了维护自我的边界，他们会抵制自己的某种感觉，并且采取不同的方式来抵制他人对自己的影响。

除了以上所讨论的人格三元组之外，你必须了解的还有一个概念，即翼型。因为人格是相对复杂的，没有哪一个人纯粹地专属于某个人格类型，大多数人都属于人格的混合体。而那个与基本类型相邻并且与之混合的类型被叫作翼型。翼型是对整个人格的补充，它会将一些重要的，有时甚至是矛盾的特质加到总体人格中，使个体的人格更加完善和真实。

在某些情况下，人们的行为会受到其翼型的强烈影响，但在另一些时候，受到翼型的影响却很轻微，这种现象要视情况而定。经过后人的研究发现，每个人都有两个翼型，翼型的确定与你的主导类型密不可分，即与你的主导类型人格毗邻的两种翼型与哪些人格特质结合在一起，你就最有可能具有某种特质或者具备某种翼型。

人格测试：找出你的人格类型

本问卷共分为 A、B、C、D、E、F、G、H、I 九个部分，每个部分有十道题目。本问卷中的问题没有对错之分，仅仅代表你的独特个性和世界观。请仔细阅读以下问题，根据自己的第一感觉快速做出"是"或"否"的判断。

A 部分

1. 我肯努力改进自己的不足，直到非常完美；

2. 如果我发现错误，就要立即指正，我认为这才是对人对事的高度负责任；

3. 我认为控制细节是必需的，因为细节决定成败，不允许有一丝一毫的差错；

4. 我不愿说谎、欺骗、甚至做有违人伦的事；

5. 我习惯用自己的评价标准评价他人及事物；

6. 我做事严谨，不轻易开玩笑或闲聊；

7. 我是一个中规中矩、实际、脚踏实地的人；

8. 我常常压抑潜意识中不合理的部分；

9. 我对自己要求很高，对他人的要求同样也很高，甚至有些吹毛求疵；

10. 我经常仔细核对自己如何分配、使用时间，并谨慎地做好每天的计划，以确信我能高效率地完成每一件事。

B 部分

1. 我不善于表达自己的感情；

2. 我喜欢别人欣赏我的学问和知识；

3. 我非常专注，能够长期刻苦钻研，也擅长综合观察，或是综合各种意见，喜欢思考解决问题；

4. 我认为与其由自己打头阵，不如委任他人去做；

5. 我不喜欢社交活动，喜欢有自己独立的空间，如果自己的私人空间被侵犯会生气；

6. 当我正在专注做分析、做计划时，我会忘了吃饭、睡觉和换衣服这类日常生活行为；

7. 我遇到棘手的事情时，会先冷静下来，然后理智地分析；

8. 我是一个理解力强、重分析、好奇心强、有洞察力的人；

9. 我喜欢收集东西，而且觉得总会有用上的时候；

10. 在他人谈论某一话题时，如果自己一无所知，会感到被人看不起。

C 部分

1. 我遭到拒绝、挫折时，会变得沉默，不再愿意轻易向他人表达感受；

2. 我不开心的时候，喜欢独自处理这些不开心的情绪；

3. 我想象力丰富，富有创意及艺术气质；

4. 我有时不喜欢和人交往，尤其是当和我不熟的人交往时，我会表现得沉默和冷漠，所以他们会觉得我有点神秘；

5. 我感情丰富，思想浪漫，有创意，拥有敏锐的感觉和审美的眼光；

6. 我认为人生如戏，自己是舞台的主角；

7. 我曾经被他人指责自以为是，有点悲观主义；

8. 我喜欢营造浪漫的氛围，感觉在这种氛围中自己很幸福；

9. 我会深深地被美丽的东西吸引，不管是人，还是物品，因为富有美感的东西能激发我的感情，并且增强了自我的感觉；

10. 我是独特的人，同时希望得到他人的爱，害怕自己爱的人离我而去。

D 部分

1. 我是一个工作狂，总感觉自己有许多事情要完成；

2. 我是一个好胜心很强的人，喜欢与人比较，喜欢用成就衡量自己的价值；

3. 我希望自己能够成为众人的焦点，这样的我才会被大家接纳；

4. 我喜欢别人称赞我的活力和能力；

5. 我无所事事、缺乏明确的目标时，就会不开心；

6. 我相信世上无难事，只怕有心人；

7. 我会坚持自己的目标，为达成目标我可以克服许多困难；

8. 为了完成任务，我会非常注重组织化、效率化，不肯浪费时间；

9. 我认为自己很有领导能力，别人也很认同；

10. 我认为第一印象至关重要。

E 部分

1. 我乐于助人，如果别人需要帮助，我会第一时间伸出援手；

2. 我认为帮助了他人，就应该获得感谢，如果被他人忽略掉自己的帮助，会感到很难过；

3. 我看到他人因为我的帮助而成长时，会非常高兴；

4. 我个人的利益和集体利益或者他人利益发生冲突时，我会选择牺牲个人利益；

5. 我觉得爱与被爱是人生中非常重要的一件事；

6. 我对他人的需要很敏锐，通常不需要对方讲出口，我便能知道；

7. 我很希望被他人接受并获得他人的认同和重视；

8. 我很重视人际关系，因为从与别人的关系中我能得到自我意识；

9. 我有很多朋友，并乐于倾听他们的事情；

10. 我最大的问题是常以他人的需要为重，而忘记自己真正的需要。

F 部分

1. 我做事非常小心、谨慎，不轻易相信别人，多疑；

2. 我不喜欢被人注视，安于现状，不喜欢更换新环境；

3. 我相信权威，相信专家和教授所说的话；

4. 我喜欢群体生活，为别人做事尽心尽责，但是害怕被群体忽略；

5. 我来到一个新的环境时，会感到不安和恐惧；

6. 我为人老实，愿意帮助、鼓励及体贴他人；

7. 我做事的时候容易走极端，不是一拖再拖，就是勇往直前，甚至有时候会走向危险的地步；

8. 当一个新项目要开始时，我总是担心万一可能出现的问题或者麻烦；

9. 我很小的时候，内心深处就常想着有一天一定要出人头地；

10. 我要求公平，期望我的付出和我的所得是相等的，有时别人可能会觉得我是斤斤计较的人。

G 部分

1. 朋友和我在一起感觉总是很快乐，而且也容易受到我快乐的感染；

2. 我是一个乐观的人，喜欢追逐潮流，喜欢新鲜的事物；

3. 我是一个做事缺乏耐心的人，不喜欢从事很沉闷的工作；

4. 我觉得人活在世上很短暂，因此我们要利用好时间享受生活；

5. 我不喜欢做有压力的事情，只想过平凡和简单的生活；

6. 我喜欢开玩笑，有时候也会因为玩笑开得太过分而惹怒对方；

7. 我经常看到事物光明的一面，而忽略其黑暗的一面；

8. 我认为伤心的事情应该早早被忘记；

9. 我期望新的以及很有趣的体验；

10. 我不喜欢别人限时限刻地强迫我做事。

H 部分

1. 我碰到问题时，喜欢靠自己解决，不喜欢求助他人；

2. 我相信自己有能力完成一件事情，如果是一个团体，我也有自信可以带领团体成员很好地完成任务；

3. 我是一个以自我为中心的人，遇到冲突时，我希望他人能够听从我的意见；

4. 我是一个很正义的人，如果看到有人受欺负时，我会挺身而出，伸张正义；

5. 我是一个豪爽、不拘小节的人，也不愿意被人控制；

6. 我能够快速地找出对手的弱点，并且立刻发起攻击；

7. 我工作很努力、认真，如果在工作的过程中有问题，那一定都是别人惹的麻烦；

8. 我喜欢控制大局和授权给别人的乐趣，但却不喜欢被控制；

9. 我享受鼓励及提升别人的个人力量；

10. 我非常讨厌虚伪，看重真实。

I 部分

1. 我是一个温和的人，不喜欢与别人起冲突，也不爱出风头；

2. 如果别人请我帮忙，我不会拒绝他人，哪怕自己不愿意，也不会说出来；

3. 我喜欢在一种很放松的状态下生活；

4. 我注意力不集中，喜欢依赖别人，对大多数事情都不怎么感兴趣；

5. 我喜欢与世无争，渴望人人都能和平相处；

6. 我认为船到桥头自然直，忍一忍风平浪静，退一步海阔天空；

7. 我自认为是一个乐天派，晚上睡觉很少失眠；

8. 我不轻易批评，善于调解，可以令自己周围的人际关系融洽、和谐；

9. 朋友很喜欢找我倾诉，因为他们觉得我是一个很好的听众；

10. 当我被迫要表明自己立场时，我会感到有压力。

计分方法如下：

将每一个部分中选择"是"的数目相加，然后将总数计入下列表格中，例如，在 A 部分中，如果你选择"是"的次数是 6 次，就在 A 的下方填入 6；在 B 部分中，如果你选择"是"的次数是 5，就将 5 填入 B 的下方，以此类推。标完之后，选择最高的分数，就代表你的类型；如果有几个部分最高分数一样，就说明几种类型你兼而有之。

项目	A	B	C	D	E	F	G	H	I
分数									

注：A 代表完美主义者

B 代表观察者

C 代表浪漫主义者

D 代表实干主义者

E 代表给予者

F 代表怀疑论者

G 代表享乐主义者

H 代表领导主义者

I 代表协调者

（二）完美型

没有更好，只有最好——完美主义者

完美主义者的人生信条可以概括为——没有更好，只有最好。世界万物在他们的眼中都是不完美的，他们的职责就是力图让这些不完美变得完美。

完美主义者的总体特点如下：

第一，完美主义者渴望不断提高自己，在不断提高的过程中实现完美的人生。他们内心的正确标准变成了对自我的严格要求，也会因此而产生不断自责的思想。

第二，完美主义者对人对事的要求极高，当他们一旦发现周围的世界并没有自己想象的那般美好、周围的其他人有可能缺乏道德良知时，他们内心就会充满巨大的失望。在他们看来，最重要的事情就是争取他人对自己的肯定。

第三，完美主义者勤劳工作，富于正义感，性格独立。他们坚信，美好和善良的

思想必将战胜人性中的阴暗面，人的幸福和安逸需要付出汗水来换取。想要得到快乐和幸福，需要不断地追寻和付出。

第四，完美主义者通常只关注自己"应该"和"必须"做的事情。他们很少静下心来问自己，真正想要的是什么，想要从生活中得到什么。他们自身的期望从小就被封闭起来，只知道做正确的事情，却从不知道自己期望什么。

第五，完美主义者觉得周围的一切都有改进的空间，有些患有严重强迫症的完美主义者甚至不惜牺牲休息时间来提高自己，比如，在闭目休息的时候他们会趁机背单词，在坐公共汽车的时候，试图练习自己的正确坐姿等。

第六，完美主义者生来自我感觉良好，他们有种天生的优越感，认为自己比别人强，因而常常会因为害怕犯错误而在做一件事情的时候显得犹豫不决、畏畏缩缩。

完美主义者身上的这些特点可以让他们成为健康状态下（即更多地发扬了完美主义者的优秀品质）、常态下（即结合了完美主义者的好坏两种品质）和不健康状态下（即更多地表现了完美主义者不好的品质）三种人。

在健康状态之下的完美主义者：他们勤奋踏实，有自己坚定的个人信念，有强烈的个人是非观念，也有一套自己的价值观和道德评判标准；他们希望在一切事情上都能做到理性和合理，他们成熟稳重，充满宽容感，自我约束的能力特别强；他们会坚持自己的原则，努力将事情处理得公平和客观；他们遵守社会道德，将真理和正义看作自己的首要价值；他们常常是充满正义感的正人君子，有很高的理想追求，为人处世可以做到面面俱到，很有人情味，有激情和活力，能听取别人对自己有益的建议。

在常态之下的完美主义者：他们是一群不满意现状而志向高远的理想主义者，他们觉得让周围的每件事有所发展是他们义不容辞的责任；他们知道每件事情"应该"怎么去做，很怕犯错误，每件事情必须与他们的理想相一致；他们有组织、有纪律，会严格控制自己的感情流露，对其他人过于苛责，有些不近人情；他们的自制力非常强，很多都是工作狂，严格遵守时间制度，对别人很挑剔；他们对周围的任何事情都喜欢发表自己的意见，当挑出别人的毛病时，他们会纠缠不休，直到别人做出巨大的让步；他们充满强大的道德感，常会因此而大声斥责别人，对别人的态度粗鲁野蛮；他们缺乏耐心，非要别人遵循自己的意志，对周围的很多东西都会感到不满。

在不健康状态之下的完美主义者：他们会变得极其教条主义，经常自以为是，缺乏容忍力，常常专断独行；他们不相信别人说的话，认为都是错误的，只坚持自己的所谓"真理"；他们觉得自己做的任何事情都是有道理、正确的，而对别人做的事情却是横加挑剔；他们对别人要求极尽严苛，常常抓住别人的过错不放；他们的行动自相矛盾，在很伪善地向别人说教的同时，自己却反其道而行之；对于干扰了他们的人和事，他们会采取粗暴的责难和责罚的态度为难对方，让对方无所适从；他们普遍存在严重的抑郁症和神经崩溃，并且经常有企图自杀的倾向。

正如我们在上面所描述的那样，完美主义者的全部人格特质包括了人性中最高尚和最令人讨厌的方面。如果处于健康状态下，完美主义者会是一个最客观、最有原则和最具智慧的人格类型。只要是在人类可能做到的范围之内，完美主义者都不会让个人的情感影响他们公正地处理自己和他人的关系，他们所遵从的正义，不仅是对自己，更是为了所有人。

而与此相反，如果完美主义者处于不健康状态之下，那么他们就会变得极其狭隘和自私。他们不会接受别人的建议，认为自己的想法才是正确的，他们对和自己意见不一致的人极其缺乏宽容性，甚至会对这些人产生仇恨和进行报复。这类人很难控制自己的情绪和行为，是非常有害的。

根据对完美主义者童年的调查发现，完美主义者要不生活在一个等级森严（甚至有家暴）的家庭制度里，父亲或者母亲为其设定了很多的条条框框，因此在他们的身上创造了一种冷酷无情的超我机制。他们不断地提示自己"除非你做得更好，并且要永远做得更好，否则你是不会被接纳的"；要不完美主义者就是生活在相对平和与普通的家庭里，家人或者同龄人的状态让他们感到不满，他们希望自己有更大的成就，因而努力奋斗，想让自己变得比实际年龄更加成熟。基于这样的理由，他们只能依靠自己的力量对自己的行为进行约束和指导。

由此可见，完美主义者的人格特点形成是有一定的历史原因的，每个人因为自我调节的不同，也可能处于三种不同的状态。所以，身为完美主义者，应该努力调节和完善自己的人格，向最健康的人格状态努力。

善待自己——完美主义者心理调适

心理学通过对完美主义者的研究发现，完美主义者不但对自己要求很高，对他人（尤其是与自己关系亲密的人）要求更高。因此，完美主义者会被别人认为很挑剔、刻薄，难以亲近。完美主义者经常会出现紧张、焦虑和失眠的症状。

完美主义者之所以有这么极端的要求，主要因为心里没有安全感，缺乏自信心，为了保护自己不被别人伤害，他们只能在理智上逼自己不断追求完美，这样他们才能掌控周围的环境，减少自己情绪上的不安。所以，要想改变完美主义的极端性格，首先要努力完善完美主义者的人际关系。

完美主义者总是致力于有价值的目标，一旦为自己树立了某一个目标，完美主义者就会通过忘我的工作让他人感到满意。尽管他们身上那种"我比你强"的态度令人讨厌，有时甚至会表现出不切实际的热情，但是他们确实会为了工作而尽自己最大的努力。

完美主义者的挑剔和批评是可以轻而易举地被化解的，前提是周围的其他人能够承认错误或者承认自己的能力不够。对于那些没有努力工作而发生错误的人，完美主义者会非常严厉，但对于那些能主动承认自己在工作中的错误，并且愿意改正的人，完美主义者会给予极大的支持和鼓励。

完美主义者的痛苦来自他们内心的比较，他们总是对理想和现实之间的差距十分敏感，痛苦也就伴随着落差而来。所以，要想让完美主义者减轻痛苦，就要不断平衡理想和现实之间的差距，并且让他们知道"落差永远存在"这个事实。

作为一个完美主义者

当别人说了或者做了你所喜欢的事情时，记得去称赞他们——这样做的目的是让别人知道你对他的认可和肯定。

当你要对别人的建议和方案提出修改意见时，务必提前找好可供参考的资料，先确定你的修改方案是否可行。

当你感觉周围的人做得不够好的时候，要先暂时压抑自己的怒气，仔细想想依照对方的力量所能做到的程度。

当你对自己感到不满意的时候，请提防内在的讥讽和嘲笑自己的声音，告诉自己：我已经尽力了，有许多不可控的外在因素。

当你周围的人表现出不快乐或者不满意的神情时，不要急于责备自己，要记住：这些并不是你的责任，你能做的就是认真倾听他们的困难。

当你喜欢上一个人的时候，不要试图去寻找他/她的缺点，要赶紧将自己的想法告知对方，否则你的自我批评和对对方的批评会让人觉得你难以靠近，因而也会对你保持距离。

作为一个和完美主义者交往的人

当你和一个完美主义者谈论一件事情时，务必使自己的语言简洁明白，完美主义者对拐弯抹角和吞吞吐吐很反感。

当你要表达自己的观念并希望对方能接受时，务必让自己的观点完全符合逻辑，完美主义者很容易接纳新想法和新观念。只要符合逻辑，他们一般都会采纳。

当对方开始有挑剔和不满意的情绪，令你感到不舒服的时候，要及时将自己的想法告知对方，帮助完美主义者觉察并了解自己的情绪和感觉。

当对方对你怒气冲冲或者对你言辞激烈地评判某件事情时，不要认为对方的怒气是冲着你的。完美主义者会因为和自己毫不相关的事情产生怒气，有时连他自己也搞不清为什么会这样。

当你们一起做一件事情并且出现错误的时候，要及时向完美主义者承认错误并且道歉，你的认错和道歉会让完美主义者感到放心，即自己并不是唯一犯错的人。

当和完美主义者在一起时，要多鼓励他们与周围人分享他们的幽默感，并说服他们试着从光明的角度看待周围的事情。

心理专家给完美主义者的建议：

一般而言，完美主义者都是不愿意接受心理治疗的，因为他们坚信自己不存在任何问题。因此，完美主义者只能通过自己来帮助自己。

第一，不要强迫自己做事情，给自己留出思考的空间。完美主义者会将时间安排得满满当当，以至于没有时间思考自己真正的心理需求。所以，完美主义者首先要学会给自己放假，要有让自己心灵静下来好好思考的时间。

第二，要不定时地对自己内心中的严格标准进行修改。世界上的万事万物都是不断变化的，一成不变的东西几乎没有，一个人内心中的标准亦是如此。所以，完美主义者要学会根据情况对自己内心的绝对标准产生质疑并进行修改。

第三，不要将对自己的反思变成对自我的人身攻击。在反思过程中，完美主义者一旦发现自己的错误，就会不断地遣责自己："我怎么会犯如此低级的错误？""这个错误我怎么早没有发现"等。这个时候，完美主义者就要积极寻求事实的真相以及关注那些不可控的情况，以此消除焦虑和担心。

第四，完美主义者对自己和他人的怒气以及他们对别人的评判都来自自己未被满足的个人需求。所以，完美主义者需要努力发现自己的需求并且根据自己的需求行动。在改变自己的时候，尤其要注意以下不良现象。

现象一：对自我的需求毫无察觉，总是将自己的精力用在别人和别的事情上。

现象二：当觉察到自己的需求时，不是想方设法满足需求，而是因为自己的需求产生怒火，并且令自己无比焦虑。

现象三：将自己的时间安排得满满当当，没有给自己留下娱乐和享受的时间。

现象四：做决定的时候总是瞻前顾后、犹豫不决，将简单的问题复杂化，不愿意做出应有的承诺。

现象五：被压抑的需求找不到正确的发泄途径，致使自身的压力不断增大，对自我的不满情绪也随之增强。

（三） 给予型

天生的热心肠——给予者

曾经看过一则笑话，这么描述给予者：

给予者在坐公共汽车，忽然上来一位老太太，给予者立马站起来说："老人家，您请坐！"当老太太谢过坐下之后，给予者美滋滋地对着窗外欣赏风景，他因为自己帮助了别人而感到心里特别美。

过了几站地，老太太站了起来，给予者连忙摁住老太太说："老人家，您坐您坐，我不累。"又过了一站地，老人又站了起来，给予者又摁住老太太说："老人家，我真的不累，你赶紧坐吧！"老太太这才着急地说："我都坐过好几站了！"

这则笑话说明了给予者的一个显著特征——喜欢帮助别人。在他们帮助别人的过程中，不会考虑他们的帮助是不是当事人所需要的，是不是让人觉得舒服。

比如，当你的家庭里有一个给予者，他们会主动给家里人做许多好吃的东西，如果家里人吃得很香，他们就感到非常高兴；如果家里人说自己不饿或者没有吃，给予者就会感到情绪受挫，一整天都会不高兴。

给予者的行为不但对家里人适用，对周围人也同样适用。如果有邻居向给予者借东西，给予者不仅会借出这样东西，还会关切地问需要其他东西吗？如果给予者没有邻居所需的东西，第二天，他们就会出门给邻居买回来。

由此可见，在九种人格中，给予者是一个职业帮助者，他们不但会想方设法帮助自己的家人和朋友，也会帮助周围的陌生人。

除了喜欢帮助别人的特质之外，给予者还有感性、喜欢取悦他人、时常感觉到自己付出的不够和占有欲强的特质。

以下是给予者的一段自我描述，将有助于你更加了解他们。

我特别喜欢听邓丽君的歌，她的歌能让我感到温暖和幸福，我觉得我的生活中有爱就可以让我感到满足。

我觉得自己的使命就是为了满足别人的需要。我习惯在别人需要帮忙的时候提供帮助。有时宁可放下自己手中正在干的活儿，也要去帮助别人。我是一个特别感性的人，生活中一点小事都会让我禁不住掉眼泪，就拿抗震救灾的新闻报道来说，我根本就不敢看，看到那些场面，我几乎心痛得无法呼吸。我特别想身临其境地帮助那些人，可是由于条件限制，最终没有去成，到现在我都感到很遗憾！

家里人的幸福和快乐是我最关心的。每到逢年过节，我不会忘记给家里任何一个人买礼物，从爷爷和奶奶到外甥和侄女，人人有份，从不会落下任何一个人。只要我在家，我就会将家里的氛围搞得其乐融融，我喜欢看着家里人笑口常开的样子。为了让他们开心，我有时会自作主张安排一些活动，但是有的时候，有些人会不买账，他们的态度会让我很伤心。我再辛苦都没有关系，可是如果我的付出不被别人接受和理解，我就非常难过了。

在单位里，我的人缘非常好。我会细心地观察每个人的需要，并且给予他们及时的帮助，无论职位比我高还是比我低。大家在一起聚餐的时候，一般他们选什么我都能接受，我对物质的要求不高，但我希望别人能重视我的价值。

我特别爱面子，当两个人有矛盾时，我一般不会先低头，但是只要对方稍微哄哄我，给我一个台阶下，我会很容易原谅对方，然后两个人重归于好。可是，如果他和我一样爱面子并且和我保持冷战，那么我们的关系很可能因此而破裂。

我最害怕的事情就是我的家人不爱我，我的内心深处有本感情的账本，我一直努力让自己的情感银行变得富裕。如果我的情感银行变得匮乏和透支了，我就会痛苦到极点，伤心欲绝。

以上这段给予者的自我描述，全面地展示了给予者的特质。他们富有同情心，喜欢帮助别人，能体恤别人的处境，无条件付出爱；他们同时非常恐惧自己不被爱和不被需要。你经常会听到他们说"让我来吧""不要紧""没问题"和"好，可以"等等。

值得注意的是，在和给予者的相处中：

给予者一般会否认自己的不良情绪，但是你要做出及时的补救。比如你令给予者感到不高兴了，当你问他的情绪时，他会回答自己没有生气。但是你要敏感地意识到这只是给予者的敷衍之词，你要诚恳地检讨自己的错误和过失。

给予者的表情柔和、笑容可掬，对着他人笑是他们的第一语言，你要读懂这种语言。不管在上班的路上还是在拥挤的超市，不管面对着熟人还是陌生人，给予者都会献上自己的笑容，然而他的笑容并不代表对你感兴趣和有意思，而只是纯粹的一个问候而已。

给予者会在沉闷的人群中拿自己来解嘲，你千万不要以为是他喜欢哗众取宠，而是他努力想让气氛不那么尴尬，他是为了每个人的面子。

给予者在和大家一起聚餐的时候，一般都会随声附和他人的观点，你千万不要以为是他们缺乏主见，而是他们更愿意为他人着想。你经常会听到，当别人问吃这个怎么样时，他们会答："你认为好就行。"当别人问吃什么时，他们一般会说："你说呢？"

由此可以看出，我们可爱的 2 号——给予者是一个热心肠、拥有感性细胞、随时随地为他人着想、特别爱面子和特别在意自己家人的人。给予者中的许多人终生从事慈善事业，将自己的一生都献给了帮助他人的工作。

更多地关注自己——给予者心理调适

给予者能够和任何权威套近乎，并且给予权威支持的力量，他们一般是某个宗教忠实的信徒、某个歌星的忠诚粉丝或者是某个领导人的得力助手。总之，给予者很乐意为了一个大群体的利益而服务。

但是，正是因为给予者甘于自我牺牲的特质，他们很容易卷入三角关系中，成为插足别人婚姻的第三者。他们也会从事一些能够展示自我魅力的工作，比如化妆师、演员或者个人形象顾问等。

给予者最希望的是能得到别人的认可和赞同，这个比什么都重要。和给予者在一起，他能让周围的人都感觉良好，他们能展现自己最好的一面。人际关系融洽在给予者看来是生活中最重要的事情，他们会想方设法处理好自己的人际关系，在组织朋友聚餐时，他们会花费大量的时间和精力，朋友的生日礼物也会特别准备。总之，给予者的所有关注点都集中在别人身上。

虽然将注意力转移到自身，可以发现自己的需求和渴望，可是这样做又会使给予者感到焦虑和难受，他们无法体验到情感上的安全感。所以，只有在给予者独处时，他们才能感到更自由，也更容易发现自己的需求。

给予者对别人的付出和帮助都是基于本能反应，这种反应不受思想控制，也不是为了赢得他人的回报。所以，在人际相处中，如果你对给予者的付出仅仅是为了回报他们，会让给予者感到特别不舒服。

作为一个给予者

要尝试在和别人说话的时候表达自己真正的意思，不去讨好对方，内心是怎么想的，就要怎么说。

要更多地告知别人有关你的事情，就像你请求别人讲述他们的事情一样，要让周围人更了解你。

如果你感受到了不被尊重和不公平，不要将此视为理所当然，要心平气和地将这件事情说出来。

如果你需要什么，就大声说出来，不要在背后抱怨别人没有给你什么——因为并不是每个人都有像你一样有能洞察别人需要的直觉。

要容许别人对你所提供的帮助说"不"。你不是他们肚子里的蛔虫，他们心里想什么，你无法全然明白，要尝试让他人自己解决问题。

要给别人提供自己解决问题的空间。与接受他人的帮助相比，每个人都希望能独立完成一件事情，要明白和理解别人的真正需求。

作为一个与给予者交往的人

当你接受帮助时，一定要告诉给予者，你很感激他们为你所做的事情，因为有了他们的帮助，你才感觉生活是无比美好的。

要让给予者知道，人和人之间是平等的，没有必要做不愿意或者不喜欢的事情来博得你的欢心。

当你在某些方面拒绝了给予者的帮助时，一定要告知他们你拒绝的原因和你当时的感觉，这样他们就会知道，有时候不帮助其实也是一种帮助。

当你想为给予者做一些事情的时候，要提前告知他们，并且说明这样做并不是为了回馈他们的帮助，只是一种出于朋友的本能。

当你们在一起相处时，要注意多询问给予者身边发生的事情，否则，他们会一直将注意力集中在你的身上。

要不定时地询问给予者的感受和需求，特别是当对方处于情绪化、若有所思或者焦虑不安的状态时。这个时候，也许他们正有需要。

当给予者埋头苦干一件事情的时候，不要让他一个人待着，要经常和他保持沟通，这会让他感到舒服和满足。

给予者对交谈者的态度真诚与否非常敏感，所以在和他们交谈时，一定要确保你的态度真诚并对他们感兴趣，这样会让交流顺利进行。

心理专家给给予者的建议

给予者最大的问题是需要将自己的注意力从别人或者别的事物上转移到自己身上。有鉴于此，给予者需要注意的是：

第一，要静心发现自己的欲望。多留些时间独处，只有独处的时候，给予者才会感到安全，也才会关注自己的内心，看清自己真正需要的是什么。

第二，要认识到自己对别人的真正价值。和别人交往时，既不要过于夸大自己，也不要过分贬低自己，要明白自己的帮助对别人没有那么重要，没有自己，别人照样也可以解决问题。也不要一味讨好别人，揣摩别人的心思。

第三，要认识到奉承的危害性。奉承最大的危害就是使人焦虑，当你在试着揣测别人心思的时候，你会感到紧张，尤其是当你思考自己的揣测是否正确的时候，你会更加紧张。

第四，要从自我的强大中增强自己的安全感。给予者总是通过奉承拉拢他人，希望他人能充当自己的保护者，一旦失去他人的保护，给予者就会体验到强烈的不安全感，感觉生活受到了威胁。因而给予者要让自我强大，通过自己赋予自己安全感。

第五，要处理好外界认可和自我满足的矛盾。给予者总是在不断地寻求外界的认可，一旦自我需要和外界的认可之间产生了冲突，给予者会立马摒弃自身的需求，转而寻求外界的认可。这个时候给予者就需要平衡外界的认可和自我需求的矛盾，最好能将两者放在一起考虑，并拿出合理的解决方案。

第六，要明白真正的亲密关系是独享的，是不能与他人一起分享的。在追求爱的过程中，给予者总是会被难以得到的关系所吸引，陷入复杂纠结的三角恋。对于难以到手的目标，切勿花费太多时间和精力，学会区分逢场作戏和真爱。

第七，要时时尝试扮演不同的角色。从扮演这些角色中，给予者可以发现每个角色的需求和希望，进而更能理解其他人。

（四）实干主义型

为了成功，不惜一切——实干主义者

以下是实干主义者对自己的一段描述：

我爱学习，从小学习成绩就名列前茅，我看不起整天碌碌无为、一事无成的人。只要有时间，我就会多学习一些知识，以此提升我的竞争力。从小到大，我得到过无数奖状，一直是父母和老师眼中的宠儿。

我是天生的谈判专家，只要是我认准的目标，不管是在商业谈判中还是在自由市场的砍价中，我都能得到实惠。并且，我还是一个极其具有野心的人。

我觉得人的外在形象特别重要，每次出门我都要在镜子前多停留一些时间。在我看来，良好的形象是成功的一半，我讨厌那些邋里邋遢的人，我很愿为自己的外在形象而投资，我的衣服大多都是名牌和正装。

我特别在意自己事业的成败，我认为人一生当中所获得的奖状、文凭、房子和车

才是一个人地位和成功的标志。我只在乎成功的结果，对所需要的过程并不在意，有的时候为了达到成功，我可以不惜做任何事情。

我特别善于演戏，只要是我喜欢的人，我就一定会创造机会接近他，但如果是我讨厌的人，我总能找到理由拒绝见面。电话簿里的朋友我很少联系，我忙到几乎没有时间来打电话问候，我认为他们也会和我一样忙。

从以上这段对自我的描述中，完全可以看到实干主义者几个显著的特点，即重视名利、注意自己的形象、喜欢出风头、有野心、有强烈的目标感，同时也具有投机取巧、自私自利、不择手段和爱说谎的特质。在和实干主义者交往的过程当中，你最容易听到的词语就是"可以""绝对没有问题""保证完成"和"一定"等。

在我国，普遍认为深圳、上海、广州等城市有着众多实干主义者存在，因为这些城市快节奏和高效工作的环境正是实干主义者成长的摇篮。实干主义者最在意的是事情本身，他们总想着如何将一件事情做成。在九型人格中，虽然给予者、实干主义者和浪漫主义者都属于用心做人的一类，但区别在于给予者在意的是人，浪漫主义者在意的是感受，而实干主义者在意的是事情。

举一个例子，实干主义者买车了，他会打电话告知朋友们自己有车了，朋友说："知道了。"但是，实干主义者绝不会满足于这个简单的回答，他们会开着车去找自己的朋友，直到朋友亲眼看到了他的车，他才会感到舒服。

实干主义者最害怕的事情就是没有成就感和不被别人认可，在和朋友的交往中，如果他被人说一事无成和碌碌无为，他们就会很受伤。实干主义者最大的愿望就是能被所有人接受和认可，他希望大家都知道他的成就，并且给予鲜花和掌声的祝贺。如果他的成就没被周围人知道，实干主义者就会感到极大的不满足。

实干主义者特别喜欢学习，只要能对他有所帮助的东西，他都会学习。所以，对于实干主义者来说，每天的时间都很紧张，除了那些已经实现了自己目标的人，实干主义者大部分都是工作狂。

实干主义者特别富有激情，喜欢与周围人打成一片。他们有很强的目标感，会为了达到目标而做任何事情。凡事他们都会从好的方面考虑。

实干主义者的行动能力很强，他不会花费很多时间用来思考一件事情，而是采取行动完成它。

实干主义者和别人交流时，你会感觉到他们说话的方式很夸张，喜欢开玩笑。这个时候，你就要用心留意实干主义者的玩笑了，他们不会无缘无故地讲一个笑话，他们总是抱着某种需要和目的。在九型人格中，享乐主义者也同样喜欢开玩笑，但是他们不像实干主义者这么有目的，他们只是觉得好玩，纯属娱乐。

实干主义者不喜欢单调乏味的工作环境，越是有趣和有创意的工作，对他们来说越适合。如果工作没有挑战性，实干主义者不久便会厌倦和辞职。一般来说，他们喜欢从事的工作是策划、指挥和执行。同时，实干主义者不喜欢太多的规矩，他在哪个公司都喜欢做第一，喜欢支配别人。

实干主义者喜欢围绕在大红大紫的人面前，在他们看来，只有跟着这些成功人士，自己才能取得成功，他们从来不会出现在那些处于低谷和失败的人面前。在不成功和处于低谷的人面前，出现的大多是浪漫主义者和怀疑论者，也有一些享乐主义者。

实干主义者在自己处于逆境的时候，会高度戒备周围人，他们不会找其他人倾诉和抱怨，而是躲起来自己疗伤。他们很爱面子，害怕别人会因此而小看自己。所以，实干主义者展露在众人面前的都是光鲜亮丽的外表。

值得注意的是，实干主义者一般属于躁郁型性格。他们办事急躁，急于用成功证明自己，急于吸引大量的注意力。如果当下不能做出特别有成就的事情，他们可能会去做一些不好的事情来吸引注意力。哪怕只是一些微不足道的成就，实干主义者也会拿出来和别人分享，以满足自己的虚荣心。这样的实干主义者有时会让人觉得过于肤浅和现实。

此外，人们将处于逆境中的实干主义者称之为"发霉的实干主义者"。在我国的文化背景下，很容易造就"发霉的实干主义者"。在孩子本该青春张扬、活力四射的年纪，父母却普遍要求自己的孩子要低调，不要太出风头，否则就会"枪打出头鸟"。在这种思想下，实干主义者的发展会受到阻碍，使他们很难活出真正的自我。

停不下来的"工作狂"——实干主义者心理调适

实干主义者对于自己手头上的工作和未来的目标总是充满激情的。他们吃苦耐劳、尽心尽力，更主要的是，他们具有一种能带动其他人一起努力的感染力。他们秉持"活到老、学到老"的人生理念，坚持给自己寻找人生的乐趣。不管是对于自己，还是对于工作，实干主义者都保持着积极向上的形象，他们愿意支持公益事业，也愿意成为一个领导者。

实干主义者不喜欢那些没有发展前途、不能给自己带来声望和与自己的社会形象不符合的工作，他们总是被那些让自己有成就感的环境所吸引，他们喜欢具有发展空间的高层职位。

一般而言，实干主义者都认为自己的心理是特别健康的，那些整天无所事事、跟

不上社会的节奏、不努力提高自己的人才会感到沮丧和悲观。实干主义者完全不会发现自己成功塑造的虚假自我与自己的情感需求有着巨大差异。他们自认为没有疑惑、沮丧和悲伤的负面情绪，所以他们也就不会关注自己情绪上的发泄，因而他们情感触及的范围是非常狭小的。

在实干主义者努力将自己打造为一个成功人士时，他们没有时间来关注自己的情绪。只有在被迫停止工作之后，他们才可能真正关注自己的情感需求。可是，被迫停止工作对于实干主义者来说是非常可怕的，因为他们会担心自己的价值，并且对自己的工作能力开始质疑。所以，实干主义者是一个停不下脚步的"工作狂"。

作为一个实干主义者

你要知道，并不是每个人都和你一样具有野心，要花点时间和精力倾听别人的声音，并且探寻他们身上的优点和长处。

要不时地检查自己的行为，看自己是否在勉强和压榨周围的人。要及时与他人沟通，看看你的要求是否在别人能忍耐的范围之内，切莫勉强别人做自己做不了的事情。

在和别人交谈时，你很容易分心想别的事情，所以一旦有重要的事情商谈，一定要选择不易分心的地点和时间，并且告诫自己这次谈话的重要性。

当别人给你提供了帮助或者为你做出了贡献的时候，记得要让别人知道你的感激和谢意，不管是在工作上，还是在人际关系上。

花点时间体会周围人的感觉或反思自己的行为，这样不但不会浪费你的时间，相反对你事业的成功会有很大帮助。

当你感觉到自己用快速的答案来回应对方的问题时，请停下来想想自己目前的感觉，并且提议对方和你进行沟通交流。

作为一个与实干主义者交往的人

当你需要让实干主义者改正一个行为的时候，切记不要指责和批评，这只会让他们更加卖力地重复自己的错误行为。

多说一些类似"这样做会让你更加优秀和成功"的话，实干主义者就一定会听从你的建议。在他们看来，一切能帮助自己的事情都是值得去做的。

当你一直重复或者强调某个观点时，实干主义者可能不会在意，甚至转移话题，因为他们只相信自己的实力。没有经过他们验证的事情，他们都不会认同。

如果你们在一个团队，请尽量配合实干主义者的行动，这样可以暗示他们，你们在一个阵营，他们喜欢自己能带动别人的感觉。

实干主义者追求数量和速度，如果你觉得他们转移目标或者开展下一个活动的速度太快，就要适时提醒并告知他们原因。

如果和他们在一起让你产生一种被操纵和高压强制的感觉，就告诉他们你此刻的感觉，因为他们可能根本不知道自己的做法造成了什么样的影响，他们也不喜欢伤害别人。

当你和他们在一起感到愉快或者很开心有他们陪伴的时候，就要告诉他们，你需要他们。因为有的时候他们也不太容易相信自己是有价值的，你的表达能让他们更加认同自己。

心理专家给实干主义者的建议

当生理的困扰或者失败的打击致使实干主义者不能正常工作的时候，他们不得不面对自己真实的情感需求。面对自己无法回避的感情时，实干主义者应该尝试接触自己的生理和情感反应，尤其是那些曾经被自己屏蔽的感觉，比如困惑、害怕以及不知所措的恐惧。

对于实干主义者来说，以下做法对他们是有所帮助的：

第一，要学会适时地停止忙碌。给自己真实的情感和思想留下足够的时间，反思是什么在驱使自己不停地工作，找到自己担心的根源，并且直接面对。

第二，不要让自己的行为变成机械化反应。你是一个有血有肉的人，除了有生产劳动价值之外，也会有情感方面的需求，要定时地满足自己在情感方面的需要。

第三，不要夸大自己的能力，认为自己是离不开的关键人物，而别人可以忽略不计。一个人的能力总是有限的，集体的智慧才是无穷的，要尝试让自己依靠别人的力量，感受别人身上存在的巨大价值。

第四，遇到困难的时候，不要通过寻找新的工作来逃避困难，也不要无视自己的失败，更不要抱怨和批评别人。

第五，不要将自己放在虚假的成功幻想中，要认真分析问题以及自己的真实能力，不要急于向外界证明自己的成功，真正的成功是不需要你努力证明的。

第六，不要回避自身的感觉和体验，一旦有了不良情绪，最好立马停下手头的工作用心体验，不要疑惑这种情绪是否应该产生。

（五）浪漫型

活出别样的情调——浪漫主义者

以下是一段浪漫主义者的自我描述：

我是一个喜欢浪漫又经常制造浪漫的人，但我喜欢的浪漫并不是通常意义上需要道具辅助的浪漫，我对浪漫有自己独特的理解，有时一杯咖啡和一首小诗都会让我感到无比浪漫。我想，只有和我有共鸣的人才能真正懂我。

我对心理学很感兴趣，经常关注心理学方面的读物。我的内心情感变化很快，前一秒可能是欢乐开心的，后一秒可能就有点伤春悲秋，周围的朋友都说我有些神经质，但我也不明白为什么我的情感会变化那么快。

我喜欢成熟的男人，我认为他们有阅历，懂得照顾和关心自己的女人。跟我同龄的男孩，我都不怎么注意，他们思想幼稚，又依赖人，跟这样的人在一起是没有安全感的。我一直在寻找一个能懂我、爱我、给我安全感又不约束我的男人，可是一直没有找到。有时，我也会悲观地想，这样的男人是不是不存在？为什么我一直没有遇到？

我很容易被周围痛苦和悲伤的情绪影响，一看到别人难过，我也会痛苦得难以掩饰。和我关系一般的朋友，平时可能不怎么来往，但是只要听到他最近状况不好或是心情不佳，我就会立马赶过去陪陪她。

我喜欢特立独行，不喜欢随大流。比如大街上最近流行穿什么样的衣服，我是绝对不会穿得和别人一样的。我经常将买回来的衣服进行改造，周围的朋友都说我的衣服特别个性，穿上很有感觉。

我是一个自由散漫的人，经常不能按时按点上下班，如果将我放在一个制度严明的公司里，我想我会发疯。有些时候，我就想自己一个人待着，谁也不要来打扰我，电话和短信我都不会接，身边的朋友会觉得我像失踪了一样。

通过对浪漫主义者自我描述的分析，我们可以得出浪漫主义者如下几种典型特质：

浪漫主义者一生都在追求独特的体验和感受，他们常常活在过去的痛苦经历中，因为他们觉得，以往的痛苦可以让自己更加珍惜现在的幸福。他们凡事都从自己的感觉出发，感觉好就去做，感觉不好就不做；他们内心感受不但特别丰富，而且很容易变化。

浪漫主义者厌倦平淡无味的生活，他们总是希望自己的生活充满戏剧性，每天都有不一样的感觉。著名作家三毛的生活就是浪漫主义者所向往的生活。

浪漫主义者喜欢研究心理学，他们常常用心理学的知识分析和研究自己。他们会看重自己和别人之间的默契，认为这是别人懂自己的一种表现。

浪漫主义者拥有各种不同风格的衣服。他们的这种特质和实干主义者恰好相反，实干主义者的衣服大都是同一风格的，可浪漫主义者却会因为自己内心感受的不同而选择不同风格的服饰，时而休闲运动，时而性感妖娆，但是穿在他们的身上会特别的合适，因为他们散发出来的气息、内心感受和身上穿的衣服是一致的。

浪漫主义者有自己定义的浪漫。如果你认为，他们只是追求类似于鲜花和烛光晚餐一样的浪漫，那绝对大错特错了。他们追求的浪漫是一种别出心裁又符合自己心境的浪漫。有的时候，他们所谓的浪漫在我们看来特别不可思议。

比如，当你问浪漫主义者令她印象深刻并且感到浪漫的一件事情是什么，他们可能会说，是一边看着雨珠从屋檐上坠落，一边看着自己最爱的人吃美食。其实在我们看来，就是在下雨天和男朋友一起吃路边摊而已。

浪漫主义者的感觉特别敏锐并且非常忠于自己的感觉，开心就是开心，不开心就是不开心，他们不会伪装。九型人格中，实干主义者往往会为了成功而忽略自己的感受，但是在浪漫主义者身上绝不会发生这样的事情。

浪漫主义者很有美感。每次去一个陌生的地方，他们都会淘回来许多别致的东西。这些东西在当时看起来挺平常，但是当你将它从浪漫主义者的手中接过来，经过他的一番讲评和摆放之后，你就会发现眼前的东西散发着别样的美感。

浪漫主义者天生就是一个幻想家，"如果"这个词是他们经常使用的词汇。他们常常会将自己带入一个幻想的境地。可能有的时候，你正和一个浪漫主义者聊天，忽然发现他的眼神变得空洞无光，那是因为他的思想已经飘到了远方。

浪漫主义者遭受挫折和痛苦时，一般不愿意向周围人哭诉，而是会自己躲起来疗伤。当浪漫主义者告诉你曾经的挫折和痛苦时，其实这些挫折和痛苦早已被他们自己治愈。

浪漫主义者喜欢无拘无束的生活和工作环境，他们厌倦制度和守则。一旦周围的环境特别严苛或秩序井然，他们大都会选择离开。

浪漫主义者富于幽默感，无论在何种境地下，他们都会看到幽默的一面。

浪漫主义者有种悲情的抑郁主义倾向，一旦他们受到伤害，就会将自己封闭起来，以后再也不会打开心扉和别人交往，严重者还会因此而吸烟、酗酒并做出一些自我伤害的行为，感觉自己非常孤独无助。但是，浪漫主义者又很享受这种痛苦的感觉，喜悦和幸福会让他们感到不真实，他们的状态可以描述为"我痛苦，我存在"。

浪漫主义者在和别人进行交谈的过程中，很在意自己的措辞和语调，他们常常会抑扬顿挫地表达一件事情，不会让你觉得乏味。

驾驭自己的情绪——浪漫主义者心理调适

悲情的浪漫主义者一般会有两种工作，即养家糊口的工作和艺术家的真正工作。

他们喜欢那些需要经过身体训练才能完成的工作。浪漫主义者精通玄学，能够成为思想深邃的哲学家，他们追求内心的高层次境界。因此，浪漫主义者适合从事文艺创作、创伤心理顾问、动物权益保护等工作。他们对宗教、仪式和艺术充满兴趣。

浪漫主义者不适合在普通环境下的世俗工作，在办公室里日复一日的工作是他们最无法忍受的；他们也不能忍受和比自己更富有、更有才华的人一起工作，那样会让他们感到压抑和痛苦，感觉自己的才华无法得到更好的展示。

浪漫主义者对苦难有一种与生俱来的熟悉感，他们特别适合与那些处于危难或者悲伤之中的人一起工作（比如失业的人们、处于灾区的人们）。浪漫主义者的身上有一种独特的毅力，能帮助那些危难中或者悲伤中的人走出巨大的情感创伤，而且他们也愿意花费大量的时间陪在朋友的身边。当浪漫主义者将自己的注意力放在别人身上的时候，他们也就不会注意到自己的欲望了。

嫉妒是浪漫主义者最大的特质。浪漫主义者的嫉妒来自得不到的事物的强大吸引力。这个时候，学会平衡对浪漫主义者来说是至关重要的。平衡就是帮助他们消除嫉妒、解决矛盾。平衡能帮助浪漫主义者化解对得不到的某个东西的占有欲和对现实的厌烦感，意识到自己正在拥有的一切。

对浪漫主义者来说，个体需要加强自我观察的能力，能感受到自己注意力的变化。当自身的注意力变得虚无缥缈的时候，要及时发现，并且回归到现实生活中，对眼前的一切感到满足。

作为一个浪漫主义者

停止对过去以及未来的毫无意义的想象，尝试让自己专注于当下的事情，不断暗示自己：我现在需要做的就是当前的工作，当前的工作才是我的一切。

不要对别人的感应能力抱太大的希望，你要知道，生活中的大部分人并不像你一样拥有超强的感应力。所以，不要勉强别人时时刻刻能读懂自己、体会到自己的情绪。

如果你有什么感受，可以告知自己身边的人，不要等着别人去猜，不要试图用别人的关注来判断别人对你了解多少。

在和身边的人讨论问题时，要提防自己的情绪，不要陷入自我情绪化的回应里。

如果可能的话，告知你周围的朋友或者亲人，你可能会过度情绪化或者会分散注意力，请他们帮助你保持稳定。

当你觉得目前的自己沉迷于一种悲观失落的情绪中无法自拔时，不要一个人躲起来疗伤，找一个朋友来帮助你开朗起来。

当你觉得自己没有被尊重或者是受到迫害的时候，不要变得冷嘲热讽，要将自己目前的感觉告知周围的人，并询问他们对这件事情的看法和态度。

作为一个与浪漫主义者交往的人

当你需要他们的帮助时，请直截了当地说出你的想法和请求，因为他们虽然热衷于自己的事情，但同样也很乐意帮助别人。

当你有什么感觉和想法的时候，一定要及时告知他们，他们最害怕的事情就是摸不透别人的想法，不知道别人此刻的感受。

要学会适应他们的情绪，他们的情绪表现有些夸张，起伏也比较大，不要试图改变或是平复他们的情绪。

要密切配合他们的行动，让他们感受到你对他们的支持。如果你足够了解他们，你也会因此改变自己的步调，和他们保持一致，这样你也会觉得很舒服。

如果你发现他们正处于某种情绪中，应及时询问他们此刻的感觉，并且理性地和他们对这种情绪进行讨论。

要学会称赞和表扬他们，特别是当他们提出一个富有创意又很独特的点子时，要称赞他们的成果以及因此带给大家的欢乐。

要学会在细微处给予他们支持和鼓励。他们自我评价不高，总是希望有人认可自己，在细微处给他们关心和呵护，会让他们知道你在乎和重视他们。

要耐心倾听他们的直觉想法，他们具有别人意想不到的见解，如果有人能认真倾听，他们会觉得自己被重视，并且会感到自信。

心理专家给浪漫主义者的建议

当悲情的浪漫主义者开始关注自己无法得到的事物或者开始对已经拥有的事物寻找缺点时，就需要及时关注自己的这种变化，调整自己的心态。浪漫主义者可以通过下列方式帮助自己：

第一，认真反思自己，承认自己的缺点是真实的，但是在悲伤过后，要赶紧将这种情绪放到一边，不要让自己一直处于这种消极氛围中。

第二，要注意自己强烈的情感变化，不要将自己完全投入进去。一旦陷入强烈的情感之中，要学会将自己的注意力转移到其他事物上，让自己从这种专注中解脱出来。

第三，养成善始善终的习惯。整理之前未完成的或者是被自己放弃的事情，把他们当成是一种新的工作继续完成。

第四，培养自己多种多样的兴趣，结交各种朋友，将自己的注意力从抑郁中转移出来，发现生活中充满美和阳光的事情。

第五，要为自己能感知到别人的悲伤和痛苦，并能帮助别人而感到开心和自豪。

要相信这就是自己的价值，也是对别人的价值。

第六，让别人知道过度亲近会遭到你的攻击，请他们不要误会。告知周围的亲人和朋友，在你生气和难过的时候不要离开，这样你会确信，即使自己受到攻击和伤害，他们也不会抛弃你。

第七，不要将自己和他人进行比较，嫉妒只能使自己感到更加抑郁和悲情。要尝试看到自己拥有的，要敢于接受真实的自己。

第八，要尝试将自己的注意力放在当下的事情上。当注意力有所转移时，要提醒自己：不要执着于眼前事物的负面因素，要看到积极乐观的一面。

（六）观察型

安静地旁观、深刻地思考——观察者

以下是观察者的一段自我描述：

我喜欢待在家里，憧憬那种几乎与世隔绝的生活。我经常将家里的电话和自己的手机关掉，不想外面的人来打扰我。我的内心世界只会向很少的人开放，别人的靠近，会让我感到不安和恐惧。

我是天生的思想家和侦查员。对于自己不懂的问题，我会积极发问。我对生活中的一切问题都很好奇，家里的问题我会问爸爸和妈妈，学校的问题我会请教老师和同学。总之，我不会放过任何一个可以让我增长知识的机会。

我特别独立，对物质和金钱的需求也很少，我从来不会跟别人攀比，也不希望别人来评判我。在学校或在单位，我总是会找借口离开那些评判性的活动。不管别人怎么看待我，我认为自己比他们那些人更加优秀。

当我投入一件事情的时候，我会非常认真，身边的任何事情都不能使我分心，有时身边的人跟我说话，我都注意不到，这个时候他们就会非常生气。我喜欢纯理论性的东西，越是抽象的东西，我越喜欢研究它。

我对感情很迟钝，不善于交际，身边的朋友都说我像个冷血动物。其实，我并不是这样的，我只是觉得人们应该平心静气地看待周围发生的事情，没有必要太感情冲动。对于那些冲动冒失、喜欢感情用事的人，我是非常不理解的。

对于生活中的很多事情，我并没有亲身经历过，但是我会用我发达的大脑想清楚这件事该如何去做。有一次，一个朋友问我会游泳吗？我告诉他，游泳需要带什么东西，怎么下水，怎么呼吸等。每一个游泳的细节我都了如指掌，但是说实在的，我其

实并没有真正下过水，不知道游泳是什么滋味。

我一直哀叹不能遇见赏识自己的伯乐，满肚子的学问不知道该向谁去说，我觉得世界上能欣赏我才华的人只能是我自己了。这是一件多么悲剧的事情啊！

从上面这个自我描述中，我们可以概括出观察者的如下人格特点：

观察者不喜欢和外界接触，他们通常会将自己封闭起来，切断自己和外界的联系。他们觉得别人靠近自己是一件危险的事情，如果将自己暴露在众目睽睽之下，他们会感到非常不舒服，有想立马逃离的冲动。

比如，你拉着一个观察者去参加朋友聚会，他们刚开始会找各种理由来拒绝，可是你还是强行将他拉走了。到了聚会现场，他就会躲到一个谁也注意不到的角落里，一个人观察周围的其他人和整个聚会现场。

观察者在和别人的交往中，几乎很少用语言，他们会用自己的行动和思想来维持自己和周围人的关系。要是明白观察者的朋友，就不会要求观察者有太多的情感流露，他的一个眼神和动作就会让朋友知道他需要什么。

观察者喜欢那些深刻和抽象的东西。越是别人不明白、看不懂的，观察者就越喜欢研究它们，他们觉得最惬意的事情就是在图书馆埋着头搞研究，等自己弄明白了眼前的问题，他们会感到非常开心。同时，观察者也会密切关注新闻等信息，他们会根据自己的了解对国内外大事进行深刻的剖析。

比如，图书馆里那些马克思主义理论、微积分、进化论等著作一般都是观察者借去阅读的；而那些言情小说、心理学等书籍通常浪漫主义者借的比较多。

观察者一般都有自己特殊的技能，但是由于他们缺少和别人沟通交流的时间，所以他们的生活技能相对较差。

例如，前几年新闻报道上说，有一个清华大学的博士生，因为不懂得如何和别人交流，最终被社会所淘汰。这个清华大学的博士生应该就是一个观察者，他痴迷于自己的学术研究，不理会周围的人际关系和自己的生活。结果，当他的学术水平达到极致时，却发现自己和外界的交流存在无法逾越的障碍。

观察者有轻微的妄想症，许多事情他们并没有真正实践过，只是在脑海里幻想过。但是，当有朋友问他们做过没，他们会说自己做过。在观察者看来，自己只要想过，就是做过，任何一件事情，不一定要做到，只要自己想明白就行了。

观察者对待感情很迟钝，当周围有人频频向他们表达爱意时，他们不知道该如何应付，更不知道别人是出于爱的表达，常常会显得手足无措，不知道该怎么办。

例如，当一个女学生向观察型的大学教授表白时，这个大学教授会吓得躲藏起来，然后暗自分析这个女学生是否精神有问题。当排除了这种可能性之后，他又会赶紧去看有关女人的书，猜想女人是个毫无理智、喜欢感情用事的人，进而将这一结论推广到身边其他女人的身上，开始戒备和任何女人的交往。

观察者讲话的方式很平淡，他们不像浪漫主义者那样，说话的时候抑扬顿挫，很吸引人。不管多么大的事情，观察者都是同一种语调，没有任何感情色彩，使听他们说话的人不知道重点在哪里。但是他们说的一些话通常很有深度，有自己的见解。

很多人都不明白为什么大学课堂上经常睡倒一大片学生，学生们抱怨老师讲得太平淡，没有意思，要真是这样，他们怎么会成为大学教授？其实，这和老师的特质分不开，大学里的老师很多都是观察者，理论知识很丰富，见解也很深刻，但是由于本身的表达平淡，可能无法吸引太多学生。但是只要上课认真听，你就会发现，这些老师的想法和见解确实高出一般人。

最后，观察者的人际关系都不怎么好，这可能是和他们不善于处理人际关系有关。经常将自己封闭起来的人会形成一种很自私的想法，他们不信任周围的人，不愿意将自己的东西和别人分享，逐渐地，周围人也就不喜欢和他们待在一起了。

曾经有个木匠师傅，在教自己的徒弟时，总是留一手，不将自己全部的技能教给徒弟。大家不明白他为什么要这么做，他后来解释说，一旦徒弟学会了他所有的精华，那么他的饭碗岂不是保不住了？这则故事用来形容那些观察者再贴切不过了。

让"心"晒晒太阳——观察者心理调适

躲在自己内心世界里的观察者会成为一个出色的学者，尽管他们研究的领域晦涩难懂，但却是非常重要的。观察者一般都是某些领域的佼佼者或者是周围人的活字典，他们会有自己的代表作品，这部作品浓缩了他们毕生的研究精华。

但是，观察者却不善于在公开场合与人打交道，销售方面的工作、有关公共政策的讨论、慷慨激昂的演讲，对观察者来说都是极其折磨人的事情。

对于观察者来说，不管有没有支持，他们都会从事自己感兴趣的事情，他们的意志一般不会被周围的人所动摇。这也成就了观察者能在面临压力的环境下，依旧保持冷静的头脑和清晰的思维。

观察者的朋友不多，但却可以保持终生。观察者对朋友的要求很简单，就是不干涉自己的独立，观察者会通过大量非语言的形式向朋友表达自己的情感，同时，他们也非常关注朋友对他抽象的、非语言的表达。

观察者身上表现出来的强迫性的不参与、不联系和不受控制，往往会让他们觉得自己高人一等，认为自己是无欲无求的圣人。但是实际上，观察者并没有因为自己所拥有的而感到满足，因此他们也常常陷入矛盾之中。

作为一个观察者

当你需要做决定前，请你明确地告知周围的人，你需要时间来思考和做决定，这段时间请他们不要来打扰你。

当周围的朋友说你没有感觉和感情时，请告诉他们，你并不是没有感觉和感情，而是你的表达有困难，你需要时间来组织和完善自己的表达。

当你需要某个东西的时候，就明确地告知对方你的需求，越是退缩，越会诱发你想要这种东西的渴望，你的内心也就越发不平衡。

当需要集体讨论一件事情的时候，你需要提前告知大家明确的讨论时间，这样别人就不会觉得你想搪塞、推迟。

当你觉得周围的人对你说话带有命令的意味，就告知对方你感觉到的冲击，别人也许不是有意要这样的，你也能在心理上得到释然。

当别人和你交流的时候，试图对他们的话语和感觉做出回应，这样别人就不会觉得自己被拒绝和被打发。

作为一个与观察者交往的人

如果对方在语言或者感觉上有退缩或者反应迟钝，请别放在心上，切记他们在表达自己方面有一定的困难。

如果你有很重要的事情要和他们讨论，请务必提前告知他们，他们需要在心理上做好准备。

如果可能的话，请尽可能给他们单独做决定的时间和条件。

当你要向观察者陈述一件事情的时候，请选择直接而实际的方式，这样会让观察者感到舒服和真实，否则他们就会特别厌烦。

观察者对你非语言形式的表达非常敏感，所以在和他们交流的过程中，一定要注意自己的面部表情和肢体语言。如果你表现出了不感兴趣或者具有威胁性的样子，他们就会退缩。

观察者对自我封锁得很严密，一般不会轻易让别人涉足自己的内心世界，也不会涉足别人的内心。所以，要尊重他们的界限，不要太依赖于观察者。

不要对观察者的能力过度赞美，让他们自行处理某些事情，就会显示出你对他们极大的信任。他们的能力也不需要外界的肯定。

当你要求观察者做一件事情的时候，你的表达应当是一种请求，而非要求。观察者最讨厌别人要求自己做什么，但愿意主动帮助别人做些什么。

当观察者表现得傲慢、疏离或者容易被激怒的时候，你要知道，此刻他们感到非常不舒服，你应该反思自己的话语或者行为。

心理专家给观察者的建议

作为观察者的典型症状包括：他们对社会关系感到困难，会因为失去了他们依赖的某个人或者事物而感到痛苦，也会害怕自己的自由受到了限制。对观察者来说，最需要学会的是容忍自己的感情，而不是逃避自己的感情。他们可以通过下列的方式来帮助自己：

第一，不要让自己的真实情感被理性的分析所取代。一旦有什么样的情绪和情感，尝试将他们发泄和表达出来，而不是理性地分析自己的这种情绪和情感是否合理。

第二，学会和别人分享自己的重要成果。当坚持完成某一重要的项目和成果时，尝试将这个项目和成果公之于众，让周围的人了解它。

第三，学会接受身边的突发事件。并不是每件事情都需要经过深思熟虑才能做出决定的，要尝试去冒险、去求助，让自己私下的梦想变成现实，而不是只局限于想象。

第四，要注意当别人期待自己的回应时，自己有所保留的欲望。这种时候，应该提醒自己，我是怎么想的就怎么说，不要压抑自己的想法和情感。

第五，对比自己一个人和与周围人相处时候的感觉。当与他人在一起的时候，自己用心感受此刻的感觉，再回想一个人的时候，自己是怎样的表现，然后找出两种感觉的差异。

第六，要学会对生活中的简单事物提出质疑。当对实际生活中的某个东西感到不解时，不妨找周围人商量和讨论，以此培养自己的生活能力。

另外，观察者在改变自己的过程中，一定要注意避免以下几种行为：

其一，难以向别人展现自己。每当说到自我暴露的话语，就会自行过滤掉。

其二，过于自负，不依赖他人。每当需要别人帮助的时候，就自己逞强，有"没有你，我也可以"的错误信念。

其三，用思想取代现实。不断巩固自己孤独者的立场，不去面对实际，总是幻想不切实际的生活。

其四，相信自己不是感情用事的人，用理性掌控周围的一切。一旦有生气的情绪，就立马告诫自己："我怎么能生气，生气是愚蠢的行为。"

其五，不愿意和别人分享。认为承诺是一件令人疲惫的事情，不愿意做承诺，也不希望别人给自己承诺。

无法摆脱的不安全感——怀疑论者

以下是怀疑论者对自己的一段描述：

我每天会想许多问题，常常做一些对可能出现的危险的设想，尽管我知道想这些并没有什么用，但我还是无法抑制地去想象。我经常处于非常矛盾的状态，也常常感到特别没有安全感。

我很羡慕那些会玩、会吃的人，他们把钱花在了自己真正喜欢的东西上面。可是我不知道怎么来分配我的钱，我总觉得钱要花在更有价值的地方，可却不知道有价值的地方在哪？当我有了钱，我常常会为如何分配手里的钱而左右为难。

我要一直到很晚才会结婚，在这之前，我会想许多将要面临的问题，比如如何承担起做丈夫的责任？如何处理好家庭的关系？每次一想到这些，我都觉得自己还没有准备好，所以，直到自己拖到无法再拖的地步，我才会选择结婚。

在工作中，我喜欢那种有明确指示和标准的工作，那些流程很模糊、没有明确目标的工作会让我无从下手。因为我觉得一旦我做错了，我将会被所有人抛弃，我害怕被人抛弃，所以我宁可选择不做。在创业和打工之间，我会选择打工，因为我是一个值得信赖的人，会不折不扣地完成老板交给我的任务，并且我喜欢不变的工作环境，没有意外情况的话，会在一个单位工作到退休。

我为人谨慎，考虑得比较周到。就拿每次出差来说，我都会选择坐火车而不是飞机，因为我认为火车比飞机更加安全。每次坐电梯，我也会左右看看安全出口，因为万一有特殊情况，我必须第一时间找到安全出口。

我跟朋友的关系保持得很长久，我认为人的一生必须有几个特别要好的朋友，我很信任这几个朋友，我相信他们对我也是一样的。

从以上这段描述中，我们可以看出怀疑论者的如下心理特点：

怀疑论者想得比较多，在做每件事情的时候，他们都要进行怀疑，因而会拖延事情的完成，别人需要一天能完成的事情，怀疑论者经过怀疑、猜测、判断、再行动，可能需要花费好几天才能完成。

比如，你让怀疑论者帮你买一个东西，但没具体说这个东西的牌子。这就会让怀疑论者感到特别为难，他们会想买某种牌子可能带来的影响，然后一一排除各种牌子，

到最后，你已经等得不耐烦了，他还没有买到这个东西。

怀疑论者是依靠团体支援而活着的人，他们无法靠自己而活着，一旦脱离团体，他们会感到焦虑不安。怀疑论者的这个特点和观察者有着本质的区别，观察者不需要别人和团体，团体的介入会让他们感到不舒服，但是怀疑论者如果没有团体反而会不舒服，他们喜欢团体对自己的引导和支援。

怀疑论者特别注重自己的承诺，一旦答应别人的事情，不管自己如何艰难，也一定会完成。这可能和怀疑论者本身的不安全感有关系，怀疑论者害怕自己没有达到别人的期望，别人会因此而抛弃自己，所以他必须通过完成对别人的承诺来证明自己。

在单位中，怀疑论者是一个很好的执行者，只要领导交给他们一项任务，怀疑论者会马上执行，从来不会质疑领导的决策。这种人最受领导的喜欢，但有时也会因为太信赖领导，而缺乏自己的主见和创新。怀疑论者只适合当打工者，而不适合当领导，领导的失误会让他们有不安全感，但是打工者却会一直处于安全的氛围中。

怀疑论者不容易和别人建立关系，但是一旦建立，又会很深入，怀疑论者会始终将对方放在比较重要的位置上。

比如，怀疑论者和实干主义者因为在一个单位共同工作而成了朋友，过了不久，实干主义者因为谋求到了更好的工作而到了另一家公司。十几天没有见到实干主义者，怀疑论者就会给对方打电话，嘘寒问暖地问问他适应了没有等。

这个时候，实干主义者一定会在心里嘀咕：他肯定有事儿求我，绝不会这么简单的问候几句。可是直到电话打完，怀疑论者也没有说什么事情。这时候实干主义者还是会自我安慰，可能这次不好意思说，下次一定会说。过了一段时间，怀疑论者又给实干主义者打电话问候了，依旧什么也没有说，这时候实干主义者的疑惑就更大了。

其实，怀疑论者给实干主义者打电话，就是纯粹的朋友之间的问候，他只是想巩固朋友之间的友情，不像实干主义者所想的那样，是出于利益的需要。实干主义者自己办每件事的目的性非常强，他们从来不会白做一件事情。

怀疑论者的口头禅是"等等""让我再想想""慢着"等，迟疑和犹豫不前是怀疑论者的显著特征。他们非常缺乏冒险的精神，什么事情都希望做到十拿九稳，只要稍微有一点风险，他们都会迟疑不前。所以，投资和炒股这些行业对他们来说，都是非常不适合的。

例如，有一个人是典型的怀疑论者，但不幸的是他从事了炒股行业，每天帮客户看每只股的涨跌，让他产生了严重的焦虑和恐惧感。他每次盯着股票时，就会想很多，要是这只股票赚了，那当然是好事；要是这只股票赔了，那么客户会怎么看待自己，老板会不会因此而迁怒于自己，这份工作要是保不住该怎么办等。最终，因为顶不住巨大的压力，他选择了辞职。

怀疑论者的防卫心理特别强烈，对待身边的亲人和朋友，他们既想保持亲密的关系，又想保持自己的独立，经常陷入比较矛盾的状态。因为他的防卫心比较强，周围的人很难走入他的内心，但是一旦走入了，又会是非常好的朋友。

怀疑论者有先见之明，未雨绸缪很多事情，一般人不会想到几十年之后的事情，但是怀疑论者会将失业、生病、年老之后的事情都考虑到。有时也会因为考虑得比较多，而常常处于担忧和恐惧之中。

暂停自己无谓的猜疑——怀疑论者心理调适

怀疑论者喜欢等级分明的环境，他们将权力和责任都分得一清二楚。对怀疑论者来说，从事警务方面的工作和继续在大学攻读研究生课程都是不错的选择。一个处于权威地位的怀疑论者，要么会完全按照规章制度办事，要么会站在反对权威的立场上，组织大家反对现有的规章制度。怀疑论者也不喜欢受人控制，他们一般都是给自己干活。

对于那些有巨大的压力和需要当场就做出决定的工作，会让怀疑论者倍感头疼。他们随心所欲，也不希望和其他人竞争。怀疑论者不追求即刻的成功，有的时候为了履行自己对他人的责任和义务，他们愿意做出大量的自我牺牲。在有同伴支持和鼓励的情况下，怀疑论者会尝试冒险挑战权威。

怀疑论者将制定决策的大半时间都花在了怀疑上，一旦他们有了一个很好的主意，就会想"这个主意很好，但是……"怀疑论者总是想方设法让自己的主意变得更加完美，将各种可能出现的风险和错误通通排除掉。他们一般会很认真地提出一个想法，但是又会用同样认真的态度反对这个想法。

如果怀疑论者处于学术研究的领域，正确的怀疑往往可以让科学更加精准，让程序更加明确。但是，过于坚持怀疑的人往往会忽略自己内心最真实的感受，绝大多数的时候，成功的希望会被不必要的担忧所消灭。

对于怀疑论者来说，足够的勇气对自己的行动至关重要的。让自己的身体能够在不思考的状态下自如活动，是怀疑论者需要修炼的。

作为一个怀疑论诸

当你对某件事情有所怀疑时，先请教周围其他人的看法，再用这些想法探索事情的真相，弄清楚事情的真正缘由。

当你自己感觉有某种不好的事情要发生时，先仔细思考致使你这么想的事情是什么，然后再问问别人的想法和感觉。

当你做了一件别人不理解的事情时，记得告知别人你目前的感受，别人可能没有领会你做事情的动机是什么，你要用行动让别人了解。

对于自己周围的人要经常接触，尤其是那些你认为值得交往的人，经常地接触会证明你对对方的友谊以及可信赖程度。

当你对别人承诺一件事情的时候，一定要再次告知对方，尽管你的表情还是一副犹豫不决的样子，但是只要你承诺了，你就一定会办到。因为你的怀疑性格在别人眼中是不可信赖的，其实你是在想做这些事情可能采用的方法。

当别人正在和你交谈，你支配着整个对话的过程，不妨问问此刻对方的感觉，你自己的感觉也要大声说出来。

作为一个与怀疑论者交往的人

一定要记住，他们有一颗怀疑的心，你的赞美和恭维会让他们有一种难以置信的表情，但请别将它放在心上，他们天生难以信任别人。

认真倾听他们的话，并且明确告知对方你已经明白了他们要表达的意思。要不然他们很难信任你，不会轻易说出自己的想法。

说话内容要精确和实际，因为他们很喜欢从你的话中揣摩隐藏在背后的动机和意义。

要表达对他们的喜欢和爱，可以选择一种平静的方式，这样会让他们确信你的喜欢和爱。当你的言行合一时，你们之间的信任便会产生。

可以适当地请他们表达自己的想法，比如在谈话中，你可以发问：有什么事情困扰你吗？你对自己目前的处境有什么看法？这些发问都可以帮助他们踏实下来。

不要当面评论或者批评他们所恐惧的事情，经常表现出自己幽默的一面，并且鼓励对方也使用幽默，看问题要从好的一面开始。

心理专家给怀疑论者的建议

怀疑论者在行动上会有很多种表现形式，但是最集中的表现是无法让事情善始善终，在事情即将成功的时候，总是给自己寻找放弃的借口，他们将这些问题归结于自己害怕掌握权力。怀疑论者需要他人的帮助，才能将注意力转移到积极正面的目标上，而不是单纯地被怀疑包围。

同时，怀疑论者需要脚踏实地，一步步接近自己的目标，而不是采取鲁莽的错误方式来掩饰内心的恐惧。不要让过去的负面经历和情绪影响了自己。怀疑论者可以通过下列方式帮助自己：

第一，将自己的畏惧放在现实里检验。把自己感到害怕的事情告诉一个值得信任的朋友，看看对方的反应和想法是什么，用事实和结果来检验自己的判断。

第二，留心自己试图从他人的语言和行为中寻找潜在意图的习惯。当留意到他人表现出敌意的时候，首先要反思自己有没有率先表现出进攻他人的倾向。

第三，不要试图划清自己和别人的界限。在和他人的交往中，不要一直追问别人的立场和强调自己的立场，这样很容易破坏彼此之间的信任。

第四，不要总是将别人看作是没有能力或者是不值得信任的人，这样只能让别人离自己越来越远，自己的支持力量也就会越来越弱。

第五，要意识到自己总是会想起那些糟糕的事情和经历，学会提醒自己多去想那些值得纪念或者是快乐的回忆。

第六，要敢于承认自己的胆量不够，总是需要得到权威的认可之后才会行动。

第七，当别人对自己表达好意或者恭维的时候，不要试图怀疑别人的意图，要先礼貌地接受，再分析自身的情况与对方的评价是否相符。

第八，停止自己对他人的观察，不要过分强调他人总是要言行一致，在要求别人的时候，也要审视自己的行为。

第九，学会和自己的朋友和亲人保持联系，不要因为害怕而躲。起来或者退出，不要认为是别人抛弃了自己。

第十，要学会利用自己的想象力。当自己的注意力总是集中在糟糕的结果时，要通过自己的想象力将这个糟糕的结果夸大，这样你就会发现现实并没有自己想象得这般糟。

（八）享乐型

我要快乐不毕业——享乐主义者

以下是享乐主义者的一段自我描述：

从小我就活泼好动，喜欢追求令自己非常享受的事情。上学的时候，我是班里鬼点子最多的一个人，我经常将写有骂人话的纸条贴在同学的身上，或者在女生的椅子上点上老师用的红墨水，有时也会偷偷去摸我们一个秃顶老师的头。我做这一切，就是为了自己开心，为了周围人开心。身边的朋友都说，我走到哪里，哪里就会有笑声。

参加工作之后，因为我做的是我感兴趣的广告工作，所以一切都很得心应手，我会想出很多非常好的创意，一般这些创意都会被老板采纳，老板认为我是一个特别有天赋的人，准备重点培养我。身边朋友如果有策划和设计的工作，也会找我来帮忙，我会给他们出一些主意，一般都会被他们采纳。

我的缺点是经常随口答应别人事情，但是等别人要结果时，我往往还没有做，身边的人都说我缺乏责任感。随便他们怎么说吧！我自己开心就好了。

刚恋爱的时候，我和我的老婆商量不要孩子，我们要做"丁克"一族，这可是时下比较潮流的。在我们看来，孩子就是一种累赘，我们可不想自找麻烦。但是结婚之后，我们发现，没有小孩似乎缺少了点儿乐趣，每次看到别人家可爱的孩子，我心里都痒痒的。最后，我又决定要孩子了，不仅要孩子，而且要两个，这样多热闹啊！

工作之余，我是一个名副其实的吃货。只要我闲着，我就会找遍大街小巷每处好吃的、好玩的地方。在这个城市，基本没有我没吃过和玩过的地方。如果朋友们要出去吃饭和玩乐，都会打电话给我，让我帮他们挑地儿。

以上就是享乐主义者的一段自我描述，通过这个自我描述，我们可以看出，享乐主义者具有如下特质：

享乐主义者性格积极乐观，对未来充满好奇和想象，是一个喜欢享受生活的人。享乐主义者就像一个长不大的孩子，试图不断地从现实生活中发现快乐，如果没有，他们会人为地制造快乐。总之，跟享乐主义者在一起，你一点都不会感到无聊，他们会不断给你制造惊喜和欢乐。

享乐主义者非常自恋，他们总是坚信自己是最优秀的，他们喜欢冒险，并且对每件事情的结果都充满着美好的期待。不论到什么时候，他们总能让自己保持积极乐观的态度。

比如，享乐主义者在查自己的大学英语四级考试分数时，发现自己离过线还差几分，这时他们的第一个想法会是看错了，紧接着再查一遍；第二个想法"是不是把别人的成绩看成自己的了"，又对照一下自己的名字；第三个想法是会不会有和自己重名的人，再仔细看一下自己的考号；等真正确认了成绩之后，享乐主义者还是会乐观地想，会不会因为今年的考卷太难，分数线会降一点啊！总之，他们会做一切对自己有利的假想。

享乐主义者最基本的欲望就是吃、喝、玩、乐，通过吃喝玩乐来满足自己。只要是享乐主义者看上的东西，他们一定会想方设法地得到，如果没有得到，享乐主义者就会产生攻击性，表现得非常愤怒。

比如，享乐主义者如果喜欢一个女孩，不管是死缠烂打还是威逼利诱，他们一定会将她追到手，他们的人生字典里没有"放弃"这个词。如果享乐主义者没有得到这个女孩，他可能会做一些对双方都具有破坏性的事情。

享乐主义者非常具有幽默细胞，喜欢拿别人开玩笑，有时候甚至会不分场合，弄得对方很生气。

享乐主义者见识比较广，对很多东西都了解一二，但是这些知识都是皮毛，没有很深入的见解。他们喜欢以自我为中心，在人群中，他们总希望自己能成为焦点，每个人都能听自己说，当自己被别人抢了风头的时候，他们心里会非常不爽。

享乐主义者是百分之百的物质主义者，关于身边的吃喝玩乐，没有享乐主义者不知道的，他可以当朋友的活地图，只要你告诉他自己的口味，他就会将你领到绝对满意的地方。享乐主义者很少和别人探讨精神层面上的东西，如果探讨，那也是因为潮流和时尚。

享乐主义者是极其富有灵感的一个人，创意和设计类的工作都很适合他们。一旦他们感兴趣，将设计出非常完美的东西。

享乐主义者很擅长人际关系，很容易与周围人打成一片。他们就像外交专家，不管是哪一类型的人，只要碰到享乐主义者，都能聊到一起。

比如，一群人在讨论时，享乐主义者到了，他会立马挤进人群，开始和每个人打招呼，不管认识不认识，享乐主义者都会"帅哥""美女"地叫着。等周围的人离开后，享乐主义者才会问其他人，刚才那个人叫什么，具体是干什么工作的。

享乐主义者害怕空虚和无聊，所以他会将自己的时间安排得特别满，希望通过不断做不同的事情，来满足自己对快乐的追求。

比如，享乐主义者下班之后绝不会直接回家，他们会约几个朋友出去玩，结束之后，如果时间还早，他们又会约另一拨朋友去做别的事情。实在约不到人，他们才会想到回家看电视或者陪自己的老婆。

享乐主义者干什么事情都是根据自己的喜好，只要自己喜欢，不管干什么都行，买东西也是如此。享乐主义者买东西不会考虑东西的价值和用途，只要自己喜欢，哪怕没用，他们也会买。这种做法和实干主义者恰好相反，实干主义者买任何东西都是抱着有目的的想法去做的，绝不做多余和浪费的事情。

同时，享乐主义者是一个靠不住的朋友，他们会经常在口头上承诺朋友事情，但是很少在行为上实施。所以，要找享乐主义者办事的人，务必要想好可能的结果。这种做法又和观察者和怀疑论者恰好相反，交给观察者和怀疑论者的事情，他们一定尽自己最大的努力去办好。

回到现实当中——享乐主义者心理调适

享乐主义者是永远的年轻人，为了保持自己的健康和活力，他们会经常光顾健身中心和保健食品商店。他们的形象也常会出现在医疗保健的杂志上。他们是典型的理想主义者、未来主义者和世界级的旅行者。

通常，享乐主义者不会从事例行公务的工作，因为这样的工作不需要冒险精神。实验室里的技术人员、会计和其他可以预计结果的工作，都不会是享乐主义者的选择，同时，他们也不喜欢为一个苛刻的老板工作。享乐主义者是为了一个有趣的项目、一个有意义的目标而努力工作的人，他们不像其他人一样为了薪水和个人利益而工作。

享乐主义者对工作充满着美好的幻想，他们宁愿沉浸在这种无谓的想象中，也不愿面对现实中的枯燥工作。因为工作就意味着对一件事情做出完全的承诺，意味着要认真对待一件事情，而享乐主义者更喜欢的是在多种选择之间徘徊，更喜欢无拘无束。

从精神层面来说，享乐主义者喜欢想象积极正面的事情，他们经常会沉浸在自己的想象中。他们的心中装满了为未来制订的宏伟计划，但是这些计划仅仅局限于想象中，他们不会去实际操作，也没有勇气亲身实践。

同时，享乐主义者会过度沉溺于自恋的独特气质中，反而对客观真相视而不见。他们坚信自己是出类拔萃的，所以他们只寻找周围环境中支持他们观念的事物和人，也因为如此，他们会失去客观认识自己和别人的机会。

作为一个享乐主义者

你不仅要关注自己的需要，同时也要学会认真理解别人的需要，因为别人的意见和感觉也和你的一样真实，同时这样做你会收获更多的朋友。

当别人向你提出了他们的问题时，不要简单地向对方提出你的看法和建议，而是先征求对方的意见，看对方是否乐意接受你的看法和帮助。

告知别人，即使是影射性地批评你，也会让你很生气，但那只是你暂时性地发脾气，请他们不要放在心上。

当和朋友在一起的时候，你很难形容你的情绪和感情，但是你要告知朋友，你的心情是愉快的，只是你很难用语言表达出来。

如果你有一个完美的计划或者是设计要告知大家，在你还没有说出来之前，最好先认真检查一遍你的计划和设想，这样会让你更加有把握。

如果有什么事情你不能单独完成，需要别人的帮助，就要在行动之前先告诉别人，这样别人才能更好地配合你，也不会觉得被你冷落了。

如果你已经将某件事情交给某个人去做，但是你又有了更好的想法，不管是公事还是私事，先将你的建议告知委托的那个人，不要自己贸然行动。

作为一个与享乐主义者交往的人

他们的思绪总是处于徘徊的边缘，你要通过提问的方式使他们回到当下，在提问的时候最好问问他们的感觉，因为他们对自己的感觉特别注重。

当进入一次轻松和愉悦的交谈之中，要试着分享他们的喜悦，这样会让他们觉得你是真正懂得他们的人，你们的步调是一致的。

当他们展示自己的创意和成果时，记得认真倾听并且赞扬他们的远大见识，不要试图证明这个想法的可行性，这样会让他们感到极度挫败。

当你有好的建议或者想法的时候，不要使用批评或者命令的口吻，使用中性词，会让他们更容易接受。

如果你的建议会影响他们目前的计划和设想，就要给他们充足的时间来接纳。

当你跟他们在一起的时候，一定要试图让自己保持精力充沛的状态，否则他们就会觉得你对他们的安排不满意，会将你排除在自己的圈子外。

当你们正在讨论一个问题的时候，如果他们试图怪罪于你，不要放在心上，只要将他们再带回讨论的问题上就可以了。

心理专家给享乐主义者的建议

由于享乐主义者急于追求快乐，将快乐作为自己的心理防线，所以他们中的很多人会面临各种各样的问题。享乐主义者需要认识到自己对快乐的盲目追求，他们的注意力只看到了积极的幻想或者其他愉快的行为，而忽视了现实的痛苦。

享乐主义者可以通过以下方式帮助自己：

第一，要认识到自己的注意目标总是青春和活力，而没有看到年龄增长和成熟带来的价值。要学会面对痛苦，从痛苦中发现问题，不要总觉得"我如果需要帮助，那么我就是有缺陷的"。

第二，不要让自己沉浸在表面的快乐中，而忽略了深层次的体验。给自己留出充足的时间，倾听心底最真实的声音，看看自己表面上体验到的快乐，是否满足了自己最深层次的需要。

第三，不要总是觉得自己跟别人不一样，自己必须获得特殊的待遇。要将周围的人和自己同等看待，看到每个人都有自己的价值，自己并没有高人一等。

第四，当良好的自我感觉遭到质疑时，尽管自己已经十分愤怒，也要学会控制自己的情绪，继续完成工作。当自己的情感出现问题的时候，也不要两极化地看待他人。

如果眼前的事情真的很糟糕，要学会接受现实，而不是胡思乱想。

第五，要认识到自己喜欢逃避现实，总是喜欢美化事物，将自己放在虚假和不真实的幻想情景中。要试着生活在当下，体会当下的感觉。

第六，要学会接纳别人的看法，尤其是对自己的评价。要接受自己和别人对自己评价的差异，学会正确客观地评价自己。

第七，在面对困难的时候，不要试图通过脑海中的幻想来否认它的存在，而是要客观地接受和分析当前的困难，必要时寻求外界的帮助。

（九）领导型

一切尽在掌握——领导主义者

以下是领导主义者的一段自我描述：

我从小就具有领袖的气质。上小学的时候，我就经常领着一群小孩子打架，这些小孩子都封我为大哥。他们说，跟着我特别踏实，只要我出面，就没有摆不平的事情。后来，老师让我当班长，协助他管理班级，那是我最喜欢的事情了。

我特别轴，自己决定的事情，谁也改变不了，而且我还有逆反心理，喜欢和别人对着干，如果我想去东，别人也说向东，不管对和错，我立马会向西，父母和朋友都说我是一个特别有主意的人，别人拿我一点办法也没有。

我办事情很重视结果，有种不达目的誓不罢休的劲头。我很看不起那种没有本事的人，更不喜欢和弱者合作。我说话比较直接，想到什么就说什么，从来不会在意别人的感受，所以我经常得罪别人。

我特别好强，有些时候甚至是逞强，当我难过的时候，我绝不会让任何人看出我的痛苦和难过。在外人面前我可以表现得很坚强，哪怕是生病了，我也会坚持学习和工作，不愿意让人看到我的懦弱。

在家里，我也是比较强势的，我喜欢一切事情都由我做主的感觉，哪怕电视的遥控器，也要一直拿在我的手里。对于子女的要求，我也比一般家长要高，别人家的孩子能办到的事情，我的孩子一定要做得很好。

从以上这些描述中，我们可以看出领导主义者如下的人格特点：

领导主义者喜欢充当保护者的角色，他们习惯为自己的亲人和朋友出头，捍卫他们的利益，让他们站在自己的身后，得到充分的保护。

领导主义者喜欢掌握和控制别人，他们喜欢领导的位置，希望别人都听从自己的安排，也希望能用自己的影响力控制周围的局势。一旦周围的环境没在自己的预料和掌握之中，领导主义者就会感到特别不舒服、不自在。

领导主义者的人生观和价值观是：弱肉强食，优胜劣汰。因此，领导主义者会不断增强自己的能力，同时，他们也会不断寻找对手的缺点。

领导主义者最害怕的事情就是让别人看到自己的缺点和软弱，所以他们一旦有缺点和软弱都会掩藏起来，不让别人知道，这也是他们自我保护的一种方式。

比如，在工作中，领导主义者生病了，可是工作又到了最关键的时候，领导主义者在这个时候是绝不会休息的，不管他们有多么不舒服，领导主义者都会硬撑着不让别人知道，直到工作结束。

领导主义者大大小小的事情都要自己拿主意，大到要从事怎么样的工作，找怎么样的人结婚，以后留在哪个城市发展，小到买什么样的家具，吃什么样的饭，周末去哪里玩，他们都要自己做决定。

比如，一伙人出去吃饭，地方一般都是由领导主义者来定，一旦别人决定了这件事情，领导主义者就会不快，或者索性不去。

领导主义者是天生的创业者，他们不喜欢给别人打工，觉得听从别人的安排是一种极大的折磨。所以，他们会一直筹划自己创业，一旦机会成熟，他们就会立马辞掉工作，开始创业。

领导主义者会不断完善自己的能力，认为只有自己足够优秀，才能控制自己的生存环境。所以，他们会不断学习能用得上的东西，觉得只要自己学会了，周围的人才不会糊弄他，他才会足够安全。

例如，优秀的企业领导者，一般都是从最基层做起，在基层的实践中，他们能学会各种工作所需的经验，在做决定时，他们完全了解真实情况，能根据实际情况做出正确决定。

领导主义者喜欢冒险，但要在自己能控制的范围之内。通常，他们冒险是为了创业和自己的成功，这个特质和享乐主义者一样，享乐主义者也喜欢冒险，但是他们纯粹是为了好玩，与成功无关。

比如，领导主义者和享乐主义者一起玩冒险的蹦极游戏，领导主义者的目的是锻炼自己的胆量，能在恐惧面前从容不迫，可是享乐主义者只是为了刺激和过瘾。

领导主义者喜欢挑战，他们常常是明知山有虎，偏向虎山行，他们想通过挑战艰巨的任务来证明自己的实力。实干主义者也喜欢挑战，可是实干主义者在挑战中会寻求捷径，只要能证明自己的能力，他们会不惜一切手段。

比如，同样是比赛谁的力气大，如果领导主义者和同龄人比赛赢了，他们就会觉得高兴，可是他要是和比自己小的人比赛赢了，他们会觉得胜之不武；但是实干主义者就不一样，不管是和谁比赛，只要赢了实干主义者都会很高兴。

领导主义者特别任性，只要是他们决定了的事情，就一定要做，不会听从别人的建议，直到自己撞了南墙才会回头。

领导主义者对自己要求高，对别人要求也高，有时甚至有点完美主义，因此会得罪许多人。在工作中，如果下属做对了，领导主义者不一定会表扬；但是，如果下属做错了，领导主义者一定会批评他。

领导主义者很有号召力和鼓励性。有领导主义者在场，周围的人都会激情澎湃和热血沸腾，感觉跟着领导主义者特别有盼头。但是，因为领导主义者总将自己摆在较高的位置上，所以他们有时也会目中无人，不懂得尊重别人。

领导主义者追求自给自足，不喜欢依赖别人，在他们看来，依赖别人就是被别人掌控，只有自己学会，才不会被别人掌控。所以，领导主义者一般都是自己的事情自己做，不到万不得已，不会让别人插手。

绝无仅有的"领导范"——领导主义者心理调适

领导主义者是典型的"困难领导者"，越是面对困难和障碍，他们越能表现出对领导权的忠诚和执着，也越能直面挑战。

在领导主义者所有果断和放纵的行为中，他们很难表达出自己内心深处最大的渴望和他们真实的目标。领导主义者不断斗争和制造麻烦的目的就是为了让自己保持兴趣，但是当外界满足了领导主义者的兴趣时，他们就会立马进入控制者的状态，让自己的目标变成现实。

领导主义者性格强势，他们会清楚地告知他人自己的立场是什么。在领导主义者企图操纵他人时，他们的手段强硬，态度坚决，所以很快就会被对方察觉，因此可能不会达到领导主义者预期的目的。

领导主义者总是关注别人隐藏的企图，他们会在敏感问题上有意与对方发生冲突，试探对方是否能经受住压力。对于领导主义者来说，公平斗争是一种双赢的选择，如果赢了，他们可以体验到掌控权的满足感；如果输了，他们会消除对对方的不信任感。

领导主义者坚持认为自己心中的真相就是绝对的真相，为了这种真相，他们不惜将任何反对意见当作自己的攻击目标。一旦进入这种状态，领导主义者也就失去了灵活性，他们无法反思自己的立场，也无法接受新的信息来软化自己的立场。直到领导主义者逐渐成熟之后，他们可能会有意识地妥协，不仅关注自己的想法，也会倾听别人的观点。

　　领导主义者在成长过程中形成了注意力的取向性，他们总是试图用自己的观点说服他人，这会致使他们被自己的无知所笼罩。一个无意识的领导者会将反对他人当作一种习惯，为获得控制权而投入大量的精力。

作为一个领导主义者

　　当你和别人交谈时，你要明白，提高嗓门不但不会引起别人的注意，反而还会让别人停止倾听，并且你此刻的嗓门要比你认为的还要大。

　　当你觉得对方没有在认真听你说话的时候，不要再次重复你的话语，而是要求别人帮助你澄清你所说的内容，请他们谈谈对你之前所说的话有什么看法。

　　当你有很多问题需要询问周围人时，提前告知他们，这些问题并不是为了为难他们，而是让你对情况有更全面的了解。

　　不要指望别人跟你一样，对一个问题或者一种情绪有立马地回应，要给他们思考的时间，这样你才能得到更满意的答复。

　　如果你感觉周围的人伤害了你的感情，就要立马告知对方，因为那是你自己的一种感觉，别人可能还不知道。

　　注意你无心说出来的、伤害人的话语，也许你觉得没什么，但是对方可能已经生气，一旦察觉，就要立马向别人道歉。

作为一个与领导主义者交往的人

　　在针对某一个观点或者问题进行讨论时，力图用精确的词语表达，让他们知道并了解你的观点。只有这样，他们才会用心听你下面所说的。

　　对你要说的问题不要保留，直接说明你的用意。他们对任何细小的问题都会在意，并且会做出有效的回应。

　　当谈话让你有压力或者让你感到受威胁的时候，就要告知他们，因为对你而言争论或者攻击的感觉，对他们来说可能是尽兴又安全的投入方式。他们完全没有预料到你的强烈反应，你的告知会让他们有所察觉。

　　如果你有某种想法和建议要告知对方，请务必先说出自己打算说的话，并且保持和他们进行讨论的意愿。

　　不要在他们面前说谎，他们是语言和行为上的洞察者，一旦发现你的谎言，就会激发他们攻击的欲望。

　　不要取笑他们，他们的反应速度非常快，一旦发现你有取笑的意味，他们会感到巨大的羞辱感，并且这种错误是不易被原谅的。

心理专家给领导主义者的建议

　　领导主义者一旦走出自己的原始反应，进入更高的境界，就会调动自己的潜能，

以敏锐的反应能力控制自己周围的环境。如果领导主义者能够从以下方面进行改善，他们将会大大受益：

第一，领导主义者总是要求对自己周围的关系予以明确的定义，在定义周围的关系时，他们将斗争看作发展信任的一种方式。这种做法会让领导主义者很极端，在他们看来，周围的人群分为两派，一派是朋友，一派是敌人，而他们总是通过挑衅使敌人采取行动。如果他们能意识到自己的绝对化分类，将对改善人际关系有很大的帮助。

第二，领导主义者不管在工作中还是生活中，总是试图为自己建立清楚明白的规则，可是一旦规则建立，他们又渴望破坏规则。领导主义者总是生存在这种矛盾的状态中，明白规则的有效性，并且努力遵守才能得到进步，但是在破坏这种规则的时候，一定要清楚自己的做法是对还是错。

第三，领导主义者需要注意自己对别人的控制欲望是否是自己的真实意图。不要滥用对别人的控制欲，一旦有违于自己的内心，就要遵照内心的想法来做。

第四，领导主义者要尝试拖延自己的情绪表达，在自己准备发火的时候，先默默倒数十下。不要总是从外界寻找问题的根源，要学会从自己的身上寻找问题，发现问题，并且为自己的问题认错道歉。

第五，不要将别人对自己的帮助看作怜悯，也不要将潜在的帮助拒之门外。多发现和赞扬别人的优点，学会妥协，将对你有很大的帮助。

第六，不要对自己看不顺眼的人进行攻击，要适当地学会示弱。依赖别人并不见得是一件坏事，有的时候会被看作在乎朋友的表现。

（十）协调型

相安无事，一切都好——协调者

以下是协调者的一段自我描述：

我一般不会努力争取什么，容易知足常乐，喜欢听天由命。不管到哪，我都不会和别人发生矛盾，和我相处过的人都说我是一个特别容易相处的人。如果我周围的两个人发生了矛盾，我不会偏向谁，也不会站在谁的立场上，而是努力想出一个双方都可以接受的办法来处理这件事情。

我非常有耐心，对家人和朋友的态度很和蔼，也会尽自己的能力帮助他们做一些力所能及的事情，所以我的人缘还是不错的。但是，我办事效率不是很高，经常拖拖拉拉，我觉得时间会抚平一切，我一般都等待着时间来改变。

　　我总是参照周围人的生活安排来计划自己的生活，我觉得自己的位置无足轻重，只要周围人开心就好，我的开心与否并不是很重要。

　　在上学的时候，我从来不和别人拉帮结派，自己干好自己的事情就行，要是有人和我说话，我就会随着他多说几句，要是别人没和我说话，我就一个人发呆或者思考我不懂的问题。我觉得生活安安静静的就行了，没必要非要争些什么。

　　上班之后，我也不参与办公室的政治斗争，谁升职加薪我都不会羡慕和嫉妒，那是别人的能力问题，我觉得自己平平淡淡的处境挺好的，没有必要太疲于拼命。还有，我也不会在背后说任何人的坏话，我觉得"多一事不如少一事"，我不想蹚办公室的浑水。

　　我最喜欢做的事情就是躺在家里睡觉，要是没有人来打扰我，我是非常开心的，我可以足足在家待几天，只是睡觉和看电视。我觉得这种生活让我非常享受。

　　从以上这段描述中，我们可以看出协调者的如下人格特质：

　　协调者是一个和事佬，当周围熟悉的两个人发生矛盾时，协调者会尽自己最大的能力安慰双方，找到让双方都满意的最佳解决方案。

　　比如，协调者的两个好朋友因为争论某一观点吵起来了，协调者会站出来说：两个人的观点各有道理，也有各自的不足，将两种观点融合在一起，才是最完美的。协调者处理人际关系的理念是，既不得罪这个人，也不得罪那个人。

　　协调者没有自己的主见，会根据别人的意愿安排自己的生活。他们的附和力非常强，只要是别人喜欢的，他们就会喜欢，他们考虑问题总是以别人的意愿为出发点。

　　比如，一伙人去吃饭，里面有领导主义者、享乐主义者和协调者，享乐主义者会列举许多好吃的东西以及吃饭地点，而领导主义者一定要决定去吃什么，到哪里去吃饭？最后剩下协调者，他不会发表任何意见，只要大家说哪里好，他就会觉得哪里好。

　　协调者喜欢做熟悉的事情，这样会让他们感到有安全感，他们不愿冒险和改变，因为这样会让他们感到无所适从。

　　比如，协调者不喜欢吃韭菜，不管你在周围如何说韭菜的价值和好处，协调者都不会吃。因为在他们看来，尝试一个自己不熟悉的东西，太过冒险了。

　　协调者做决定的过程非常缓慢，他们会考虑之前的各种事情和因为这个决定而引起的后果，对于他们来说，失去一些东西是非常可怕的。

　　协调者喜欢平静和安稳的生活，他们不追求大富大贵，认为只要自己周围的人都相安无事就行了。周围人高兴，他们也会感到很高兴。所以，协调者由于很容易满足的心态，幸福感也相对高些。

协调者态度温和，是一个爱家人和朋友的老好人，别人需要他们的帮助，协调者都会积极主动地伸出援手，从来不会拒绝别人的请求。有的时候，自己明明帮不了，也会勉为其难答应。

比如，有个朋友向协调者借钱，恰好协调者自己也没有钱了，但是他仍旧会答应朋友，他会向自己的家人和其他朋友借钱，然后再借给之前那个朋友。

协调者害怕困难和挑战，一旦生活中有自己无法应付和处理的事情，协调者会采取逃避的态度，等待别人或者时间来为自己解决问题。

协调者喜欢为自己找借口，老是强调别人的优势，认为自己再怎么努力也不会追上别人，所以，尽管失败了也是情有可原的。

比如，当你将协调者和其他有些成就的人做比较时，你说："只要你肯努力，你的成就肯定比这个人要高得多。"这个时候，协调者肯定会说："我可比不上人家，人家天生比我聪明，我再怎么努力，也赶不上人家的。"

协调者一般没有鲜明的个性，也缺乏创新能力，有的时候，连他们自己也不知道自己是个怎么样的人。总之，他们经常随波逐流。

协调者办事比较拖拉，不管做什么事情，他们总是尽量拖到最后一秒才去做。他们总想着在自己的拖拉中，事情会有转机。

比如，你跟协调者约会吃饭，你一定不用担心对方会早到，因为他们绝对会踩着点来。惰性似乎是协调者身上的一大特性，他们在空闲的时候都是特别懒散的，不是睡觉就是看电视，或者是发呆。

协调者说话语速比较慢，语气平和，一般让人找不到中心思想，跟他们说话，你有种昏昏欲睡的感觉，但是你又会不自觉地跟着他们的思路走。所以，协调者也能从事销售行业，虽然他们语气平和，却有他们自身的魅力。

协调者喜欢慢悠悠的生活方式，他们经常慢悠悠地做事儿，如果时间更加充分的话，他们会考虑得更多一点。

比如，协调者手头有一笔钱，他准备将这笔钱存入银行。他会仔细考虑钱存入银行的好处和坏处，想得尽可能全面之后，他才会行动。

协调者通常很在乎别人的感受，他们不会得罪别人，但有的时候也因为害怕得罪人，而搞得双方的关系都很紧张。

比如，印度圣雄甘地曾经发起的非暴力不合作运动就是典型的协调者的运动，他们的理念是既不想和对方发生暴力冲突，也不想和对方合作。

表明你的立场——协调者心理调适

对于温和的协调者来说，他们不喜欢那些需要光鲜形象和不断推销的工作。总之，如果工作程序是不停变化的，这种类型的工作都无法得到协调者的青睐。协调者有很强的组织能力和细节管理能力，服务行业的工作特别适合他们。

协调者会为当下的事情提供毫不动摇的支持，但是这种支持并不是朝着有利于自己的方向发展的，而只是为了维护和平的环境。协调者会被其他人的生活深深影响，他们不需要控制其他人，就能感知到他人的需要，这是因为协调者总是将自己的立场和他人的愿望相融合。

协调者善于适应团队的特征、环境的特征或者那些与他们相关的重要人的特征。从心理层面来看，协调者是通过认同他人的愿望，使自己融入他人的生活，同时弥补自身的损失。如果没有一个可靠的团队作为支持，协调者就会失去人生的航向，他们就不知道自己活着的意义。

协调者会毫无保留地投入爱中，但是他们的感情很脆弱，很容易产生嫉妒和绝望的情绪。一旦身边的重要人物离开，他们就感觉自己失去了身体上的一部分，甚至觉得自己的生存受到了威胁，特别没有安全感。

在九型人格中，协调者和给予者一样，拥有无条件爱的潜质，因为他们能通过自己的身心感知他人，但是需要注意的是，在感知他人的同时，不要忘记自己的需求。同时，协调者拥有充沛的精力，经常会做几份工作，但是他们总是不知道自己最应该做的事情是什么，因为生活中有太多的事情让他们分心。

作为一个协调者

当你不知道你此刻的感觉或者你想要什么的时候，别人可能会将你的沉默当作一种拒绝，所以你要适时地发表自己的看法和感觉，让别人能够了解你。

注意自己用沉默来被动抗拒的办事方式。有的时候，你必须明确自己的立场，沉默并不是一种恰当的不参与、不回答的方式。

如果你感到生气或者悲伤，就将你的情绪发泄出来。你一般不会在别人面前表现出负面情绪，但是这会让别人误以为你好好的，根本就没有脾气。

当别人干了一件让你特别难堪和生气的事情时，如果别人问你是否生气，先别着急否定，而是先好好想一想再回答。

当你感觉别人没有听你说话的时候，将这种感觉告知对方，而不是继续不停地说，这会让别人无比烦躁。

告知别人一件事情的时候，尽可能切中要点，不要做太多铺垫。

如果有人向你提问，先别着急回答，而是要弄清楚对方到底想知道什么，然后根据对方的需要再给出你的答案。

作为一个和协调者交往的人

试着让自己认真地倾听他们，并向他们暗示，你已经听懂了他们所要表达的重点，这样才能保证你们能顺畅地沟通。

要承认他们的存在。他们通常比较敏感，认为自己是被排除在整个团队之外的，因此你需要重点强调他们的存在，让他们觉得自己是有价值的。

他们的注意力非常分散，说话常常没有要点。这个时候，你需要对他们发问，帮助他们讲清楚自己的观点。

当他们迎合你的观点时，不要高兴得太早。他们是典型的应声虫，现在的附和并不代表他们最终同意，因为他们对每个提议都可能持迎合的态度。

当你想要知道他们的想法和感觉时，不要着急得到答案，而是为他们创造一个宽松的空间，让他们考虑并决定。比如你可以这样引导他们："我怀疑这样是否适合你？这能体现你现在的感觉吗？"

在商业聚会中，他们可能会和每一位发言者的意见一致，这个时候你就需要要求他们让你知道，会议结束之后他们最终考虑的观点是什么。

心理专家给协调者的建议

他们最典型的情绪是抑郁或者愤怒。当协调者的注意力从一个真正的个人需求转移到充满困惑的思考或是某项不重要的活动时，他们的"心"已经沉睡了。

当协调者的真正需要逐渐显现时，那些原来通过被动反抗表达出来的怒火，也会逐渐浮出水面。协调者的愤怒实际上是他改变的动力，能帮助他找到自己真正的立场。当协调者试图将自己的注意力从不必要的事情中抽离出来的时候，他们需要注意如下表现：

第一，总是依赖他人的帮助，需要借助团体的力量，不愿与他人分开。

第二，责备他人。因为自己太过在意他人的想法和愿望，一旦出现问题，就会产生"都是他们的错"的想法。

第三，变得很顽固。当感到他人施加压力时，不愿将问题拿到桌面上来大家一起讨论，而是自己僵持不动，逼着对方先采取行动。

第四，神情恍惚。在和别人谈话的过程中，脑子里还想着其他事情。

第五，不去积极努力，而是变得麻木和无动于衷。当出现问题的时候，自己没有想方设法去解决，而是期望问题自己消失，还拒绝听负面的消息。

第六，无法注意到自己的真正需求，让太多的琐事分散了自己的注意力。总是不知道最应该做的、最主要的事情是什么。

第七，工作无法善始善终。总感觉自己受到了伤害，不认真对待工作，总是希望用最小的付出换来最大的收益。

第八，当自己无所事事时，会焦躁不安，总是在寻找消磨时间和能量的新方法。

第九，总是需要得到最多的信息，不主动向别人解释，寄希望于别人向自己解释。

三、重塑自我，跨越人格障碍

生活中有些人会毫无理由地以自我为中心，傲慢自大；有些人脾气躁，稍有不顺心就大发雷霆；也有些人会过度讲究细节，吹毛求疵；更有不少人会无缘无故怀疑身边的人，心存疑虑而难以与周围的人建立亲密关系……事实上，这些都是人格障碍的表现。那么，生活中都有比较常见的人格障碍？有什么样的表现？如何进行自我检测和自我修复训练？

（一）矫正冲动型人格

冲动型人格障碍案例

生活中，我们常常见到一些脾气暴躁的人，他们动辄大发雷霆或破口大骂，有时甚至拳脚相加。

有一位李姓男子，最近被妻子周某怀疑有心理问题，男子从来没有听谁说过类似的话，因此内心不满。他不愿承认自己有心理问题，在和妻子反反复复的争吵后，他也后悔过，但每次都不能自控地发脾气。无奈之下，他找老同学诉苦，该同学刚好有一个心理医生朋友，两人一商量，就决定去做一次心理咨询。

交谈初期，李某一副很轻松自在的样子，他开玩笑似的问道："老师，你说我像是有心理问题的人吗？"说话时，他脸上还带着一贯的微笑。

心理医生早就听他的朋友介绍过李某的情况，但为了不给他造成心理压力，心理医生故意说："我可看不出来啊！"

"唉，是啊，我也这么认为，但我的妻子老是说我有心理问题，你看我这样像吗？"李某做出非常无奈的表情。

"那么，你是被你太太逼着来找我的？"

"噢，不，她不知道。我就是想证明她的话不对，好回家和她理论去！"李某很有信心的样子。

心理医生看得出来，李某并不是前去做心理咨询的，而是想让他给出证明，类似于做个裁判，判出个结果来。但基于心理医生的职业操守和责任心，他还是按照心理咨询规则，和李某展开了一段对话。

"那你知道你的妻子为什么会下此定论吗？"心理医生问。

"我也不太清楚，或许就是因为我常常对她发脾气吧！是，我承认，我的脾气暴躁，个性也很要强，可这和我有没有心理问题有什么相关呢？"李某似乎有一种难言的委屈。

"你每一次发脾气都有非发不可的原因吗？"心理医生很委婉地问。

"有原因，但我也知道那些只是小事。"李某想到这儿，忽而停顿了半秒钟。

"为一些芝麻绿豆大的小事而发脾气，你觉得值吗？"心理医生反问。

"不值得，可我控制不了，火气一上来就把持不住了。我自认为我确实这一点不够好，事后我也后悔过。"心理医生从李某的话语中听出了自责的味道，意味着他内心有愧疚感。没等心理医生问，李某接着说："她脾气挺好的，我老是发脾气，确实很对不住她。"

"你后悔归后悔，可并不能确保你不再发脾气，对吧？"心理医生顺势问道。

"是啊，我也为此深感自责。在前段时间的一次争吵中，我能感觉得到她很无助，并质问我是不是有心理问题，我没法证明，也不能确信……"话还没说完，李某一直低着的头忽然抬了起来，"老师，你说呢？"

"你觉得自己是从什么时候开始脾气变坏的呢？"心理医生没有正面作答，反过来再次询问。

"其实我一直都是这样的，小时候也是这样。"李某几乎想都没想，立即回答道。

"嗯，你有个性上的心理问题。"心理医生试图以个性为切入点，既没有否定他存在心理问题，也没有直接说出李某的问题所在。

"确实，我也一直以为自己的个性太强了，这不出我所料。"李某若有所思。

"也就是人格有问题，具体说应该是人格偏离。"但李某对心理医生的这个结论似乎并不太明白。

"个性问题演变为人格问题，你的个性在愤怒情绪爆发和自控方面与其他人存在差异，也就是说你的人格是明显偏离于常人的。"心理医生这样解释。

其实，在李某说自己从小就一直脾气暴躁时，心理医生就断定他可能一直都有一种明显的人格偏离倾向，这使得他在生活中形成了特定的行为模式，即易怒，愤怒时难以自控，事后又深深自责。可一旦类似情形再次发生时，他还是控制不住地爆发。

这种反复无常的情绪往往难以预测，特别是在其遭到批评或意愿受到阻碍时，怒火中烧，即便是一些鸡毛蒜皮的小事，也同样会引发愤怒；具有阵发性特征，即在情绪良好时就表现得很和蔼，很善解人意。

心理医生认为，李某几乎完全符合这类特征。而这种明显的人格偏离表现，严格来说是属于精神病分类中的"冲动型人格障碍"，世界卫生组织将其归入"情绪不稳定型人格障碍"，而美国将其划入"边缘型人格障碍"的范畴之内。

李某显然在心理健康方面与许多人一样缺乏理论常识，他并没有意识到自己患的是一种人格障碍，心理医生也尽量避免用略带刺激性的"人格障碍"字眼去形容他。好在李某也意识到问题有点严重了，他问："那我怎么办？有什么办法可以矫正吗？"

这就是接下来应该解决的关键问题。其实人格障碍的成因一直都没有定论，大体上是由生物学因素、大脑发育因素、各种心理因素以及社会环境因素等综合作用而成。但心理医生也不能对病人说这些太深奥的理论知识，只建议李某正确认识自己存在的人格偏离缺陷，告诉他，这种人格缺陷并非天性使然，和个性没有直接的必然关系，要加强自我矫正意识和积极的自控练习；医生还进一步启发李某，在即将被愤怒情绪控制的瞬间，应该迅速切断该情绪与导致该情绪发生的现行事件之间的联系，以便及时消除情绪刺激，遏制愤怒的爆发。譬如，李某可以在意识到自己即将发怒时，立即起身离开现场，去做点别的事情，斩断情绪与现行事件的关联；假如无法做到立即离开现场，不妨试着把自己想象成一个不失优雅和风度的谦谦君子，尽力遏制愤怒爆发。

李某在意识到自己的行为属于人格问题之后，也开始积极地、自觉地控制自己的情绪了，有时候有不满情绪产生时，他会尝试着换个角度考虑，有效地减少了愤怒情绪产生和发脾气的次数；妻子张某也积极配合，在日常琐事上尽量不激怒丈夫，并竭力满足丈夫的一切不过分的请求。一段时间之后，李某的情况确实有所缓解，再也不像以前那样动不动就大发雷霆了。

半年后，李某虽然还是会偶尔发脾气，但都不是那种暴怒了，并且每次的小脾气也都能被他自己有效地控制住。他对心理医生表示了感谢，并感觉自己现在活得很轻松愉快。

在该案例中，医生所说的人格偏离其实就是人格障碍。人格障碍是一种病态人格，是人格发展的异常，并且偏离的程度已经远远超出了正常的变动范围。也有专家认为，人格障碍是"明显偏离正常的且根深蒂固的行为方式，具有适应不良的性质"，人格在内容以及整个人格结构方面都存在异常。

有人格障碍的人往往承受痛苦，也令身边的人痛苦，尤其妨碍了当事人的情感、意志活动，导致其行为的目的性遭到破坏，会给身边的人一种十分奇怪的感觉，因而李某妻子会第一时间察觉到丈夫的问题。心理学家认为，人格障碍一般在童年时期就已经开始形成，历经青少年时期和成年早期，有的甚至会持续一生。

冲动型人格障碍及其诊断标准

专家认为，冲动型人格障碍是以情绪与行为都具有鲜明的冲动性质为主要特征的

一种心理障碍，案例中的李某属于典型的冲动型人格障碍。

冲动型人格障碍的主要表现有以下几种形式：

1. 情绪暴躁、易怒，常常有无法控制的冲动和驱动力，情绪不稳定，稍有不顺心就开始发火；

2. 性格主要呈外向攻击性、盲目性，容易走极端。行为常具有不可预测性，鲁莽，不考虑后果；

3. 冲动行为的动机可能是无意识的，也可能是有意识的；

4. 行事之前没有计划，有紧张感，行动之后产生愉悦和自足之感，也有自责，但不深刻或不是发自真心；

5. 心理发育尚不健全，不成熟，常有不平衡心理；

6. 易出现不良行为，甚至犯罪倾向。

冲动型人格障碍又称攻击型人格障碍，以上是其攻击性的表现；而专家研究认为，还有一类是被动攻击性的，主要是以被动的方式表现出强烈的攻击倾向。他们往往表面上顺从对方，而内心却是充满敌意的，会以另外一种形式攻击对方，譬如故意迟到、故意做错事激怒对方、故意不回复短信和电话等。有的人甚至会在背地里搞破坏活动，这种敌意非常强烈，但就是不敢表露于外。

在临床表现方面，有冲动型人格障碍的人往往有以下几个特征：

1. 某种冲动行为的目的主要是为了满足心理上的需求，并没有其他缘由；

2. 该冲动行为属于损人且不利己的范畴；

3. 当事人意识到自身行为的不适当及其危害性，但一时难以自控，即便有意识地加以控制，结果均失败；

4. 在即将实施某行为之前，当事人会感觉到逐渐增强的紧张感和兴奋感，直到行为得以实施；

5. 在该行为实施的过程中，当事人会感到满足和愉悦；

6. 在内心需求得到满足之后，有人会觉得轻松，也有人会觉得后悔，甚至陷入自责；

7. 即便有自责，依旧难以避免同样的场景再次出现；

8. 经常会伴随出现各种人格障碍、抑郁、焦虑等症状，甚至精神发育迟滞等；

9. 神经系统有可能存在非特异性症状体征。

那么，我们如何判断一个人是否具有冲动型人格障碍呢？专家认为，当事人主要以情感爆发和较为明显的行为冲动为主要表现特征，并且必须符合以下项目中的三项或三项以上，方可确诊为冲动型人格障碍：

1. 容易与他人发生口角和冲突，尤其是在自身冲动行为受到阻滞或遭受批评时。

2. 有突发的暴怒与暴力倾向，并且行为爆发时不能自控。

3. 行为具有不可预测性和不计后果倾向，缺乏对事物的计划和预见能力。

4. 心境不稳定，反复无常。

5. 生活目标不明确，包括自我形象及其内在偏好等发生紊乱。

6. 人际关系紧张、不稳定，很难维持持久的友情或爱情。

7. 不能坚持任何没有即刻奖励的行为。

8. 有自残、自杀倾向。

冲动型人格障碍的形成原因

一般情况下，男性患者要比女性患者多，起病早，并且与当事人的生理因素、童年经历等都有一定的关系。

1. 生理因素。研究发现，小脑发育迟缓，致使传递快感的神经通路发生阻碍，患者很难感受到愉快和安全的体验，很有可能是导致攻击行为出现的原因之一。此外，人体内分泌腺与雄性激素分泌过旺，也是导致攻击行为产生的因素。

2. 童年经历。家庭环境对孩子的成长有不可小视的影响。攻击性人格在孩童时期受父母影响较多，父母的过分溺爱致使其个人意识增强，不能容忍一丁点的限制，否则就会采取攻击行为予以还击；父母如果过分专制，经常打骂孩子，也会造成不良影响。孩子心理长期遭受压抑，过多的愤怒和不满郁结在心里，一旦有爆发的机会便不会轻易放过。

3. 心理因素。具有冲动型人格障碍的人都有一定程度的心理问题，比如有的人因自身条件或家境原因而产生自卑心理，在生活和工作上又屡受挫折，自卑心逐渐增强。此时，他们往往会寻找补偿，以冲动、好斗的个性行为来证明自己强大等。如果一个人的自尊心过强，在遭受挫折时就比较敏感，反应强烈，导致攻击行为的出现。这种情况一般在青年男子身上比较多见。此外，处于青春发育期的男孩也容易出现攻击行为，他们往往自以为已经长大成人，或为了证明自己已经成人，过分强调男人的特性而容易表现出较强的攻击性。

4. 社会因素。我们每一个人都与社会上的某个阶层或团体紧密联系着，包括我们所交往的朋友、接触的文化等，都会给个人造成潜移默化的影响。因而，攻击性行为不可避免地要受到社会环境的影响，包括一些不合理的社会制度、恶劣的社会环境等。

冲动型人格障碍的自我修复

冲动型人格障碍并非天生不可修复的，患者如果发现自己有这方面的倾向，完全

可以进行自我修复训练，加上周围亲友的积极配合，最终都会逐渐消失。

第一，针对青少年时期出现的冲动型人格障碍，家长和老师应该开展相应的青春期心理教育课，加强孩子在青春期生理、心理等方面的正确认识，引导其对自己所产生的生理和心理变化持正确态度，鼓励他们学会反省，应该将更多的精力和心思投入到学习上，以此完善自己。老师们还可以多开展一些娱乐活动，丰富学生的课余生活，让处在青春期的孩子们都能够找到正确的发泄自身能量的途径。

第二，冲动型人格障碍与心理问题是分不开的，因而有必要做一次比较彻底的心理分析。患者可以自己分析，也可以求助心理医生或身边的人。患者有必要认识到，生活中的挫折都是不可避免的，应该正视并总结经验，而不是肆意发泄愤怒情绪，或者使用暴力解决问题。这次心理分析的主要目的就是要找到患者所暴露出来的、被压抑在潜意识中的心理情绪，进而找到冲动的根源，并培养患者的心理承受能力。

最好找一个比较舒适的房间，有条件的话可以躺在一张大床或沙发上。如果患者要求心理医生或身边的亲人为自己做心理分析的话，患者应该背对着他们；每次谈话时间应在一节课的时间左右，每个星期五次，长期坚持下来，患者内心的需求会得到充分满足，同时也可以找到自身性格上的缺陷以及导致冲动行为的根源所在，进而采取相应措施，逐步改变这种行为模式，最终达到治愈的目的。具体可以从以下几个方面加以努力：

1. 培养宽大胸襟和君子涵养。当情绪难以自持时，可以离开事发现场，以避免情绪失控；或者把自己看作一个谦谦君子，有"宰相肚里能撑船"的肚量，不把小事放大，而是大事化小，小事化了；必要的时候应该立即变换位置，站在对方的立场上想想。

2. 寻找补偿。这里的补偿不是说爆发，而是将自身的不满情绪转化到另外一种容易成功的目标上去，以此证明自己的价值，进而获得心理上的满足感，比如去工作、锻炼等，将未爆发的能量转移到别的事件或活动上。

3. 设想后果。当事发时，尽量让自己去想想后果，如果你因冲动而实施的行为会给对方造成伤害，最终也给自己带来伤害的话，你会担心和害怕。因此，与其逞一时之快，不如强忍几秒钟，等冲动的情绪过去就没事了。

第三，采用系统脱敏法积极治疗。患者如果已经认识到自己的病因，并且也有改变的积极主动性，而在实施的过程中有一定的难度时，系统脱敏法可以帮助患者与冲动进行有效对抗：

1. 患者尝试使用肌肉放松法，尽力令自己全身肌肉放松下来，在该过程中重点体验肌肉紧张和松弛之间的差别，进而做到主动自如地调节全身肌肉的放松程度。

2. 找一些能够促使自己产生冲动情绪的事件，并将这些事件依次排列。排列的标准就是，事件对患者的干扰程度，一般是由轻到重，由此划分出的等级可称为"事件冲动层次"。

3. 患者可以坐到一张舒适的椅子上或大床上，令全身肌肉放松，记住刚才划分好的"事件冲动层次"，心理医生或家人在一边依次发出指令，即说出那些令患者产生冲动情绪的事件，观察患者在想象这件事时的反应，肌肉是否由松弛变得紧张等。而在这个过程中，患者也要自己尝试控制肌肉的放松程度，直到该事件不会令其肌肉紧张，即不会促使冲动产生为止。这之后，就开始进行更高程度的事件练习。

第四，运用心理暗示法。患者可以尝试使用自我暗示、假想法调节自身的暴怒情绪和暴力倾向。这需要患者有良好的意志力，在情绪即将爆发时，要闭上嘴巴，或转身避开引发愤怒情绪的人和事，并在心中默念"忍"，告诉自己说："我知道我又要冲动了，冲动是魔鬼，我不会接受魔鬼的指示！生气没有用，我不是还要去整理书房吗？有那么多事情等着我做，我在这里生这些闲气干什么？我何必拿别人的错误去惩罚自己呢？更何况他（她）也没做什么。我如果这么容易就大发雷霆，真是太没有君子风度了，会被瞧不起的！如果我这次宽容了他（她），他（她）会感激我，我要以德服人。上回我一气之下大打出手，事后后悔极了，还去道歉，真是不应该啊……"此类心理暗示会为患者的冷静赢得时间，并及时调节情绪，减轻不少怒气，有助于遏制冲动行为。

在平时不生气的时候，患者还要积极给自己做心理强化工作。比如反省上一次发怒时的行为，必要时应该加强道德修养方面的训练，多了解法律知识，尝试用道德的标准和纪律、制度严格要求自己。此外，不要忘了站在对方的角度上看问题。

心理学家认为，患者有必要在现行事件发生时，找到与愤怒对立的情感方式，如在即将采取冲动行为之前，迅速找出"理智"来丰持局面。当恨意横生时，不妨想着你心中的"爱"，你之所以生气是因为在意，因为你对对方还有期望，这不都是因为你的心里还有"爱"吗？所以，要明确自己的出发点，不能让冲动把你的目的扭曲了。

多想想一些愉快的经历和情绪，以便及时地将愤怒情绪驱逐出去。平时，多看一些励志书籍，找一些具有鼓励性的名言当座右铭，譬如"海阔凭鱼跃，天高任鸟飞""忍一时风平浪静，退一步海阔天空""以德服人"等等。

总之，有冲动型人格障碍的人要积极改变心态，学会积极的心理防卫机制，正确看待挫折和不满，不要随意地将小事放大，学会用换位思考和宽以待人的心态去面对外界一切人和事，接受瑕疵和批评，学会做自己的心理调节医师，学会理解身边的人，久而久之，一个崭新的自己就诞生了。

（二）矫正偏执型人格

偏执型人格障碍案例

案例一

2007 年 11 月 27 日，北京某医院接到一起特殊抢救，该孕妇和她肚子里的孩子双双死亡。

据悉，在长达三个小时的手术签字僵持中，医院院长也曾亲自到场相劝，派出所的警察也来到现场，当时在医院住院的很多病人家属都纷纷站出来做孕妇家属的思想工作，甚至有人当场表示，只要他肯签字，立即给他一万元奖励。结果，任何劝说都无济于事，他只是喃喃自语地说："我老婆是感冒，等她好了之后自然就生了。我不签字，签字了医生就不会免费给药物治疗了，我没有钱！"

不久之后，他又开始放声大哭，哭完接着说："再观察观察吧！"后来，他居然还在手术通知单上写下"坚持用药治疗，坚持不做剖腹手术，后果自负"的字样。医生觉察出男子行为异常，怀疑他是否有精神问题，但经精神科主任确诊，他不仅没有任何精神失常的迹象，还表现得非常警惕。

医院在没有亲属签字的情况下，无奈地选择用急救药物措施勉强维持孕妇的生命，并不敢"违法"擅自实施手术。结果，三个小时之后，孕妇心跳停止。男子得知妻子真的死去后，当场大哭，这才表示要签字。妻子尸体被抬走之后，男子在病房外面独自徘徊，还去找医生理论，要求看自己的孩子。后来，民警赶到现场，将其带走。

事实上，在妻子离世之后，男子还向周围的人诉苦，他说他与妻子是老乡，当时是在火车上认识的，妻子因为和家人不和想自杀，是他好心劝下了她，打消了她自杀的念头，至此两人便开始一起生活。男子还称，两人在北京的生活虽然艰苦，但自己给了妻子精神上很大的快乐和安慰。他坦承自己爱上妻子的原因是：她年轻，会唱歌，讲究"三从四德"，听话，从不与其他男人接触。后来，他还要求将亡妻的尸体运回家乡安葬。

有一位病人家属贺某，是当天目睹此事件发生全程的人员之一，也就是那个说要给男子一万块钱的人。贺某在一次探望死者家属的过程中，悄悄塞给死者父母 500 块钱，后又要给该男子 500 元，该男子很有正义感地要求把钱给他的"岳父岳母"，自己不要。当贺某问他是否后悔不签字害死妻子时，他依然义正词严地说："我不签字，医院也应该先救人啊！"

这件事曾在当时引起强烈轰动，舆论的焦点主要集中在男子和医院两方面。这里我们抛开医院的责任不论，单就该男子的表现而言，专家认为，这是偏执型人格障碍。死者父母要求追究该男子的刑事责任，但他一直坚持认为，自己即便没有签字，医生也应进行手术，所以是医生的责任，而不是他。也就是说，在亲人病危的情况之下，他还能够进行十分理智的思考（担心医院不给做免费药物治疗，考虑到自己没有钱），这与正常人的心理和行为已经构成了强烈的反差。

他喜欢妻子的原因之一是因为她"从不与其他男人接触"，这说明他很在意妻子和别的男性有接触。此外，他一直保持思维的前后一致性，觉得自己想问题"一向周到，不会出错"，这种总以为自己有理，并直接将由自己的失误而引发的后果全部否定，把一切罪责都归因到外界的行为表现，符合偏执型人格障碍的特征。

不过，该男子并不认为自己有心理问题，坚决否认自己有病，只是承认自己"是挺固执的"。每当他回忆起当天手术前的情形时，总是思维混乱，一会儿说自己很后悔没有签字，一会儿又说都是医生害死妻子的，过了一会儿还说即使签字了，妻子还是会死。最后，他干脆直接说："早知道我签字好了，这样妻子死了，责任就都是医院的了。"总之，他一直在为自己辩解，如果有人指出漏洞，他只会停顿一下，然后接着自顾自地往下说。

面对众多媒体的采访，他似乎已经习惯了表现自己，并且会很适当地哭泣，将整个身子缩成一团，目光呆滞。面对反复追问，他也不烦，甚至还自得其乐，仿佛自己已经在其中找到了自己的存在价值。可见，他只活在自己构筑的世界里。

关于他拒绝在剖腹产手术同意书上签字的原因，男子后来还补充说，不仅是因为自己没有钱，还因为之前有和尚告诉他，在北京有人会害他的老婆，并且剖腹产影响生二胎。很多人都想不到，在生死关头，该男子居然可以如此理智地考虑那么多。

几天后，有人发现他去药店买安眠药，结果没有买到，就直接去了医院，在那里警察再次把他带进了派出所。晚上，男子开始在里面大喊大叫，声称自己要死，当被问及为什么一定要用安眠药自杀时，他居然嘿嘿笑起来："如果被人识破了，不好意思啊！"

案例二

有一位年轻男子王某，前不久遇到一个女孩，两人在相处中深刻感受到了对方的关爱，于是很快就确定了男女朋友关系。女孩对王某很满意，还说要带他去见父母，好让母亲高兴一番。但是，王某的性情却在关系确立后发生了变化，他经常查看女孩的手机，周末女孩如果外出，他总是跟踪前往，疑心变得越来越重，为此，两人经常

吵架。

有一次，女孩单位组织活动，王某虽然不放心，但也没有说不让女孩参加聚会的话。结果他一直跟踪女孩，其间他发现女孩和另外一个男子总是说很多话，便愤然站出来，强行将女孩拉回了家。此后，只要他发现女孩与其他男孩有接触，便大发脾气，追问他们在一起都做了什么等，女孩反抗，他便拳脚相加，把她往死里打，而事后又会请求女友原谅，甚至跪下来哀求。女孩虽然原谅了他，但不想如此生活一辈子，便向王某提出了分手。没想到的是，王某竟然威胁她说，只要她敢和自己分手，他就永远不会放过其家人。

偏执型人格障碍及其诊断标准

专家认为，以上两个案例中的男性的行为均属于偏执型人格障碍的表现，但不存在持久性的精神病症状，如妄想、幻觉等，否则就要考虑是偏执型精神病或偏执型精神分裂症等疾病。

偏执型人格障碍的关键是"不信任"，即认为别人总是狡诈、伪善、不可靠、别有用心的，而认为自己才是正义的化身，是纯洁且高尚的。这一点表现在爱情关系中，有偏执型人格障碍的一方总是会要求另一半不得与除了自己的任何异性有接触，案例一中的男子也表示过妻子生前从未与其他男人交往，因而他们的关系才相对和谐；而案例二中王某的女朋友就经常与异性接触，这使得王某疑心加重，两人关系也随之陷入困境。

此外，这类人还时常担心因为自己的脆弱和纯洁而受到别人的不公平待遇，甚至遭受欺骗、侮辱等，因此他们对外界总是保持着高度的警惕状态。

研究发现，偏执型人格障碍主要以猜疑和偏执为特征，形成于青少年时期，并且男性普遍多于女性，以胆汁质和外向型性格的人居多。患有这种病态人格的人通常人际关系紧张，很难与同学、同事、朋友及家人和谐相处。那么，偏执型人格障碍的诊断标准有哪些呢？

1. 对他人持有过重的疑心，常常把别人的无意或非恶意的行为误解为对自己的敌意，在没有足够证据的前提下，仅凭借怀疑就断定对方要加害于己，自己会成为别人"阴谋"的牺牲品，因而时时保持极高的警惕性。

2. 对某些有意或无意的伤害和侮辱无法宽容和谅解，总是耿耿于怀，甚至伺机报复。

3. 容易产生病态的妒忌心理，过分怀疑另一半不忠或出轨，但不在妄想范围内。

4. 对自身所遭遇的挫折和失败过分敏感。

5. 忽视和不相信那些与自己的想法不相符的客观证据，别人难以用讲道理的方法令其改变想法。

6. 过度自负，以自我为中心，心理上总感觉压抑，一度怀疑自己被迫害。

7. 脱离现实，争强好辩，固执地追求个人的不合理的权利和利益，甚至出现冲动性攻击行为。

在以上七项中，至少要符合三项，才可确诊为偏执型人格障碍。此类人基本上是自我和谐的，缺乏自知之明，不会承认自己的偏执行为，也不会主动地或被动地去寻求医生的帮助。

偏执型人格障碍的形成原因

研究认为，偏执型人格障碍大多形成于青少年时期，主要原因还是家庭环境。比如孩子受到家长的无原则的溺爱和迁就，在"皇帝式""公主式"的家庭环境中长大，孩子们逐渐养成了以自我为中心的观念，习惯了家人的百依百顺和不绝于耳的赞美和颂扬，对自己缺乏客观、正确的评价，高估自身能力，不愿意同时也缺乏改正缺点的勇气和正确态度……这些在小时候形成的性格弱点就成了偏执型人格障碍的发展基础。

偏执型人格障碍的自我修复

第一，针对偏执型人格障碍的衍生基础，家长要重视家庭教育对孩子的重大影响，在极力为孩子营造一个和谐、温馨的成长环境的同时，也不要忘记适时纠正其不良思想。

研究发现，在性格不健康、经常吵架和打骂孩子的父母的影响下，孩子很容易形成不良心理和性格，主要表现为自幼就孤僻、敏感、急躁、主观、疑心重等。可见，父母要时刻注意自己的言行，不要给孩子做负面榜样。

如果家长发现孩子已经出现了偏执型人格障碍的各种表现，就要注意其性格特点，尊重其合理的意见和要求，尽量不要在小事上发生无休止的争论；如果其意见和要求不合理或因为各种条件限制无法办到，也不要急于否定，而是要耐心倾听，必要的时候应给予解释，以便打消其顾虑。实在不能统一意见时，与其争论不休，倒不如搁置一段时间，等待时机成熟或双方心情极佳的时候再做探讨。

第二，积极进行心理治疗。心理治疗需要家人、亲友的协助，主要是通过深入接触并与之建立起良好的关系，同时给予各种关心和照顾，帮助患者认识到自身的个性缺陷，指出个性并非不可改变的，引导其重建自信心和相信他人。患者同时也从对方对自己的种种关切和照顾中认识到信任的重要性，进而积极改变现状。

这种心理治疗的基本原理就是，心理医生或身边的亲友对患者的症状以心理学的原理加以阐释，帮助患者更深刻地了解自己的思想和行为。通过这种深刻理解，患者会找到隐藏在内心深处的动机或无法消除的情结，洞察自身适应困境的反应模式，从而改善心理行为和处理问题的方式，达到间接消除精神症状，促进人格成熟的目的。但这种心理治疗的重点不仅仅是帮助患者消除精神症状，更重要的是改善患者对现实的心理适应模式，比如对内如何处理自己的欲望需求等。具体如下：

1. 提高认知。

偏执型人格障碍患者对别人是极其不信任的，因而敏感多疑，不接受任何善意的忠告，但如果你们的关系非常好，就另当别论了。所以，首先要与之建立和谐、友好的信任关系，只有在相互信任的基础上才能有进一步的情感交流，并且向其全面介绍偏执型人格障碍的特点、个性表现、危害性以及纠正的方法，进而纠正患者的自我评价，并使其产生改变自己的积极愿望。协助患者做这一心理治疗的人一定要以此为先决条件，不要急于求成，慢慢与之建立和谐关系是关键。

相互信任的和谐关系建立之后，要引导患者逐步消除偏执型人格障碍的异常行为特征，比如，当患者感到同学、同事等对自己有敌意时，要立即想到自己是不是又要掉进"偏执型人格障碍的黑色旋涡"中去了，告诉自己"这是偏执的观念在起作用，这是错误的"，或者在自己对别人产生不信任和敌意时，要仔细分析自己是不是再次被"黑色旋涡"卷了进去。在这个过程中，要培养自己客观看待问题的能力，随时提醒自己不要总是盘桓在自己构筑的世界里，还要试着用相信自己的态度去相信周围的人。

2. 自我纠正。

因为偏执型人格障碍的人总是喜欢走极端，要么好到极点，要么坏到极致，这与其大脑中的非理性观念是相联系的。所以，偏执行为的矫正还需要以矫正偏执观念为前提。

患者其实是能够意识到自己的偏执行为的，因而从现在开始，患者不妨将自己平时的偏执行为列出来，然后逐条修正。比如，患者列出的偏执观念或行为有：

"我不允许另一半与除了我之外的异性有接触。"

"我不相信这世上的所有人，只有我自己才是最可信的。"

"每个人都只为自己考虑，别人攻击我，我也要毫不手软地加以还击。"

"我这么优秀，不允许任何人超越我，凌驾于我之上。"

……

那么，现在就开始逐条做修正，改为：

"我的另一半也有自由，他（她）与除了我之外的异性有接触很正常。"

"这个世界上还是有好人的，我应该相信好人。"

"为自己考虑很正常，毕竟大家都有自己的利益所在，别人攻击我，我还击的前提是自己真的遭受了攻击。"

"天外有天，人外有人，我不能保证自己就是无法超越的。"

……

这就祛除了其中的偏激成分，帮助患者客观、理性地看待人与事。患者还可以将修正之后的内容悄悄地在心中默念，每天都坚持，一段时间以后会出现神奇的变化。

3. 心理暗示。

患者如果能够及时意识到偏执思想和行为的存在，那就应该在它们出现之前就加以制止，暗示自己不要陷入"敌对心理"和"信任危机"的旋涡之中，尝试多与周围的人接触，试着去相信他们，给予对方表现自己的机会，看看你最初的判断是否准确。相信你会发现对方并不是你想的那样，进而找到相信的勇气和动力。

患者用这种自我暗示的方法时，要提醒自己尊重和理解对方，这样你也会收获到同样的尊重和理解。这是心理学中的"镜子原理"，你在镜子中看到的其实就是你自己，所以，你想要看到什么，首先自己就要做到什么。比如，你希望别人不要一直板着脸对你，那你就先对别人微笑，相信对方也一定会回报你一个很灿烂的笑容。

第三，积极做出行为改变。当偏执的观念有了一定改善之后，患者还要积极地改变行为。多结交朋友，积极参与社交活动，在与友人相处的过程中，试着去相信对方。

1. 交友要真诚，诚心诚意。根据"镜子原理"，患者只有用真诚的态度与别人相处，才能很快赢得对方的真诚相待。相信大多数人都是善良且友好的，消除不安全感和偏见，去掉有色眼镜，再去审视一切，会出现不一样的风景。当然，交友的目的是为了帮助自己克服偏执，而不是为了寻找敌意，这一点很关键。所以，一定要相信自己能够做到。

2. 大方给予帮助。在交友的过程中，如果对方有困难，要毫不吝啬地伸出自己的双手，对方会铭记于心，这也是取得信任的关键。俗话说"患难见真情"，当你用真情与对方相处时，友情的根基才会更加稳固。

3. 注意交友原则。并不是大街上随便抓一个人，就能够成为知心朋友。大凡相处得来的朋友多半都是性情相似的，心理学上称之为"心理相容原则"，即对方与你在性别、年龄、职业、文化修养、经济水平、兴趣爱好等方面是否相互融合。此外，交友还要重视的一个原则是"志同道合"，即双方思想观念和人生价值观相似或一致。

4. 需要亲友的大力支持和协助。患者的亲人要经常给予其鼓励，不要动不动就予以责骂，做到相互关心、相互尊重和理解很重要。为患者纠正偏执营造一个好的环境，减少和避免不良刺激。

（三）矫正强迫型人格

强迫型人格障碍案例

案例一

张某今年23岁，目前没有工作。据了解，在农村长大的张某从小就非常懂事，也许是身为长子的关系，他深知父母的不易，因而对自己也严格要求，成绩一直保持班上前三名，为此也赢得了老师的喜欢。在初一下半学期，张某的父亲为了奖励儿子，便用节省下来的钱为他买了一块好看的手表，还嘱咐他不要丢了。

哪知不到半年的时间，那块手表还是被张某弄丢了。他解释说："我已经很小心了，可越是小心就越是紧张兮兮的，结果真就丢了。"事后他也深感自责，经常在操场或马路边低头巡视，希望那块表还可以出现。更重要的是，他因此开始心不在焉，上课也没心思听讲，结果导致成绩下滑。

后来，家里新买了沙发，张某很喜欢，经常一屁股坐上去，在上面看书。但有一次，母亲不经意地说："以后少坐沙发，别坐坏了。"那次之后，张某就再也不敢坐了，生怕给坐坏了。再后来，他连椅子都害怕。

由于成绩不好，又因为生病，张某只勉强把初中读完了，之后就一直待在家里。父母为了给他看病四处奔波，也花了很多钱，张某为此很难受，心理负担很重。

前段时间，张某开始小便失禁，常常想去上厕所，但每次都自认为不该上，于是越是想控制就越想去。其实，困扰张某的问题并不止这些，还有很多日常琐事，比如"该不该坐椅子""我饿不饿""我渴不渴""衣服是明天洗还是现在就洗了"，甚至看到电灯的开关时，他都要犹豫该不该关掉，出门后会反复检查门有没有锁好等等。当然，张某很不愿与人交往，他认为别人似乎都在嘲笑他，都用眼睛一直看着自己。

不久之后，张某家人带着他走进了一家医院的精神科，准备接受心理医生的帮助。在这个过程中，张某如上所述地一一向心理医生陈述了自己的情况。

心理医生认为，在精神病学中，强迫型人格被分为强迫思维、强迫情绪和强迫行为三种，而后来强迫情绪从中分离出来，单独成为一种类型，即恐惧症，指的是患者对特定的人或物或某种场景，有不可抑制的、与现实处境不相符的恐慌、惧怕、紧张心理。在张某的情绪中也有对椅子和沙发的恐惧，但并不是主要特征。而再结合他的其他心理和行为特征分析，张某在精神方面一切正常，其家族成员中也没有精神病史，所以，张某属于强迫型人格障碍患者。

随后，心理医生详细地分析了张某的症状以及这些症状产生的具体原因，还特别指出，张某的强迫观念和行为并不是在短时间内形成的，而是在他本人内向的个性和看似轻松、实则严格的家庭教育环境的共同作用下形成的。

"我的病还有治好的可能性吗？"饱受困扰的张某很想拥有正常人的生活。

"只要你肯积极配合，一定能够治好。"心理医生明确地告诉张某说。

"你首先要有一个积极的态度，因为你的病情其实并不严重，积极配合治疗，很快就可以康复了。所以，不要有思想压力。此外，你要每天坚持记载自己的一些强迫观念，包括强迫观念的具体内容和它们出现的次数，并且在它们出现时不要刻意与之抗争，顺其自然，想上厕所就去上，想坐沙发就去坐，经常暗示自己说：'别人都很忙的，不会一直盯着我看。'这样一来，你的强迫观念就会淡化。"心理医生给出了自己的建议，并要求张某务必要坚持做到。

张某自己也非常想要康复，因而回到家后，他根据心理医生的建议列出了计划表，并坚持一条不漏地执行。两个月后，张某的情况果然出现了好转。

案例二

蒋某是浙江某大学的老师，她有一个很聪明可爱但身体不太好的儿子。2012年5月6日，13岁的孩子依旧像往常一样爱睡懒觉。蒋某出门买好早餐回家，发现孩子还没起床，她就像以前一样走上前去，用手掐儿子的脖子，试图用这种方式让他起床，还顺手打了一下儿子的屁股，接着就走出房间了。

没过多久，蒋某再次走进来，却发现儿子还是躺着没动，心中不免有些生气了，然后又伸出双手在儿子的小脖子上掐了一下，因为生气的缘故，这次的力气明显比上一次大了。蒋某第三次进屋时，儿子依旧没有动静，她又伸出双手掐他的脖子，这一次小男孩的腿伸直了。蒋某误以为他醒了，便径直走出房间。事实并非如此，蒋某第四次走进房间时，小男孩还是躺在床上不动，蒋某的情绪一下子就发生了变化，她开始使劲地掐儿子的脖子，直到孩子的脸变红，还咳嗽起来……等到蒋某第五次进屋时，才发现她儿子已经断气了。

蒋某这才反应过来，赶紧给儿子做急救，使劲压他的胸部，还用拳头去敲打他的心脏，但一切都无济于事。蒋某感到恐慌，情急之下她打电话给自己的父母，而不是报警或打120。随后，蒋某还给儿子换上了自认为很漂亮的一套衣服。

这件事在当时令周围的人很震惊，谁也不会相信，身为教师的母亲会亲手把自己的亲生儿子掐死。当警方赶到现场时，男孩早已经没有了呼吸，而经鉴定，男孩确实

是被掐死的，距离死亡时间至少有六个小时。蒋某当时十分安静地坐在隔壁的房间里。

后来，医院对蒋某做了精神鉴定，发现她患有强迫型人格障碍，但尚在刑事责任能力范围之内。

原来，蒋某在儿子的身上倾注了几乎所有的精力，她还在儿子的房间内放了两张紧紧挨在一起的床，每天都要陪着儿子，直到儿子睡着后，她才悄悄起身，回到自己的房间。假如丈夫出差不在家，她就会陪着儿子一起睡。平时，蒋某对儿子的一切事情都要亲力亲为才放心，比如该吃什么不该吃什么。即使是孩子的爸爸带他去楼下玩耍，她都不放心。而在孩子的教育方面，蒋某也有自己的一套严格要求。比如，她不准孩子看电视，每次回家都要摸摸电视机后面热不热，如果热，她就会发脾气，甚至拿出菜刀。

蒋某一直都很独立，她做事讲究条理和计划，其父母还说，她小时候就有制定表格的习惯，上面排得满满的，都是自己做事的计划。蒋某的丈夫也觉得妻子非常要强，家里大大小小的事情她都要做主。

强迫型人格障碍及其诊断标准

强迫型人格障碍是人格障碍的一种，患者过分要求秩序严格、完美，做事缺少灵活性、开放性，效率低下，在日常生活中总是按照循规蹈矩的方式，按部就班地学习、工作和生活，不允许出现变更，担心遗漏某些要点而过分仔细和紧张，有时甚至重复检查、关注细节，致使任务延迟或难以完成。研究发现，这类人很容易陷入某件事情之中无法脱身，表现过分紧张，不给自己放松的机会，常常忽略身边人的存在，他们在道德观、伦理观和人生价值观上都有自己的原则且表现固执。

那么，强迫型人格障碍的诊断标准是什么呢？我们如何才能断定一个人患有强迫型人格障碍呢？

1. 凡事总是需要反复核对后，才能放心；对细节过分在意而忽视全局。

2. 内心深处有严重的不安全感，做事优柔寡断，谨小慎微，疑心较重。

3. 行事需要有完整的计划，并且很早之前就开始做反反复复的计划安排。

4. 做事循规蹈矩，不知变通，对自己要求严格，缺乏人际交往，常因个人工作而忽略体验精神愉悦。

5. 总是要求别人也按照自己的行为方式行事，否则就会觉得非常不痛快。

6. 经常出现一些自己也讨厌的思想和冲动，受其困扰，但尚未达到强迫症的诊断标准。

7. 墨守成规，待人缺少亲和力。

专家认为，以上七项中需要至少符合三项才可确诊为强迫型人格障碍。

强迫型人格障碍的形成原因

1. 家庭因素。强迫型人格障碍通常在幼年时期就已初现端倪，这与家庭的教育环境和生活经历有着直接的关系。比如案例一中的张某，他的家庭环境看似和谐、宽松，实际上张某却生活得并不轻松，比如他身为老大，自然有着不容推辞的"懂事"的责任，不仅要学习好，还要处处为家人着想，加上父母经常在他耳边提出一些要求："不要把表弄丢了，很贵的""不要坐沙发，别坐坏了"等，这导致他在精神上过分紧张，加上张某个人的性格因素，最终发展为强迫型人格障碍。

此外，某些家庭过分严厉的管教方式，也很容易造成子女胆小、紧张、小心翼翼地做事方式，生怕做错事遭到父母的责骂和惩罚，因而总是左思右想，优柔寡断，渐渐地形成了紧张、焦虑的情绪反应。或者，父母的生活习惯也会对子女产生一定的影响，譬如，父母中的一方从事医疗行业，他们会经常教育子女勤洗手、勤换外套、不许穿外面的鞋子进屋、不许别的小朋友乱来家里等等，这都在潜移默化地影响孩子，严重时还导致孩子从小就有"洁癖"。

2. 性格因素。性格内向、追求完美主义、要强等个性特征，也是强迫型人格障碍衍生的温床。

3. 童年创伤。如果幼年时期经历过严重挫折和刺激，加上持续的精神压力，也很容易出现强迫型人格。

4. 遗传因素。也有研究发现，如果家族中有强迫型人格障碍患者，其亲属患强迫型人格障碍的概率就要比普通家庭高很多。

强迫型人格障碍的自我修复

目前被肯定的强迫型人格障碍的治疗方法有两种，一种是心理治疗，一种是药物治疗。有些时候，即便是药物治疗也要结合心理治疗，双管齐下。

心理治疗在人格障碍的治疗中是比较普遍的一种方式，也是我们这里将要做重点介绍的一种疗法，它主要包括认知疗法和行为疗法两种。其中，在行为疗法中有听之任之疗法和当头棒喝法两种。

1. 认知疗法。

认知疗法主要是为了减轻或消除患者的症状，因为强迫型人格障碍的患者在智力和生理等方面都已经成熟，但在心理情绪上却依旧略显稚嫩，常常太过理性化，过度压抑情绪，一旦被压抑的情绪冲破心理防线，恐惧感就会占据上风。

在案例一中，心理医生给张某的建议也就是基于这一点提出的，患者需要对自己的情况有十分具体的了解，并且充分接纳，在此基础上才能顺利实施改善措施。我们可以采用该案例中的治疗方法，比如，患者及其家人需要意识到病情并非在短时间内形成的，而是长期的心理压力造成的结果，包括家庭环境的隐形压力以及患者本人的内向个性，所以，治疗的着重点就可以集中在这两方面。

此外，患者还需要详细记录自己在日常生活中出现的强迫观念，并适时做出评价，用修正的方式列出比较合理的观念，以便让自己从某些不合理的思想观念中解脱出来，渐渐改变强迫型思维模式和绝对完美主义的心态，达到完善人格的目的，进而增强自尊心和自信心，及时有效地克服病症。

2. 听之任之的行为疗法。

在认知疗法的基础之上，患者要学会化解冲突，不要过分压制自己，以减轻和放松精神和心理压力。专家认为，最为有效的方式当数听之任之的顺其自然法。即患者在强迫意念产生时，不要过分压制和强迫自己，该怎么做就怎么做，做完之后也不要再去回想，更不要对其做任何评价，让那些强迫型意念自生自灭。

首先，患者要认清精神活动的规律，并接受自己可能会出现的各种各样的想法和意念。要想做到这一点，患者就要摒弃完美主义心态，相信"人无完人，金无足赤"，宇宙间根本不存在绝对完美的事物，过分追求只能自寻苦恼；同时，还要意识到每个人都有私欲、邪念、妒忌和狭隘之心，这是不可避免的，也是人类精神活动的一大规律。这是一个人很难凭借其理智和意志避免的，但该不该去做一些违背理智的事情，却是一个人自己可以决定的。

其次，患者尝试暗示自己"顺其自然""听之任之""自生自灭"等标志性词语。当强迫观念出现时，不要过分紧张，或急于去"扑灭"它们，譬如说，当你意识到大门没有锁好，那就让它没锁好吧；当你发现书本没有摆放整齐时，那就随便怎么放，只要不掉下来，和你又有什么关系呢？

所以，不要给自己下那么多的死命令，很多事情大可不必如此讲究细枝末节，当你发现自己有一天不再去研究那些细节时，你会感受到另一种发自内心的愉悦和轻松。这是因为，当你不再刻意对抗而采取接受的态度时，便能够淡化强迫症状的主观感受，并且还会因为这种不再排斥的感觉而逐渐令自己的注意力不再围绕着它们打转。久而久之。病情就会得以缓解，直至消失。

最后，患者必须要学会忍受痛苦。对症状采取顺应的态度，并不意味着患者就可以为所欲为，而是要坚持做一些有意义的事情，帮助自己建立自信和勇气。一般而言，心理疗法不可能使症状立即就消失不见，还需要一个过程，在症状依旧存在的情况下，即便觉得很痛苦也要坚持下去，如何使得这个过程不那么痛苦？最好的办法还是转移注意力，做一些能够促使积极情绪产生的事情，或者是能够很快见到成效的事，帮助树立自信。

3. 当头棒喝行为疗法。

心理学家认为，强迫型人格障碍患者一般都把自身行动的主导权转交给了"规矩和习惯"，而封锁了本有的活跃因子，让"规矩和习惯"代替了自由思想而主宰个人行为。当头棒喝行为疗法是一种借用禅宗里的"德山棒，临济喝"的说法：德山用大棒呵斥学生，让那些执迷不悟的学生幡然醒悟；临济用模棱两可的问题吸引学生，当学生犹豫不决时，他就大喝一声警示学生。

禅宗认为，那些弟子之所以会执迷不悟，正是因为他们都太依赖大脑中的呆板教条。也就是说，当一个人过分地执着于经典和规矩时，就会在复杂多变的现实生活和问题面前感到无所适从。而强迫型人格障碍患者就习惯于按照教条和规矩做事，计划性很强。因此，要想改变这种状况，最好是在生活中寻找独特的事件，让这些独具特色的事情改变以往陈旧的观念和思想，带来新的看待和解决问题的方法和思路，即让这些独具特色的事件起到"当头棒喝"的作用。

同时，患者自己也可以在平时给自己制造"当头棒喝"，比如，在感觉到某些行为不受控制时，要对自己大声喊出"停"或"不"的警告。这样一来，思维和行为便会遭到扰乱；假如凡事总是亲力亲为才放心，迟疑着要不要交由他人处理，此时，不妨立即告诫自己"果断决定，当断则断"。在某一个瞬间迅速做出决断，此后就不要再去考虑这件事了。

假如患者感觉自己的力量不足，还可以要求家人帮助自己，在必要的时候给出"当头棒喝"。

（四）矫正依赖型人格

依赖型人格障碍案例

案例一

春节过后，很多人都纷纷踏上了离乡之路，短暂的相聚之后，随之而来又是长达一年的分离。这种现象现在十分普遍，但在许某的眼中，这又是一场"痛哭流涕，生不如死"的离别。

许某是一位长相俊俏的年轻姑娘，从小就没离开过家，大学也是在离家最近的一

所大学读完的。大学期间，她也要天天回家。而毕业之后，许某开始了朝九晚五的工作生活，她很不适应与家人分离的生活，尤其是春节过后，她便死活都不愿去单位，朋友以为她是在单位遇到了麻烦事，但一问才得知，她是舍不得家人。所以，她几乎每次都要大哭一场，才能恋恋不舍地返回单位上班。

后来，许某交了男朋友，她开始要求男友天天陪自己，假如男友有事不能奉陪时，她总是要哭闹一番，痛苦得像是再也不能见面了。刚开始时，男友觉得许某小鸟依人，但时间长了，他发现许某太依赖自己了，一天不见面就要死要活地哭闹，见面了也没发现她怎么样，反正她就是需要时时刻刻有人陪，买一件衣服或者去超市买个零食，都要男友为她做决定。结果，男友提出了分手。许某怎么忍受得了这般打击，没有了男友，她开始像掉了魂一样，天天待在家里足不出户，工作也辞了，父母整天在家看着她，生怕许某想不开。

一个偶然的机会，许某结识了一位贾姓男子，但该男子已有家庭。许某自知不该做第三者，但因为贾某说过："你对我比我老婆对我都好。"这句话让许某做出了一个大胆的决定，因为她从来没有被这样肯定过，贾某让她感受到了一种强烈的、被依赖的感觉，而一直以来都是她在依赖别人。所以，她决定和贾某在一起，不管今后有没有未来。许某承认，自己需要一个引导者为自己引导方向，而贾某就扮演了这样一个角色，在她需要时总是不厌其烦地陪着她，及时地安抚了她不安和落寞的情绪。

几年之后，贾某和原配离婚，但他也不想立即和许某结婚。许某曾经一直心甘情愿地以"第三者"的身份陪着贾某，现在他离婚了，她如果要求贾某给她一个名分，再正常不过了，但许某没有。随着年龄的增长和阅历的累积，许某不再是当年的那个爱哭爱闹的小女孩了，而是变得理智和成熟，所以，她依旧选择安静地待在贾某的身边，一年后还生下了一个可爱的男孩。

三年之后，贾某终于提出了结婚，他说："你对我这么好，让我重新相信了爱情，相信了婚姻。"这句话是许某求之不得的，更是给了她极大的鼓励和肯定。她觉得自己为之付出一切都是值得的。婚后的生活很美满，许某做起了全职太太，一心一意地相夫教子。

但美满的生活却随着儿子一天天长大而消失，读初中的儿子开始反抗许某的束管，甚至开始有意疏离父母。许某意识到她再也不可能像从前那样天天抱着儿子了，于是万分悲痛，有几次和儿子发生争执，儿子摔门而出，丈夫也顺口数落了她，许某一下子感到万念俱灰，动起了自杀的念头，好在被发现得早，没有生命危险。

此后，许某一直沉浸在悲伤之中，难以自拔。丈夫看在眼里，急在心里，为此他也像以前那样鼓励许某，但并不管用。后来，朋友建议贾某，让他带许某去看看心理医生，说不定有用。于是，在贾某的鼓励下，许某走进了心理诊所，开始接受心理医生的治疗。

心理医生根据许某自己及其家人的描述做出诊断，认为许某一直都有依赖型人格障碍，她的生活重心一直都不是自己，而是身边的人，这是典型的依赖型人格特质。她极度渴望被照顾和关爱，害怕分离，但又因为求之不得或缺乏自信，不敢再去主动表现出过度的依赖行为，反而转变为另外一种形式，即特别乐于去照顾和关爱他人、体贴他人，从中寻求肯定和被依赖、被需要的感觉。许某长期依赖丈夫和儿子，导致其生活已经完全离不开他们，所以在儿子对自己表现出疏离时，她会觉得自信心遭受打击，产生极度痛苦之感。

通过一次次的交谈，许某已经意识到了自身"依赖型人格特质"的表现，并接受了心理医生的建议；而其家人也开始慢慢转变态度，接受建议，给予许某持续的肯定，为许某的治疗提供了很好的环境。不久，许某向心理医生反馈，说自己的情况已经明显好转。

案例二

王某的情况与许某有些类似，她已经29岁了，但始终对婚姻有恐惧感。和她相恋五年的未婚夫就是因为她一再拖延婚期，甚至在结婚前一天临阵脱逃的行为而提出分手。但是，王某根本不肯接受分手，她认为自己还是很爱男友的，就是害怕结婚而已，所以没有必要一定要分手。

因此，王某在男友提出分手后还不断地发送短信、打电话挽留他，甚至天天去男友公司楼下等他下班。母亲见状，又是心疼又是愤恨，一气之下，她决定将女儿关在家里，天天给她做思想工作。直到后来，王某的前男友通过相亲结识了另外一个女孩，并迅速结婚，王某这才死心，但依旧悲痛万分，迟迟不肯谈恋爱，更不愿结婚。

无奈之下，父母领着女儿去看了心理医生。在谈话中，心理医生注意到了一个细节，那就是王某对婚姻的恐惧感已经远远超出了正常离异的人，而奇怪的是，她并没有婚史，为何对婚姻如此排斥呢？细问之下才得知，原来王某的父母在多年前因为性格不合而离婚，在王某很小的时候，他们就一直争吵不断，当着王某的面批评对方，还要求王某表态：到底是爸爸对，还是妈妈对。王某无法表态，更不敢和父母中的任何一方过分接近，担心让另一方不满。

因而，王某很难与父母建立亲密关系，他们甚至还一度将在一旁哭泣的王某丢下不管。王某回忆说："有一次，我深夜饿着肚子摸黑去找爸爸，路上还遇到了坏人，好在邻居大伯及时出现，才把我领回家。我很希望他们好好地在一起，但也许一辈子都不可能了，婚姻就是这么可怕。"

由此，心理医生告诉王某的母亲，根据王某的表现，王某属于依赖型人格障碍，并且是因父母婚姻的破裂而产生了心理压抑，长期的心理压抑导致她缺乏安全感，内心孤独；而成年后和前男友的相恋，不失时机地给予了她一直欠缺的安全感，因而她才开始极度依赖前男友，她把自己对父母的依恋关系投射到男友身上。

可以说，王某的前男友在生活中不仅扮演着恋人的角色，其中更多的还是她潜意识中的父母的角色。但这种情况在恋爱期间，王某是享受的，而在提到结婚的问题时，已经对婚姻产生恐惧心理的王某就十分担心婚后自己会失去那种稳定的情感关系。男友离开时，她才发觉自己失去了精神依靠，体验到被父母抛弃的感觉，难以割舍。像这种情况，即便王某重新恋爱，依旧还是会对异外一半极度依恋。

依赖型人格障碍及其诊断标准

依赖型人格障碍患者需要一座靠山，时刻能够得到别人的关怀和温情，只要如此，他们往往宁愿放弃自己的个人兴趣，乃至改变自己的人生观。这样一来，他们便会变得越来越软弱，缺乏自主性和创造性，处处委曲求全，导致其越来越压抑，久而久之也就失去了自己的个人追求。案例一中的许某就是很典型的例子，她由最初对父母的依赖，转而开始对男友依赖，期望获得关怀和照顾，但遭到男友抛弃后，她开始转变为另外一种形式的依赖，即用自己的付出去赢得想要的关注，从中享受被需要和被依赖的成就感。

专家分析，依赖型人格障碍的患者在日常生活中不能对自己的事情做出果断决定，依赖于他人给予指引，甚至无条件接受对方的所有意见和建议，听从对方为自己安排的一切，包括人生规划、职业方向等重大决定。这种过度依赖导致他们不敢独处或者在独处时感到无助和恐惧，生怕被抛弃，在遭到批评和忽略时极度敏感，受伤很深。即便很多时候他们也知道不是自己的错，依旧笑着迎合，为此常常去做违背自身意愿的事情，甚至失去自尊。

那么，依赖型人格障碍要符合哪些标准才能确诊呢？专家根据临床经验总结出以下几个要点，至少符合其中的三项，才可确诊：

1. 当自己与亲人的亲密关系结束时，比如离家外出或家人外出、和恋人分开等，感到极度无助和被毁灭的心理感受。

2. 总是依赖他人为自己的生活做决定，假如没有他人的大量劝告或保证，便很难做出选择。

3. 将决定权交给所依赖的人，这样就不用因选择失误而承担责任了。

4. 将自己的需求依附于所依赖的人，过度服从对方的意志。

5. 时常感到无助，尤其是在独处时更有孤寂感，感到自己无能，缺乏精力。

6. 不愿对所依恋的人提出要求，包括一些合理的要求。

7. 很难对他人的意见提出反对意见，担心失去支持和关注。

依赖型人格障碍的形成原因

现实生活中，或许每个人都有不同程度的依赖，对身边的人适当的依赖其实是维系感情的良好动机，如果失去了来自别人的关心和照顾，人生似乎就不太完整了。所以，正常的依赖应该是适度的，而病态的依赖就是过度的了。因而，在区别正常的依赖和病态的依赖的过程中，我们很有必要了解病态依赖的形成原因，只有找到这些原因，才能进一步对病态依赖采取矫正措施，不让它扰乱正常生活。

第一，依赖型人格障碍发源于幼年。儿童在幼年时期如果过度依赖父母，会形成依赖型人格，在他们的印象中，父母是保护神，一切事情离开了他们就进行不下去。再加上父母的过分宠爱，事事都帮孩子安排好，任由孩子依赖自己，不给他们独立长大的机会，久而久之，在孩子的心目中就产生了对父母或权威的依赖性。

儿童时期的过分依赖，严重影响到成长过程中的个性发展和形成，乃至成年之后依旧难以自主，缺乏自信心，总是要依靠身边的人为自己做决定。这种情况在女孩的身上比较多见，家长对女儿讲究"富养"，总是处处周到，包办一切，女儿的依赖心理在童年时期产生，青少年时期成形，在成年之后已然定性，导致依赖型人格障碍的形成。

天津市少工委曾经对 1500 名小学生进行调查，发现其中有 51.9% 的学生都依靠家长长期为其打理学习和生活用品；有 74.4% 的学生在生活和学习中，一旦离开父母就失去了方向，变得茫然无措；仅有 13.4% 的学生能够自己处理简单的家务，自己安排学习和生活计划。

法国心理治疗师皮纳发现，那些不愿自己做决定的人其实都是在等着别人给他们做决定。也就是说，这些依赖心理较强的人之所以不愿自己做决定，正是因为在他们的身边有着一群时刻会帮助其做决定的人，这就成了依赖心理养成的重要后盾。如果家长们不注意加强训练子女的独立意识，将会造成不堪设想的后果。

第二，依赖型人格障碍患者本身也有十分明显的个性特征。

1. 没有独立性。由于缺乏独立性，因而患者时常会感觉很无助，在独处时感到没有精神，有被遗弃的心理感受，过分顺从他人而阻断自我追求。

2. 缺乏自主性。我们每个人都有自己的爱好和追求，有自己的价值观和原则，但

依赖型人格障碍患者常常意识不到这方面的需求，或者即使自己有这方面的意识，也会因刻意迁就他人而果断放弃，认为只要自己能够得到对方的照顾和关怀，牺牲这些并不足惜。

3. 逃避现实。亲密关系的终结会促使这类人对自己产生怀疑，对亲近和归属感的过分追求导致其失去理性，往往不切实际地将自己置于毁灭的境地。这类人认识不到现实，不能客观分析事件和正确看待人与人之间的远近亲疏。

4. 总是委曲求全。依赖型人格障碍的人常常有一种"自我牺牲"精神，他们自认为只要自己做出妥协，就能换来对方的关注和照顾，实际上却忽略了自己内心深处的压抑感。这种压抑感令其依赖性加重，全身心地依赖于他人。

5. 追求完美。心理学家认为，那些自己做不了决定的人通常都有一种不现实的完美主义追求，试图掌控所有因素，但因自身缺乏足够的自信，所以很担心在某些细节上出现差错，让身边的人不满意。

依赖型人格障碍的自我修复

第一，针对患者发病的家庭因素，矫正依赖型人格障碍应该先从生活环境入手。这就要求家长如果发现自己的孩子有依赖倾向，要及时警觉，逐步改变孩子的成长环境，包括改变自己的教育方式和态度等。比如多让孩子独立去完成一些力所能及的事情，交代一些难度不大的任务，令其自行完成等，以便培养起独立做事的意识，必要时可以给予一定的奖励。此外，在做关于学习计划等与孩子相关的决定时，成年人最好征求一下孩子的意见，一些比较合理的建议要尽量采纳，这些都有助于鼓励孩子自己做决定的勇气。

第二，对于已经成形了的依赖型人格障碍患者，要积极做矫正训练。心理学家提出的治疗依赖型人格障碍的方法主要有两种，一种是习惯矫正法，一种是自信重建法。

1. 习惯矫正法。

具有依赖型人格障碍的患者一般都有既定的依赖行为，所以，矫正的关键就是要打破这些不良的依赖习惯。患者要认清自己的依赖行为，并客观分析哪些事情是自己可以做到，却总是要依赖他人的。

患者在展开自我矫正训练的当天，就应该做好记录，认真把自己每天所做的力所能及的事情依次写下来。一个星期之后，再把这些事情按照自主意识由强到弱排列出来，并分为三个等级，比如，周一这一天出现的事情，有哪些是属于自主意识较强的事情，哪些是自主意识中等的事情，哪些又是自主意识较弱的事情，分别列出来；周二这一天出现的事情，又有哪些是自主意识较强的事情……这样把一周内的每一天都做简单的划分，周末做一个小结。

下一步，患者要针对自主意识较强的事情做出自己的选择。譬如，周一要穿什么鞋子去上班，穿什么颜色的外套等，这些大可不必征求别人的意见，只要自己觉得好的，自己觉得开心的就可以。训练期间千万不能因为别人的闲言碎语或要求而中止自己的选择，坚持下去，你便会发现：自己做选择的感觉非常好，并且你也会以此为突破口，渐渐在其他事情上有自己的观点。

接下来，对那些自主意识中等的事件，患者可以将自己的意见加入进去。譬如，当某个计划由他人做出决定之后，你发觉自己并不完全认可，此时可以大胆地提出自己的意见，说明不赞同的原因，或者是提出改进的建议。这样一来，在实施的过程中，你既采纳了对方的观点，其中也不乏自己的意见，最后随着自己的观点逐渐增多，你就可以渐渐地由之前完全听从他人安排，转变为自己做决定了。

另外，对于那些自主意识比较弱的事情，患者可以在不改变、不拒绝别人的要求的前提下，做出具有个人特色的行为来。譬如，你的朋友过生日，她曾经提出想要一个特别的礼物，在这种情况下，你完全有空间行使自己的决断权——这份特别的礼物你可以在考虑到对方的喜好的前提下，自己做选择。

再如，对方明确指出想要一束红玫瑰，此时你若直接送一束玫瑰给对方，实在有按照对方意愿办事的倾向。但是，下一次你可以不用对方要求，而自己主动去买一束红玫瑰奉上，此外，还可以提议一起去公园游玩或去餐厅享受烛光晚餐等。久而久之，你就会觉得自己已经很享受这个过程了，因为你已经从这类事情中体验到自我创造的愉悦感，事情的本质已经发生了转变。

以上习惯矫正法需要患者的坚持，依赖行为也不是一朝一夕就可以改正的，但可以在一点一滴的小事情中积累成效。患者千万不要小瞧了这些小事，因为如果患者一不小心回到了依赖轨道上，便会使之前的努力功亏一篑，所以，最好是找一个值得信赖的监督者来监督自己。

2. 自信重建法。

依赖习惯的彻底矫正还需要从根本上入手，即患者需要找回自信心，从根源上破除依赖习惯。自信重建法可以从两个方面实施，一方面是排除幼年经历的消极影响，另一方面是找到独立自主的勇气。

童年的经历是造成依赖型人格的重要因素，患者要正确看待在童年时期出现的对自己产生负面影响的评价，比如，母亲曾经说："你怎么这么笨，做事磨磨蹭蹭的。"父亲甚至也说过："快别洗了，让你妈帮你洗，你洗不干净！"其他的亲戚可能也有类似的评价："你还小，只要专心读书，将来考一个好大学就可以了，别的事情尽管交给

我们!"诸如此类的话语，虽然出发点是好的，但对你已经造成了很不好的影响，导致你除了读书之外，对其他一切事务都失去了参与和实践的机会。

现在，你应该意识到它们对你的作用了，然后把它们分别写下来，整理好后再逐条分析，并逐一重建认知，必要的时候还可以将这些话转告你的父母和亲戚，让他们允许或监督你从现在起做一些力所能及的事情，而不要总是拿那些话去指责和阻止你，用鼓励性的话给你勇气和自信心。

依赖型人格障碍患者对自己做决定是带有一种恐惧心理的，生怕做错了，失去对方的肯定等。实际上，每个人都有自己的能力范围，更有自主做选择的权利，只是你将这种能利放弃了而已，况且你都还没有尝试着自己去做呢，怎么就断定了结果呢？

所以，现在起就赋予自己勇气，大胆地去尝试一些新鲜事物，比如，你可以自己做决定去周边的公园或娱乐场所放松一天，当作给自己放假，也可以试着在某一天里不要去依赖任何人，自己去做一切决定等。通过这些训练，相信久而久之，你独立行事的勇气便会有所增强了，并渐渐不再事事都要依赖他人，最终克服依赖型人格障碍。

（五）矫正回避型人格

回避型人格障碍案例

案例一

汪强从小就不大爱说话，去年大学毕业，但是最近，已经工作一年的他总是被老总批评。其实，汪强在公司的表现是很不错的，因为他工作不到一年的时间就被升职为部门经理，同事和老总还是很看好这位年轻的小伙子的。只是，升为部门经理之后，汪强开始忧心忡忡了，每天的工作量并不大，但他却总是让自己绷紧神经。

一天下来别的同事都是笑嘻嘻地下班了，而汪强却天天愁眉不展，下班时间到了，还不愿离开办公室，有时候甚至累得趴在电脑桌上睡好几个小时。如果汪强如此努力换来的是极高的工作效率，老总肯定不会说什么，可事实并非如此，他经常不能在下班时间完成工作，在召开例会时也时常走神。为此，领导不止一次地批评他。

一段时间之后，汪强深感体力不支，晚上睡不着觉，早晨起不来，上班后神经紧绷，有时候甚至紧张得不能工作。他也考虑过辞职，休息一段时间，但又觉得现在取得的一切很难得，不想就这么放弃。

后来，汪强把这种情况和最好的朋友说了，在朋友的建议与支持下．汪强找到了心理医生。在心理医生的指引下，汪强回忆了自己以往的经历。

原来，在汪强读小学二年级那年，汪强和伙伴们做游戏，但由于不小心，他从高处摔了下来，四仰八叉的样子让他感到很尴尬，恨不得当场就钻进地缝里去，而且当时有很多同学在场，大家都笑得前仰后合，这给他留下了很深的印象。那次之后，汪强就再也不敢和伙伴们玩游戏了，每次都是自己悄悄地躲在一边，性格也变得越来越内向，不爱与人接触。

更重要的是，他从那次之后就非常在意一些细节，比如昨天的红领巾打歪了，被某个同学嘲笑了；今天的鞋带散了，被同桌踩到了；衣服的后襟卷了等等，每次都十分紧张和不安。高考那年，汪强产生了放弃高考的念头，原因是怕自己考不上大学，后来在老师和家长的鼓励下，汪强勉强参加了高考，但依旧觉得自己考不上。

结果，成绩出来之后，汪强的成绩很不错，并被成功录取。大学期间，汪强的症状并没有缓解，和同学、老师的交流还是非常少，不敢在人多的地方出现，时常会有紧张感和焦虑感。大学毕业后，汪强就找到了现在的这份工作，并由最初的一个小职员升为部门经理。

经过几次交谈，心理医生认为汪强符合人格障碍的诊断标准，并确诊其为回避型人格障碍患者。汪强这才了解到自己一直都有回避型人格，他开始积极配合治疗，按照心理医生的建议坚持做自我矫正训练，症状才渐渐得以缓解。

案例二

石某现年39岁，却一直待业在家，他年过七旬的老父老母实在很着急，一方面39岁的儿子至今没有成家，另一方面是因为儿子已经在家闲了三年，始终不愿意找工作，这让这个家的经济状况变得更加窘迫。无奈之下，父母竭力说服儿子寻求心理医生的帮助。

石某的父母认为儿子是患上了"工作冷漠症"，但心理医生经过了解后认为石某患的是回避型人格障碍。

原来，石某自小性格内向，但学习一直很好，大学毕业后很快就找到了一份很不错的工作，年薪很高。两年后，石某因为不满长年受人管制而辞职了。之后很长一段时间都没有找到适合自己的工作，然后就索性待在家里玩起游戏。

后来，父亲托人给石某找到了一份比较清闲的工作，但石某又以"要按时上下班，还要经常上夜班，收入不高还不自由"为理由再次辞职在家。随后，石某待业在家接近一年，父母看不过，就又给他介绍了一份保险公司的工作，结果，石某又找了很多借口辞职了。

近期，石某开始迷恋上了网络炒股，但情况并不乐观，据说还欠下了一笔数目不小的债。

石某承认，自己始终不愿工作的主要原因还是因为找不到薪资高的工作，因为第一次工作的薪资是非常高的，只是因为被人管着才辞职。他后来就一心想找一份薪资高，工作轻松，还不受人管的清闲工作，但始终没有令自己满意的。

心理医生分析，认为石某其实是因为首次工作的年薪过高，导致他在之后的择业过程中胃口变得过"刁"，还要求工作轻松，这样的工作确实比较难找，再加上多次尝试失败，石某干脆放弃，并再也不愿做尝试。表面看来，石某的交际圈很封闭，社会功能出现了退化的迹象，并且缺乏社会责任感，但实质上是心智发育不成熟的表现。这就需要石某自身有敢于面对现实的勇气，培养社会责任感，而其父母也不能一味纵容。

此外，石某对工作的厌烦确实有"工作冷漠症"的倾向，而实际上还是因为回避型人格障碍。现实与期望之间的巨大落差在正常人看来，即便一时接受不了，也依旧在承受范围之内，事后还是会积极努力工作，而不会出现"工作冷漠症"的表现。但石某却在受挫后选择逃避，这一点是回避型人格障碍的典型表现。

回避型人格障碍及其诊断标准

回避型人格障碍也称为焦虑型人格障碍，患者往往会出现典型的回避行为，尤其是回避社交，在人多的场合总是担心被耻笑，自感无助和无能，怯懦、胆小，表现为过分焦虑和担忧，生怕在社交场合遭到拒绝或批评。以上案例一中的汪强就是十分典型的例子，而案例二中的石某在受挫后选择回避，也被专家视为回避型人格障碍的表现。那么，究竟这类人格障碍需要符合哪些条件方可确诊呢？

1. 社会行为或功能退化，对一些需要有人际交往的社会活动或工作总是回避或干脆退出。

2. 身边除了亲人之外，没有或只有一个好朋友或知己。

3. 别人的批评或否定意见很容易产生重大杀伤力，会因此而受到伤害。

4. 自卑，在某些公共社交场合，总是担心被嘲笑或因为过分担忧出错而时时紧张不安，进而不与他人多说话或交流。

5. 羞涩敏感，害怕露出丑态。

6. 过于放大生活中的正常挫折，夸大潜在的困境和危险，进而回避一切不安全的事情和活动。

在以上六项标准中，需要至少符合三项，才可确诊为回避型人格障碍。

回避型人格障碍的形成原因

回避型人格障碍的最大特征就是社会功能退化，行为减少，心里自卑感强，面对挑战多采取回避的态度。引发这类人格障碍的病因一般有生物学因素、家庭环境因素以及个体的自卑心理因素。

1. 生物学因素。具有回避型人格障碍的个体往往在出生时就呈现出了一种难以抚慰的脾气或人格特征。即人的气质在出生时就已经有了初步的分化性特征，个性也在此基础上形成，譬如一个人自小就比较内向，不善言谈，害羞，这些特质就成了回避型人格障碍的潜质，说明这个人很容易在今后的生活中出现回避型人格障碍。此外，那些对社会中的负面情绪刺激表现出高度敏感的儿童，也很容易患上回避型人格障碍。

2. 家庭环境因素。父母如果传递给孩子的是一种嫌弃，甚至是厌恶之感，或者是孩子认为自己的父母对自己不满或厌恶，就很容易产生罪恶感。研究发现，患有回避型人格障碍的人通常都有类似的看法。

3. 自卑心理因素。研究已经证实，回避型人格障碍的根源是个体的自卑心理，也是这种人格障碍形成的最主要原因。自卑源自幼年时期，孩子会因为无能而产生不能胜任和异常痛苦的心理感受，其中也包括因生理缺陷或心理缺陷而出现的自轻意识。比如身体不健全或智力发育不健全、记忆力或性格等方面存在问题等，都会导致孩子自认为在某些方面不如其他人的看法。当然，也不排除很多人是在成年之后遭遇类似境况，这也同样会导致回避型人格障碍。

心理学家认为，一个人自卑感的形成主要有以下几个方面的原因：

一是过分消极的自我暗示。生活中，我们每个人都要面临一些不同的或全新的处境，这个时候绝大多数人都会首先做一番自我衡量或自我评估，看看自己是否有足够的能力去应对。于是，有的人就因为对自己的认识不足或欠缺自信心，而认为自己"不行"，这个消极的暗示导致原本就不强大的自信心再度受挫，紧张感增加，心理负担也增加了，最后的结果势必就不尽如人意，而这种不佳的结果又会反过来进一步暗示他们："不行，看来是真的不行。"如此恶性循环，自卑心理便逐渐增强了。

二是对自己的过分低估。一个人对自己的评价往往并不仅仅是自我的评估，更多的还是要结合他人对自己的评价，尤其是那些说话比较具有权威性的人的评价。而一旦他们给出的都是比较低的评价时，往往就会影响到我们的自我评价，甚至过分地低估自己。这种情况在性格内向的人们身上要更加常见，他们习惯于接受他人的低评价，而对高评价视而不见，也常常用自己的短处与他人的长处较量，结果只能越来越自卑。

三是失败和挫折的影响。我们知道，生理和心理上的缺陷很容易使人陷入自卑，除此之外还有家庭出身、经济条件或工作性质等，都会给人们带来不同程度的自卑感。有的人面对这些会一笑而过，然后继续奋斗，这些不但没有使其自卑，反而给了他们努力的动力；但对于有的人来说，即便是十分轻微的挫折和失败都是重大打击，致使其变得消沉和自卑，而这种自卑感如果没有得到及时、妥善的处理，久而久之就会变成其人格的一部分，表现在行为上就是遇事退缩不前，甚至直接回避，最终形成回避型人格障碍。研究发现，这类人其实是由于神经过程的感受性高而耐受性低，即对挫折的感应比一般人要强烈。

回避型人格障碍的自我修复

了解了回避型人格障碍的形成原因，或许我们就有了诊治的重点和方向。心理学家认为，回避型人格障碍的诊治应当从自卑感的消除和交际障碍的克服这两点出发，在患者逐渐消除自卑感、提升自信心的同时，结合人际交流的逐渐加强，双管齐下，共同作用，最终达到消除症状的目的。

1. 自卑感的消除。

首先，要全面客观地认识和评价自己。我们已经知道，自卑心理的产生多半是对自己的评价过低，因此，患者需要全面地了解和评价自己，重新认识自我并提高自我评价。在日常生活中，患者要重建认知，对自己多做正面评价，善于发现自己的优点，缺点既然不可避免，但也不要拿它们去和别人的优点相比较。人无完人，缺点人人都有，并非你一个人。

其次，心理学家研究发现，有自卑感的人往往比较谦虚，会体谅人，很少与人争夺名利，做事谨慎，为人也随和易处，这些其实都是自卑者的优点，只不过一直都未被发掘。但心理学家指出，这些优点并不是让自卑者继续保持自卑，而是要挖掘出一直被隐藏的优点，进而自信起来，不要总是觉得自卑者一无是处。因而，从现在起，全面认识自我，为自己做一个客观、全面的评价，提高自信心，相信你也是很棒的。

最后，做好积极的心理暗示。心理暗示的力量是非常大的，积极的心理暗示能够使人产生巨大的心理正能量，提高自信。所以，患者一旦感到自卑、信心不足时，不妨给自己一些积极的心理暗示，比如"我肯定可以！"、"我也是正常人，别人能做的事情，为什么我就做不好？"等，然后再勇敢尝试，就已经成功了一半。可见，自卑心的消除还需要当事人不要在行动之前给自己过多的失败提示，而是多些鼓励，充分激发被压抑的自信心。

2. 交际障碍的克服。

回避型人格障碍的人往往都有不同程度的人际交往障碍，比如与人交谈时害羞，不善言谈，害怕在众人面前露出丑态等。专家建议，患者需要制定克服人际交往障碍的交友计划并严格按照计划执行，逐步消除并最终克服交际障碍。这项交友计划可以先从简单的起始阶段开始，患者可以根据自身状况逐次加大难度。交友计划举例如下：

第一周：坚持每天与同学、室友、同事、邻居或家人等其中的某一个人聊天 10 分钟。

第二周：像前一周一样，和他们中的某一位继续聊天，并坚持聊 20 分钟，和其中的某一位也可以多聊 10 分钟。

第三周：保持上一周的聊天时间量，这周最好找一个谈得来的朋友，坐下来进行一次不计时的聊天。

第四周：继续保持上一周的聊天时间量，找几个朋友小聚一回，其间可以随意谈心，也可以在周末组织一次外出郊游。

第五周：保持前一周的聊天时间量，积极参加一些讨论会。

第六周：依旧保持前一周的聊天时间量，试着去和陌生人搭话，或者和不太熟悉的人交流。

这项交友计划看似不难，但实际操作起来并不容易，所以还是有必要找个监督者，帮忙监督任务有无达标，监督是否有进步等。期间如果觉得枯燥无味，甚至有想放弃的念头，也很正常，但都要设法克服。咬牙渡过难关，后面就变得轻松了，以便保证治疗的效果。

（六）矫正自恋型人格

自恋型人格障碍案例

案例一

邓某是名牌大学的高才生，前几年还考取了北京大学的硕士学位，年轻能干，现在已经是一家外企的部门经理，月薪上万。今年 29 岁的她算是单位里最年轻的管理干部了，作为一名女性，可以说她的事业已经很成功了。邓某生性爽朗，但脾气不好，又非常自信，常常唯我独尊，不能接受任何批评。

她有一个青梅竹马的男友刘某，这个比她小两岁的刘某大学毕业之后一直在一家国企上班，并担任技术干部一职，虽然收入没有邓某高，但工作不累，性格有点内向和被动，对邓某也非常好。但两人最近却常常因为一些生活琐事起纷争。

北京大学

事实上，他们的问题是在同居之后才开始出现的，虽然整天吵吵闹闹，但双方心里还是有彼此的，结婚的日期也在争争吵吵中定了下来。近期，双方就装修房子的问题一直意见不统一，邓某希望各方面都按照她的意愿做，根本不接受男友的建议，甚至有一次在争吵中邓某还骂刘某没有眼光、没有主见、窝囊等十分不入耳的话。

刘某毕竟是男人，开始时他一直忍让，直到后来邓某"啪"一个巴掌抡在刘某的脸上。至此，双方感情破裂，原定的婚期也被取消了。邓某虽然有点后悔，但也不愿低声下气地道歉，眼看已经年近30，邓某心里其实也不是滋味。

此后很长一段时间，邓某都非常难受，常常在深夜失眠，白天没有精神，脾气也越来越暴躁，这已经严重影响到了她的工作和生活。这件事被她的一个好姐妹得知了，刚好这位好姐妹的丈夫是位心理医生。在一次比较轻松的聊天过程中，这位心理医生顺便给邓某做了一次心理分析。

他根据邓某的描述以及最近发生的事情分析，邓某性格中的自信程度已经超出了常人，并且唯我独尊，颐指气使，不能接受批评，这是典型的自恋型人格。加上在单位里邓某一直都是管理干部，很多人都得听她的指挥，所以，也有职业病的成分。

正因为如此，才导致邓某变得越来越强势，希望在家庭生活中，另一半也要毫无条件地听从自己的安排，否则就暴跳如雷。如果婚后果真如此，那这种婚姻就是失衡的，阴盛阳衰，男性的压力也会与日俱增。可见，这种自恋型人格障碍对个人婚姻的影响是非常之大的。

邓某在这位心理医生的说服下，决定改一改自己的脾气，并接受了矫正建议。不久之后，邓某主动找到刘某，向他道歉，两人关系也有了缓和。

案例二

挪威爆炸枪击案的凶犯安德斯·贝林·布雷维克想必已经被很多人所知，但最令人们记忆深刻的是，这个凶手有着一张自信十足的脸——细长的鼻梁、尖尖的下巴和冷漠深邃的眼神……据了解，布雷维克在这次袭击还未开始之前就已经准备了很多年，他为了给自己一个完美的外表，曾多次进行了整容手术。

挪威的心理学家斯文·托格森认为，布雷维克患有严重的自恋型人格障碍。杀人之后，他的脸上露出的是满满的自豪感，没有一丝愧疚之意。人们从他的一张普通照片上也可以看出，他的脸上时刻都展现出一种必胜的喜悦，似乎在暗示着他对自己非常满意。

案例三

有一位年轻的女硕士娄某，现年26岁，是一名文学专业的研究生，从小学到大学一切都非常顺利，没有经历过什么挫折。大学毕业之后，她被推荐读研，而就在读研期间，她开始觉得很无助，甚至已无心再坚持下去。

原来，就在前不久，她写了一篇论文，这篇凝聚了娄某许多汗水和心思的论文被她自己视为经典，本以为会轰动一时，在文学界产生重大影响。但在论文还未写完时，她的导师就提出了意见，要求其中止写作。娄某可不这么认为，她太有自信了，总以为是导师在嫉贤妒能，担心这篇文章一旦诞生，会掩盖他们的光芒。所以，她坚持继续写作，认为导师在故步自封，自己没有必要陪他们一起，甚至想要用实际的行动去证明自己。

她还坦言，最近和同寝室的女伴也出现了很多矛盾，以前关系很好的姐妹，现在却红了脸。娄某一度认为是同伴在嫉妒自己的才华，担心自己超过了她，所以才想在背后使坏。为此，娄某天天心情低落，晚上也天天失眠。不得已，娄某找到了心理医生，听了她的自述，心理医生认为娄某是患上了自恋型人格障碍，需要及时进行治疗。

自恋型人格障碍及其诊断标准

自恋型人格障碍的患者多数都有以自我为中心的特征，他们总是过度地重视自己，对他人的评价又过分敏感，别人的赞美之言，他们听后会洋洋得意，但如果是批评的言语，他们就会暴跳如雷。妒忌他人才能，甚至有自己得不到的别人也不能得到的想法。在与人相处的过程中，几乎不会换位思考。

这类人缺乏一定的同情心理，因而人际关系也不好。在很多方面，他们都有不切实际的追求目标，自视甚高，不容他人有一丝一毫的贬低言论。所以，他们常常会遭遇到来自各个方面的挫败。

在以上三个案例中，邓某因为自恋而飞扬跋扈，试图操纵工作和生活中的一切，为此，她失去了青梅竹马的恋人，自己也陷入情感挫折之中；案例二中的凶犯也正是因为自恋型人格障碍，多次整容并对自己过分迷恋，即便是在行凶之后，也依旧流露出自豪的神情；而案例三中的娄某更是自信过头，认为身边的人都在嫉妒自己的才能，导致自己难以继续读研。

日常生活中，人人都有或多或少的自恋倾向，我们常说某人很自恋，但对方并不一定就是自恋型人格障碍。那么，我们要如何确诊这种自恋型人格障碍呢？目前尚无完全一致的诊断标准，但通常只要符合以下项目中的五项，便可确诊为自恋型人格障碍：

1. 过分自大，自信心爆满，对自己的才华赞不绝口，甚至夸大其词，期望引起他人注目。

2. 总是喜欢指示别人为自己做事，为自己服务，完全听从于自己的意见。

3. 渴望拥有持久性的关注与赞美，喜欢被簇拥的感觉。

4. 嫉妒心强，见不得别人超过自己，自己得不到的也不愿让别人得到。

5. 不能接受批评，对批评和否定的第一反应是愤怒、羞愧，甚至感到可耻，但并不一定表露于行色。

6. 十分坚信自己所关注的问题是世上绝无仅有的，认为这通常不会被某些特殊人物所了解。

7. 总是对永久性的成功和权力、荣誉，包括美丽的容貌、理想的爱情等存有不切实际的幻想。

8. 十分自信地以为自己理应享受别人没有的待遇或特权。

9. 缺乏同情心理，因而建立亲密关系很困难，人际关系也比较糟糕。

自恋型人格障碍的形成原因

自恋型人格障碍的成因，简单地说应该是与幼年时期的经历有关。现代客体关系理论分析认为，自恋型人格障碍的患者是"以自我为客体"的，也就是一种"你我不分，他我不分"现象。而造成这种现象的根源应当追溯到患者的幼年经历。经典精神分析理论认为，自恋型人格障碍患者无法将自身本能的心理能量投射到外界的某一个客体上，能量不能投射，就只能积聚在自身内部，这就形成了自恋。

幼年时期的经历，譬如父母长期分居，不能在子女身边照顾他们，或者父母关系不好，一方对另一方的态度极其恶劣，也或者是父母的过度溺爱等，这类经历都会促使孩子产生"我爱我自己"的思想意识，认为只有自己爱自己，才更加安全和可靠。

精神分析学家科胡特认为，每一个人在婴幼儿时期都带有自体自大、夸大的倾向，譬如婴儿只要稍稍有不适感，就会放声大哭。在他们极小的时候，是家长怀里的小皇帝、小公主，当他们在父母那里获得满足后，便自觉欢乐；如果不满足，则表现出不满，甚至是暴怒。当然，不满足的情况极少出现，家长将婴儿照顾得很周到。

但当婴儿生活在长期无法获得夸大的自体自恋的满足的环境中，婴儿便会对外在失去希望，大脑就会根据实际情况而放弃这种寄希望于外在的正常的循环回路构成，转而用自体幻想性循环回路去填补这一空缺；而这种幻想会阻碍自体去了解正常的自恋的现实性，超出普通人可以接受的范围，进而形成自己特有的自恋倾向，导致自恋型人格障碍中的夸大个性表现。简单而言，婴儿在这个过程中学会了自我关注，而这种自我关注成了它们求生的一种本能。

此外，科胡特还认为，家长，即抚养者的情绪、个性如果经常出现问题的话，就会在这期间将自己的自恋失败的愤怒情绪传递给婴儿，内化到婴儿的心理信息系统中去，最终成为婴儿在以后无意识判断人际关系的部分情感基础，这就是有名的"转变的内化作用"观点。长此以往，就会对婴儿成年后的人际情感能力造成直接影响。

还有一种情况是，父母本身就非常自恋，自恋的父母是很难去关注孩子的心理需求的，导致孩子的内心需求被忽视、羞辱，甚至是攻击。那么，孩子就会在内心深处产生极度需要被爱、被关注的渴望。对于这些缺乏关爱的孩子来说，为了赢得关注和认可，就变得比较爱表现、爱表演，并产生表演型特质。

　　因为缺乏关爱，孩子没有安全感的保障，他们会想办法启动自我保护机制，尝试模仿，并很快发现这一行为能够起到操控父母和其他人的目的，多次实践之后，他们很容易走上模仿表演的道路，最终形成表演型人格障碍，也叫作癔症型人格障碍。

　　这里我们需要了解的是，癔症型人格障碍和自恋型人格障碍的表现极其相似，两者唯一的不同之处是：前者患者比较外向和热情，而后者的患者则偏于内向和冷漠。

自恋型人格障碍的自我修复

　　针对自恋型人格障碍的治疗，有关专家提出了以下两种方式：

　　1. 解除以自我为中心的思想观念。我们已经知道，自恋型人格障碍的人总有自我中心观念，认为自己是独一无二、不可超越的。在分析了该人格障碍的成因之后，我们看到，很多自恋型人格障碍患者的行为都比较倾向于婴儿化，或者说他们的言行和思想已退回到婴儿时期，自然就不可能适应成年人的世界和生活。所以，自我修复的第一步应该要解除这种以自我为中心的思想观念。

　　建议患者在充分了解了婴儿行为的前提下，把自己以为的会令人厌烦的个性特征、他人曾经对自己做出的批评都一一罗列出来，最好写在一张纸上，譬如"我希望一直被关注和赞美，但有时候有人批评我时会发脾气"或者"我喜欢被簇拥，像皇帝一样，还可以指示别人去做事，但很多人都不喜欢这一点"等。

　　接下来，要好好回忆一下小时候的事情，想想自己是如何一步步在父母和亲戚的夸赞下长大的，或者小时候被母亲无微不至地照顾，衣来伸手，饭来张口，自己仿佛就是个美美的小公主或小皇帝；又或者总是想方设法地想要得到父母的关注，常常故意制造事端、调皮捣蛋，以此引起父母的注意……诸如此类的回忆会使你意识到，如今的你其实还在渴望小时候的生活，有童年时期的某些幼稚行为的影子。

　　意识到这一点之后，就警告自己不能再这样下去了，毕竟今日的你已经成年，小时候肯定不能再回去了，唯一的方式就是改变自己，改变以往的以自我为中心的幼稚行为，认识到：这个世界并不只有一个优秀的我，谁都可以优秀；如果我想要得到关注和赞美，就应该努力工作，用高质量的业绩去证明自己；我会羡慕别人的好东西，但不要妒忌，我也有我自己的好东西；我有手有脚，也不再是小孩子，很多事情要自己做，不要轻易差使别人……

　　当然，为了保证治疗的效果，最好找一位监督者，你可以给他（她）一个权力，即在你出现自恋行为时，马上命令你停止，而你也不要因此大发雷霆。只有这样，以自我为中心的自恋症状才会慢慢被克服。

2. 学习爱人。自恋型人格障碍的人缺乏同情心，内心少有对他人的关爱，只有自己，认为自己爱的前提是对方也刚好爱自己，否则是绝对不可能主动去爱人的。所以，从现在起，自恋型人格障碍患者就要学着去接纳和关爱他人。心理学家认为，如果一个人爱是因为被爱，那这种爱就属于"幼儿的爱"；而如果爱是因为需要，则是一种不成熟的爱；而成熟的爱则认为"因为爱，所以才被爱"。由此可见，自恋型人格障碍的爱是"幼儿的爱"，也是不成熟的爱的模式。所以，患者要想矫正自恋型人格障碍，就必须要改变这种爱的形式，学会用成熟的爱去爱别人。

比如，你主动地去关心对方，哪怕就是一句十分简单的招呼或安慰，对方都会觉得感激，甚至由此拉近你们之间的亲密关系；在别人有困难时，你主动伸出双手，对方也会铭记于心，而在你需要帮助时，就会二话不说伸出援手；或者当你的另一半为你削了一个苹果，递给你时，不要认为那是理所应当的，给出你的笑容，并为他（她）做点什么，这样对方会感受到自己的付出没有白费，自然也会一如既往地照顾你……总之，不要等着被爱，而是要主动关爱对方，无论如何，你都会因此而获得爱。

长此以往，坚持训练，自恋型人格障碍的症状便会得以缓解和减轻。

第六章　婚恋心理学

一、一眼看透女人心

（一）女人的相貌：读懂女人的前提

从女人的眼睛观察她

从表面上看，大眼睛女人很吸引人，然而，大眼睛女人通常没有小眼睛女人聪明。因为大眼睛女人老是被人观察，小眼睛女人总是观察别人。

男人心理也很奇怪，一方面欣赏大眼睛女人，另一方面又警惕大眼睛女人。对小眼睛女人，男人即使知道她很狡猾，也会掉以轻心。男人容易战胜大眼睛女人，却又常常输给小眼睛女人。

有人统计过，失恋者多数是大眼睛，小眼睛总是爱情的胜利者，这种情况男女都差不多，只不过，大眼睛男人比大眼睛女人输得更惨，就某种原因而言，大眼睛通常很空洞、不深邃。

无论男女都会经常用眼睛去进行较量，这种较量是很精彩的。就那么一瞬间，相互对视的人就会彼此感知对方的分量。眼光浅薄的人容易被人看透，那是因为他们的眼神很混沌，光很散。

眼睛的光泽的确有明显的层次，许多有魅力的女人的眼睛不一定大，但显得很清亮、深远，能给人以神秘感和亲和力。男人非常喜欢探索这样的眼睛。它对男人的诱惑力比较大。女人的大眼睛在艺术表演中有很高的审美价值，但在具体生活中，大眼睛却往往很吃亏。原因很简单，大眼睛总给人强烈的压迫感，令人无法直视。很多人都不敢与大眼睛对望，通常只会偷看。偷看令人心态不平衡，心理反应也很怪异。多偷看几眼，就会挑剔大眼睛的毛病。挑剔的结果大多是对大眼睛的否定，于是，再美的大眼睛也不是很可爱。

不过，大眼睛女人一旦谈起恋爱就非常幸福，因为男人与大眼睛女人独处时都有满足感，会宠爱她，所以，大眼睛女人是恋爱动物。

还有，大眼睛女人在抛媚眼方面比小眼睛女人更具有优势。小眼睛女人无论怎样努力，她的媚眼也很难被别人发现。而一个大眼睛女人的媚眼，会令男人产生突如其来的兴奋和感动。

有时，女人的媚眼还会像指令一样，让男人完全按照自己的意愿痴痴地干傻事。

女人喜欢一个男人，她的眼睛就会有许多钩，这些钩会勾出男人的衷肠。有时一个女人办事，也会向男人发钩眼，但不少浅薄的男人会把它当成是真爱。要知道，爱的钩眼是一串串的，不仅温柔而且花样丰富。求你办事的钩眼很生硬，那钩眼的光，多看几眼很枯燥。

有水平的男人不仅能看懂女人的眼睛，还能从女人眼睛里看到自己的灵魂和价值。

女人要想征服男人，最好的办法是在自己眼里构筑令男人迷恋的世界。女人被男人征服，是因为男人有征服女人的魅力。男人被女人征服，是因为女人有一双理解男人能力的眼睛。女人的眼睛其实是无边无际的情网，一旦网住男人，男人就会被征服。

在女人无数种的眼睛中，有一种秋水眼绝对迷人。这种秋水眼表面有一层亮闪闪的秋水，那秋水神奇得很，除了无比美丽，还有极强的魔力。它能净化男人的心灵。

从女人的手探视对方

女人的手势也是因人而异，既有共性，又有个性。经常两手相握，或是相搓手掌或手背的人，大多有自卑感，或是小心眼。她们时而下意识地动作，比如不自觉地看看手表，或者是时而绞弄手绢，都可表现出此人的心绪不宁，多会感情用事。

也有一些女人，喜欢大模大样地反剪双手抬向颈后，这手势有两种含义，一种是有意如此，另一种是无意识的自小养成的习惯。然而不管是有意或无意，都显示此人个性严谨，心里多虑。

有些人的双手，很自然地向下垂，或者轻轻握住，表示此人个性温和，对事情都很热心。

有的女性与人说话时，喜欢以手掩口，做这种姿势的人，比较注重小节。

一双手相互交叉握着，依横向不停地动，显示其心不专，心绪不定。

双手一会儿握、一会儿放，表示她做事仔细。如果看到一个有咬手指习惯的人，她可能是个梦想者。心理学家认为这种咬手指的无意识习惯，对任何年龄阶段的人来说都是不雅观的动作。她经常都是心不在焉，活在梦想的世界里。

手势不但不自觉地体现性格特征，而且习惯用作有意识表示或手语。聋哑人手语

的运手姿势，武术界模仿各种动物及生活中的手势，其形式相当丰富多彩。而社会生活中的有意识手势表示也是多种多样的。在美国最常见的表示"好"或"同意"时，常用食指和大拇指联搭成圈，其他3个指头向上伸，是个"OK"的手势。

总之，手的触觉、感觉、手势、自觉或不自觉都与大脑中枢保持一致，其中有不少学问。

耍弄拇指，两手各指互插、拇指互相环绕弄动，乃是具有积极情绪的表现，此外还有一点有趣的情形：人在愉快的回忆中时，常会慢慢旋转双手的拇指；在计划将来的事情时也会迅速地旋转拇指。

看到妇女一边跟人谈话或听人谈话时，却双手抚摸着臂膊，这正显示她非常喜欢自己，但却觉得旁人并不是像自己那样喜欢她。

两前臂交叉，两手放在上臂的姿势，表示意志坚定，难以接受讨论。两肩耸起、两臂交叉的姿势表示否定、轻蔑和不信任的态度。

看到一个女人，常把手举起，将手掌对着身体胸前，用另一只手的手指抚摸手背时，此人比较吝啬；其手指紧靠一起，或曲如鸟爪，这是守财的手形，很是小气。

坐在凳子上，双手展开贴在凳子两旁或按在膝盖上，表示胸襟豁朗。

从女人的腰了解对方

对于腰部动作这种无声的语言，女人相对男性来说要微妙很多。女人的腰，是除了女人的臀部和胸部以外的性感符号，它常常是以无声的线条来表示意义的。线条和色彩是人类在有声语言之外最具表现能力的性格语言。女人的腰就是一个线条符号，不同的线条符号体现不同的性格。

1. 弯腰

众所周知，见人即弯腰行礼是日本和韩国女人的见面语言，弯腰所形成的曲线是柔美的、温顺的、流畅的，从而形成一种光滑的外表，这种女人给别人一种柔美的感觉。

2. 叉腰

把两手叉在自己的腰上，这种形象就像两只母鸡斗架的形象。这是女性一种双向的对外扩张，表示出内心的气愤和力量。这种"语言"一般的女人不采用，但鲁迅笔下"豆腐西施"杨二嫂却经常使用，让鲁迅看了都吓一大跳。

3. 仰腰

仰腰是"一座不设防的城市"，这叫作女人的"无防备的信号"。如果女人坐在沙发里，用仰腰的姿势对着异性，一般的情况有两种：一是对于眼前的这个男人绝对的信任，绝对的尊重，她觉得他不会给自己带来伤害；二是告诉眼前的男人："请跟我来。"

4. 扭腰

扭腰使腰呈现 S 型，这是性的象征。凡是女人扭腰或者扭动臀部，都蕴含了招惹异性的信号。

5. 抚腰

俗话说，没人爱，自己爱。女人常常用手抚摸腰部，这种抚摸是一种"自我安慰"的行为，同时也是一种"自我亲切"的暗示。

从女人的腿看透对方

人在惊慌害怕时，往往双腿不由自主地发抖，罪犯在接受审判时，他的腿常会首先坦白自己的心态。

腿部动作即腿部的无声语言，也是女人身体语言中最重要的一个部分。所以，女人需要掌握好自己的腿部语言，不能粗心大意。

女人健美的大腿，不仅仅表示美，而且表现女人的力量和信心。女人走路的时候，常常可以体现女性的大腿的力度，也可以表现女人的姿态。所以，走路时抬腿不要太高，也不能太低，不能过分放松肌肉，而要稍稍收紧腿部的肌肉，这样才能达到一种完美的境界。

女人的大腿坐在椅子上时要谨慎小心，别自我裸露，女人身体的裸露部分一般在膝盖以下，而不能在膝盖以上，裸露过多，让人觉得你这个人太轻浮；别用力抖动，抖动大腿是一种性的暗示，可能引起他人诸多的误解；别太自我张扬，过于张扬，令人感到你太开放，不够沉稳，对人没有戒心；别自我抚摸，自我抚摸大腿是一种自慰的行为；女人坐着的时候，腿别抬得太高，太高地抬腿是一种没有修养的表现，尤其不能超过自己的肚脐，这是女人的腿部语言最重要的规定。

腿部语言是属于女人的专利。它的信息含量远远超过大腿本身，使用时要特别引起注意。

从女人的微笑分析她的性格

判断女人微笑的要点，是要注意她的嘴巴与眼睛的动作。

比如，她的眼睛在笑，但是，她的嘴、面颊以及身体的其他部位并没有连带地"动"起来的话，那么，就不能把这种微笑看作是带有诱惑性和亲密的感觉。虽然这种微笑表示着女性所特有的温柔姿态，然而，它却含有一种不许男人接近的冷漠的态度，

不会使人对她产生真正的好感，她的戒备心理太深太强了。

有的女人在微笑时，会用手轻轻地半掩住嘴，或用精巧的扇子或手帕等掩嘴而笑。这种微笑，是在强调自己的女性魅力。带有这种微笑的女人，不是羞怯的情窦初开的少女，便是风情万种、以此诱惑男人的女人。在《唐伯虎点秋香》这部电影里，风流才子唐寅就是因为抵御不住秋香的笑容，甘愿去做一个仆人的。秋香的笑，是回眸一笑，借着肩膀挡住微笑的嘴，这和用手掩嘴的微笑含义完全相同，只不过在处理动作方面更"艺术化"一点罢了，这是一种优雅的微笑。

不过要注意，有一种很容易和上述优雅的微笑混淆的笑。她的手不是掩在嘴上，而是轻轻触摸在嘴角边的香腮上，皓齿半露，笑得很甜，也显得斯斯文文。如果你认为带有这样微笑的女人是可以亲热得无话不谈的话，那你就大错而特错了。这样微笑着的女人，往往最富有心机，城府也深，不会轻易相信别人，更不会轻易地把什么事都告诉你。她的甜甜的微笑，只是出于礼貌和防范心理所戴的假面具而已。

另一种看起来似乎很文雅的微笑，但她的眼珠往往会斜向一边，嘴角略有点歪斜。这种微笑，通常是带有一种讽刺性的微笑，并带有蔑视别人的意味。

和讽刺性的微笑相反的便是爽朗的笑。她会露出两排整齐的牙齿，笑出声来。爽朗地笑的女人，警戒心相当松弛，对对方抱有一种亲近和信任的态度。

如果爽朗的笑再加剧，就会变成开怀大笑或捧腹大笑了。她可能笑得东倒西歪、前俯后仰，捧着肚子笑得喘不过气来。这是一种天真活泼的笑，常常发生在涉世未深的少女身上。

另有一种张开嘴的笑，配合着笑还有频频点头的动作，似乎非常支持对方的意见。其实。这是一种很自负的笑。有一定的学历和地位的女人．在她认为不如自己的男人面前会"恩赐"出这样的笑来。

从女人的发型观察她

发型作为形体语言中最易辨别最具操作性的部分，全面而完整地体现了人们的内心世界，包括行为方式、个人经历、生活状态、性格和情绪等。

发型是外显的个性化符号，一般而言，长发者偏爱回忆，习惯于静态的思维，认知狭隘，耽于自恋，行为被动，容易放弃自我，做事仔细，性别意识较强；短发者追寻新鲜感，注意力分散，情绪更易改变，处事主动，我行我素，较为粗略，性别意识淡化。长发者较依赖别人，留恋过去；短发者相对较独立，朝向未来。长发齐整表示温顺，长发剪出层次表示野性与不羁，长发自然下垂则表示混沌未觉。短发女性化表示压抑的心态，但能够客观地审视自身在现实中的位置；短发男性化则表示心理的叛逆与躁动，以致无法平衡内心的冲突。超过腰际的特长发型与短发男性化者都存有深度的人格障碍，她们将潜存于长发和短发文化背景中的不良倾向加以巩固和强化，甚至走向极端。特长发型者表现为自我封闭和适应环境无力。短发男性化者则易于冲动，缺乏自制。中等发型者居于其间，不因人格态度而妨碍沟通，故大多较能合群，适宜过集体生活。长发者观念闭守，排拒外部信息，短发者热衷于新鲜经验且易改变。中等发型者则不那么自私地过多考虑自身利益，她们用公众意念约束自己，不因个人化的因素影响交流，故中等发型者有更多的朋友。长发者多自我感觉良好，偏爱在回忆中成长；短发者则对抗现实，宁愿抛开过去不要历史。长发者常强调自身的性别特征，其意在于以女性身份去获取照顾；短发者则厌弃女性身份，性意识（性别意识和性的意识能力）淡化，以对抗的形式和扮演激进角色为乐事。中等发型者则永远居于其间，温和而不偏激，较能把握自己。

女性头发披散开来表示乐观热情、恣意放任；头发被束缚则表示自我规约、压抑不满；编发表示向往早年经历，想恢复原初；束发表示封闭防守或拘谨失意；挽发表示遭受挫折，心情沮丧；夹发表示暂作保留，等待时日；拢发表示有所收敛，期望突破；盘发表示强调女性身份，期待唤起别人（主要是异性）的注意；扎发表示倔强自信、个性独立。

女性直发表示心意平实，女性烫发表示快乐，头发拉丝表示浓郁和热烈，局部烫发则表示在局部范围内获得愉悦。女性头发为本色则表示接受现实，染色表示浮躁与张扬，局部染色表示弱化了的或部分弱化了的染色蕴涵。发梢齐整表示驯服温顺，发梢参差则表示野性不羁，发梢卷翘表示不受约束的纯粹状态。前额置有刘海表示留恋现在，执意维护现状，尤其是用发胶将刘海翻起定型者角色意识强烈，着意强调个人的社会身份；前额刘海往后箍住表示心胸开阔、思绪烂漫，两颊缀饰头发表示易于突发奇想，将头发前置则表示活泼好动与愉悦。

（二）女人的行为：折射她性格的镜子

女人的行为十分的微妙，在生活工作中，从女人某一个行为，就可以反映她性格的一面，因此，女人的行为成为折射她性格的镜子。

从戒指判断女人对爱情的态度

摊开双手，看看对方把戒指戴在哪一根手指上，将会看到她内在的那一面。不过对方或许不只戴一枚戒指在手上，倘若如此，请将对方最喜欢戴的手指依次排列，找

出她种种层面的性格，如果对方是根本不戴戒指的人，也是另一种对于戒指的选择，在这里同样可以找到解释。

1. 右手

（1）戴在大拇指上：对方是充满自信、骄傲、不服从别人的女人，自以为是，不需要听从或听信任何人，做错也不在乎。

（2）戴在中指上：对方是理想主义者，凡事都有一番见解，从来不在乎品位情调，只要完成工作达到目标。她有强烈使命感，有耐心完成所有工作，即使是义工或为理想而没有收入的工作，她一样尽快完成。

（3）戴在食指上：对方很擅长与人竞争，或夺取某些东西，这种性格特质使她在做生意或事业表现上有超于一般人的能力。她不计较他人的批评或感受，只要达到目的或得到她想取得的东西，一切代价在所不惜。

（4）戴在无名指上：对方好像有永远做不完的工作，说不完的话题，在不断地付出与取得中忙得不亦乐乎。她常常有许多挫折感，因为她一方面是主角要掌管很多工作，却又要做许多配角去搭配别人，常有不知所措的慌乱，不知道自己该做什么样的人才能最理想。

（5）戴在小指上：对方充满了友情和博爱，喜欢带有神秘色彩的东西，哲学数理却是她最拿手的绝活，如果有机会也可以研究《易经》或命理，她也喜欢看相和星座。随和的她喜欢赞成别人，不喜欢反对别人，适合小家庭或小团体生活，不适合大家庭或大团体里的复杂人际关系，她是非常善良的人。

2. 左手

（1）戴在大拇指上：对方要很多人的拥护和爱戴，就好像政客一般，不计较仇敌与朋友，只要能投她的票都是好人，她不会把感情付出给别人，但会让别人分享她的光荣和成就，并且是为人服务、解决困难的领袖人物。

（2）戴在中指上：对方是重视仪容的人，不仅衣着高雅，态度也谦和友善，很重朋友和情义，常为朋友辛苦付出也不在乎。她会争取应有的自由与权利，是朋友中的中心人物，受人爱慕与尊敬而且自尊心强烈的人。

（3）戴在食指上：对方是勤奋工作者，对有兴趣的工作，从来不在乎花多少心血去完成它。她有喜新厌旧的性格，对过时服饰感到很厌恶，她喜欢淘汰没有用处的废物，因为她永远要表现很有效率，她不需要浮华不实的时髦打扮，但必须是品质好、坚固耐用、持久性强，在含蓄中略带一些高雅的设计。

（4）戴在无名指上：对方是家居型的人物，希望拥有一个安稳的家庭与家人，大家同心合力在一起生活，每一个人都能有自己的基本责任和义务，她有贤能和安定的个性，照顾和保护弱小或衰老的人，又能友善地与年轻或同年纪族群合作，经济、事业与家庭都能在稳定中求进步。

（5）戴在小指上：对方是自私和自傲的人物，常常能有与众不同的表现，她的胆识与见闻广博，常赢得别人景仰与信赖，渴望与众不同，因此常暗中孤芳自赏，为此经常寻找自己的天分。为了赢得别人的喝彩，她会不断地努力奋斗。

3. 完全不戴戒指

如果对方完全不喜欢戴戒指，表示她不喜欢受拘束，有自己的主张，做自己喜爱的工作，在行为和精神上能放轻松，不受任何人干扰。她不喜欢变化太多的生活，或追求太高太远的目标，最适合自由自在过一生。

从约会的动作判断女孩的心理

情人的约会是浪漫的、甜蜜的。约会不一定需要烛光晚餐、花前月下，而只要两个人心心相印、情投意合，又岂在朝朝暮暮？

你和恋人在周末的夜晚坐在环境雅致、音乐舒缓、富有浪漫气息的咖啡厅里，此时，对面女友的动作将透露出她心底的某种信息。

如果在你们的交谈中，你的女友不停地更换脚的跷势，说明她此时正心浮气躁、寂寞难耐，心中有情绪需要宣泄。

如果她在用手摆弄头发，那么要有两种情况：一是她在轻轻地抚摸头发，这是她心底渴望你用温柔的言语体恤她的意识的表现；二是她用力地拨弄头发，这是她觉得受到压抑或对某事感到后悔的表现。

如果你的女友总是在拉扯自己的裙子，很在意裙子的长短和覆盖面，这是她自我防卫心理的显示。她能够想象自己衣冠不整的模样，所以严阵以待。

如果你的女友的眼睛带着湿润并含情脉脉地注视着你，那么她一定爱你很深。她很用心地听你讲话，眼神和你交会时也不岔开视线，一切都说明她正全心全意地爱着你。

如果她总是在用手抚摸自己的脸颊，那么这是她想要掩饰自己的感情或不愿泄露自己真实本意而在无意中表现出来的动作。你们相处一定不久，或许还没进行表白。

如果女孩拄着腮帮听你讲话，是一种渴望被认同、被了解的流露。其实她并不是在认真地听你讲话，而是在对你的迟钝和不解风情作无言的抗议。

如果女友用一只手捂着嘴巴，静静地听你畅谈，那么这说明她正在控制自己按捺不住的喜悦之情，她太喜欢你了！所以正在尽力掩饰自己内心的激动，认定你就是她的白马王子。

如果她常用手摸鼻子或脸颊、耳朵，这是表示她有些紧张，力图掩饰自己，害怕脸颊泄露自己的秘密。她正处于恋爱初期，恋爱使她更加认识到自身的价值，另一方面，她也想让自己不要脸颊绯红或不自主地含情脉脉，以免让你看见以为她已经非你莫嫁。

从搭车看女孩爱你的程度

女人心，海底针。还有一种说法，女人的心事你别猜，猜来猜去只会把她爱，这话没错。你在猜测之中深深地爱上她，可你依然猜不透你在她心目中的地位，你们的亲密度到底有多深呢？她是如何看待你们的关系呢？其实，何必如此烦恼，只要让她搭乘你的新款摩托车，从她的动作中便可知晓答案。

如果她把手扶在后面的把手上，那么表明她对你还有些距离感，对你们的关系并不十分确定。她在感情处理方面比较冷静，一时不会陷入爱情的漩涡而不能自拔。换而言之，你的甜言蜜语、柔情似水暂时还不能打动她，所以要彻底捕获她的芳心还有待加油。

如果她扶在你的腰际上，你就可以高兴了。因为她已经放下了心理防线，正在全心全意地爱你，而且爱得很理智。她认定了你是那个给她坚强臂膀的人，所以你要懂得珍惜对方！

把手放在膝盖上或者干脆不扶的女友一定很让你头痛吧？她可能只把你当作普通朋友，也可能把你当作不错的男友，她烦恼的是，有时她自己都不确定跟你是什么关系，就这样若隐若无地相处着。你要加把劲，努力一把，成功就在眼前。

如果你们还没有确立恋爱关系，一般她不会紧紧抱着你的后背。如果她真的这样，要么她为人较轻浮，要么就是向你暗示：我爱你。是前者，需要你拔出你的慧剑；是后者，你没事偷着乐吧！

从吸烟姿势看透女人的性格

经研究表明，吸烟的女性绝大多数性格外向，至少吸烟后的女性性格会外向化。外向型的女人吸烟多为追求一种刺激；而内向性格的吸烟者，则是靠抽烟解除心中的郁闷。心理学家们认为，吸烟的姿势可以表现性格。不同的姿势表示不同的性格，如自命不凡、平易近人、鲁莽、胆怯、固执己见等。

1. 喜欢将香烟叼在嘴角，烟头微微向上的类型

这类女性通常对某项工作很有经验。她们十分自信，无论前面有多少阻碍，都认为自己能够超越，愿意向困难挑战，未来发展一片光明，极有可能成为新领导。采取

这种姿势的人，在富有个性化的工作上，能充分表现自己的实力。可是，她们却喜欢以自我为中心，容易忽略和得罪别人，所以在人际关系上不那么顺利，她们多数比较清高，喜欢独来独往和自由自在。

2. 夹烟时喜欢将小指扬起的类型

这类女性通常有些神经质，拘泥于小节且比较敏感。对人善恶分明，她们大多性格娇弱，平时的举止女性化，娇姿迷人。

与其他几种吸烟女性相比，她们可能对周围的人会略有吝啬。这类人由于对本身的条件要求苛刻，因此她们缺乏自信。如果这种女孩还酷爱修指甲的话，在她们的心中有些欲望无法得到满足，因此自我表现欲望强烈，而且不太善于控制自己的情绪，有动辄勃然大怒或容易焦躁不安的一面。

3. 喜欢将手夹在离烟头位置更近的人

这类女性敏感细腻，注意细节，非常介意别人的看法和评价，因而会显得有点内向。但与小指伸向外侧的那类相比，她们更善于控制自己的情绪。如果自己不开心时，不会立刻表现在脸上和动作上，遇事能比较沉得住气，属于小心翼翼、对细微小事顾虑周全的慎重派。她们会压抑自己的感情，充分思考后再采取行动。另外，她们的艺术感较佳，对美的感受力也比较强。

4. 喜欢将手夹在离烟嘴位置近的人

这类女性大多自我意识较强，喜欢引人注目，我行我素。她们通常是活泼大方、不拘小节的乐天派。坦率直爽，行动迅速而敏捷。讨厌受周围人束缚，会明确地表示自己的喜、怒、哀、乐。她们热爱社交，又喜欢照顾人，因此在聚会上很受欢迎。她们爱打扮、爱赶时髦，喜欢浪漫和新鲜刺激，在花钱上大手大脚。

5. 习惯将手夹在烟中央位置的人

这类女性适应能力颇佳，属安全型人物，待人和善。她们大多不太会拒绝别人的请求，有时心里虽不乐意，表面上仍会给对方好脸色。她们对人对事都相当小心，不管做什么事情都小心翼翼，不太提自己的意见。常会在别人行动后，经过确认后才开始行动，是慎重派的类型。她们也很在乎别人对自己行动的看法，很在意周遭之人的视线。因此，她们不会随意将自己的欲望和欲求表现于外，大多内向。

6. 抽烟时喜欢有一些身体轻轻摇晃、抖腿等下意识动作的人

一面抽着烟，一面喜欢有一些下意识动作，总是不安静，喜欢动个不停地女性，一般爱好广泛，属于只要我喜欢就好，不注重外观的类型。她们通常不太在意他人的看法，想怎样就怎样。许多吸烟的年轻女性属于这类型，但她们做事积极，待人热情。不过她们中很多人见异思迁，不喜欢也不习惯于单调、乏味的生活。

从女友与陌生人说话推知她的专一度

与陌生人打交道确实不容易，但也最容易暴露出一个人的心态。

公交车内，你与她同坐在一排位置上，突然，她前方座位上有位陌生男性向她问候，这时她会有什么反应？从她的反应中你可以看看她对你是否专一。

如果面对这位异性陌生人，她假装没看见，则说明她只爱你一个人，只想要你来陪伴她，其他的男性，她一点都不在乎。她的心灵被你占满，哪里还有什么空隙来容纳别人呢？所以，你不需要顾虑太多，全心全意地对待她吧！

如果女友马上和对方寒暄起来，则表明她有意吸引其他异性。这类女性很会掌握男性的心理，同时也善于使男性接受她，并且喜欢跟不同类型的男人在一起。但这也不过是女孩的一种虚荣心罢了，不会太严重。所以，作为男友的你必须表现得更加成熟，一旦她真心地爱上了你，她就会把你们的生活变得五彩缤纷。

如果她很注意对方，等待他说更多的话，这表明她虽然在表面的行动上表现得很消极，但其实对恋爱抱有许许多多的幻想。这类女性不能说不专情，但是她们更需要男友不断地带给她新鲜的感受，否则很容易转移目标。

（三）其他细节：展现心灵的世界

一眼读懂女人心，不仅可以从相貌、行为上体现，还可以从心态等其他的方面一一得到展示。

一眼看透她是否有外遇

外遇是非常隐秘的事，尤其是女人会更加小心谨慎，你的妻子是否有外遇，从她口中是很难得出答案的。但是，凡事都有征兆，做丈夫的你要留心看你妻子是不是表现反常，以判定她是否有外遇。

1. 电话接通后对方不讲话就挂断

你家里的电话像是出了什么毛病，当你接通时，对方却没有讲话，你"喂"了几声后对方却把电话挂断了。这样的情况如果出现几次，这就是她有外遇的征兆。

2. 她突然与你争着接电话

过去，你家里电话铃声响起时，并不一定都是你的妻子去接听，突然从某一天起，她总是抢在你的前面去接听电话，并且交谈的声音比一般时候低，交谈几句就匆匆挂断了。

3. 她突然变得爱穿着打扮

撩人的内衣通常是外遇的必备品，每当你的妻子晚归时，身上总是穿着新买的内衣（胸罩、内裤、袜子），或者每当你的妻子出差、旅游、参加会议时，行李箱里总是带些性感的内衣，或用最好的化妆品，显得格外年轻漂亮，这些都很可能是外遇的征兆。

4. 往常的工作习惯、生活习惯突然改变

你的妻子工作时间最近突然无故延长，加班的次数变得频繁，对单位的一切活动，如舞会、联谊会、旅游等参加得比往常积极。

5. 人在曹营心在汉

在家里时，你的妻子总是坐卧不安、心神不宁，梦中呓语呼唤着一个异性的名字，以往对你的关心一下子跑得无影无踪。

6. 谈话变得反常

你的妻子与自己的谈话变得越来越少，电视看得越来越多；某个异性的名字突然常在她口中提及或者以往常提的名字突然不提了；你的妻子开始说些不像平时所说的观点或笑话。

7. 性生活习惯突然改变

你的妻子找借口拒绝与你做爱，做爱时不再亲昵地呼唤你。不过，有时候也有与之相反的情况：她突然变得"性"致勃勃，要求变换一些新的做爱技巧，甚至花招层出，而很多新花招都是你不知道的。

8. 行踪可疑

你的妻子突然变得提前上班或晚归，当你打电话找她时，总是很难联络上；夜间加班或上进修课的时间比平常延长很多，总是不能如期而归；有人发现你的妻子经常与异性出入宾馆或饭店。

9. 可疑的物品

你的妻子经常带回礼物、纪念品或鲜花；你帮她洗衣服时发现情人节卡或某酒店、舞厅的优惠卡；你与妻子很久没有过性生活了，但突然从她提包或衣服口袋里发现了避孕套或避孕药。

10. 同事、邻居、同学、朋友看你的眼神很特别

当你的妻子有外遇时，通常知道最晚的是你自己，你的同事、邻居、同学或朋友可能都比你先知道，当他们亲眼看到或风闻你的妻子有外遇时，想告诉你又担心你承受不了，所以，他们看你时的眼神总是表现得与往常不一样。

11. 她不再企图说服你改变坏习惯

如果你有赌博、酗酒等不良习惯，过去你的妻子一直念叨着企图劝你改掉这些习

惯，可现在她却突然不再唠叨了。

以上的种种行为是女人情感走私的通常表现，但这并不是说，凡有上述表现者一定都有外遇。不过，可以肯定地说，在 11 种表现中，如果其中有 8 种表现同时出现，经发现后仍无收敛，那么，她情感走私的可能性就很大了。

从表情与动作推断她是否爱上你

女性们表达对对方感兴趣的姿态是千变万化的。最普通的一种是理顺或抚摸头发，理理衣服，然后转身注视着镜中的自己；或瞥向一边望着自己的影子，优雅地移动臀部，慢慢地交叉或放开在男性面前的腿，注视着小腿的内侧、膝盖或大腿。

当你在追求一个女人时，如果你能更多地明白她的表情与动作背后的意思，就会在恰当的时机获取她的芳心。

如果她目不转睛，仿佛若有所思地直盯着你的脸时，就表明她把注意力都集中在你身上，全心全意而无法自拔了。

当她无意中与你四目交投的时候，无故嫣然微笑就证明她心中已滋长起爱情的小苗。当她亭亭玉立地站在你面前，下意识地不断摆动腿部，在地面画线条、打圈子，也是一种恋爱的表示。要是无论什么地方她都不辞劳苦地愿意跟你一块儿去，那无疑表明她已经偷偷地将整个芳心交给你。

如果她假用借书、借影碟、过生日等借口接近你，眯着眼睛打量你，说明她内心深处正翻涌着爱的波涛，千万不要不解风情啊！

当她偶然在街上碰见你的时候，表现得激动甚至无法控制，脸上透着微红，这表示她已经在暗中爱上你。

判断出她有意于你之后，要么皆大欢喜，情投意合，要么你继续装傻，慢慢冷淡。感情的事，还是要慎重一点。

她是否乐意将你介绍给自己家人、亲友和同事？如果爱你，就会非常希望你了解她的生活，另一方面，也常希望你融入她的生活之中。一般说来，姑娘们都顾忌别人误以为她们滥交。如果她心目中的人不是你，是绝不愿意你在她的社交圈子中亮相的。

她是否很想知道你家里的事？是否常常问及你喜欢的事物？与男人相比，女人更喜欢幻想，假如她心中喜欢你，而你们的交往要是融洽的话，她通常就已经向往着将来适应你，适应你的家庭生活了，为此，就会主动了解你家庭的事和嗜好等方面。

识破女人的内心

故意躲避眼光，装着毫不关心的女性，热切地期盼着恋爱，对异性特怀好感。

无羞耻心的女性，只容自己轻浮，不许对方轻浮，也有较重的嫉妒心理。

在男性面前容易害羞的女人，有好奇心，关心男人但不愿被察觉。

用粉红色口红的妖艳女性，表明性意识淡薄，厌恶性方面的话题，只喜欢娱乐和美食。

喜欢吹毛求疵的女人，有好恶分明的性格，不任性，孤独，对个人利益斤斤计较，患得患失。

无论何事都一本正经的女人，初交时感到十分亲切，不久感情骤变，判若两人。

刚愎自用的女性，把恋爱当儿戏，朝三暮四，并爱唠叨。

外表比年龄更年轻的女人，无法抗拒男人的追求，常常经不起多情男子的诱惑。

喜欢跳舞的女人，要易沉醉于气氛和情感之中。

外表像不知思考何事的女人，无法抗拒礼物，常常恋爱无好结局。

从服装款式看透职业女性

工薪阶层的男人，上班要讨女主管的欢心，下了班有时还要充当女朋友的出气筒，这种"新好男人"还真不是一般人当得来的，失业率不断攀高，惹火了上司丢饭碗，弄火了女友怕被甩，这时你或许会期待万能的天神赐予你神奇的力量，好让你也像《男人百分百》剧中的梅尔·吉布森，得到可以听到女人心底声音的神奇能力，不过天底下恐怕有太多男人正在等待万能之神的拯救，所以你只好先自求多福。为了弄清楚不同女人的性格，无论是情场或职场都得学会几样看透女人心的秘密武器！

女人爱美是天性，不过同样一套衣服给一个女人看得上眼，换到另一个女人眼中可就不是那么一回事！说穿了就是每种女性总会有其特别钟爱的服装款式，也正因如此，爱穿特种款式衣裙的女性朋友也往往会透露出其性格特质，把下面这些信息拿来与你周围的同事、女性朋友比对一番，增强自己的判断能力吧 1

1. 偏爱窄裙式套装

女性套装给人的典型印象不外乎就是鲜明的上班女性的形象，而且还是稍带权威性的，这样的女性就希望别人能感觉到她行事果决，并且拥有一个智慧的大脑，不过在这样的外表武装下，反而会让她们不太轻易去表现对异性的爱慕，纵使有也是相当隐性，所以，如果你就是狂爱这样性格的女性朋友，那就需要更多的关心及体贴。你可能需要有爱情长跑的准备，因为她在职场的生涯规划可是属于长期抗战型，如何让她充分信任你，就是你所要努力的地方。

2. 偏爱长裤式套装

同样是套装，穿裙子与穿裤子大不一样，喜欢以整套式裤装出现的女性，所表现

的刚毅程度绝对高于前者，她会把理性摆在第一位，私底下无论是谈情感或工作，都会把自己关在象牙塔中，如果你爱她的话就需要不断地让她感受到你永远会与她站在同一条线上。

3. 偏爱穿长裙

想到长裙难免就让人想象到童话故事里穿着摇曳长裙的美丽公主，她喜欢与王子在铺着大理石的大厅中永不停息地跳舞，如果是上班女性爱穿长裙，往往表示一方面她期望自己能保有专业、稳重的形象，但另一方面她又担心男性对她敬而远之，让她连谈一场浪漫恋爱都没办法，所以她的内心多带有挣扎，如果你爱上她，那只好让她对你撒撒娇，要要赖皮，这样她工作与爱情在性格上就能找到理想的平衡点，你俩相处起来绝对甜蜜到让人看不下去的程度。

看透女人本性

1. 心无城府的快乐女人

用自己的天真快乐感染着周围的每一个人，她们热情，把每一天都当成快乐的周末，无拘无束，好像所有的烦恼都降临不到她们身上似的。她们拒绝长途跋涉，厌恶深刻，喜欢雨后彩虹，即使见到的喜事都是别人的，依然可以像是自己的那样高兴。

2. 开朗自信的女人

热闹的场合总少不了她们的欢声笑语，豪华的交际圈也散发着她们的光彩，她们用出色的交际魅力使自己成为社交明星。她们为自己而活，喜欢为自己而骄傲。她们不去进行深刻的思考，对生活之外的东西也根本不屑一顾。

3. 温顺平和的知性女人

朴实自然的她们与世无争，从来不张扬，但是对个性的珍视程度往往超过其他的人，所以她们的内心世界充满了浪漫的情调，而只有真正让她们敞开胸怀的男人才能了解到她们的个性魅力，才会欣赏她们。她们有气质和教养，不喜欢将过多的精力用到与一般人纠缠当中，所以总是和他人保持着一定的距离。

4. 安详慈善的贤妻良母

她们温柔似水，善解人意，对生活中的每一细节都很关注。家庭是她们的娱乐场所，家务则是各种游戏，她们会安安静静地在这里找到自己的人生乐趣。她们有教养，而且有不错的经济条件。她们沉着稳重，不被男人辉煌的事业所打动，其他的女人更无法让她们产生羡慕，目光短浅和庸俗在她们身上没有半点流露。

5. 热情奔放的多情女人

她们给人的感觉就是热烈和豪放。她们不喜欢拖拖拉拉，简洁明了和干净利落是她们的一贯作风，不管多大多重要的事情，只要被她们定义为庸俗，则很快就会被忽略掉。她们迷人性感，细腻的感情如同丝网一样让男人挣脱不开。

6. 物质精神双丰收的贵族

称她们为贵族一点也不言过其实，她们有丰厚的经济收入，奠定了上层建筑的基础，使她有足够鱼与熊掌兼得，精神世界如百花开放。她们追求和崇尚成熟，所以无论从事什么样的工作或应付什么样的人，都左右逢源，得心应手。

7. 女人中的女人

她们来自一个理想的空间，她们的目的就是作为女人要为美而活着。她们浑身上下都洋溢着高雅与古典，颦眉或娇媚的时候又浪漫无限。她们充满了不可抵抗的诱惑，但又不会让对方想入非非，庸俗离她们实在是太遥远了。

8. 雍容华贵的女人

高贵、华丽的她们总是能留住男人的目光。特别是在正式的交际场合，她们的出现往往会使气氛变得欢快，活跃的她们使自己成为焦点，她们更为成为明星而自喜不已。她们是这个世界的主宰，因为每一个男人都会对她们俯首帖耳，满足她们的一切需求。

从心理揣摩女人

皱眉头、摸鼻尖、抱宠物……你知道女人这些细微的动作流露了什么内心秘密吗？

1. 送礼物

男人送礼物是一种讨好女人的手段。送得越多越勤，越能证明他们追求的心情急迫。与之相反，如果女生频频送礼物给男生，这就不是爱这么简单了。可能她缺乏该有的自信，对爱的长久和真诚比较担忧。送礼物讨好男孩，一方面因为自己自卑，一方面想通过送礼物巩固尚不稳定的爱情关系，好像是在为爱情"买保险"。

2. 拍肩膀

常拍肩膀这种行为在男人当中居多，可是如果你遇上了拍自己肩膀的女人，也不要不知所措，因为她没有其他的意思，只是传递了一种友情和关怀，或者她只是把你当成小孩或是弟弟。拍肩膀的美女通常干脆利落、性格开朗。

3. 双手放胸前

常常将自己的双手放在胸前的女人通常自我保护意识非常强，他们已经用双手在自己与别人面前筑起一道厚厚的围墙。当你的话刚刚触及她内心深处时，她就会加以抵制。

当然也有极少数具攻击性格的女人会有如此的动作。多数场合，多数时候，防卫的解释更为合理。

如何和这种女人相处呢？首先在说话的时候，身体要尽量向对方凑近一点，站在她的旁边，或者是并排站着，或者边走边谈，使谈话的气氛变得融洽，才能慢慢解除她心理上的障碍。

4. 把宠物抱在怀里

抱宠物在怀其实是女人的一种巧妙暗示：我是不可能接受你的，我已经有了心爱的东西了。抱着自己的宠物，也是为对方设置一种障碍，首先将距离拉开，让你没有更进一步的机会。

5. 摸耳垂

有事没事捏耳垂的女人是最难判断她们的心思的。因为这其中包含了两种含义：一是女人对你正在进行的话题感到厌烦，但又不好直说，或者她认为没必要表现出来，就会下意识地摸耳垂。

6. 摸鼻尖

爱摸鼻尖的女人，一般成熟大方，浑身上下女人味十足，且有些神秘色彩。但是，如果你遇上了这样的女友，就有些不幸了。因为在与你倾谈的时候，她频频摸自己的鼻尖是个不好的信号，可能你说的话她多数都没有听进去，或者根本不相信。

二、一眼洞穿男人心

男人的外貌：透露心理的外观

从医理来分析，一个男人的聪明才智、身体健康状况，都能从外貌中读出来，外貌能反映生理机能的良否，也是透露心理的一种表现。

认清男人众生相

许多女人把找到一个一辈子值得依靠的男人当成自己这一生最重要的事情，甚至将终身的幸福押到这个选择上。有时候女人会因为一时的冲动，或急于搭建爱巢，或者因为阅历不深而被迷住双眼，结果不但尝不到婚姻的甘果，还会抱憾终生。心理学家经过调查，发现具有下列性格的男人容易将女人推进"婚姻的坟墓"。

1. 有恋母情结的男人

他们和母亲有着浓浓的血缘关系，而且长大成人后对母亲的依恋依然强烈浓厚，让母亲决定自己的婚姻以及以后的生活，更有甚者和母亲同住而远离新婚娇妻。他们通常是在家长的溺爱之下长大的。如果条件允许，他们则会进步得很快，但一旦出现意外，便会表现出缺乏判断能力的弱点，有的时候全线崩溃，和小孩没有什么区别。

2. 只爱自己的男人

他们是自恋的男人，全心全意注重自己身上的每一处，只关爱他人一点点。他们迷恋自己，通常是因为自己长得帅气、条件出众，还会故意表现出爱美的心态。如果选择这样的男人，一定要和他们的优越和美好匹配，否则就会被对方蔑视。必须清楚的一点是他们的仪态和表情如海市蜃楼一样虚无缥缈，他们只是表面的作秀者，实际上他们"嘴尖皮厚腹中空"。

3. 孤高才疏的男人

他们自命不凡，常常认为自己是这个世界上最出众的人才。他们好高骛远，而自己实际上并没有真才实学，也不肯脚踏实地地拼搏一番。他们常常自吹自擂、口若悬河，取得了一点成就就分不清东南西北了，到处夸耀。他们一点也不稳重，没有人会相信他们，他们注定一生碌碌无为。

4. 疑心和贪婪的男人

他们最大的缺点就是将女人视为私有财产，对妻子与其他男人交往横加干涉，疑心极大，胡乱猜疑，根本就不顾及妻子的尊严和人格，粗鲁者还会拳脚相加。爱情具有可怕的作用，那就是占有和猜忌，所以占有欲强烈的男人非常容易走上极端，对妻子或情人进行监视和压迫。

从男人的体型看性格

人们在工作或社交场合中总是把自己的内心包裹得严严实实，要想了解一个人的性格并不简单。但是人至少有一样东西是难以包裹的，这就是他的体型。人的体型在意识范畴之外，然而却能反映内心。因此，我们可以通过体型来大致判断男人的性格。

德国心理学家和精神病学家克雷齐默尔曾经发表过《身体结构和性格》，最先将体型与性格联系起来，并进行归类和系统研究。

下面介绍5种不同的体型及其相关性格分析。

1. 肥胖型

这种体型的人的特征就是在胸部、腹部、臀部上厚积了一些赘肉，一旦腹部等处凝聚大量的脂肪，俗称的"中年肥胖"便出现了。这类人能很快适应周围环境的变化，大多属于好动的人，乐于偷懒和被人奉承，有时在工作中耍点小聪明。其中多数人容易被周围的人理解，是受欢迎的人。

他们的性格特征是热情活泼，喜好社交，行动积极，善良而单纯，经常保持幽默或充满活力，也有温文尔雅的一面。常常突然地改变为喧哗或文静态度，属躁郁质类

型。他们中有许多人是成功的企业家，他们的理解力和同时处理许多事物的能力强，但考虑欠缺一贯性，常失言，过于草率，自我评价过高，喜欢干涉别人的言行，喜欢多管闲事。

2. 略瘦削的健壮型

这类人争强好胜，无论什么事都愿意接受挑战。他们拥有坚强信念，充满自信心，坚持不懈，百折不回，判断及裁决迅速果断，坚信"天生我材必有用"，工作中是值得信赖的好伙伴，商业交往中也是好顾客。

但这种强烈个性有时会向极端的方向发展，表现为硬干到底、专制、不信任他人、态度不好。在工作中，如果有人无法默默地顺从他们的意志时，他们就会立即与该人断绝来往。

由于这类人欠缺思考，一旦在脑海中存在某种思想后，要想改变他们的想法便非常困难。

这类人缺乏亲和力，即使有人因其出众的才华或拥有的权力而刻意奉谀他们，也都会与他们保持一段距离，他们在家庭中也是非常容易被孤立的。

与这种人接触和交往时，不可以与他们对立。因为这类人有一定的攻击性，在自己的正确性被认同之前，必会急切地主张自我的正当性，这类人被认为属于偏执质类型。

3. 苗条型

苗条是用来赞美女性身材好的词语，但也有一部分男人可以用"苗条"来形容，他们身材修长，具有很多女性的特质。苗条型的男人大多隐藏心事，给人无法接近和无从交往的感觉。

这类人最大的特色是冷静沉着，但其性格十分复杂，存在互相矛盾的地方，属于分裂质类型。对幻想中的事物兴趣大，不让他人了解自己内心世界或私生活，以冷漠面纱包装自己。

此类人不愿与平常人相交为友，而表现出一种令别人意欲与他们接近的贵族气质，他们身上常散发着一种浪漫情调。

他们专心于鸡毛蒜皮的无聊小事，倔强而不肯包容，骄傲而外表冷漠，当无法下决心时，凭冲动决定事物。天生对手工艺、文学、美术感兴趣，对流行服饰感觉敏锐。对他人的一些小事非常热心，表现出优雅的社交风度。

与这类人交往时要知道他们其实内心善良，具有细致的心，生活严谨慎重，又有点迟钝，意志薄弱，是很难交往的人。

4. 强健型

他们的特征类似黏液质类型人的特征，其第一特征是肌肉发达、体态匀称、头部肥大、筋骨强壮、肩幅宽阔，言行循规蹈矩、一丝不苟，诚恳忠实，不少人是举重、摔跤选手或公司领导。他们的抽屉井然有序，写字是用一笔一画的正楷写成的。

这类人的第二个特征是常以秩序为重，遵循规律，每天生活充实，一旦着手某种工作，必坚持到最后。

这类人的第三个特征是速度迟缓，说话绕弯子，唠叨不停，写文章谨慎而周到，却过于烦琐，洋洋洒洒一大篇。

这类人是足以让人信赖但又稍欠缺趣味性的坚硬性人物，易被妻子提出离婚要求。

这类人顽固执着，有拘泥于形式思考的习惯。

如果你想把握这种类型的人，不妨偶尔利用闲谈或请客来尝试与他们接触。

5. 瘦弱细线条型

这类人强烈的敏感性使他对自己周围的变化十分敏锐，常常会过于留意周围人的动静。这类人中很少有脑筋差的，其中知识分子为多数。这类人无论做什么都自我承担一切责任，当他们犯错时常会说"都是我不好……"。

这类人心理不稳定，容易失衡，心情焦虑，自己却能经常发现自己的这种缺点，具有丰富和细腻的感情。

文静真诚而又顺从的神经质的性格，给别人的印象是没有自主性、迟钝、性情易变、不易相交。

对于受这类朋友或上司托付的事，一定要如实地实现，遵守约定，注意礼节等。

从许多的事实看，某种体型的人也确实容易形成某种个性品质和特征，借此可以对人的心理进行粗略观察和初步判断。只要别过于教条，也还是有一定效果的。

从男人的走姿了解他的性情

1. 步伐急促的男人

这类男人是典型的行动主义者，大多精力充沛、精明能干，敢于面对现实生活中的各种困难，适应能力特别强，尤其是凡事讲究效率，从不拖拖拉拉。

2. 步伐平缓的男人

这类男人走路总是一副不急不慢的样子，别人无论说得如何急他都不在乎似的，这是典型的现实主义派。他们凡事讲究沉着稳重，"三思而后行"，绝不好高骛远。如果他们在事业上得到提拔和重视的话，也许并不是他们有什么"后台"，而是他们那种脚踏实地的精神给自己创造了条件。

3. 身体前倾的男人

有的男人走路时习惯于身体向前倾斜，甚至看上去像猫着腰，这类人大多性格温

柔内向，见到漂亮的女人时多半会脸红，但他们为人谦虚，一般都具有良好的自我修养。他们从不花言巧语，非常珍惜自己的友谊和感情，只是平常不苟言笑。与其他类型的人比较来说，他们总是受害最多，而且不愿向人倾诉，一个人生闷气。

4. 迈军事步伐的男人

走路如同上军操，步伐整齐，双手有规则地摆动。这种男人意志力较强，对自己的信念十分专注，他们选定的目标一般不会因外在的环境和事物的变化而受影响。

这种男人往往最讨女人欢心，也最让女人伤心，因为他们一旦盯上某个目标不达目的誓不罢休。他们若能充分发挥自己的长处，一定收效颇丰，因为他们对事业的执着是其他类型的人不可比拟的。但如果你的领导是这种人的话，日子可就不好受了，你会"吃不了兜着走"，因为他们一般都比较独裁。

5. 踱方步的男人

迈着这种步态的男人是非常沉着稳重的，他们认为面对任何困难事情时，最重要的是保持头脑的清醒，不希望被任何带有感情色彩的东西左右了自己的判断力和分析力。他们有时也觉得累，为了保持自己的尊严，他们很难在人前笑口常开，这是他们做人的准则。他们对自己的身体形态进行严格控制，虽然别人敬畏他们，可在一人独处时也感到十分压抑。

从情人节的礼物判断他真实的想法

情人节得到礼物是令人愉快的，女人自然也希望得到礼物，是因为她能从得到的礼物中体会到送礼赠物之人的一片心意。

礼物中包含着送礼者的用心，借此礼物，就可知道他对你的想法了。

1. 送首饰的男人

戒指、耳环等装饰品几乎就是送礼者的"替身"，含有一直想跟在你身旁的意思。

项链、手镯等是"锁链"的象征，表示对方想拥有你，时刻紧紧地抓住你。

2. 送花的男人

男人送给女人的礼物中，最受欢迎的就是花。花象征着女性的美丽和清纯。如果他送花，那么就是他从心底认为，你是个美丽、值得爱一辈子的女人。

如果那花是由对方亲自采集来送给你的，那么送花含有愿意为你做任何牺牲、任你吩咐和安排的意思。

3. 送手帕的男人

若男友送你手帕则他是在对你说"忘了过去吧"。手帕或毛巾等含有"洁净"的意思，用在男女之间，则很有可能是想清算过去，但也可能是请你忘记过去的不快乐。

他太了解你了，对你过去的不快他很了解，但这也表明此后他将全心全意地爱你。

4. 送水果和糖果的男人

水果或糖果等含有一起吃或一起玩的意思，就更深层次意义而言，也可说是象征"游戏"。吃完玩完就不会留下任何证据。他所追求的也许只是把你作为爱情游戏的对象，当然，将来也可能发展至更深层次的关系。

5. 送内衣的男人

如果他送你内衣表示"我是你的奴隶"的意思。内衣当然有性的意味，也有奴隶的象征。越是高级奢华的内衣越能成为成人男女关系间的香料。

6. 送高级手表的男人

送高级手表并且希望你能随身携带的男性，有两个目的，一是夸耀自己的经济实力，另一个是希望一直拥有你。

7. 送衣服的男人

送衣服的男性，可以说是很自我的人。也就是，他是凭着自己的兴趣来决定你的喜好的。尤其是，他买衣服时没有带你去，你可以认定，他是个专断的人。

8. 送小礼物的男人

如果他送小东西给你，表示他对你很冷淡，虽然他被你未知的部分所吸引，但是，对你实在很不了解。当然，不了解不能说明不爱，只是爱的基础太薄弱，你应该让他更了解你。

9. 送 CD 唱盘的男人

他送你 CD 唱盘的话，表明他是以精神上的满足为第一考虑的人。他很仰慕你，借由音乐来表达对你爱慕之意。他是个很浪漫的人，也是个很尊重你意志的人。

从男友喜欢的手指看他爱你有多深

你是否为不知道他对你是否真心而苦恼呢？相处也有一段时间了，他对你也很体贴，可你却为该不该对他付出太多感情而迷茫。

一种观点认为这个问题只要伸出你的手，让对方选择其中他最喜欢的是哪个手指就可以解决了。

1. 选择大拇指的男人

如果他选择大拇指，则表明他对你几乎死心塌地，唯命是从。说穿了你是他心目中的崇拜对象，甘心永远拜倒在你的石榴裙下。但是他的嫉妒心很强，要小心才是。

2. 选择食指的男人

如果选择食指，说明他对你可不是那么单纯！如果你很欣赏他，愿意付出完全的自己，那就危险了——可能他是一个逢场作戏的花花公子。

3. 选择中指的男人

他可能对你的中指非常有兴趣，那么他不够喜欢你。他只不过想跟你做个朋友而已，如果你想进一步和他交往，自己必须付出比较大的努力。

4. 选择无名指的男人

或许他会选择你的无名指吧，这说明他非常爱你。他爱你爱得让人无所适从，甚至殷勤得让你反感。

5. 选择小指的男人

如果他选择了你的小指，表明他暗恋你已经很久了，但是始终不敢流露自己的情感，你若钟情于他，快快暗示他，也许你们会比翼双飞，不要错过这种缘分。

从他对家人的爱观察他

一般而言，女性之间比男性之间更放得开、更善于表达，爱更容易说出口一些。父亲爱儿子的方式就是对儿子的训斥、呵护，而母亲对女儿则是一种温柔、无声、细腻的爱。

向家人表示爱的方式，会揭示一个人的基本性格特征，会透露一个人对待工作的态度。有的人性格外向乐观，可能更容易将爱表现出来；有的人比较内向含蓄，表达的时候可能比较不容易用开放的直接的方式。喜欢表达爱意的人，可能工作方面更加外显、更加张扬、更加热情充沛一些。不容易说出爱的人，是属于比较内敛、比较含蓄，做事稳重、踏实一些的人。

不同的人表达爱的方式不一样，表现他对事物的看法也不同。有的人喜欢通过一些直接的行动表达自己对家人的爱。一句话、一个眼神、一次拥抱……搜狐做过一项名为"拥抱·爱·拥抱"的调查。据调查显示，57.1%的人不会吝惜自己的拥抱，希望直接表达出对家人、对朋友、对爱人的深情厚谊；64.8%的人可以接受"当众拥抱"；34.6%的人是为了"给所爱的人以支持或鼓励"才去拥抱的；70.8%的人会以"琐事见真情"的方式代替拥抱。但就"以拥抱表达爱"这点来看，大多数的人愿意在琐事中见真情，这可能是受传统文化的影响较深。还有一部分人不会吝惜自己的拥抱，他们知道怎样表达爱，怎样做能够让别人感受到爱，他们了解自己也了解别人。

对家人爱的表达方式多种多样，每个人选择的方式不同。如果是夫妻之间，有些人会选用一些浪漫的方式，例如：送伴侣一束鲜艳美丽的玫瑰花；照一张情侣照，并把它装在一个漂亮的相框里，当作礼物送给对方；写一封短短的情书，把它贴在浴室充满雾气的玻璃上；寄封电邮或电传表达你的爱意；邀请对方参加一个精心设计好的约会，给她一个惊喜。这些表达方式别出心裁，很有创意，会给对方带来感动，增进夫妻双方的感情。能够想到这些方式的人很会经营自己的爱情和家庭，他们是有心的人，对待任何事物都会用心去做，富有想象力，充满创意。

可能有时候对伴侣的爱比对父母、对其他家人的爱表达得更容易一些吧！对伴侣说"我爱你"很正常，可是对父母说"我爱你"会让很多人觉得别扭。有一些人往往善于表达对伴侣、情人的爱意，却忽略了父母也需要直接而真诚的爱。他们心中承载的是小爱，却忽视了对父母的大爱。这样的人可能是比较粗心；可能是受惯了父母的宠爱，忘记了去付出；可能面对严父，无法直接表达自己的爱……无论怎样，他们不够细心，不够勇敢，没有全力付出的意识，会影响到对工作的态度。相反，有些人即使不能直接对母亲说一声"我爱你，妈妈"，他们也能够用很多其他的表达方式来表现自己的爱：对家人说句感谢的话，为家里做些事，在日记里写下自己爱他们的话，再把日记放在他们容易看到的地方，节日送份礼物给父母、老人，以自己的方式表达对父母长辈的爱，用自己的实际行动表达自己对家人的感激和爱。这些人抱有真诚的爱心，拥有智慧的大脑，做事情还会不成功吗？

从花钱方式看男人

在不少男人的眼光中，金钱不但是财富象征，而且是他们的权力和力量的象征，是衡量他们成功的尺度。

所以，从他们对待金钱的态度上，就可以了解他们的内心世界。心理学家可以从不同男人的用钱方式看出他内心的想法。

1. 过分地送礼物给女伴

这种男人既害怕失去对方，又不愿意付出太多的感情给对方，于是，就给对方多送些物质，希望以此弥补感情上的缺乏，这种行为足以看出这个人的情感经常处于一种自我矛盾的状态。

2. 要求女方付钱

在有意无意间，他会让女方负担起全部约会的费用，这种男人严重缺乏安全感，希望别人能以各种方式给他保证。谈这种恋爱，女方容易陷入一厢情愿的处境。

3. 对 5 毛钱也斤斤计较

这种男人能和别人因为 5 毛钱而争得面红耳赤，但却肯花大钱买最好的音响或古董。这种男人对感情可能也同样的势利，他可能很爱对方，但绝对容不下对方的无理和任何不可靠的要求或行为。

4. 使用欺诈手段骗钱

在工作中有可能做出欺诈行为的男人，对感情也有欺骗行为。

5. 实际上很穷却爱充阔佬

这种男人对钱看得过重，喜欢钱胜过对你的感情，为了赚钱，宁愿牺牲和他人的任何关系。

6. 经常叫穷，实际上口袋里有大叠钞票的人

这种人经常觉得不满足，总认为全世界都对不起他，要对付这种人是十分有困难的。

7. 最怕送人礼物

这种男人不懂享受施予的乐趣，对待感情也同样的自私，只知道被爱，而不想去爱人。

8. 负债且生活不稳定

这种人不善于处理生活，也不会懂得如何处理感情和人际关系，理财能力和自制力也是极差的。

9. 视钱如垃圾，常借钱给朋友

这种人对金钱有正确的态度，对感情也会十分重视，值得对他付出感情。

沉默的男人

沉默的男人不好靠近。他用沉默在自己周围划出一道无形的沟壑，将你与他之间隔得远远的。你只能遥望着他，却无法了解他。封闭自己的思想，锁牢内心的情感，呈现在你面前的是无懈可击的铁桶。无论多么富有攻击性的女人，都会感到无从下手。

男人喜好沉默，有多种原因。受先天影响，在语言的表达上，男人与女人有着较大的差距。女人生就一张薄嘴唇，能言善道；男人嘴唇较厚，说话笨拙。既然不擅长口才，就只好沉默了，男人偏重理性思维，考虑问题注重质量和分量，所以在观念上也不喜欢侃侃而谈。男人一旦说话，便是金口玉言，好像要最后决策和拍板定案了。男人也只有在这个时候才想说话，说出的话才叮当作响、一字千金，因为这些话已在他心中经过深思熟虑了。

男人坚信"沉默是金"，唯恐言多有失。在封建社会，一语不慎，便会招来杀身之祸，乃至株连九族。几千年思想的沉淀，男人已总结出"慎于言，敏于行"的人生戒律，一代代地影响着男人。在经济飞速发展的当今社会，时间就是金钱，竞争又是男人的原则，使他们也无暇顾及言语，去说废话。他们要用行动去为自己争来一片天地。

男人不尚空谈，喜欢脚踏实地去做事。男人做事认真，逻辑性强，总能把事情井井有条地处理好。男人自尊心强，警惕性也强，绝不留下任何把柄让人说三道四。男人看重能力，做事喜欢全力投入，给别人留下良好的印象。

男人的沉默必须建立在富有思想的基础上，体现出的是深度。这样的男人，才真正具有魅力。他的沉默，是积极的沉默，是富有进取心和竞争的沉默。那些自暴自弃、郁郁寡欢之徒是沉默男人的扭曲，已走向反面。这些男人的沉默，是遭受生活打击之后的冷漠，弥漫的是不健康的消极情绪，不利于别人的进取，也阻碍自身的发展。所以，他们的这种沉默，男人不足取，女人也不欣赏，更无魅力可言。

喜欢逞威风的男人

许多男人喜欢威风，那是什么心理原因造成的呢？一言以蔽之，那是因为男人对"社会性承认"的欲求很强。

正因为如此，根据各人性格的不同，男人逞威风也有各种不同的方式。

1. 夸示自己的优点以及长处

这种男人具有歇斯底里的性格，而且也是一个爱慕虚荣的男子。

"我在你这个年纪时，一天就把那种工作做完了。"他们就像这般地夸耀他的才能。如果缺乏足以夸耀的才能，他们就会说"我的西服是××名牌，我的皮具是××牌子，我的鞋是××品牌"，转而夸示自己的所有物。

2. 喜好挑剔

这种内向性理论型的男子，最喜欢指责对方的缺点。或是失败、分裂性气质的男子，亦有不少属于这种类型。

这些男人总是这样说："所以嘛……我再三地提醒过你了呀……你以为只要说一声'对不起'就可以把这件事打发过去吗？"说完，便用力地拍打桌子，摆出一副傲慢的德行。更有一些人简直是从鸡蛋里挑骨头，经常找碴说："你写的字就像鬼画符！这个8看起来却像3！你要多注意一点！"这种情形举不胜举。

3. 作威作福而又故作谦逊

这种男人多见于内向性感情型的男子，他们是属于自命清高的人。

他们总是说："哪里……我可没有那份能耐（装出很谦逊的样子）……不过，托您之福……"然后一件一件说出自己得意的事。

不过，最可怜又最可笑的是本身缺乏夸耀的本事，只好以声音作威作福的男人。他们以"威震四海"的声调说话，笑起来中气十足，引人注意。

奉行大男子主义的男人

大男子主义者认为男人是最优秀的，男人优越于女人，女人应该卑微。此外，许多男人认为男性胜过女性是因为上帝赋予他们许多的特性，而这些正是女性所没有的。

总之，"男人至上"深受大男子主义者的推崇。他们坚信男人特殊的优点，他们有无与伦比的智慧、能力和地位。尤其对女性，他们拥有独裁统治权，他们可以为所欲为，而女人却做不到。

大男子主义者认为，一切事物均数量有限，因此，他的价值和地位取决于他能得到这些东西的多少（当然要比对手获取的多）；取决于能否保护自己的东西而不被他人夺走。在他们看来，别人拥有的就是他所缺少的，所以，他们会趁人不备，把人家的东西占为己有。

基于这种观点，家庭便成了他的"堡垒"，女人便成了"珍珠"。他自己的一切——妻儿、姊妹等都是他的心爱之物，万不可舍让，他变成了"征战军阀"，不断扩充自己的"领地"，犹如一位将军时刻护卫着自己的财宝。总之，他们也是个嫉妒心极强的人。

大男子主义者最注重的就是：无论外表还是内在、言谈举止，自己都要像个男子汉。这种人从不过分装饰自己，做事鲁莽、性情暴烈。

婚前，大男子主义者不大注意自己的生活方式，修饰打扮不是他的本分，他往往要母亲或姊妹替他收拾房间。如果单身住，他会租一套房。

婚后，他的生活方式会发生巨大的改变。财力允许的话，他会选择一处没有左邻右舍的住处，远离城市的喧嚣，且把它视为自己的"城堡"。他对自己的选择心满意足，尤其当你不同意他的看法时，他会说，"这就很不错了！"

虽然有的大男子主义者沉默寡言、不苟言笑，但这种人通常善于交际，愿与男人交往，在男人面前他异常兴奋活泼。同时这种人不喜欢孤独，有几天不参加热闹的场合，他便心神不宁。

就物质享受而言，这种人也许算得上奢华，也就是说，这种人随心所欲，想干什么就干什么，一点都不受束缚。他的肉体和灵魂所构成的自我坚不可摧，他表达感情的方法往往都是爆发式的。

他孝敬父母，然而你必须替他照顾他们。在他父母，甚至兄弟姊妹面前，他总是站在他们那边来反对你。除非能赢得你家人持久的尊敬，否则他会疏远你的亲人。

他的确有某些魅力，他的自信心令人折服。他能够给予某些东西，这些东西多少令人欣慰。他可以使你确信，你会得到他的关照，你顺从他是值得的；只有他才能令人兴奋，没有他，你不会情绪高涨；他使你相信，无论什么事，他无所不能；他自身可能具有危险性，但是他至少可以保护你免受坏人的欺负。

男人的柔情有多少水分

如果问一个女人，面对什么样的男人最难以抗拒，肯定有很多人都会毫不犹豫地回答是充满柔情浪漫的男人。每一个女人都喜欢男人的柔情浪漫，即使她是一个独立自主的事业型女强人。而男人呢，越是极品男人，越是有着超乎想象的浪漫，他们也总是能够因为这种柔情浪漫抓住不同女人的心。

可是女人不知道，男人是行为动物，他们的思想很大程度上是为他们的行为服务的。我们身边很多女人总爱抱怨自己的男友不够情调，实际上是她们不够明白，男人的柔情浪漫不过是他们行为、目的的伪装。

生活中我们经常遇到这样的事，读到这样的故事，一个女人被一个男人追求，刚开始女人不肯答应男人的追求，可是最后总会在男人的死缠烂打、百般浪漫柔情中"缴械投降"，让男人达到最终的目的。古人常说男人容易拜倒在柔情女人的石榴裙下，女人何尝不是也容易拜倒在男人的浪漫情调中呢。

可是女人很少会知道，柔情浪漫是男人最常见的一种伪装，男人所有的情调，其实都不过是他们谋求欲望的手段。

电视连续剧《不要和陌生人说话》中，即将升任副院长的外科手术专家安嘉和，不仅医术高明、事业有成、长相帅气，脾性又十分随和，在全院是很有地位的，是很多女人梦寐以求的结婚对象。

然而令所有人想不到的是，这样一个出色的男人，一个对所有女人百般柔情的男人，一个在所有女人看来都可以说完美的男人，一切不过都只是他浪漫柔情下变态心理的伪装，一旦达到了目的，他对妻子的虐待甚至达到了恐怖的地步。

看完这部电视连续剧，很多女人都会说："以后再也不会轻易地被男人的柔情，被男人的浪漫手段迷惑双眼了，当他们达到自己的目的的时候，他们的真实面目可是不可预知的。要是万一自己也碰上一个安嘉和这样的外表浪漫温柔，内心却极度阴暗的男人，那这辈子岂不是要完了？女人伤不起呀。"

《不要和陌生人说话》剧照

或许你会说，哪有那么多像安嘉和那样的男人啊，安嘉和纯粹是心理有问题。但是你也不得不承认，在安嘉和没有达到娶梅湘南这个目的之前，他在所有女人，包括梅湘南眼里，都是一个完美的男人，他的浪漫、温柔是绝对真实的，足以打动任何一个女人。那么，既然一个心理有问题的男人都可以为了谋求欲望，将柔情浪漫表现得那么出色，去深深打动梅湘南的芳心，一个心理健康的男人，又有什么不可能如此呢？

柔情浪漫是男人达到目的伪装策略，柔情浪漫是男人为达到目的向女人灌下的迷魂汤。女人期待男人能不时地向她们挥洒柔情，男人总能很好地把握女人的这一心理。于是，男人总能为了达到自己的目的不时地编造甜言蜜语去迎合身边的女人。不是男人天生满怀柔情，不是男人天生喜欢甜言蜜语，这只是男人想要谋求欲望的手段。

所以，女人，不要再总是抱怨身边的男人不够情调，不要再总是埋怨身边的这个男人不懂得浪漫。要知道，有时候男人的浪漫不仅是奢侈的，更可能是谋求欲望的手段，是他们本质目的的伪装。男人的柔情不会白白抛洒，男人的浪漫不会白白奉献，他们所要的回报可能要比几句甜言蜜语的付出要丰厚得多，在他们浪漫的糖衣炮弹下，女人要么心甘情愿地和他们同床共枕，要么心服口服地放弃指责他们同别的朋友外出，甚至可能的背叛。女人学会分清男人的真情假意吧，女人学会在男人的浪漫中保持头脑的清醒吧！女人要学会让男人拜倒在自己的柔情中，但千万不要被男人的情调冲昏头脑。

男人常常对女人话外有话

俗话说："女人心，海底针。"女人嘴上的讨厌可能并不是真的讨厌，不喜欢也不是真的不喜欢。女人的话往往需要好好琢磨才能明白其真实含义。其实，不只是女人讲话往往有潜台词，男人说话也是常常另有深意，特别是在女人面前，常常话外有话。

有个女人说："交往了一年的男友最近告诉我，他需要自己的空间。他说这些话到底是什么意思？难道他在愚弄我，或者他想逃避什么。"类似这样的困惑，对每个女人来说可能都不陌生。男人只要含混不清、模棱两可地说上一句，往往就会使女人一头雾水，不知所云。

男人是语言家，对女人常常话外有话。只有学会破译男人的话外话，聪明的女人才能看清男人的内心世界。那么，让我们一起看看，女人经常听见男人的那些话语，隐藏着男人怎样的真实意图。

"喂，大兵，这几天我想去逛夜市，你陪我去好吗？"刘梅给刚认识不久的男友打电话。

"这几天工作简直忙死了，等忙过了陪你去好吗？"男友有些遗憾地说。

"这几天工作简直忙死了！"聪明的女人，你的男人是不是经常"忙死了"？是不是在苦追你的时候也经常"忙死了"？不然的话，今天他"忙死了"，十有八九是这个男人根本就没那么喜欢你而已。

男人不管有多忙，对自己喜欢的女人总会有空，就像女人，不管有多忙，总会有时间化妆、逛街一样。男人忙不忙，是根据对女人的态度区别对待的。如果这个女人是他特别喜欢的，他仍会马上把她迎进门来，而关系一般的，一句"我很忙"而拒之门外。所以，男人说"我很忙"的潜台词也许是"靠边站，我对你没兴趣"。

"为什么又去酒吧了？你就不能来我这儿多待一会儿吗？"女人叫道。

"请你给我一点自己的空间，好吗？"男人说。

男人在说这句话时，如果女人和他刚确立关系不久，可能是男人觉得进展过速，想放慢节奏——他正想着是不是和你继续下去。如果是经历了长久的爱情历程，这说明男人的心理正承受巨大压力，正在试图逃避你。这时说出这句话，聪明的女人应该意识到，男人的意思可以和"滚开，别来烦我！"画上一个等号。

这句话的潜台词也可能是"请让我独自呆一会儿"。所以，下一次当你再听到这句话，尽量避免歇斯底里地对他揪住不放。这是男人对自己进行理性思考的方式，积极配合他也许是此刻女人能做的最好选择。

"什么时候陪我去逛街？""我们明天干什么？"女人常常会这样问男人。

"我看看吧，我会给你电话的。"男人回答。

这又是一句令女人摸不着头脑的话，对这句话的破译也有很多不同的版本。女人会想：什么意思？到底是对我有兴趣还是没有兴趣？但如果他根本无意于我，为什么又要打电话给我呢？

其实，女人想错了，这是男人们常耍的一个小把戏，可能连他们自己都不知道自己到底是什么意思。对这句话最好的破译就是"我们该结束这次交谈了，但或许某天我会有兴趣给你电话的"。卡耐基对此做出过这样的解释："这句话可能表明男人肯定会去打电话，也有可能是男人肯定不会去打电话。说句实话，有的时候可能连男人自己也不清楚到底是什么意思。"

"我会给你电话的。"这是男人结束谈话的常见方式，这样，他们才能在不感兴趣的女人面前顺利地溜走。因此，下次再听到这句话时，女人们绝不要对这样的男人抱任何期望，否则，最终伤害的是自己。

周末，男友加班，好不容易回来了，却脸色沉郁，懒散地坐在沙发上。

女友热情地迎上去，关切地问道："怎么啦？"

男友说："还好。"

女友继续问："还好？还好是什么意思啊？"

男友说："没什么意思。"

女友有些生气了，问："'没什么意思'是什么意思？"

男友不再说话，而是一言不发地进了书房。

"还好。"虽然只是简单两个字，但在女人心里却不异于一个重磅炸弹，敏感的女

人会想："他不高兴啦。他一定有事瞒着我，否则为什么要回避我？"然而，聪明的女人在了解男人的脾气后会发现，男人的这句潜台词也许是："亲爱的，我累了，现在不想说话。我需要一个人呆一会儿，然后再跟你亲近。"沉默有时候是男人的一种独特的解压方式。女人对这句话的最好回应就是：静静地依偎在他身边，等待男人恢复到常态。

对于男人的话，女人理解不到位，结果就导致女人付出了最真诚的关心与问候，却没有得到男人的认可。在男人没有明示的情况下，女人不要试图以提供忠告的方式来改善男人的行为或帮助他，这样，不仅让男人没有感受到爱，反而觉得女人再也不信任他。感情是理解的前提，但感情太重也是误解的诱因。所以，当一个女人为了男人的某句话火冒三丈的时候，先静下心来听听他的潜台词，也许就会有不一样的发现。

你知道男人是在哄你吗

男人天生就有哄女人的技能，不信吗？女人们是不是常常会听到男人这样讲：

"认识你的那一天是我一生中最美好的日子。"

"你是我能娶到的最好的老婆。"

"你是最漂亮的女人。"

准备参加聚会时，妻子问老公："我穿这衣服好看吗？"这时候，丈夫会回答："好看，很不错。"

女人听到这些话，往往很高兴。可是"傻"女人，你知道这些是男人最常用的哄女人的话吗？在男人眼里，女人好哄，女人爱被男人哄。他们常常可以听到一个傻乎乎的女人对自己的男人这样说："你就不能哄哄我吗？你哄哄我，我心里还是蛮高兴的啊！"女人要哄，这是男人们生活经验的积累。聪明的男人知道女人身上的弱点，也知道"女人要哄"的道理，往往会用他的一张嘴巴把个女人像哄孩子一样哄得团团转，哄得女人们开开心心。

时代天骄的总裁杨瑞在谈起什么是家庭的幸福秘诀时说："家庭的和睦，就是因为自己经常哄妻子。"

杨瑞在刚结婚的时候，家里不仅要还一些债务，还要供养老家年迈的父母，日子过得很苦。每当杨瑞给父母寄钱的时候，妻子总会发一些牢骚，埋怨公公婆婆太不理解杨瑞。一边是年迈的父母，一边是发牢骚的妻子，有时，让杨瑞感到很为难。

女人是天生的购物狂。杨瑞的妻子也是如此，但是，妻子还算体谅当时杨瑞的窘境，就是看见自己喜欢的东西，也常会抑制自己的购物欲。这时，杨瑞看出妻子的心思，往往会及时建议妻子："喜欢就把它买下来。"

"哪有那么多钱呢？"妻子常常会这样说。

"要不，这个月就不给爸妈寄生活费了？"杨瑞总是这样建议。

杨瑞会给妻子买一件小礼物，时常会捎带说上一句："就是不给父母寄生活费，也要给老婆买喜欢的东西。"

渐渐地，妻子对杨瑞给父母寄钱的反应也没有先前那么强烈了，有时，妻子还会拿出自己的私房钱寄给公公婆婆——妻子成了一个有孝心的好媳妇。

原来，杨瑞每次在妻子消费的时候，他都会带上类似"要不，这个月就不给爸妈寄生活费了？"的一句话，正是这句话"哄"好了妻子。在妻子看来，杨瑞的这句话，显示出丈夫把自己看得比他父母重要，这让妻子有满足感。第二，这能让妻子在潜意识中产生这样一个思维：自己购物的钱，是杨瑞替公公婆婆省下来给自己花的。这样，妻子在花钱的时候，就有一种在花公公婆婆钱的感觉，之后在杨瑞向父母寄钱的时候，妻子就觉得这是自己亏欠了父母的，自然就不会埋怨杨瑞了。再说，冲着丈夫宁愿不给父母寄钱，也要满足自己的那份爱心，妻子也不会在钱的问题上再为难丈夫了。

对于杨瑞来说，不会因为给妻子买了喜欢的东西而真的不给父母寄钱了，而是用这种方法，转变了妻子看问题的角度。同样是给父母寄钱，杨瑞既能让妻子开心，又能对父母尽到自己的孝道，可见，这都是源自"哄"的结果。

杨瑞最后说："我是个男人，男人就要承担更多的责任和委屈，更要懂得去哄老婆。于是，每次我们产生分歧的时候，我都会用一些办法哄她开心。慢慢地，哄老婆就变成了我的一种习惯。"

很多时候，男人"哄"你，不一定就包含欺与瞒的成分与目的，男人只有一个意图与期望：让妻子体味到爱的真实与美妙。

男女之间，有的女人总是小鸟依人，与自己的男人情感深厚，而有的女人总是泼悍无理，与男人感情破裂。在男人眼里，天下的女人一个样，女人间有差别，很大原因就是看这个自己会不会"哄"自己的妻子。所以，学会哄女人也自然成了男人必修的功课。

男人知道，女人是感性的，在女人的眼里，自身的感觉要重于事物的道理，换句话说，只要女人感觉好，她就会对自己表现出贤惠的一面。因此，男人"哄"女人，只要让女人在心理上感到满足，女人往往就会变得很贤惠。所以，"哄"女人是因为男人想让女人快乐，忘记烦恼与忧伤，消除心头的疑虑与不快，从而把自己的爱多形式、多角度地呈现给自己所爱的男人，让他能感动并感到欣慰。一个好男人往往会抽时间哄哄女人，用心去使女人开心。因为男人知道，这个世界上没有一个女人不希望自己的男人哄自己，女人在被男人哄的时候，会更深刻地感受到爱情的美妙。

男人的"可靠"是伪装的

当问到女人想要嫁一个什么样的男人的时候，女人的回答总是那么出奇的一致——可靠的男人。的确，每个女人都希望自己找一个可靠的男人托付终身，那么到底什么样的男人才是可靠的男人呢？男人的"可靠"真的可靠吗？

程亚琳在北京国贸一家金融公司上班，她的上司是个谈吐风雅的人，很快，她就爱上了这个已经结婚的男人。开始的时候，工作上有人罩着，生活上有人关心，程亚琳很开心。为了他，她甚至放弃了很多追求她的男人。这个男人也经常对她说："我以后一定会娶你的。"

她也对上司的话坚信不疑，甚至觉得男人暂时不离婚，反而说明他是个负责任的好男人。

有一天，上司的妻子来到了他们公司大闹，最后，妻子把男人叫到程亚琳面前，当面让上司做出选择："我们两个人你到底要谁？"可想而知，男人顾及自己的孩子和家庭，最后说："我还是爱我的妻子，我和程亚琳只是逢场作戏。"

听了男人的话，程亚琳伤心极了。可是，谁叫自己爱上一个自己不该爱的人呢？

这件事发生后，程亚琳很快被公司辞退。这些年，程亚琳在工作上都是上司关照，在能力方面无任何进步，所以她离开公司后，找工作都很困难。无奈之下，她选择了离开这个让她伤心的城市。

这种故事经常发生在各个城市的角落里。这对女人来说，绝对是个不幸的事情，甚至是个悲哀。女人伤的不仅是感情，还有失业给自己带来的烦恼。但是聪明的女人会通过男人的一句"我娶你"看到这个男人的不可靠，从而远离这样的男人，避免自己受到伤害。其实，女人无论看上什么样的男人，是未婚还是已婚，都要用点脑子想想这句"我娶你"的含金量到底有多少，值不值得你为他耽误了大好的青春年华。

有人说有钱的男人不可靠，男人有钱就变坏，所以找可靠男人，不一定要条件太好的。这样的论断也未免太可笑了。男人的可靠，不会写在脸上，更不会那么轻易地就能预测。男人的可靠甚至是最容易伪装的，他们可能会在你紧紧依靠的时候突然抽身而去。

《血色浪漫》中的钟跃民，有女人说他是一个可靠的男人，因为他有思想、有能力，只要他愿意，他可以给女人们想要的名誉、地位、金钱，所以说周晓白可以用生命爱他一生。可有的女人又说，不，这样一个男人根本不可靠，不值得任何一个女人交付终身。钟跃民自私到只为自己着想，当他想要得到周晓白的时候，他可以费尽心机，而当他不爱的时候，他可以轻松到残忍地说分手，可以说他对任何一个女人都不会是全身心地去爱，他的可靠不过是他获取女人的伪装，不过是他薄情的面具。

那么，钟跃民到底是不是一个可靠的男人呢？人们可能会得出两种结论：是，因为他真的是一个不错的男人，有能力，又讲义气，这样的男人能不可靠吗？不是，因为他总是按照自己的想法行事，完全不会去考虑女人的感受，在一个又一个女人都为他付出全部感情的时候，他一样可以说舍去就舍去。男人如果这样对待感情，能值得女人托付吗？能说他是可靠的男人吗？

所以，一位名人曾这样警告过女人："千万不能把男人当作信仰。"因为天底下大多数男人本性都一样，都是靠不牢的动物。要知道男人的可靠可不是如不动的柱子那样，男人的可靠是长了翅膀的，随时可以飞走。而你要想真的可靠，就一定要在有所依靠的时候也把重量放在自己身上，自己站直才最可靠。

聪明的女人总想找一个对自己忠心不二又能给自己想要的生活的男人，认为这样的男人才是真正可靠的男人。但是，世界上真的有这样的男人吗？女人就一定要记住，男人的可靠是容易伪装的，任何一个人都可能在你紧紧依靠的时候突然抽身离去，包括你所认为的那个可靠的男人，俗话说："靠山，山会倒，靠人，人会跑。"所以请不要把自己的希望全部寄托在一个可靠男人身上，聪明的女人懂得，要靠就靠自己，才能不让自己倒下。

身份是男人最常用的"遮羞布"

在很多男人的名片上，十有八九会印着"主管""经理"的字样，很少用"先生"，因为有个好身份是男人最得意的事。男人是用来依靠的，所以女人往往会钟情于那些有身份的男人。因此，在女人面前男人们常常喜欢抬高自己的身份，身份也成了男人最常用的"遮羞布"。

俞晓琴在网上认识了同城的项阳，两个人很聊得来，项阳告诉俞晓琴，他今年30岁，在一家副食品公司做销售主管，薪水不菲。

两个人在网上聊了半年，项阳表示对她有了好感，要求和俞晓琴见个面。俞晓琴本不想和项阳见面，更不相信网恋，只想和项阳做个普通朋友，但经不住项阳的再三请求，俞晓琴还是和项阳见了面。

当俞晓琴见到项阳的时候，发现他长得还挺帅，对项阳的感觉比想象的要好，面对项阳的追求，俞晓琴决定先和项阳交往一段时间再说。

两个人实际交往快一个多月了，感情一直很好，但后来发生的一件事却让俞晓琴非常吃惊。

这天，俞晓琴去离项阳的公司不远的地方办事，俞晓琴心想，反正已经到了附近，不如去找项阳，顺便和他一起吃午饭。

项阳所在的那家副食品公司很有名，俞晓琴随便问了个路人就打听到了具体的位置。

由于俞晓琴不知道项阳具体在哪一层办公，于是就问门卫："请问项主管在吗？"

"项主管？哪个项主管？"

"项阳主管。"

"项阳？没有吧，我们公司里好像没有叫项阳的。他是哪个部门的主管？"

"是销售部的。"俞晓琴说。

"那不对啊，我们销售部的主管不姓项。您是不是找错地方了？"

"不会啊，这个副食品公司就是这里一家吗？没有别的分厂吗？"

"没有，就我们这里一家。"

门卫一口咬定这里没有项主管这个人，俞晓琴也只好回去了。

事后，俞晓琴越想觉得越不对劲，于是给项阳打了电话，约他晚上见面，想当面问清楚。

晚上，两个人在他们经常聚会的餐馆见面了。

"我今天去你公司找你了。"一坐定，俞晓琴对项阳说。

"什么？"听俞晓琴这样说，项阳吃了一惊，"你去哪找我了？"

"我去你的公司了啊，就在某某街某某楼，是不是那啊？"

项阳显得很不自在："是，可是……"

"可是我问了门卫，他说没有项主管这个人，他还说他们销售主管也不姓项。这到底是怎么回事？"

面对俞晓琴的质问，项阳沉默了好久，然后支支吾吾地说："对不起，我不是主管，我只是销售部的一个小职员。"

"什么？"听了这话，俞晓琴瞪大了眼睛不敢相信。

"对不起，我骗了你，但我不是故意的。一开始我们在网上认识的时候，还只是普通的网友，我就随口那么一说。后来熟悉了我又不敢对你明说了，怕你会觉得我欺骗你。"

"现在就不是欺骗了吗？"俞晓琴非常生气。

"我是太喜欢你了，所以怕说了实话你会看不起我，怕你会嫌弃我只是个小职员，所以我……"项阳尴尬极了。

听项阳这样一说，俞晓琴的心又有些软了，心里觉得，项阳可能是真的爱自己，所以才会这样做的。

或许在女人看来，男人都是要面子的，总喜欢在女人面前表现自己出色的一面，因此才会骗女人，也是怕失去女人才这样的。所以，很多女人会原谅这样的男人。其实，事实可能不是女人想得那么简单。

试想，哪个男人愿意欺骗真正爱的女人呢？当然有的小事可能会哄一哄，比如男人手头比较紧，但他为了显示大方，会故意在女人面前装得不在乎钱。又比如男人胆子小，但为了在心爱的女人面前表现出男子汉的气概，就会故意说自己喜欢玩蹦极，或者喜欢看鬼片。这些都无关紧要，但是绝对不能隐瞒一些原则性的问题，比如自己的工作、住址或家庭情况等。

男人隐瞒自己的身份，只有一个解释——动机不良，这样的男人没有打算和那个女人长期发展，所以才把自己说成有身份的人，以此来提高自己的魅力，吸引女人的注意，等达到自己目的的时候，往往就会消失得无影无踪。

酒后甜言蜜语是胡言乱语

赵花花和男朋友杨小鹏相处三个月了，杨小鹏是个不善言谈的人，从来不会用花言巧语哄赵花花，"我爱你"，"你真好"，"我离不开你"……这些男人常用的哄女人的话他从来不说。

但是他只要一喝醉了，就会说很多甜言蜜语。

"知道吗，我真的好爱你。"

"真的假的啊？"

"我对天发誓，我是真的爱你。你那么好……"

听着杨小鹏的这些话，赵花花幸福得简直要晕倒了，要知道，平时杨小鹏可是从来也不跟自己说这些的。

有一次两个人手拉手逛街，赵花花回想起那天杨小鹏酒后说的话，不禁有些怦然心动。赵花花轻轻摇着他的胳膊，撒娇地说："还记得那天你酒后对我说了些什么吗？"

"哪天啊？"

"就是那天你喝醉了，你说你很爱我。"

"哦，怎么了？"

"你再跟我说一遍嘛。"

"我那天不是说了嘛。"

"人家还想听嘛。"

"说那么多遍干吗啊，多肉麻。"

"你再说嘛。"

"不行，太肉麻了。"

不管如何哀求，杨小鹏就是不肯说。看来杨小鹏要是不喝酒就不好意思说。赵花花倒很喜欢听他说那些话，只要一听到那些话，赵花花就会很开心，感觉被杨小鹏宠得像公主一样。每当杨小鹏那样说的时候，赵花花就舍不得离开他了，并跟他回家过夜。

当一个男人这样对你的时候，聪明的女人们，你们会怎么样想呢？女人通常会这样想："他可能不善于表达，所以只有在喝了酒以后才对自己甜言蜜语。他很内敛，平时不好意思说这些肉麻的话，所以喝了酒才敢大胆示爱。"

"他喝醉了还想着我，说明他潜意识里就是爱我的，否则不会这样说的。"

……

男人酒后甜言蜜语，真的都像女人说的这样吗？其实未必。那么，男人究竟是怎么想的呢？他们是酒后吐真言还是另有玄机？

有人说，"酒后吐真言"。男人酒后的话，会是发自肺腑的，应该多几分可信度。告诉你，男人酒后对女人的甜言蜜语，就是胡言乱语，根本不可信。再说，男人究竟爱不爱这个女人，不应该只听他们对女人说了些什么，而应该看他们对女人做了些什么。话可以很随便地出口，行动却能暴露男人真正的心思。如果男人是真的爱一个女人，即使从来不说"爱"字，女人也能感受到男人所传达出的强烈爱意。相反，如果男人不是真心疼爱一个女人，即使说上一千遍"我爱你"，女人也不要在意。所以酒后甜言蜜语，就是胡言乱语，更不可信。

聪明的女人，不要因为男人在酒后说了什么作为判断他是否爱你的标准，要知道，说出"我爱你"这三个字可能是酒精的作用，用行动对你说爱，才是难能可贵的，因为真正的爱是用不着借助酒精的力量的。在男人的大脑里，酒后所有的承诺往往会在酒醒后变成空白，最动听的语言也会随风而去，男人只是说说而已，女人不必当真。男人酒后的承诺，信了是傻女人、痴女人，不信才是聪明的女人。

"真男人"也有一颗脆弱的心

项羽力拔山兮气盖世，但最终乌江自刎；《老人与海》提醒人们要有不服输的精神，但作者海明威却选择了自杀。项羽和海明威，看似"很男人"，但我们却不知道他们的心灵有多脆弱，他们为了身上的光环苦苦撑着，直到离开尘世之后，人们才发现原来他们比任何人都脆弱，只不过他们善于装扮自己，将脆弱深藏起来，他们的强大是伪强大。

在女人的眼中，有着可以依靠的坚实身躯，有着萧峰萧大侠的豪迈，有高仓健的硬汉形象，这样才是一个"真男人"。没有一个女人喜欢柔弱的男人，也没有女人喜欢处处畏畏缩缩的男人。所以男人面对女人学会了逞强，面对女人学会了打掉牙齿往肚子里咽，学会了掩饰自己所有的脆弱。电影《车神》讲述的就是一个脆弱男人的故事。

海明威

有一位摩托车手天下无敌，很多其他车手无法完成的高难动作他都能做。人们把他看成是勇敢和速度的化身，誉其为"车神"。

但在一次挑战赛中，"车神"所骑的摩托车发生意外，差点摔死在赛道上。

从此以后，他为了不再赛车，于是就装成瘸子，极力逃避别人对他的挑战。

他的女朋友为了激发他的斗志，告诉他："以后有多远滚多远，我再也不想见到你这个胆小鬼了。"

这时，这位在赛场上英姿飒爽的"车神"，竟然像孩子一样扑倒在女朋友怀里嘤嘤哭泣起来。

他说，那次的意外虽然没让他断手断脚，但他怕，怕瘸着手脚来过下半生，所以他不想再到赛车场上，不想再当"车神"了……

这时，女朋友才明白，飙车场上的"车神"原来心灵是如此的脆弱。

现实中，有很多男人和"车神"一样，看似强大，其实在挑战面前就是一个懦夫。

通常，男人总是被看作是强者的化身，其实，男人是将自己心理上的脆弱用虚假的强悍层层包裹起来，不让别人看出来。有时候，男人的心理相对于女人来说，可能要脆弱得多。所以，不要相信你看到的男人有多强大，说不定他的内心非常的脆弱。

那一年夏天，卢小惠17岁，李小龙21岁。李小龙是卢小惠父亲的司机，常常在卢小惠家出现。李小龙高高的个子，风流倜傥，潇洒不羁。

没人知道，卢小惠心里暗恋着这个带着狂野的家伙。看着李小龙是卢小惠的享受，李小龙在讲述什么的时候，总会大笑着，动作神态都十分夸张。走起路来大步流星，充满了活力与自信。而当他盯着卢小惠看时，卢小惠觉得他的眼神是那么的温柔多情，深深地为之倾倒。

但是不久，李小龙就离开了，自己去闯荡江湖。卢小惠也结束了这段单相思。后来，卢小惠断断续续获得他的消息。他结婚了，他开店了，他生女儿了……他成了一

个成功的商人，有几个工厂，有着上亿的资产。

这一年，因为李小龙与父亲有些生意上的来往，于是两个人又相遇了。

卢小惠了解到，李小龙身边美女如云。他喜欢追女人，哪怕是已婚的女人，只要喜欢，他也敢染指。据说，为此他和女人的丈夫争过女人。他还是一副敢爱敢恨、放荡不羁的样子。下属被他呼来喝去，一副成功人士的派头。

这天，卢小惠在酒吧邂逅李小龙，两个人聊了很多以前的事，可能是喝多了，或许是遇到了老朋友，聊着聊着，李小龙告诉卢小惠，自己要离婚了，因为老婆经常和他吵，自己虽然有钱，但总感觉不到家的温暖，这些年都是得过且过。

在李小龙说话的时候，眼睛红了——他居然流下了眼泪。

这时，硬汉的形象在卢小惠心里瞬间坍塌了，卢小惠才发现李小龙其实已经老了，眼角下垂，皮肤松弛，眼神中充满了厌倦、无助。与平时大家看到的那个嬉笑怒骂、生龙活虎的李小龙判若两人。

卢小惠忽然意识到，男人的强大只是一个表象，其实内心是脆弱的。

男儿有泪不轻弹，只是没到伤心处。李小龙的故事告诉女人们，不必害怕那些外表强悍而不羁的男人，他们才是空虚和脆弱的。其实，你看到的男人就是摩天大楼上的玻璃幕墙，外表看似坚不可摧，其实它的本质无比脆弱；男人就是在高速公路上奔跑的汽车，当它停下来时，它却耗尽了一切，疲惫不堪，它需要保养，需要添加润滑油……那一刻的它多么脆弱，任何一瓢冷水都能让它所有的缸体爆裂。所以外表坚强的男人，他的内心不见得有多强大，而是脆弱，是需要呵护的。

聪明的女人应该懂得，男人不管是富甲天下还是权高位重，都希望有个女人可以依靠，希望受了伤有个地方可以让他们疗伤，希望有个地方释放心中久积的压力……所以，女人要学会从男人的角度看待男人，男人要养家、男人要养老婆、男人要买房、男人要买车。男人还要对女人好，一个男人承受的压力远远要比女人想象的大得多，而男人和女人比较也不是三头六臂，更不是万能的，所以女人要能够体会男人的脆弱，学会给男人营造一个可以安放脆弱的空间。

三、你选择了我，我选择了你

择偶找对象，男女所见略同

现代社会，每个人的择偶心理各不相同，并且往往是多种心理的交织，只是以某种心理倾向为主罢了。现代人复杂的择偶心理，取决于社会时代背景、个人人生观、恋爱观、价值观等多种因素。

1. 追求外表美的择偶心理

在年轻人中，追求外表美的择偶心理是很普遍的。希望自己的对象漂亮点、英俊些是人之常情，但如果一味地追求这种外表美，则会进入择偶误区。仅靠漂亮的外表维系的爱情，往往是短暂和肤浅的：当岁月使容颜衰老时，爱情拿什么来继续呢？相对于漂亮的外表，一个人的品行、才干和经济基础应该是更重要的择偶条件，就像歌德所说的："外貌美丽只能取悦一时，内心美方能经久不衰。"

2. 追求完美的择偶心理

具有这种择偶心理的，也是以年轻人居多。年轻人选择对象时，往往事先制定一系列条条框框，凡不符合其中一二点的，哪怕其他方面都中意，都不在考虑范围。比如常听一些女孩子这样说："我的白马王子，要帅、要心眼好、要会关心我、要家庭背景好、要聪明，更要有钱……缺了一条，一概不考虑！"具有这种择偶心理的年轻人，常常等到成为大龄青年的时候才找到爱情，但对象往往也不是最初的完美形象。这是因为处处完美的人几乎没有，即使有几个，大家都抢着追，成功的概率又何其小；纵使终于抓到一个完美的情人，交往中不可避免的瑕疵也会使追求完美的人无法忍受；经历了孤芳自赏或几度甩人之后，年龄大了，不得已，委曲求全嫁了人。

3. 追求精神满足的择偶心理

随着社会经济、文化的进步和个人素质的提高，追求精神满足的恋情的人越来越多。这类人在择偶时，不拘泥于某种外在的东西，追求心灵上的相互沟通和共鸣，注重对方的道德品质、思想感情、性格爱好等方面情况。建立在精神和感情上的爱情是让人称颂的爱情，但如果过于忽略爱情的物质基础，将会使恋人们爱得坎坷。

4. 金钱至上的择偶心理

在现代社会，拜金主义流行，有这种择偶心理的人有一定数量。有一部分人，经济状况是择偶的首要考虑因素，婚姻是过上富足生活的手段。建立在物质、金钱基础上的爱情与婚姻，铜臭会淹没感情的温馨。再者，当金钱失去的时候，这种关系何以维系？

5. 寻找政治靠山的择偶心理

在旧官僚主义社会，这种择偶心理相当普遍。婚姻，自古就有政治功能。比如众所周知的昭君出塞，还是一大壮举呢。通过婚姻打通自己的仕途之路，或者巩固官场上的裙带关系，即所谓的政治联姻。现在的中国社会，政治联姻仍有人为之。在他们眼里，感情算什么东西，婚姻又有什么不得了，什么浪漫的爱情更是荒谬，唯有仕途才是最重要、最迷人的。有政治目的的恋情和婚姻是可耻的。

6. 以事业为重的择偶心理

在酒足饭饱、享乐型社会里，以事业为重的择偶心理并不多见。可在各类人群里，还是大有人在的。他们把工作成绩、事业进展看成人生最大的快乐；把对方有无事业心和拼搏精神，作为择偶天平上一个重要砝码；把爱情的幸福寄托于事业的奋斗之中。共同的奋斗会巩固两个人的爱情，可有时候事业与爱情又是矛盾的——事业上的奋进消耗大部分的时间和精力的时候，疲惫的人儿又如何柔情缠绵呢？

7. 游戏择偶心理

有一部分年轻人，朝三暮四、寻花问柳，以爱情为掩护去玩弄他人感情，以伤害别人为乐趣。这种人的人生观、恋爱观是无耻的，伤害了别人的同时也浪费了自己的青春。

男女的择偶心理多种多样，以上所述不过是几种基本的类型。无论持有什么样的择偶心理，都要牢记这样的格言：以利交者，利尽则散；以色交者，色衰则疏；以心交者，方能永恒。

男性择偶如是想

由于受各自所处环境、文化教养和个性差异的影响，男性的择偶心理各不相同。比如说，体力劳动者的择偶心理和脑力劳动者不同；大学教授的择偶心理和一个搬运工人肯定也是不一样的。但毕竟都是男人，基本的共同点还是有的。

1. 较好的外在形象

外在形象包括三个方面：一、容貌神韵；二、身材体态；三、肤色。男性择偶大都很在意对方的外在形象，即着重对方的性吸引和体吸引。若感觉不好，往往就不愿再了解下去。女性择偶是不同的：除了外在形象之外，她们往往还会考虑到个人品行、经济收入、社会地位、家庭状况等其他相关条件，因而不会一口回绝男方，而愿意进行试探性的接触。如果其他条件不错，很可能就走到了一起。

2. 有较强烈的性欲

男性的性欲比较强烈，择偶自然看重性的吸引。择偶中的男子一闭上眼睛，就满脑子女方的最佳动作、服饰及面部表情。这就是体内性冲动使然。恋爱过程中，男性多数会有强烈的性要求，如果得不到满足，就会感到很压抑和失落。在婚姻生活中更为严重。妻子的性冷淡甚至会使婚姻终结。

3. 温柔贤惠

所谓温柔贤惠，具体来说，就是在夫妻关系上，对丈夫温柔体贴；在待人接物上，温文尔雅；在对待长幼上，贤淑大度。温柔贤惠的女性，尽管可能缺少一些爱恋激情，大多数男性还是比较喜欢。

4. 女方年纪较自己小

既然男性喜欢追求体貌美丽、感情纯真、温柔贤惠又性感的女性，自然倾向于和年龄较小的女性做爱人。一般说来，年龄较小的女性对男性的爱有较强的依恋性。而男子又最易被年轻女子所吸引和征服，两者相辅相成，会爱得比较持久。

5. 会体谅人

为爱恋的姑娘费尽心机讨她欢心，哪个小伙子不希望姑娘说一声情意绵绵的关心话？为了家庭在外面劳碌一天的丈夫回到家，哪个不希望得到妻子的体贴和照顾？爱人的体贴和关心，始终是男人们最渴望得到的财富。

6. 有学识又含蓄

没有哪一个男人会喜欢一个没什么学识的老婆，但也不喜欢老婆太过炫耀。女方要懂得隐藏自己的学识、含蓄自己的智慧，要懂世故又要守本分。这样的老婆，丈夫即使不明言夸奖，也自然心悦诚服，喜欢和敬重得不得了。

总的来说，男性的择偶条件较少且较为宽松，多是要求女性长得漂亮、温柔，择偶的感情和审美色彩比较浓厚；男性的择偶条件比较现实、易变。比如，自身条件差的男青年虽然也希望找一个年轻美貌的女子，但更倾向于找一个和自己般配的女性；男性对女人的才学不那么看重，不大欣赏女强人那样的女性，比较愿意找一位各方面条件不如自己的女性；另外，男性的浪漫情趣比较少。

女性择偶如是想

1. 择偶条件具体、现实

女性择偶条件比较具体、苛刻，更多考虑和关注现实问题，尤其是经济方面。女性找男朋友的时候就考虑到了结婚及结婚之后的生活，男性则注重目前的恋爱感受。

2. 坐享其成心理

择偶时，许多女性坐享其成的心理突出。许多女性不是想如何靠自己的双手去创造财富，那样她们会觉得太累，总想走捷径，而最好的捷径就是嫁给一个富有的男人。如目前流行的"找大款"就是这种心理的表现。女性对金钱的欲望往往通过结婚这种形式体现出来。如高尔基在《克里姆·萨姆金的一生》中的感叹："女人比男人更贪婪别人的财物……"

3. 择偶的理性色彩比较重

女性择偶时。对男性的个性、气质、才华、品行等内在素质比对他的容貌、身材更感兴趣。女性希望她的恋人具有才华出众、个性开朗、幽默、风趣、诚实、有事业

心、刚强等优点。女性喜欢可以信赖和依靠的男性，喜欢能在精神、情感和心理上给她抚慰的男子汉。

4. 择偶条件苛刻，过于追求完美

女性择偶条件有时显得很苛刻，有的甚至脱离现实。如要男友的身高在一米八以上，差一厘米也不行。这样就人为地缩小了自己的择偶范围。她们在择偶时挑挑拣拣，高不成，低不就。有的女青年跨进大龄青年行列，仍在坚持择偶条件的既定标准而不肯降低要求，显得比较任性和好钻牛角尖。另外，女性由于受文艺作品的影响，常将爱情看得过于理想化，在择偶时要求十全十美，这也是不好的。

5. 攀比与从众心理

由于女性的自尊心和虚荣心，女性在择偶时常有攀比心理。比如，自己的几个小姐妹的男朋友都身材高大，她就会担心选择一位身材略矮的男友将遭到姐妹们的小视，从而定下了身材高大的择偶标准。女性从众心理较强，如果同伴的恋人比自己的强，她会觉得在她们面前抬不起头来。因此，她需要攀比，以便在同伴面前炫耀，令她们羡慕、嫉妒。

成功择偶，要走出这些心理误区

1. 太过追求外在美

择偶时太过注重对方的外在因素是心理误区之一。有的甚至制定身高必须多少、身材必须怎样、容貌必须如何等等硬性标准，不达标准不罢休。忽视了人的内在素质会给将来的婚姻埋下隐患。性格不合、兴趣迥异、好吃懒做等等缺陷会使美丽的外貌顿失色彩，也会使婚姻最终走上末路。更严重的是，这可能影响你的命运、改变你的前途。比如，俄国文学大师普希金，娶了个美丽的女人，却最终因为她的美貌与贪图玩乐享受的性格而荒废了写作，更因为她而与人决斗，落了个英年早逝的结果。这是一个典型的因为太注重美貌而造成的悲剧。

2. 太注重社会地位

太注重对方的政治地位、经济地位、学历等因素而忽视了内在素质，也是择偶的误区。要知道，人的地位是不断变化的，因为地位而维系在一起的婚姻，当地位丧失的时候，该如何是好？忽视品行、个性等心灵因素是不可取的。

3. 太在乎别人的看法

择偶时缺乏主见、太在乎别人的看法也是不可取的。毕竟是你自己的终身大事。一定条件下征求他人意见是有必要的，但最终决定的是你自己，不要被他人的错误意见所左右。择偶时也不要跟朋友攀比：自己爱人的外在条件不如朋友的爱人，并不代

表内在素质比他们差；目前不如他们，并不代表以后不如他们。人没有十全十美的，也没有一无是处的，对一个人要综合评价，不要因为在乎他人的看法而误了自己的幸福。

4. 过于相信一见钟情

一见钟情而定终身的美丽浪漫爱情故事，似乎在文学作品中更为多见，现实中较少，这是因为一见钟情是不可靠的。一见钟情只是被对方的某一优点所强烈吸引，而没有仔细考量其他因素，就草率结合。一见钟情的婚姻，往往会因为婚后生活中才暴露出来的个人缺陷而导致矛盾重重，或过早终结。

5. 补偿心理

恋父、恋母情结会导致爱情上的补偿心理。有些人从小缺少父母的爱护，为了弥补这种感情的缺失，择偶时就会无意识地选择在某些方面与父母相似的人。与父母相似，并不代表婚姻上会融洽，所以，婚后生活也很可能会不幸福。

6. 自卑心理

有的人自卑心理严重，反映在择偶上，会比较随意地选择一个条件不如自己的人在一起，而且往往不会主动去追求对方。婚后夫妻生活里，这种自卑心理会有所缓和，不满足的心理就会凸现出来，婚姻也不会幸福。

四、心理决定爱情，完美心理完美爱情

缺一不可的十大爱情心理素质

健全的爱情心理素质是甜蜜爱情的坚固后盾。爱情的成功与失败，除了许多外在的原因，爱情心理是否健全也是十分重要的因素。

那么，健全的爱情心理有哪些特征呢？

1. 关心

弗洛姆曾经说过："爱是对所爱对象的生命和成长的积极关心。哪里缺少这种关心，哪里就没有爱。"

关心在爱情中的重要作用，恐怕人人皆知。关心首先是对所爱对象的密切关注，时刻在意所爱之人的种种感受和需要，并随时准备予以安抚和满足，这也是爱的奉献。关心可以体现在一点一滴的生活小事上，比如给恋人整整衣服、理理头发、擦擦眼泪等等，也可以体现在人生大事上，比如关心恋人的前途与命运。无微不至的关心是爱情的基础，也是爱情的添加剂。

但是，关心不是自作多情，不可以不顾对方的感受而强加于人。如果关心过了头或者关心错了地方，反而会令恋人厌烦。真正的关心应该是满足对方所需的关心。

2. 专一

爱情，是最忌讳三心二意的。或许对你的恋人，你可以不够理解、不够奉献、不够关心或者不会欣赏，但千万不可脚踏几只船。幸福的爱情必须有专一的投入。保加利亚伦理学家瓦西列夫在其《情爱论》中说过："爱情对象的选择是对熟悉的众多异性中某一个人的具体偏爱，是对这个人的价值理想化。没有一个人会同时深深地、忘我地、热烈地爱着两或三个人。那必然会导致心理动荡，使人面临困难的抉择，分散感情的洪流。爱情首先要求一个人将注意力集中在一个对象上，要求感觉的和谐完整。"

一个人一生可能不只爱一个人，但不应该发生在人生的同一时刻。正如学习需要专注一样，爱情也需要专一，只有这样才能获得充分的感受。

3. 奉献

从某种意义上说，爱应该是一种主动的、无私的、不计回报的、勇敢的奉献。只有懂得奉献的人，才会获得真正的爱情。爱应该主动给予，不应消极等待。

但是现实生活中，人们更多地关注如何被爱，如何被给予，喜欢以矜持、躲避和傲慢来回应别人的主动奉献，以为这样才有身份，才有意义。特别是拥有大量财富和权力的男男女女们。懂得爱情真谛的人毫不做作，他们真诚、主动地向爱慕的人示爱，又为了爱的人可以奉献一切。而无私的奉献换来的，自然会是一份真挚的感情。

4. 信任

爱，就要相互信任，不要胡乱猜疑。不要苦苦询问对方为何不接你的电话，不要非得搞清楚对方为什么约会迟到了几分钟，也不必质问爱人为什么偶尔不回家。这样只会让对方产生腻烦心理，不利于双方感情的稳固。如果愿意告诉、有必要告诉你的，对方必然会让你知道。亲自或雇用他人跟踪对方更是不可取的，爱得再深也需要一定的自由空间。试想想，即使他或她真的对你不忠诚了，苦苦追问与盘查就能挽回你的爱情吗？那样只会让对方逃得更快、更远。

信任就是尊重，只有你信任对方，对方才会信任你；信任对方就是信任自己，不信任对方的往往也是不自信的人。无根据的胡乱猜疑，不会换来美满的爱情。

5. 尊重

弗洛姆说过："尊重意指一个人让另一个人成长和发展顺其自身规律和意愿。尊重蕴含没有剥削。让被爱的人为他自己的目的去成长和发展，而不是为了服务于我。如果我爱一个人，我感到与他或她很融洽，但这是与作为她或他自己的她与他，而不是我需要使用的工具。"

真正的爱情是两相情愿、相互尊重的。没有尊重的爱情，就是残酷的占有，会让一方产生心理压抑，会剥夺他或她的幸福和应有的感情。尊重对方就要尊重对方的爱好、职业、选择和个性，不要粗暴干涉和强迫对方。

6. 自信

心理学大师马斯洛认为，心理健康的人能够接受自己、热爱自己。"他们能够不带忧虑地接受自己的任性，包括其中之种种缺点及与理想形象之间的种种差异等。但是如果称他们自满自得，显然是不恰当的。我们要指出的是，他们对待人的脆弱、罪恶、虚弱、邪恶等等，恰如对大自然的种种特点一样，以同样不加怀疑的态度表示接受认可。"只有自信，才会有一定的心理承受能力，才会有魅力，才敢于主动地去爱别人，才敢于接受别人的爱。自卑会令人封闭，令人躲避，躲避自己的爱，更躲避他人的爱。

7. 理解

"理解万岁"，爱情离不开相互理解。只有理解，才会有爱情；只有不断加深相互理解，爱情才能不断地升华。心理学上有一种"移情心理"的说法，就是指专注于他人的情调，经历他人所有的种种感情。以自我为中心，总是从自己的利益或观念出发来考量别人，永远不会理解别人。理解，就要设身处地。相近的文化背景和相似的经历更容易产生共鸣与理解，但根本上，理解依靠双方的关心和交流。

8. 欣赏

"情人眼里出西施"。处于热恋中的男女们，总是觉得对方是这个世界上最好的。先不要管是不是错觉，其中的欣赏情怀是值得提倡的，更是爱情所不可缺少的。这种欣赏，使你感到愉快、奇妙甚至疯狂，或许你的"西施"对别人来说普普通通。爱情的欣赏不仅包括对所爱对象的鉴赏，还要包括对其周围一切有关事物的喜好，所谓"爱屋及乌"就是这个道理。懂得欣赏，更懂得赞美，你的爱情怎么会不甜蜜呢？

9. 独立

爱情中的独立不是对恋人的疏远，更不是与他人隔绝。独立就是自信，独立的人一旦遇到理想的爱情对象，会毫不犹豫地表达爱意。独立就是坚强，独立的人不求缠缠绵绵、朝朝暮暮，而是为了爱情去奋力拼搏，给所爱的人一个幸福的家。独立，是一种成熟的心理品质。独立的人，能够承受爱情的打击，能够很快从感情挫折中站立起来。重新来过。

10. 宽容

德国哲学家布鲁诺·鲍赫说过："彼此在爱中的互相参与，是将自己的一切毫无保留地给予对方，并取得对方的一切。"每个人都有优点与缺憾，爱一个人要欣赏对方的长处，更要接纳对方的短处，爱需要宽容。宽容就是理解、同情与原谅；宽容就是最大限度地接受对方。太过苛刻的人不能包容别人的缺点，将意中人的标准理想化，因而永远找不到爱情。

宽容就要原谅对方的错误。真正的爱情永远值得珍惜，一方犯了错，如果真心悔过的话，为何不给双方一个重新来过的机会呢？

丢掉几样负心态，找回 100 分爱情

猜疑、控制和嫉妒是三种不健康的爱情心态，是爱情的三大敌人。

这三种心态常常使爱情蒙上阴影，严重的会使爱情枯萎，必须加以克服。

1. 克服爱情中的猜疑心理先来看三个案例

案例一

阿云是一个温柔体贴的女人，曾经和丈夫很是恩爱。可是，她却有一个喜好胡乱猜疑的坏习惯，最终毁了自己的爱情与婚姻。

结婚前，她的丈夫曾经有过一个女朋友，是他的大学同学。他们曾经深爱着对方，可是由于女方家人的反对和两人工作异地，最终忍痛分手。后来，痛苦之后，在工作期间他认识了阿云，并在朋友的撮合下，与她结了婚，双方也很恩爱。后来，丈夫的前任女友又调回到同一个城市，阿云听说后非常紧张，害怕丈夫旧情复发。于是，她开始仔细研究丈夫的一言一行，疑心重重。她经常偷偷检查丈夫的钱包、公文包，想找到蛛丝马迹；经常往丈夫办公室打电话，以确定丈夫在不在工作；丈夫外出时，她还经常偷偷跟踪。丈夫逐渐觉察到妻子的种种猜疑行为，很是反感，觉得自己受了侮辱，对妻子的挚爱渐渐淡去。他开始讨厌妻子的关心，讨厌回家听到妻子的盘问，于是向单位主动要求长期出差，回来后也常找借口不回家。妻子的疑心为此自然越来越重。最终，他们离婚分手。

案例二

小丽的丈夫是个事业型男人，大部分精力放在工作上，这也是养家糊所必需的。可这样一来，对爱情和家庭的情感投入自然就少了许多。小丽原本是个喜欢幻想和浪漫的人，但整日面对的是哭闹不止的孩子和永远做不完的家务，而且懒于学习，与丈夫差距逐渐拉大。时间一久，心理便开始失衡。她认为自己为家庭和爱情投入了这么多，丈夫却不爱家庭、不爱自己，肯定是因为爱上了别的女人。于是，她开始疑神疑鬼，丈夫一回家就问个不停，越问越怀疑，越怀疑越问，尽管丈夫一再发誓只爱她一个，她根本不信。丈夫觉得小丽确实为了家庭牺牲了许多，自己应该多陪她，便努力留出精力和时间来陪伴她，并经常偷偷地买礼物，想给她惊喜。可是，这下更是"欲盖弥彰"。小丽冷笑着说："突然对我这么好了？在外面做了亏心事了吧？"丈夫顿

时无言。

案例三

芳是一个漂亮的大学毕业生，工作中喜欢上了长相普通、个子又矮并且学历很低的勇。勇的朴实、善良、聪明吸引了她，她爱上勇一点也不后悔。可是勇却很自卑，认为年龄大、学历低、长得又不好，根本配不上芳，再加上芳开朗活泼，经常和一些男性在一起说笑，使得他对芳的爱持一种怀疑的态度。勇和芳在同一个单位上班。他每天第一个来到单位，偷偷观察芳的一举一动，而且偷偷查看芳的信件和电话记录。他也知道自己的心态是不健康的，可是又控制不住，很是苦恼。幸好，后来芳帮助他克服了这种心态。

案例一说明，再真挚的爱情也经不起猜疑的折磨。阿云无休止地盘问、调查丈夫，全然不顾丈夫的反抗，把丈夫的离家当作印证猜疑的证据，最终导致婚姻破裂。猜疑是一个可怕的心理误区和一片阴暗的沼泽地，一旦陷入，几乎不能自拔，使人失去理性，失去爱情与婚姻。在猜疑者看来，自己的猜疑总是正确的，对方对猜疑保持沉默则被认为是默认或理亏，对猜疑进行解释则被认为是狡辩。这是一个死胡同。培根说过："心思中的猜疑就像鸟中的蝙蝠，永远在黄昏里飞。猜疑的确应当制止，至少应当节制，因为这种心理使人精神迷惘，疏远朋友，而且扰乱事务，使之不能顺利有恒。猜疑，使君王易施暴政，为夫者易生嫉妒，有智谋者寡断而抑郁。"

案例二说明，爱情中的猜疑有时候是情感失衡引起的。一方对爱情投入多于另一方时，前者就会产生情感失衡，比如案例中的小丽。情感失衡的人常常抱怨自己投入之多，对方回报之少，对自己感情之冷漠。抱怨之后，总是会归结到一种原因上：对方定是另有所爱。接下来的，就是到处搜寻证据了。喜欢猜疑的，一般是女人为多。追求持久、热烈的爱情，是多数女人的共性，可是热恋结婚之后，一切会逐渐平淡下来，她们就会变得失落，并经常沉浸在对过去热恋的回忆之中。她们希望永远拥有这种爱情，于是加强对家庭生活和情感的投入，总是处于爱的饥渴状态。投入和期望越高，失望自然就越多，情感失衡便容易产生。把一部分精力投入到工作中去，可以有效地减轻这种失衡感，减少猜疑的发生。那些有事业、有信心的女性一般都是不怎么猜疑丈夫的。

案例三说明，爱情中的猜疑也可能来自一方的自卑心理。弗洛姆说过："爱是信心的行为，谁没有信心谁便没有爱。"自卑也是一个让人无法自拔的陷阱，会使人自毁爱情的长城。比如案例中的勇，若不是芳帮助他解脱，他们的爱情定是要结束的。克服自卑，首先要建立信心。比如案例中的芳可能是这样开导勇的："你虽然学历低，但是聪明进取，工作认真；虽然个子不高，但你很健壮；你虽然年龄大，但是很成熟啊！

我喜欢你是因为你的善良、朴实、聪明又成熟，这些都是很珍贵的。"建立信心，不要拿自己的短处和别人的长处比较，要反过来才行。其次，要积极进行沟通。对于勇的种种猜疑行为，芳没有一味地讨厌和反抗，而是坐下来相互沟通，找出问题的根源，解决问题。

2. 克服爱情中的控制心理

爱情生活中，相互的控制无处不在，很多的争吵都是控制与反控制的结果。诸如对某人的态度、饮食的习惯、家居的摆设、作息时间的安排、对孩子的教育、经济开支等等问题，每天有多少相爱的人在较劲、伤害、冷战、争吵甚至打架。不妨来看看下面几个案例：

案例一

涛是某广告公司的品牌经理，应酬很多，答应的事说变就变。他的妻子菲是自由职业者，总在家里。这天是他们的结婚纪念日。菲早早地准备好了可口的饭菜和礼物，要涛早点回家。他满口答应，无奈实在抽不出身，到了半夜还没回家，手机也不接。

菲很伤心，又困又饿。迷迷糊糊和衣而睡，眼角挂着泪珠。凌晨一点的时候涛终于回来时，妻子大发脾气，不听任何解释。此后几天，涛都千方百计推掉应酬，陪妻子，好容易菲有了笑容，可不久，老问题又来了。

案例二

红和丈夫住了好几年老旧楼，终于要搬新居了。没想到因为装修，小两口整日战火弥漫。红心目中的新居，要有情调，多放些装饰品，而丈夫认为装饰品俗不可耐，不如实在点，搞套家庭影院；红要买一盏华丽的枝形吊灯，丈夫却觉得烦，枝枝权权的什么灯，吊在客厅里多难受。结果，红一气之下回了娘家，把丈夫扔在装修了一半的新居里。

案例三

蓉和丈夫吵架，动不动就提上小包，夺门而去，不管什么时间和什么天气。这是她的杀手锏。丈夫只能追下去，找到在小区里转悠的蓉，好言劝回。时间久了，往往不等蓉拿起包来，老公就发话："又出去啊？烦不烦呢？"杀手锏没有了，蓉叹息道："以前是相互折磨，现在是自作自受。"

蓉和丈夫经常为了孩子的问题吵架。丈夫经常出差，回来就给孩子买玩具、巧克力、动画片等等。蓉见了立即出面，告诉孩子别要这些没用的东西，弄得孩子左右为难。丈夫要送儿子到一家高额赞助费但离家较远的幼儿园，蓉受不了每天长途接送。两人都诱导孩子否定对方的意见，结果又爆发了一场激烈的争吵。

案例一分析：必须明白这样一个道理：爱一个人，不是把一切都交给你控制，让事情只像你所希望的那样发生。爱情的权利，不在于对方必须回报爱；爱情的意义不在于保证你一定可以得到照顾。害怕黑夜的女人，仍然需要准备独自面对黑夜。爱不可以交换爱，付出是自愿，得到是幸运。付出金钱可以得到某种东西，付出爱却不等于你可以得到爱。爱是双方的，只要两相情愿、互作多情，不管是和睦还是折磨，不管是不是幸福的爱，都是爱。爱的权利就是都自愿为对方多做些事情，你不能比这要求更多。

案例二分析：爱情中的相当一部分人，只了解自己不了解对方，而且喜欢想当然地强加于人。家的摆设是一个人的观念的体现。在这个例子中，当没有条件按自己的意愿布置家居时，双方相安无事；有条件之后，两个人潜在的观念都体现出来了，矛盾也就来了。为什么自己喜欢的就必须强加于人呢？爱的奇妙感觉往往使我们形成错觉和偏颇的信念。要知道，不管两个人多么相爱，观念却可以相差十万八千里。爱情需要观念的相互接纳与协调。

案例三分析：要记住一点，不管爱情多么真挚，对方都不可能照顾你一辈子。不要以为找到了真挚的爱就找到了最终的归宿，就应该得到无微不至的、永远的照顾和保护。得到爱人的支持和帮助，当然是幸福；但是别忘了，爱你的人是会变化的，什么时候都要保持你的独立性。

如果你把自己的人生托付给他，就给了他控制你的权利，你就没有权力抱怨了。既然你把照顾自己的权利交给对方，或者全盘接受照顾他的要求，那你就应该准备接受可能的烦恼与婚姻中的不快。

3. 克服爱情中的嫉妒心理

嫉妒也是爱情的一大敌人。说起嫉妒，不得不先说一下吃醋，因为两者是分不开的。吃醋是一定程度上的嫉妒心理。吃醋到了一定限度就成了嫉妒；嫉妒是一种非健康的心理。因此，在恋爱中，首先要掌握好吃醋的尺度。

某种程度上说，吃醋对爱情可以起到一定的积极作用。

首先，吃醋在某种程度上是爱的体现。没有爱也就没有嫉妒，没有醋意的爱情等于没有灵魂的躯壳。假如自己对恋人所做的一切都无所谓，看到自己的恋人与别的异性去春游、跳舞等，一点反应也没有，这实在不能说你是爱他（她）的。

其次，吃醋能促进爱的追求。例如，一个男孩对一个女孩，可能开始并没有很强烈的好感，但若发现某一天另外一个男孩正在苦苦追求这个女孩，那么他就会开始吃醋，并立刻加入追求的行列中来。

再次，吃醋还可使女孩显得更加妩媚可爱。爱情具有排他性和独占性，正所谓"卧榻之侧，岂容他人鼾睡"。女性的情感难以捉摸，一会儿怡然自得，一会儿愁云密

布。当女孩发觉她的恋人对她的爱减弱时，她会采用疏远的行为，以退为进的方法，或声东击西，用故意对别的男孩表示好感的方法来刺激恋人的爱，锁住恋人的心。这种逆向刺激反应使对方神魂颠倒，强化爱的专注。因此，女孩子在恋爱中的撒娇、赌气、猜忌、泪水既是爱的伎俩，也是女性情爱中一道美丽的风景线。

要注意的是，醋意要有限度，如果太离谱，就变成了嫉妒。爱情中的嫉妒心理在群婚制的时代几乎不存在。它更多产生于一夫一妻制。在群婚制的时代，一个男人，可以和一群女人"结婚"，其中任何一个同某个男人或女人发生性关系的异性，一般都不会去嫉妒别的异性。在人类婚姻史上，一夫一妻制占据主导地位、两性关系在法律和伦理意义上得到框定之后，爱情就不仅仅是异性间的吸引，而是具有了更重要的社会特征。这时，爱情中的嫉妒心理就蓬勃发展起来。

与人在其他行为中的嫉妒心理不同，爱情中的嫉妒心理，几乎每个爱情中人都难以彻底摆脱。另外，自然的性嫉妒实际上可以促进爱情的发展与稳固。正如哲学家所说的，"爱情的快乐同人类的所有快乐一样，需要一定的刺激——愉快感的对立面。这种快乐决不会长期'晴空万里'（连一片透明的薄云也没有）。如果没有不快乐作陪衬，则快乐也会显得平淡。感受总是一幅色彩比较鲜艳的情感镶嵌图画。'晴空万里'的爱情、幸福一般都是很快就要消失。爱情的幸福是不能离开陪衬的感受而单独存在的。正因为如此，爱情需要薄薄的一层忧伤，需要一点点嫉妒、疑虑、戏剧性的游戏。"

嫉妒的危害也是很大的。一位医学家曾经说过："一切不利影响中，最能使人短命夭亡的，是不好的情绪和恶劣的心境，如忧虑和嫉妒。"嫉妒心理犹如心灵的肿瘤，危害人们的身心健康。美国科学家通过调查研究发现，嫉妒心理弱的人在 25 年中仅有 2~3% 的人患有心脏病，死亡率只占 2.2%；嫉妒心强的人，同一期内竟有 9% 以上的人患有心脏病。死亡率高达 13.4%。嫉妒心理能使人体大脑皮层及下丘脑—垂体促肾上腺皮质激素分泌增加，造成大脑功能紊乱，免疫机能失调，从而使自身免疫性疾病以及心血管、周期性偏头痛的发病率增加。嫉妒心强的人还常会出现一些不良现象，如食欲不振、胃痛恶心、头痛、背痛、心悸郁闷、神经性呕吐、过敏性结肠炎、痛经、早衰等。强烈的爱情嫉妒心理，还会给爱情生活带来裂痕，如果处理不当就会发生矛盾，甚至会导致爱情的枯萎。

嫉妒是恋爱心理中的心理障碍之一。那么，应该如何克服爱情中的嫉妒心理呢？

（1）要认识自我。分析自己是否过于敏感、缺乏自信。自卑的人容易产生嫉妒心理。

（2）分析嫉妒根源。嫉妒心的产生往往是由于误解所引起的，首先要搞清楚是不是误解了自己的恋人。

（3）积极消灭嫉妒心。要主动进取、充实生活、转移注意力，比如将更多的精力放在工作上，就像培根说的："每一个埋头沉入自己事业的人，是没有工夫去嫉妒别人的。"

（4）要学会控制情绪，尊重对方的感情。尤其是恋爱时，要允许对方有自己的人际交往空间。

五、好玩的恋爱心理

灯光暗淡的酒吧艳遇多

酒吧是繁忙的都市人消遣夜生活的最佳场所，大部分的酒吧都灯光昏暗，不管灯光是红色、蓝色、紫色还是黄色，总之都不会很明亮，也许是为了衬托夜的寂寞和人们百无聊赖的心情吧！有趣的是这种幽暗的环境恰恰是艳遇高发区。

为什么昏暗的环境会诱发暧昧的关系呢？心理学家曾经做过一个实验，研究在明亮和昏暗的环境中男女的行为会有什么不同。结果发现，在昏暗的房间中男女的身体接触会明显增加。因为在昏暗的地方双方的亲密度会更强，而且在黑暗中人们都是希望能够有一个依靠。回想一下你在热恋时的情景，是不是你们更喜欢在晚上去人迹罕至的小树林？

在昏暗的灯光下，人们很难看清彼此。对于谈情说爱的男女来说，可以安心地饮酒作乐，不用在意旁人的眼光。而且酒吧里的座椅距离比较近，只有 70~80 厘米，想搭讪的人可以轻松地进入对方的私人空间。泡妞高手只要略施小计，有意无意地触碰美女的手臂，双方就会迅速展开恋情。

心理学家认为，长时间待在对方的私人空间可以增加好感度。在学校或公司里，座位是比较固定的。同学或同事接触时间长了，就容易对离自己近的异性产生好感。这就是为什么"同桌的你"往往是初恋情人，而办公室的恋情频频发生的原因。

酒吧是男性向女性示爱的最佳场所，对女性来说，酒吧也是一举多得的好地方。一方面在酒吧里昏暗灯光的衬托下，女性可以显得更漂亮；另一方面，酒吧里经常有猎艳者为美女买单。此外，如果女性对男性说："我带你去一个我熟悉的酒吧！"男性通常会把喝酒的冲动转移到身边异性身上。

在家里把灯光调暗，或者干脆点上蜡烛，也能制造浪漫的气氛。

为什么鲜花总是插在牛粪上

大街上，长发飘飘的绝色美女摇曳生姿，秀出完美身材，她们像有魔力一样吸引着男人的眼球。让男人愤愤不平的是，这些超级尤物身边总是有一个男人捷足先登。佳人已经心有所属也就罢了，可气的人她身边的人要么是一个傻大个，要么是矮胖子，还是秃顶。为什么鲜花甘愿插在牛粪上呢？

有一个著名的 ABCD 男女理论可以解释这个现象。按品质高低把男人女人分为 ABCD 四个层级的话，A 男会选择 B 女，B 男会选择 C 女，C 男会选择 D 女。因为男人控制欲比较强，一般是不会去追求比自己优秀的女人的，尤其是优秀的男人，更不屑于去讨好女人。这样就剩下 D 男（牛粪）和 A 女（鲜花）找不到伴侣了。

鲜花不会主动追求牛粪，牛粪可就不一样了，反正也是没人要，追不到也没什么损失，没有任何心理压力，于是，牛粪就发起了对鲜花的攻势。牛粪心态完全放松，自然就能淋漓尽致地发挥"追"的本事。女人天生都是爱慕虚荣的，面对甜言蜜语、百般讨好、千般柔情、万般殷勤，当然是无法招架，结果牛粪男就得逞了。

从鲜花的角度来看，她们如果不接受牛粪男，只能落个明日黄花的命运。因为优质女孩向来心高气傲。我是鲜花，我就有资格挑剔。结果挑到最后，ABC 男都受不了她的任性和骄纵。

对鲜花来说，插在牛粪上并不是坏事。从实际效用看，牛粪男虽然丑陋却能把鲜花衬托得更漂亮。而且丑男人更甘于奋斗，更不会花心？所以，人间仙子奥黛丽·赫本嫁给了一个其貌不扬的外科医生；性感尤物索菲亚·罗兰才把自己的后半生交给了比她大 20 岁的意大利胖老头。

存在就是合理，没有必要为鲜花抱不平。

父母越反对，恋人越相爱

罗密欧与朱丽叶，来自两个世代为敌的家族，到了他们这一代却演绎了一个流传千古的爱情故事。我们通常认为最完美的爱情应该是门当户对，两情相悦，并且受到双方家长的祝福。事实上，当爱情遇到阻力的时候，反而更加激发恋人的热情。心理学家把这种现象叫作"罗密欧与朱丽叶"现象。

每个人都有一些叛逆心理，都希望自己独立自主，不喜欢别人越俎代庖，更不愿意自己成为别人的傀儡。尤其是爱情、婚姻这种终身大事，如果家人强行拆散一对爱侣，他们就会本能地产生抗拒心理，变得更加喜欢对方。热恋中的人会把由这种叛逆心理产生的激情误认为是爱情本身的力量。正是这种心理机制导致了罗密欧与朱丽叶的爱情故事轰轰烈烈地不断上演。

两个人本来你侬我侬，情投意合，这时忽然有人插了一杠子，迫使两人分手。他们心里就会产生一种"不和谐感"，试图去除外界的障碍。外界的障碍如果难以改变，他们就会加深感情超越障碍。此时，他们也会把战胜困难的力量误认为是爱情的力量，把超越障碍的成就感误认为是彼此的相知相惜。

这种情形不仅发生在男女之间，也会发生在其他许多地方。越难获得的事物，在人们的心目中地位越重要，价值也会越高。心理学上的阻抗理论（reactance theory）可以解释这种现象，即当人们的自由受到限制时，会产生不愉快的感觉，而从事被禁止的行为反而可以消除这种不悦。所以当别人命令我们不许做什么事时，我们却会反其道而行。亚当和夏娃偷吃禁果的故事，也暗示了这一理论。

越是难以得到的越想得到。父母的干涉和反对不但不能减弱恋人之间的爱情，反而会让相爱的人变得更加死心塌地。甚至有些人会毅然背叛亲情，和心爱的人私奔。

婚姻大事，不能意气用事，私奔之前要弄明白自己是真的爱他，还是享受克服困难带来的成就感。

为什么危难唤起激情

一位魅力十足的妙龄女子站在英属哥伦布比亚卡普兰诺河上的一座狭窄而摇晃的吊桥上，请求路过的单身男性帮她完成一份调查问卷。当对方完成问卷后，这位美女会留下自己的姓名和电话，告诉他如果想了解更多该项目的信息可以打电话找她。结果，有一半的男性打了电话。与此对照，这位美女在低矮而坚固的桥上做同样的调查，则很少有人给她打电话。

这是心理学家达顿和艾伦做的一项有趣的实验。实验证明危险的环境可以增强激情的感受，唤起浪漫的情怀。

每一种情绪都会带来生理反应，想象一下，当你心跳加速、双手发抖的时候你在经历恐惧？还是爱情？事实上恋爱时心动的感觉和遇到危险时恐惧的感觉带来的生理反应非常相似。当你处在浪漫的情景中，你会把这种体验理解为心动，当你处在危险的环境中，你会把这种体验理解为恐惧。如果同时处于危险和浪漫的环境中呢？人们会把危险带来的刺激感受误以为是心动。这就可以解释为什么危难之中见真情了。面临危险的时候，两个人的相爱指数会迅速飙升。比如，泰坦尼克号的主人公杰克和罗丝，船要下沉的危险把他们的感情推向了高潮。

男生想要追到美女，可以尝试两件事。第一件是看恐怖电影，第二件是乘坐过山车。到了最恐怖的情节和最刺激的时刻，美女被吓得捂住眼睛，钻到自己怀里。这时只要男生稍做安慰，就能让美女芳心大动。她们会把被吓得心怦怦跳的感觉错误地当成是恋爱的感觉。

危险确实能唤起激情，但是在以后的日子如果没有悉心经营，激情之爱很快就会褪色。

为啥要讲究门当户对

古代讲究门当户对，如果屠夫的女儿当了王妃，那就是天大的笑话了。有人认为把人划分为三六九等是对人的不尊重，也是对自由恋爱的压抑。但是，如果结婚不讲究门当户对，必然会面临一系列问题。

彼得·巴斯顿和斯蒂芬·埃姆伦对 1000 名学生进行了调查，结果发现：人们渴望相似伴侣的愿望胜过渴望漂亮伴侣的愿望。有钱的人希望找到有钱的伴侣，观念传统的人希望找到观念传统的伴侣。各方面都般配的两个人才称得上天作之合。

心理学家纽科姆曾经对密歇根大学的两组学生进行研究，结果发现具有相同政治观点和共同爱好的学生很快成了亲密的朋友。这说明"态度一致性"有助于人们促进和维持亲密的关系。如果你发现伴侣和你喜欢一样的音乐、一样的食物时，就会更喜欢对方。门当户对的伴侣拥有相似的价值观和生活习惯，有较多共同参加社会活动的机会，思想更容易沟通，感情更容易产生共鸣，因此结婚之后会更加和谐。怎样才算"门当户对"呢？首先双方家庭要财力相当、文化相似，其次双方学历相似、成长经历相似。

相反，当我们发现某人和我们的态度不一致时，我们就会不喜欢这个人。有一种性格互补的说法，某方面的互补性确实可以促进关系的改进，但是人们更倾向于喜欢并和那些各方面相似的人结为夫妻。这也可以解释为什么很多伴侣随着时间的推移，对事物的情绪反应和态度会变得越来越相似。

印度学者古普塔对门当户对的婚姻进行了研究，结果发现按照门当户对原则由父母安排、建议的婚姻关系，在第一年的时候，爱情得分仅仅是 55 分左右，但此后会不断攀升，到第五年的时候会逐步上升到将近 70 分左右，在此后的五年间也是维系在将近 70 分这个分值区间。

并不是说"门不当，户不对"的伴侣一定会出问题，只是门当户对的伴侣稳定系数更高一些。

接触越多越喜欢对方

有这样一个传说，只要你在同一天有 3 次偶然的机会见到同一个异性，那么你和他就很有缘分，极有可能发展一段恋情。于是，某些"心怀鬼胎"的男性为了追到心仪的女生，特意安排"偶遇"，然后女主角果然觉得他们很有缘分，甚至爱上了这个男人。其实，这个传说是有心理学依据的。

扎荣茨曾经做过一个有趣的实验。他让一群人观看某校的毕业生纪念册，并且肯定他们不认识毕业纪念册里出现的任何一个人，看完毕业纪念册之后再请他们看一些人的照片，询问在这些照片中，喜欢哪一个人？结果发现，在毕业纪念册里出现次数越高的人，被喜欢的程度也就越高。这个实验显示，只要一个人不断在自己的眼前出现，自己就愈会喜欢上这个人。心理学家把这种现象叫作"曝光效应"，也叫"多看效应"。

人是一种适应性很强的动物，即使像醋或大蒜这种有特殊味道的食物，只要反复多吃几次，也会渐渐地习惯，不像开始的时候那么难吃。即使我们对某个异性完全不感兴趣，但是接触时间长了，也会渐渐滋生好感。

相反，如果两个恋人因为工作天各一方，一年都见不到几次面，彼此的感情就会逐渐变淡。虽然说小别胜新婚，但是如果两个人在一起的时间太短，他们的心理距离就会疏远。美国心理学家博萨德曾经对 5000 对已经订婚的情侣进行调查，结果发现其中两地分居的情侣最终结婚的比例很低。

需要注意的是曝光效应并没有那么单纯，有以下 3 点需要注意：

1. 一开始就让人感到厌恶的事物，无法产生曝光作用。

2. 如果两个人彼此之间已经有一些冲突，或是性格上本来就不合，愈常见面反而愈扩大彼此的冲突。

3. 过多的曝光可能会引起厌烦。

虽然说距离产生美，但是距离对于爱情来说却是头号大敌。

相爱的人在一起总是觉得时间太短

为了让门外汉更容易了解相对论，爱因斯坦曾经打过一个著名的比方，一个男人与美女对坐 1 小时，会觉得似乎只过了 1 分钟，但如果让他坐在热火炉上 1 分钟，却会觉得似乎过了不止 1 小时。

爱因斯坦是一个严谨的科学家，这种比喻的说法也是有实验依据的。他找到一个松饼机，加热到很高的温度，然后他坐上去，很快屁股就火烧火燎非常难受。他觉得已经过了 1 小时了，一看表发现其实不到 1 分钟。爱因斯坦为了做心理时间的实验，约大美人宝丽·戈达在酒吧见面。他觉得时间过去了 1 分钟，一看表，惊讶地发现其实已经过去了 57 分钟。于是，有了上面那个经典的论断。

汤姆斯·布朗曾经说："人是为了内心所形成的各种感受而活。"趋乐避苦是人类的本性。我们总是希望快乐、幸福的时间长一些，无论多久都会觉得短；总是希望痛苦、难过的时间短一些，无论多短都会觉得长。

心理学家认为，观察者的心理状态对于观察者对时间流逝的感知有很大的影响。快乐的时候，我们享受当下的快乐，甚至忘记时间的流逝。相爱的两个人在一起确实会觉得时间过得太快，因为幸福和甜蜜总也享受不够。当快乐的事情结束的时候，我们就会觉得时间过得太快。

爱因斯坦

相反，没有人愿意经历痛苦的时光，总是希望痛苦的事赶快结束。所谓"度日如年"就是这种感受。因此失眠的夜晚是非常痛苦的，盼着睡着却总也睡不着，每一分每一秒都像在煎熬。

人的一生最幸福的时候莫过于热恋阶段，可是，还没有来得及好好享受，最美好的时光就溜走了。

幸福的时候提醒自己好好珍惜，痛苦的时候告诉自己"会过去的"。

为什么相爱的人喜欢拥抱

一只小猴子出生不久就被美国威斯康辛大学灵长类研究所所长哈洛拿来做实验。他给小猴子找了两个代理妈妈，一个用金属丝做成，在胸前挂着一个奶瓶，一个用类似母猴皮毛的毛绒玩具做成，但没有奶瓶。

这个实验是考察皮肤接触对情感交流的影响。结果令人惊奇，人们常说"有奶便是娘"，但是小猴子对金属妈妈很冷淡，总爱紧紧地抱着毛绒妈妈，只有饿了才会爬到金属妈妈身上吃奶。受到惊吓的时候，他就会立即跑到毛绒妈妈身边，紧紧抱着它。毛绒妈妈身上挂上奶瓶之后，小猴子就再也不找金属妈妈了。这说明，小猴子对妈妈的情感依恋不仅仅是因为有奶吃，更多的是因为身体的接触带来的柔软、温暖的感觉。

我们在婴儿时期都曾经得到父母的呵护，长大之后我们和父母之间的肢体接触越来越少。直到我们开始恋爱，找到生命中的另一半的时候，我们再次用拥抱、爱抚和亲吻来表达爱意。皮肤的触摸是直接表达关爱的方式，能够把理解、慰藉、体贴无声地传递给对方的身体、大脑和心理。

就像肚子饿了会渴望食物一样，当我们的心理需要爱的时候，皮肤就渴望抚摸和拥抱。无论男人还是女人，不管外表多么坚强，内心都渴望别人的关爱。心理学上有一个名词叫"皮肤饥饿"，意思是有些人小时候得到母亲的拥抱较少，长大后就有强烈的被爱抚、被拥抱的心理需求。

英国人说："每天需要3个拥抱才能活下去，另外还要3个拥抱才能神采飞扬。"科学家和心理学家一起告诉我们：拥抱具有消除疲劳、安抚心情、增强勇气的神奇功效，让我们的生活充满活力。事实上拥抱是一种带有疗愈性的肢体联结，当我们接受别人的拥抱时，内心会有一种感觉出现："我是被爱的、我是重要的。"

遇到你爱的人，和他（她）拥抱，你会觉得自己是天底下最幸福的人。

初吻可以预知感情的发展

嘴巴不仅仅是用来说话或吃饭，还可以用来接吻。英国学者提出接吻的动作源自母亲口对口地给孩子喂食。这种动作后来慢慢演变成一种抚慰婴儿的方式，用来表示爱抚和宽慰。后来，人类就慢慢把这种动作演变成表达爱意的接吻了。

达尔文的进化论主张，性的吸引与基因遗传有关。对我们人类而言，性伴侣的选择通常要经过拥抱、接吻等亲密动作。费舍尔在他的论文中提出了一个"吸引力机械论"，他认为人类在亲密接触中，能够通过对方的性能量而互相吸引，结合在一起，完成繁衍生息的使命。

接吻可以传递出爱的信息和性暗示。全身神经最密布的部位就在嘴唇，接吻时，神经犹如导电般把感觉传送到大脑和全身。这些信息在抵达大脑后，激活了皮层中的一些组织，释放出一种化学物质，它控制着人的情绪和冲动。有的信息能激起愉悦的情绪，有的信息却让人感觉不舒服。

美国盖洛普博士曾进行一项调查，在58位受访男性中的59%和122名受访女性中的66%承认，他们和心仪的另一半在第一次接吻失败后失去了恋爱的兴致。这些吻并没有什么缺陷，但就是感觉不对，因而导致恋爱的美好感觉也消失了。

第一次接吻不顺利会严重影响恋爱关系。盖洛普调查显示，女性认为接吻是两个人关系发展的晴雨表。通过接吻，她们可以知道自己的另一半是否能够和他一起白头偕老。如果感觉不好，初吻就成了爱情的死亡之吻。

回想一下，你和伴侣接吻时，你们的头是向哪边偏的。我想大部分人是向右边偏的。一些科学家认为，接吻时头偏向右侧的比偏向左侧的人在感情上更加热情。而且偏向右侧的人伸出的是自己的左脸颊，而它正好是由人的右半部分大脑控制的，右脑掌控着人类的情感和情绪。

有人认为睁着眼接吻的人内心不纯，其实这只是个人习惯问题，并不能说明什么。

闭着眼接吻确实可以更好地体会甜蜜的感觉。

初吻时要全情投入，不要让糟糕的初吻毁了爱情。

恋爱也会成瘾吗

恋爱是一件比吃糖果还甜蜜的事，把它和成瘾联系起来似乎不和谐，其实爱情会让我们体内发生巨大的化学反应，其表现与"瘾君子"非常相似。

一项研究发现，刚刚坠入爱河的人，大脑中制造并分泌多巴胺的区域会特别活跃，多巴胺是一种让人产生满足感的化学物质，赌博的人大脑中多巴胺的分泌也会增加。因此，"爱情瘾君子"和赌徒的大脑活动是相似的。

陷入热恋的人体内的血清素水平会比恋爱前降低约 40%，导致他们会出现类似强迫症的症状，比如眼前总会浮现那个人的音容笑貌，睡觉之前想的是他（她），醒来后想的还是他（她）。美国新泽西州立大学人类学教授解释说："处于热恋中的人总是缺乏满足感，这促使他们积极地追求恋爱对象，直到获得对方同等的爱情付出，他们体内的化学反应才逐渐恢复正常。"

我们都是只有一个翅膀的天使，只有拥抱才能展翅飞翔。恋爱之所以美妙是因为我们找到了那种近乎圆满的感觉，一旦失恋，我们就会觉得心里异常的空虚。因此谈过一次恋爱之后就再也挺不住了，总想找对象。

当以追求浪漫爱情带来的快慰感为目的时，爱情就成瘾了。在恋爱初期，体内的荷尔蒙和内啡肽的含量在秘密地增加，这就会强化爱情行为。这个化学过程可能导致成瘾。这种快慰感就是之后成瘾者追求的目标，也是引发成瘾的元凶。

有些爱情成瘾者总是把注意力聚焦于下一个出现在他们生活中的异性。因为一旦爱情引发的兴奋度降低，他们就会感到难受，不得不寻找新的爱情刺激，然而反复无常的关系留给他们的只有伤痛和损失。有些爱情成瘾者着迷于幻想中的爱人，他们的结局可想而知，必然是失望和迷茫。

就像烟瘾酒瘾一样，爱情成瘾的人也可以康复。成瘾者首先要认识他们的行为是成瘾，是不正常的恋爱方式。然后可以找有同样烦恼的人交流，还可以找心理师咨询。像戒烟戒酒一样，在改善之前，他们会常常感到抑郁和焦虑。度过这个阶段之后，就可以摆脱恋爱成瘾了。

恋爱很美好，但是如果上瘾就会给心理造成不良影响。

为何失恋后感觉更爱对方

"曾经有一段真挚的爱情摆在我面前，我没有去珍惜。如果上天再给我一次机会，我会对那个女孩说，我爱你。如果非要给这份爱加上个期限，我希望是一万年。"《大话西游》里这段经典的台词之所以能够广为流传，是因为很多人都有类似的经历和感触。当一个人追求你时，可能他（她）不是你的理想对象，和他（她）在一起时，感受不到激情，甚至觉得他（她）很烦人，可一旦他（她）离开你，你就会觉得原来他（她）是世界上对你最好的人，你早已爱他爱得不能自拔，他（她）的离开让你食不知味，夜不能眠，对什么都提不起兴趣。这是为什么呢？简单地说，就是"久爱而不觉其爱"。

心理学家做过一个实验：让人持续听一种声音，观察人的脑电波，结果发现随着时间的推移，脑电波对这种声音刺激的反应越来越弱，起伏越来越小，而猛然使声音停止或者换另外一种声音来刺激，人的脑电波就会产生剧烈的反应。

爱情其实也是一种持续的刺激。人长时间享受爱情的滋润，就会对其视而不见、充耳不闻。当这种刺激突然停止，特别是恋人突然提出分手的时候，就会感觉到强烈的不适应。这个时候，就会突然失去心理平衡，觉得天都要塌下来了。毕竟过去自己被宠爱、被照顾，现在却感觉自己变得一文不值。甚至身体也会出现强烈反应，如激素水平和免疫系统的紊乱，内分泌失调等，继而导致失眠、食欲不振、心慌等情况。

挫折可以增加吸引力，被抛弃的一方对对方的爱情不仅不会减弱，反而爱得更深。他们会冥思苦想自己做错了什么，希望对方回心转意。这种奇怪的行为同样与多巴胺有关，失恋之后多巴胺的活动也会增加，使得遭到拒绝的恋人感觉到更为强烈的激情。

世界上最珍贵的是得不到和已失去，因为拥有的时候我们习以为常，觉得一切都是理所当然。失明之后才意识到眼睛对自己有多重要，失聪之后才意识到耳朵对自己有多重要。

与其失去后再懂得珍惜，不如拥有的时候就好好把握。

男人比女人更容易坠入情网

一个20岁的小伙子陷入了情网，他觉得整个世界突然变得明亮起来，他每天都心潮澎湃地渴望见到心上人，甚至梦中都是他们在一起的情景。刚开始他还沉浸在爱情的甜蜜中，但是很快他就觉得不对劲了，一个男人怎么可以这么儿女情长呢？这不是女孩子才有的恋爱方式吗？

男人是理性的，女人是感性的；男人以事业为重，女人以爱情和家庭为重；男人都很花心，女人更容易坠入情网。这是较为普遍的看法。但是，心理学家做了一番研究，结果让人大跌眼镜——其实男人比女人更容易坠入情网。

大多数时候，男人在精神上是孤独寂寞的，他们比女人更害怕独处。在他们孤独寂寞时，在他情感得不到宣泄时，遇到一个体贴的女人，就不会错过任何一个可以宣泄本能的机会，哪怕对方的感觉仅仅只是停留在喜欢或不讨厌的范畴内。所以男人比女人更容易坠入情网。

女人，尤其是受过伤的女人，对待感情总是小心翼翼，不敢轻易踏入爱河。她们不会轻易接受男人的求爱，更不会主动表白。因为她们特别害怕受到伤害，即使对方明确地表达出爱意，她们也要反复考虑这个人是不是靠谱，万一被骗了怎么办。相对来说，男人的顾虑就少很多，除非是特别腼腆的男生，一般男人遇到喜欢的单身女人都会主动出击。

人们想当然地认为女人比男人更痴情，其实和女人相比，男性更难从一段爱情中解脱出来。古代写情诗的诗人如李商隐、柳永、元稹，哪个不是多情的才子？不少男人终身未娶就是因为他们"任凭弱水三千，我只取一瓢饮"。

很多男人看似玩世不恭，其实一旦坠入情网，就会痴心不改。

谁是你的终身伴侣

女孩总是被一个像自己父亲的男人吸引，男孩总是娶一个像自己母亲的女人做妻子。大多数人都摆脱不了这样的轮回。这是因为"爱列屈拉情结"（恋父情结）和"俄狄浦斯情结"（恋母情结）在作怪。

在古希腊神话中，爱列屈拉为了给父亲报仇，杀死母亲，俄狄浦斯杀父娶母，弗洛伊德借用了神话来说明儿童性心理的特征。出于性本能，儿童开始向外界寻求性对象，这个对象首先是双亲。恋父情结是指女孩对父亲的深情专注，潜意识中有一种取代母亲位置的愿望。恋母情结则是指男孩对母亲有一种特殊的柔情，而把父亲视为敌人，想取代父亲的地位。

每个人成长过程中都会经历这样的时期。对大部分人来说，在还没有完全意识到这一点的时候就成功处理了。比如，男孩会意识到自己不是父亲的对手，转而开始向父亲学习。但是，童年的影响会潜移默化地起作用，成年之后就会把过去对父母的情感转移到目前所遇到的伴侣身上，这在心理学上叫作"移情现象"。如果这种情结没有得到控制，孩子长大之后就会爱上中年男人或中年女人。

弗洛伊德认为俄狄浦斯情结是儿童性心理发展的普遍阶段，乱伦禁忌和族外婚就是由此产生的。但是，大多数人类学家都反对这种说法。按照弗洛伊德的说法，任何否定此事的人类学家都是在抑制自己的恋母情结。在此理论基础之上，成人寻找伴侣的时候，就会不自觉地选择像父亲或母亲的人。

以女孩为例，每当看到像父亲一样的男人她们就会心襟摇荡，觉得找到了白马王子。她们的恋人会成为父亲的替代品，但又不同于父亲。在父亲的光环效应影响下，"他"的形象往往变得高大起来，成为无可替代的"神"，供奉在女孩心灵的深处。

能否找到一个像父亲或像母亲的爱人并不重要，重要的是我们是否具备了爱的能力。放下孩子气的迷恋，才能得到真正的爱情。

一见钟情只是自恋反应

一对陌生的青年男女，在一次舞会上相遇，四目相对的时候，双方顿时如触电一般，刹那间产生恋爱的感觉，并且知道对方也动心了。这就是传说中的一见钟情。

人们通常认为一见钟情是因为外表的吸引，因为在几秒钟的时间内根本无法了解更多，就爱上了对方。爱情不仅是盲目的，而且太莽撞了。然而，心理学家研究表明，目光的凝视才是一见钟情的关键，一见钟情只是自恋的反应。

在社交场合，人们常常进入一种"战略游戏"，试图发现谁喜欢自己。男人和女人都开始寻找一些能反映别人对自己感兴趣程度的信号。

心理学家发现，如果一个人面带微笑地看着你，其吸引力远远高于那些同样保持微笑却没有直接看着你的人。这说明，无论男人还是女人都把视线的方向看作一种信号，以此判断对方是否对你足够有兴趣。

《英国皇家学报》曾经发表一项调查，让一批男女志愿者对自己看到的同性和异性面孔图像的吸引力进行评级。这些面孔的表情包括微笑、皱眉、把脸转到一边，以及直视观察者。结果发现，那些微笑、直视的异性面孔是最具有吸引力的。

如果你希望对方觉得你有吸引力，一定要看着他（她）的脸同时保持微笑。你那火辣辣的目光会传递一个信号——我对你感兴趣，我喜欢你。对方接到信号之后，自尊心会得到极大满足，通常会以同样的注视回报你。

这种社交性暗示远比容貌更重要，因为人们更容易喜欢上那些喜欢自己的人。于是，眉来眼去，你来我往，他们忘记了是谁先发出的信息，总之，两个人相互之间滋生了奇妙的情愫。

只要喝一杯酒、跳一支舞，说上几句暧昧的话，他们就双双坠入爱河了。当向朋友们讲述恋爱史的时候，他们就会说彼此"一见钟情"。

人们最喜欢的是自己，其次喜欢那些看上去喜欢他们的人。

六、男女的恋爱心境

（一）男人的恋爱心境

男人追求女人的方法

男人有了自己喜欢的目标后，怎样做才能俘获对方的心呢？现在的社会处处充满诱惑，一个男人想要追求一个女人，绝不仅仅只是在生日时送送礼物，情人节时送送花就能办到了，他还要讲究一定的方法和策略。

在此提供下面几种方法以供参考。

1. 机智地提一些问题

问她三个问题：第一个问题——对我以下两个问题，你可以只用"是"或"不"来回答吗？好，第二个问题是——如果我的第三个问题是你是否喜欢我，那么你第二个问题与第三个问题的答案是否是一致的呢？如果她答"是"，万事大吉；如果她答"不"，那么二、三问题的答案不一致，则第二个是"不"，第三个便是"是"。这样的求爱方式既展现你的机智又不乏幽默。

2. 委婉表达自己的想法

如果你是说故事的好手，一定要做到绘声绘色："我做了一个梦，梦见我同你结婚了，而且我们有了一个孩子……想知道结果吗？嫁给我，那么两年后你就知道了。"

3. 制造相爱情境

约她散步，同她轻松地说笑聊天，然后给她讲一讲苗族独特的求爱规矩之———见到了中意的姑娘，趁别人不在意时，用脚尖轻轻踩上姑娘的脚背，表示向她求爱，如果对方也用脚尖踩男方的脚背，就说明接受爱意。说到此时轻轻站住，温柔地看着她，然后恰到好处地轻轻踩她一脚。注意，一定要选择浪漫的氛围，并将开头的煽情工作做足。

4. 利用好愚人节

害怕失面子的男生最好在 4 月 1 日这一天向对方求爱，如果得到芳心自然上上大吉，如果惨遭拒绝则可强颜欢笑："嘿，今天是愚人节，我同你开玩笑呢！"这样，便不必担心一旦被拒令今后相对难堪了。

5. 巧妙设置陷阱

同她说你爱上了一个女孩，可是得不到人家的青睐，然后做伤心绝望状令她同情。如果她说："你其实挺优秀的，天涯何处无芳草。"你便问她："是吗？我有什么优点？"善良的她自然会温柔婉转地数说你的诸多优点，这时你便可以明白地问她："我既然有这样多优点，为何你对我不理不睬？我说的那个无情的女孩就是你呀。"

6. 给其他人积极的暗示

凡是她有的衣裳，都设法自己买一套相配衬的，刻意与她穿情侣装。两个人站在一起，常常会被人称赞"天生一对"之类，赞得久了，她便糊涂了。

7. 使用花言巧语

聪明的男人会使用排除法说明你与她的关系：你不可能做我的姐妹，因为这已经是事实；你不可能做我的普通朋友，我只跟男人做哥们儿；你也不可能与我做敌人，因为你是好人我也是好人；你也不可能做我的老师或学生，因为我既没有什么可教你的也不思上进；你不可能做我的同事，我们根本学的是不同专业；你更不可能与我做陌路人，因为我们已经认识……所以，你只能做我妻子了。

上面这些方法是男人追求女人的一般方法，聪明的男人会根据对方的性格特征找出最适合的方法来表白自己的心意。其实只要想到让对方能够轻松接受自己的方法就可以了。想想看，哪一招最适合你呢？

男人结识女人的方法

许多男人都不知道如何接近女性。其实，结识女性并不难，关键是要迈出重要的第一步。只要你能够按照下面的方法去做，也许就能达成自己结识女性朋友、获得甜美爱情的渴盼。

1. 摒弃求全的心理

有些人在结识异性朋友时有一种"宁缺毋滥"的求全心理。然而，"金无足赤，人无完人"，自己也不是完美无缺的。因此，你应该摒弃求全的心理，不要太苛求。

2. 对自己充满信心

不要因内向、自卑而不敢约会，而应该多想想自己的优点，以使自己充满信心，才令人愿意亲近你。

3. 修正自身的缺点

当别人批评你说话啰唆、没有自信、内向怕羞、太过清高……诸如此类的缺点时，要虚心接受，并加以修正，因为可能正是这些缺点令你难以结识异性。

4. 参加社交

摒弃矜持及自卑的心理，主动参加一些能与异性交往的社交活动，给自己创造机会。

5. 多去超级市场、洗衣店

不少单身贵族都要亲自去超级市场买食品，到洗衣店洗衣物，两处都是结识异性的好地方。

6. 随身携带心意卡

遇上有好感的异性，可以在心意卡上写上想说的话，如"你有某种特质吸引我""可以与你交朋友吗"，然后亲自交到对方手上，或叫小朋友帮忙，如果在餐厅便叫侍应生帮忙。

7. 转移专长

你好动，便转移发展一些僻静的活动，如摄影、烹饪；你好静，便尝试参加体能活动，如爬山、游泳。这样可以扩大生活圈子，认识更多人。

8. 去旅行

独自一人去旅行，参加旅行团也可以，或许会在旅途中或异地遇上自己心仪的异性。

9. 请别人介绍

向亲朋好友表示想结识异性朋友，让他们为你留意适合的人选，机会可增加不少。而面对他人的热心介绍，应该打消顾虑，去掉包袱，自然坦率地接受。

10. 善用微笑

微笑能够增加别人对你的好感，但笑要由内心发出来才具魅力。同时要谨记笑容要持续三秒以上，可在心中数着"一千零一""一千零二"和"一千零三"，如若不是这样做，你的目标可能未必意会到你愿意和她接近。

11. 克服恐惧感

要打开话题，便要先开口，由于恐惧，害怕拒绝而不敢开口，便错失很多机会。可以尝试多与身边的人打招呼来练练胆子，包括邮差、售货员、邻居等。

12. 随意展开话题

可以与异性说些无伤大雅的话题，比如关于时间、方向或天气的话题。如果你羞于启齿的话，尝试坐在你的目标身边，然后温柔地叹一声，这样也会很容易引发对方的反应而展开对话。

13. 大胆赞美人

遇见有好感的异性时，大可以勇敢地赞美对方，如"你的声音很动听""你的舞姿很优美"等，不仅可以引起对方的注意，也可以在第一时间博取对方的好感。

14. 多参加婚礼

多参加婚礼可以认识不少单身异性，大家在欢乐气氛的感染下，能够快速地敞开心扉，消除顾虑，与异性打成一片。

15. 尽快表明身份

让与你初相识的人知道你是单身，使对方有机会考虑你，最不明智的是故作神秘，

乱戴结婚戒指，对方一旦以为你是有家室之人，自然便会打退堂鼓。

16. 适时表白

向别人提出约会，别人犹豫不决时，不要太早打退堂鼓，因为对方未必对你没兴趣，可能正在考虑中，这时你应该耐心等候，再次争取。

17. 多给对方一次机会

两人首次约会时，可能会因为太过紧张而给彼此留下不太好的印象，在这种情况下，不要断然终止与对方的交往，最好能给对方也给自己再一次约会的机会，然后再考虑应该继续交往还是终止交往。

18. 多参加同学聚会

在聚会中，可能会碰上阔别多年，至今仍孑然一身的小学同学、中学同学，或许你们有可能由老同学关系发展成为情侣关系。

男人征服女人的两种方式

在日常生活中，我们不难看到男女交往的一幕幕情景——无不是男人先追女人，而一旦女人被男人"抓住"了之后，就反过来，女人要追男人了。由于追女人比被女人追更有学问，所以，很多男人的心都是投注在前者，而对后者的思虑就显得潦草了。一般说来，当男人和女人的交往被界定为某种特定的单独意义时，男人对女人的征服欲便随之产生了。而女人假若对某一个男人已做出肉体为代价的奉献，她便不依不饶他的轻薄了。因为她已经"将一切都交给了他"，只要他能接受，她终身依傍他也无怨无悔。女人一旦到了这种境地，她无疑便成了被男人征服的对象。但凡从男人追女人到女人追男人，也就是完成了男人征服女人的整个婚恋过程。

征服女人的方式大抵分为两点：第一点是以感情征服；第二点是非感情征服。

1. 感情征服

感情征服是所有的女人都乐意接受的征服方式。人是高等动物，人是善于思考和分析的。凡是人，要完成任何一件大事小事都无一不是要通过行动的遥控中心——大脑的思维。聪明的男人善于寻找"共同语言"的对话形式去感化女人，使女人在和他的谈话中对他渐渐产生亲密无间的信任感。这种谈话的接触无异于向女人撒去一道情网，让女人心悦诚服地往网里"钻"。

古罗马哲学家奥维德曾说过："首先，你要坚信你钟情的女子可以到手里，你要取得她，只管布你的网就是了。假如女人不容纳你的挑逗，春天会没有鸟儿的歌声，夏天会没有蝉的叫声，野兔会赶跑梅拿鲁思的狗。当你以为她还是不愿意的时候，其实她的心中却早已被你俘虏了，但只不过是暗暗地想你罢了……女人一贯是将她们的心情掩饰得很好的。"男人和女人相处当中，男人通常扮演"先入为主"的角色。男人也愿意扮演这种角色，男人根据所相处的不同性格的女人制定相应的感化步骤，既要动之以情，晓之以理，又要让女人在男人恰到好处的感情攻势下解除防御的武装。当然，这种解除武装是她自觉的、主动的和下意识的，而不是漫不经心的，缺乏理念的。

奥维德还曾指出，男人要在感情上征服女人，他应当不吝于"大胆地发誓，以此牵动一切的神祇来为自己的诚恳作证，因为牵动女人的最大征服力是誓言"。但是，誓言必须是真心的，而不是为了虚情假意而装出来的，男人"演戏"的天才毕竟不如女人高超，虚情假意的"演戏"有失之矫揉造作，而且很容易被女人一眼看穿。男人一旦被女人看穿其虚假的一面，那么，他在她面前曾经付出的一切努力就前功尽弃了。男人通过感情的投注征服女人，这是接近两性感情世界的最好的方法方式，也是女人最能接受的方法方式。

2. 非感情征服

非感情征服是男人征服女人中消极的一种手段。这种手段是不以感情投入作先决条件的。男人要征服女人，仅仅出于某种欲望的需要，那就只要回溯到蛮荒时代以前的所有动物（包括人类）的非理性的行为。男人一旦征服女人的意念超乎了理性，便毫无感情而言，而是出于一种"机械"的臆动，这类男人征服女人的方式方法充其量无过于金钱和暴力两种。

金钱乃身外之物，暴力更是强者对弱者最惯用的征服手段。对明智、有头脑的女性来说，以金钱作诱饵不啻是对她人格的一种羞辱，以暴力强人所难更是"狼食羊"的翻版。所以，用金钱或暴力以期达到征服她们的方法方式是不可能如其所愿的；但就性格柔弱，与生俱来对男人持恐惧又迷惑心理的女性来说，以金钱和暴力来征服她们则是心术不正的男人易如反掌的事。但愿意以这种形式被男人征服的女人仿佛不长翅膀的鸟儿，她一生一世也飞不出鸟笼。她的命运只有在非感情的纯物质环境中过着逆来顺受的日子。以这种形式征服了女人的男人更是不知究竟感情为何物，在他们眼里，有钱什么都可以买，何况一个两个女人？所以，一旦他们看上哪个女人，并想拥有她时，他的第一反应便是"金钱铺路"大摆其豪气，以珠宝、金银首饰来征服一部分女人的虚荣心，孰知以金钱搭路结合的男女却往往给婚姻埋下一颗不幸的苦果。因为他们是没有感情作基础的。

夫妻之间若没了感情，什么沟通和交流，一切都将成为空话，夫妻关系也就名存实亡了。

再说那种实为外强中干，却很会在女人面前表现一种征服者的霸气的男人，其内心是非常空虚的。

有的女人将这种男人说成"四肢发达，头脑简单"，他们对现实生活中的女人缺乏

感情投入的能力和技巧，但又十分欣赏自己的力量，所以，他们对自己所满意的姑娘最大的欲望就是三下五去二，以暴力强制对方就范。可见，以非感情方式征服女人的男人是缺乏理性和理念的。他们除了对金钱或暴力情有独钟外，便再也找不到其他的可褒可扬之处了。

男人如何邀请女人约会

许多男士以为，邀请女孩子约会，应尽量体现男士的殷勤和体贴，应尊重女性的意见。没错，在大多数女性心目中，"体贴型"的男人是最为理想的。

但以这种方式邀请女孩效果往往不是很好（特别是初次约会时）。

例如，当男人使用"愿不愿意？……"这种问法，乍看，似乎非常有礼貌，但事实上却给了对方说"好"和"不好"两种机会。

而"羞怯，柔顺，谨慎，矜持"是东方女性传统的美德，虽说现在社会开放了进步了，但大多数女性还是属于被动型的，若是碰到较为保守的女性，虽对男孩有好感，但她可能会认为，单独与以为交往不是太深的男性赴约，未免过于失态。让男性征求她的意见，日后便没有为自己辩护的余地。为了不节外生枝，干脆就说"不"了。

所以，当一个男士有意邀请女友一起去旅行时，与其说"下个月，一道去旅行好吗？"不如以"下个月一起去旅行吧！"的决定性口吻来邀请她，更易获得她的同意；与其对女友说"明天你如果在家的话，我打电话给你"，不如说"明天我打电话给你，你不要出门"。

这种命令式的口吻，对于习惯服从的女方来说，对方已经明确指出了，她只要在家等待即可。

同时，她会认为男方是个有主见、可依靠的男子汉。而且，对于任何事情都可以安排妥当的话，在她心目中，可能是一位会体贴的男人。

所以，当你邀请她赴约时，尽量用决定性的口吻，这样成功的概率会高些！

男人喜欢"坏"女人

你是否还对"抓住男人的心，就要先抓住他的胃"这样的理论深信不疑，为了迷住中意的他而苦苦磨炼厨艺？无数的乖乖女还在那些传统的条条框框中作茧自缚，以期成为大家眼中的"乖乖女"，以为这样才能捕获自己的白马王子，而幸福似乎越来越远。相反，男人们却被"坏"女人所深深吸引，为博得她们的青睐在大献殷勤。

为什么"坏"女人令人难以抗拒？其实你也可以偶尔当一下坏坏女哦。

1. 给他挑战

坏女人浑身散发着一种危险气息，像是在说：我跟你是不同世界的人。对男人而

言，一个知道自己是什么，知道自己要什么，对自己自觉而自傲的女人，是全天下最有吸引力的动物。

当那些良家妇女自怜自艾地怀疑着：他喜欢我吗？他觉得我怎么样？他到底看上我什么时，这些坏女孩的脑子里可在盘算着：跟这个家伙在一起，对我有什么好处？而当这些良家妇女们正忙着找理由肯定自我时，坏女孩们已经利用她们宝贵的时间来逗男孩们开心了。事实上，这些坏女孩们搞不好才刚使出了几招，这些男孩就会乖乖上钩。

被男人团团围住的女人，并没有什么特别之处。很多时候，她们不过是表现得漫不经心。乖乖女一般会说：我不想游戏人生。她就让男人明白了，她多么怕他抛弃她。如果一个女子午夜驱车去看一个男人的时候，她的车顶上只缺少一个霓虹灯标志：送货上门。

渴望着要不到的东西，是人类的天性。而对于单身男性来说，这种诱惑特别强烈。千辛万苦才得到的女孩，对男人来说，就像是征服了人生中的一个伟大里程碑。而且这个得来不易的女孩，在他的心目中将比轻易到手的女孩更有价值。

2. 像男人一样有话直说

男人尊重说话简明扼要的女人，因为男人之间的交流就是如此。坏女人会采用直奔主题的方式，乖乖女则不同，她会把整个心都掏出来，可他什么都没听到，却让他看透了她的贫乏。

也许坏女人在工作职场上，是很不好惹的。但是对于她的男人而言，她的言行举止可是非常合理。坏女人绝不会歇斯底里地大吼大叫，而是会把事情处理得漂漂亮亮。男人可没有时间天天在女人旁边帮她擦屁股。

而且，坏女人不会在鸡毛蒜皮的小事上斤斤计较，男人也很喜欢这一点，因为她们也知道自己要什么。有时对男人来说，跟坏女人相处，比跟一个老是爱东扯西扯又情绪化的女人相处还容易得多。因为敏感女人总是会让男人觉得非常困惑，永远都不晓得自己哪又惹到她们了。坏女人总可以很清楚又勇敢地表达自己。也因此，她们总是可以轻松地得到她们想要的东西。

除此之外，喜欢坏女人的男人们能够清楚知道，他在这段关系中扮演着怎么样的角色。面对现实吧！有些男人的脑袋就跟浆糊一样，如果你不把话说明白，他就什么也不明白。男人很怕女人总是要跟他们玩"猜猜看"的游戏，也很讨厌猜错了以后要被女人责骂，天晓得善变的女人脑袋瓜里又在想什么？如果女人可以学会直话直说，男人的许多压力都会消失无踪。

3. 画下楚河汉界

讽刺的是，男人很害怕被绑住的感觉，无所不用其极逃避永恒的承诺关系。但是当他们遇到一个划清界限、且越界了之后会被推回来的女人，他们反而会想尽办法要越过那条线。如果男人失去了他们的那条界限，他们就会在这段关系中渐渐变得盲目。同时也失去了他们的掌控地位。

跟他保持界限，让彼此也有自由的空间，对你们的关系反而有助益。"犯错的时候，男人很会找理由。如果我女友发现我去酒吧鬼混，一定会杀了我；但假如她知道了却什么都没有说，这样反而会让我愧疚到死。"有人如是说。

男人也许永远不会承认，但事实上他们还蛮喜欢事情有既定的规则，并不是你所想象的这么不羁，只要身旁的女人不要像他们的老妈一样就好了。如果当男人知道自己做了坏事，而女友竟然没有碎叨，这一刻她是非常有魅力的。

4. 不那么"随便"

男人都不想女人知道，他们在心里默默地把女人分为两种类型：一是随便玩玩的快餐型，一是适合娶回家当老婆的。一旦他把你归类为随便玩玩的类型，想要跟他步入殿堂的概率就非常非常低。坏女人深深知道这个事实，这也是为什么她们总是不会轻易给他们想要的。但她也不会让男人误会，以为她是个老古板的女人。这表示，你得举止有分寸，男人才不会用玩玩的心态跟你交往。但同时你也不要忘记，适时地"不经意"流露些小小性感。

当坏女人终于愿意和他上床之后，她给他世界上最销魂的一夜。但下床之后，她又仿佛这件事从没发生过一样。男人满心以为在性爱之后，你一定像只摇着尾巴的小狗乞求着他给你承诺，因此他会试着和你保持一点距离，但这时你反而不该开口，静静地等着他自己开口承诺，或者是告诉你接下来要做些什么、和你约定些什么。坏女人懂得在这种关键时刻扭转情势，占尽上风。接下来你所要做的，就是要让他很难约到你，或者是保持忙碌的状态了。

经典三问，泄漏男人的心迹

1. 男人问女人：今天晚上有没有空？

这是试探性的话，说明问者心里有想法，有想法就要有行动，而且要当机立断。如果对方问：有空又怎么样，没空又怎么样？也许就要把话接得快一点：有空去喝茶，没空明天晚上再联系。

一个女孩子有没有空，实际上取决于她究竟对他有没有好感，或者说她有没有一种职业垂钓者的素质，因为对于时间，她们都懂得如何去挤。如果一个女孩说她晚上要上课，明天一早又要上班，那也完全可以到校门口去等她（先问清楚走的是正门还是后门），否则就可能有缘无分了。几次等下来之后，起码可以发现有没有第二个人来等她，即使是送她一段，或者在路边的豆浆店里喝上一碗豆浆，两者之间是咸是淡应

该有点数了。而到了情人节这天甚至就不需要再问有没有空，可以直接约她出来走走了。

2. 男人问女人：我能给你看看手相吗？

醉翁之意不在酒，看手相的目的一是为了手与手的接触，而不是象征性的，二是为了从"望、闻、问、切"中窥其心理。从一只女孩的手中读出诸如爱情线、命运线以及前世来生等等，是"看手相"者必备的功课。"看手相"多半是虚晃一枪，关键是看脸，看其心理变化，这实际上是一门心理学的功课。因为不是所有女孩都经得起一番神机妙算的，如果触其痛处仍天花乱坠，那对不起拜拜了。

一般来说，"看手相"者能从女孩子向你提问的口气中看出她的虚实，越是羞羞答答欲盖弥彰的，越是她想知道的。哪怕明知是一派胡言，但不可知的命运以及对未来的憧憬，仍是女孩生命中最为关切的问题。

"看手相"者如果能抓住机遇，扩大开放话题，那就不会毫无收获，起码冰凉的小手会在你的呵护中温暖起来。

3. 男人问女人：我们去哪里？

这是日常对话中出现频率颇高的一句，之所以高频率地出现，正是因为人们无处可去。但既然是情人相会，总要有个地方去去，所以难免要问——去哪里？比起"我是谁——我从哪里来——我到哪里去"这样的经典问题，"去哪里"的意义或许就显得平白了一点。

它显然省略了更为重要的内容——去哪里干什么？这才是关键所在，特别是那种已经历了数年的精神恋爱，又特别在乎形式的男女，他们经历了一般恋爱男女已经历的一切，接下去的一切就会显得清汤寡水。

而至于那些特别注重地点的人，可能会回味诸如卡萨布兰卡、莫斯科郊外之类的地方，电影教会了一部分人谈情说爱，但没有教会人们如何对付那些不太浪漫甚至枯燥的事，比如"去哪里"就是一件十分没有意思的事，因为要让两个人在一起有意思，地方不是主要的。主要的是干些什么。

一般来说，"哪里"也有两类，一类以看为主，如看电影看表演，其间最容易触景生情；第二类是以说为主，如喝茶聊天。介于二者之间的是看和被看，如跳舞和泡吧！

男人不愿对女人说"我爱你"

全世界只要有语言的地方，大概都会有这些神奇的字眼。情书里、歌词里、电影的对白里，几乎随处可见。不过回到现实生活中，要男人亲口说出"我爱你"，就是有那么一点矫情。

生活中的男人为何不能浪漫得像电影对白般，自然地对着心爱的女人说出这三个字呢？

1. 男人死爱面子

男人爱面子的"德行"，可说是随着年龄有增无减。学生时代女人要听到这些亲昵的字眼还不算难，反正学着浪漫爱情剧，要他一天跟你说几十遍都不成问题。不过等到男人成熟之后，遇见心仪的女人，纵使再怎么心动，都害怕当面说出"我爱你"。男人怕被拒绝，尤其是女人的拒绝。

2. 有失男子气概

男人就算再怎么爱他的女友或太太，在公众场合，特别是在一群哥儿们面前，你想要他说出"我爱你"，简直比登天还难。因为男性在人前总是要表露出独立、强悍的硬派作风，偏偏这三个字给人的感觉太过显露真情。所以绝对不是他不够爱你。通常他会在心里说出这三个字，而他的嘴却闭得很紧。

3. 害怕就此一语定终身

这种理由与想法似乎有点坏，不过也绝对是一部分男人的真实想法。一个具有责任感的男人，当他对着一个女人说"我爱你"时，也就等于在宣告这个女人是他的唯一。但矛盾的是，男人总是无法确定，她是否将会是与他共组家庭的那另一半；而且一旦说出这三个字后，若得到女方的热烈回应，以后要在外当逍遥男人的机会就会大大减少啦！

男人恋爱心理隐患判定

热恋中的女孩往往对自己男友的恋情吃不准，恐怕"一失足成千古恨"。那么怎样判定男友心理隐患？一旦一个男人存在着下面几种求偶心理，或其中的一种，他的爱情中便可能潜藏了某种隐患。

1. 绝对自我心理

这种男人把寻找的恋人是否对自己"前途"有利作为牢不可破的唯一条件。他要求女友能把"优势"时常体现出来并给他带来某种好处。一旦他的期望值没有达到或没有达到的可能，便会怒火中烧，甚至觉得你有负于他。

2. 逻辑错误联想

这种男人通常表现为富于联想和多疑。他一般来说对爱情看得很重，但理解狭隘，对恋人的举动非常敏感。

一旦女友做出了他不能理解或不高兴的事，便会"浮想联翩"，生搬硬套地找出你不和他同心的证据。

3. 非感情移入心理

这种男人评价、对待女友时，没有同情心，不是设身处地地给予评价和理解。特别是当女友身处困境需要感情移入地对待她时，却退缩或置之不理。他只能和女孩子共欢乐而不能共患难。

4. 错误反衬心理

这种男人经常把他人的长处与女友的短处相比，或以女友的短处和他人的长处相比。这种男人在开始和女孩交往时，能很快发现她的优点并十分欣赏，他们的感情也会直线升温。但如果他发现她身上的优点原是那么不起眼时，对她就会冷漠，而这种冷漠，又常常使她捉摸不透甚至还会让这种男人成为一种诱惑，使她愈感其神秘。

5. 应激心理

这种男人一般喜欢时髦，感觉敏锐，但缺乏自主性和自信心，个体意识受外界潮流所左右，特别喜欢新潮女性。对女友的打扮、发型、服装等外观形象注重，且十分乐意在这方面为女友投资。然而，一旦她不能适应他的"审美"要求，他便会抱怨不止。

6. 女孩的对策

当女孩子发现男友存在上述任何一种心理时，不要掉以轻心。当然，严格地讲，任何男性或多或少总会存在上述心理中的一种或几种。这也不必惊慌，更没必要一发现就"断交"，这样女孩永远也找不到如意的伴侣。如何掌握这个"度"，标准在于：她的确爱他，不妨将她的担心开诚布公地和他谈开，让他认识到这种隐患的危险。如果是初交，感情尚不深，同样可以和他谈谈，以观后效。如果认为没有必要，断交便罢。但是，采取任何一种做法，需要把握的一点是，对他的判断是否正确和全面，否则，想当然和自以为是都会带来终身痛苦。

（二）女人的恋爱心境

女人恋爱因何如此爱慕虚荣

不管男人还是女性多少都有虚荣心，但女性的虚荣心一般比男人重。其实没有女人的虚荣也就没有男人的虚荣，男人和女人的虚荣不是彼此孤立的，某种程度上，他们往往是在不知不觉中互相鼓励着对方的虚荣。男人以娶美女为荣，女人以嫁名流、财富为荣，于是各自的虚荣助长了对方的虚荣。法国作家莫泊桑的短篇小说《项链》中的女主人翁玛格丽特，就是一个贪慕虚荣的典型。

生活当中最经常的表现是，几个女性一碰面，都会相互从头顶打量到足尖，接着就是打听对方的服装、饰品、身边物品价钱多少、在哪里买的，自己满意得恨不得马上去买。如果自己囊中羞涩内心就会失落和难受好一阵。

女性的虚荣心还表现在喜欢与人攀比，经常看到现实中几个女性聚在一起，谈论男朋友或老公给自己送了什么礼物，买了什么衣服之类．然后相互攀比一番……前一时间在网上看过一篇贴，名为《浮华背后：上海女人的虚荣心》，写的是月收入不过5000元的一些上海女性，竟会攒下大半年的收入去高档专卖店买一个路易·威登挎包，还挎包去挤公交车，或走路出行上下班。此帖足见女性的虚荣心……

来看现在的征婚广告，事业有成，有一定的经济基础，已经成为一些女孩对未来爱人的起码要求，如今的女孩很现实，生活在现实生活中经济能力是不可或缺的，可现实的背后不能不说没有内心虚荣心的主使，在现实的生活中真正的爱情观念敌不过体面下的虚荣，如今很多年轻漂亮的女生愿意找年龄大甚至是离异事业成功的男人，甚至愿意充当第三者和大款的情人，大多都是女性虚荣心在作怪。

虚荣心是一种过分膨胀的、扭曲了的自尊心。因此，虚荣心也可说"虚尊心"，也就是虚假的自尊心。很多女性在谈恋爱时也是这样，总希望男朋友对她好，但往往忽视对男人品质素养的了解。总要求男人去满足她的虚荣心，如果不能满足她就认为是男朋友不爱她。

随着虚荣心的满足，女性也渐渐丧失正确的恋爱态度和原则，结果就是把好男朋友逼走，更给坏男人以可乘之机，架不住一些坏男人的花言巧语，一点恩惠就被看成"爱"，甚至把虚荣心的满足看成一种交换以身相许。

女性的恋爱虚荣心理一般表现在如下方面：

一是择偶标准的虚荣

对"事"的考虑胜过对"人"的考虑。只要对方给自己"增光"，不管其为人如何，思想、感情、个性同自己能否契合，都能成为"意中人"。

当然，这里的"增光"是要打上引号的。有些女人一心要嫁个富有的男人做丈夫，有些女人看到对方有个高官厚禄的爸爸，就情窦大开。如此种种，她们追求的并非对方的人品、个性、志趣、修养等内在素质，而是看其能为自己提供多少"面子"的因素，但过分考虑"面子"就未免太过虚荣了。

二是恋爱方式的虚荣

恋爱作为一种过程．是同恋人间的相互了解相影相随的。这种了解，本来与金钱并无必然联系。也就是说，了解可以在共同爱好的活动中自然增进，也可以在有意接触的约会中逐步深化。

但女人却通常看重金钱在这里的作用。她们往往很重视男人所送财物的数目，好像男人的感情是与金钱的数量成正比的。如果男人花的钱少，女人就会不高兴。饭店

要上高级的，东西要买高价的，送礼要送值钱的，否则就看不起对方，或者认为对方轻视自己，在别人面前也感到脸上无光。实际上这都是女人的虚荣心理在作怪。

三是婚礼仪式的虚荣

有的情侣修成正果，好不容易攒钱买了房子准备要结婚了。女孩子一想自己身边的姐妹，那婚礼排场一个比一个奢侈，于是不考虑自己的实际情况，非要办一场华丽的婚礼。

结果是婚礼一完，繁华散尽，钱包也空空了。接下来的柴米油盐酱醋茶，诸多的矛盾和不和就接踵而至了。

当然，女性虚荣心并一定是件坏事，更不可怕，只知道一个正常女性多少都会有虚荣心，适度的虚荣心完全可以让人奋发向上，努力去创造，鸟为悦己者荣，何况于人？爱美是女性的天性，赚多少钱就活多少钱的命，懂得量力而出，保持勤俭节约的美德，还要有正确的审美观念，努力提高自身气质修养。

美丽并不一定都是靠华丽的服饰包装出来的，衣靠人衬，一般的衣服也能衬托女性的美丽形象与气质，同时又带来了好心情。嫁个有钱男人当然好，但要以男人真心爱你为前提，凡事都有两面性，有得必有失，重要的是把握好自己，感情婚姻稳定是一切的基础，过于注重外在，为满足虚荣心而超出自己的能力范围，就是得不偿失，走向负面，在爱情婚姻上，如果把金钱物质作为择偶的标准，绝不可能得到真正的爱情。

如果女性在与男性交往或恋爱中处理不好虚荣心的问题，往往容易迷失自己，正确对待虚荣心，虚荣心可以成为自身前进的动力，切不可让虚荣心盲目膨胀而导致惨重代价。

女人通过眼神表达爱意

恋爱是由人对美的感受所产生的一种激情行为，而这些美的感受，很大一部分是通过视觉获得的，由此可知，眼睛对恋爱的作用有多么重要。在两性交往中，首先从对方获得的信息是通过视觉，外表的美丽与丑陋一下子就能得出结论，并且，对方可以从你眼睛的变化，测知你对他的态度。对一个漂亮的人，你会多看几眼，说明你很欣赏；而对于一个丑陋的人，会不屑一顾，表示你对他（她）没有好感，甚至讨厌，因此，异性的这种眼神变化，基本上能准确反映出他们的心理状态和想法。在初恋时或尚未相识之前，眼睛对异性间的情感交流和表达，有着只可意会不可言传的功效。许多人可以一见钟情，许多人从未开口，却能彼此明了对方的心意；许多人通过眉来眼去，交流思想感情，许多人暗送秋波表达自己的爱慕，等等。

然而，眼睛毕竟仅仅是一个视觉感受器，它所产生的审美效果，还要取决于一个人的心理状态、情感和审美观。有诗云：春风得意马蹄疾。心情好的时候，丑陋的东西也不觉得那么丑陋；心情低劣的时候，再美丽无比的事物，也没有兴趣。这是一种正常的心理反应。同时，视觉的审美效果还与每个人的情感有关，俗话说，情人眼里出西施。因此说，恋人之间的美感，不仅仅是视觉的直接反映，而且还是受情感支配的高级意识。此外，审美效果还同人们的文化背景有关。例如，世界上某些民族以女性肥大的臀部为美，非洲黑人以乳房下垂为美，而另一些民族却恰恰认为这是丑陋之处。

眼睛在恋爱中的作用，远超过了它的本身。一对水汪汪的大眼睛，当然令人羡慕，但是，不是每双漂亮的眼睛都能流露出温情和善意，都能够使人感到美的存在。只有美的心灵、高尚的情操，才能放出美丽的光环；也只有美的心灵，才能够感受到他人的美。眼睛细小难看，并且近视，的确有些不尽如人意。但是，细想想，这又有什么关系呢？只要是会发亮的眼睛，都能够传递自己的情感。近视配上眼镜，同样是一种风度。

常言道：眼睛是心灵的窗户。问题在于，人们通过你的眼睛，能否看到你美丽的心灵。有一首很有名的民歌唱道："甜蜜的爱情从哪里来？是从眼睛到心怀。"从眼睛流露出内心活动，把自己对事物的看法、心理状态、思想感情，通过目光频频地传给他人，同时，将自己的外貌、气质也向他人的眼睛展示，以博得心上人的青睐。相反，他人通过自己的眼睛感受你的心理，接收你的情感，观察和欣赏你的外貌和气质，然后，在自己的内心深处通过对比、择选，而产生不同程度的反响，这种反响又可以通过眼神告诉对方，或去、或留。

中意者，爱情就会在如此反复的良性循环过程中产生。虽然心灵的善恶，能在很大程度上影响一个人的视觉审美效果，但是，两性的外在表现，毕竟是性爱的直接刺激物，并且男女的视觉审美侧重有所不同。男性对女性的外形美要求，比女性对男性的外形美要求高得多；而女性更注重男性的力度——力的使用也是看得见的，它属于视觉范围。正如英国著名性心理学家居理士所说："男子爱女子，是因为女子美，而美的印象是视觉传达给意识的；而女子爱男子，是因为男子有力，而有力的印象虽然也属于触觉范围，却须先假道视觉以达于意识。"因此，男女若要在视觉上给对方以美感，则要在不同方面下功夫，男子要加强力度的锻炼，女性可偏重外在的修饰。但是，无论男女，要自己在异性眼里尽可能完美，都必须首先美化自己的心灵，使自身的内在修养，达到一个尽善尽美的境界。

恋爱中的女人喜欢听甜言蜜语

如果要给甜言蜜语定个性，我想对大多数女人而言，它或许不如金钱那样重要，但至少也有水的作用——生命中必不可少的营养素！我们当然不是少了它就不能活了，但你得承认，有了它，女人一定会活得更滋润。最明显的例子就是恋爱中的女人总是特别美。恋爱期的甜言蜜语使用频率无疑是最高的。女孩穿一件新衣裳，羞答答去赴约会．男友会说："你今天真美。"虽然酸了点，不过很有普遍性。也有内向些的男孩，嘴上不说，眼睛里的欣赏还是一目了然的，女孩"女为悦己者容"的目的就达到了。一句话、一个眼神而已，两人都开心了，牵了手该干啥干啥去。放眼当下媒体和网络，到处都是感叹世风日下、快乐不易的文字。可你瞧瞧人家，多容易就满足了。甜言蜜语，真正是投入小产出大的朝阳产业啊！

也许有些男人会说，甜言蜜语是糖衣炮弹，中看不中用。可是，倘若你爱她，却不知道用甜言蜜语来表达，多半是很难找到老婆的。

有人曾经对女友说过一句话："再怎么说你还有我呢。别太为难自己，女人是用来疼的，不是用来累的。"那女孩那时候正为生计疲于奔命，听到这话时愣了一下，眼睛酸酸的，忽然就想与他相守到地老天荒。有人疼的感觉多好啊，可也要表达出来，对方才会知道。病了，会需要有个他嘘寒问暖；累了，会想有个温暖的怀抱；撒娇时，还想有个出气筒……倘若一个男人说爱你，却不过问你的病情；知道你想要他抱一抱，他却皱眉不来搭理；拿粉拳捶他，他呼地拉下了脸，或者干脆以老拳回敬一个。男人要是对甜言蜜语和小情小调吝啬到这分上，那么他至少不会太爱你。当然也有特别痴情的女人，一旦死心塌地，就想着好坏一起爱上了，对错全都包容下，一不小心成了人家大姐兼保姆，还要时时变着花样用佳肴体贴男人的心，用丰乳肥臀体贴男人的性……角色都弄反了，不好好享受被人疼的感觉，偏要去疼人，结果爱到要死要活的，其实这样男人反而感觉很厌烦，说不定走到头都困难。

所以，在一定程度上，甜言蜜语是我们衡量爱情的客观标准之一。男人爱你，才肯对你甜言蜜语。不爱了，谁来搭理！话说回来，最易变心的也许正是最会甜言蜜语的男人，因为甜言蜜语与花言巧语有时的确很难分家。不管怎么说，恋爱中的男人一定要学会甜言蜜语，恋爱中的女人一定会喜欢听甜言蜜语。男人是用它做武器，也不排除说它时的自我陶醉；女人则是完全陶醉了，现在不醉，更待何时？女人会想，等嫁了他，哪还有人肯日日陪你醉呢？

女人恋爱最喜欢"玩弄"男性

恋爱时，女人最喜欢玩弄男性了。

"亲爱的，今年冬天，我们去滑雪好吗？"

"主意很不错……我会考虑的。"

在公园里散步。男人想趁机拥抱她。

"啊！你别这样。别人会看到啊……"

两人的关系已亲密似热恋的情侣，想跟她越过最后一道防线时，她又会惊慌失措地说："求求你……这一件事情，就等到结婚后再来吧！"

总而言之，她会很巧妙地推掉一切的事情。

郊游时，她站在岩石上面微笑，看在男子的眼里，意味着要他靠近她。于是，男人雀跃地飞奔到她的身边。谁料，她却纵身一跃，跳到另外的一块岩石上面。

"难道她很讨厌我吗？"

看起来并非如此。因为她又浮现了笑容——就如此这般，不断地重复。女性为何喜欢使男人焦急，而沾沾自喜呢？

有一些人说，女性这么做让男人感到急躁、心猿意马、手足无措时，她的心里就会感到一种虐待似的快乐，可见，女人内心隐藏着一种"魔性"。

如果只一味地把女性想成是这般"恶劣"的话，这未免有失公道。女人生来就具有强烈的自我防卫本能，而且羞耻心又强烈。所以，每一件事都会变成让男人感到着急的举止。这种解释似乎比较妥切一些。

非难与辩护，这两者都很极端。如此说来，公平裁定的标准，又必须放置于哪儿呢？

恋爱类似跷跷板游戏。只要一边热腾起来，另外一边就会冷下去。

换句话说，所谓的"恋爱力学"一直支配着男女的心理。能够直觉地看透这个原理的，竟然是女性，男性反而懵懂不知。

或许，男性的头脑也理解到这一点。但是一朝浸淫于恋爱以后，他反而不会应用这种心理。他们就像小孩子一般，只想立刻得手。

而且，我们的社会有一种习惯，那就是求爱这一件事本应该由男人进行。所以，当女人想赢得男人之爱时，她们便能够以被动的方式，刺激男人和引诱男人。为此，才使得爱的技巧难免复杂化及高度化——这也是不争的事实。

"在纯纯的恋爱方面，要手段未免太卑鄙了！"

如果你如此愤慨的话，那你就没有充分的资格爱女性。因为她们很认真地恋爱呢！

诗人拜伦就曾经说过："男人的恋爱，只是他人生的一部分。女人的恋爱却是她生命的全部。"

女人总爱问男人"你爱我吗"

"你爱我吗？"这是女人最爱问的一句话，是恋爱中的女人百问不厌的问题。

很多男人都畏惧这句话。在杂志、小说和电影里，通常能看到男人被一个女人逼问得局促不安、焦躁不已。不解风情的男人永远都不能理解女人为什么这样麻烦，或者记忆力为何如此糟糕，为什么昨天才问过的问题，今天又问了好几遍。

其实，男人真的是很难理解女人，因为男人和女人有着截然不同的思维方式。对于男人来说，一句话问很多遍是很愚蠢的，就像一天问好几遍别人的年龄一样，有患早老性痴呆的嫌疑。男人会觉得说过的话就像一瓶罐头一样，在保质期内永远有效，对方应该记在心里。

男性由于受社会文化的影响，比如肩负的压力和责任比较大，所以一般较理性，想问题较现实。对于“爱不爱”的问题，理性的人回答起来相对比较难，因为“爱”是个抽象的概念，各有各的理解，认真的男性会认真思考这个问题，想想自己该怎么回答（像“你是不是愿意给我买衣服”之类的具体问题，男性一定会觉得容易回答得多)。

其次，有许多男性认为爱包含着责任，所以当他并不清楚自己真正能为对方承担起多大的责任时，他会觉得这个问题不好回答，而希望能回避。否则，一诺千金，说到就要做到，万一做不到被对方纠缠起来就麻烦了（有些花花公子反而常常把“爱”挂在嘴边，因为他们根本就不在乎做不做得到)。

第三，理性的男性会觉得反复回答“我爱你”是件很无聊的事，说一遍你听到了就够了，何必反反复复说?

女性则比较感性。她们问这个问题只是因为她们希望听到男友毫不犹豫地做出肯定回答。其实，有不少女性并不会仔细分辨男性回答时的真伪，她们要的就是这种“被爱”的感觉。因为她们想获得好的感觉，所以，不厌其烦地反复追问对她们来说就是很有必要的事了。当然，当男性在回答时犹犹豫豫或不肯回答，她们定会感到很受打击，认为对方不爱自己。

所以，如果男方真的很爱女友，愿意为对方负起责任，请不要吝啬说“我爱你”，而且最好是痛痛快快的快速回应，她一定会很满意的。

不过，话又要说回来，女性又为何非要逼着男友不假思索地说一句“我爱你”呢?看他的行动岂不是更可靠吗?

然而，“你爱我吗”这句话对于女人来说却有着异常丰富的含义，其厚重程度远远超过简单的“我爱你”。当一个女人温情脉脉、娇纵妩媚，抑或噘着嘴、刁蛮中带着些可爱的问男人这个问题，通常能表达三种信息。第一是“我爱你，我很在乎你”；第二是“我知道你也爱我，如果你不爱我，我才不会问你这种无聊问题呢”；第三个，也是最重要的信息是，“既然你爱我，为什么不说些甜言蜜语给我听呢?”

智慧的男人能够察觉到第三层意义就足够了，如果立刻献上热情与殷勤，献上最动人的甜言蜜语，女人会从中获得极大的满足。恋爱中的女人像娇嫩的花朵，需要用心去浇灌。粗心的男人如不能及时发现花朵缺少了滋润，花朵会就此枯萎，所以恋爱中的女人就会问："你爱我吗？"

恋爱中的女人并不真正在乎男人的回答。因为在她们问这句话之前就已经胜券在握，完全控制了局面。或者说女人只有完全确定男人深爱着自己的情况下，才会乐此不疲地问这样一句无聊的话。所以女人并不在乎结果，而在乎过程。

对于男人来说，应付局面行之有效的方案通常有很多种。第一种是热烈型，即充分展现自己的热情和文学功底。毫不掩饰地表达欣赏、爱恋和赞美。不过如果用词过于浮华，通常会显得不够真诚，缺乏真实感，会让女人的满足感大打折扣。第二种是稳重型。首先要不温不火地表达爱慕之情，并且在行动上表现得关切体贴，这种类型常常会让女性最为满意。第三种是冷静型，即讲事实摆道理告诉女人爱是不需要天天说的，是记在心里的。虽然女人会有点失落，但会坦然接受。其实哪一种都好，只是不要装成漠不关心，因为这样受到打击的不仅是她，还有感情。

对于任何一个男人来说，学会接受这种考验和磨炼，是感情路上的必修课。没有被女人这样逼问过的男人，便没有获得过真正的爱情。

一个即将和男友分手的女人说，我现在再也不会傻傻地问他"你爱我吗"，以前问他，因为我知道他会回答什么；而现在，我却不知道他会说什么。如果他说不爱我，我会心痛地离开；如果他说还爱我，我会离开得心痛。

所以，对于男人来说，拥有这个烦人的问题是一种幸福。只是，很多人不知道珍惜这种幸福。

女人的假讨厌与真喜欢

"李先生，你真是好人，我好喜欢你！"

大凡女性很随便地说出这句话时，她根本就没有在爱他。反而包含着随便和多少的轻视意味（纵然不到这种地步，也含有小看的意思）。

纯真的女人，对于自己心仪的男子，她连一句"我喜欢你！"也说不出来。不但如此，反而会避开他，采取一种"似乎"很讨厌他的态度。为何会这样呢？

如果把它解释成那是女性特有的技巧，那就错了。如果是吧女或者恋爱丰富的女人，她们可能会故意装成冷淡的样子，以引起男人的好奇心。就像卡门虽向唐·赫西抛玫瑰花，却又装成无视他的存在一般。

可是，对于正派的女性来说，那并非"技巧"，而是"羞耻"。

举一个例子来说，A 先生跟 B 小姐通过某团体认识。在 B 小姐对 A 先生没有特别感情时，两个人有说有笑的，交往起来极其自然。想不到在偶然的机会里，B 小姐发现她对 A 先生的感情，已经超过了单纯的友情。

"啊，我终于爱上一个男人了！"

这种感动会贯穿她的全身。不过，她并不知道 A 先生是否也爱着她。这时，B 小姐会产生一种"被 A 先生爱"的冲动。然而，她越是对他示好，她的行动就越会产生反作用。于是，她会产生"这种心思绝对不能让他发觉，否则的话，我会羞死"的想法。

B 小姐跟其他的人仍然谈笑自若。可是对 A 先生却开始表现出生疏、若即若离的样子，再也没有以前那般大方了。

从内心爱一个男人，对 B 小姐来说，这是一种异常体验。虽然在电影、小说中看过，但是对她自己来说，这是第一遭。这种强烈的震撼，使她又惊又慌。所谓的羞耻者，既是针对 A 先生，也是针对她自己。所以，只要有人开她玩笑说"你很可能是爱上 A 先生……"时，她就会慌张起来。当她独处时，又会萌生不能与外人道的幻想，使她羞红了脸儿。

女人心，本来就是纤细而优美。

女人都是醋坛子

女人是很容易吃醋的。吃醋，心里必然是酸酸的，涩涩的。这酸涩里面，有一丝妒忌有一丝苦楚有一丝怅然有一丝埋怨，更多的是爱。不知道是谁发明了用"吃醋"这个很具象的词语，来描述女孩子这种微妙的心态。

吃醋的女人多比较温柔、敏感、细腻。这样的女人容易受伤，在她们的内心深处都有一块最柔软的地方。诸如心爱的男人和哪个女人说了句玩笑话了，对哪个女人亲热点了，她就会生气。

爱情是自私的，女人爱"吃醋"是一种恋爱嫉妒的表现，其缘于内心深深地对对方的爱，同时又由其自身的自卑、对方社会地位的提高及对方对她们的相对冷落而加剧。一个了解女人心思的男人自然知道女人吃醋是因为爱他，在乎他。

有的女人看起来似乎不吃醋，那不是她们不吃醋，而是因为她们时刻都在用内心的忍耐、宽容和大度在虚释它。也许她们的这种做法很受社会上许多人的称道，但对于恋爱中的女人来说，"醋"还是一定要吃的，而且还得认认真真和光明正大地吃，你只有把"醋"吃好了，你才能发泄自己的不良情绪，同时也是一种对对方最好最纯朴的爱的表达。

只有爱到一定程度的时候，女人才会吃醋吃到难以忍受。女人不"吃醋"就等于放任别的女人入侵，而婚姻中适当的"醋意"却能形成一堵保护墙，把你和你的男人都守在里面，使你们的爱情不至于轻易变质。一个不懂吃醋和嫉妒的女人，就像拍了弹不起来的皮球，令人乏味。

对于爱的嫉妒，日本著名作家有岛武郎有极精辟的见解，他说："爱的呈现也许是毫不保留地给予，但爱的本质却是百分之百的夺取。"你不必隐藏嫉妒和不安，适时而恰到好处的嫉妒，可以证明你对他的爱与重视，满足男人的虚荣，让他享受一下被女人醋劲"宠爱"的滋味。

"早上，你为什么对楼下那个舞蹈演员笑了三次？"他的一举一动你都要关注。

他的女同事老会帮他倒水、买饭盒，你大可酸溜溜地说："她为什么对你这么好？"叫他知道，"对他好"是你的专利。

"你怎么可以叫别的女人达令呢？"也许，达令只是他的口头禅，那么，让他明白，以后"达令"是叫你的专有名词。

偶尔，你可以霸道地要求他："不准你偷瞄别的女人，不然，我以后会要你戴眼罩出门哦。"或者，"不准在我面前提起别的女人。"爱得太深，以致无法承受言语之轻，这种醋意，铁定让对方心里喜滋滋地。

聪明的女人，应该是爱情的厨师，懂得掌握喜怒哀乐的情绪发挥，知道适时地在生活中，加入酸甜苦辣的调味料，让感情时常保持新鲜。

但是凡事有度，女人偶尔吃点"小醋"是相当有好处的，给对方的感觉会是甜蜜和在乎。但是如果过分地"吃醋"，就会是一件非常可怕的事情，不但会伤害感情，而且会影响到男人的学习工作，长此以往感情便在不知不觉中破裂了。

女人在"吃醋"方面存在着下面几个误区，在恋爱中要多加注意。

误区一：砸翻"醋坛"

现实生活中，有许多女人"醋"劲很足，只要发现男人稍有"跑神"，便会立马变成一个打翻了的醋坛子，酸水流了一地，酸不可挡，动不动就大哭流泪呼天抢地，连男人的兄弟、朋友甚至同事一起骂，甚至还会寻死觅活。

这种做法显然是过犹不及，也严重违背了自己当初"吃醋"的心理出发点。"吃醋"按理应该是自己对男人在乎，爱男人的一种表现，可最后让她们这样一闹腾爱却变成了恨，甚至是情侣双方无法挽回的人格侮辱和社会地位的下降，这不能不说是一种愚蠢的行为，对恋爱更是有百害而无一利。

误区二：天天"吃醋"

通常生活中天天吃醋有益健康，但在恋爱中天天"吃醋"却是要不得的。大多数男人其实心底里都希望自己的女人能吃点"醋"，这是一种情感的需求，更是一种男人价值的彰显。

但却几乎没有一个男人喜欢女人天天"吃醋"，否则女人就算是再有魅力，再懂得婚姻的艺术，男人们终有一天也会被酸得牙痛和胃抽筋，而不得不退避三舍逃之夭

天了。

"吃醋"要以男人的耐酸力和"好醋"程度为依据，最好一星期不安排三次或三次以上的"吃醋"行为，就算是自我控制不了，那也得学会换换形式变着口味上"醋"，如：前一次用了沉默不理人，这次就得用流泪，再下一次就要以刮语和挖苦为主了。

误区三：不分场合"吃醋"

有些女人吃起"醋"来从不分场合，只要在哪里闻到酸味，就会立马发起"醋疯"，常常"醋惊四座"，不但让男人和自己下不了台，也让其他在场的人尴尬不已。其实这种做法是相当要不得的，不但损害了自己的形象，而且会给别人以口舌和可乘之机。

聪明的女人她会给男人和大家面子，同时也是给自己面子，待没人或者是两个人在家的时候再"兴师问罪"，这样做才是应了家丑不可外扬和息事宁人的古训。不过，对于某些脸皮太厚不懂得自尊的男孩儿倒是不反对用此法。

误区四：啥"醋"都吃

聪明的女人吃"醋"从来都是有所选择的，她们并不是逢"醋"必吃和来者不拒，而是会根据现实情况和当时的情形利用她们的智慧做出筛选，因为在她们看来有些"醋"是吃不得，或者是吃也没用的。

例如：男朋友孝敬父母超过自己，或者是对自己的姐妹们比较热情，还有男朋友受到女上司的宠爱，甚至还有男朋友的职业本身就是要不断地与其他女人打交道的，等等，这样的情况下，女孩儿一定要表现得大度，有所为，有所不为，该糊涂的时候要难得糊涂，要掌控但要弃之有度，最为主要的还是要不断提高自身的修养，以自身的情趣、气质和大度去化解各种可能存在的恋爱危机。

女人为何喜欢"坏"男人

俗话说："男人不坏，女人不爱。"为什么会这样呢？

首先是中国的男人不浪漫。和他们在一起就像是开会，他们说话也像是红头文件。和他们在一起一天就知道一生的情形，这对生性浪漫的女人来说，简直就是谋杀！

欺骗女人不是错，骗得不好才是错！这就是为什么女人都喜欢坏男人的原因。因为坏男人浪漫，坏男人会说女人喜欢的甜言蜜语。现代社会每个人都忙碌，特别是男人。他们总把自己想得很伟大，要承担起好多的责任，在这种情形下，试想有哪个男人有时间有心情会去骗一个自己毫无感觉的女人？

正因为重视你，才骗你。当一个女人抱怨一个男人欺骗她，那是因为这个男人不想再骗下去了。如果没有一个更会骗、更好的男人出现，那么这个男人就会成为她心里一座无法超越的高峰。

就像《第一次亲密接触》里轻舞飞扬对痞子蔡说的："你跟浪漫有仇吗？我想问认识的或不认识的男人，你们跟浪漫有仇吗？如果你们肯把抽烟的钱变成鲜花，肯把红头文件变成甜言蜜语，那我相信你们身边的女人就会成为最幸福的女人。"

我们在电视剧中常看到这样的情形：先是一大抱鲜花，然后才是男主人公深情的笑脸。这种情形哪个女人不动心？也许我们永远不能得到？

中国的男人不浪漫有太多的理由，没钱的时候，他们要去赚钱，没有时间浪漫。而一旦有了钱也有了闲，又自会有美女投怀送抱。他们根本不需要用浪漫去打动一个女人。但是我想问你：如果你的一生都不能体会浪漫，你不觉得可惜吗？因为，浪漫是男人和女人共享的情感天堂。

也许说到这里很多男人还不知什么叫浪漫，那么举个例子告诉你们：明知一个女人不爱你，你还送她100枝玫瑰，这就是浪漫。

记得一本小说里，男主角对女主角说：你是瓶药。女的刚要恼，男的又说：专治我的相思病。哪个女人会不动心？你也许会说：甜言蜜语。但是你说个更好的我听听？

每个女人内心都期待有一个坏男人给她一段灿烂的爱情，都期待有个坏男人每天在她的耳边说：宝贝，我爱你。如果这样的男人都是坏男人的话，女人真心希望这世界每个男人都变坏！

女人为何总爱想旧日情人

只愿一生爱一人是每个女人心中的美好愿望，可在生活中真正实现这个诺言的概率很小：一帆风顺地和初恋情人结婚，从来没有婚外恋的记录，没有离婚，而且要死在对方之前。

所以，现实生活中的女人，不管她愿意还是不愿意，她都会告别一段又一段的恋情，不可避免地有了旧情人。如同收藏首饰一样，女人把旧情人深藏在记忆的黑匣子里。在经意不经意的时候，他们都会重新跃进她们的脑海，带来一片伤感的天空和云彩。

比起男人来，女人更爱怀旧，每个恋人就像一首熟悉的歌曲，人走了，茶凉了，可记忆还在绕梁三生。在女人眼里，每个曾经拥有过的男人都是那么不同，在不同的男人那里，自己也就变成了不同的女人，有过几次恋情就相当于活过几次，女人的心就是这样变老的。

女人为什么总是愿意想起旧情人呢？一个男人，能从芸芸众生中脱颖而出成为她的情人，他就有与众不同的地方。他曾经爱过她，不管他的方式是娴熟还是笨拙，他的笑容是真诚还是敷衍，他都在她身上付出了他的心思。女人熟悉他的声音，他的气味，不论恋情以何种方式结束，不管他曾经如何令她伤心，他都是不同于路人的。这就足以使女人牢记他一辈子了。

女人通常是感情用事的。一个爱过她的男人在她心目中的形象是不会改变的，他不会变老，不会变心。所以每当女人在现实的感情生活中遇到不顺利的时候，她都会想念那些旧情人。日本的私家侦探社提供一项服务，而且这项服务在中国某些地方也开展起来，那就是"寻找初恋情人"，客户百分之九十都是女性。可见女人对旧情人的牵挂远远超过男人。女人为什么会牵挂着旧情人？为什么愿意给他们打电话？

因为，初恋是最纯真、最美好的感情。有人说，初恋如同春天里的第一点绿。由于初恋是人生中的第一次体验，所以无论男人和女人都感受极深，终生难忘。待到高不成、低不就、恋爱谈得多了时，女人就麻木了，觉得无所谓了。但是，用这种结论解释这个问题似乎还不太充分。其实，男人和女人相比，心理和生理机能的差异还是明显的。男人是主动的，女人是被动的，男人是征服者，女人是被征服者这种现象是普遍存在的。女人不能离开她初次性经验的男人，根本的原因就在这里。也就是说，女人被第一次征服时，和男人之间就有心理上的隶属关系，她不想离开征服者的无形的掌握。

男人时常有支配女人的意识存在，而女人刚好相反。女人的一生都努力要保全受男人支配的地位；而对被支配者的女性而言，最初的征服者带有"决定性"的意味。其后不管换了多少男人，最初的"丈夫"的支配权在她的生命中是不会消失的。他有支配她一生的魔力，特别是在征服她的心的同时又征服她的肉体的情况下，更是如此。

此外，许多女人有甘心生活在这种"生理隶属"关系下的心理现象。她认为最初的征服者能给自己构筑最后的生活空间，和他生活在一起是最好的，或者是最合理的。这种生活空间的构筑，就决定了女人对第一个男人难以割舍的隶属性。这大概也就是我们通常所说的"贞操观"吧！

女人的贞操观随着时代的变迁而有着很显著的改变。但如今大部分女性青年在考虑到这种初恋所决定的心理上的隶属关系时，就不能赞成轻率地交男朋友，尤其是不赞成放任的婚前性行为。事实上。很多女性无意识中对这种心理的危机都有所感知。事实证明：对什么纪念品都很珍爱的女性来说，初次性经验是很不受欢迎的纪念品。在对性的关系认识上，女人假如忘记了她心理上的被动和"受支配"的地位，她一生就要生活在自己不喜欢的男人的支配之下。

不同血型女性的恋爱心理

1. A 型血型女性恋爱心理

（1）重视社会规范、中规中矩的 A 型血型绝不会给第一次见面的人留下不愉快的印象。她们不会借散发女性的魅力来吸引男性，或通过撒娇使性子打动男性，而是用非常普通的合乎常理的方式对待男性。所以，第一次见面的男性通常不会对 A 型血型女性的平凡产生兴趣。原本就是如此，A 型血型女性的魅力只有慢慢地仔细地去品味，才会感受到。

（2）A 型血型女性天生具有女人味，情感丰富、心地温柔。她们会认真地做分配的工作，不会叫苦发牢骚或者说不该说的话，忍耐性超强，不会妄自尊大地发表见解。个性多少有些消极的 A 型血型女性在亲近的男性看来，是唯一可以放心地进行交往的女性，也是可以敞开心扉说心里话的对象，甚至是不错的结婚对象。如果是和 A 型血型女性一样诚实的男性，则会愉快地领略 A 型血型的平凡的魅力。但如果是希望从女性那里得到刺激感的男性，则正相反，他们会认为 A 型血型女性是无趣的过于平庸的女人。

（3）A 型血型女性的爱的特点是，既不容易快速升温，也不容易急剧降温。她们不会在恋爱中随着感情的发展而迅速地为喜欢的男性所痴迷。她们会慎重地进行观察和思考，在确定合格之后，才在内心予以"通过"。发展恋情着实需要一定的时间，可是，也许正是这种慎重会获得男性的好感。她们的爱是慢热型的，有时已经开始爱了自己却丝毫没有觉察到。但是，只要真心地爱一次就会令人吃惊地成为一片痴心的女子！虽然不会用身体语言或其他的方法表白心中的爱，但会一直等待，一直到心仪的男性回过头来。直到步入社会之后，还念念不忘学生时代的初恋男友的女性大多属于 A 型血型。由于不善于表白爱情，又不懂表现自己，所以不会主动进行大胆的告白。虽然会因此而错失爱的机会，但最终能够将对方纳入自己的轨道之中，获得爱情。

在与对方交往的过程中，会保持无比的忠诚，而且为达到对方心目中的理想女性的标准而不懈地努力。可是。由于自己付出很多，对恋人的要求也很烦琐。这些要求和唠叨很可能会束缚住恋人，甚至会使对方产生透不过气的感觉，需要引起注意。

（4）现实的 A 型血型有时在爱情中显得鲁莽和盲目。一旦感觉到存在危险，哪怕是一点点，也会产生很强的戒备心，无论对方怎样热情地靠近，也会坚决地予以拒绝。对男性而言，此举真是密不透风，一点机会都没有。严格的考察如果是出于保护自己的考虑，也无可厚非，但如果过分，却会使爱情和婚姻遥遥无期。至少为了了解一般男性的心理，也应当与男性朋友进行交往，增加与男性交流的机会。

（5）A 型血型女性虽然具有诚实正直的性格，但是一旦怒火爆发，就会变得非常可怕。所以不要将她们逼到这种地步，更不要因为她是温和的人而表示轻蔑。看重面子和形式的 A 型血型女性非常在乎对方的工作或收入等附属条件，如果对方在这些方面占据优势，就很容易被吸引，甚至认为感情只是其次。当然，如果这种选择的结果

是幸福的，当然值得庆贺，但如果正相反，那么带来的伤痛也是痛彻心扉的。为了避免这种伤害，必须充分地保持性格中的慎重态度，摒弃只凭外部条件取舍男性的陋习，在认清对方的本质之后再发展爱情。如此一来，还可以避免稍有困难便立即放弃的倾向。因为，当自己具备把握爱情的力量却因为怕麻烦而任凭爱情中途夭折，是非常可惜的。如果希望获得真挚的爱情，就必须自己下定决心，表现出勇于为爱情赴汤蹈火去冒险的气魄。

2. B 型血型女性恋爱心理

（1）自以为是、自由奔放的 B 型血型女性很难被男性视为理想的恋人类型。举止和语言都特立独行，旁人难以开口的话题也毫不忌讳的 B 型血型，能够毫不逊色地与男性谈话或争论。因此，她们有许多男性朋友。这些男性觉得，和其他女性无法直说的事可以无所顾忌地和 B 型血型女性进行倾诉。虽然她们拥有很受男性欢迎的性格，却不被视为很好的恋爱对象。在男性看来，与其和她们成为恋人，不如做要好的同事更舒服一些。如果她是典型的 B 型血型，具有很强的个性，那么在没有慧眼的男性看来，则是很难对付的人。但是，她们具有普通女性所没有的独特的感性，所以很容易被要好的男性朋友所注意。她们会引起哪些人的好感呢？在喜欢刺激的男性或直来直去的男性眼中，这类女性非常迷人，具有挡不住的魅力。他们认为绝不能放弃眼前的机会，一定要和对任何事物都感兴趣的 B 型血型女性展开轰轰烈烈的恋爱。

（2）B 型血型女性的爱完全出自本能，一见钟情的事在 B 型女性身上屡见不鲜。她们会凭借着灵感进行恋爱，从喜欢上对方开始，对方的一切就会在脑海中盘旋，对爱非常有激情。由于习惯于一见钟情，会在还不了解对方的情况下投入爱情，因此也会被表面光鲜其实一无是处的男性所吸引。随着对对方的爱意的深入，会直接地将心中的爱表白出来，显得非常坦率，也比较毛躁。B 型女性的表白在有些情况下非常唐突，因为可能对方毫无此意，所以遭遇的失败也不在少数。但是，她们有如此顽强的恢复能力，不会因此而气馁，会带着不服输的斗志去进行新的挑战。在恋爱过程中，态度总是简单明了，希望保持愉快而轻松的类似友情的关系。她们有些花心，只和同一个男性交往会令她们觉得异常单调，所以即便是有了恋人，也不会安于现状，会继续向其他人放电。

（3）B 型血型女性不是在多方面考察男性后产生好感的类型，她们虽然有自己的一套方法，但看男性的眼光还是不够精准。

所以，虽然有喜欢的对方，却未必适合自己。她们喜欢的男性大多个性鲜明、气度非凡。平凡的男性在她们看来总是有点缺憾。如果与具有个性的男性交往，他们的爱也将是波澜壮阔、多姿多彩的。面对平庸的男性，她们会立即表现出厌倦，所以如果不是能使她们产生刺激感的男性，很难使她们称心。但是，需要注意的是，这种个性鲜明的男性中有许多生活能力为零！如果可以接受，还是尽量选择诚实的对象为宜，虽然可能会觉得缺乏情趣，但却更有益。一旦爱起来就凭感觉办事，毫不顾及对方的感受也是 B 型血型女性的缺点。如果过分主动地跟在男性的后面，表白自己的心意，更有可能使对方产生心理负担和抗拒感。因此，需要考虑对方的情绪和感受。有时，B型女性会深深陷入痛苦之中，因为喜欢的男性根本不把她视为恋爱的对象。解决方法是，一旦看到理想的人选，就尽量减少友情的成分，这样做能大大提高成功的概率。

3. O 型血型女性恋爱心理

（1）性格天真烂漫、活跃开朗的 O 型血型女性能使所有男性产生亲近感。她们喜欢交往，爱撒娇，表情非常丰富，抿嘴微笑时是她们最具魅力的时刻。O 型血型的阳光和性格力量会给疲惫的男性的内心带来安慰和寄托。虽然，O 型血型女性兼具胆识和行动能力，有喜欢与男性竞争的一面，但她们从根本上讲更喜欢侍候他人。为了喜欢的男性，她们任劳任怨，竭尽赤诚，非常有女人味。这样的 O 型血型女性即便不懂得向男性示弱撒娇，也很受欢迎。在生活中，总有各种传闻包围着她们，不断接到约会的邀请。由于天生多情，即便被不是很喜欢的男性追逐，也会满口应允，所以被人们视为花花女郎，造成很大的误解。由于性格开朗，也会有男性只将身体的接触作为目标而前来试探。O 型血型虽然外表看似极其开放，但实际上有很强的贞操观念，很少会发生意乱情迷陷入男性的诱惑的情形。由于 O 型血型女性自强自立，为人可靠，所以通常很受年轻的男性们的支持。渴望被 O 型血型女性的勇敢所保护的具有恋母情结的男性会非常迷恋她们。

（2）O 型血型的性格中有保守的一面，所以多少有些谨慎。爱的开始总是充满激情，逐渐产生更多好感之后会转为深深的迷恋，矢志不渝。O 型女性不会守株待兔，而是主动接近，如果真的喜欢，就会直白地表达自己的想法和感受。她们的接近更精确地说是计划周密的作战。她们的爱因为激情而变得深刻和火热，但同时占有欲也极强，绝对不能饶恕对方的不忠。她们天生乐于助人，所以开始交往之后，一直到成为公开的恋人，会像称职的夫人一样对所有的事尽心尽力。O 型血型女性也会具有这种情结，那就是虽然起初交往时感觉极好，但随着交往时间的增加渐渐产生摩擦和不愉快，另外，由于一心憧憬浪漫的爱情，特别是因为 10 余岁时就梦想着甜蜜的爱情，所以在开始现实中的波澜不兴的爱情时，不免会产生失望和怅惘。然而，O 型血型女性会在恋爱的经历中积蓄自己的魅力，逐步成为成熟的女性。随着年龄的增长，她们的恋爱能力会逐步提高，能够品尝到成熟的爱情的滋味。结婚前会体验各种各样的爱情，但一旦认为某个男性可以成为人生的伴侣，就希望将自己的一切托付给对方。

（3）O 型女性年轻不懂世事之时对爱充满了憧憬，所以也曾采取过轻率的举动，因此记忆中必然留下许多青涩的回忆。由于那时根本不懂怎样选择男性，年幼时甚至被人当作玩弄的对象。但是，随着年龄的增长，日渐成熟之后，爱的能力和看男性的眼光越发老道起来。O 型血型女性由于很受男性的欢迎，即便是有过不好的经历，也不会影响今后的恋爱历程。但是，这种受欢迎很可能使她们产生微妙的自负心理或傲气，不由自主地在男性跟前表现出有如女王般盛气凌人的态度。有时也会因为随心所欲的行动使恋人面临尴尬的境地。如果这种倾向越发明晰，男性的评价就会急剧降低，所以非要注意才行！O 型血型女性对不如自己强硬的人非常温和。她们希望能成为处于劣势的男性的力量，也为这种恋爱状态而满足。然而，如果过分地观察男性的一举手一投足反倒会使男性产生反感。也有些男性会对 O 型血型女性的温柔所打动。但是某些阴险的男性会装作可怜的样子，利用 O 型血型女性的特点，骗财骗色，所以一定要擦亮眼睛，不能陷入这种陷阱。

4. AB 型血型女性恋爱心理

（1）散发知性魅力、处世优雅的 AB 型血型女性在男性看来，是十全十美的女人。男性通常都会被 AB 型血型女性的高雅气质所吸引，但他们不会急不可耐地靠近，更喜欢远远地注视和玩味。AB 型血型女性谈锋甚健，与人谈话时有丰富的话题，由于知识面广，在任何一个领域都能高谈阔论，与男性争论时也不会占据下风。她们会与一些男性拥有相同的兴趣和价值观，所以随着相处时间的推移，曾经完美的形象会被亲密感所取代。她们态度轻柔，没有飞扬跋扈的气势，很受男性的欢迎。AB 型血型聪慧过人，无论做什么事都超过普通水准，在学习和工作中都能获得很好的成绩。

（2）AB 型血型女性缺少的是火热的爱的激情。她们很少会产生爱的冲动，迅速地陷入爱河。当喜欢上某个人后，也绝不会忘我地投入，会客观地观察正在恋爱的自己。由于憧憬成熟的爱情，非常重视气氛和感觉。希望与自己交往的男性不仅外表英俊洒脱、机智过人，还在某个方面有着值得炫耀的专长。相对于物质，更重视情意，甚至会拥有柏拉图式的爱情。她们的爱是渐热型的，会逐渐被对方的魅力所吸引。但是，由于对爱情怀有一定的恐惧心理，不愿意主动去接近，大胆地表达自己的想法。她们希望能和喜欢的人若即若离地开始交往，然后"顺其自然"地深入发展。她们不懂爱情的战术和手腕。在已经开始恋爱之后，也不愿意明确表白自己的内心，以至于令对方觉得"她只是玩玩而已吧"，产生不信任感。AB 型血型女性希望能在交往中保持适当的距离，但这种想法很可能只埋在心底，不让对方知道。可是，如果不对恋人直言相告，那么对方很可能会陷入孤独之中。

（3）AB 型血型女性会一丝不苟地考察男性，在恋爱过程中也能进行冷静的判断，所以如果认为对方可能给自己带来麻烦，就会坚决地避开。虽然重视内心的情意，但在爱情上却工于心计。一旦觉得对方某一点不适合自己，就会立即予以拒绝，会使恋人的内心受到重创。这一点很可能成为分手的原因，所以要引起注意。基本上，AB型女性无论与何种男性交往都不会丧失自己，但令人担心的是，一旦被男性抓住弱点或将一切交给对方，就会毫无原则地陷入爱情。例如，在初露苗头的不道德的爱情之中，一旦越过了不应越过的界限，就会不断纠缠对方结婚，或干脆自暴自弃，做出不像AB型血型的盲目的举动。在AB型血型的女性心中，理性和本能一直在相互冲撞，只要保持好二者的平衡，爱情就不会尝到致命的苦果。

女人恋爱异常心理判定

女性较男性的情感更丰富细腻，心理活动更复杂、多变，尤其是处在恋爱中的女性，其心理更是让人捉摸不透。

1. 假心假意的"转移"

女性在恋爱时，常常希望自己的男朋友说"亲爱的"，"没有你和我在一起，我很寂寞"，"我永远离不开你"等甜言蜜语。然而男性很少了解这一点。正因如此，女性会有意识地在男朋友面前与其他男性友好、亲热，企图激起男友的醋意，以考验男友的真诚程度，但结果往往适得其反。因为，大多数男性对于女性的这种"移情"会信以为真，而主动退出恋爱，从而导致双方结束美好的恋情。

2. 扑朔迷离的"施虐"

恋爱中的女性具有一种施虐的意识，如与恋人约会时，会故意姗姗来迟，或有意不赴约，让久等的恋人焦急、烦躁、疑惑、担心，甚至痛苦备受煎熬，以得到男友为她付出苦楚的快乐。恋爱中，这种轻微的偶尔的"施虐"也是不可缺少的"作料"，但经常、过分的施虐却是一种变态的心理，是万万不可取的。

3. 莫明其妙的嫉妒

女性对周围的人或事甚为敏感，尤其在恋爱中，她会不断地将自己和他人做一比较，脑海里总担心自己的价值得不到对方的承认，因此便产生嫉妒，有时会使自己无法得以解脱。嫉妒心理是有害的，它不仅有损他人，也影响自己的身心健康。

4. 真真假假的否定

女性在恋爱过程中表达自己欲望的方法一般比较含蓄、委婉，有时还会是反向。她说"不"的时候，内心往往是"好而愿意"。如约女友去看电影时，男友要去买票，女友说不用，男友就不去了，等女友去买，那么，这场电影肯定看不成。

女性的这一奇特心理，实际上是一种自我保护的计策。当然，有时也是女性真正内心的表示。但是"多心"大概是女人的特点，它包含了细腻，也包含了猜疑和困惑。

恋爱中的女人尤其多心：怕他变心、丧失自信、甚至连他每天电话次数的增减都很在意，进而患得患失。其实恋爱的女人多心会让情受伤的。

"多心"的表现大概有以下三种：丧失自信，不信任爱情，抱有不切实际的爱情梦幻。

（1）丧失自信。因为没有自信，就会担心他日后的移情别恋而陷入恐慌、绝望中……具体表现：

她觉得他是能遇到的条件最好的人，害怕失去他。

她觉得自己配不上他，担心他看不上自己。

害怕别的优秀的女孩会把他抢走。

这种想象中的自我伤害，表面上是怀疑男人，实际上是对自己的不信任。但是如果女人在爱中不找回自己的自信，即使最后侥幸获得他的爱，在未来的婚姻生活里也难免不发生同样的困扰和磨难。

通常，男女交往总要经历 3 个阶段：寻找感觉、相互了解、进入关系。在这一过程中，从寻找感觉到相互了解需要一定的时间，尤其是感觉好的情况下，为防止感觉失误，更需要人为地冷却感情，以使双方在顺其自然的理智中触摸到彼此的真实脉搏。要实践上述恋爱规则，自我意识的觉醒和清醒同样重要。觉醒的自我将告诉你"我"的需要。清醒的自我将把握你理智的思考。两性关系中，没有了"我"的需要，你就会一味地取悦男人，导致猜疑的伤害。

（2）不信任爱情。因为对爱情没有信心，她就会被自己凭空想象出来的情节所伤害……具体表现：

他有一天不给她打电话，她就猜想他是不是变心了。

每看到朋友或同事被男友抛弃，她就想，男人都是一样的，也许他也会像他们一样对她。

她可能有过不愉快的童年，或者是父母离异，或者是亲人中有男方变心的例子。她认为自己也会有这样的遭遇。

生活中很多女人对男人的判断无不来自他人的信息，由于是亲朋好友，他人的不幸自然成为我们的经验和参照，这时，吸取他人的教训本无错处，但是如果走向全盘否定男人的那一面，她自己就会陷入紧张的不幸中。这表面看来是性格问题，实际是思想压力造成的心理障碍。这就是"害怕恐惧症"。世界上没有恐惧，只有对恐惧的恐惧。这一信念同样适用于两性关系，这个世界上本没有对男人的恐惧，只有女人对爱情的恐惧。

（3）不切实际的爱情梦幻。因为她爱抱有太多不切实际的幻想，使他失去了最后的耐心和兴趣……具体表现：

幻想自己能经历一场像小说情节那样完美和轰轰烈烈的爱情。

认为男友一旦爱上自己，就应该生死不渝、永远不会改变。

不能容忍男友任何的冷落和疏离，一旦男友对自己不够热情，就认为他一定是看上了别的女人。

爱情梦幻中的女人容易陷入另一种精神自闭——完美主义自闭，不同的是，和男友的交往中，传统女孩迟迟不能走入关系，梦幻女孩急于走入关系。然而，不管是传统还是梦幻，她们对男人的渴求和焦虑都是一样的，她们都渴望男人的忠诚，害怕男人的变心；她们的"病症"表现也没什么两样。只不过，梦幻女孩不愿意用理智管理自己，她们一心想管住男人，让男人成为自己的所属。结果，过分严厉的牵制反倒引起男人的反感，原来害怕的焦虑终于成了现实的梦魇。

有人曾说过，人群里最容易痛苦的是女人，而女人的痛苦多半来自女人的"多心"。"多心"无非两种诱因，一是对情感过于细腻和理想，二是缺乏足够的自信。前者也许是性格中的东西，无法用强硬的方式去左右；而后者是可以改变的。自信是魅力的源泉，相信所有的女人都不愿陷入没有自信也没有魅力的恶性循环。能够潇洒而又执着地去爱真不是一件容易的事，所以说生活也是艺术，需要一定的功夫来驾驭。追求爱的人将永远跋涉在山重水复之中。

七、男女恋爱心理异趣

异性对你有好感的 30 个信号

1. 对你的工作、学习、生活情况极为关心，甚至对你的兴趣爱好也特别感兴趣。

2. 主动向家人、亲友、同事、同乡等介绍你的各方面情况，并"先入为主"地加以评论。

3. 遇事同你商量，征求你的意见，重大事情主动请你拿主意、想办法。

4. 千方百计打听你过去的情况及你家人的情况。尤其对你的隐私特别感兴趣。

5. 向别人介绍你时，往往夸大你的优点、长处，缩小或隐瞒你的缺点、错误，甚至把你的缺点也当成优点加以张扬。

6. 因公外出或开会学习，总忘不了带给你一些小小的礼品、纪念品之类的东西。

7. 对你的生日记得最清楚，并在这一天常常会为你创造一些节日气氛或惊喜。

8. 情人节这天，他一定会送给你玫瑰花并约你外出狂欢。如你拒绝，他肯定会不

高兴的。

9. 爱看你的影集，关心影集上年轻异性的照片，还常常提一些稀奇古怪的问题让你回答。

10. 开始关注你的异性朋友、同事，并试图接触、了解他们，如果失败，会产生许多猜疑、嫉妒甚至怨恨。

11. 希望每天都能收到你的短信、接到你的电话，如果没有，他会失望、焦躁不安。

12. 什么事总是向着你，当你与别人争吵时，即使你错了，他也会站在你的一边。

13. 当自己取得了成绩，哪怕是一点小小的进步，他都会欢天喜地地首先向你报告，并请你分享其中的幸福。

14. 在工作、学习、生活中遇到失败或挫折时，他会主动向你求援。对一些难以启齿的隐私问题，你是他首选的倾诉对象，而且对你的意见、建议会特别尊重。

15. 如果对方性格内向，不善言辞，待人接物彬彬有礼，沉稳得体，很注意分寸，而与你在一起时却又无拘无束、大大咧咧的，一天到晚似乎有谈不完的心说不尽的话，那么，这就明确表示对方已深深地爱上了你。

16. 总是想方设法创造机会与你见面，增加见面的次数，哪怕是见面几分钟也好，不然就受不了，大有"一日不见，如隔三秋"之感。

17. 经常向你借书看，有时借的书连翻都没翻又还给你了，还说这本书怎么怎么好。

18. 逢年过节或遇上他家有重大喜事，主动邀请你上他家玩，购买礼品时多数不让你付钱，而又借你的名义。

19. 经常过问你本人及家人的事情，并自觉不自觉地"参政"：提意见、建议、想办法，能够帮上忙的，总是慷慨相助，尽力而为。

20. 在一些无关紧要的问题上，你说东他说西，常常与你唱反调，以寻开心。

21. 开始注意你的服饰打扮，如果你不修边幅，他会时常提醒你。

22. 对你吸烟、酗酒、赌博等不良习气，能直截了当地提出批评，有时甚至加以干涉。

23. 对你提出的合情合理的要求，不拒绝，也不立刻答应，而是在实践中予以满足。

24. 在你情绪低落时，他会为你打气撑腰；要是你太狂热了，他又会过来向你泼泼冷水。

25. 写给你的信，总是越来越长，越来越多。对你的称呼以及信中的落款，也已经发生了微妙的变化。

26. 对你提出的亲吻、拥抱等要求，一般不再拒绝，并能积极配合。对你的非分要求，即使不答应，也会向你做出合情合理的解释。尽量做到不让你生气、难堪。

27. 购买了新的服装、做了新的发型，会高高兴兴地向你报告，最希望听到你的赞美，如果你心不在焉的话，他肯定会生气的。

28. 对于你的约会，一般都能准时赴约，如果因特殊情况不能到达，定会提前通知你，或请你改变时间和地点，以免你久等。

29. 如果对方是姑娘，接受了你赠送的香水，那就很有眉目了，因为香水蕴含着"香甜的姻缘沁心脾"之美意。

30. 在寄给你信的信封上，如果出现"5A1"的字样，表明对方已爱上你了。"5Al"的暗语即为"我爱你"。

当然，以上爱的信号不可能同时发生，但只要发出 5 个及 5 个以上的信号，你就可以大胆进攻了。

恋爱中的男女为何爱"较劲"

爱情是个神奇的东西，它能带给人最大的欢乐，爱人的一颦一笑，时时牵动着我们的心。但恋爱中的误会和摩擦也是不可避免的，"较劲"便是恋爱中产生不愉快的原因之一。从心理学上来说，这种较劲可以称之为"反向表达"。

男女间心理特点差异是"较劲"的主要原因。男女的心理特点不同，女人更偏重于感情，而男人更理智。在很多女人看来，爱情是生活中首要的事情，而一个优秀的男人通常把事业放在第一位。男人大多向往自由，不喜欢纠缠，与爱人"朝朝暮暮"地"缠绵"在一起，会被他们看成是没有事业心。观念上的差异造就了男女在如何与爱人相处这一问题上的态度不同。

态度不同就使得双方有时候会发生些误会，男人会觉得女人总是打电话给他是种纠缠，女人会觉得男人不喜欢总和她在一起是不够爱她。误会会使双方产生矛盾并斗起气来，明明非常想对方，却偏要说不想；明明爱对方却要说"你真讨厌"。

恋爱中的"较劲"是中国人特有的心理现象。西方人都认为中国人非常神秘，永远猜不透中国人在想什么。中华民族本身也是个喜欢保持些神秘感的民族。适当保持神秘感，使对方猜不透自己在想什么，更能激起对方想了解和征服自己的欲望，使对方的爱更加浓烈。

中国人无论男女，都比西方人要矜持一些，在恋爱中不喜欢过于主动，甚至会掩饰自己的爱，这就使得很多时候，中国人在恋爱中会反向表达。中国人非常认同"距离产生美"，对恋爱和婚姻的态度也非常严谨，这会使他们觉得保持一定距离会有助于保持头脑清醒，更好地了解对方。并且，越是爱对方，希望与他白头偕老，态度也就越严谨，在潜意识中就更希望与他保持一定距离，在结婚前充分客观地了解，为婚姻打下良好的基础。

所以，在恋爱中，经常对你说"不"的人，并不代表不爱你，可能恰恰相反，他爱你爱得很深。

但是过度的反向表达，可能是存在心理问题。反向表达在恋爱中能够增加神秘感和征服欲，有时候在恋爱中的确能够起到积极的作用，但过度的使用，必然导致误会加深，影响感情。

幼年时家庭不和睦，父母关系不融洽，孩子长大后就不懂得如何去爱。父母的行为模式会给孩子日后的恋爱和婚姻带来影响，他们会模仿父母。在不融洽的家庭里长大的孩子，会认为夫妻之间就应该是互相"较劲"的，这才是正常的生活，而举案齐眉会被他们看作是不正常。

深度自卑的人也会在恋爱中反向表达。他们怕对方比自己优越，怕被看不起，潜意识中会认为如果毫无保留地表达爱意，会被对方看作不自重、没品位，导致社会评价降低。他们的"本我"实际上是想直接表达的，但"超我"又驱使他们不但不表达爱，反而要让对方认为他们根本不在乎对方，这样才会使他们感觉在恋爱中占了上风，很有自尊。

热恋中男女的五大心理特点

1. 直觉性

男女之间相互美化、互相吸引，双方都感到顺眼和舒服，所谓"情人眼里出西施"。这时容易出现"期望效应"，即把自己所希望出现的特征赋予对方，所谓"月移花影动，疑是玉人来"。把自然景物和周围环境都打上了爱情的印记。但此时，也可能学习、工作时心猿意马，注意力不集中，容易出现差错。故应注意控制情绪、放开视野，利用爱情的强大动力，互相帮助、共同提高。

2. 隐蔽性

言辞含蓄而富有诗意，行为隐蔽而富有德行，言谈、举止、目光、表情、行为都体现了一个"爱"字。

3. 排他性

表现在对意中人的专一挚求、忠贞不渝的心理特点，不允许第三者介入，容易"吃醋"。要知道爱情是专一的，友谊都是宽容的，要尊重对方人格，允许对方保持正常的人际交往。心胸狭隘、自我封闭、不利于爱情的健康发展。无故猜疑、干涉别人人身自由必然给自己带来烦恼，甚至导致爱情的破裂。

4. 波动性

是指情绪变化很大，热可达到白热化、冷则骤降至冰点。高兴时喜笑颜开、手舞足蹈，懊恼时垂头丧气。这种大起大落的情绪变化有时会给身心健康带来不良影响。故要通过加强自我修养，不断进行自我完善，减少情绪的波动性。

5. 冲动性

热恋时人的认识活动范围往往会缩小，理智分析能力受到抑制，习惯行为受到破坏，此时发生的许多事情与平时可以完全不同。同时由于控制自己的能力减弱，往往不能约束自己的行为，不能正确评价自己行动的意义与后果，因而可能导致婚前性行为、未婚先孕，甚至做出违法乱纪的事情来。婚前性行为给人以轻率的印象，自身名誉和自我评价将受到损害，在亲朋同事中威信下降，不仅使新婚蜜月黯然失色，而且还有被人抛弃、利用、腐蚀等传染疾病而抱憾终身的危险。当然，受害最大的是女性。

爱情是人类最高尚的情感，之所以高尚，是因为爱情不只是为了满足性爱这一基本的生理需要，还有更高的心理需要和社会需要。爱情是性爱和美感、道德感、理智感的完美统一，是人类歌颂的永恒的主题。只有真正了解爱情的真谛，善于在热恋时保持心理平衡的人，才会有甜蜜的爱情生活，不然的话，尝到的常常是爱情的苦果。

男人约会向北，女人约会向南

在约会过程中，男人和女人的心理体验不同，从开始约会，到逐渐确定关系的过程中，表现出的行为也大相径庭。

第一次约会有多重要？对男人来说，第一次约会非常重要，寄希望于第一次约会就可以尘埃落定。如果第一次约会你让他信心大失，他就很可能换个女人去碰碰运气。因为男人认为，第一次约会如果进展顺利，接下来两人的关系才可能长势良好；相反，第一次约会如果没能打动一个女人，随后她就会消失，并且从此芳踪难觅。由于习惯性地假设没有第二个机会，男人在第一次约会中，往往会表现得殷勤。当约会结束时，如果没有得到确定的答复，对于女人离开时是否满意，他是不是有机会，男人一点线索也没有。下一次约会往往是继续追她的机会。男人总是默认下次是个借口，一旦女人离开，一切就结束了。男人总是把希望寄托在第一次短暂的接触后，就能一切尘埃落定。男人把女人看作是通往一个全新世界的窗口，从此，享受美丽新世界带来的快乐和新奇。

男人很少会想，两人的关系要健康地发展下去，需要哪些基础。男人认为，女人一旦表达了想和他在一起的愿望，两人的关系就已经基本定型，可以高枕无忧了。所以，男人总是急切地争取一个女人的好感，成功后，就以很"家常"的方式对待女人，女人往往会有受骗感。就像一个笑话：妻子问："为什么追我的时候你总是送花给我，

现在却没有了？"丈夫回答："你看过渔夫把鱼钓上来以后还喂它鱼饵吗？"

女人也很看重第一次约会，但她不会把这次约会当成确立两人关系的时刻，而是在约会过程中，推测如果和这个男人交往，她需要付出哪些东西，两个人才能和谐相处。女人通过自己的直觉，透过两个人暂时愉快相处的表象，猜想如果与这个男人朝夕相处，会是怎样的情景。她的直觉帮助她预测两个人交往的前景，这个前景对女人来说，比男人现在的殷勤还要重要。

如果第一次约会很美好，男人会推测，以后的日子里，她将愉快地和他生活在一起。女人则会猜疑，两人关系确定之后，男人现在的激情有多少保留到以后。

总而言之，在男人和女人约会中，男人更多设想，女人更多评价。男人将现在的相处看作是未来的序幕。女人则通过直觉，收集一些微小的信息，来预测与他相处的未来。女人的方式让她在约会中更加镇静，能发现很多问题。当男人看到约会对未来的预示，并为此洋洋自得时，女人会收集到更多对未来有影响的蛛丝马迹。

女人的情感世界很丰富，因为情感是女人天性的一部分，而男人的情感处于沉睡的状态。当女人吸引一个男人，并且爱上他，向他展示自己情感丰富的内心世界，她的爱能够唤醒男人生命中感性的一部分，也只有女人能够做到这一点。为了一个所爱的男人，没人知道女人内心的感觉可以走得多远。当男人被女人的情感世界所吸引，不断地深入了解女人，就能学会像女人一样投入情感。情感交流让两性关系更完美，不仅女人从中可以获得更多的乐趣，男人也将成熟起来，并学会用女人认同的方式表达爱意。

其实，所有女人灵魂中的东西，也存在于男人心中，只是所占比例各不相同罢了。多了解一点对方的心理和表达方式，就会离幸福更近一步。

男女恋爱如何拒绝对方

在成长的岁月里，几乎任何一个处于青春期的男孩女孩，都有可能碰到女孩子男孩子的追求，这是一种正常现象。然而在求爱者的队伍中，既有自己喜爱的人，也会有自己不喜欢的，甚至讨厌的人。

当自己不爱的人前来求爱时，要学会拒绝，正确地拒绝他人。感情的事是勉强不得的，长痛不如短痛，不明不白地拖下去会让对方越陷越深，最后岂不是更伤人？

年轻男女，面对自己不喜欢的追求者时，应当采取怎样的方式，既让对方知难而退而又不伤对方的自尊呢？

1. 态度要坚决

拒绝难免是一种伤害，但不能因此而犹豫不决。既然是爱上你的人，对你的言行都非常敏感。如果你拒爱的态度不够坚决，很容易造成对方的误会，最后往往带来比拒爱更大的伤害。

2. 尽力维护对方的自尊

为了减少拒爱给对方的心理伤害，也使对方更易于接受，就必须设法维护对方的心理平衡，尽量减少对方的内心挫折。具体说来，你不妨先对对方的人品和才华等加以赞许，然后说明你为什么不能接受求爱的理由；说出的理由要合乎情理，最好从对方的角度提出有利的方面，让对方觉得拒绝也是为了他（她）好；如果必须向旁人做出解释，你不妨把消极原因归因于自己，避免给人单单造成一个你拒绝了他的印象。

3. 选择恰当的方式

应该考虑到你们平素的关系和对方的个性特点，选择或冷处理、或面谈、或书信等方式，但建议你不要采用托人转告的方式，因为这显得对对方不够尊重，还可能带来不必要的麻烦。

4. 选择合适的时机

一般来说，不要在对方刚表白了爱情时立即加以拒绝，因为此时对方很难接受；但也不可拖延太久，给对方造成误会。当然，具体选择什么时机，要视具体情况而定。

除了拒绝自己不喜欢的人外，有时候还要拒绝自己爱的人。比如说男友的"身体要求"。

热恋中的女孩，最容易在男友"你如果爱我，就应该献身于我"这句话的引导下，献出自己的身体。要知道为男友献身并不是爱情的润滑剂，很可能是让人后悔自责的迷魂汤。

如果你不赞成男友的提议，这个时候要做的绝不是板着面孔说不，更不是指责。否则你坚持了原则，而他丢了面子。你们的感情将蒙上阴影或者一对好伴侣可能就散了。明智的借口有很多，试试下面这些话：

"对不起，我不能这样做。因为我们的了解还不够深入，不能这样随便，那样对彼此都是一种伤害。"

"我现在只想和你做朋友。希望能从朋友顺其自然地走到一起，你能等待吗？"

"若真有缘分，我们总会属于彼此，为什么不把最美的一刻留到新婚之夜呢？"

"我很爱你，如果你也真的爱我，请尊重我的选择，让我们一起在约束中走向成熟，好吗？"

表述的时候要温柔却坚决，相信只要他真的爱你，会因你的坚持而接受你的拒绝。当你们能够用言语和思想表达感情，而不是仅以身体的接触为表达方式时，说明两人之间的情感加深了。

但是并不是所有的女孩都能如上述般坚决，很多人在这种情况下会不知所措，在

内心极矛盾的情况下糊里糊涂把自己交出去。这样的女孩太在乎对方的感受，不忍心说出拒绝的话：特教给这样的女孩子几招。

从恋爱初开始。当他牵你手的那一刻，你最好与他来个君子协定或约法三章，日后如果他有控制不住的时候，你就心态不同且于情于理都占了优势。

其次是交往的过程中，要尽可能少地制造容易出轨的环境氛围。

最后说一招应急措施。万一到了紧要关头，你既不好义正词严，温柔地说"不"又不管用，你不妨把"大姨妈"搬出来。对方信则信，不信估计也不好说什么，拒绝的目的自然达到。

恋爱中男女的情感心理异趣

男人恋爱时用眼，女人恋爱时用心。男人的眼睛靠辐射，而女人的心靠传导。

男人追求女人，是迅猛出击，但结果往往雨过天晴，女人追求男人，是缓慢渗透，却可以滴水穿石。

男人考验女人的办法是远走高飞，女人考验男人的办法是约会迟到。

男人喜欢放出诱饵垂钓爱情，女人喜欢不惜血本守望爱情。

男人恋爱后变得可怜巴巴，女人恋爱后变得神经兮兮。

男人恋爱希望把复杂的过程弄简单，女人恋爱喜欢将简单的事情弄复杂。

男人无情地把初恋情人当作一次性饮料，满足渴望后毫不吝啬地扔掉，女人深情地把初恋情人当作哺育成人的乳汁，一辈子品尝他的回味。

男人恋爱是因为无事可做，女人恋爱是因为好奇心驱使。结果是男人烦恼女人失望。

男人希望女友经历越少越好，女人却希望男友经历越多越好。

男人希望做女人的初恋情人，女人却想成为男人的最后情人。

男人像陈酿老酒，随时间推移越发珍贵，而女人像鲜嫩的牛奶，保值期很短。

男人越老越可爱，女人珠黄无风采。

太美丽的女人让男人失去欲望，而太有钱的男人让女人缺乏安全感。

女人失去了爱情会觉得很空，男人获取了爱情却觉得很累。

男人怕别人说小，女人怕别人说老。女人用耐心化妆来掩饰自己的面容，男人用故作深沉来掩饰自己的内容。女人的青春标志一种价值，而男人的青春表示一种肤浅。

男人吻女人是一种回收的贷款，女人吻男人是一笔放出去的投资。

女人的温柔是一个陷阱，男人的深沉是一座空房。

男人喜欢夸耀他的勇敢追求，女人喜欢夸耀她的理智回绝。

男人流泪人们会认为软弱，女人流泪人们会产生怜悯。

男人的多情是一种乐趣，女人的多情是一种堕落。

男人渴望向女人倾诉苦衷，女人却愿意听男人炫耀成功。

在语言上，女人像个漏斗，男人像个容器。在生活上，男人却像个漏斗，女人像个容器。

男人的爱像洒下的露珠，每一颗都是完整的存在，又都不是存在的全部，经不起阳光的照耀，而女人的爱却像碎了瓶的啤酒，倾撒在地上，月光下发出持久的麦香。

女人对男人的期望比物价涨得还快，男人对女人的感情比股市变得还勤。

男人是女人的价格，女人是男人的商标。

男人的通行证是能力，女人的通行证是面容。女人希望恋爱总在路上，男人希望恋爱一步到家。

男人恋爱会变得坚强，女人恋爱会变得更娇弱。

男人恋爱是因为轻率出击，女人恋爱是因为躲闪不及。

男人恋爱容易远视，女人恋爱容易近视。

恋爱中女人学会了说梦话，男人改掉了说脏话。

恋爱中男人什么诺都敢许，女人什么东西都敢要。

恋爱中男人是女人的整个世界，女人是男人的一个月亮。

恋爱中男人的个性是多余的，女人的头脑是多余的。

恋爱中男人是女人的钱包，女人是男人的影子。

恋爱中男人忘我地投入，女人投入得忘我。

恋爱中男人在花开时就盼着结果，女人却在花季里想到落叶。

恋爱中女人常在建筑了高楼后才发现没有基石，男人常在拧开了龙头，才发现没有水流。

女人失恋后留下的是伤口，而男人失恋后留下的是老茧。

男人追求女人结果在一刻，女人追求男人结果在一生。

女人意识到自己的美丽是男人的悲哀，男人意识到自己的才能是女人的幸福。

女人温柔时充满幻想，男人温柔时充满渴望。

男人恋爱意味着丰富并走向成熟，女人恋爱时意味着单纯并滑向深渊。

女人恋爱像走进大自然，男人恋爱像走入地下室。

男人的爱情像闲暇时的散步，女人的爱情像丢失钥匙后的寻找。

男人恋爱时对对方无所祈求，女人恋爱时对对方无所不求。

八、正确看待恋爱中的审美错觉

因为可爱而美丽：情人眼里出西施

不同的时代、不同的文化背景以及不同的价值观之下，人们的审美观不同；同样的时代、文化背景和价值观的前提下，人的审美观又有个性的差异。同样一个女孩，在有的人看来，简直是完美无缺，而在另外一些人眼里，可能只是普普通通而已。但无论如何，对于大多数人来说，审美标准大体是一致的。

西施

"情人眼里出西施"的心理现象可以说是爱情的必需组成部分，尽管这是一种心理学上所称的"审美错觉"。错觉是对客观事物的本质联系的一种错误知觉，有审美错觉和认识错觉之分。认识错觉和审美错觉是有区别的：认识错觉，反映的是不真实的客观情况；审美错觉是对审美对象深入体验之后，审美主体所产生的真实的美的感觉。这种审美感觉在客观上看好像是失真的，但在主观上却是真实的心理体验。

热恋中的男女对异性美的审视，既针对其外在体貌特征美，也针对其内在心灵美。心灵美可以弥补外表美的不足，正如托尔斯泰所说的："人不是因为美丽才可爱，而是因为可爱才美丽。"有这样一个动人的故事可以证明这一点：

在19世纪40年代初的英国，有一个著名女诗人叫伊丽莎白·芭蕾特。她原来是个卧床不起的病人，而且已经年近40，始终没有出嫁。但她却写得一手好诗，拥有众多的诗迷。其中一个叫勃朗宁的诗迷（也是一位优秀诗人），比她小6岁，向芭蕾特求爱。但她鉴于自己的身体状况，觉得两人并不合适，开始加以拒绝。但勃朗宁坚持不懈，终于打动了她那颗已经封闭的心。两人第一次见面的时候，勃朗宁拉着芭蕾特的手说："你真美，比我想象的美得多。"爱的力量真是伟大，一段时间之后，芭蕾特的病竟然奇迹般地有了很大的好转。

在一般人眼里，芭蕾特相貌并不出众，而且身体还不健康，何美之有？可勃朗宁却在她的诗里发现了她的内在美，由内向外扩散，芭蕾特成了他眼里最美丽可爱的女人。

莎士比亚有一首十四行诗是这样写的：

我情妇的眼睛一点不像太阳，

珊瑚比她的嘴唇还要红得多；

若算白，她的胸就暗褐无光，

发若是铁丝，她头上铁丝婆娑。

我见过红白的玫瑰，轻纱一般，

她颊上却找不到这样的玫瑰；

有许多芳香非常逗引人喜欢，

我情妇的呼吸并没有这香味。

我爱听她谈话，可是我很清楚，

音乐的悦耳远胜于她的嗓子；

我从没有见过女神走路，

我情妇走路时候却脚踏实地。

可是，我敢指天发誓，

我的爱侣胜似任何被捧作天仙的美女。

显然，莎士比亚的爱人并无特别美丽的外貌，但她一定有一种使诗人动心的美，以致影响了他对爱人客观外在形态的审美感受。在诗人心中塑造出了一个各方面都比客观形态更加美妙动人的意象，使他感到他的爱人比任何天仙美女都更动人。

这种审美错觉其实是很有意义的：它使情人发掘出恋爱对象身上更深层的美以补偿某种不足，可以推动爱情的发生与发展，而不至于使外在不美的人终身孤单。但如果审美者本身没有健康的审美意识，或者这种错觉发展到过分的程度，会产生消极的作用。正如霭理士所言："在热恋中的男女竟会把对方很丑的特点认为极美，而加以誉扬颂赞。"

真善美：三位一体熔铸大爱

人的价值观、人生观是产生审美错觉的内在原因。正常人总是向往美好的事物，并且往往把善良、真诚与美联系在一起。美丽的外貌容易引起人们对真、善的联想，从而产生好感，这是一种自然的心理反应；真、善的内在本质也容易引起人们对美的沉思，从而产生美感，这是正常的心理效应。

但无论对真、善的理解还是对美的欣赏，都离不开正确的价值观、人生观的引导。没有正确的价值观、人生观，就不会达到真、善、美的审美统一，就无法架起连通内在美与外在美的桥梁，甚至内心连对美好事物的追求和向往都没有。如果爱情没有了正确的价值观、人生观引导下的审美，就容易暗藏危机，导致日后婚姻和家庭悲剧的

发生。如果审美错觉有悖于正确的价值观、人生观，一旦爱的激情日趋平息，光环效应随着消失，后悔就为时晚矣。特别危险的是被对方容貌的美丽光环迷住了双眼，忽视了其丑陋灵魂的情况。

巴尔扎克曾对这种情况作了透辟的描述："在虔诚的气氛中长大的少女，天真、纯洁，一朝踏入了迷人的爱情世界，便觉得一切都是爱情了。她们徜徉于天国的光明中，而这光明是她们的心灵放射的，光辉所及，又照耀到她们的爱人。她们把心中如火如荼的热情点染爱人，把自己崇高的思想当作他们的。"

特别是一些青少年，由于性心理的发育还不够成熟，常常不能冷静、客观地审视对方，见其优点而不见其缺点，甚至把缺点也看成了优点。例如有位女子爱上了一个颇为英俊潇洒的男子，在她的心目中他的英俊潇洒遮住了其他一切。当他有些粗鲁时，她却认为是豪爽；他挥霍浪费，她却认为是慷慨大方；他有些方面不老实，她却认为这是聪明机智；甚至他又和别的女人勾勾搭搭，她还认为这种英俊男子哪个不爱……直到她最后吃了大亏，才后悔莫及。

热恋中的男女，要正确看待审美错觉。出现错觉无可厚非，但要通过正确的价值观、人生观来指导和修正这种审美心理。

九、调适心理，有多少爱可以从头再来

失恋男女心理反应大曝光

失恋，对于任何男女来说都是一杯浓烈的苦酒，都会在其灵魂深处烙上深深的伤痕，甚至这种心理隐痛会伴随其整个生命旅程。如何对待失恋的不幸，是被痛苦所吞噬还是将痛苦升华？不同的人会有不同的体验。

1. 男性的失恋反应

男性自尊心比较强，对于失恋，或许表面上看不出他的痛苦，但背地里其实痛苦不堪。失恋对于男性的打击实际上是巨大的，有时也许会摧垮他的人生信念。使他丧失生活的勇气，甚至会导致终止生命。在社会生活中。男性往往肩负着比女性更多的义务、责任和期望，因此对于同样的失恋结局，男性要承担比女性更多的来自自我及社会的压力。被迫失去女方的爱，对不少的男性来说在身心上都是不可接受或忍受的。这会使他的心理产生连锁反应，进而改变整个心理品质和人生态度。

2. 女性的失恋反应

与男性相比，女性的情感显得温柔而细腻，虽不像男性情感如暴风骤雨。却也好似春风丝雨，润物无声。滋润于甜蜜爱情中的女性，比起容易性冲动的恋人，更愿陶醉于如云般的飘忽与似雾般的朦胧幻想之中，更喜欢品味感情的真谛。可想而知，失恋的现实对于女性同样残酷无情。它会揉碎少女甜美的梦境。吞噬姑娘纯真、空明的情感世界，给她们带来毁灭性的打击。相比男性，女性更富有奉献精神，更易把爱情作为人生的最高追求与生命支柱。当她把爱情看成是自己最大的幸福和满足时，如果爱突然终结了，女性的柔弱和痴情如何能使她们平息内心的波澜？不过，对于少数性格开朗、心理成熟或者是主动绝情分手的女性来说，要另当别论。

3. 不同年龄阶段下的失恋反应

对于失恋，不同年龄阶段的人会有各不相同的心理反应。处于青春期的少男少女富于激情和幻想，对于朦朦胧胧的初恋会感到神秘和神魂颠倒。他们心理还不成熟，对爱情缺乏长远的考虑和准备，最容易在感情的深海之中迷失。而且，少男少女的情感虽然纯真却显得稚嫩，很易受挫折，而一旦遭受失恋的打击，就很可能身心俱碎，极度痛苦而不能自拔。也可能因为失恋而变爱为恨，肆意报复，粉碎了一切美好的回忆，连起码的友情也破坏殆尽，给自己和对方都刻上了深深的心理伤痕。

年龄较大些的男女有着较为健全成熟的理性能力和意志能力，也具有比较稳定的情感表达方式。恋爱之前会仔细考量对象候选人；热恋之中，也比较能够妥善处理各种矛盾与原则问题；失恋之后，他们在巨大的痛苦面前仍能镇定自若，将创伤深埋在心底，会比较冷静地面对现实、调适心理，继续自己的人生之路。对于曾经深爱的人，他们大多也能报以宽容和理解的微笑，仍可以做朋友，不会成为一生一世的敌人。

4. 不同个性特征下的失恋反应

对于失恋，不同性格特征的人也各有不同的心理反应和解脱方式。对于一个活泼型、多血质的人来说，可能比较容易接受失恋的现实和承受心理打击。失恋之初，此类人或许会非常敏感地做出强烈反应，极度悲伤、哭天抹泪。但是用不了多久，他们就能从痛苦的情绪中解脱出来，变成一副乐呵呵模样，最起码表面会如此。而对于内向型的人来说，可能失恋后的表现与活泼型刚好相反。

5. 不同社会角色下的失恋反应

不同社会角色下的人会有不同的失恋反应。比如，一个学生失恋，容易觉得失去了一切而万念俱灰；一个工人失恋，会利用埋头做工来赶走痛苦，也会有很多的热心人来介绍新对象，比较容易走出失败的阴影；一个官员受了爱情的打击，再痛苦也必须憋在心里，不能影响工作和形象，同样也会在各种应酬与大事的冲击下尽快走出心里的苦痛。

人生大悲之事，失恋为其一。失恋给人带来的烦恼和苦闷，是没有恋爱或没有失恋过的人所无法体会的。失恋既可以使人消沉，也可以使人奋起，最重要的是要学会心理调适。

把握三原则，告别心痛走出失恋

失恋后进行心理调适，走出失恋，首先要铭记三条重要原则：

1. 正视现实，冷静处理

不要纠缠与责难。如果他或她已经真的不爱你了，到了必须分手的时候，不要纠缠着不放，纠缠也许会令对方一时难以逃脱，但却更坚定了其离开的信念；不要再一味地责难，责难也许会让你感觉一时痛快，但却可能粉碎曾经的美好回忆；更不要怪罪自己天生缺乏魅力，活在自卑里会令你的生活更沉重。既然你已得不到所希望的那份真情，又何必再为他或她伤心劳神、浪费感情与青春呢？放弃一段已经死亡的情感，你也许仍会痛苦，但却有了新的爱情空间，有了重新选择的机会。

但是，如果你认为你们的关系还有挽回的余地，可以选择离开他或她几天，给双方都留出认真体会与权衡的空间。如果他或她真的需要你，请相信，没有人会轻易放弃自己的真爱，一定会重新回到你身边。

2. 心胸豁达，宽容原谅

不要为恋人的一时冷漠而忧愁，如果存在第三者，而他或她又舍不掉你时，重要的是不要放弃自尊，告诉对方你的真实感受；不要做生活的配角，公平地与对方争辩。如果他或她认识了错误，真诚地想重新回到你身边，就宽容地再给对方一次机会，帮助其重新进入你的爱情生活，发掘自己的美德和爱情的魅力，放弃牢骚唠叨，用健康的方法挽救你们的婚姻和爱情。

3. 忘记过去，放眼未来

失恋了，就要有忘记过去的决心，忘记过去所有的快乐与悲伤，忘记他或她的一切；更要有放眼未来的智慧，放眼新的恋人、新的生活目标和新的幸福。

走出失恋的短期心理调适法

1. 保持尊严，凝视前方

失去爱情但不要失去自尊。要坚持着不要去找他或她、不要再联络、不要再眷恋以往。或许分手是因为你的错，但人都会犯错；或许分手是因为你的缺点，但谁没有缺点？失去你或许是他或她一生的遗憾，你要维护自己的尊严，凝视前方、放眼未来。

2. 适当地发泄情绪

别总是强忍悲痛或怨恨，这对身心健康相当不利。想哭的时候就找个地方尽情地哭；想大声喊的时候就找个无人之处用力嘶喊；想砸想撕的时候就关起门来做个痛快；想倾诉的时候就找个知心好友说个痛快。

但要注意选取发泄的对象，不要抓住无辜的人或人家的东西不放，那样会节外生枝，反而更不利于心理调适。

3. 清除他或她的痕迹

分手了就把与他或她相关的东西处理掉，要么撕掉扔掉，要么找个地方锁起来再狠狠地丢掉钥匙，清除他或她的痕迹。也不要去你们以前常去的地方，以免触景伤情，让你情绪低落。不过不要过分，比如他或她拉过你的手，不要把手也扔掉或包裹起来。

4. 做出不在乎的样子

失恋了，一点感觉也没有是不可能的，但表面上装作不在乎有利于控制自己的情绪，积极的自我暗示在这时候是非常重要的。你可以这样去暗示自己："对付负心人最好的办法就是让自己好好地活下去！"或者"是不是都要看我难过痛苦？没门！"又或者"他都不在乎了，我为什么要在乎？一定要镇静，什么也没有发生过，只是梦醒了而已。"

5. 多想想他或她的坏处

失恋了，就要多去想想他或她的坏处，甚至夸张地去寻找他或她的缺点，以至于你再也不愿去想对方。如果想来想去，他或她的坏处寥寥无几或者只有好处没有坏处，那你自己就要这样想："他（她）真的是完美的吗？不可能。可能只是我了解得不够深入全面而已，或者我产生了审美错觉。这样的恋爱不真实、不扎实，失去了也不是坏事。"

6. 多参加集体活动，多和别人在一起

失恋之后不要一个人闷在家里，要积极参加聚会、出游、看表演、打球等有意思又有很多人参与的集体活动，并尽量和别人谈一些有趣的话题，跟着大家一起笑，有利于驱散心理阴霾。

7. 出门去旅行

失恋后留在故地，常常只会让你陷于痛苦而无法自拔。不妨离开你们曾经的幸福天堂，跟随旅行团或与一群朋友到异地去游玩。异地的人文风情会让你耳目一新、视野开阔，新的感受会冲淡你内心的烦恼。

8. 与老友联络

恋爱期间"重色轻友"全然不问朋友死活，朋友也不会怪你。不过现在又一个人了，再不找老朋友叙叙旧可就有点太淡薄友谊了。朋友有时候才是最靠得住的，又了解你、又包容你、又疼惜你。和他们在一起游玩、聊天、运动、喝酒、唱歌或者干脆

在他们面前大倒苦水，你不用掩饰、自在自得，全然没有失恋之后的自我否定和怀疑，有助于恢复心理平衡。

9. 用学习和工作来冲淡烦恼

热恋时落下的功课和工作现在终于该补一下了吧？不妨化失恋的悲痛为力量，努力学习、埋头工作，会有意想不到的成就与荣誉降临到你头上，正所谓"塞翁失马，安知非福"。这时候，恐怕你感谢当初的失恋还来不及呢。

10. 要懂得爱惜自己

要忘掉一段曾经真心付出的感情，绝非一蹴而就的事情。不要太苛求自己，要给自己留出空间与时间。要知道，你的生命不光属于你一个人，还属于你的亲人、你的朋友和你的工作岗位。你必须珍惜自己，没有权力自暴自弃。失恋了，不必再挂念那个人了，正好可以多疼惜一下自己。

上面讲述的是几副失恋初期的"特效药"，可以暂时缓解强烈的心理刺激、疏导负面情绪，不至于被失恋的痛苦泥潭所淹没。但要恢复到恋爱之前的心理状态、重新定位自己，还需要加强长期的心理调适。

走出失恋的长期心理调适法

1. 不要将新旧恋人做比较

如果有位小姐。对初恋情人不能割舍，等她有了第二个男朋友后仍与初恋情人藕断丝连，影响了她对新恋情的投入。等到她有了第三个男友，她对第二个男朋友也是念念不忘，常想起他的好处而不能专注地去发现现任男友的优点，结果她总是对在她身边的人不能感到满意。对方真的那么差吗？还是她开车只看后视镜。而没看到车子正前方的金矿？

如果有位女士，她的先生对他以往的情人十分眷恋，不仅把以前的信和照片小心收藏，还常拿以往情人的好处来和这位女士比较，那这位女士内心会有什么样的感受呢？又有谁愿意做这位女士？

过去的事就让它过去吧！要接受并认定这个事实，收起回顾的眼神，转过身来向前看。把过去抛得越干净，将来就越可能幸福。拿过去来折磨自己也折磨后来人，是非常不负责任的行为。

2. 不要模仿他或她

如果所深爱的人拥有你所欣赏的优点和特质，热恋中要做自己，不要把其性情习惯"内化"到你自己的人格与生活里，失恋后更不要模仿他或她。世界上没有第二个人和你一模一样，某种意义上说你就是最美的，何不保持我们自己的本色？本色才是魅力的来源。

3. 不要马上再找一个类似前恋人的人

虽然失恋了，但和他或她有些相似的人仍会对你有吸引力，要注意不要立刻去找个那样的人替代前恋人。首先要冷静下来分析这类人身上究竟是哪一点令你无法抗拒？那种特质是否也有缺点？跟你的性情是否可以配合得来？如果合得来，为什么会分手呢？再者，将以后的恋人看作是前恋人的替代品是不道德的，既是对自己的折磨，也是对别人的伤害。

4. 多交普通朋友

多交些普通朋友对你是有好处的。特别是与异性的普通朋友交往，不仅可以学习如何与异性相处，还可以培养自己对异性的判断力。等到真正适合的人出现后，你就不会错过这个机会。但是交往时不妨先当作普通朋友。敞开心与其自然地交往。有道是"有心栽花花不开，无心插柳柳成荫"。越不苛求，缘分可能越容易到来。

5. 完善自己

失恋后要仔细检讨自己的不足之处，想想自己有哪些缺点？是不是人际交往能力不好？比如，和人说话时语气粗鲁，或唯唯诺诺，或者动不动就发脾气。是不是自己不够成熟独立？比如，依赖性太强、有不安全感、占有欲太强等？如果肯定是的话，那就要适度地改变自己，使自己成长。成长之后的你。以后在拥有爱情时就不会再犯同样的不利于培养感情的错误了。不过，找自己的不足之处时要把握分寸，不要陷入自卑的泥潭。

寻找爱情就像寻找工作，失败一百次何妨，成功一次足矣。如果你就是那失恋的人儿，如果你还困在它的阴影里，那么现在该破茧而出了。接受现实，放眼未来，勇敢前行，你终会获得属于你的爱情。

十、执汝之手，迈上婚姻红地毯

持"证"结婚，拿个心理合格证书

虽然爱情和婚姻都包含某种情感承诺，但爱情更多的是恋人们的彼此愉悦，是以自发的相互喜爱为主的，随意性较大，不受法律的约束。恋爱时，双方都很自由：想什么时候见面就什么时候见面，想什么时候分开就什么时候分开，感情不好了就分手，不会有太多的牵牵扯扯。

婚姻就不一样了。它是双方承担责任与义务的法律契约。爱情在婚姻中也是一种责任。婚姻是爱的意愿，结婚实际上等于对爱情发布永远相爱的誓言。就如弗洛伊德

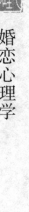

所言："不管婚姻是由他人撮合，还是个人的选择，一旦决定结婚，这种意愿行为就应该保证爱的持久。"

与爱情相比，步入婚姻的围城需要具备不同的心理素质：

1. 必须具备利他的品质

步入了婚姻生活，双方都不能以自我为中心。否则会对婚姻彻底绝望。婚姻中最忌讳自我中心主义，许多无谓的夫妻争吵都是由此引起。可现代人往往是这样的，一旦婚姻不如己意，就想离了再来。婚姻生活中应该具备和培养一定的心理韧性，学会忍耐种种缺憾和承受种种挫折。但容忍并不是无原则地放纵对方，而是双方都合理地谦让，减少婚姻矛盾。

2. 必须具备责任感

结婚意味着责任、义务和忠实，不能太情绪化。热恋中的恋人吵架后可能好几天互不搭理，但夫妻两个吵得再凶，即使动手打起来，如果对方生病了却不能不管，家务该干的还是要干，饭该做的还是要做，老人孩子不能弃之不顾，客人来了还是要客客气气地一起接待。这就是责任和义务。正如日本学者国分康孝说的："恋爱连孩子都会，结婚则非成年人不可。对于太幼稚的人来说，结婚是负担。结婚要讲伦理，负责任，要有很强的实际生活能力。"

3. 必须具有务实的精神

恋爱的人可以摆脱一切虚荣与世故，不顾一切现实条件的束缚，达到某种程度上的超脱境界，洒脱奔放。可婚姻必须面对和接受社会现实：每天都要与"柴米油盐酱醋茶"打交道，要经常探望双方的父母，要关心孩子的成长与前途……婚姻生活实实在在、点点滴滴。日复一日、年复一年，离开务实精神如何应付呢？

这些不良结婚心理，需要及早抛弃

热恋中的男女，头脑常常是不清醒的。许多自认为信奉"爱情至上"的青年，结婚的动机其实并不是真正的爱，而是掺入了许多其他的因素。在这种情况下，不必要的离婚悲剧和家庭危机便频频上演。研究发现，常见的这类结婚动机有如下几种：

1. 出于同情

萧军和萧红是我国的文坛名家，他们的爱情纠葛为文人们所津津乐道。萧军侠义心肠，毅然将萧红救出困境。后两人在一起的文字耕耘和生活中渐生情愫，结为夫妇。但他们彼此的性格并不适合做夫妻，后来长时间分居两地。萧红去世时，也没有看到萧军最后一眼。他们分手的原因有很多，或许其中一个原因是，他们之间的婚姻很大程度上可能建立在萧军对萧红的同情心之上。因而导致了最后的悲剧性结局。

富于正义感的人看到异性处于困境时，容易冲动地用婚姻去拯救，可结果往往是伤人又害己。同情心是可贵的，但不能作为婚姻的动机，这样是不会幸福的。

2. 报恩心理

伟最近感到非常痛苦，因为他发现自己的婚姻里没有爱。妻子是爱他的，可他对妻子至今未产生过真正爱的感觉。伟与妻子是一个单位的同事，当初她对他格外关心，经常主动给他打饭，还主动给他洗衣服，令他倍加感动。于是在报恩心理的驱动下，他接受了她的爱意，结为夫妻。可是他们的婚姻并不幸福。

报恩心理是和同情心理相对应的一种结婚心理动机，也是不可取的。

3. 为逃避不愉快的家庭

阿光的父亲喜欢喝酒，喝醉了就和阿光妈妈吵架，家里战火不断。阿光很讨厌这种家庭生活，经常借故不回家。他开始想早点结婚，摆脱这个战火弥漫的家。于是在朋友介绍下，结识了一个女孩，了解没几天就匆匆结婚。可婚后才发觉自己对妻子一点都不了解，两个人性格相差太远，战火比自己的父母还厉害。可是，后悔不也晚了吗？为逃避不愉快的家庭而匆匆结婚，耽误了一辈子的大事。

4. 一气之下的冲动

慧在毕业时收到男朋友的一封分手信，十分痛苦，也十分怨恨他。工作后，带着赌气情绪，她主动和单位的一位男同事接近，并结为夫妻。可婚后很多年里，她仍然放不下原来的男朋友，与丈夫过着同床异梦的生活。后来，她调动工作，和原男友不期而遇，多年的情愫再度迸发，引发双方家庭与婚姻的剧烈动荡。

由于爱情受了挫折，很多人为了赌气而匆匆与人结婚，以为这样可以忘记以前的恋人、洗去屈辱或伤害到那个负心人。殊不知，这种缺乏理智的结婚心理，不仅伤害了无辜人的感情，也可能就此了结了自己一生的幸福。

5. 屈从于外界的压力

华出生在干部家庭，读大学时自己谈了女朋友，漂亮聪慧又善良，他们感情很好。可是华的父母却极力反对，因为这个女孩家在农村，无权无势又没钱，跟华家没法比。他们给华找了一个"门当户对"者，全然不顾华的感受，并威胁说如不答应，就和他断绝亲子关系。慑于强大家庭压力，华让步了，痛苦地和心爱的女友分手，极不情愿地和那个"千金"确定关系，不久后结婚。

门当户对又如何呢？无非是有钱有势，可这些不一定能换来发自内心的幸福感。华的懦弱使他失掉了真正的幸福。

6. 冲动心理

有个小伙子和一位姑娘互有好感，可是任凭姑娘怎么暗示和催促，他始终不肯和她明确关系。姑娘急了，就对另一位小伙抛起了媚眼。这下那个小伙可忍不住了，急匆匆和姑娘确定了关系，谈起了恋爱。

这就是一种冲动心理。就像买东西一样，当正在犹豫不决时，如果别人加入购买的行列中来，你就会赶紧买下来。但拿回家后，冷静下来一想，才发觉这个东西对自己可能没什么用。

性冲动也是一种促使结婚的冲动心理。有些男性，为了满足性欲望而匆匆与并不十分了解的女性结婚。婚后，性欲望满足了，可其他方面却可能暴露出不可弥合的矛盾和差异，可能导致婚姻失败。正如霭理士所言："婚姻不只是一个性爱的结合，这是我们常常忘却的一点。在一个真正理想的婚姻里，我们所发现的，不只是一个性爱的和谐，而是一个多方面的、与日俱增的协调发展，一个生育子女的可能的合作场合，并且往往也是一个经济生活的单位集团。婚姻生活在其他方面越来越见融洽之后，性爱的成分反而越来越不显著。性爱的成分甚至会退居背后以至于完全消散。而建筑在相互信赖与相互效忠基础之上的婚姻还是一样的坚不可摧。"

7. 年龄偏大

小刘是一个漂亮、苗条又高学历的姑娘，工作很不错，家庭条件也好，所以对于对象的要求自然很高。看着同学或同事一个个踏入婚姻殿堂，她却还没有找到一个心满意足的对象，可标准仍然不肯降一点。熬到30岁出头了，她终于挺不住了，标准不得不一降再降。最后匆匆出嫁了，好歹结束了大龄单身生活，父母也松了口气。可这太过匆匆的婚姻怎么能好得起来呢？婚后不久，丈夫的各种缺陷让小刘无法忍受，虽然有车有房，可一点幸福感也没有。可有什么办法，如果离婚，不但大龄而且属于离异族，再婚不会舒服，单身过一辈子更承受不起，她不得不忍受不满婚姻的折磨。

8. 因恋人怀孕不得已而结婚

性欲望的驱动下早尝了禁果，生米煮成了熟饭，并因不慎致使女友怀孕，你不娶她谁娶她？你不负责谁负责？至于性格、人品、学历、家庭条件等等各种其他因素，已经容不得你细细考虑了。许多年轻人匆匆结婚就是出于这个原因。碰巧了，除了性生活和谐，其他方面也合得来算是幸运；若合不来，那只有慢慢品味自己酿的苦酒了。

新婚宴尔，调节心理安度磨合期

浪漫、痴迷的热恋之后，多数小恋人们就要进入婚姻的殿堂了。此时此刻，许多青年男女并没有做好充分的心理准备，即使已经恋爱多年，对对方非常了解，但结婚以后发生的许多出乎意料的事情仍然令他们难以应对。因此，新婚夫妻需要正视心理变化与冲突，并及时调适。

1. 心理失落感调适

热恋与婚姻是有很大差别的，一下子从无忧无虑的浪漫世界跌进了琐碎、操劳的现实生活，许多新婚夫妻，尤其是妻子，产生了心理失落感。许多新娘子抱怨：恋爱时，男朋友总是主动请求约会，到家门口接、送到家门口；会牢牢记住自己的生日和情人节，送上精心挑选的礼物，为自己唱歌跳舞，大献殷勤；闹矛盾的时候，不管谁对谁错，总是小心翼翼地赔不是……可结婚后，像变了个人似的，不像以前那么好了，一直都在哄骗人。其实，并不是男方不好，更不是什么哄骗，只不过他认为，成了家就该养家立业，只卿卿我我怎么行呢？于是他将很大的精力给了工作与事业，自然不像以往那么殷勤了。另外，恋爱时双方都注意给对方以良好的印象，较少显露出弱点和不足。婚后，随着生活的深入和时间的推移。双方各自的弱点逐渐暴露出来，也容易出现感情的摩擦、引起心理失落。解决这个问题，最关键的是双方要互相理解和体贴，不要强迫别人按照自己的意愿行事；要正确理解并接纳恋爱和婚姻的正常差别，努力达成激情与琐碎生活的平衡。

2. 化解自由与责任的冲突

步入婚姻，必须负起应有的责任和义务。恋爱时虽然也需要负起一定的责任，但毕竟比较自由。比如，你把女朋友送回家后，还可以和其他好朋友一起爽快。结婚以后就不行了，如果丈夫经常要和朋友一起喝酒、打牌，把妻子抛在脑后，妻子当然不能接受。结婚前，女孩除了享受男朋友的殷勤，回到家还能享受爸爸妈妈的照顾，吃喝不愁。结婚以后，妻子通常在下班后还要做饭，如果下班后就躺在床上吃零食、看电视，全然想不到丈夫下班后的饥肠辘辘，矛盾就难免了。还有，如果你的爱人在家是老小或是独生子女，在家时都是别人想着他（她），那他（她）的责任心多数要差一些，结婚后就不怎么懂得为别人着想，矛盾也可能要爆发出来。总之，结婚以后，双方都不能再"为所欲为"，要增强责任心，做一个像样的妻子或丈夫，婚姻才可能持久、幸福。

3. 性格与生活习惯的磨合

新婚之后的一段时间是两个人的"磨合期"。性格需要磨合，生活习惯也需要磨合。生活是由许许多多具体的生活琐事所组成的。两个人的家庭出身、文化背景、性格特征都不尽相同，生活在一起难免要发生矛盾。比如，一方喜欢整洁而另一方常乱放东西；一方不修边幅而另一方有"洁癖"：一方节俭而另一方却大手大脚等等。所以，许多新婚夫妇经常为鸡毛蒜皮的小事争吵，伤害了夫妻感情，破坏了家庭和谐，甚至会闹起离婚。婚后"磨合期"一般至少要半年至一年。这段时间内，夫妻双方要正确认识"磨合期"内矛盾的必然性，尽量站在对方的角度去看问题，欣赏优点的同时也要接纳对方的缺点。不要太固执，要学会容忍、变通，就像富兰克林说的："结婚以前睁大你的双眼，结婚以后闭上你的一只眼睛。"

4. 化解性生活的不和谐

性生活是婚姻生活的重要组成部分。新婚夫妻一般都没有太多的经验，难免会配合得不和谐。女性容易对疼痛感到紧张、惧怕，但也对性生活充满期望；男性容易对自身的能力、对方的满意度感到紧张、有压力等等，这些都会影响性生活的欢愉。新婚性生活的美满与否，会对以后的夫妻性生活心理和质量产生很大的影响。因此，要注意努力化解性生活中的问题。

男子性欲较强，在婚前就有强烈地从肉体上与自己心上人结合的愿望。新婚之夜，容易迫不及待地要与妻子性交，甚至做出粗鲁无礼的举动。在第一次性生活中男子几乎毫不例外地处于主动地位。女子不同，相当长的时间内仅仅是陶醉在感情交流和心灵融合上，而对性生活，从心理上有羞涩感和紧张感，不利于性生活的美满，双方应一起克服。

（1）排除羞涩感。由于受传统观念等因素的影响，即使是长时间热恋的情侣，初次性交双方也都会带有一定程度的羞涩感，而这种羞涩感女性又重于男性。丈夫应该主动通过动情的话语和爱抚打破这种羞涩的气氛，排除性交前的心理障碍。

（2）克服紧张感。新婚夫妇初次性交，因缺乏性知识和性体验，不可能"无师自通"，在心理上很容易产生一种自我紧张感。性交不顺利或因处女膜的破裂而产生出血和疼痛，会进一步加强这种紧张感。双方要学会自我放松；丈夫动作要温柔体贴，不要粗鲁，这对于克服新婚妻子的紧张情绪很重要。

新婚夫妇如果初次性交顺利、和谐、欢愉，就会品味到新婚的幸福和甜蜜，甚为满足。如果不顺利或没有快感，就可能产生失望感。反复多次之后，就会影响美满婚姻的情感基础。新婚性生活不顺利是很正常的，新婚夫妇一般要经过3~4周之后才能有满意的性交。一时不顺利，不能抱怨妻子不行或丈夫无能，更不能就此灰心失望。双方应降低初夜期望值，不断总结经验、改进方法、密切配合，一定会很快达到满意的程度。

总之，婚姻不是爱情童话故事，也不是爱情的坟墓。它是生活的一个驿站，又是夫妻双方共同成长的过程。幸福美满的婚姻需要两个人共同创造。

十一、婚后，你再不能像婚前那样随心所欲了

现实中的婚姻生活是实实在在的，不像文学故事或影视剧里面所描绘的完美夫妻一样，它并不能使夫妻双方事事如愿。婚后的人要懂得相互谦让爱人，控制甚至牺牲自己的一些欲求或希望。

婚姻是婚姻，爱情是爱情

有一天，一位学生问老师什么是爱情？老师就让他先到麦田里去，摘一棵全麦田最大、最金黄的麦穗来，其间只能摘一次，并且只可向前走，不能回头。

学生于是按照老师说的去做了。结果他两手空空地走出了田地。

老师问他为什么摘不到？他说："因为只能摘一次，又不能走回头路，其间即使见到最大、最金黄的，因为不知前面是否有更好的，所以没有摘；走到前面时，又发觉总不及之前见到的好，原来最大、最金黄的麦穗早已错过了，于是我什么也没摘到。"

老师说："这就是'爱情'。"

又有一天，学生问他的老师什么是婚姻。他的老师就叫他先到树林里，砍下一棵全树林最大、最茂盛、最适合放在家作圣诞树的树。其间同样只能砍一次，以及同样只可以向前走，不能回头。

学生于是照着老师的话做。这一次，他带了一棵普普通通，不是很茂盛，也不算太差的树回来。老师问他，怎么带这棵普普通通的树回来，他说："有了上一次经验，当我走到大半路程还两手空空时，看到这棵树也不太差，便砍下来，免得错过了后。最后又什么也带不出来。"

老师说："这就是婚姻！"

人生其实就像穿越麦田和树林，只能向前走一次，不能走回头路。要找到属于自己最好的麦穗和大树，找到自己最理想的爱情与婚姻，何其难也！而且，爱情与婚姻往往是不能等同的：自己爱的人并不一定能和自己结婚，跟自己结婚的未必是自己爱的人。

在中国，传统上来说，爱情与婚姻是分开的，爱情与婚姻连在一起是近代的事情。在新中国成立以前甚至之后的一段时间内，婚姻通常都是由父母包办。大部分男人都是在揭开新娘子盖头时才第一次见到她的样子，对对方性格等各方面情况的了解也只来自媒人的只言片语，何来爱情呢？可他们就那样结了婚，并生养儿女。不正是这些没有"爱情"的婚姻，给了我们现代人的生命吗？中国古代，孟子提出"男女授受不亲"，连牵手都不可以，可以看出，在当时，爱情在婚姻中是很不重要的。国外通常认为传统中国人的婚姻里爱情是不重要的，其实没错。现在流行的一句话是"婚姻是爱情的坟墓"，这正是人们对爱情和婚姻的不等同性的认知写照。

在现代的中国，爱情和婚姻的一致较以前有了很大改善。1994年在北京有一个抽样调查，结果正好有一半的人认为：自己最爱自己的妻子，妻子也最爱自己。在这一半的夫妻里，是有爱的，其次是"一般爱""不太爱"之类。可无论什么年代，爱情和婚姻的冲突是永远不会消失的。

爱情是心约，婚姻是契约

具备了结婚的心理素质是不够的，还必须充分认识和理解婚姻与爱情的冲突，只有这样才能更好地把握婚姻生活。

1. 爱情更多的是权利与享受，而婚姻更多的是责任，会减少情爱的感受性

在网上可以看到这样一个比喻：爱情就像闪电一样，而婚姻就是为这闪电付电费的。一般来说，爱情基本上是自由的，爱谁不爱谁是你的权利，但是结了婚就不一样了。如果说结婚前是在选择你所爱的人，那么结婚后更多的是你得去爱你所选择的这个人。人在一生中或许不止爱恋一个异性，但和其中一位结婚之后就要克制对其他异性的爱。英国哲学家罗素在《婚姻革命》一书中写道："毫无疑问，因为婚姻而拒绝来自他方的一切爱情，就意味着减少感受性、同情心以及和有价值的人接触的机会。"

2. 爱情是发展变化的，而婚姻是相对固定的法律契约

结婚一段时间之后，爱情的高峰过去，双方身上的弱点暴露得越来越多，彼此的新鲜感逐渐消失，爱情之花逐渐枯萎，具有法律契约性的婚姻就可能变为无爱的折磨，它不会消失，而是实实在在地存在着。

3. 爱情更多的是一种失重，而婚姻更多的是一种平衡

谈恋爱的时候，基本上处于一种失重状态，晕晕乎乎的，很多时候忘乎所以，什么话都敢说。而如果结婚后还总是处在失重状态，你的婚姻肯定长久不了。所以说婚姻更多的是一种平衡。有人说"恋爱期间人的智商都变得很低"，是很有道理的。结婚几年后，如果把你当初写的情书拿出来念给妻子听，或许她会诧异当初你怎么能说出那种肉麻的话来。

4. 爱情更多的是感觉，而婚姻更多的是事业

爱情更多的是两个人的感觉，想怎么感觉就怎么感觉，可以跟着感觉走；而婚姻是事业，你需要在婚姻里靠打拼活下去，要给彼此以及你们的孩子、父母幸福，你必须去建设、去经营，靠感觉过不了日子。

5. 爱情更多的是两个人的私事，而婚姻是关涉到他人的公事

结婚之前，你想爱谁就爱谁，不爱了可以分手，闹矛盾了往往自己去处理，不会有父母、亲戚等其他人的切身利害关系。婚姻是关涉到其他人的，并且是在法律契约的层面上，必须对双方家人及自己的孩子负起一定的责任。

准备结婚的人应该有个清醒的认识：爱情可能是婚姻的基础，但不是婚姻的全部。婚姻中除了爱情的因素，还有经济的、生育的、责任义务的因素。不要对婚姻中的爱情过于苛求，要准备迎接现实的挑战。幸福的婚姻很多，但需要你去努力地经营，正如法国著名作家莫罗阿所说的："婚姻本身（除了少数幸运或不幸的例外）无所谓好坏，成败全在于你。只有你自己才能答复你自己的问题。因为你在何种精神状态中准备结婚，只有你自己知道。'婚姻不是一件定局的事。而是待你去做的事。'"

婚后男人心理 VS 婚后女人心理

婚后，夫妻虽然朝夕相处，但并未见得能够"知己知彼"。夫妻之间的心理差异不可忽视，了解这种差异有助于夫妻生活的和谐、美满。

1. 丈夫持家意识比较弱，妻子比较强

妻子的持家意识主要体现在两个方面：首先是亲自操持家务。大部分妻子在家总是忙个不停，一会儿洗衣服，一会儿做饭，吃完还收拾碗筷，然后又是擦地板。纵使现在越来越多的丈夫开始主动或被迫做家务了，妻子往往也不会闲着，定会对丈夫干过的活说三道四，或者干脆又把丈夫干过的活重新干一遍，结果挫伤了丈夫做家务的积极性。"干了半天最后还落了个不是，以后你就一个人干吧，我不干了"。操持家务应该是夫妻双方的义务，妻子应调动丈夫的积极性，即使丈夫笨手笨脚，也要耐心教导，所谓熟能生巧嘛。其次，妻子的持家意识还体现在对家庭收支的管理上。妻子往往愿意掌管财政大权，尤其是在现在的农村，丈夫大多外出打工，妻子则在家全面照料家务与家庭财政。不过不管当家理财的是妻子还是丈夫，在遇有重大家庭支出时，最好由两个人共同决定。

2. 婚姻生活中，丈夫通常刚毅、精力充沛、有意志力、情绪强烈、易冲动，有时候还很暴躁。妻子则往往表现得温柔、细腻、内向、含蓄

日常生活中经常可以看到，当孩子因为淘气而惹爸爸生气的时候，爸爸会大声斥责孩子，甚至要打孩子，妻子则会赶紧出面护着，并细声细语地埋怨孩子两句，之后还会埋怨丈夫不疼孩子。其实，双方做得都不怎么对：妈妈不应该溺爱孩子，爸爸不应该动辄打骂，都应该对孩子晓之以理。妻子的情感比较细腻，想得比较多，遇到了什么问题或心里有什么不满不愿意说出来，往往憋在心里生闷气，给家人脸色看。这就更需要丈夫充分理解女性的心理特点，平时注意观察妻子的情绪，及时加以开导、关心和体贴。

3. 丈夫的情绪较为稳定，而妻子的情绪容易波动

无论在外面遇到高兴的事还是倒了霉，丈夫回家后比较沉得住气，喜怒往往不溢于言表，不急于向妻子述说。而妻子则不然，遇到高兴的事回家就会喜形于色、手舞足蹈，会把事情从头到尾说一遍，甚至还会反复重复讲好几遍；遇到不高兴的事回家就会向丈夫大倒苦水乃至伤心落泪。

4. 丈夫自尊心比较强，而妻子虚荣心有些强

丈夫往往有意或无意地表现出男子汉的尊严，而妻子特别愿意别人欣赏自己的穿着、容貌或者夸奖自己的孩子、丈夫。比如，丈夫给妻子买了一件衣服回家，觉得实惠、耐穿也好看，妻子则可能觉得不漂亮，一点也穿不出去。这时候，妻子可能把丈夫数落一顿。或者是让丈夫退掉，或者是满脸冰霜不理丈夫，或者是违心夸奖丈夫几句。妻子应当理解丈夫和自己之间的审美差异，更应当理解男人最需要尊严。如果满心欢喜买给妻子，而回家就遇到一盆冷水，丈夫会感到自尊受到伤害。最好的方法就是先夸奖丈夫几句，穿上转几圈，然后再温柔地跟丈夫说自己不是十分喜欢，但是丈夫买的就不一样了。

5. 丈夫有时候显得反应比较"笨拙"，而妻子敏感又喜欢联想

比如，妻子满心欢喜地穿上一件新衣服给丈夫看，丈夫却呆呆地说："你穿这件衣服不好看，穿在你妹妹身上才好看呢！"说者无心，听者却有意。因为一句话，妻子心里会翻江倒海、联想起伏，认为丈夫看不上自己了，嫌弃自己了，于是好几天不理丈夫，或者在丈夫面前又哭又闹，而丈夫往往不知道是何缘故。这种事情多了之后，丈夫就会很反感，赌气少说话或干脆对妻子不加评论，夫妻之间的交流就会有问题了。这种情况下，丈夫应该理解女性的心理特点，不要和妻子计较，妻子也应该理解男人的"言辞笨拙"，不要想得太多，许多矛盾就会不复存在了。

6. 丈夫遇事通常比较有主见，而妻子则容易受外界的影响，容易情绪化

比如，在买东西的时候，丈夫比较有主见，想买就买，不容易受外界干扰，即使买了之后发觉是伪劣产品也不会表现出很后悔的样子，认为无所谓。妻子则不同，买东西喜欢挑来拣去，或者和丈夫、同事或朋友商量，老拿不定主意，容易受他人左右。特别是买回一件东西，如果有人说不好，她们会感到后悔。而且在一段时间内耿耿于怀。因此，在处理一些事情上，妻子最好能多听取丈夫的建议，丈夫也要多理解妻子的"一日三变"，尽力给妻子当好参谋、帮助妻子拿主意。

7. 丈夫胸襟比较豁达，而妻子度量狭小，遇事往往想不开

妻子在家中用她那双灵巧的手料理全家的生活，细心周到。可是这种细致的心理特点，往往也表现为度量狭小。如果妻子遇到什么不顺心的事，会在一段时间里放不下，一想起来就会唠叨，甚至会无缘无故地冲丈夫发无名火。这时候，丈夫最好对妻子采取忍让的态度，并适时加以劝导，如果丈夫针锋相对结果只会引火烧身。

以上所列述的夫妻心理差异只是些共性的，当然可以因人而异。无论具体差异如何，夫妻双方都应该懂得互相取长补短，促进夫妻生活的美满。

婚前能够海誓山盟，婚后未必知己知彼

在一项婚后男女心理特征调查中，男性有诸多值得肯定的方面，但所占比例各不相同，比如90%的男性对爱情专一，80%男性关心妻子遇到的困难，70%有事同妻子商量，69%生活上关心妻子，56%能注意妻子感情需要，52%主动干家务，41%较节省，38%经常鼓励和安慰妻子。

但也有许多应该否定的方面，并且调查得分高于女性，比如有感情转移或第三者介入的男性所占比例是女性的5.5倍，喜新厌旧者为女性的3.6倍。不主动干家务者为女性的3倍，自私、遇到困难抱怨妻子、不注意配偶感情需要、有事独断专行、花钱大手大脚者为女性的1.6~2倍。调查结果说明，部分男性在婚前为了追求女性而通常卖力表现，而婚后达到了追求目的，逐渐放松了对自己的要求，表现不佳，令妻子失望。根据1~4年的追踪调查，发现男性对婚姻不和谐负有较大责任。

调查中发现，婚后女性在注意爱人感情需要、生活上关心爱人、处理家务、生活较节俭、对爱情专一、有事同爱人商量、经常鼓励安慰爱人等家庭生活方面优于男性。不足之处是女性在家中爱使性子、耍脾气。调查还发现，女性对婚姻的失望程度普遍高于男性，比如，数量3倍于男性的女性感觉爱人在婚后由完美变得平庸，2倍于男性的女性认为婚姻是爱情的坟墓，同样2倍于男性的女性认为婚后生活由婚前浪漫变得平淡无味。这表明，女性在婚前期望值和对婚姻的理想化程度高于男性，因此失望程度自然也高于男性。

丈夫比不了爸爸，妻子比不了妈妈

结婚前，女性可能希望自己的恋人结婚后能够像自己的爸爸一样，无论自己怎么任性无理，他都能容忍；无论自己怎么啰唆，他都能微笑地倾听；无论自己怎么对他不好，他依然对自己疼爱有加。婚前的男性则可能希望以后的妻子像妈妈一样给自己做饭、收拾碗筷、洗衣服，给自己里里外外打理事情。然而，结婚后，他们就会发现情况通常并非自己想象的那么美，丈夫比不了爸爸，妻子也不是妈妈，因而容易产生不满。

男女结了婚就有了自己独立的家庭，虽说双方父母也会操些心，但主要靠小夫妻自己去工作、生活。双方必须相互关爱、相互理解、相互包容、共同奋斗，才能经营出一个幸福的家。男女在准备结婚前就应该交流各自对对方的角色期待内容，对未来的婚姻生活状态有一定的心理准备。

婚前浪漫风花雪月，婚后现实柴米盐醋

据调查，现在许多家庭的家务是由夫妻双方共同分担的，但大部分情况下，丈夫做饭、刷碗、洗衣、扫地都是出于无奈。比如，有一位常在食堂吃饭的男教师，渴望结婚后妻子每天给他做饭、洗衣，自己可以告别食堂，吃上可口的住家饭，还可以每天换上干净的衣服，真是美不胜收。可是结婚后，情况恰恰相反，自己要给妻子做饭，还要洗妻子的衣服，心里很是不平衡："早知如此，何必当初！"

调查显示，实际上现在仍然是妻子担负了大部分的家务活。她们白天在单位工作，晚上回家还要买菜做饭，有了孩子之后还要照料孩子，双重负担往往会造成她们的心理压力。丈夫应该体贴妻子，放下大男子主义，主动分担妻子的负担。

1. 生活是第一位的，爱好是第二位的

大部分妻子都喜欢逛街，而丈夫往往一听逛街就腿软，一进商店就头疼。也许是丈夫工作太过劳累，更可能天生不是逛街的料。因此不要强求丈夫，即使勉强去了也只会扫妻子的兴。丈夫可能喜欢下棋、打球、钓鱼，可妻子通常对这些不感兴趣。又或许还得陪孩子练琴，因此不得不放下自己的爱好。强压爱好时间长了，就会导致心理不平衡，影响婚姻幸福。

2. 相敬如宾举案齐眉，要理解不要抱怨

在我国传统文化的熏陶之下，男人们都不喜欢将温柔、细腻的一面表露出来。在朋友面前对妻子可能会故意粗声粗气的，否则怕别人嘲笑自己不像个男子汉。妻子这时候要了解男人的这种心理，不要当着外人面和丈夫计较，等朋友走了再理论也不迟。奇怪的是，如果丈夫对妻子太依从和温柔，妻子也会不满，认为自己的男人缺乏阳刚之气。因此，妻子常陷于自我烦恼之中，要么觉得丈夫对自己太冷淡，要么觉得丈夫太女人气。

求爱的时候，男性都非常浪漫，而且温柔有加，对女朋友百依百顺，也将她们推进了不现实的想象王国。所以结婚后，当男人恢复而且必须恢复理性的时候，妻子们就感到委屈了，认为丈夫"恢复了本来面目"，自己上了他的当。丈夫则认为妻子很烦人，自己辛辛苦苦工作养家，累得不行，回家还老是遭埋怨，因此也满腹不满。这样下去，婚姻如何能幸福呢？

这时候，妻子应该多理解丈夫、理解生活，结婚和恋爱毕竟是有区别的，实实在在的家庭生活肯定不会像当初热恋时那么美好浪漫。有了家，男人们必须牺牲掉缠绵与温存去打拼养家，妻子应该关心、支持丈夫，而不是一味要求当初的浪漫。

3. 克制欲望，性生活要低调

性生活是婚姻的主要组成部分之一，和谐的性生活能够促进夫妻感情、婚姻幸福。

但不要以为结了婚，就可以随便发泄性欲望，也要懂得克制。比如在妻子怀孕、一方身体不适、暂时出差外地、长期分离两地甚至一方去世的情况下，必须控制自己的性欲望。或者是由于外来原因、夫妻吵架等导致一方心情不好，不愿意过性生活的时候，另一方也要克制欲望，不可以霸王硬上弓。

4. 成功的男人背后站着一位好女人

结婚后，女性会因为做家务、生育而耗去大量的时间、精力，并会因此导致工作上没有成绩。丈夫却可以一直专心工作，容易出成绩，同时会因此而没有很多时间体贴妻子，妻子于是便会很不满了。

比如，小刘和小冷是大学同学，两人又同时获得了硕士学位，对前途充满憧憬。结婚后，丈夫小冷到了一家研究所，成果斐然，很快升为主任研究员。而同样高学历的妻子小刘却到一个私企任职，后来由于生育和抚养幼子耽误了工作，一直没有什么事业成就。丈夫又忙于工作而疏于照顾，她就非常不满，经常和丈夫闹矛盾。

这种情况下，丈夫应该理解妻子的苦衷，工作再忙也要多拿出点时间来陪妻子，常给妻子点惊喜；而妻子呢，也应该多体谅丈夫，工作忙是为了养家，孩子是两个人爱的结晶，既有努力的丈夫又有可爱的孩子，不应该感到幸福吗？

5. 取长补短，夫妻共商育儿大计

许多夫妻会在孩子的教育问题上起争执。孩子考试不及格，丈夫会斥责甚至打孩子，妻子则护着孩子，和丈夫吵闹。不久孩子出去玩去了，夫妻两个却还战得正酣。又或者，妻子指责做错事的孩子，丈夫往往将矛头指向妻子："还说孩子，先管好自己吧！不都是你宠的吗？"于是两人开战。

教育孩子的时候，夫妻两个都喜欢按照自己的意愿来，从而燃起战火。这样不仅不能教育好孩子，还会给孩子造成心理阴影。正确的做法是夫妻共同商议育儿大计、取长补短、互相忍让，即使忍不住要争执，也不要当着孩子的面。

6. 以家为中心，圆融处理社交活动

喜欢社交的人结婚后可能感到很压抑，因为与同性朋友的往来不能像婚前那么自由了，与异性朋友的交往更得注意分寸。不喜欢社交的人也可能会感到不舒服，因为逢年过节不得不硬着头皮去应酬爱人的亲戚朋友。

有位新婚不久的妻子，不喜欢应酬，可丈夫家人来探望的时候又不得不在一边陪着，说些有心没心的无聊话，如坐针毡。她不无感触地说："恋爱的时候多好啊，两人世界很浪漫，可是结婚后不仅嫁给了他，还嫁给了他们全家人。"不论男女。结婚后主要精力就投入到这中了，社交活动肯定有所限制。男女双方要互相尊重体谅对方，把握好社交的频度和分寸，不能因为社交活动而影响双方的感情和正常的家庭生活。

十二、婚姻出轨了

婚外恋者的心理变化轨迹

人们在婚外恋中的心理变化大体上可以分为以下几个阶段。

1. 心理准备阶段

已婚的人一开始通常都不是刻意去找婚外恋，只是出于冲动和幻想，不自觉地对异性献殷勤，希望能吸引对方，不觉已越陷越深。大多数已婚的人都会有那种刺激的幻想，但并不是每个人都会付诸行动：有的会出于对爱人和婚姻的许诺及道德的自我约束，挣扎一段时间后放弃实际行动；有的人有了暂时的热情后，又迅速消退，也不会有再进一步的发展。

在这个阶段，人们其实大都希望能得到一种不同于婚姻之爱的浪漫、野性爱。但要真正进入身心投入的阶段，恐怕离不开与婚外恋对象较为长期的日常接触与慢慢熟悉，离不开对新感觉的一个适应过程。这时候，人们通常会发觉她或他才是自己苦苦寻求的真正的梦中情人和红（蓝）颜知己，而家中的妻子或丈夫则只是生活的伴侣，并且已经青春不在，早已没有激情可言。

就这样经过一个幻想——接触——融合的过程，感情逐渐深入，为步入婚外恋做好了心理准备。

2. 身心投入阶段

这个阶段的最初时期，他们大多还没有发生性关系，没有太多的负罪感，也遇不到什么抗争，两人名正言顺地在一起。比如多在餐厅、办公室、旅途中等较为公开的场合接触，享受那种暧昧又兴奋的感觉。

随着时间的推进，总会有一些特殊的机会来临。例如一方遇到困难或遭受挫折，另一方必然会给予贴心的安慰与帮助，或者一起出公差，在异乡感觉只有他们两人的存在，仿佛又回到了浪漫年华……于是，两人的亲密接触就不可避免了。

这时候．两人会感到兴奋、刺激、浪漫，但同时也夹杂着焦虑、担忧和愧疚，因而可能有忽近忽远、若即若离的现象，可是都已经身不由己了。此时现实暂时被抛在脑后，眼中只有了彼此。于是在适当的环境中、男方的主动冲击中，两人突破了最后的防线，发生了第一次性行为。

第一次之后，大多会期望进一步滋长爱情，会继续亲密接触，但也有其他的情况。大致可以分为四种反应类型：

（1）死心塌地型。这种反应类型的人会对情人全心全意地投入，并准备和对方再结婚姻。他们会感到自己当初娶错或嫁错了人，尽管也尽量避免离婚，但发现已经不可能，可是婚离得也不会轻松。

（2）两全其美型。有些人确实深爱自己的情人，但也离弃不了家庭与婚姻，总想两全其美。他们常说的话是："我不能没有家庭、孩子，但我更不能没有你，真的爱你。"

（3）回归本位型。有些人事后发现对方原来并非自己的梦中情人，与其发生关系只是一时冲动，甚至发觉情人还不如原配好。因此他们会重新安定下来，回到原配身边。

（4）另有他图型。有些当事者发现情人不是自己梦寐以求的，但也对现有婚姻不满，因此婚外恋成了其利用来跳出婚姻的工具。

3. 发展分化阶段

婚外恋时间长了，难免东窗事发，于是一场战争在所难免，给当事者莫大的压力。就情人本身来说，尤其是女性情人，开始可能只满足于拥有爱情，但随着感情深入，嫌男方陪自己的时间不多、不能公开露面、也想有个新家等等抱怨就多了起来，也给对方施加了压力。这种情况下，多半人会两处敷衍、皆给承诺，但都无法兑现。

另外，时间长了，婚外恋者会发现当初的新鲜、刺激的感觉越来越淡，与原婚姻越来越像，于是逐渐开始重新认识问题：要么想再换情人，要么想回到家中，要么都扔了省心。

4. 最终结局阶段

前面已经提到，婚外恋通常有三种结局：与情人再婚，维持现状和分手。

对于第一种结局，显然是情人胜过原配，家庭最终破裂。这种结局，情人虽然获得最终胜利，但以后的路并不轻松，比如与对方父母、亲戚、孩子的相处就是一件不容易的事。

第二种结局，双方都妥协，继续维持婚外恋现状，但舒服不到那儿去。

第三种结局，双方分手后，男性可能回到家中，与原配复合，或者成为单身汉，最终再觅新缘；女性处境就艰难了，难免离婚，再觅新缘也不容易，甚至最终一无所有。

婚外恋情，男女心理天壤之别

1. 性、情的差异

女人的性欲望有一定的周期性，这使大部分女人不像男人那样只要不是太累，什么时候都会有性要求，因而她们不容易对一个男人产生感情；男人只要用视觉就可以

唤起性冲动，而女人需要依靠触觉；男人很容易达到性高潮而获得性满足，而女人一般来高潮很不容易。据调查，约有 40% 左右的女人婚后没有体验过性高潮；男人从眼睛里喜欢女人，只要看着顺眼就可以和她做爱，而女人是从心里喜欢男人，如果心里不喜欢就不会自愿与他发生性关系。

上述的差异表明，男人很容易爱上一个女人，爱的最重要组成部分是性满足；女人很难爱上一个男人，但只要爱上了，尤其是倘若得到了从没有得到过的性高潮的快乐，她就会不顾一切、死心塌地地爱这个男人。

2. 婚外恋中对原配偶的态度差异

男人虽然容易性冲动而乱爱，但在选择老婆时他们是比较理智、现实的。尽管花心在外，真心却总留在踏实、温暖的家里。大多数婚外恋男性是由于一时的性冲动而越轨，并没有对情人动真心。所以，当他们回家看到妻子劳累的身影、听到孩子们纯真的笑声、受用妻子细心的照顾、想起妻儿带给他的一次次快乐的时候，就会懊悔得无地自容，很容易将婚外情人抛在脑后。

女人的爱是一锤子买卖，如果从心里爱上一个男人，这个男人又能让她得到飘飘欲仙的性快感，多数女人会死心塌地地爱这个男人一辈子。当她们遇到感情与性爱合二为一的爱情时，就会不顾一切地去追求，不惜抛弃几十年的夫妻感情，不惜让儿女恨之入骨，而投入情人的怀抱。

一句话，男人有了婚外恋，回家对老婆会比以前更好；女人有了婚外恋，看丈夫怎么也不顺眼。

3. 传统男女伦理的差异

现代中国人仍然受传统男女伦理观念的影响：男人有点花心容易被接受，有人甚至认为这是一种能力强的表现，只要愿意悔改，妻子一般也能原谅他，家庭破坏的可能性很小；已婚女人有了婚外恋，就是给丈夫戴上了绿帽子，是男人的奇耻大辱，家庭破裂在所难免。男人们常常不会像女人那样用温情拉出轨的爱人回家，有的只是暴跳如雷、拳打脚踢，即使女人回心转意，很多丈夫也不会再把妻子当自家人看。又由于伦理观念的原因，因为婚外恋而离婚的男女的结局也有很大不同：男人可以很快再成家了，因为有个痴心情人在等他；女人因为婚外恋离婚之后，再想成家就难了，情人多半已变心，并且没有几个男人愿意娶红杏出墙的女人。何况女人单单走出受伤的阴影就已经是很困难、长久的事情了。

根据以上分析可以看出，已婚女人是不容易发生婚外恋的。但一旦发生了就很难回头，导致家庭破裂的可能性较之男人发生婚外恋的情况要大好几倍。家庭破裂了，丈夫受到伤害，孩子更是失去了母爱，会影响其一生的命运；家庭破裂了，在你想投入情人的怀抱时，却发现情人早已变心，在周围人的眼中你也成了坏女人，没有人会瞧得起你，更没有男人愿意接纳你；另外，事业也会受到影响，最终真是一无所有。就像前面所说的，已婚女性在婚外恋问题上更需要醒悟与三思。

男子婚外恋情心理曝光

和爱情、婚姻一样，婚外恋似乎也是一个永远说不完的话题，而且就像魔鬼一样永不离爱情、婚姻之左右。可以说，提起爱情与婚姻，就免不了说说婚外恋。在当今社会里，婚外恋的事情我们已见怪不怪。电影《一声叹息》《手机》向人们展示了婚外恋的"凄美"结局。而现实中，一个接一个因婚外恋而造成家庭破裂、反目成仇的生活剧也每每上演。但人们"你演罢来我登场"，婚外恋的是非剧没有演完的一天。

婚外恋中的男女心里很复杂，而且存在性别差异。婚外恋中，有妇之夫在恋情正酣时往往信誓旦旦，许诺与妻子离婚，只对情人一个人好。然而，到头来真正履行诺言的少之又少。大部分男人都以种种借口拖延时间，迟迟不把诺言付诸实施。男人们在关键时刻临阵退却，是否意味着他们都是自私自利、背信弃义、玩弄感情的骗子呢？

婚外恋中，确实有一些男子为了满足一时私欲或追求感官刺激，把情人当作临时替补和玩弄的对象。更过分的是，极个别男子在情人危及自己的事业红运而无法摆脱的时候，为彻底清除障碍而大开杀戒。更多的有妇之夫临阵退缩实在是有其深层次的难言之隐，不可仅以好坏而一概论之。

1. 在多数男子心中，家庭、事业与社会地位的位置重于婚外恋情

较之女性，社会伦理对男子婚外越轨行为相对宽容。尽管如此，家庭道德仍是评价一个人价值的重要依据。即使在高度性解放的西方发达国家，私生活状况也依然左右着一个人的经济或政治前程。对于婚外恋情与家庭、事业成败及社会地位，男子总是更看重后者，而婚外恋通常只能是其风云人生中的一段小插曲。因此，如果婚外恋与其事业能齐头并进、两全其美，男人们自然不想游出令人陶醉的婚外情海；一旦婚外恋情到了可能使其家庭解体、阻碍其事业发展、损害其社会地位的地步，他们不得不忍痛割爱，弃情人于不顾。很少有男人会为了情人而牺牲自己家庭、事业、社会名望，而背负道德败坏的名声。

2. 没有家庭问题而步入婚外恋的男子们，时常负有对妻儿的愧疚感

婚外恋中，很多男子的婚姻并没有问题，只是自控力较差、一时冲动而"失足"，因而对婚外恋人只会"动情"而不会"动心"，很少能够向情人投入全部的身心。其实，这些男子在家庭中大多并不缺少基本的生理和心理满足，也不缺少甜蜜、幸福。当他们在情人处头脑发热或出于无奈做出"休妻"的承诺后，回到家中面对现实，又常因妻子胜任家庭角色而自知理亏，欲言又止。另外，妻子一旦知道了实情，去报复

的往往是丈夫的情人。很多情况下妻子会以加倍的柔情去感化丈夫，使丈夫愧疚难当而重新回到自己身边。也有些情况是，虽然丈夫与妻子性情不合，但妻子能与丈夫患难与共或对其有恩，因此丈夫不忍伤害糟糠之妻。

3. **男人们虽然比女子容易花心，但在重要的抉择面前，他们往往比女子更理智、更现实**

有妇之夫在偷尝婚外恋禁果时，大多没有与情人步入婚姻的目的。向往浪漫、刺激的婚外恋，并不意味着会割舍踏实、清淡的婚内情；情人虽能给自己带来如痴如醉的新鲜感和沁人肺腑的罗曼蒂克，但毕竟不安全；家花或许不如野花艳媚、醇香，但却不失温馨、素雅，也更耐看、受用。因此，婚外恋常常只是为他们超负载的社会角逐松弛一下神经，或者帮助他们暂时忘却一下家庭烦恼，只是他们人生的调味品而已。一旦面临二者必居其一的选择时，他们大多会放弃定时炸弹似的浪漫爱情，回到平静的现实中来。

男人易出轨的四个关键期

艳遇和出轨并不是随时都会发生的，对于男人的一生而言，有以下几个时期需要特别注意控制自己。否则，艳遇发生后你将面临的是令人痛苦的家庭纠纷。

1. 失意的时候

男人是家庭生活的主要承担者，他们往往被寄予厚望，但是，现实生活中男人总会碰到不如意，总会有挫败感，已婚男人在承受不住现实的压力时会坠入情网。坠入情网只是为了避免处理人生中的某些问题，因为恋爱会使人暂时丧失理智。这时，男人最需要的是从女人那儿得到安慰和肯定，希望依靠女人的温情来放松自己，进而重建自己的信心。假如这个男人缺少一位能与他水乳交融的伴侣，那么此时他是很希望有别的女人"乘虚而入"的，甚至随便找一个他平时不屑于亲近的女人。假若有一个平时一直心仪于他的女人去主动安慰他，那么是很容易发生点什么的。

男人脆弱的时候很像一个孩子，压力会使他的内心感觉无助。最简单的解决方法是找一个善解人意的性感女人，逃离令男人沮丧的现实环境。而女人天生就是当母亲的好手，男人感情上的升华有时是在他最为脆弱的时候完成的。

2. 机缘巧合

婚姻之外，男人可能对某个异性有好感，双方都心知肚明，只因一直没有机会走到一起，所以一直保持着普通同事或朋友的关系。一次偶然的机会，为双方创造了条件，一不小心就突然进入了状态，迷迷糊糊中两人突破了界限……

在机会来临时，女人总会显得犹豫不决，但男人往往会抓住机会主动出击。机会主义的男人有时也确实能给女人一个意外的惊喜，但更多的时候他们并不想为自己的一时冲动承担任何责任，对于男人而言，他或许还不想离开自己的家，这只不过是一场艳遇。

3. 暴富之后

这种人往往并非花花公子或天生好色的那种，但至少是金钱使他的男性本能霎时膨胀了。他们早年的生活很可能比一般人来得灰暗，情场上的失意也很令他们耿耿于怀。他们利用自己的金钱不断制造艳遇，只是出于一种弥补心理，艳遇的次数往往作为他们体现"成就感"的标准。至于爱情之类的说法，对他们而言很可能只是一个笑话。

4. 婚姻进入平淡期

在现代社会，婚姻多少有点像我们过去所说的"铁饭碗"，特别是经过从恋爱到婚姻的初级阶段后，双方的感情热到一定程度后势必会进入一个相对平淡的时期，没有过多的波澜起伏，男人那种喜新厌旧的本能便蠢蠢欲动，尽管双方未必有分居或离婚的意思。这一时期很值得关注，因为这是对双方婚姻感情的考验。

实际上，婚姻进入平淡期后，更多的婚外恋发生在新认识的两人身上，早年情人的死灰复燃，只有在至少一方的婚姻亮红灯的情况下发生的可能性较大。有一个现象很有趣，有些人早年像托尔斯泰一样放荡不羁，但到了一定的时候尤其是到了晚年，会过得像清教徒一样纯洁，有些人婚前经历单纯，但随着婚姻高潮的过去，反而对外界的抵抗力变得很差。其实，婚姻就是过日子，维持婚姻的最大力量是责任心和生活上的互相尊重和需要。婚姻确实需要感情，但跟恋爱时毕竟是两种状态，正如当音乐迷跟当 DJ 的区别。

当感觉生活变得一成不变时，深锁在无聊与寂寞中的男人就会开始渴求改变，跃跃欲试寻求冒险。其实，眼睛向外看的男人不是去外面寻找婚姻中欠缺的事物，而仅仅只是为了玩一玩，用以调剂他们平淡的生活。

这一时期，男人应该保持头脑清醒，不可因一时头脑发热而做出错误的决定，你应该想办法为你们的家庭生活多添些乐趣和刺激，这样过起来才会有滋有味。

男人们都很清楚，因为一场艳遇而造成家庭破裂是不划算的，这当然也不是大多数男人想要的。如果想保护好自己的家庭，男人就应该警惕艳遇，在艳遇高发的四个时期对自己加强控制，这样，人生坐标才不会偏离方向，导致重大的错误。

女人如何判断男人是否花心

1. 注意男人的情书

在电话较为普及的今天，靠写情书来传达感情的，大概是因为当事人把它看得十分重要。不论他在信上写什么内容，他都是想传递"我对你很认真"的讯息。通常地，喜欢写情书的男人，与其说他热情，倒不如说他是一个感情细腻、做事比较慎重的男人，所以才将语言不好表达的意思写成文字来传递。

然而，若是情书过分地频繁，女人则要注意防范了。因为写信给对方，本身容易变成一种向对方直接要求代价的行为，进而沉湎于书信来解决心中的苦闷。走到极端，会对真实的对方不感兴趣，而迷恋于自我塑造的幻想。因此，把频频写情书的男性视作充满热情的理想男人，等到谈论结婚时往往会发现对方言行不一，致使兴趣全无，双双破裂。

2. 男人有钱就变坏吗

女人总希望自己的另一半要具备英俊潇洒、聪明健康、心地善良、有钱又痴情的条件。事实上，世界上很少有这种十全十美的男人。于是，女性只好降格以求，希望嫁给阔佬。可是，她们忽略了一点，有钱并不等于幸福。有钱的男人通常比较风流，喜欢惹一些麻烦。而女性最不能容忍丈夫有外遇。她们相夫教子，维护家庭，为的是能拥有一个既安全又温暖的巢。到头来，人财两空，这是悲剧。

3. 浪子型的男人情绪如风

浪子型的男人，有风度，谈吐风趣，懂得应付场面的礼仪，学问广博，装扮入时，并擅长捉摸女人的心理。你不喜欢热闹的时候他会带你到海边散步，当你讨厌看流行电影时，他又会带你去听一场音乐会，诸如此类的表现，令你不自觉地由心底里喜欢他。但是，这类男人在爱情上有一个致命的弱点，就在于他的喜新厌旧心理。他喜欢不断追求刺激，否则就会窒息。因此，这种男人很容易伤害女人，不值得刻意追求。

4. 正视男人的心有旁骛

两个人高高兴兴地约会的时候，每当和其他女性擦肩而过时，你的男朋友是不是也会把视线移向她呢？许多女性会认为这种男人应该多予提防，认为他们一定属于感情不专的人。其实未必如此。从男性在社会中扮演的角色和立场来看，男性在社会上生存必须一切靠自己的实力，必须眼看四面，耳听八方才能避免危险，因此自然养成了对周围环境的注意。反而是那些目光一直不敢转移的男性，将来发生外遇的可能性更大。因为这种做法很可能是因为他太容易注意其他女性而矫枉过正的结果。

5. 别上不修边幅男人的当

通常，即使再懒散的男人，约会时也会梳梳头，穿件干净的衣服，希望给对方留下个好印象。可是还是有些男人，约会时不修边幅，偏偏有些女人会激起一种女性的本能，觉得对方"好可怜"，从而生出恻隐之心嫁给他。

婚后，这类男人在妻子"调教"之下，外在形象稍好一些，可是，因为不善修饰自己，缺少吸引女性的外观，因而不会轻易发生外遇。因此一般的女性容易对这一类的男人不予防备。

不过这类男人不外遇则已，一旦移情别恋，往往会极其认真，陷得很深，让女方大感震惊，惊慌失措。

6. 精力充沛易"花心"

通常男性对于未知或全新的事物，好奇心比较强烈，而且在面对这些事物时，也不像女性那样容易感到不安。相反，他们往往会去积极地进行探索，想要了解其真正的内容。

说极端一点，男人是为了追求刺激才到舞场、酒家去寻欢作乐的。而在男人当中，对各种新奇事物心存浓厚兴趣的人，在嗜好方面较普通人更为广泛。看到这种男人，女性特别容易心动，因而这种男人将来拈花惹草的可能性就较大。

7. 好男人坏起来更"坏"

有人说，吃喝嫖赌是男人的天性。不过，也有的男人绝不涉足。但他们都有一个共通之处，就是有一项强烈的爱好，或者是工作的兴趣，或者是其他的嗜好，能使他投入全副身心。

不过，这些工作认真、不识游戏滋味的男人，到中年以后，一旦尝到游戏的滋味，则容易走火入魔，不能自拔。由于他们在年轻时不曾学过如何去控制玩的欲望，反而容易对游戏的世界抱有神秘、过度的期望，尤其是赌博和女人，更会使其执迷不悟。

8. 认真的男人易"出轨"

有些粘液质的男人，平时感觉比较迟钝，严格遵循传统与道德准则，不越雷池一步，对人则亲切和蔼，谦恭有礼。然而一旦由于某种原因而导致心理上失去平衡。就会产生令人感到意外的情感爆发现象，走向堕落的享乐世界。这种极可能从一个极端走到另一个极端的男人，平常是不容易察觉出来的。

因此，找丈夫时，男人的认真、一丝不苟虽然是一种美德，但还是不要太过度才好。平时太死心眼、缺乏游戏精神的男人，有时候会潜藏着一种陷入极端的、毁灭的享乐世界的危机。

女子婚外恋情心理曝光

婚外恋中，女性与男性不同，很少"喜新不厌旧"，其婚外恋的一般历程是"厌旧喜新""弃旧图新"。在追求婚外幸福时，有夫之妇们往往比有妇之夫更勇敢、执着，敢于蔑视伦理道德，能够顶住种种社会压力，甚至放弃子女抚养和财产利益，毅然与丈夫决裂，投入情人的怀抱。然而，她们的结局有时很惨，一无所有、孤注一掷的时候，情人却临阵退缩，最终弃之于不顾，害得她们两头失落、进退维谷。

有夫之妇们为什么在婚外恋中往往破釜沉舟、执迷不悟呢？下面是她们的心理

写照。

1. 女人天生容易把爱情当作人生的全部

爱情对于女人，远比对于男人重要。女人们大多把爱情当作人生的主旋律。因此，进入婚外恋的有夫之妇，大多是对情人动了真感情，很容易在热恋中轻信情人的空头承诺，很容易进入痴情、忘我的梦境。痴情女人为了与情人长相厮守，会不顾事业前程，也不惜与丈夫、子女、父母反目成仇，不惜牺牲一生的名誉。所以，一旦梦碎，所受伤害何其之大！更有甚者，一些女性明知梦已破碎，但不肯接受现实，宁愿永远活在梦中，终身不婚，或者以身殉情。

2. 当与情人感情至深的时候，婚姻就成了对其身心的双重折磨

女性往往不会同时专情于两人，又不容易做到性、情的分离。不像男子那样和没有感情的异性也可以获得性快感。她们只有在愿意付出真感情的时候才愿意付出性，陶醉于性情相融、灵肉合一的美境。所以，当她们与情人感情升温的时候，与丈夫之间必然每况愈下，要忍受"身在曹营心在汉"的煎熬，婚姻成了对其精神上和肉体上的双重折磨。为了解除这种灵肉分离的痛苦，她们便会一断百断，孤注一掷于情人身上。

3. 害怕因红杏出墙而遭到丈夫的虐待报复

当丈夫获悉妻子的红杏出墙，不少会对其进行当众羞辱、粗暴殴打或性虐待，将妻子彻底推上一去不返的道路。当东窗事发，或许一些婚外恋女性有离开情人，重回本位的意图，但不少丈夫不会原谅妻子，而且会由于强烈的占有欲和嫉恨心而难以再信任妻子，甚至会限制妻子的人身自由，严重损害妻子的自尊心，终致离婚。另外，有些丈夫猜疑心过重，把妻子与婚外异性的正常好感与交往当做妻子的不忠，并采取过激行为伤害妻子，反而损害了夫妻感情，最终将其彻底推入了别人的怀抱。

可见，对婚外恋用情更执着、更专一的是女性，而在美丽的陷阱中陷得更深、最后受到伤害更多的也是女性。因此，女性在婚外恋问题上更需要醒悟与反思。

女子外遇的心理规律

有两位年轻漂亮的少妇，她们曾经是好朋友，又是同一天结的婚。A女士崇拜文学，与一位青年诗人结了婚；B女士讲究实惠，做了一个家有万贯的男人的妻子。结婚那天，A女士和先生请了文朋诗友，各界名流，婚事办得十分体面而辉煌；B女士不甘示弱，仗着丈夫家中有钱，婚礼办得隆重而豪华。两位女士各自出尽了风头。岁月如梦，一晃五年，她们再度相见，却再也没昔日一争高低的心情，各自在倾诉自己的不幸。并告诉对方：早知今日，何必当初。

据调查，这种心理现象绝不是个别的，许许多多的女人结婚之后都对现存的爱情

关系表示不满。我国上海有关方面一份调查报告表明，目前女方提出离婚的比例明显高于男方。而有的家庭尽管表面上看来风平浪静，实际妻子并不忠实于她的丈夫，由于她心目中爱情的贬值，稍稍遇到值得钟情的男人，她就会毫不犹豫地投入到另一个异性的怀抱中。

有人把女人有外遇的社会现象，归结于我国的开放政策，说这是西方性开放引起中国原有家庭结构的一次震荡。这种说法固然有一定的依据，但它却忽视了人类心理的基本特点，忽视了已婚女性心理上的特有规律。

1. 女人在心理上比男人更看重爱情

西方一位婚姻问题专家曾这样评价女人："她们中的大多数人在爱情与事业的选择上，往往是选前者而不是后者。"无论是安娜·卡列琳娜还是包法利夫人，她们都强调女人为爱情而生存。而男人却不同，他们在婚后很看重事业，他们中的大部分人对妻子的热情减弱，而使妻子产生一种爱情的失落感。当了妻子的女人都依然希望丈夫像婚前那么宠爱她，陪伴她去散步，做爱情游戏。而现实往往会给少妇的憧憬投下阴影，这是她们产生异心的重要因素之一。

2. 人类见异思迁的本性对女人的影响其实并不低于男人，只不过从前女人的生活较为闭塞

开放的大门一旦被打开，女人在心理上也变得敏感而活泼起来。她们不像过去五六十年代的女人要生育几个孩子，而且家庭电器化的普及使女性从繁重的家务劳动中摆脱出来，加上美容和化妆品的施行，她们开始像西方女人一样渴望有第二次青春期的到来，她们开始注重打扮与修饰，而女人的打扮与修饰过去只为了丈夫，现在却为了更多的人。女人天生虚荣心强，会使她容易接受其他男人的赞美。她们开始结交更多的朋友，包括异性朋友，大开眼界的少妇一旦在比较中发现自己的丈夫在各方面略为逊色，她们心理上会产生一种遗憾的感觉。一个少女成为一个少妇，她的心理与她的生理一样，会日益变得成熟，其中一部分不甘寂寞的女人会感到初恋的失败，如果在社交生活中有新的机缘，她们决不会匆匆放过。

3. 一个少女选择对象，往往首先注重他的外貌，但一个少妇则看男人的才气与社会地位

她们对爱情的选择比较现实，也比较全面。今天有许多家庭的破裂，是妻子嫌弃自己的丈夫没出息，或者工作上碌碌无为，或者经济上较为窘迫，而物质上的引诱也会使一些少妇开始动心。不少女人在物质上有过分追求的表现。

由此可见，女人婚后产生异心，不仅仅是外界的引诱，而主要是少妇心理上的变化。加拿大著名心理学家梅尔勒·塞恩女士认为，这一段时间是女人婚后的迷惘时期。

当然这一段时期对每一个女人则不同，有的是出现在婚后的第三年至第五年间，有的则出现于婚后的 10 年之后。

尽管女人不满意丈夫，对自己的男人有了异心，但这种婚姻关系却仍然保持着，这因为女人不仅仅是妻子，而且还是母亲。她一方面想跳出原来的家庭做一个新的浪漫的梦，但另一方面母爱与现存家庭关系又迫使她回到现实中来。于是，有夫之妇的外遇现象就出现了。而陷入这种感情危机的女人同样处于进退维谷之中。

西蒙娜·德·波伏瓦

法国心理学家西蒙娜·德·波伏瓦写过一本书《女人是什么》。她细腻地分析了少妇内心的困惑。她认为女人的外遇问题，并不完全是性的吸引，"虽然有的女人确实是因为夫妻的性爱激发了妻子的好奇心，若未能满足她，她就有可能在别人的床上完成她的性教育"。但是，男士们应该明白绝大多数的女人并不是潘金莲或查泰莱夫人，她们有的人渴望得到一个情人，只是迷恋于他们会对女人说悄悄话，或者很耐心地听她们表白，她们不会像自己的丈夫那样把性生活看成是一种机械的任务，这种新的诱惑使她们走入迷途。

婚外婚内难两全，婚外恋是颗酸涩的青果

了解了婚外恋者的心理变化轨迹，不妨来看几个婚外恋故事，身临其境地体味一下婚外恋的心理滋味。

案例一：典型的婚外恋故事

大学刚毕业那年，我分配进了一所学校。学校联系了省某著名学府的一位年轻教授来讲学，我负责接待。后来，我和这个人相爱了。这个人就是宏，但当时他已经订婚了，我们就没能在一起。

宏很快走了，时间渐渐把这段爱恋埋入心灵深处。我后来也调动工作、结婚、生子。我以为从此将步入与其他人一样的生活了，可对宏的牵挂却如何也抹不去。我打听一切关于宏的消息，走在大街上总期待他的出现。尤其是当爱情被油盐酱醋消磨得平淡无奇时，我更怀念与宏相处的那段日子。回忆模糊了琐碎的小事，却唯独留下了纯情。每一次微笑、每一个眼神当初也许并没什么，可如今想来却都成了爱的言语。有一段日子我几乎天天晚上梦见他，梦中的他一身潇洒的总在我期待的时候出现，却总含着怨恨的眼光。有一次我甚至梦见宏抚着我的肩头哭了，而梦中的我总来不及表

白——无力挽回。

我和丈夫结婚八年。他也算是个好丈夫，对我和孩子都好，总是尽量满足我们母女的物质需求，工作努力上进。可他不能再给我爱的激情了。我们已从爱侣变成伴侣，已从爱人变成亲人，也许这样的关系更坚固更持久。

想当年，我和丈夫恩爱甜蜜，现实生活把我们从神仙眷侣变成柴米夫妻，由激情洋溢变成平淡乏味。记得热恋时，他去外地出差，一走就是数月，我们被相思折磨得死去活来，他差点为了见我而放弃工作。为解彼此的相思之苦，我们几天一封情书，每封信都是洋洋数页。我对那句"问世间情为何物，直教人生死相许"深有体会。

我说，我想用家织的土布装饰新家。那时，还没有买车，丈夫一大早起床，顾不上吃饭，坐上长途汽车就走了。晚上风尘仆仆地捧着一大捆布，交到我手里之后，立刻扑到饭桌上大吃起来。我捧着布，眼里闪着泪花，更坚定了我"执子之手，与子偕老"的决心。

水，一点一点地退却……我的心扑在年幼的孩子身上，他也把心思放在工作上。我们各忙各的，倒也相安无事。孩子一天天地长大，我渐渐轻松起来。婆婆也回自己的家了。我以为我们又可以像以前那样相亲相爱了。但令我惊讶的是，我们之间竟变得生疏起来。晚上，我们沉默得如两堵墙，没滋没味地看着电视。我们从过去的无话不谈变成无话可谈。两个人之间虽然"相敬如宾"，但传达的却是掩饰不住的冷漠。

我做了很多努力，也没能改变我们夫妻的平淡生活。丈夫是把我当作宠物来看待。他对我的爱就是让我随心所欲地生活，但过于顺利的生活与平淡乏味是相伴始终的。

我不想情感走私，但我实在拒绝不了激情的诱惑。我知道不应该，但身体和灵魂有时像不是一体的。灵魂出轨了，身体就是守住了，又有什么意义呢？

生活日复一日，十年过去了。就在思念被珍藏起来的时候，我到南京参加一次学术会议。意外地，在这个会上我重新见到了宏。在有限的机会里他告诉我，最初他一直在想方设法地与我联系，直到听说我结婚了。这次重逢就是一个导火索，点燃了一枚藏在心底十年的爱情炸弹。

回到家里，刚一上班，我就接到了宏的电话。我想，如果他不给我打，我也会给他打的。背负着道德的包袱，我们既愧疚又欢喜地重新走到了一起。有些话，是不用说我就明白的。和他在一起，我只能没名没分地生活在地下，等候着他有空时的宠幸。但那时我真的是好快乐，爱情总是让人快乐，而他对我的宠爱和纵容，让我整天沉浸在幸福之中，只做一个只负责开心的小女人。双面的生活很刺激，我想除去爱情的成分，可能很多人之所以甘冒风险地踏入地下情，就是对这种强烈的刺激不能忘怀吧！不过，这样的幸福极为短暂。彼此都有家庭，不可能经常见面，所以我们多以电话、网络传情。

很快我就沉溺其中，不能自拔。上着班，我会对自己笑，独自一个人回味着电话里的那些甜言蜜语。这种恋爱必须是双方都机会合适才行，所以我减少各种活动，经常为他守候。因为我们的感情是不能暴露在阳光底下的，我们每次联系都很小心。我跟朋友的交往也越来越少，我怕自己一时情绪冲动，克制不住就会将这一切说出来。但有的时候，很想说话，却找不到一个说话的人。世界上最无奈的事，就是在想诉说的时候却找不到一双可以倾听的耳朵。

愈是热烈的爱，就愈是有退潮的感觉，这一天迟早要来。而且事情要有开始，也总要有结尾。卿卿我我之后，未来的问题尖锐地摆在我和宏面前。

我们就像大棚里的蔬菜见不得自然的阳光，也呼吸不到健康的空气。从这样的地下情感中，我得到了幸福，更有刺激、罪恶感、没有尽头的疲惫和自己抚摸自己的痛苦。我以为我找到了最理想的生活状态，从丈夫那里，我享有婚姻的名分和安全，从情人那里我得到激情和浪漫。然而，随着激情从峰尖向峰谷的滑落，我才发现安全受到了莫大的威胁。安全如果没有了，激情和浪漫也就不像以前那么吸引我了。

在这种状态下，我没有心思工作，虽然没出过什么大错，但我担心这是迟早会到来的结果；我没心情收拾家，家里的边边角角悄然落满了灰尘；我拿不起精神来照顾孩子，孩子在幼儿园的表现一直不理想，但我这个做母亲的却把精力放在一个与孩子毫不相干的人身上。

我和宏约会时，他很少提他的妻子，这是一个让我既嫉妒又羡慕的女人，光明正大地拥有我想拥有的男人，而我却只躲在灰暗的角落里等着他的宠爱。同样的，我也从不提起我的家庭。我曾经悄悄地跑到他女儿读书的学校，想看看他生命里最重要的两个女人是怎么样的，在如愿以偿之后我却天天被噩梦折磨。他妻子看来温柔又可亲，女儿漂亮又聪慧。面对我自己的女儿时，孩子那双清澈透明的眸子总是让我心痛到不能自拔，深深的负罪感无尽头地缠绕着我。

我知道，天下没有不透风的墙，再继续往前走下去，我会毁了我自己，会毁了两个正常的家庭，但我却无法让自己放手。分手的决心也曾下过无数次，但所有的话语总在听到他温柔的声音时消散无踪。有时，我会骂自己的软弱，但在现实面前，一切都显得那么无力。我常常觉得很累，但不是身体的累，那是一种来自心灵的累，一种驱之不去的悲凉。

我恨自己，恨自己分享了别人的丈夫。我恨自己的不能自拔。那种离开他的想法一天一天地强烈，但却又一次次地被推翻。虽然我觉得痛苦、难受，但，这又能怪谁呢？只怪自己爱上了一个不该爱的人。

我苦笑，真是宁愿自己是个乡野村妇，大字不识几个，生个孩子，日出而作，日落而息。炊烟袅袅时在门边守着孩子背着小书包蹦蹦跳跳放学，等揎袖撸臂的男人劳作归家。那时候的烦恼也许只会是猪圈里的猪到年尾了能卖多少钱一头，庄稼地里的收成如何，或者丈夫孩子的衣服该不该添置和缝补……但我不是。

有的时候，望着窗外的天，就会默默地流泪。每天都小心翼翼地生活着，快乐于我已成为一种梦想，只在偶尔的时候光临我的心底，更多的是自责和心灵深处的孤寂。

城市的天空浑浊而灰暗，我的生活看不到一丝阳光。这样的日子，我不知道还有多久。

案例二：阿牛的忠告

我们俩以前是同事，在外省的一个公司驻本市办事处。她是行政经理，我负责销售，不是一个部门。我比她早进公司一年多。她人很漂亮，个头一米七左右，走在大街上，男人的回头率应该是百分之百。我比她大九岁，长得很一般，但是认识我的人都说我很有气质。可能是工作环境里外地人多。本地人只有我们几个的原因，而且她的脾气也不太好，经常和别人产生冲突，我帮她调停。所以刚开始的时候大家七八个人一起聚会吃饭，慢慢地就我们俩一起吃了。说真的，我从来没有往别的地方想，我只把她当作很好的同事和朋友。我也不知道我们因为什么就走到一起了。

和她认识之前，我从来没有想过我将来会背叛家庭。背叛自己当初的誓言。从来没有想过。那个时候她刚学车，在驾校学。因为我有车，所以只要我有时间，我肯定会去接她或送她。当时说不出来对她是一种什么样的感觉，就是喜欢和她呆在一起。她也一样，有什么事情都和我说。她从小和她的姥姥在一起生活，也独立惯了，不怎么回家，而是自己在外面租房住，当然离公司很近。那个时候我们的收入还可以，她每月4000左右，我比她要多得多。她考穿桩的时候我陪她，路考的时候因为我有事情没去，但是考完之后她第一个电话就是打给我的。她说那种快乐要和我分享。没过几天我们撮饭一起庆祝她过关成功，完后去KTV唱歌。她的歌唱得很好，结束时其他人都走了，我送她回家。她不让我走，当时那种感觉是无法用语言来形容的。我无法拒绝，应该说只要是正常的男人都无法拒绝。那一夜我终生难忘。也就从那夜起我背叛了我的妻子，也背叛了我领结婚证书的那一刻所发过的神圣的誓言！

我们俩的关系从那一天开始了变化，但是在公司里知道我们俩的事儿的人不超过三个人。上班我们保持距离，没有公事连一句话都不说，只是从对方的眼神中看到只有我们俩读得懂的东西。大家想想，那样漂亮的一个女孩子，又没有结婚，追她的人很多。有些人有意无意地和她套近乎，甚至于有的人借开玩笑的时候对她进行挑逗。她怕我急了跟某些人闹，而别人又不知道我们俩的关系。于是在2001年快到年底的时

候，她辞职了。

　　虽然她不回家住，但是我看得出她对家庭的眷恋，而且她很要面子，无论收入高与低，她每月要给家里1000元。没有了工作，收入也没有了，但是支出并没有减少，这些费用后来都由我来承担。需要说明的是，我们后来分开和经济没有任何关系。

　　我的很多朋友她都认识。大家对她也采取了一种默许的态度。我记得很清楚，在我们第一次要发生那样的事的时候，我对她说过：可能这辈子我都不能娶你，我无法放弃我的家庭、我的儿子。到现在我都可以对任何人说：对于我来说，我的儿子最重要，任何人不能取代儿子在我心中的位置，为了他我可以付出一切。在刚开始的时候，她在很多场合对我的朋友们说不要名分，只要我对她好就可以了。

　　年底的时候有个机会去东北出差，她在家反正没有事情做，就和我一起去玩。辞职的事情一直没有和她的家里人说，她的家人我都见过，我还利用关系帮助她的舅舅做生意。去东北的时候特别冷，那里的朋友安排我们去看冰灯、滑雪等等。在那里的三天非常快乐，回去的时候因为她没有坐过飞机，我们直接飞回来的。跟着将要过年了，我给她钱，把所有的事情安排得井井有条。大年三十晚上和一帮朋友去放炮，她要去，我对她说了谎，我当时不可能带她去。我带儿子和老婆一起去的。纸里包不住火，后来她知道了，从那个时候开始她要我离婚。

　　出了正月，大概是三月底或四月初，本市出现非常严重的流行性感冒。当时没有什么事情，就当别人都快好了的时候，她病倒了，而且很严重。医院要求住院，因为家门口就是医院，所以后来医生要求每天到医院输液。她的体质可巧是过敏性的，两瓶药得输一天，快了就不行。没有办法，我对家里人撒谎说我出差，实际上是陪她。于是我每天早晨去上班，然后就跑回医院去陪她。所有工作在医院的病床上用我的笔记本电脑做，或者打电话安排。那天她闹脾气，说什么都不吃饭，说不好吃，就要吃我给她做的龙须面，在医院里哪儿做去啊？因为我父亲以前是厨子，我从小和他学的，我的手艺也不错。我没有办法，就在医院门口的小饭馆里，老板娘是北京的，我说给她二十块钱借她的工具和调料，我自己做热汤面。当时我穿的是将近5000元的西装，衣服也不脱。站在油腻的灶台前掌勺。馆里的厨子和杂工都不干活了，就像看耍猴的似的看着我，估计没有人看见过这样的场景。做出一大盆（外面饭馆里盛酸辣汤那样的盆）热汤面，上面窝了两个荷包蛋，她一股脑给吃光了，什么都没有给我留。当时老板娘说，你对你媳妇真好，谁要嫁给你真幸福死了。这句话我听了，真是百感交集啊！说真的，我爸妈生病了，我都没有这样侍候他们。

　　后来她几次三番地和我说，要我离婚，我做不到。我的妻子是个非常善良的女人，我无法对她说出那句话，就是刀架在我的脖子上我也不会说。"五一"的时候我特别忙，没有时间陪她，因此我们吵架、吵架、再吵架。后来，我们俩见面的时候，我实在控制不住自己了，把那个家给砸了，街坊差点打110。但是我没有打她，因为我从小到现在都没有和任何人动过手，更何况是我心爱的女人。她的脾气注定了她决定的事情就不可能改变，我也一样。

没过多长时间，她姐姐结婚。我们这个圈子里谁都不知道。但是我当天上午九点半才知道，我就开车到她们家小区门口。这个时候她姐姐结婚的车队马上要出发了，我站在门口，没有动，当时就想如果谁过来找事儿，我肯定会把这个婚礼搅黄了。她后来给我的朋友打电话，说让我看在过去的情分上不要伤害她。因为她知道，一旦闹起来，她的姐姐将永远不会原谅她。那个时候，我手里拿着电话，听着朋友的劝说，眼泪下来了。我扭身开车走了，到现在我没有给她打过电话，虽然我知道她所有家人的号码。以前我恨她，因为她把我带入了婚姻的歧途，是她引导我背叛了家庭。那段时间我不敢看我妻子的眼睛，因为我有负罪感！而后是拼命地工作、赚钱，带儿子和妻子去旅游，尽量地满足他们的要求。现在已经过去三年了。我早已想通了：每个人都有追求自己幸福的权利，既然我不能给，为什么不放弃这段感情呢？在自己将来快要入土的时候，想起这段往事，带给我的是美好的回忆，而不是两个家庭的毁灭。

所以我要讲的是，婚外恋不好玩，要我们拿家庭甚至是性命做赌注，而追求那一刻的快乐，不值得。

案例三：和上司的婚外恋

我和我的上司发生了不该发生的事。我们都是有家室的人，我们已共事很多年。这些年他给我了太多的关爱，这些关爱在我心里一点点堆积，但我从没有往别处想，因为我们之间的地位差距太大。我认为我们根本不可能。我能为他做的就是做好自己的本职工作，不给他增添麻烦。可能因为这个原因吧，他对我的印象一直很好。

他向我主动表白，我接受了，并且我们单独出去过几次。原本我认为可以控制住自己的感情。可以在不破坏各自家庭的情况下，和他保持着这种关系。这样不仅可以在工作上对我有所帮助而且我会很快乐。可现在事情的发展，并不像我想象的那样。

一开始，我感觉他是爱我的。可这段时间后我感觉不是了，所以我现在很矛盾。我知道，发生这种事，对一个已婚女人来说是个错误，可我心里很渴望和他在一起。

在单位，他对我和其他的女同事都一样，有时甚至不如对她们好。他带我出去，除了性方面，我们很少交流。这让我很迷茫，我们这算什么呀？情人？还是性伙伴？

我一直在告诉自己忘记吧，可越想忘，越是忘不了。他好像长在我心里一样。我知道自己不是一个好妻子和好母亲。我丧失了做一个女人应有的尊严。我想找回原来的自己，可是很难。我一直认为自己是个很理智的人，可发生这件事以后我感觉自己

完全没有理智了。不见到他还好，一见他所有的理智都没有了。我感觉自己陷入了深谷，不能自拔。

案例四：婚外恋自杀悲剧

李女士有个情人叫小军。她与小军的相识，缘于公共汽车上的一次"英雄救美"。

两年前的一天，李女士在公共汽车上遭遇小偷，不知所措之时，小军挺身而出。两人就此结识并相互留下通联方式。此后，二人频繁往来，并互生爱慕之心。

一次"五一"前，两人再次约会时，李女士感慨："你对我真好！"并流露出想嫁给小军的意愿。此前，小军曾经如实地告诉过李女士自己已婚、有孩子的婚姻状况。

听完李的感慨后，小军答应"我尽快离婚后娶你"。回到家，小军就和妻子摊牌要离婚，其妻断然拒绝。亲朋好友得知此事，也纷纷上门，七嘴八舌劝和。小军开始动摇了。

这一切，李女士并不知情。因为一直没有小军的消息，她在等待的过程中，曾拨打过小军的手机，传出的却是已关机的提示音。

一天上午，联系不上小军的李女士径直找到小军的家。小军的妻子正好在家。李开门见山："我今天也不瞒你。我和小军已好了两年。"听完李女士的话，小军的妻子气道："你走，你走，你们的事情我老公全给我讲了。他现在到外地躲你去了。"然后关上门。

因始终联系不上小军，心灰意冷的李女士在小军家门外拨通了好友的电话："我和小军的情况你也知道，现在他不理我了，打手机关机，人也不在家里。他欺骗了我，我不想活了。"好友忙在电话里安慰她："你别想不开，不要做不值得的事。我马上打的过来，你等我。"但李挂掉电话后，即翻过小军家外的楼梯栏杆，然后松开双手，从五楼仰面坠下。

从上面的故事足可以体味出，婚外恋并非情爱的蜜桃，而是酸涩的青果。劝各位朋友，最好不要涉足其间。

妻子有了外遇怎么办

外遇不是男人的专利，许多女人也被外遇困扰。妻子有了外遇，丈夫应该怎么办？只有找到最佳解决方案，才能度过家庭的危急时刻。

1. 不能动用武力

夫妻的问题不能运用武力解决，有的男人发现妻子有了外遇，便对妻子连打带骂；想把对方骂回头，打过来。不过只要夫妻感情发生了裂缝，只靠打骂是解决不了问题的。有的妻子可能因为男人强硬，怕吵出去丢自己的面子，一时服软，但往往不会就此与他人一刀两断。而有的妻子由于男人打骂，反而不要情面，对家庭、对男人、对

孩子都失去了信心，来个破罐子破摔，与第三者更近了。

2. 丈夫要主动和妻子谈心

为了帮助妻子改邪归正，割断与外遇的联系，挽救夫妻关系，当男人的，最好对妻子多做些说服教育的工作；有针对性地和妻子谈心：多谈自己的不足，尤其是对妻子关心不够，没有满足妻子生活上或感情上的需要，多用自我批评，以实际行动感化妻子，使她不再与他人有不正当的来往；多谈孩子的可爱之处，母子心连心，用孩子拴住母亲动荡的心，多回忆一下恋爱时的海誓山盟和谈情说爱的美好情景，唤起妻子对爱情的回忆，用夫妻间火热的感情去溶化她那变得冷冰冰的心田；多谈谈夫妻俩同甘共苦的过去，赞扬妻子在过去困难的生活条件下，对家庭充满感情，对未来充满信心，对爱情忠贞不渝的自我牺牲的行为。

3. 发动全家的力量

发动人民战争是我们革命成功的重要手段，有时候，妻子有了外遇，男人一个人劝阻无效，还可以向妻子的哥姐甚至父母求援，让亲属好友一同规劝妻子。有一位男人，发现妻子有了外遇，起初怕得要死，不敢跟亲属讲，怕丢人，总想自己用语言和行动把妻子感化过来，结果事与愿违，妻子认为男人软弱可欺，与第三者来往更密切了。后来，这位男人向妻子的母亲、哥哥、姐姐说明了真情，求得了她们的帮助，全家一起来对妻子规劝，效果就大不一样了。可见，即使是在家庭生活方面，有时也应采用多样化的方式。

4. 曲线救家

如果方法用尽，正面进攻完全无效，眼看妻子就要离你而去，你不妨把重点放到第三者身上。有这样的一件事，有位男人发现妻子的外遇原来是自己过去很要好的朋友，于是亲自给这位朋友写了一封长信，谈过去的友谊，谈两个家庭的幸福，谈两个人在工作上的成就，然后谈到如何珍重彼此的感情，处理好双方的关系。那位朋友深受感动，主动向他承认错误，并立即与他妻子割断了隐私。

5. 不得已时使用离婚手段

有的男人发现妻子有了外遇，不是与妻子好好谈一谈，做挽救努力，而是拉着妻子去法院，干脆离婚。这样的办法也太简单了。殊不知，离婚手续好办，而夫妻之情，尤其是有儿女的，还有母子之情，能那么容易割断吗？当然，如果感情确实破裂，没有和好的可能，那也只好离婚，但一般说来，都应该在弥合感情的裂缝上多下一些工夫，轻率离婚往往会带来不好的后果。

妻子有了外遇，无疑会给美好的家庭带来不愉快的阴影。但是，一旦驱散了乌云，温暖的阳光就会重新照亮这个家庭，夫妻之间也许会进入到一个新的境地，感情会更

加亲密，生活会变得更加甜美。

让负心人重新回到你的身边来

男女携手步入婚姻的殿堂后，应该互尊互敬、互亲互爱、互帮互助，为了家庭并肩战斗，共同提高对婚姻的道德意识和对家庭的责任意识，共同致力于夫妻关系的调适和婚内爱情的保鲜。如此一来，可以尽量减少婚外恋滋生的土壤。

如果爱人一旦发生了婚外恋，要保持冷静，妥善处理，尽量争取最好的结局。

1. 冷静分析

配偶有了外遇时，人们难免会感到天旋地转、肠断心裂或者暴跳如雷。此时，最容易丧失理智，干出鲁莽的事来。正确的做法应该是先冷静分析一下事情的原委：到底是如何发生的？他们两个人的关系到了什么程度？自己的反应有助于解决问题吗⋯⋯

2. 不要到处哭诉

爱人发生了婚外恋，再痛苦也不要到处哭诉与指控爱人的背叛。有的人就偏偏如此，尤其是做妻子的，向父母亲陈情、跟邻居诉苦还不够，甚至还要到爱人的领导那里去折腾。殊不知，如此一来，只会让你的爱人无地容身、甚感羞辱，更坚定了离开你的决心。你的情敌也会躲在一边窃喜。

3. 不要一哭二闹三上吊

尤其是女性，丈夫有了外遇的时候，通常会大肆哭闹。如果哭能使丈夫悔过，当然不妨用哭取胜。可是哭多了不仅没有实际效用，而且可能使对方厌烦，更不愿回家，因此产生反作用。上吊更不可取，如此丈夫会觉得你远不如情人，即使因此回到你身边，心也会离你更远；另外，假如你不慎真的丧命，想想你的情敌该有多高兴呢？所以，千万别用此下策。

4. 不要以牙还牙

有些人在发现配偶有外遇的时候，自己竟也去寻找婚外情以"报复"和"惩罚"配偶。这是处理婚外恋问题的最愚蠢的行径。事情变得复杂、涉足人徒然增多，不仅问题不能解决，两人关系会更加恶化，而且本该属于原配的权益（如经济方面的，甚至于在道德面前的"地位"）也会完全消失。自己损失惨重，还贻笑大方，万不可取。

5. 不要轻易有成人之美、放弃婚姻的想法

爱人有了外遇，很多情况下是可以回头的，不致家庭破裂。如果你主动放弃婚姻，那么家庭破裂不可避免，日后最不幸的是你自己和你的孩子。无辜的孩子其实是离婚最大的受害者。你的轻率决定会害了孩子一辈子。要有绝不放弃婚姻的决心，这样不仅让自己有更大的空间去努力挽回，而且可让你的背叛者和第三者出现关系危机，使第三者趋于死心。

6. 学会宽容，以退为进

掌握了证据而一味紧逼，本想认识错误的爱人也会不厌烦，容易有"一不做，二不休"而与你彻底决裂的心态。此时，如果摆出宽容的姿态，则较能使配偶有"隗疚感"，深觉对不起你，不忍心再伤害你。这样无疑会增加使其回归的向心力。然后，两人可一起找个合理的方式把自己受到的伤害和委屈宣泄出来。

7. "出口转内销"

最明智的做法是"出口转内销"，和风细雨地交流思想、解决问题。回忆当初，哪对夫妻都有一段令人陶醉与向往的日子，只是时间的长与短而已；检讨当前，分析矛盾与冲突的根由，各作自我批评；展望未来，探讨夫妻重新契合的途径。这样做的目的，在于用加倍温暖的心去唤回对方的离散之心。"拉"字当头，不计前嫌，允许"离"心，也允许"回"心。一般来说，将心比心、以心换心，精诚所至、金石为开。

婚外恋者尽管婚外恋时感情炽热，但他们的内心始终为罪恶感和羞耻感所扰，只要阶梯搭牢，他们是会下楼的。如果对方一意孤行，视"内销"为软弱，视宽容为无能，则不得不诉诸法律。

8. 不要把孩子当作砝码

孩子是无辜的，针对婚外恋的夫妻争吵，请不要让孩子看见或听见，更不要将孩子拉来扯去，当作谈判的砝码。可是现实情况是人们常犯这样的错误。要么用物质利益来收买孩子，希望孩子站到自己一边，要么是故意在孩子面前揭发配偶的丑事，好让孩子能了解事情的真相，和自己一起憎恨背叛者。如此一来，不但使孩子学会了要挟大人以取得物质利益的不良行径，更会造成孩子的困惑、自卑及无所适从等不良心理，对孩子的成长贻害无穷。

9. 清醒认识，当离则离

如果已经尽了最大努力来挽回婚姻、避免家庭破碎，但背叛者就是屡教不改，视原配的宽容为无能，则原配要清醒认识，当离则离，不可一味姑息纵容。到了这一地步，尤其是女方，要先做到在经济上、心理上不依附于丈夫的准备，尽可能减少因离婚对自己的物质和精神生活造成的伤害。

十三、婚姻触礁了

往日为爱难舍难分，今日为何反目成仇

"洞房花烛夜，金榜题名时"。结婚一向是国人心目中的人生大事。然而随着时代

的发展，人们的婚姻观念和现状却在传统与现代的矛盾中不断变迁。

据国家民政部统计，2009 年，全国办理离婚手续的夫妻有 246.8 万对，比 2008 年增加了 19.9 万对。

另据广东省近年的一项不完全统计，在离婚家庭中，因夫妻双方无法沟通、感情冷漠离婚的占 60%左右，第三者的出现占近 20%，其余 20%为性生活不和谐、夫妻社会地位悬殊等。此外，离婚家庭中，有 70%左右由女性主动提出离婚；处于 35~39 岁的女性离婚率名列所有年龄段的"榜首"，比 10 多年前增长 2.6 倍。

专家指出，离婚手续的简化、社会的快速转型和两性观念的变化是离婚率高涨的重要原因。现代人对婚姻的永恒观念变淡，诱惑也越来越多。

我国目前离婚现象呈现出下述几种特点：

1. 婚姻"杀手"：第三者插足

案例：王女士是一家医院的党委书记，丈夫是该院的麻醉师。结婚 20 多年，双方感情还说得过去，20 多岁的儿子也已工作。但后来，王女士发现丈夫和他办公室年轻的女医师发生了关系，离婚成了她唯一的选择。

分析：当老婆的脸越来越黄，自己的位置却越来越高，很多男人往往会"偷食"。另外，以前大家生活的圈子很小，提供对比和选择的机会小，当今的信息世界更宽广，身边的诱惑也多了起来。当生活的压力、对理想异性的渴求超过道德的界限时，外遇也就不可避免。

2. 35 岁离婚群：生活琐碎，激情消退

案例：严先生今年 36 岁，去年他和结婚七年的妻子领了一纸离婚证，很多同事都很愕然，平时恩爱的夫妻怎么会走到尽头？严先生表示，当初热恋的激情经过七年的婚姻生活已经不复存在，对生活的抱怨和彼此的不信任越来越多，琐碎的生活、感情的冷漠、无休止的吵架让婚姻最终成为明日黄花。

分析：根据相关调查研究，当前 35 岁左右离婚的夫妻显著增多，甚至已经成为一个"35 岁离婚群"。离婚的原因纷繁复杂，但感情冷漠导致婚姻无法维持占了其中的 60%比左右。

专家认为，随着社会的不断发展，男女地位的越来越平等，人们对婚姻生活有了更高的要求。结婚七八年后，爱的激情逐渐消失，生活的烦恼、抱怨、猜疑和歇斯底里，即所谓"七年之痒"的出现，使婚姻已经不能成为双方心理文化的共同体，好聚好散也就成了现代婚姻的主流。另外，35 岁正是夫妻双方事业生活压力最大的时候。在此环境下，夫妻对彼此的要求也随之升高，使男女双方在家庭内的男女角色扮演上出现错位，"顾得了事业顾不了家"，期待和现实有了落差，争吵就多了，婚姻也就亮起了红灯。

3. 新新女性："超脱"婚恋观

案例：陈女士属于当今大中城市中"闪婚"族之一。按照她的说法，结婚本来就是一纸文书。对于感情不能产生实质性作用。当觉得两个人不适合在一起时她会很干脆地选择分开。她还觉得，如果合适，一夜情也是可以接受的。

分析：网恋、一夜情、"闪婚"等现象在一些大中城市出现较多，主要集中在年轻的白领阶层，新新女性尤多。专家认为，这是由这个阶层的一些特质所决定的。女性在社会生活中的地位上升后，她们经济独立，追求自我价值的实现，不再通过婚姻依赖男性。很多新新人类认为，现代社会的恋爱、婚姻更多的是一种个人行为，自己的感觉最重要，如果不合适就散伙，快结快离，互不拖累。专家估计，随着社会变迁仍在继续，白领阶层也在扩大，网恋、一夜情、"闪婚"等现象有增加的趋势。

4. 隐性离婚：孩子大了，人也该分了

案例：一位结婚多年的男士不久前终于与妻子办了离婚手续。他说，夫妻貌合神离多年，以前嫌离婚手续太烦琐，又不愿去法院打官司，现在双方谈好了，离起来也方便。此外，还存在另一类的"任务型"夫妻，虽然双方已经过不下去了，但私下协议等孩子读完大学后再离。

分析：所谓隐性离婚，是指夫妻双方感情破裂，在家庭内部分居，只是由于各种原因，如财产、孩子、手续麻烦、不想为人所知等，双方没有履行法律上的离婚手续。这种现象在城市中尤为多见，以中年家庭为主。

离婚是刀，划破心灵伤痕千万条

所谓离婚，是指从法律上解除夫妻的婚姻关系。有很多人把离婚看成是旧生活的彻底结束，是心灵痛苦的彻底解脱。其实，虽然通过离婚割断了婚姻关系，但并不意味着痛苦就此消失，离婚给有关当事者带来的心理冲击是不可忽视的。

1. 离婚带来的痛苦心理

婚姻的破裂，通常伴随着感情的痛苦和必须面对的家庭残缺不全的现实。离婚之后，经济收入减少了，只能靠一个人维持以前靠两个人共同维持的生活；其次，家务负担翻番，特别是抚养孩子的一方，既当爸又当妈，万分艰辛；再次，许多基本欲望无法满足，如没有了感情交流、家庭温暖，没有了性生活等等。种种重压之下，离婚者常与痛苦为伴。

2. 离婚带来的仇恨心理

虽然大多数离婚的受害者都想忘记过去的一切、重新开始新的人生，但事实上，摆脱离婚所造成的心理阴影是十分困难的。离婚的不幸经历已经深深地烙在了他们心

里，遇到"阴天下雨"，心理"伤口"还会隐隐作痛。这种情况下，受害者往往会鄙视、憎恨背叛者和那个第三者，一旦难以控制而爆发，形形色色的暴力悲剧可能在所难免。

3. 离婚带来的自卑心理

对于被动离婚者来说，婚姻破裂往往是一次不小的人生打击，可能导致自卑、自暴自弃的心理障碍。被配偶抛弃难免成为人家的谈资和笑柄，而且离婚不可避免地要影响到孩子，于是他们在家庭破碎的巨大痛苦和心灵创伤之中产生了自卑感。长久在自卑的重压下生活，人的心灵会扭曲，会感到万念俱灰、一蹶不振。

4. 离婚带来的孤僻心理

离婚者往往对自己离婚的事情讳莫如深，生怕勾起痛苦的回忆。他们难以做到也不愿意与他人进行心灵沟通，即使是他们的亲人。离婚后的独身者，虽然形式上又回到了自由的单身状态．但内心世界和结婚前的单身状态迥然不同，没有了开心、憧憬，多了痛苦、忧愁与失望。这种精神上和感情上的孤僻状态，极有害于心理健康和以后的生活。

5. 离婚带来的悔悟心理

有些人离婚后，体会到了单身生活的孤独艰辛、再觅婚姻的曲折、子女感情的牵挂，使他们不得不反思当初离婚的草率，从而产生了悔悟心理，"还是原来的好"。在这种心理作用下，不少人"好马又吃回头草"，走上了复婚路。

6. 离婚带来的再婚随意和畏惧心理

离婚者不堪心理和生活的痛苦折磨，会如落水者一样近乎本能地寻求解脱。但年龄渐长，又加上孩子、财产等复杂因素，使不少再婚者将感情放在了次要位置，往往为了更容易地生活而随意结婚。

有过婚姻破裂经历的人，会渴望在新的婚姻中得到心理补偿，但又怕婚姻破裂的悲剧重演，正所谓"一朝被蛇咬，十年怕井绳"。有这种心理，即使真的再婚之后，也过得不会轻松。

离婚受伤最深的不是父母，而是孩子

某男孩刚出生时，父母就关系不和，由不断的争吵发展到拳脚相向，终于在孩子不满一岁时离了婚。离婚后孩子跟随母亲过。母亲极其痛恨孩子的父亲，于是在孩子成长过程中，不断在孩子面前灌输母亲的不幸及父亲的坏处，甚至要孩子对外称父亲死了。孩子的父亲有时来看看孩子，母亲坚决不让，连送给孩子的礼物都给扔到门外。孩子在残缺家庭中逐渐长大，到了幼儿园后不肯合群，不愿与小朋友及老师多讲话，常常一个人呆坐一边，小大人似的想着心事。如果偶尔哪一个小朋友惹恼了他，他就会马上跳起来，与小朋友打架。到了小学，这一现象越来越严重，学习上有了困难也不愿向同学或老师请教，学习成绩很差。

这是由父母离婚导致儿童心理异常的一个典型例子。

国外的一些调查表明，受父母离异影响最大的是 2~5 岁的学龄前儿童，表现为强烈的情绪反应，主要有恐惧、自责、退缩等；学龄儿童常见的心理反应是抑郁、焦虑、恐惧，在同伴面前自卑。这种精神方面的挫伤还影响孩子的学业，如成绩差、说谎、逃学、攻击人等。到青少年时期则主要表现与父母疏远，过早结交异性朋友、离家出走、酗酒，以致走上违法犯罪的道路。离婚对许多儿童的伤害一直会持续几十年的时间。

美国研究者从 1971 年开始跟踪研究旧金山湾地区的 100 名儿童，从他们的父母离婚时开始一直到他们成年。在 25 年的跟踪研究中，研究者还访问了 44 名来自完整家庭的儿童。他们与那些离婚家庭的孩子一起长大，并上同样的学校。通过比较这两组儿童的生活经历，研究者发现，父母离婚对儿童的情感生活有深远和持续的影响，这样的影响在他们成年后自己的成人关系中会明显地表现出来。离婚家庭的孩子所经历的生活充满了陷阱。他们害怕失去，对灾难感到恐惧，在青年时期更多地使用毒品和酒精。研究表明，他们与那些来自完整家庭的孩子相比，拥有婚姻的人更少，有孩子的人也更少，而离婚率更高。虽然大部分离婚家庭的孩子最终克服了困难，过上正常的生活，但在这个过程中，他们会犯更多的错误。研究还表明，父母离婚时，孩子越小，经历的伤害就越多。当然这并不意味着父母为了孩子必须维持糟糕透顶的婚姻。

研究者还说，在某些特殊的情况下，离婚对孩子是有利的。比如父母中的一方能从根本上改善孩子的生活，并成为孩子好的榜样。但如果离婚使对孩子的抚养更困难的话，生活对孩子就更加艰难。

国内的研究资料也显示，离婚家庭中的儿童比和睦家庭的儿童存在更多的心理卫生问题。男孩子主要表现在行为方面异常，如对人冷淡、无动于衷，不愿与人交谈，易烦躁、发怒等；女孩则以情感障碍为主，表现为爱哭，过分胆小或焦虑、闷闷不乐，觉得低人一等。年幼组以情绪异常为主，而大年龄组在行为、情绪、性格等方面均可能异常。对父母离婚的不满和愤怒常常迁怒于同龄伙伴，极易演化成攻击行为，影响自己的结伴能力，引起社会适应障碍。

因此，为了孩子们的成长和教育，建议各位爸爸妈妈们谨慎处理婚姻矛盾，对待离婚应采取克制、理智、心平气和的态度，不要轻率离婚。如果不得已非要离婚的话，也应了解孩子可能受到的心理冲击，采取预防措施，使孩子在思想情绪上逐渐接受父母离异的现实，让他们平安地度过这一特殊时期。社会也应当关心爱护这样的孩子，不能歧视他们，不能损伤他们的心灵，帮助他们健康成长。

但不能因此而反对一切离婚。因为离婚本身是一种十分复杂的社会现象，如果硬要那些感情确已破裂的夫妻勉强凑合在一起，那么孩子就会整天生活在父母的战争中，对于孩子的成长和心理健康，同样是非常不利的。

心平气和，协议离婚

离婚对当事人及其子女的身心健康是十分有害的，然而对于感情已经完全破裂、修复无望的夫妻来说，勉强维持即将倒塌的围城、长期忍受同床异梦的折磨，对身心健康又是何等不利！

该离就离吧，但是要提醒离婚者的是，在离婚的前前后后要注意保持心理平衡，维护好自身和子女的身心健康。

1. 将离婚当成解脱，重获新的人生

应该这样想：终于解脱了，再也不必忍受同床异梦的折磨了，可以重新选择自己的生活了。其实这正是法律规定离婚自由的根据所在。社会的正确理解与支持，可以帮助离婚者振作精神，走出离婚的心理阴影。

2. 离异双方要心平气和，切勿报复

离异者要注意保持一种理智、达观的心态，拿出一定的美德风范，合理地解决财产分割、子女抚养等问题，做到好离好散，切勿在经济上、心理上和身体上报复对方。近年来，人们也正力求以一种稳妥、友善的方式进行离婚，心平气和的"协议离婚"越来越被人们所接受，这是进步的表现。

3. 要坦然面对现实，积极转移注意力

离婚后，不要再怨天尤人，要坦然接受现实，积极转移自己的注意力，减轻离婚的痛苦。要将更多的精力放在事业进步和对长幼的爱上，冲淡离婚的心理阴影；要鼓足勇气、投身到集体中去，获得集体的关怀和温暖，不可整天自我封闭、长吁短叹、难于自拔；或投身到大自然中，借美丽的自然风光欢愉身心、豁达心胸，这些将有助于摆脱心灵痛苦。

4. 注意维护孩子的身心健康

离异者，无论是在离婚过程中还是离婚之后，都要注意维护孩子的身心健康。双方必须继续承担起抚养、教育子女的责任和义务，为他们提供更多的关怀和保护，继续培养其对父母双方的感情，训练孩子的自我照顾能力。双方要用爱心去抚慰孩子受伤的心灵。一旦发现孩子出现了不良心理反应，要及时请专业人士对其进行诊治。

十四、男人是视觉型，女人是触觉型

性行为的一般心理特性

性，是一个非常敏感、非常具体的话题，它是人类各种行为中最普遍、最正常存在的一种现象。人类的性行为包括拥抱、接吻、爱抚、性交等。性行为，是繁衍后代及人类社会发展的基本内容之一。一般性行为包含以下心理特性。

1. 性行为的自私性

性行为的自私性，是人类区别于动物的一个重要特征。性自私心理的重要表现是性爱排他性，是两性关系中极为普遍的心理，这种心理首先是真爱的体现。当然，性行为的自私性也可能导致严重不良后果。比如极个别男性发现爱人与其他异性交往或者相爱，会来个同归于尽。

2. 性行为的喜新性

人类在性行为中也有很强烈的喜新、猎奇心理。对性的喜新性贯穿人的生理、心理发展的全过程。

相爱的男女一旦走进婚姻的殿堂，彼此心里与生理的一切秘密袒露给了对方，彼此占有的期望实现了，往日对异性的神秘感和追求渴望也就开始淡化，一切都变得习以为常，慢慢就会感到厌倦。所以，婚前性交者尤其应该注意，双方过早地把性秘密暴露给对方，过早被占有，不仅稳固不了感情，还会给以后的婚姻投下阴影。

性行为的喜新心理驱使着人们不断追求新的目标，但任何新事物都具有潜在的危险性，所以必须谨慎对待。如果一个人受社会法律和道德规范的约束而对喜新心理保持足够的控制，就能忠贞地走完人生，否则可能走向罪恶深渊，落得法律制裁和众叛亲离的结果。

3. 性行为的厌倦性

性行为的厌倦性是人类对性活动的一种持续性的憎恶反应，是性满足的最大威胁，常威胁家庭的稳定。

长期单调的夫妻生活，使夫妻把性生活视为"例行公事"，尤其女方，常处于尽义务的被动应付状态，无快乐与满足之感。性行为的厌倦性如果不及时纠正与调适而继续发展，很可能导致三种后果：勉强延续婚姻、婚外性生活和家庭离异。

调适，是利用喜新性增加性吸引的手段，是克服性厌倦的最好方法。主动开展调适活动，改变单调乏味的性生活方式是双方的责任，是防止性转移的最好措施，也是

家庭生活美满的黏合剂。所以，你要发挥你的创造性和想象力，积极进行性心理和行为调适，完全有可能使你摆脱枯燥乏味的羁绊，创造和谐的性爱生活。

4. 性行为的脆弱性

性行为心理的脆弱性是指正常的性反应很容易受到精神因素的干扰。这些干扰因素中，焦虑是第一位的，愤怒、敌视和怨恨等也很关键。这种脆弱性如果处理不好，可能导致婚姻破裂。所以，在进行性行为的时候，一定要选择好环境。

5. 性行为的阈值性

性行为生理、心理甚至体力上都有阈值，不可能长期使性兴奋保持在一个阈值水平。例如，男性勃起时间与硬度在 20~30 岁达到高峰，而后逐年下降；晨间勃起次数和性能力 35 岁为高峰，以后随年龄增长而下降。随着性的适应与年龄的增大，性刺激的敏感性会降低，而耐受性会增加。

所以，结婚多年的人，要变换做爱方式或加大刺激强度、时间，达到一定的阈值水平，这是爱情保鲜和性生活协调的心理基础。刺激过于强烈和长久也不好，会形成恶性刺激，使一方或双方产生厌恶感，久之势必影响性和谐。黄色小说和录像等高强度刺激，会使性行为心理阈值加大，耐受力增强，久之将不能引起阴茎勃起，是性神经疲劳的一种表现。达不到阈值最低限的弱刺激往往不能引起性兴奋，使双方达不到性高潮，久之会导致性欲降低、性厌倦，夫妻性生活过早终止，即"早衰"或"阴冷"。长时间的性搁置，将使阴茎勃起功能减退，废弃性阴道过早出现。

6. 性行为的外部性

统计表明，人们丧偶头三个月，鳏夫的死亡危险率增加 48%，寡妇的死亡危险率增加 22%；鳏夫十年内死亡概率比有偶者高两倍。这是因为丧偶后的心理压力造成免疫力降低、睾丸激素下降、机体功能受损。可见完美的性生活，对人的身体健康也是十分重要的。

性爱双方获得了性快乐与性满足之后，生理性压抑释放，心里感到欣慰，获得了一种性外的积极能量，这就是性的外部性。夫妻性饥饿得到满足后，对对方的态度上、对待家务劳动上、对孩子教育爱护上、人际关系的处理上以及在事业上，都会有积极的表现。

7. 性行为的平等性

人们通常认为男方在性行为中处于主动地位，女方处于从属地位，这是一种误解。实验证明，夫妻之间的性生活不存在主、从地位，夫妇双方都应该扮演主角；双方既是性行为的主动者，又是性行为的被动者；既是性信息的供体，又是性信息的受体。作为合法夫妻，掌握节律、传递信息、调适方式是性行为的科学方法。

总之，性生活是婚姻的主要组成部分之一，和谐的性生活能够促进夫妻感情、婚姻幸福。但不要以为结了婚，就可以随便发泄性欲望，也要懂得克制。比如在妻子怀孕、一方身体不适、暂时出差外地、长期分离两地的情况下，必须控制自己的性欲望。或者是由于外来原因、夫妻吵架等导致一方心情不好，不愿意过性生活的时候，另一方也要克制欲望，不可以霸王硬上弓。

男人的性心理习惯

两对青年男女在大街上迎面走来，擦身而过时，都向对面的青年女子投去一瞥——男的看对面的女子是饱饱眼福，女的也看对面的女子是下意识的对抗、竞争，攀比心理使然。

根据研究分析，男人的性心理习惯非常明显。女人对此不必太介意，因为这是男人的天性，而且多数他们也就是看看而已，并不会有什么实际行动。

平日里，常常可以见到几个年轻男人凑在一起说些"下流"的话，其实这是男性性心理现象的一种常见情况，不能简单地视之为低级下流。不同年龄、不同阅历的男人有着不同的"下流"话心理：年龄较大、性经验较丰富的人说些"下流"话，多是为了夸示其见多识广；年龄较小、没有性经验的男子这样做，多半是发自一种不愿被人认为是毛头小子的虚荣心；还有的男人这样做，是为了松弛紧张的性饥渴状态，发泄性欲。

你可能还会看见这样的情景，当附近有女性时，有的男人就更喜欢言语猥亵，看到女人害羞的表情他们就会很满足。

男人先天就有强烈的"接触异性欲"。实际上这对人类的繁衍是有积极意义的，而且也符合自然界的一个普遍规律——性爱的行为，只有雄性发挥其积极性，方为可能。热恋中的女孩可能对此深有体会：男友总是特别喜欢触摸自己，而且如果自己拒绝，他就会很生气，会说你不爱他。他们不但喜欢触摸，而且喜欢得寸进尺地触摸，就像契诃夫在《樱桃园》中所说的："如果让你吻手，接着你一定会要吻肩膀，吻吻头。"

青年男子，恋爱时总喜欢直截了当或装作无意地询问女方的过去，这是因为男人具有很强的性独占欲。当他爱上一个女人的时候，他就希望永远独占她，甚至包括她的过去。女人则不同，一般不太在意所爱之人的过去，只关注他的现在和未来。

在性欲方面，男人仅仅靠视觉就能够挑起性欲望，女人则必须靠爱抚才行。所以说男性是"视觉型"的动物，女性是"触觉型"的动物。男子喜欢看女人裸体，而且女性越遮隐的部位，对男性越有刺激性；男人还喜欢性幻想，看到女人的遮隐部位，他就想到下一步更刺激的情景，还想亲自为她脱去所有衣服，感受因而愈加强烈。所以，实际上那些腼腆、遮掩的女人比那些轻佻、暴露的女性对男性更具有诱惑性和刺激性。

女人对性的基本需求

男人对女人的要求非常耐人寻味，有人这样总结道：当男人和一个良家女子在一起的时候，他希望在女人身上看到荡妇的风尘味道；当男人和一个真正的风尘女子在一起时，又希望女人温婉娴雅，像一个良家女子。而当一个女人成为一个男人名正言顺的妻子时，她那和身份完全吻合的勤谨、贤惠、不温不火的表现，在男人的眼里会慢慢变得索然无味。在男人的潜意识里，其实一直渴望妻子能够偶尔变变脸、变变花样，给自己带来一种完全不

契诃夫

同的感觉。女人的风情，女人的性感，女人的妩媚，女人的妖娆，无一不是女人追求的。

当然，性不是男人的专权，女人也有性需求。夫妇双方对性欲的要求和享有性欲的满足与性快感的权利是平等的，不是单方面的，更不能一方从属于另一方。众所周知，性需求会因应对环境和心情而有所不同，但是根据欧美一些知名医生的性学研究指出，每个女人对性的基本需求大致可分为三种类型，而每一种性欲，都有对应的方法，可使双方的性生活更加完美。

1. "放荡"型女人的性需求

有的女人视一夜情如家常便饭，动不动就想与人交欢，这种女人就属于放荡型女人。这种女人有很丰富的性幻想，而且非常强烈。放荡型的女人也特别容易有生理反应，性欲旺盛，严重者更会达到无性不欢的地步。

如果你恰巧是这种女人，如果不想再被性欲支配身体，便要尽力克制自己的性欲。例如，当发觉自己有生理反应时，可以将注意力转移到其他地方，比如可以走去看看书或做做运动。

2. 知足型女人的性需求

有些女人对性极容易满足，从来不会刻意追求快感和高潮，所以很多此类型的女人根本不知道何谓性高潮。她这种类型的女人虽然还未至于下跌到不需要性爱的地步，但由于性欲本身就不旺盛，觉得可有可无，长此下去恐怕会失去对性爱的兴趣，所以趁现在仍有机会改善，便应想办法改善。

如果你恰巧是这种类型的女人，虽然不习惯对伴侣提出任何需求，但在过程当中也应尝试叫伴侣帮你找出自己的敏感地带，让他为你加强性刺激，提升性快感，使你

学会投入性生活和享受性爱的美好滋味。

3. 内敛型女人的性需求

在我国，大部分女性都属于这一类型，她们性欲正常，但是性欲较为内敛。她们对性理智而清晰，性欲不爆发时可以十分平静，但只要遇上适当的对象，配合时机和良好的气氛，其性欲就会释放出来，而且一爆发就十分激烈。这种类型的女人，正是男人所渴求的"入得厨房，出得厅堂，上得大床"的完美配偶，是贤妻与"荡妇"的融合。

如果你恰巧是这种类型的女人，基本上没什么需要改善的地方，唯一要注意的一点是，有时候别让理性或固定的思维太过控制情欲，否则，你将会错过许多享受性爱的乐趣。

性，是婚姻生活的一部分，也是与伴侣维系感情的桥梁，但是在性生活方面和伴侣有合不来的情况，便会影响生活和感情的长远。因此，聪明女人应该充分了解自己对性的反应，然后在合适的时机纵情享乐，才可以令双方拥有幸福美满的性生活。

调情让性生活到更有情调

性，是中国人感到难以启齿的字眼，内敛含蓄的个性使我们都喜欢把激情埋藏在心底，只有"举案齐眉""相敬如宾"才被尊为夫妻相处的典范。

中国人，特别是中国女人，向来不太会调情。鲁迅先生曾经慨叹，中国女人有母性没有妻性。一旦进入婚姻，就会成为任劳任怨的家庭主妇，丝毫不懂得调情的乐趣，任凭激情在单调岁月中消磨殆尽，仿佛夫妻生活就应该是那样的，要不是那样才是出了问题呢。

婚姻是人生中一段重要的岁月，从执子之手算起，一般要共同走过三四十年，甚至更久的时光，悠悠岁月里，真正做到相看两不厌的恐怕是少数。聪明的女人，应该做婚姻里的千面女郎，时刻注入新鲜感，偶尔展露出一点儿不同的风情，这样才能让丈夫欣喜若狂，仿佛自己淘到了一个难得的宝贝一般。聪明男人也是，虽然不必去力争调情高手，但是适当地对妻子调调情，你会发现老夫老妻也可以有春天。有些女人对特别的环境异常地动情，例如，朦胧的灯光、特别的香味、男人宽厚而滴汗的胸膛等等。所以，男人调情，充分的后续也很重要，需要双方情感的交流。

聪明的女人穿着性感的衣服，躺在床上等待晚归的丈夫，当满心疲惫的男人走进家门的时候，半掩的卧室门也许还漏出几缕温暖的灯光，这实在是一幅令人遐想的场景，多少的疲惫都能一扫而空，胸中涌动的是无限温柔的旖旎情思。

调情，其实就是制造情趣。在西方社会里，"调情的艺术"是女孩子们的必修课，其重要性不亚于在学校里学的各门课程。

通过研究发现，女人具有一种男性缺乏的"社交基因"，她们敏感细腻，能够迅速理解他人行为的含义，并据此做出相应的反应。女人性格中天生便具备善于调情的素质，那为何不把这种素质发扬光大呢？

女人和男人调情时肢体语言不可少。明明在他怀里，却一边撒娇一边要他抱抱你，明明耳鬓厮磨，却咬着他的耳垂轻声细语地告诉他：我是你的唯一。这样的"小动作"对于刺激情爱的作用非同小可。

女人和男人调情，还可以使用令男人着迷的女人温言软语的情话，所谓精神调情。

为什么热恋时女人的一个温柔眼神，都会让男人回味无穷？当你与一个异性产生一见钟情的感觉，其实就是精神调情的结果，而且这种调情比肉体上的调情产生的磁场大无数倍。精神调情的首要一点是欣赏。

调情的言语从甜言蜜语开始，真诚的赞美尤其动听。如果实在拙于言语，就让肢体语言流露心中的情意吧！

如果你对某个男人有意，不妨大大方方地直视对方，或者斜眸凝睇，或频频用眼睛瞟着对方，等攫获对方的视线后，再低垂双眼，缓缓抬眼望着对方，更进一步到目光交缠，主动玩起调情的游戏。

如果你对某个男人有意，看男人的眼神一定充满魅力和柔情，会让男人所有的细胞都产生舒服、受用的感觉，继而，大脑反馈他一个结果——他是很棒的男人，他想要征服你。当精神调情一旦发挥作用，男人就会身不由己，很快被女人的温香软玉所俘虏。

有时候女性拨拨发丝、甩甩头发、挑起眉毛、努嘴舔唇、频频微笑、摸着颈项胸口等小动作，都带有调情的意味，鼓励彼此进一步接触。在好感和矜持之间，有些女性会出现抱臂、弓身、双腿紧闭的防卫动作，但好感的讯号却会从张开的手指头、放松的肌肉中流露出来。

调情，不应该是简单的搔首弄姿，而应该是搔首弄姿的最高境界，是身段、眼神、技巧的结合，是有风情而不轻浮，柔情而不矫情。想要练得一举手一投足就流露出风韵，想要眉眼神情里充满魅力，需要内涵修养来支撑，也需要岁月阅历来打磨。

真正的调情高手，也许并不需要依靠美貌进行诱惑，仪态语言可能是最有效的调情手段，再辅助一些精美的调情语言，就能调配出美满幸福的夫妻生活。

夫妻性满足的心理条件

夫妻性生活过程中，会表现出许多复杂的心理活动，使性行为有明确的选择性和指向性，并且能预见到性行为可能产生的后果。夫妻之间就是通过性生活进一步增加相互之间的感情，使爱情巩固和发展，也是通过性生活，发现彼此不合拍，矛盾越来越多。

研究表明，夫妻对婚姻的满足程度与获得性满足的水平息息相关。性生活不美满，夫妻很难感到婚姻的幸福；反过来，夫妻婚姻关系不好，也很难获得满意的性生活。

夫妻性生活和谐与否，与双方的感情状态、性经验及默契合作等几个因素密切相关。性生活和谐，夫妻感情才能融洽、家庭才能和睦；不和谐的性生活会引起夫妻双方性功能障碍，造成感情破裂，甚至导致离婚悲剧。

那么，夫妻怎样才能达到性满足呢？性满足受哪些心理条件的影响呢？不妨看看下面的内容。

建立以爱情为基础的婚姻。有爱的夫妻性生活才是美满的性生活，才能让双方尤其是女方感觉到愉悦。没有爱情的性交生活是不可能得到心灵和肉体的满足的，仅仅是一种性欲的发泄。性行为在本质上是一种心理现象，如果心理不平衡，有恐惧、担心、紧张、忧虑、厌恶、气恼等不良情绪，性交满意度必然受到影响。

夫妻要相互保持性吸引力。这个需要夫妻之间做很多的事情，比如性接触不要过于频繁，要适度分床而居，提高性敏锐度；夫妻都要保持肌肤和内衣清洁；不随便在配偶面前赤身裸体；双方尽量表现自己的积极品质、克服消极品质等等。

"求同存异"地过性生活。夫妻双方的性要求往往是有差异的，对性愉快、性交频率、性偏好等问题的认知也不完全一致。夫妻不要苛求对方符合自己的意愿，而应相互体谅、相互理解，否则难以获得性满足。"求同"的同时，更应该"存异"，双方应互相学习、主动交流，使性认识逐步一致，以便性生活更加和谐。

夫妻之间经常进行爱的表达，这是维持性吸引力、获得性满足的一个重要条件。爱的表达必须是真诚的，可以直接说"我爱你"，也可以通过亲吻和爱抚等非语言行为进行。真诚的爱的表达能体现内心的快乐感，爱的表达象征了性欢乐和爱的联系，使夫妻性生活自然、热烈而和谐。

选择适宜的环境。环境适宜是排除心理干扰的重要途径，如卧室安静，白天有窗帘使室内光线柔和，晚间用小度数灯光，床铺应舒适，床上用品要干净，尽量选用自己喜爱的款式和颜色，等等。

过程中要注意细节。性生活中的非言语交流，是一种无声的信息传递，可使性生活更富有想象力、感染力，给人以含蓄美的享受。一般女性的性冲动处于潜伏状态，男性应主动调动女性性欲，做好性交前的爱抚准备。男性要轻柔抚摸女性阴蒂、乳房、乳头等性敏感区，充分利用视觉、听觉、触觉，多方面激发女性性欲，待女性有性交要求后再进行性交。男性射精后不应倒头就睡，要继续拥抱女性一段时间，充分爱抚、相互交谈，使女性获得心理满足。

女人的拥抱、接吻、含情脉脉的目光、缠绵的低语，都是在发出求爱的信息。当妻子拥抱你更紧或者身体更贴近你时，表示她需要你更强的刺激，当她缓缓推开你时，你也应该识趣。

为了获得高质量的性爱，可以预先规定好暗号，比如双方可以手掌相贴，根据对方在掌心上用力的大小，来调整性行为的姿势和幅度。还可以事先拟定一个女方高潮来临时的性暗号，这样既迅速又准确地把握女方性高潮，从而双双进入高潮期，达到性生活的最大美满。

总之，心理平衡、互相信任、真诚相爱，是性生活和谐的首要心理因素；排除心理干扰至关重要。这必须首先做到双方心理上的平等。

十五、男人也要哄，大男子主义可以是传说

有人说，男人赢得一个女人的心往往靠雄性的征服，而女人赢得一个男人的心用的是温柔。因此，一个智慧的女人，在面对一个霸道的男人时，只需拿出自己温柔的本色。

女人多用用"温柔主义"

在女人的眼里，很多男人都会有大男子主义思想，要是碰到一个大男子主义的丈夫，女人的日子就会不好过，因为男人的大男子主义思想，常常会使得女人变成了男人的附属，这样，不仅女人没有应有的家庭地位，男人的霸道、粗鲁、独断专行等也会在女人面前显露无余，他更不会去怜香惜玉。那么，男人就是这样的吗？

其实，霸道是男人的天性。试问，天下的动物，哪种不是雄性最霸道？男人总是以自己是"男人"引以为豪，在各个方面视能"独霸天下"为最高标准。但在现实中，并没有很多男人能清醒地认识到自己也和女人一样平庸。最普通的男人，也总试图保持着自己在女人面前的优势，就是什么优势也没有的一个男人，他至少还要在脾气上压倒女人。

男人是霸道的，但是，温柔的女人是他的克星。有人说，男人赢得一个女人的心往往靠雄性的征服，而女人赢得一个男人的心用的是温柔。因此，一个智慧的女人，在面对一个霸道的男人时，只需拿出自己温柔的本色。

朱德卢的太太叶丽是一个能干的女人，出色的工作能力使得她的收入要比丈夫高得多。看到妻子比自己强，朱德卢的心里很不是滋味，他害怕妻子移情别恋。针对妻子工作的应酬比较多，他要求妻子，一是不要再喝酒；二是不可晚归，并给妻子很多

活动限制。

可是，因为工作的原因，叶丽常常超出了丈夫的限制范围，这时的丈夫总是对叶丽没有好脸色。可是叶丽呢？并没有因为丈夫的指责而生气，丈夫不理她，她就主动地上前搭讪，语气温和地与他讲话。丈夫一看叶丽温柔的样子，心常常就被泡软了，就不再生气了。

有一次，叶丽回来晚了，一进门看见丈夫阴沉着脸，叶丽就上前拥抱他，一边说："以后呀，我一定要多抽时间陪你，对我老公多关心体贴。"说着叶丽就抱紧丈夫，并试图吻他，起先丈夫还推拒，可也架不住妻子一次次的笑脸相陪，这时也不回避了，迎着妻子的爱抚，两只手也把妻子紧紧地拥住。"你看，这样多好，为什么要闹别扭呢？"叶丽说。"谁让你这么晚才回来，说不定心里有了别人？"丈夫嗔道。"不会的，以后就只对老公一个人好，心里只有你一个。"

渐渐地，朱德卢放弃了对妻子的很多限制和要求，因为他觉得妻子是爱自己的，更是一个值得信任的人。

叶丽用自己的温柔化解了丈夫对自己无理的束缚，这比用激烈的言辞与丈夫争论要好得多，否则，丈夫的大男子主义思想的阴霾永远会照在她的头上。

其实，聪明的女人懂得，不管男人怎么霸道，女人是水做的，男人是泥做的，自己的温柔就是最好的教夫之道。不要对自己不如意的老公有抱怨，应该拿出女人的柔美本色，对"毛病"较多的老公多一些温柔，对为家打拼的老公多一些疼爱，这样就一定能调教出一个好老公来。

男人喜欢被女人认同和赞赏

希望得到别人的欣赏和肯定，得到最亲近的人的欣赏，这是人的普遍心理。我们常常在影视中看见这样的画面，一个男人在临阵杀敌之前如果被自己喜欢的女人推崇一番，他就会突然像变了一个人一样，一下子变得勇敢善战起来。这说明什么？说明男人喜欢被女人认同和赞赏，需要女人崇拜。对男人来说，女人认同男人的力量是不可小觑的，它可以激发男人潜在的能力。

所以，女人对男人表示某种认同的时候，不仅是对男人已经完成的事情的肯定，而且可以增强男人的自信心。而在男人的眼里，这样的女人是旺夫的女人，会成为自己一生的挚爱。

王小雅的老公牛强生性格温和、不喜言谈，是一个大学生。与他相反，王小雅却是个非常活泼开朗的女人，但只有高中学历。

因为牛强生的性格太过温顺，甚至有点柔弱，所以工作一直就不是很顺利，可王小雅却没有因此埋怨他。"我看你是个人才，只是他们不识千里马。你一定会找到自己的伯乐。"每当老公心灰意冷的时候，王小雅常常这样宽慰老公。

由于工作不顺利，牛强生提出自己创业。王小雅清楚，凭老公的性格，不一定适合做老板，但是她觉得，正是老公的性格不好，才更需要锻炼和改变。

王小雅拿出了多年的积蓄，让牛强生创办了属于自己的公司。可是，公司经营半年就一直做赔本的买卖，眼看着就要血本无归了。

"我可能真的不是做老板的料，不做了吧！"牛强生说。

"谁说你不是做老板的料呢？我看你行，只是运气不好，做生意就是有赚有赔。"王小雅鼓励丈夫说。

每次只要一回到家，一遇上这活泼的老婆，牛强生的心情就很不错。不是因为老婆话多，而是因为老婆的每句话让他都很受用，让他感觉自己在老婆眼里原来那么能干，那些在外受的委屈也一下子消失了。也因为老婆的这些话，牛强生暗暗发誓一定要做出点模样给老婆看看，不能让老婆失望。

在后来的几年时间里，牛强生进步很快，成了一家大公司的老板，身家超过了千万。

有人说，男人有钱就变坏。其实，不是男人有钱就变坏，而是外面的诱惑太多了。牛强生作为一个成功的男人，自然也会面临诸多的诱惑，但他能抵制种种诱惑，绝不在外面拈花惹草。牛强生心中清楚，自己的成功得益于自己的老婆，王小雅是个旺夫的女人，自己绝不能背叛这样的好女人。

有人羡慕王小雅好命，可有多少人会知道这一切可都是王小雅自己挣下的呢？

认同男人是得到男人认同的办法，也是女人守住幸福的办法。男人承担着一家之重，在外很是辛苦，也许还受尽老板的摧残，他也会有坚持不住的时候。这时候女人适时地认同赞赏他一下，不但给他鼓励，也让他在女人这找到一份安慰，这样他才会更加努力地去奋斗，让女人得到该得的幸福。

所以，认同是一种力量，可以激起男人最大的潜力去做得更好，聪明的女人懂得，自己是属于他的，如果自己不认同他，留给谁来认同呢？等别人认同了，只怕一切都晚了。

男人爱面子就如女人爱漂亮，认同对于男人的重要性就好似赞美对于女人的重要性。女人一高兴就和赞美者近乎了，而男人一高兴，也自然会对认同自己的女人关爱有加。女人为了能让男人更喜欢自己，认同绝对是最好的方式！

多数女人往往不会在意男人在家的努力，对他们的工作视而不见。就像我们上面描述的那样。老公的努力确实都是很多小事情，但好女人也不应该忽略细节处的认同。这些细节处的认同，不仅使老公开心，还会让他觉得贴心。相反，如果老公的努力一直得不到女人的欣赏，一次次失望过后，他就会对生活失去热情，夫妻关系也会受到影响。

如果你是个聪明的女人，不妨主动靠近他，说说你对他的欣赏，说说你对他的崇拜，让他有十足的面子，也因此不忍心去太过强硬地拒绝自己，也给自己一点儿希望。很多时候男人没有去选择自己最喜欢的女人，而选择了那个最认同自己的女人。

女人要哄，男人要捧

我们都知道女人爱听男人的哄，而与女人相同的是，男人同样需要捧。楚王喜欢赞美之词，所以听不进屈原的逆耳忠言；大汉天子喜欢赞美之词，所以误信了李广利的美言。这些都说明一点，男人也是爱听好话，爱被奉承的，捧一捧就能搞定。

因此有人说，如果想安慰一个怒火中烧的男人，最好的办法就是把他拉到一边捧一捧，对他说一句"男子汉大丈夫，不要和他一般见识"。"你宰相肚里能撑船。"十有八九男人会气消大半，因为没有什么比捧更能安抚一个生气的男人了。

人都喜欢别人赞美自己，尤其是男人这种要极了面子的动物，这些好听的话听到他们的耳中，那叫一个舒服，自己的脸面何其光彩。而男人只要有了面子，其他什么都不重要了。所以想要男人对你百依百顺，捧确实是一个好办法，因为在感情的王国里，女人喜欢哄，男人喜欢捧。尤其是一个女人的捧，那更会让男人受用万分。

前几日，程翠华的妈妈打来电话，说她弟弟要结婚，能不能跟程翠华夫妇再借5万块钱，因为弟弟想凑钱买一辆车。

妈妈的电话着实让程翠华发愁，尽管自己的条件不差，5万块钱没什么问题，但是，因为弟弟买房子时，自己和老公也赞助了不少，现在又要借钱买车，这让自己怎么和老公说呀。

说来很巧，就在妈妈提出借钱的第三天，老公接了一单大生意，提成不菲不说，老板还给他加薪升职了，程翠华一看，这机会来了。

这天晚上，程翠华下厨做了一桌好菜，并特意买了一瓶红酒，等丈夫下班回来。

老公回来一看，问："什么好事，做这么多我爱吃的？"

程翠华说："把你和别人的老公比比，我觉得自己很幸福，因为在我的好朋友的老公中，你是最能干的。这不，你加薪升职了，所以，我要犒劳犒劳你。"

"我什么时候在你眼里变得那么好啦？"老公一边说，一边急迫伸手捡桌上的菜吃。

"你就这点不好，去，洗洗手去。"程翠华打开了老公的手。

老公洗了手，两个人坐下来吃饭，边喝边聊。

"我的同事经常说到你，说你能干，又说你有气魄，还说什么发现你现在连人也看上去更精神了，越长越年轻不说，还越来越帅了。她们观察蛮仔细的。"程翠华笑

着说。

"又是小倩那帮人说的吧，你的那帮死党真八卦。"老公说。

"小倩和淘淘她们经常说你好，我也觉得你好。你看，这个家都是你撑起来的，我知道，我弟弟也多亏你才买了房子，所以你撑起了两个家。他们看好你，也是名副其实，这不，你又加了工资又升职，我看比她们说的还好。"程翠华说着，端起酒杯，"我敬老公！"

两个人一干而尽。

"可是，就是有人见不得你能干。"程翠华放下酒杯说，"前天，妈妈打电话来，说弟弟要结婚买车，向我们借几万块钱，看你升职加薪就向你伸手，我可不同意，不能什么事都找你呀，把你累垮了，我可舍不得。"

"干嘛呀，都是一家人。"老公说，"家里不是还有闲钱吗？闲着也是闲着，你就拿给她呗。"

"不，我不想加重你的负担。"程翠华佯装说。

"放心，你老公还是有能力负担的。"

……

就这样，懂男人的程翠华捧了捧老公，事情就轻易搞定了。

程翠华是选在老公本来就高兴的档上捧的，这让老公的高兴程度大大提高，比单纯的奉承可是强上不少倍。而程翠华又是在老公升职的时候奉承他，捧得"理所当然""天衣无缝"，丝毫看不出故意的成分，尽管她明明就是故意的。而程翠华也不是只顾嘴上奉承，她还准备了一桌好菜，在行动上奉承了老公一番，老公自是很受用，这面子可是十足的。再在适当的时候提出自己要借钱的事，老公又怎会不主动答应呢？

男人为了家在外辛苦打拼，回到家里，不管他是功成名就，还是一时落魄，都特别需要女人的支持和鼓励。

男人是很在乎女人对自己事业功绩的评价的。成功的男人得到女人的捧，必然努力工作。失意的男人得到女人的捧，也会鼓起斗志，东山再起。女人的关心，就像吹面而过的柔和的春风，又如沁人心脾的淡淡花香，在悄然间渗入男人的心灵之中，融化他们的心怀。男人们最喜欢关心、体贴、善解人意的女人，女人的关心和温柔会让男人从心底感到快慰。

所以在男人面前，女人要学会捧男人：

"赵老师，您那本书写得真好，花了您不少精力吧，瞧您现在比以前瘦多了，保重身体呀。"

"张哥，您居然把事谈成了？有什么高招，以后您可得教教我，我要拜您为师，向您学艺。"

……

女人这些充满温馨和敬仰的语句，怎么能让男人不动心，不打心底感激，不视女人为自己的好友呢？

不仅是赵老师还有张哥喜欢女人的捧，天下的男人都是这样，喜欢被女人赞许，被女人夸奖。在女人面前，男人绝对是个"昏君"，只要你肯奉承，他什么都答应。聪明的女人知道抓住男人这根软肋，就一定能驾驭男人，找到自己想要的幸福。

私房钱，你给男人藏了没

"男人有钱就变坏。"这是很多女人的信条，于是，这些女人绝不允许男人有私房钱。难道男人的"私房钱"都是用来背叛女人的吗？

作为个人的消费，男女之间是不同的。男人口袋里的钱，往往用来抽烟喝酒、交朋结友。而女人最多是把钱用在自己的打扮上。男人和男人在一起常常是为了吃喝玩乐，而女人和女人在一起最喜欢做的就是逛街，她们之间的消费却没有男人间的那份豪爽，就是一顿便餐也会 AA 制，而男人间却会有今天你请我、明天我请你的那种快乐。因此，在两口子当中，男人花钱要比女人"自私"得多，你看，男人常常把钱用在吃喝玩乐上，仅为自己快活，而女人常是在打扮上花钱，其很大部分也还是为了男人，"女为悦己者容"嘛！男人的钱，可以背着自己的老婆去花，而女人则不同。你想，男人可以背着自己的爱人和朋友小酌，而女人却不能背着男人在暗地里涂脂抹粉。所以，在一个家庭中，女人常常花不了私房钱，也就无须私房钱。有的女人就是藏一些私房钱，她也是无私的，从实际情况来看，女人的私房钱，更多的是为了在家庭生活中争取更多的作为家庭主妇的自主权，比如说，用于贴补娘家亲人，或用作家庭应急资金，应付必要的亲戚邻里间常有的红白喜事、结婚生子一类的应酬，或用于自己仅有的"女红"爱好，以调剂寂寞的家庭和社交生活，等等。而男人的私房钱却不同，它是用来交际的。

因此，女人常常会站出来控制男人很多不当的消费。女人常常不喜欢男人单独在外面花钱，一是为了经济，二是怕自己的男人花心。而作为男人来说，身在朋友当中而又囊中羞涩却是非常难受的。就这样，夫妻之间常常会有一番对"私房钱"的攻防大战。而在这种攻防大战中，伤脑筋的往往是男人，因为在精明的妻子面前，攒下"私房钱"非常不易，好不容易攒下来，放在哪里又会是一个问题。

章顺杰瞒着妻子藏了点私房钱，但他常会有这样的尴尬：本来私房钱已经存入银行，并使用了密码，可谓是极为保险了，但密码用多了，连他自己都忘了到底是哪个密码了。另外就是妻子十分勤快，特别爱收拾，本来钱已经藏妥在隐蔽处，没想到一天自己一不留神，妻子将自己的小金库洗劫一空。

其实，对于大多数男人来说，私房钱最主要的用途就是结交朋友，支付避免不了的应酬，这是必不可少的社交费用。美国作家毛姆曾经说过："金钱在很大程度上可以维持一个人的尊严。"对于男人来说，这种尊严尤其重要。社会上流传着这样的至理名言："男人有钱就是大丈夫，没钱就是大豆腐。"这句话虽然有点过火，但的确是许多人的观点。现实生活中，多数已婚男性往往比已婚女性有更多的社交需求，有更大的社交范围，因此，与朋友聚会的机会也更多一些。中国人讲究礼尚往来，今天别人做东，明天你就得回请。关键时刻掏不出钱，在朋友面前实在是抬不起头来。因此，对于男人来说，在朋友同事间不能不讲这个面子。

现代的很多女人在这方面也非常理解男人，常常在经济上不会对其控制得太死，她们会默准丈夫拥有一定的私房钱。这时作为男人来说，应该把私房钱用好，对外，可以用来结交朋友、应付场面、发展兴趣，把私房钱当"外交"的储备金来使用；对内，用来调和家庭的财政、丰富家庭生活、调节家庭氛围，把私房钱当作"打造家庭幸福"的基金。

一般来说，男人多是将私房钱用于正道，主要用在以下几个方面。

（1）用于贴补父母，显示孝心关爱

好男人照顾好自己父母的同时，又要照顾好岳父岳母。在他们看来，岳父岳母买房子急需钱，除了妻子有一份源自正常家庭财政的支援外，要是能从自己的私房钱中拿出一部分作为礼金；岳父岳母过逢五逢十的大寿，要是能从自己的小金库中拿出一份额外的寿礼，那效果便可想而知。

（2）用于调剂婚姻生活，增添浪漫情调

好男人每逢妻子过生日，或两口子结婚纪念日，都会想着和妻子外出享受烛光晚餐，或一家三口出去美餐一顿，顺便给爱妻送上一份精美的礼物。每逢情人节和三八妇女节，买一束玫瑰献给妻子。而这些特殊的时刻所需要的费用若是从家庭财政支出，在男人看来，浪漫的效果会大打折扣。

（3）发展自己的兴趣爱好

比如说，有的男人喜欢摄影、集邮、收藏古董、钓鱼、读书、练书法等，而多数妻子认为，这些爱好在很多情况下是不能马上见到实际效益的，对家庭的实际生活无太多的帮助，因而不为妻子所喜欢，男人因此很难从家庭财政中申请到"特殊拨款"。还有的男人喜欢冒险，常常在金融等方面搞点风险投资。这时，丈夫若使用自己的私房钱，可以避免妻子的不满，自己也开心。

总之，大部分存有私房钱的男人，主要是想在妻子"严格"的管理和监督下，能有一点点自由的生存空间，能有一两次"当家作主"的感觉。夫妻之间的矛盾，有时实际上是在家庭财政问题上一种智力的较量，是一种"控制"与"反控制""窃密"与"反窃密""侦查"与"反侦查"的斗争。其实，妻子明白了上述的一些道理以后，与其长期在私房钱的攻防斗争中辛苦，倒不如给男人更多的宽容理解，更大的活动余地，更广的伸展空间；多一点儿信任，少一点儿猜疑；多一点儿自由，少一点儿控制；多一点儿"疏导"，少一点儿"严堵"——这种开放的"经济政策"，会给家庭生活增添很多的快乐和幸福。

男人也有不敢爱的时候

爱情的追求，需要有一个人占主动，因为在恋爱开始时都两情相悦或一见钟情的人极少。男人可能比女人"脸皮厚"，不怕被拒绝。男人被女人拒绝一百次，他可能还会坚持追求这个女人，而女人常常忍受不了男人的一次拒绝。女人往往不能死缠自己中意的男人，因为这样会被世俗看成是放荡，而男人对一个女人的死缠烂打，往往会被人看成是征服女人的一种气概和无畏。因此，在恋爱的"攻防"中，男人往往要主动一些，当然，现实中的恋爱辛苦的常常也会是男人。

男人在爱情的追求上缩手缩脚，受害的是他自己，很多的大龄男青年婚姻问题得不到解决的原因，往往就是缺乏主动。他们不知道，对自己心爱女人的追求是正大光明的事，没有必要瞻前顾后。可是，很多男人不敢对自己中意的女人主动追求，他们有很多担忧，而那些担忧有些常常又都是多余的。

担忧一：怕被女人拒绝。

对于有些男人来说，一生最大的"折磨"要算得上是去恋爱了，当他在追求一个女人的时候，他要一改过去的一些坏习惯，以全新的面貌出现在自己中意女人的面前——这些修饰会使一个男人费去不少精力，再加上还要为女人的开心费心思，自己好像先灭了自己男子汉的威风，往往会使得自己"恋爱未捷先憔悴"。最后能否得到这个女人，一点保证都没有，恋爱很是"劳身费心"。因此，使得一些男人不愿主动对自己的意中人出击。其实，很多人不敢主动出击的原因还是怕"费心"，他们怕被女人拒绝，以为自己被拒绝后，在面子上会很难看。

殊不知，恋爱中男人被一件女人拒绝是一件很正常的事，有些男人不知道，女性对自己的追求者总会拒绝，这是女人在感情上的一个共性。女人面对自己的一个追求者，她要是从心理上压根对其没有好感，女人会拒绝，但是，只要男人对其施以真情，她也有回心转意的可能；要是女人对追求她的男人有好感，她也会拒绝，只不过这种拒绝她不会坚持的太久。这种拒绝的原因，一是要显出女人的那份矜持；二是用拒绝来对男人进行考验。可以说，任何一个追到自己心仪女人并成就美满姻缘的男人，他们没有一个不曾被拒绝过。

一个男人能为爱去追求一个女人，那就是对这个人全面地认可和欣赏。换句话说，就是男人把对这个女人全方位的赞美，都变成了追求的行动——追求她，就是在赞美她。

担忧二：自己没有足够的竞争力。

一个优秀的女人，往往有众多的追求者。她也可能就是你心仪的女人，在通常情况下，男人会把自己和女人的那些追求者做一个比较，看看自己比他们优越的地方，然后，会大概揣摩一下这个女人接纳男人的标准，觉得女人会选择自己认为最优秀的那个人，而自己又不是这个群体中最好的。这时男人就会认为自己对这个女人的追求会徒劳无功，说不准还会卷入与情敌争斗的漩涡，因为自己没有足够的竞争力，仅仅被女人拒绝是小事，如果是直接输给了"情敌"，那在心理上就会更难受。因此，在这种情况下，更多的男人选择了回避。

在大学里，社会关系专业的陈娟是一个典型的美女，她被男人选为校花。所有的大四老生都说她是学校八届学生中最漂亮的女人。电子工程系的胡长青和李超国都被陈娟的美丽所倾倒，他们常常在一起议论陈娟究竟有多少个追求者，因为全校的男生都说陈娟每个星期会收到十几个约会邀请。胡长青和李超国虽然都对陈娟动心，但他们都不敢去约这个女人，因为他们觉得像陈娟这么优秀的女人，眼光肯定会很高，大学里人才济济，她是不会选择自己的。在胡长青和李超国的寝室里，还有一个人对陈娟有着爱慕之心，这个人就是王强。要说王强这个人并没有什么突出的地方，他的条件连胡长青和李超国都赶不上，更不用说与全校的男人竞争。偶尔在同学中流露出对陈娟的爱慕之情时，很多同学在心里暗自笑他不自量力。

几年过后，一个偶然的机会里，胡长青和李超国应邀参加同学聚会，他们惊奇地发现，王强的妻子既然是陈娟。在酒席上，他们问王强是用什么妙法"俘获"这个美女的，这时，陈娟说话了："在大学里，王强是第一个约我的男人。"

原来，很多男人都有胡长青和李超国那种想法，所以陈娟就没有了追求者，所有的爱慕者都被她吓跑了。

很多男人对爱情缺少主动，他们会因为结婚而去恋爱，或者只因为生子而结婚，其间少了些爱情的幽香。在正常情况下，两个人是先有爱情，然后才会有婚姻，婚姻是爱情的一个永久的契约。但现实中很多男人的"爱情"起因是婚姻，人到了一定年纪以后，他们与异性交往的目的不是为爱情，而是为婚姻，还有更糟糕的是为了性。更多男人的婚姻，往往就是一个待娶和一个待嫁的两个人的简单结合，他们和女人很少有真正的爱情可言。他们最乐观的就是在结婚的基础上恋爱，或者说因为结了婚，两个人不得不"相爱"，这种婚姻往往是脆弱的。所以说，不要觉得男人有多么强悍，也不要觉得男人会为自己的爱而付出一切，有时候，男人的爱要比女人辛苦得多。

十六、碰了底线，男人就不会有柔情蜜意

作为妻子，就是要懂得松弛得当，这样既能让风筝高高飞翔，又不至于让风筝失去控制。一个聪明的女人，应该水学会用自己的贤淑和体贴对待自己的丈夫，这样不仅"拴住"自己的丈夫，更会让你成为丈夫一生的最爱。

男人的面子像女人的脸

人活一张脸，树活一层皮。这对于是面子动物的男人来说，最贴切不过了。男子汉大丈夫，颜面扫地是男人最大的侮辱。对于大多数男人来说，面子就是自己的一切，一切都是因为面子，所以男人把面子看得比命更重要！男人都希望在人前能够得到充分的尊重，任何人都不希望自尊心受损，都不喜欢被人看轻。所以男人需要有面子，男人也最怕失去面子！

当然也不能否认，很多男人所谓的"面子"其实不过是虚伪的"自尊"在作祟，如果明以是非，可能是根本站不住脚的，不过是"死要面子活受罪"罢了。但不管是哪种，女人都应该明白：男人的面子，伤不起。

女人们不妨回忆一下，自己是否也曾经有过类似这样的行为：当你在众人面前大揭男人的底细时，你有没有顾及过男人的尴尬？当你不经意间对男人流露出不满时，你有没有注意过男人的伤心？而反观那些真正懂得男人心理的女人，却十分懂得在恰当的时候和恰当的地点为自己的男人做足面子，全力去维护男人的面子。

刘能武和妻子刘璐在同一家公司上班，但他的职位比自己的妻子低。但是，只要是和外人在一起的时候，刘璐总是尽力维护刘能武的威信。

一次，同事在一起聚会。席间，有一个女同事说："刘璐，你好厉害，这次你又升职了，公司的那些男人也不是你的对手，有什么秘诀吗？你家房子那么大，你功不可没吧？"

当时，刘能武也在座，听到同事这样赞扬妻子，心里很不是滋味：不是说自己吃软饭吗？

刘璐好像看出了老公的尴尬，就笑了笑："我的秘诀就是我有个参谋，你们有吗？"随即，刘璐满怀深情地解释说："其实，我的成绩离不开刘能武的支持和帮助，有很多好的工作思路都是他出的点子。房子都是刘能武炒股赚钱买的，凭我们的工资可不

行呀。"

坐在妻子旁边的刘能武虽然没有说什么，但从他那张充满愉快神色的脸上可以看得出，他的内心是由衷地感谢自己的妻子的，十分满意她为自己做足了面子。

还有一次，两个人在家拌嘴，刘璐在气愤之下情绪失控，随手抓起东西乱扔一气，为了避让妻子，刘能武情急之中逃至桌下。这时，有个老朋友闯了进来，正好撞上。

就在刘能武进退两难之际，刘璐突然拍了拍桌子："我说咱们抬，你非要一个扛，正好来帮手了，下次再用你的神力吧！"

客人说："小刘真会疼人呀。"

夫妻俩相视一笑，妻子将刘能武的面子危机就这样轻轻化解了。

刘璐无疑是一个聪明的女人，因为她了解男人是爱面子的动物，在大庭广众的场合之下，一定会给自己的男人留足面子。所以聪明的女人要懂得"内外有别"，在家里，她可能是占有绝对的"统治"地位，以她为主；但在外人面前，一定要以男人为主，给男人留足面子。

作家毛姆曾说："自尊心是一种美德，是促使一个人不断向上发展的一种原动力。"而女性是否懂得给予老公恰当的"尊重"，可以说是当今两性关系相处能否达到和谐的一个踏脚石。所以，维护男人的面子，就是维护男人的尊严。只有这样，女人才会成为男人眼里的好女人。

在两性关系中，作为女人的你，不管你在家里是把男人排在什么地位，但在外面一定要把男人放在首位，一旦涉及男人的面子时，一定要小心谨慎，给他足够的面子，你才能获得更多爱的回报！

男人讨厌唠唠叨叨

两个人结婚以后，在一起的时间长了，彼此就会暴露出一些不足，于是夫妻之间就会试图改变对方的不足——唠叨就成了他们改变对方的主要手段，但这种方式改变对方的效果是微乎其微的。女人爱唠叨，这似乎是一个真理。可绝大多数女人通常都不承认自己唠叨，而是认为自己在生活中扮演的是提醒者的角色，是在提醒男人完成他们必须做的事情：做家务，吃药，修理坏了的家什，把他们弄乱的地方收拾整齐，等等。女人的唠叨很让人心烦，但很多人会把它看成是一种天性，有些见怪不怪的意味；而一个男人要是喜欢唠叨的话，人们往往会形容他"像女人一样"，更多带有几分鄙视和责备。对于个人而言，唠叨总不会让人喜欢；对于一个家庭来说，唠叨往往是感情破裂的导火索。

男人最不喜欢唠叨的女人。有一份调查显示，男人讨厌女人做的事情当中，排名第一的就是"唠叨"。很多男人表示："宁可忍受丑女，也不愿忍受唠叨女。"可想而知，男人是何等的讨厌唠叨。

在生活中，爱唠叨的多为女人，而女人婚姻的幸福，很多都是葬送在自己的唠叨上。有很多名人就是因为妻子的唠叨，使得他们的婚姻变得很不幸福。

在历史上，法国拿破仑三世爱上了当时全世界最美的女人尤琴。她高雅、青春及迷人的美貌完全征服了他，拿破仑三世甚至在一篇皇家公告中宣称，即使全国人民反对，他也绝不后悔。"我已经爱上了一位我所敬重的女士，"他说，"我从未见过她这样的女士。"拿破仑三世不顾全国人民的反对，执意和尤琴结了婚。

按理说，在他们的婚姻中什么也不缺，权力、财富、声望、美丽、爱情……全都有，可以说是一个十全十美的爱情结合。可是，就是这样一个美丽的婚姻，很快就由炙热而逐渐冷却，最后化为灰烬。拿破仑三世有能力让尤琴变成法国的皇后，但无法用爱情的力量来改变尤琴唠叨、挑剔的个性。

尤琴当了皇后以后，她的个性与婚前大相径庭，她不再是拿破仑三世眼里那个温柔可人的女人了，在面对自己这个在法国至高无上的夫君时，她总是唠叨个不停。

尤琴总是埋怨自己的丈夫如何不好。每次她总会唠唠叨叨，又哭又闹，还会说些威吓性的话。她还会强行冲进丈夫的书房，大发雷霆，不顾一切地辱骂丈夫。有时，就是拿破仑三世在处理国家大事的时候，她也会对其干扰不休。

渐渐地，尤琴在拿破仑三世的眼里不再是一个高贵可爱的女人，她的唠叨，让拿破仑三世厌烦透了这个女人，拿破仑三世常说："我娶了个唠叨皇后，我再也受不了她吹毛求疵、无休无止的抱怨和骚扰了。从我回到家一直到上床睡觉，她总在不停地唠叨。"后来，拿破仑三世干脆到外面与自己钟情的女人约会，和情人一道去游览巴黎这座古老的城市，呼吸本来应该拥有的自由空气。

这就是尤琴经常发牢骚所得到的结果。不错，她是贵为法国的第一夫人，她也的确是全世界最美丽的女人，但在她喋喋不休中，美丽和尊贵都不能维持爱情。因此在破坏爱情的所有恶习中，最厉害的要算唠叨了，它常使女人颠覆了自己的幸福。

在现实中，有关女人的唠叨令丈夫抛弃妻子的事例不在少数，有的人为此要么是金屋藏娇，另造自己的安乐窝，要么就彻底地与妻子分崩离析。不难看出，女人的唠叨会让女人的美丽尽失，更容易让男人移情别恋。

在正常的情况下，每个男人都有忍受一定唠叨的能力，不会轻易给男女间的感情产生不好的影响。但是，如果一个女人有长期唠叨的习惯，这将给男人产生巨大的精神压力，这足以拖垮一个最具进取精神的男人。

那么怎样才算是唠叨的女人呢？那就是和丈夫在一起时，妻子总会数落丈夫的不是之处，例如：

"我说过多少遍了，你又把床单弄乱了，你总是……"

"我说过多少遍了，臭鞋子又到处乱丢，你总是……"

"我说过多少遍了，看完的报纸又到处乱放，你总是……"

"我说过多少遍了，让你洗完澡之后把毛巾挂起来，你总是……"

唠叨有三个特点，一是不停地重复。有人会为一件事重复几遍或几十遍，那样的唠叨会让人烦躁不堪。二是指出对方的错误，而这种错误常常不大，但唠叨的人似乎却不能容忍。这种唠叨常让人的生活战战兢兢。三是指责对方。唠叨的人指责对方的理由，常常是对方违反了自己的规则，而且还是他常常提及的。这种唠叨会让人无从反驳。

女人的唠叨不仅会使自己和男人的感情破裂，有时会让男人走向极端。在西方，每年有 2000 个杀妻犯承认之所以杀妻，是因为妻子太爱唠叨。在香港，一位丈夫用锤子砸伤了妻子的脑袋，法官最终给这个丈夫判的刑期很短，因为他认为是妻子太唠叨，使得丈夫失去了理智。当女人不断重复她的"命令"的时候，男人却只听到一个声音：唠叨。唠叨能将男人对女人的怜爱消耗殆尽，并且逐渐累积起一种憎恶。

所以说，一个能博得男人深爱的女人，她一定不会是一个唠叨的女人；一个唠叨的女人，往往会失去本已对自己深爱的男人，葬送自己的幸福。

男人不允许你"恋旧"

他，可能是你第 N 个男友；他，可能是你第二任丈夫。没关系，只要男人把你当成他的最后一个女人，你就会得到男人的真爱。但是，有过"旧情"的女人，男人对其最大的忌讳就是女人"恋旧"。比如，在再婚的家庭中，女人为了孩子与"前任"交往不断，和"前任"心无芥蒂地谈笑，沿袭和"前任"在一起的生活习惯……这些行为常常会影响男人对女人的感情，给两个人的爱情蒙上阴影。在男人心里，女人的"前任"无疑成了自己和男人关系最有威胁的"第三者"。

张金波是个离婚的男人，有一个孩子。在离婚后的第三年，李晓然和他结婚了。李晓然是一个离异的女人，孩子六岁，归前夫抚养。因为都是第二次婚姻，张金波和李晓然都很珍惜，李晓然对张金波的孩子也视如己出，生活很甜蜜。但是不久，小家庭的矛盾就出现了。

李晓然的前夫一直没有再婚，一个人带着孩子。时间长了，因为工作忙，前夫往往会照顾不过来，要李晓然去代为照顾。看到自己的孩子没人照顾，李晓然也会满足前夫的要求。

可事情原本没有那么简单，因为每每在孩子生日、六一等节日，前夫总会要求李晓然和自己一道陪孩子，说这是弥补孩子母爱的缺失。不仅如此，前夫会隔三岔五地给李晓然打电话，要么是要李晓然去照顾孩子，要么是向李晓然汇报孩子的近况。每当看到李晓然和前夫外出陪伴孩子，或他们在电话中聊天的时候，张金波的心总会有酸酸的感觉。

在张金波的心里，还有很多地方对李晓然不满。再婚后，李晓然基本上还保留着以前的生活习惯，有些习惯不会影响他们的夫妻感情，但有些习惯使张金波觉得，自己好像就是妻子前夫的替代品。例如，李晓然会像要求前夫一样要求张金波，前夫有的好习惯张金波要是没有，妻子就会要求张金波做到。一次，李晓然的父母来，张金波准备给岳父母烧一道拿手的菜，可是妻子却对张金波说，她的父母最喜欢吃前夫烧的糖醋鱼，她希望张金波能烧出一样的鱼来。最让张金波接受不了的是，妻子的前夫还指责张金波在照顾他孩子时有问题，什么营养不均衡啦，什么说话没有方式啦，什么家庭布置孩子不喜欢啦，等等，总是对张金波指手画脚。

一次，李晓然的孩子生病了，不巧的是，张金波的孩子也得了感冒，前夫让李晓然去照顾孩子，看着李晓然准备出门，张金波再也忍受不了："你有没有想过，我才是你的丈夫，真的不行，就和那个男人过去。"

就这样，两个人不久又离婚了。李晓然不解：为什么自己这么用心地经营自己的婚姻，到头来还是失败了呢？

在这个故事中，作为妻子的李晓然首先忽视了丈夫的感受，她过于注重自己与孩子之间的感情了。事实上，再婚后妻子的角色与母亲角色往往会存在矛盾，如果不能恰当地处理好其间的矛盾，就会在再婚中引发新的婚姻危机。首先，李晓然要考虑到自己的位置，孩子的成长固然重要，但如果仅为了孩子不受离婚的影响，而无视现任丈夫的存在，这是对现在丈夫的伤害。另外，李晓然因为孩子与前夫过多地接触，会发生界限不清、关系不明的问题，这不仅对婚姻进行无意识的摧毁，更会影响丈夫重新建立新感情新生活。所以，对于李晓然这样的离婚女人来说，处理好孩子与现任丈夫之间的关系是十分重要的。作为现任丈夫的妻子，李晓然有责任带领丈夫和自己一道去照顾孩子，陪孩子游戏，真正把丈夫纳入自己的生活中来，而不是把自己的丈夫放在一边，让他感到被排斥和孤立。

在张金波看来，自己要对逝去的婚姻进行彻底的告别。再婚，是一个告别、结束、重新开始的形式过程，让自己真正开始新生活。所以，他不希望妻子的前夫和孩子干扰自己的生活。

在感情面前，男人是霸道的、自私的，他不想和任何人"分享"自己的女人。所以，聪明的女人即使有旧情，也不会让它入侵自己的生活，对于"前任"曾经的好、曾经的坏，该放下地放下，活在当下，珍惜眼前的婚姻，安心享受眼前给自己带来的

快乐。

男人不需要你指指点点

很多女人有这样的爱好：改造男人，督促他们成功。她们会对男人指指点点，男人该有什么样的举止，该穿什么衣服，都要按照自己的标准去做。改造的范围包罗万象，从男人的衣食住行到一举一动都要进行规范指导。

可是，这些女人没有意识到，男人在这个世界上是最自主的动物，他们的独立性最强，不喜欢受人太多的控制。所以，女人试图改造男人，对他们指指点点，是男人最不喜欢的事。

张小梦和丈夫刘其江是大学同学，他们都是对方的初恋，恋爱两年后毕业就结婚了。

婚后生活在一起，张小梦才发现刘其江身上有太多让她不能忍受的缺点。

每次回家，刘其江也不换鞋，就直接进房间或卫生间。平时，用过的东西随手乱丢，更不知道怎么做家务。另外，刘其江喜欢穿休闲的服装，觉得随意一点好，但张小梦觉得，老公个子高，穿休闲装不好看，于是总是让老公穿成西装革履的样子。

张小梦一直认为，作为男人的贤妻，就得将男人改造得更好，于是在结婚后，她就开始实施"改造丈夫计划"。

不是说温柔是对男人最有效的武器吗？当刘其江下班回家时，她就站在门口迎接他，先给一个热烈的拥抱，然后把准备好的拖鞋放到他的脚边。为了改变丈夫随手乱丢的习惯，她时刻监督着丈夫。

"来，把毛巾晾好。""把鞋子放到鞋柜里去。"……

张小梦总是不停地纠正老公的错误，但每次老公对她的纠正不是罔若未闻就是满脸的不快，对她没有好脸色。

为了改变老公喜欢穿休闲装的习惯，她每天督促他穿西装，并亲手为他系好领带，将他打扮的西装笔挺的。

可是，张小梦改造丈夫的计划进行得并不顺利，效果也不太好。

江山易改，本性难移。刘其江根本不理妻子的那一套，坏毛病一点儿没改。出门的时候，他会把系好的领带摘下来放进包里，依然一副休闲的模样。

有一次，刘其江穿着夹克出门了，张小梦想改一改老公不喜欢穿西装的习惯，硬是将刘其江拉了回来，非要刘其江换上西装，把刘其江气的一甩手，大吼一声："不穿西装的话，今天能死呀？"将张小梦摔倒在地上，刘其江看都没看，阴沉着脸走进了出去。张小梦倒在地上，半天没爬起来。

结婚两年多，张小梦不但对婚前"改造丈夫"的计划完全失去了信心，甚至有些绝望，每次想让丈夫改点什么毛病，最后却总是变成伤害，加倍地还击到自己身上来，让她对两人的相处、对这个家的未来越来越沮丧。

很多女人认为，丈夫的那些毛病，自己帮他改一改就好了，可实施起来才发现比登天还难，有些事说多了他们也就改过来了，可有些事，无论怎么说都不奏效。其实，女人不知道，改造男人是男人最讨厌的事，改造男人，很多时候等于是自讨没趣。

其实，在女人眼里男人有哪些"恶习"是正常的，这或许就是男人的"特色"。比如说抽烟，女人就觉得这是危害健康，要坚决戒掉。可是，烟对于很多男人来说却是难舍的伙伴。在男人失意时，在男人紧张时，在男人孤独时，他们总是愿意和这个伙伴分享自己的情绪，这个伙伴在这些时候也会及时给予自己安抚。所以，很多时候，女人要让一个抽烟的男人戒烟，那就要付出很大的代价——不停地吵闹。其实，男人是一件易碎品，就像一只有瑕疵的瓷器，你想把瑕疵去掉，瑕疵没有了，瓷器也不存在了。

希拉里是个非常强悍的女人，据说是她一手打造了克林顿，真的是这样吗？

在耶鲁大学的一堆男生中，希拉里选中了克林顿，并对他主动发起追求，直到后来辅佐他当选总统，可以说，是希拉里成功地将克林顿改造成总统的。可是，从夫妻感情上说，希拉里的下场有目共睹，克林顿搭上莱温斯基，用桃色事件来回报亲爱的妻子。

希拉里在一次女性组织的演讲中大发感慨："千万不要试图去改造男人，改造的结果就是像自己这样——男人不但不领情，反而觉得这一切都是他自己努力的结果，而且，你的努力很可能让另一个女人拣个现成。"

不可否认，男人女人身上都有缺点，想去改造对方也是合乎情理，要是男人不喜欢女人改造自己，难道女人就任由男人"胡作非为"吗？不是的，女人应该意识到：适当地指出男人的缺点或提出自己的意见是可以的，但绝不要对男人指指点点，乱加改造，否则，只能招来男人的厌烦。一位婚姻专家提醒女人说，当自己想对男人提意见、想让男人为自己做些改变时，首先要先问问自己如果这些问题在自己身上，自己愿不愿意为对方做改变，这么一想，很多话就说不出口了，而对对方的包容之心又多了一些。

女人的包容之心对男人来说是最大的福气，他们会觉得这样的社会才是真正的和谐。对这些生性顽劣的男人们听之任之，女人们则担忧起来。其实，担忧是多余的，这些男人是会慢慢成熟的。

一位母亲对即将出嫁的女儿道："男人就是一锅汤，越熬越有味道。这道文火，可以是时间，可以是其他女人，最好的却是男人自己。让男人自己主动成熟，比什么改

造方案都有效。"这是位聪明的母亲，更是智慧的女人。难道不是吗？无论多么顽劣的丈夫，多么青涩的男友，他们都会自己走向成熟的。如果女人觉得这个过程太过漫长的话，可以在旁边指点一二，不过点到为止，以不伤害感情为限。对于男人来说，女人的指点也会对自己有借鉴作用，为了心爱的人，他们会发自内心地改变自己。

男人喜欢放养不喜欢圈养

有一位婚姻专家说过这样的话："大多数男人对婚姻有种恐惧感，害怕走进婚姻就失去了自由；大多数女人对婚姻也有种恐惧感，害怕在婚姻里失去了爱情。于是，男人在婚姻里想方设法要得到自由，女人则想方设法拴住自己的男人以期抓住爱情。"聪明的女人会从这句话中发现这样的定律：男人是野生动物，喜欢放养不喜欢圈养。

但很多女人不明白这个道理，她们常常说这样一句话：爱他就要管住他。这很可笑，男人是热爱奔跑的野生动物，如果你因为爱就要紧紧地管住他，那对于男人来说岂不是一个大麻烦，这样的麻烦一两天还能忍受，时间长了，有哪个男人能受得了啊！

也许你会说："我这不是管住他，我是怕他对我不忠心，如果他真的对我忠心就不会害怕，什么都告诉我，和我什么都分享了。"那么，男人对女人的忠心是可以用这个来衡量吗？相信没有一个女人会有肯定的回答。

有人说结了婚的女人在一夜之间就会变成操控男人的"木马病毒"，男人从此就失去了以前自由的生活。但男人毕竟都是讨厌被约束的，女人给他披枷戴锁，判他"有妻徒刑"，那么他就会寻思着怎样摆脱这样的囚禁，一旦有机会，就会变本加厉地享受自由。

鱼离开水就会窒息而死，因为水是鱼的世界，只有在自己的世界里鱼儿才能生存。于是男人们一个个都大喊："我要做自由的鱼。"试图逃离女人的狭小世界，在外面自由翱翔。可是男人越是要自由，女人就越是把男人牢牢地困在自己的世界里，不给他一丁点儿的机会逃出去，生怕一个不小心男人就被外面的世界迷住了，就离自己越来越远怎么也抓不住了。结果，男人就这么活活被困死在女人的手中，而女人也是痛苦不已。

有人说："女人变坏就会有钱，男人有钱就会变坏。"虽然这句话说得有些偏颇，但它在无形中会给一些人以心理暗示，特别是老公事业有成的女人，她们总会认为自己的老公会变坏，处处防着老公，有的妻子甚至会到监视老公的地步。

杨子微和丈夫是在网上认识的网友，后来发展成了恋人关系，一年后两个人步入了婚姻殿堂。

结婚后，杨子微发现丈夫十分喜欢上网，一有空就守在电脑旁。刚开始的时候，杨子微并没有觉得有什么，自己也爱上网，网络上什么资源都有，又方便，这没什么的。可是时间长了，杨子微开始想，丈夫能和自己机缘巧合，会不会再和另外一个女人机缘巧合啊？杨子微越想越觉得"危险"，于是她决定以后要经常"关注"丈夫。

两个月后，杨子微丈夫公司招聘，她毅然辞掉了工作，应聘到了丈夫所在的公司。丈夫觉得她原来的工作收入待遇都很好，劝她不要意气用事，杨子微却笑嘻嘻地说："这样我就能一天 24 小时和你在一起，看见你了啊！"丈夫听了，什么话也没有说，却在两天后主动请缨调到了外省的业务分区。

就在杨子微丈夫走那天，她才知道自己的行为是多么幼稚可笑。当她哭着质问丈夫是不是因为已经不爱自己了而选择逃开的时候，丈夫看了看她说了这样一番话：

"我爱你，我也知道你很爱很爱我，甚至比我爱你还要多，但是你的爱却让我很害怕，让我觉得我时刻要被你用爱捆绑起来。我虽然爱你，我也能够保证对你绝对忠心不二，但却不能忍受你爱的捆绑，我是那么地渴望保持独立，一定程度的独立。因为，我也有我的思想，甚至我独立的秘密。然而，我却从你这几个月的行为中发现了太多太多的考验、不信任、探秘……你好像要把我一切都变成透明的，摆在你的面前，然后任由你摆布……我已经不敢想象，所以我选择了离开一段时间，希望你也能明白我。"

有人打了这样一个比喻：男人就如风筝，在天上飞来飞去，家就是风筝的那头。作为妻子，就是要懂得松弛得当，这样既能让风筝高高飞翔，又不至于让风筝失去控制。一个聪明的女人，应该学会用自己的贤淑和体贴对待自己的丈夫，这样不仅能"拴住"自己的丈夫，更会让你成为丈夫一生的最爱。

男人最讨厌当"靶子"

攀比似乎是很多女人的习惯。女人们常常会忍不住把自己和身边的那些人和事拿去和别人加以比较，比如将自己的男人拿去作为和别人比较的靶子，那更是很多女人最常做的事。生活中，我们常常会听到一些女人对男人这样说：

"你和小胖同时进公司的，人家现在都已经是经理了，你怎么才当了个小主任啊！"

"我哥哥买了件毛皮大衣给嫂子，可你呢？"

"你看看人家小丽的老公，比你体贴多了！"

"你看看人家老公多帅气，再看看你那邋遢样！"

……

女人在说这些话的时候，她们不知道，她们是在拿一把杀人不见血的"利器"直戳男人的心口。那些作为比较的对象，在女人看来，往往都是比自己男人强，所以，男人最忌讳女人将自己拿去和人比较，认为那是在贬低自己。我们常常会看见，女人的这种比较会让本来平静的生活频起波澜，男女间会因此争端不断，吵闹不休，女人愈比较愈

觉得男人缺点太多，而在男人看来，女人的比较就是在贬低自己，让人无法忍受。

朱仁君和妻子两人都是公务员，是让人羡慕的一对，工作稳定、住房宽敞，两人也算得上是小康阶层。

朱仁君是一个高大帅气的男人，为此，朱仁君的妻子没少获得众人羡慕的眼光，而她也总是以此为荣，沾沾自喜。

朱仁君素来不善应酬，但每当妻子有朋友聚会时，都会坚持让他陪伴左右。朱仁君拗不过妻子，也就只好硬着头皮跟她去。

"你今天打那条蓝色的领带，上次看见菲菲的老公戴了，蛮好看的。""穿那双棕色的皮鞋，配上新买的西服，穿起来你一定比小曼的老公帅。"每次，妻子都会这样叮嘱一番。

朱仁君明白妻子拉他一起聚会的真实意图：她要的是高大潇洒的他站在她身边的荣耀，喜欢的是他的风度出众带给她的满足和骄傲，她享受着这种与人攀比之后的愉悦心情。

尽管妻子从不这样讲，但朱仁君心里很清楚。多年的夫妻生活，妻子的一举一动都逃不过他的眼睛。可是，也因为夫妻的情分，朱仁君在这方面也尽量避免与妻子产生冲突，处处让着她、迁就她。

如果生活就这样波澜不惊地一直过下去，也许朱仁君夫妇还会是人人称美的一对，可遗憾的是，就在他们的生活维持原样的时候，周围的朋友、同学却早已一个个"飞黄腾达"了，不是当了县长，就是买了名车，要么是住进了别墅。跟这些家庭相比，朱仁君夫妻的那点工资自然是无法相提并论的，人家妻子的一套衣服可就值他们夫妻二人一个月的全部薪水。不过，朱仁君向来是知足常乐之人，并没有把这些看在眼里，但妻子的想法却与他大相径庭，始终不甘落于人后，

"隔壁给孩子换了一架新钢琴，你看你给孩子买过什么？"妻子说。

"我们办公室的黄丽丽，她老公给她买了个老大的钻戒，你看你，结婚这么多年给我买什么了？"妻子说。

……

没完没了的比较让朱仁君烦心不已，自己只是一个公务员，妻子这样的要求自己自然是无法负担，而这更让妻子的心理不能平衡，于是，家里的火药味也就渐趋浓重。

为了讨得妻子的欢心，为了家庭的安宁，也为了改变这种原地踏步的生活，朱仁君最终决定报考博士研究生，而这也终于换来了妻子久违的微笑和体贴。

可是不久，妻子又给朱仁君找到了新的比较对象。她不断地在老公面前说：菲菲的老公不久前拿到了美国的全额奖学金；淘淘的爱人已经做了教授；艾艾的男朋友从

国外读完 MBA 归来，在一家外企就职，年薪高达 10 万美元呢。

"你什么时候和他们一样呀？"每次比较完毕，妻子总会问这么一句。可是，妻子的这句话不仅让朱仁君感觉自己离妻子期望的还很远，更让自己压力倍增。

为了不落后于那些人的老公，朱仁君从当晚就开始埋头苦读，终于在第二年考上了研究生。可是，很少有人知道，自己这一切都是为了满足妻子，希望她不再比较自己。

这一年，岳父 80 岁寿诞，朱仁君陪着妻子回老家贺寿。寿宴之上，做总经理的大女婿送了一块价格不菲的玉石，自己开公司的二女婿给老人献上一幅名人字画，而朱仁君的贺礼只是一盒生日蛋糕。

朱仁君的妻子看到后，脸上立刻露出不快。朱仁君知道她心里不好受，悄悄从桌下伸手去拉妻子的手，本想安慰安慰妻子，不想被妻子一甩手躲开了。

回家之后，妻子开始数落朱仁君："你看看大姐夫二姐夫，他们高中都没毕业，你还不如他们，怎么就你这么没用。"

妻子的话实在让朱仁君难以忍受了，随后，一场激烈的争吵开始了。

妻子总是将自己和别人比较，让朱仁君感到疲惫不堪。他无奈地说："妻子的比较，就像套在我头上的紧箍咒，妻子一比较，我头就有要爆炸的感觉。"

朱仁君的一句话道尽了天下所有男人的心声：爱攀比、好虚荣的女人实在是太"恐怖"了！

也许有些女人认为，自己的比较是为了激励男人，让他们更有上进心，可惜事与愿违，你的抱怨、比较、轻视，只会击垮男人的自信，撕掉他的自尊心，成为他前进路上的绊脚石。男人希望女人认同他，而不是用比较来贬低他。

世界上最具破坏力，最使男人感到恐惧、厌恶的，就是被他们视为最亲近的女人拿自己去与别人比较。所以，聪明的女人绝不会碰男人的这条底线，她们对待男人，大都是鼓励和欣赏，男人也会因此对他们怜爱有加。

十七、女人最"难养"，她们需要更多的呵护

女人永远将爱情置于至高无上的地位，永远认为与男人之间的火花是伟大的爱情，总是要死要活、撕心裂肺地爱，最后又总是发现曾经的爱情如此千疮百孔。

女人，靠感觉活着

物种的起源与生物的进化决定了人类要有男人、女人两个性别。在生活的浪潮中，男人既要勇猛、刚强，又要有男人味，才像个真正的男人。而女人则要温柔、感性，

要有如水的女人味，也才像个女人。如果男人不像男人，女人不像女人，不仅违背了自然规律，也会使这个世界失去一种平衡与和谐的美感。

但是随着现代社会生活压力的不断加大，女人的生存也面临着考验。现在女人每天面对的生物钟就是在外要忙工作，回家要忙家务，而仅有的周末时间也早已被孩子占去了，女人忙得几乎已经忘记了自己的性别，于是简洁干练逐渐代替了小鸟依人，刚强理性慢慢取代了细腻温柔，在这个斗争过程中，感性也与女人渐行渐远，慢慢淡出了女人们的生活。于是男人们感到痛苦了，他们禁不住要问，女人若是勇猛、刚强、理性，还能称其为女人吗？还会在她轻袭而过的时候，留下一缕轻拢的馨香吗？而这个世界因为单一群种的出现，还会多姿多彩吗？

李婉婷是一个知性的中年妇女，像所有传统的女人一样，她贤惠、善良，相夫教子，只是十分理性，一切事情都处理得井井有条。

一天，她在街上突然发现丈夫正和一个年轻女子亲密地相拥。她不敢相信自己的眼睛。那个与自己生活了十几年，甚至有点"懦弱"的丈夫居然甘愿冒着"妻离子散""前程毁灭"的危险，背叛了她，背叛了他们曾经的幸福。刹那间她的世界崩溃了，但她没有大吵大闹，而是冷静地问丈夫打算怎么办。丈夫一脸漠然地对她宣布"离婚"。

"为什么？我犯了什么错？我做了对不起你的事吗？"她用颤抖的声音质问丈夫。

丈夫叹了口气说："没有，你做得很好。你是一个好妻子，也是一个好母亲。"

"为什么？就因为她年轻、漂亮？"她恨那个夺去她丈夫的狐狸精。

她的丈夫摇了摇头，始终没有说出原因。他们离婚后，她的丈夫在和朋友的一次聊天中，说出与妻子分手的真正原因与第三者并无关系。他说他爱上那个女子是因为那个女子更像女人，更感性，即使没有遇见那个女子，他也会遇见另外的女人。

其实，女人的感觉既是灵动的、神秘的，又是简单的、天生的，它是一种女人所独有的内在氛围。它也许是一杯红酒下肚后，脸颊上那两抹红晕；也许是在厨房里忙得不可开交时，回头的那一笑；也许是刚刚经历了生死剧痛后抬头看见孩子的刹那，身上所散发出的那种母性的光辉；也许是在离别时，眼神所流露出的那一点点关怀。总之，它是那样地让男人魂牵梦绕。

所以，女人时刻在提醒自己：我是一个女人，我的世界天生就是感性而多彩的。美国前总统夫人希拉里·克林顿就曾经说过这样的话："诚然，我们女人和男人共同创造并管理着这个世界。但即使再过一万年，女人也应保持着那份女性特有的温柔妩媚，这不只是取悦于男人，也是为了证明女人自己。"

希拉里的这句话在乌克兰美女总理季莫申科身上得到了很好的印证。季莫申科在政界打拼数年，在她的身上不可避免地留下了勇敢、刚强的印记，因此素有"铁娘子"之称，但是她给人的感觉与印象却是一个十足的感性女人。无论是在地方上调查，在庄重的主席台上准备电视讲话，还是和普通的百姓一样开车去购物，季莫申科身上的花呢连衣裙、香奈尔时尚裤装、高筒皮鞋、牛仔裤，甚至超短裙，无一不在告诉大家——"我是一个女人，然后才是政治家。""她的魅力就在于，她既是总理，也是天使。"这样的评价，无疑也是她感性女人的印象所赢得的。

希拉里·克林顿

感性让女人掌握不住自己

女性的情感是丰富的，也是复杂多变的，这就如同"月有阴晴圆缺"一样。月亮变化是有规律可循的，而女人的多变也是有规律可循的，因为女人特殊的生理特点，一般情绪的变化是与月经周期有关。但话虽然这样说，女人的感性却让女人的多变变本加厉，大大超出了生理特点的范围。也就是说，感性让女人时常把握不住自己的情绪与变化。

望望窗外，各种各样的女人千姿百态，花样繁多，还记得歌曲《波斯猫》吗？

她总是忽热忽冷忽近忽远

她可以一成不变，也可以瞬息万变

但是她不会为你做任何改变

……

一转眼却又看不见

一转眼看不见

歌词中对女人的描述再贴切不过了。女人大张旗鼓、名正言顺地多变，有时候温柔腼腆，有时候哈哈大笑，有时候埋头痛苦……总之，是跟着心情走。

感性的确是女人多变的催化剂，但是生活在一个多元化的社会里，别人的感受与社会的发展规律也是不得不考虑的事情。

有一个女人，她的个性极其情绪化，想笑就笑，想说就说，想哭就哭，只要她需要，就会不分环境、不分情况地发泄出来。然而最后她得到的是什么呢？

她的第一份工作是在一家很正规的大公司做经理助理，待遇非常好，当时刚参加工作的她对将来和工作都抱有极大的热情，开朗的性格使得她在工作上游刃有余，而且成绩不错，很得上级的赏识。但是经过一年后，她对工作的紧张感和关注程度慢慢

减低。不是因为她不爱这份工作了，而是工作时间长了，心里产生了疲倦，对工作麻木了。面对这样的情况，她没有尽力调节自己，反而是放松了当初刚进公司时对自己的严格要求，在对待工作还是同事关系时都任性妄为，高兴的时候给她安排什么工作都没问题；情绪不稳定的时候找她就等于找了个没趣；她前一分钟也许还高高兴兴，后一秒就不知为什么不高兴了。渐渐的整个部门都因为她的存在而失去了原来热情的动力，因为每天工作的大家还要照顾到她的情绪，后来连领导也忍受不了她多变的情绪，不得不让她另谋高就。

女人太多变也是很可怕的。比方，对择偶要求的一变再变将会导致很少有人追求你，因为你可能给别人不安全感；恋爱中的情绪过于多变会让对方承受不了压力，因为你可能会给别人留下喜怒无常的魔鬼面孔，无法忍受；思维太过多变会让人觉得不切实际、不踏实等。

有一对相爱的情侣，女人是个多变的小精灵，随时都可能出现新的花招与新的情绪。刚开始男人对她的多变感到新鲜，任凭她哭哭笑笑，甚至半夜爬起来陪她一起去山顶等日出。当然，多变的过程也产生了很多不和谐，他们也是在分分合合中恋爱。女人说："我就喜欢这种分分合合的悲喜交替。"可是后来，两个人终于分开了，男人选择了离开她，原因也很简单："我永远也把握不了她的情绪与想法，下一秒究竟还有什么等着我也不知道，刚开始是好奇的等待，后来就是折磨了，谁也不知道等来的是喜还是忧，太累了！"

在生活中其实有很多这样的事情，过分多变可能会让你很难抓住机会，即使抓住了也会很快丧失掉。而过分多变的生活模式与生活追求也会让你很快疲倦，对生活丧失信心。

有些女人会一段时间热衷于学识追求，可是还没等到有收获就已经不再坚持；有些女人一段时间可能会狂热地爱上某种事物，但很快就会遗忘……如此周而复始地得得失失，让女人原本脆弱的心将承受很多的失望与挫折，也会让女人更快地迷失方向。

有人说过，女人不多变是不美丽的。的确，很难在一成不变的女人身上发现新奇感，也很容易对她丧失兴趣；可是太过多变的女人往往刚开始接触她时眼前一亮，继而还会为她的多变所吸引，但最后，男人顾及眼睛与心脏的承受能力，还是会选择离开她。这对情侣就是个很典型的例子！男人往往年轻的时候喜欢刺激，但到后来就有点渴望安逸了，而多变的女人却给不了他安逸。

过分多变的女人，最好收敛一下，对自己的情绪、行为等加以控制，这样才能是一个适度变化的可爱精灵。

多变固然是女人美丽的地方，但过分的多变也是不可取的，过分的多变只会对女人造成各方面的伤害与损失。过分的多变为女人造就了没"长性"的特点，而你的没长性也就决定了别人对你的没长性！

女人总是心太软，心太软

"你总是心太软，心太软，独自一个人流泪到天亮……"，每当听到这首歌的时候，我都认为这是世上女子最真实的写照。女人天生在爱抚幼小、同情弱者方面就表现突出，并且她还经不起别人哀求，见不得悲惨场面。不知是什么原因，也不追问什么目的，女人天生易动情、心肠软，也比男人更容易产生"移情作用"。

所谓"移情"，就是指一个人可以感受到他人正感受着的情绪，即女人更容易将自己置身于他人的情绪空间之中。

研究表明，女性是很容易产生"移情"作用的。甚至在新生儿的研究中也发现，女婴在听到其他婴儿哭声的录音时，也以号啕大哭来予以应和。针对这种现象心理学家马丁·霍夫曼认为，女性容易产生"移情"作用，可能与她们喜好体验损害他人的负疚心理、设身处地考虑他人的境遇，即女人凭感觉行事有关。

譬如，一只猫因偷吃鱼而被打折了一条腿。在男人看来，这只猫完全是咎由自取，根本不值得同情。而女人则对猫偷吃鱼这一点视而不见，她只是觉得猫的腿被打断了，这人太狠心了！这只猫太可怜了……

一般说来，女性"心肠软"是由于女性情感比男性更细腻，相对的，女性也比男性更乐于流露感情。而男性在表达情感时，受传统文化影响较大，表达的空间较女性小。传统看法认为情绪与思想无关，情绪化的行为是不正常的表现，是一种弱者的、孩子气的表现，是作为各种社会活动的主导的男子应当压抑和避免的。因此，在社会中一个具有情绪化的男子很难被社会所接受，人们更多的是承认"硬汉"形象的男子。

由于在体力上的差异，社会对男女的行为态度要求也不同，女人要承认这种差异。因为世界就是由女性和男性两种性别的人组成的，也因为如此，同男性比较起来，女性的情绪化行为更能为社会所接受。而女性在遇到难题时的反应与男性也确实不同，在同等困难情况下，女性更偏重于寻求或给予感情上的支持，如给予同情等，而男性则偏重于采取行动、着手解决问题。

在夫妻间，男女的差异性表现得也格外明显，一般在一个家庭中，妻子更爱向丈夫谈论自己的问题，即使妻子有一天突然不肯对丈夫透露自己的不安情绪，那只是因为她不想用自己的苦恼去麻烦对方，或是担心从丈夫身上得不到自己所期望的情感上的支持。而丈夫一般不对妻子谈自己的问题，因为他们认为妻子知道以后也不会对他有任何实际上的帮助。

总而言之，由于男女的情感取向差别，女性比男性具有更高的感情发展基础。而

"心肠软"作为人类最美好的感情精品之一，深为女性所拥有，促使她们自觉地产生利他行为。我们无法想象，如果世界上没有了"心肠软"的女人，世界会成为什么样子。

现在，到处都在流传着对跟着感觉走的一类女人赋予"女巫"的称呼，其实女巫未必是贬义词。女巫是指具有巫师血统，会使用魔法，运用魔杖的女性，也称魔女。而对于跟着感觉走的女人来说，每个女人都是"女巫"，她们天生对发生在自己身上及周围的事情有一定的判断力，进而影响自己的心情。

女人为爱容易心碎

经常有人说："爱走了，心碎了。"

那么，心碎是一种什么滋味？

有人说："有点像用一把钝刀将心剖开，剖成一条一条，又有点像一双手在撕着碎纸，将它撕成一缕一缕。"

有人说："心碎的感觉好疼，好冷。"

女人的无奈往往令人痛苦，也很普遍，哪个女人没有尝过心碎的滋味？如果是因为爱而产生的无奈更加让人撕心裂肺，肝肠寸断！最刺骨的痛是找不到伤口的。

涛和前妻离婚了，原因是他爱上了另一个女孩。现在，那个女孩又爱上了另一个男人。涛后悔，又去找前妻，但破碎的镜子岂会这么容易重圆。每次酒醉后，涛都拿出妻子留给他的信读。

信是这么写的：

"老公：

"对不起，我终于狠下心来和你说离婚了。

"一直以来我都是个懦弱的女人。我用尽心力地守着我们的婚姻，为你烧你爱吃的菜，买你喜欢的 CD，把一切都弄得很好，给了你我所能给的幸福。而我从未和你提过任何要求，我怕你觉得我烦。可现在我想通了，相恋再久的感情都敌不过几小时的一见钟情。

"第一次看到你和她的照片是在音乐网站上，第一次见到她是在你和她离开的酒店门口，第一次听你提起她是在我们结婚 3 周年纪念晚会上……那真是一个美丽的女孩。

"我偷看了你给她写的邮件，里面的每一句话真的好甜蜜，好感人。我看着看着就哭了，我骗自己，这是你写给我的，你永远是爱我的，你怎么可能和别人爱得那么深呢？是啊！你没有提离婚，我怎么敢说，我怕说了就真的，永远永远都没有你了。

"涛，我真的很爱你，很爱这个家。所以你不说，我也什么都不问。只是在你睡了以后悄悄地哭。你知道吗？我想谢谢你，谢谢你陪了我那么多年，我知道你很爱她，就像我爱着你那样。你没说过离婚，我已经很庆幸了，至少你还会回家陪我，会吃着我做的饭菜，傻傻地笑。至少你还记得回家给我一个拥抱，记得我的生日！我觉得够了，真的。我爱着你，包容着她。我以为我们可以就这样相安无事的永远相处下去。直到你昨晚和我讲了一个故事。

"你说：我有一个朋友，他已经结婚六年了。他有个很好的太太，一直以来他都爱着他的太太，可四年前他遇到了一个美丽的女孩。女孩对他很好，给了他太太所没有的激情。于是他们恋爱了，偷偷摸摸却又热烈地爱着。女孩很懂事，和他在一起那么久从来没有提过结婚之类的事。他依旧爱着太太，只是那已经是属于两个女人的爱了。他不会抛弃他的太太，因为太太对他太好了，好得找不到分手的理由，找不到伤害她的借口。可现在女孩怀孕了。女孩和他提出了结婚。女孩跟了他四年，把女人最美好的东西都给了他，他没办法拒绝女孩，可又无法抛弃爱他的妻子。

"故事到这就结束了，你问我：你说他该怎么办？

"我没有说话。我知道这是你和她之间的故事。这是你最无奈的选择。

"昨晚你睡觉之后，我在旁边看着你，看着你好看的脸，看着你熟睡的样子，你睡得真甜。我吻了你，在你身上小心地留下几百个吻，我知道这是最后一次了。宝宝，我的泪一滴一滴落在你胸口，漫漫化开，一滴一滴地落在了我碎掉的心上。

"涛，我走了。我知道我的离开才是最好的结局。我不在你身边，自己要好好照顾自己。我把家里收拾干净了。饭在电饭煲里，回来以后记得自己热热吃了，这是最后一次给你做饭。记得不要因为工作总是饿着，对身体不好，还有你有胃病，别和朋友出去喝酒，少吸点烟。我帮你定了1年的牛奶，他们会直接送到家里的，记得要热过才可以喝。你想买的CD我也买了，就放在电脑桌上。还有什么？对了，这个家里的东西我什么都没带走，除了你第一次送给我的礼物，那只绒线小熊，我已经习惯抱着它睡觉了。以后它可以陪着我，抱着它我会感觉到你的。

"我走了，离开的时候心里很痛，我们住了六年的房子，我和它说再见，我守了六年的家，我和它说再见。我爱了那么多年的你，我和你说：祝福！"

女人永远将爱情置于至高无上的地位，永远认为与男人之间的火花是伟大的爱情，总是要死要活，撕心裂肺的爱，最后又总是发现曾经的爱情如此千疮百孔。

心理学家观点：心碎的滋味有很多种，对女人来讲，为爱而心碎的居多。所以张小娴说："如果真爱是一种幸福，就算心痛也是幸福；如果真爱是一种享受，就算心累也是享受；如果真爱是一种美丽，就算心碎也是美丽；如果真爱，让你伤怀也让你快乐，让你疯狂也让你心碎，你是否愿意相信，你的心正流淌着幸福的泪？天生善良的女人为爱而生，情劫却如铁蹄般踩躏着女人的心灵。一阵阵酸楚时不时地浑然而至，心焦力碎。"这或许代表了诸多女人的内心。

女人都喜欢去幻想

走了就是不爱你了，没有别的原因。怀抱着幻想，只会让自己一直陷在可悲里。

有人说，女人天生就是爱做梦的。然而，女人的爱做梦、爱幻想带给她们的伤害往往要大于带给她们的愉悦。无论幻想能不能实现，抱着幻想只能让自己越陷越深，最终不可自拔。

女人常见的幻想有以下 13 种：

（1）以为世间所有男人都好色，都背着自己的老婆在外面寻花问柳，但是自己老公除外。

（2）被一个 20 几岁青年的理想感动，把自己交给他；老公 30 岁的时候，仍然相信不名一文的他会有大作为；当自己 40 岁的时候，相信自己的孩子是天才。

（3）相信结婚后他将遵守求婚时的许诺，为了你要放弃一切不良的嗜好和缺点。结果婚后的他像完成了一项重要使命一样，不仅将自己的承诺忘得一干二净，还因为完全地松懈而增加了更多你无法容忍的毛病。你在心里痛骂他是个骗子，手上还得无奈地给他洗臭气熏天的袜子，收拾永远凌乱不堪的房间。

（4）他早已远远走开的时候，女人还要说："他有苦衷的，他心中有我。"分手后，又去做种种努力，想去挽回这段感情。譬如，回忆过去，用以前的快乐和幸福去感动；让他的家人去劝说；省吃俭用买他喜欢的奢侈品送给他；给他洗衣服照顾他的生活；哭泣；挽留……可是这一切都没有意义，都不能阻止他对你的蔑视。

（5）看电视剧的时候，看某某偶像帅哥在戏里面痴情无比，便执着地认为演员本身一定是一个纯真的好男人。事实是他比谁都花心。

（6）你们逐渐习惯与对方分享彼此的兴趣。你幻想着你们能够举案齐眉、琴瑟和谐，而这种幻想在当你被倔强的马摔得遍体鳞伤后，就再也不想跟他一起去体会策马扬鞭的威风。相比之下，你更愿意蜷在家中的沙发里，抱着乖巧的小狗看肥皂剧，而他则对你的兴趣嗤之以鼻。

（7）无论发生什么分歧，你们都会想出一个折中的办法。事实是，你会发现，婚后你的丈夫会为了一点小事而与你抬杠，而你自己也变得斤斤计较起来。

（8）你们还会像以前那样，当因为出差而暂时分别时，每天用电话追逐着彼此。事实是，婚后的你只有在无事可做或有事商量的时候，才会算计着在电话费打折的时段里给他打电话，而且仅仅是就事论事，而不会像以前那样拿着电话缠绵个没完。至于你的丈夫，如果你出远门了，建议你干脆放弃在任何时间都能找到他的想法，他会像一只撒出去的兔子一样，在最快的时间里跑得无影无踪。

（9）从参加工作到结婚，已经多年没有读完过一本小说。但是，还坚信自己是一

个有知识有品位不媚俗的知性女人。

（10）婚后你们依然会像婚前那样不时地彻夜长谈。婚后你才发现，丈夫好像婚前把要说的话都对你说完了，对你的喋喋不休，他总是以最简短的词句来回答，甚至有时竟然充耳不闻，装聋作哑。当然你们也会有彻夜说话的时刻，但那很可能是彻夜地争吵。

（11）年轻漂亮的你，相信自己二十年后，依旧是一个人见人爱的大美人。

（12）婚后你们将热衷于为对方做他喜欢吃的饭菜，并且看到他吃得津津有味，比自己吃还高兴。事实是除非你们当中有一个人持之以恒地热爱厨艺，否则你们迟早都将对做饭深恶痛绝，并且对饭后的洗碗工作推三阻四。有的女士还经常因为丈夫自顾自地吃了她爱吃的菜而生气，看来把爱情当作食粮的情景只是婚前的昙花一现了。

（13）明明知道，一个人早已不属于自己，可是心中想见到他的念头却难以消弭。不能寻找、不能言说，只能幻想着下一秒，他就会从我的门前路过；下一秒，他就会出现在我正行走着的街角；下一秒，他的背影就会在晴空下渐行渐远，我不知道我还来不及叫住他。不知道从什么时候起喜欢走在街上了，惯于从经过的人流车辆中寻找与他相似的人。他的衣着、他的神态、他的动作就会在这样的寻觅里愈加清晰起来……明明是早该忘掉的，却在这样的寻觅里加深了记忆，情何以堪！这是幻想的魔咒，也是幻想的祸害。

这百转千回的究竟是爱情，还是只是女人关于爱情的幻想？

十八、婚前女郎婚后女王，家的幸福女人说了算

一个妻子能不能成为自己丈夫的最爱，往往要看她如何去打理自己的家；一个丈夫在家里能不能感到幸福，往往也会影响到他对妻子的感情。因此，把家变成丈夫的温柔乡，也是妻子巩固自己与老公之间感情良方。

嫁人不等于卖身为奴

每一个女人的幸福，都掌握在自己的手中，都需要自己苦心经营。

不要企图不通过努力就能让彼此幸福直到永远，因为这世上没有任何关系不是通过经营得来的。婚姻中的男女，没有人不渴望同步，这种同步，不但是物质的，也是精神的；不但是肉体的，还是灵魂的；不但是生理的，更是心理的。用心经营自己的婚姻，掌握点技巧，掌握点心理学，让你们的爱与婚姻一同健康成长。

世间有一种女子，她们总是追随感觉，认定自己爱的人后，情愿为所爱的人付出

一切，甚至包括牺牲生命也在所不惜。有些女子会在付出的过程中，发现她所爱的人竟然不值得爱；而另一些人，直到生命终止也发现不了真相。

从本性上来说，男人喜欢善解人意、温柔体贴、小鸟依人、千娇百媚的女人。没有一个女人愿意在岁月中慢慢熬成黄脸婆，让男人看到自己老去的痕迹，让男人看到自己糟糕的形象。然而，事实是，一旦结了婚，女人的素质就无缘无故地因身份的改变而发生重大改变。

很多女人，在进入围城之前，即使不浓妆淡抹，至少恋爱的时候还能充当男人眼中的西施。那时的女人在男人眼里如同天使，每次见面她都那么完美无瑕，好像不沾世俗烟火的仙女。一旦结婚了，女人仿佛变了一个人，不愿意化妆，嫌麻烦，更别说皮肤护理了；放下恋爱时的矜持，吃得多了，身材开始走样；丈夫回来晚了，一个劲地追问、唠叨；若是有了孩子更糟糕，时间都用在打理孩子身上，哪还有顾得上自己的空儿。女人要精打细算地过日子，买个菜为了几毛钱要讨价还价半天；女人爱与邻居聊些鸡零狗碎，谁家昨晚吵架谁家买了新电视；女人看以前的旧照片也会感叹时光流逝，但从不为改变自己的容颜而做些努力。给谁看呢？于是，在男人眼中，女人渐渐变得俗不可耐，变得越来越土气。

还有这样的女人，一旦结婚成家后，其家庭责任感要远远高于男人。老公就是她们的天，家庭孩子是她们的一切。每天下班回家买菜做饭、带孩子是她们生活的全部。偶尔能够抽出点时间看一下自己喜欢的电视剧就已经是非常奢侈的事情了。每天都能看到她们忙碌的身影，她们没有时间和精力来打理自己的容貌，头发好久都没有做了，衣服还是结婚的时候买的，一双皮鞋已经穿了很多年了，样子早已不是现在的时髦款式。当她们在忙碌中抱怨的时候，青春和容颜已经不在。她们太过于看重家庭价值，而轻视了自己的社会价值，她们更多的是把自己的希望和精力放在丈夫和孩子身上。

从几千年来的传统来看，身为家庭主妇，需要料理家庭内外的许多杂事，尤其是家务事，似乎成了女性的专属。但是，别忘了，女人绝不是家庭的奴隶。

女人，不要以为你全心全意地付出就会有相应的收获，有时候，正是由于你的无私付出反而会将婚姻推向灭亡的边缘。

婚后的女人不该失去打扮的心情，不该成天让自己只是一个家庭主妇的模样，不该只是围着柴米油盐、锅碗瓢盆。结婚后的女人一样应该每天都有心情打扮自己，有空的时候做做美容，为自己添置一身漂亮的衣服，然后以焕然一新的面貌出现在老公面前，给他一份惊喜，让他为眼前靓丽的你再一次心跳。这样的生活不也很有情趣很惬意吗？爱美之心人皆有之，没有哪个男人会不喜欢一个漂亮的妻子的！在厨房里你应该是一个主妇，在厅堂里你应该是一个贵妇，你不能永远只是做一个"煮"妇！

（1）聪明的好管家只需会烧几个拿手好菜

家庭中少了互动的乐趣，自己就容易累坏，心理也会产生不平衡，不平衡自然会吵架。他不领情，你更会伤心。两人分工，不如两人齐心。饭不必顿顿料理，聪明的好管家只需会烧几个拿手好菜，而且做的时候，要看心情好坏。男人想要的女人——客厅是贵妇，厨房是主妇，卧房是……一人分演多角戏时，要有男人的配合才会精彩。

（2）不要把自己塑造成一个全职保姆

从与他真正在一起的那一天起，你就自然而然从他妈妈手中接过照顾他的接力棒，从为他洗一双袜子开始，发展到洗衣、洗床单、打扫房间、倒垃圾、煮晚餐，最后升级为全职保姆。这样一点点渗透到爱人的生活中，还真是需要不少牺牲精神。他离不开你的照顾，和你在一起。但背地里，他会和那些不爱做家务但楚楚动人的女人黏糊，他会欣赏那些不精于打扫房间但诗情画意的小女生。

（3）在大事上敢于拿主意

很多女人在为家庭做着各种零碎的小事情，但是当家庭中出现诸如出外旅行、买房子等大事的时候，她们就不再愿意自己做出决定，她们觉得内心很矛盾，她们怕自己的决定被认为是自私的，她们怕别人，尤其是自己的丈夫认为自己不把他当回事了。

世上没有一个决定是百分之百的正确。就连政府投票表决有时还会出现微弱多数的情况。作为家里的重要成员，妻子和母亲有权利为家庭的大事拿主意，这样，不仅你自己可以过得高兴，也可以让家人觉得愉快。

（4）抽空收拾一下自己，不能永远只是做一个"煮"妇

外面的世界太精彩，外面的诱惑太多，相比之下，女人的种种表现只能让男人感到失望和不满，男人得了"审美疲劳症"。男人对女人失去了兴趣。"人老珠黄不说，又没本事又没见识，又没情趣又不知趣，难道要守着这样一个庸俗的女人过一辈子？"这是女人的悲哀。你的形象变了，而男人的审美标准却没有变。男人依旧爱看那些打扮脱俗、天生丽质或者花枝招展的单身女人，于是，男人为了追求自己更高质量的生活而移情别恋，家庭解体在所难免，留给女人的只有后悔和怨恨。

（5）对懒男人来个温柔的要赖

有些男人天生懒惰，对家务活是能逃则逃、能躲则躲。可怜你一个小女子，被搞得成了黄脸婆。为了拯救自己，也为了拯救这个家，你不妨：制定家庭爱卫日。每周夫妻共同搞一次家庭大扫除，拖着他干些家务。平时的家务可实行分工负责制和包干制。当然，如果他有特殊情况，你也可以灵活处理，毕竟是一家人，也不能分得太清楚了。

订个劳动周期。向老公说明，最近你有项非常重要的事情需要处理（比如撰写晋

升职称的论文、一项研究课题、一份计划书等），并告诉他如果做不好有被"炒"的可能。所以，最近一段时间家务就由他多承担了。这段时间过去后，可适当让他放松。然后，再找个借口，在下一个周期里家务还是以他为主。

狡猾些、温柔些。温柔是女人最有力的武器。对男人经常来点甜言蜜语和糖衣炮弹什么的，就是累点，他也心甘情愿。

幸福在女人眼中是这样的

除了大贤大哲之人，平凡世界中的平凡人活着的真正目的就是追求幸福，而对女人来说，她们世界中最大的幸福则是拥有美好的爱情以及亲密的亲情，所以有这样一种说法，女人最大的事业是给自己找一个好丈夫。

在一个婚姻之中，女人看重的是婚姻的质量，因为男人如不能在婚姻中得到安慰，还可以在政治、经济、商海等领域中实现价值，而对于一个传统女人来说，婚姻就是她一生的归宿，如果这个归宿不能给她以安全感和庇护，那么她可以有自信、自豪、自尊的感觉，但是对于幸福的感觉她却无从谈起，并且会认为自己的一生是有欠缺而不圆满的。

生活中，很少有女人坦言自己是幸福的。因为在现实社会中，婚姻很难是十全十美的，两个人从相识、相恋到走进婚姻的殿堂，虽然彼此了解很多，但是真正地走进婚姻，才发现原来众多的美好只不过是自己的想象，而男人、女人此时要做的就是为婚姻做一定程度的妥协。繁杂的社会令男人出轨的可能性越来越大，机会也越来越多，所以婚姻能否长久稳固是幸福与否的最终答案。

杨琳的丈夫自从辞职办起了自己的企业后，事业蒸蒸日上。在他为资金、原料、市场而奔走的时候，杨琳正在完成怀孕、生育、为人母的过程。可是一年之后杨琳休完产假从父母那里回到丈夫身边时，却发现丈夫有了外遇。这件事使杨琳深受打击，但杨琳并未提出分手，因为她清楚两人有感情。她只是给了丈夫一些时间，让他权衡后决定取舍。后来的事实也表明，杨琳的丈夫只是有了外遇并非遭遇了爱情，现在他们的生活在抚平伤痛之后开始变得和谐，杨琳并未忘记这事，但她原谅了丈夫。杨琳的幸福因为这件事受到了影响，但比起离婚家庭破裂，杨琳的处理让这件事对所有人的伤害降到了最低。

从杨琳的身上我们认识到与幸福有缘的女人是会协调、会妥协的女人，为孩子计、为他人计、为自己一生计，她们放弃了内心的一点儿幸福感，换取了也许是几个家庭几代人的平安。或许这就是女人善于博弈的大聪明：牺牲局部的幸福换整体的幸福，牺牲个人体验的幸福换社会意义上的幸福。毕竟幸福有很多时候是需要别人承认的。

当徐乃锦因夫妻斗气向她的祖婆婆宋美龄诉苦时，宋美龄说，婚姻的协调，女人要负95%的责任。徐乃锦说,这不公平。宋美龄则拍拍她的肩说,谁告诉你人生是公平的?这就是宋美龄的智慧之处。很多女人一生都想不通的事,一辈子都在困惑彷徨的问题,她却大彻大悟得如此通达平和。人生本无公平可言,于不公平中去追求幸福,追求的必然是一种妥协的幸福,所以女人最能经营幸福。

所谓幸福,其实是没有一定标准的,幸不幸福只是每个人心中的一丝感受。随着人性的不同,幸福的单纯感觉也呈多样性的被人理解着。有的女人认为有丈夫陪着一起去逛街就是一种幸福,而有的女人认为能够经营一个温馨的小家,累了、痛了的时候,只要丈夫的一声问候,就是自己最大的幸福。幸福对女人来说,是如此的容易,又是如此的难,她一生的追求其实有可能就在那一瞬间。

有一个女人,她认为她最幸福的时候就是丈夫陪着她去逛商场,这个时候她的目的不是买什么东西,而是让人看见她的丈夫陪着她一起逛,最好还是牵着手逛,这表示丈夫对她很重视。

还有一个标准的贤妻良母型女性总是抱怨丈夫太懒,什么家务事都不做,她洗碗的时候他在一边看,间或还在她背上轻轻地拍一下说两句玩笑话。她的话听起来是抱怨,可你明显地感到,她那不是抱怨而是在娇嗔,她在抱怨中显示自己的幸福。

只是在她逛街时不经意地牵起她的手;只是在她洗碗的时候,轻轻地一拍,什么辛苦劳累,什么报复怨言刹那都不翼而飞,女人眼中的幸福,其实就是生活中的那点点滴滴的融会。她们要的也并非都是山盟海誓般的幸福,她们要的只是你在不经意间对她的一点关护、一点在意,仅此而已。

内外兼修是女人的必修课

中国有句俗话叫"竹席越旧越好,老婆越新越好"。这句话会吓坏很多女人,她们会担心随着自己容颜的老去,男人会逐渐对其薄情。另一方面,女人天生爱美,她们看到镜子里的自己没有了往日的风采,心里总会产生几分黯然。对于一个女人来说,随着年纪逐渐增大,美丽的容貌开始逐渐褪去,自己在男人眼里不再那么靓丽,这是很自然的事。但是,聪明的女人知道,什么才是男人眼中的美女,因为她们十分了解男人的心理,懂得在男人眼中什么样才是最漂亮的女人。

很多时候,女人的形象是男人的面子,女人要懂得这点,适当打扮自己,这样更能拴住男人的心。

杨文斌是某大公司的高级主管,熟悉他的朋友都知道,他在外面有了"情况"。原来,杨文斌的太太徐丽是一个生活朴素的人,人们看到她时,总是穿着一身过时的衣服,更不会修饰自己,和杨文斌公司其他的几个主管太太相比,那简直是"土的掉渣"。按理说,徐丽应该可以将自己打扮得好看一些,而她却认为,自己是什么样的人，丈夫已经很清楚了，没有必要去修饰自己。自己只要料理好家务，教育好孩子，做一个贤妻良母就行了。

杨文斌从不带妻子出去，彼此的交流也少了，徐丽觉得老公在渐渐地冷落自己。

偶然一次，徐丽将自己的苦恼说给朋友听，她的女友告诉她："杨先生是公司里的高层，时常会出席一些重要的场合，对于自己妻子的要求当然要高一些，不然，一个邋遢的妻子怎么能带得出去呢？再说，任何一个丈夫都希望自己的妻子打扮得漂亮一些，这样在朋友面前才有面子，自己也会更喜欢。"女友还说，"杨先生在外面花心，可能也与你平时的邋遢有关，再加上外面的诱惑又多，你应该理解你的先生。"因此，女友建议她："应该打扮打扮自己，这样杨先生对你的感觉肯定会不一样。"

徐丽听了朋友的话，决心改变一下自己，就将自己好好地打扮了一番。

俗话说"三分长相，七分打扮"，杨文斌看到打扮以后的徐丽，简直有几分惊艳。没几天，在出席公司一个聚会的时候，便破例把太太也带了去，公司的同事看到杨文斌的太太居然这般的漂亮，都说公司还没有几个女人能比得了她。

从那以后，杨文斌不仅常带妻子出席一些交际场合，更改掉了自己花心的毛病，因为他发现了妻子新的魅力，他喜欢和妻子在一起。徐丽用打扮重新赢得了丈夫的心。

徐丽本就是贤妻良母，这是男人喜欢的一面，再加上良好的外在装扮，能赢得丈夫的"宠爱"就是很自然的事了。每个男人都希望自己的女人漂亮。因此，不论你们的感情有多么的笃厚，女人都要懂得修饰自己，这不但是一种对丈夫的礼貌，同时也是维护感情的桥梁。

也许会有人说，在结婚之前，在年轻的时候，女人的羞羞答答，这种自然的可爱彰显无虞，使得她在男人面前尽显神秘与温柔。可结婚以后他们就不同了，两者之间激情不再，女人也少了一份矜持，多了几分粗俗，再加上容颜尽失，哪还有多少魅力可言？其实不一定。男人心中美丽的女人，不一定是容颜上的美丽，两个人的经历及其与众不同的关系，也是给男人带来美感的重要因素。所以女人的美，特别是妻子的美，在男人心中被赋予了更广泛的含义。在男人看来，一个美丽的女人，首先要有适当的内在美与外在美，能内外兼修的女人，才能凸现她真正的美。

但也不可否认，很多男人希望妻子能保持漂亮的容颜，但外貌的美无法永驻，这是男人所能理解的。男人最不希望看到的就是，妻子在外表衰老的同时，其内心也随着衰老。因此，在男人面前，女人不要因容颜不再而叹息。聪明的女人知道，在自己容颜衰老的同时，要保持一份内在的恒久魅力。

沈善武是一个事业有成的老板，在朋友中以爱妻而闻名，很多朋友的妻子都羡慕沈善武的太太找了一个好丈夫。其实，沈善武的太太玉华并不是一个姿色出众的女人，只是一个懂男人的女人而已。

孩子已经上了高中，四十过半的玉华白发已现。可是，沈善武常说，太太是自己这辈子遇见的最好的女人。

的确，尽管自己红颜渐老，但玉华还是将自己装扮得端庄大方，保持着女人的那份阴柔之美。沈善武时常将她带出去参加一些聚会，在外面，玉华给人的感觉是，贤惠、知性，说话得体，轻声细语，在一颦一笑中尽显一个成熟女人的魅力。在丈夫眼里，玉华是一个才女。她写一手好字、画一手好画，在社区的书画大赛还获过奖。不知什么时候起，玉华还喜欢上了时装设计，她不仅给自己打扮得漂亮，还让丈夫在任何场合都穿得合身得体。玉华还会烧一手好菜，在家里，沈善武总会吃到可口的饭菜。

玉华在照顾好孩子的同时，对丈夫也体贴温柔。沈善武常说，无论是事业还是自己的生活，他都离不开妻子，在他眼里，妻子是这个世界上最美的女人。

一个年过半百的男人，对女人温柔含蓄的需求往往要超过女人的漂亮妩媚，所以，女人一定要保持一份内在美，这样的女人在男人眼中才是最漂亮的。

美的观念人人都有，只是各有差别而已。女人使男人喜爱，并不能完全依赖于打扮。一个女人，穿上华贵的衣服，配上珍贵的首饰，再搭配上名贵的皮鞋、皮包……这些给男人刹那间的印象确实是很好的，但如果表现得粗俗做作，这样的女人谁见了都会反感。男人往往更喜欢内外美相结合的女人，所以女人要做到：

（1）经常充实自己，加深自己的文化修养；

（2）说话声音轻声缓和，自然悦耳；

（3）仪态大方，不可矫揉造作；

（4）保持姿态健美和身体健康；

（5）谨慎选择衣物，穿着力求得体；

（6）注意发型，保持外表整洁明朗，等等。

总之，女人要想在丈夫面前永远美丽，不仅要注意外在美，更要注重内涵修养，这样才能成为男人眼中的美女。

男人不回家，女人如何想

"老婆娶来是用来疼的"，大多数女人都奉行这句话，所以在外面忙了一天的女人，拖着疲惫不堪的身体回到家，本想与丈夫说说知心话，或者枕着他的肩头睡一会儿，收获一点轻松和愉快，但是偏偏摊上了一位晚回家或不回家的先生，本来想要有人守候的女人，没想到回到家还要留一盏灯等候那个他，这样，哪个女人心里能舒坦？

俊雅曾经为此伤心痛苦过一年多，她甚至认为，自己嫁错了人，他们的婚姻根本

就是一个错误。起初，先生只要晚上不回家，俊雅就像个小怨妇似的，守着空房落泪，她怨自己的先生不知道心疼人，只顾自己开心。她隔一会儿就给丈夫打个电话，而那边永远都是"马上就回去"，但却永远也见不着个人影儿。俊雅整晚整晚地想"他为什么这样"，同时耳朵也无比敏锐起来，外面有一点儿风吹草动都能被她捕捉到。每次她都是越想越气，越想这日子越没法过，好不容易等到自家先生回来了，可人家像个没事人一样，洗洗就睡了，有时还会跟她贫几句，让俊雅更加感到嫁给了一个没心没肺的家伙。丈夫睡着了，她却绝望得肝肠寸断。她真想大吵一架，可是，一方面有点儿害怕，怕万一再被那个坏蛋噎两句，更给自己添堵；另一方面又实在是不愿意跟这种不可理喻的人讲道理。"他既然做得出这样的事，还有什么道理可讲？"这是俊雅自己的理论。但这样过日子可不行。俊雅意识到，必须采取行动了……

连续几天，俊雅下班后要么约朋友吃饭，要么自己逛商场，但她都事先打个电话通知丈夫。他开始还挺高兴，居然鼓励她："这就对了嘛，咱们都是自由的，谁也别老管着谁。"可是，这种状况持续了两个星期，俊雅发现，丈夫那边有点儿反映了。他开始比较详细地询问她都干什么去了，跟谁去的。俊雅照实回答，君子坦荡荡。又过了一个星期，每天在家等的人换成了丈夫，他开始不停地给俊雅打电话，有些气急败坏。而俊雅却从不发火，顶多给他一句："你也知道等人的滋味不好受了吧？"

俊雅感觉到了丈夫的不安和不满，男人骨子里有种"只许州官放火，不许百姓点灯"的情结，她懂得见好就收，但要有个实质有效的收场方式。

那天，俊雅又是很晚才回家。家里静得出奇，连电视都没开，俊雅感觉到了暴风雨前的平静。

果然，她一进门，老公就嚷嚷开了："我等了你整整一个晚上，你还知道自己有个家呀！"这种情形虽然在俊雅的意料之中，但她还是有些控制不住自己："我曾经等过你无数个晚上！你明白一个人在家的感觉吗？如果婚姻就意味着守一个冷冷清清的家，我宁愿一个人过！"

丈夫显然被她这一番话给吓住了，他从来没想到俊雅居然有这样的念头。而此时的俊雅却感到一种前所未有的痛快。她开始失声痛哭，埋藏在心底许久的怨气终于在此时全部发泄了出来，直到俊雅哭得觉得没什么可哭了，说得也没什么可说了，丈夫才得以松口气。俊雅心想：我可算把憋在心里的话说出来了，你说我报复也好，过分也罢，我都认了，原来，说出自己的感受是这么舒畅。可当她抬眼看到丈夫的眼睛时，又哭了，因为那双眼睛里从来没有像现在这样，溢满了歉疚和痛楚。此时，俊雅又明白了，说出自己的感受，才能知道，自己在丈夫心里的分量。

据调查，90%左右的女性，对于男人不回家，晚回家，持坚决否定的态度。她们认为，没有男人留守的家不安全，没有男人呵护的身体不温暖，没有男人陪着用餐很乏味。在家留守的 90% 女性中，52% 的人表现为"黔驴技穷"，38% 的人表现为无可奈何任由他去。6% 左右的女人，对不回家的男人，表现出了极度的温良恭俭让，极大的"宰相肚里能撑船"的大度，甚至高举双手颇赞同。据说，她们的理由也相当充分：无论是男人或女人，都应当有一方属于自己的晴空，该放手时则放手！不回家的男人，不见得干坏事；干坏事的男人，不见得不回家。另外还有 4% 左右的女性，对不回家的男人，采取了一种无所谓，听之任之的平和心态。她们豁达地认为男人不回家，晚回家也并不见得就不好。每个人都需要有一些独处的时间，男人不在家，自己就可以拥有一个"天高任鸟飞，海阔凭鱼跃"的广阔天地，大可随心所欲干些男人不让干，自己又很想干的事情，多好！

男人不会明白，在女人的内心中，家庭其实是女人灵魂真正安歇的地方，而男人则是那个能为她顶起一片晴空的"柱子"。家庭与丈夫，是女人一生的幸福与寄托；"常相伴""到天涯"这是每个女人一生的梦想，而每天的清屋冷灶，孑然一身，对女人来说很苦涩，很痛苦。

把家变成丈夫最爱待的地方

按照中国的惯例，一个家庭往往是"男主外，女主内"，家能给人一个什么样的感受，常常取决于女主人对家的打理。对夫妻两个人而言，家是他们活动的主要场所，更是他们体验婚姻幸福的主要地方。有时候，家的环境会直接影响夫妻之间的感情；对于丈夫而言，家是自己避风的港湾，当自己在外面打拼累了的时候，家不仅仅是自己消除疲劳的地方，家更是男人心灵的归宿；对于妻子而言，把家装扮得更温馨是自己的一个职责，有时，这更是评价一个妻子的标准之一。家往往包含了一个妻子的全部，因为家里有自己的丈夫和孩子，在通常情况下，除了丈夫和孩子，女人就没有什么更显得重要的东西了。

其实，一个妻子能不能成为自己丈夫的最爱，往往也看她如何去打理自己的家；一个丈夫在家里能不能感到幸福，往往也会影响到他对妻子的感情。因此，把家变成丈夫的温柔乡，也是妻子巩固自己与老公之间感情的良方。那么，怎样把家变成丈夫的温柔乡呢？

第一，待在家里，让丈夫觉得很轻松、舒适。

不管一个男人是多么喜爱他的工作，在他工作的时间里，总会有某种程度的紧张和劳累。如果在他回到家里的时候，这种紧张和劳累能消除，在心理上、身体上和情感上就会得到放松和愉悦，这样，在第二天就会有热情去工作了。男人呆在这样的家里，在身体上是一种休养，在心理上更有一种被老婆爱着的感觉，对妻子的感情就会

加深。

　　由于家务的打理主要由妻子来做，因此家庭主妇们要记住，轻松、舒适是男人们对家最大的需求。不可否认，大多数已婚女人都想做个好的家庭主妇，但有时候男人就是得不到休息和放松。有这样一位太太，为了让家待得更舒服一些，她不让孩子把朋友带回家，因为小孩可能会弄脏干净的地板；她不允许丈夫在家里抽烟，因为窗帘会沾上烟味；如果她的丈夫看完一本书或报纸，她会要求丈夫必须准确地放回原处……孩子和丈夫在家里，稍微一动就会触犯家中的规则，这样的家庭，不说工作压力大的老公不愿待在家里，就是家里的孩子也喜欢在外面玩。在美国，家庭主妇因家里的洁净而对家人行为的规范，心理学家把它称为是"家里最严重的精神压迫"。因此，女人在承担家务职责的时候，不要忘记男人对家舒适的要求。

　　你辛苦把家布置好，丈夫也许就是一个破坏者。注意，丈夫就是在你布置好的家中得到了享受，并在自己的"破坏"中放松自己。你想，男人在家里不就是想随意一些吗？也只有这样，男人在家里才能谈得上是轻松、舒适的，不然，就很有可能是女人在家庭的布置上有很多不足。男人把报纸乱丢，可能就是他根本不知道报纸该放在哪里；男人把烟灰弹到地板上，可能就是他不能及时找到烟灰缸……在男人看来，随意地拿出报纸来读，悠闲地抽着烟，这就是最轻松、舒适的。如果男人抽一口烟还要晕头转向地去找烟灰缸，看完报纸后不能安然地倒在沙发上小憩，那么他就没有什么轻松可言。因此，女人要想让男人在家轻松、舒适，不妨对男人少一些要求，在男人"破坏"之后，再花时间把家整理好。女人在这个时候，不仅仅是在整理家务，更是在巩固夫妻之间的情感。

　　第二，保持家的整洁。

　　整洁的环境，会给予劳累一天的男人愉快的感觉。凌乱不堪的环境，往往会增加人的烦躁感，男人就不喜欢呆在这样的家里。衣物堆得到处都是，饭碗泡在水槽里，地板满是污迹，甚至床上也没有铺整齐……这些情形让人呆着不舒服不说，这更能反映女主人糟糕的品位。虽然说现代家庭是"整理家务，人人有责"，但性别的特点及中国人的习惯决定女人应该是家务的主导者，女人安排男人做一些家务，男人不做只是男人的懒惰；家里整理不好，却全部都是女人的错。女人没有整理好家务，从一个侧面可以反映出妻子的内在品质。同时，虽然很多男人不及女人爱干净，但男人总喜欢那些把家里整理得干干净净的女人。在男人的眼里，女人能把家整理得有秩序，保持家的清洁，她往往就会是一个天使，当然，会营造一些小情调更好；女人要是整理不好家，在男人的眼里仅仅就是一个妇人，弄不好还会是粗俗的。

　　因此，把家整理得有秩序，保持家的清洁，一是能提高女人在男人心中的地位，二是能让人感到家的舒服。

第三，家里保持愉快安详的气氛。

家里气氛的营造，女主人往往要承担主要责任。丈夫在事业上的表现，将会受到妻子所创造的家庭环境的影响。任何一个女人，都不想她丈夫的身心在家也被工作所占据，同时，她们又希望丈夫在工作上有最好的表现。如果女人能为男人创造一个愉快安详的家庭气氛，男人的工作就会更轻松，压力就更小。因为家庭应该是男人事业上的避难所，男人可能整天和对手竞争，当下班以后，他就会渴望着安详、和谐、舒适、爱情……家里保持愉快安详的气氛，能除去男人工作上的不安。这样，男人在家能及时恢复自己体力，能保护自己工作的激情，在情感上能保持愉快，使他每天早晨都会对工作充满热情地出门。

因此，家里保持愉快安详的气氛，这也是在丈夫的生活中妻子所尽的一种责任。

男人对家的概念，往往就像歌里唱的："一个不需要多大的地方，一个不需要多么华丽的地方，在自己害怕的时候，在自己受伤的时候，我会想到它……"家，它是夫妻二人私密的空间，是一个小窝，一个藏身之所，它更是男人心灵的归宿和生活的港湾。男人让家更有个性，女人让家更舒适。若一个爱家的女人具有设计的头脑，又有生活的经验，那么这个家将沉淀出生活的意趣，婚姻生活也就鲜活起来了。

"拴住"丈夫的"另类"办法

很多妻子总会抱怨自己的丈夫不爱回家，甚至在外面拈花惹草。其实，很多男人之所以这样，男人本身存在问题是一个方面，另一方面，家不能给男人以归属感，也是男人不愿回家的重要原因。你想，男人在繁重的工作之后，家既然不能让自己感到更愉快、更放松，甚至回去还会多一些不愉快，他当然能不回去就不回去，这样还有更多的时间去打理自己的事业。这样，男人不归家的次数多了，夫妻之间的感情就会变淡了，夫妻之间的感情问题也就随之而来——第三者的出现，夫妻感情的崩溃，往往就是这样开始的。当一个好妻子把家变成男人最好的去处的时候，家会变成男人避风的港湾，妻子会成为丈夫的挚爱。

会"拴住"自己的丈夫，让丈夫觉得家是一个温暖的地方，对于一个妻子来说并不难。因为男人对家有一定的责任感，另外家里还有自己的孩子，还有爱自己的妻子，所有家里的这些元素，已经给妻子形成了"拴住"自己丈夫的基础，剩下的就要看妻子该怎么做了。具体可参照以下几点：

（1）在家要营造一些浪漫

夫妻二人都想有一个浪漫的家庭氛围，但是浪漫是没有标准的。有的人就认为富

丽堂皇是浪漫，有的人就认为古朴典雅是浪漫，还有的人甚至认为轻松随意才是浪漫。浪漫是没有标准的，要根据个人的感受来把握，浪漫的家庭环境是符合夫妻双方期待值的环境，这种期待值是埋在心底的，所以，家庭环境布置，妻子不能由自己一个人来决策，要尽量符合双方的情趣。人的情趣是不同的，即便是生活在一起多年的夫妻，各自的喜好也不会完完全全地融合一体。因此，妻子在营造浪漫的家庭氛围的时候，要揣摩丈夫的心理。

一日，楠楠做了一桌丰盛的菜肴，又备了一瓶红酒。当丈夫晚上下班看到后，深感家庭的温暖，面对妻子的体贴，开始便哈哈大笑。

这是一个西窗有月的晚上，楠楠点起蜡烛，撩开窗帘，让柔柔的月光透过纱窗洒得满桌都是蜜意。于是，月光下的晚餐便充满了浪漫，有烛光、花影，还有月光……夫妻二人享受着这一切，特别是丈夫，在月光下的楠楠显得更美丽，一天的劳累一扫而光，在外面虽然工作累一些，但在家却能使他享受到幸福与浪漫。

（2）服侍辛苦的老公有学问

很显然，女人独特的细心，所营造的家庭环境和气氛，对婚姻幸福起到决定性的作用。对于一个专职的家庭主妇来说，不妨养成这样的习惯：当丈夫在外面忙碌一天，牢骚满腹地回到家时，妻子最好到门口迎接他，给他倒上饮料、茶水，给丈夫备好洗澡水等。哪怕就是给丈夫做到其中的一点，也会使丈夫对家的感受有不一样的温馨感觉。妻子和蔼、富有耐心的样子就是一个可爱的天使，她能消除丈夫一天的工作疲劳，使丈夫忘记不好的情绪。

很多女人会觉得这样做会有失男女的平等，不想在丈夫面前唯命是从，因为带着"乞求"的成分"赢得"幸福，迟早会令丈夫感到不舒服。如果把精心照顾丈夫的目的当成防止他发脾气，婚姻也就快走到了尽头。另一方面，丈夫如果总是忙忙碌碌、牢骚满腹，任何有修养的妻子都很难坚持下来。妻子如果总是这样做，从某种程度上说，确实又是在纵容男人。面对妻子的悉心照顾，丈夫反过来对妻子也有关怀，这样，妻子对老公的服侍才会显得更温馨。聪明的女人应该学会摸索出一套适合自己的方式，为自己的幸福做一些努力。

美国的家庭主妇，虽然她们看似个个都十分的高大，但她们都会在丈夫面前装出小鸟依人的样子。她们每天下班和丈夫见面就像久别重逢一样，总会热烈地拥抱在一起，然后帮丈夫换上休闲装，再递上一杯咖啡，让自己的丈夫有一种被需要的感觉。在服侍丈夫的同时，她们并不惯着丈夫，她们更会留一些家务给他，比如烤箱温度坏了，洗衣机的响声太大，衣服没有叠好等，她们会及时提醒丈夫，他将被这个家庭所需要，有做一部分家务的责任。这样能让男人明白：家庭主妇是这个家庭的女主人，不是自己的保姆。

（3）对丈夫适当地放手

有人说："女人变坏就会有钱，男人有钱就会变坏。"虽然这句话说得有些偏颇，但它在无形中会给一些人以心理暗示，特别是老公事业有成的妻子，她们总会认为自己的老公会变坏，会处处防着老公，有的妻子甚至会到监视老公的地步。

小雅和丈夫原来都是教师，前几年丈夫辞职去做生意，不出几年就成了一个大老板。作为"大款"的妻子，小雅完全可以养尊处优，但她一直没有放弃自己的职业。因为丈夫常只顾忙生意，家里的一切都落在了小雅的身上。小雅在教书的同时，还要照顾九岁多的女儿，生活很辛苦。

有朋友劝小雅，当老师的月工资还不够丈夫一顿饭钱，干脆辞职别干了，一心一意相夫教子，多花点心思拴住丈夫的心吧，虽说丈夫目前很忠诚，可说不准以后会花心——有钱的男人总让人放心不下。

小雅听后总是一笑了之，其实她有自己的道理。自己和丈夫从同学到夫妻，彼此都很了解，她相信他。当然更重要的，她对自己有信心，她有能力做好老师、母亲和妻子。小雅每天按自己的节奏生活着，照顾好女儿，教导好学生，打理着家务。丈夫因为要忙生意，有时一个月也难得回来两次。

小雅总是那么不露声色，极少埋怨丈夫的忙碌，相反，她十分体贴丈夫。男人干事业太辛苦，她经常提醒他，要注意保重身体。顺风顺水时劝丈夫保持清醒，遭遇挫折时给丈夫鼓励。周围的女人不是埋怨丈夫太窝囊，就是抱怨丈夫太花心，而小雅这边风景独好，丈夫越来越能挣钱，对小雅依然一往情深，总是尽可能地去多陪一陪她和女儿。朋友都说小雅找了一个又有钱又有情的男人，幸福得让人羡慕。

有人打了这样一个比喻：男人就如风筝，在天上飞来飞去，家就是风筝的那头。作为妻子，就是要懂得松弛得当，这样既能让风筝高高飞翔，又不至于让风筝失去控制。

因此，一个聪明的妻子，应该学会用自己的贤淑和体贴对待自己的丈夫，这样不仅能"拴住"自己的丈夫，更会让你成为丈夫一生的最爱。

在外是"大女人"，在家做"小女人"

"大女人"是精明能干的女人，驰骋商场，呼风唤雨，在工作上出类拔萃，即使感情受到挫折，也能以最自信的姿态展现在众人的面前；"小女人"则能力有限，每天正点上下班，接孩子，给老公做饭，抓紧时间操持家务。

现在社会出现了越来越多的"大女人"——她们和男人一样在事业上打拼，独立、精明、大气而且能干，无论手段还是气势丝毫不输给男人，不仅位居高职，拿着不菲的薪水，而且颇受领导赏识。她们完全打破了"男主外女主内"的传统观念，仿佛要和男人争那另半边天。尽管在事业上，许多男人不得不佩服她们的机智和作风，但是很少有男人愿意找一个这样的女人做伴侣，因为他们无法忍受一个比自己还强的女人，那会让他们感觉不到自己被需要。

综合现在的社会情况，居家的女人毕竟还是少了。作为一个女人，在公司可以是横眉冷目的主管，在家里仍是要做妻子，做母亲，因此没有必要用"将军命令士兵"般的口气和丈夫说话。尽管现代女性有自己的事业，有自己的社交圈子，有自己的天空，但是让自己的地位转换保持平衡，也是对男人的尊重，是作为妻子应该尽到的责任。

英国的维多利亚女王有一次和她的丈夫发生矛盾之后，丈夫生气闭门不出。

女王来敲门，丈夫问："你是谁？"女王理直气壮地回答："英国女王。"屋里没有声音。

女王又敲门，声音平和了一些："我是维多利亚。"里面仍是悄然无声。

最后女王柔情地说："亲爱的，开门，我是你的妻子。"

女人下班回家的时候，依偎在丈夫的身边做个"小女人"，也让丈夫感受一下可以被依靠、可以保护女人的大男人的心理，不是很好吗？

维多利亚女王

这时候做个小女人是很幸福的事情，你可以有很多幻想，可以变得轻松浪漫，可以给自己的偷懒找出 N 多个理由，可以聪明地装糊涂，也可以体贴入微地照顾别人，感受一下关爱别人的快乐，也可以撒娇地让别人来照顾你。这个时候你是妻子，是你爱人的宝贝，不再是严厉的经理。

小女人对待朋友真诚而傻气，和从前的同事、朋友从不断了联系，没事就来个聚会和大家倾诉自己的心事，讨论未来和怀念以前的种种。小女人的真诚经常让朋友感动。

小女人会对被开除的同事说："如果不被开除，你还是个默默无闻的职员，还在耽误前程呢！如今做了部门经理，你的才能发挥得淋漓尽致。有空请主任吃顿饭吧？他不开除你，你哪有今天。你可要记住报恩啊！"朋友听得心花怒放，非常豪爽地说："只有你将我当成好朋友，你什么时候有空？我请你吃饭。"小女人大方地回答："你什么时候心情好就什么时候请我吧！"小女人的一番话暖透了朋友的心。

小女人只是站在别人的角度为别人着想，多考虑别人的难处，即使有时自己吃亏也不介意。在她的眼中，名利地位并不比朋友和爱人来得重要。

其实，每个女人骨子里都有"小女人"的情怀，只是有些女人的生活环境、生活方式以及社会地位不允许她有丝毫的松懈，只能上紧发条不停地工作。

做个"大女人"事实上是痛苦的，不要看她们貌似外表风光，但女人的社会地位再高，也没办法赢得整片天空。而且，女性天生心思细腻、敏感，即使作风强悍仍然不能改变承受能力的柔弱。女人天生是需要被保护的动物，无论从心理还是生理上来说，她们都不适合过于繁重的劳动。

要知道，这个世界是由男人和女人组成的，上帝已经分配好了他们各司其职。那些体力劳动和辛苦的工作就交给男人去做吧！女人要看守好你自己的这片后方净土，同时做一些你喜欢做的事情。如果因为生活的原因你不得不和男人一样辛苦，那么请自我调节，让自己不要那么紧张，也许成功的机会更大。如果你已经成功了，那么维护好你的爱情和家庭，别让自己太累，别让你的丈夫感觉到家里缺少了应有的"女人味"或者"母爱"，不要把家当成你的办公室，那样你一定会事业、爱情双丰收的！

"大女人"们，回到家后不妨在丈夫的怀中歇一歇、撒撒娇，好好体会一下被关爱的温暖。让家更有味道。

女人装傻是一种境界

女人装傻其实是一种境界，那种明了一切却不点破的拈花微笑，最让男人心动、心疼。"装傻"并不是忍气吞声，而是把生活中的小事儿模糊处理，这也是换一种思维方式生活。

有这样一种言论：当聪明的男人遇上聪明的女人，结果等于战争；当傻男人遇上了聪明的女人，结果等于绯闻；当聪明的男人遇上了傻女人，结果是结婚。男人们很想找个老实贤惠的老婆，放在家里安心，好哄好骗；而女人们说如果自己是男人也要找个老实贤惠的女人，不但放在家里放心，而且自己好在外面风流快乐，不会操心。如果说，当一个傻女人，看到他在外面逢场作戏、玩笑而过，而不用担心你会歇斯底里；或是他明了你的"愚忠与隐忍"，所以不用对你呵护照料，你也会跟他到海角天涯，这种敷衍式的不离不弃是你要的幸福吗？

婚姻中的女人更需要有"装傻"的智慧。因为婚姻是两个人的事儿，这远比一个人的事情复杂和烦琐。良好婚姻关系的维系，需要做到"大事讲原则，小事须装傻"。

前不久，一位女同事吵着要离婚，这让大家惊讶不已，以前她总是开口闭口把老公的好说个没完，惹得一帮女同事艳羡不已。问她为什么要离婚，她愤愤地说："他怎

么那么不长良心？亏我对他那么好！他全身上下哪一样不是我亲手给买的，我一天像个老妈子一样，早餐晚餐做着，衣服给他洗着，我付出了那么多给这个家，却换来他对我的欺骗。对我隐瞒他的行踪，被我发现了，他还大言不惭地说我平常疑心重，怕我生气上火所以才不敢告诉我。这算什么理由？我明知道他口袋里有三百块钱，可是第二天他就不承认了，这日子是没法过了。"

三百块钱和婚姻相比，孰轻孰重根本不用说。试想，有两个女人同时摆在男人面前，一个是歇斯底里的怨妇，而另外一个是懂得在适当的时候"装傻"的女人，男人会选择谁呢？

不必事无巨细一切统统在你的管制范围，他是你深爱的人，你要对他充满信任。不妨给对方一点空间，每周给他两天自由活动的时间。当他不小心撒了谎，大可不必当面揭穿他，即使你洞悉一切，仍然要傻傻地笑着说，我只是担心你。你给他留足了面子，他一定会心存感激，感激你的包容和护佑。

智慧女人，从不对所有事情都探究个一清二楚，因为她知道，自己不可能对世事洞明，把一切看得太清不仅伤了自己的眼还会累了自己的心，更会连累到婚姻，只要婚姻不偏离正常的轨道，不偏离道德的航线，把握好它大的方向就可以。对于这种小事，不妨装一次傻，说不定你会爱上"装傻"这种生活方式，因为这种方式离幸福很近。

和婆婆"斗法"伤害了谁

婆媳关系：女人何苦为难女人？

看过一篇报道，一个漂亮、有文化的知识女性，为了组建一个家庭，花了五年时间。因为与婆母在生活上的纠纷，差点就毁掉一个家。这个女人的名字叫杨萍，事情是这样的：

杨萍出生于贵州一个偏僻的山村，父母生育了三个女儿，她是老幺。俗话说，皇帝爱长子，百姓爱幺儿。杨萍从生下来，却很少得到父母的疼爱。

1994年，杨萍终于以优异的成绩，考上北京一所大学。大二的时候，杨萍参加老乡会，认识了高伟。高伟一米八米的个子，盖过了她们班上所有的男生。

1998年，高伟大学毕业后回到家乡，在一家金融公司找到了工作。杨萍也在房地产行业找到自己的发展平台。看到二人的工作都稳定下来，在家人的催促下，二人举行了婚礼。

新婚之后，杨萍与丈夫一门心思想着如何挣钱，如何更快结束租房的生活。到了2003年6月，他们终于买了一套二手房，二室一厅。

杨萍的高兴劲儿没有持续多久，高伟的父母提出要求，要到她们家里来住。他们有理由，高伟是家中的独子，他们年龄大了得靠儿子。

生完孩子后，婆婆很关心杨萍，让杨萍感到很温暖。但这种关系，只维持了一个月。

孩子满月后，婆婆对杨萍的态度开始变得冷淡。杨萍身体有不舒服，一旦她说出来，婆婆就会说杨萍娇气，还经常说一些讽刺的话语。后来，杨萍实在受不了，就开始与婆婆争吵。

杨萍的丈夫是一个孝子，人长得高高大大，但是性格却很懦弱。平时在家中，很少与自己的父母顶嘴。儿媳妇竟然敢与婆婆顶嘴，婆婆认为这是不孝。丈夫回到家中，看到杨萍与母亲吵架，什么话也不说，只知道躲到一边抽烟。

2003 年 12 月初，杨萍买了一些营养品，回到老家去看望母亲。此事被婆婆知道了，等杨萍返回家里后，婆婆就开始在家中指桑骂槐，说什么大家都是父母生的，为什么要厚此薄彼。这一次，杨萍实在按捺不住，与婆婆在家中发生了激烈的争吵。丈夫回到家中，婆婆还不解气，哭着对丈夫说杨萍不孝敬她，她活着没有什么意思。性格懦弱的丈夫，看到他母亲的眼泪，不分青红皂白，对杨萍大打出手。

在婆媳关系相处过程中，最难的莫过于既为人夫又为人子这个角色了。一头是生育自己的母亲，一头是心爱的妻子，夹在中间很难做人。婆媳之间一旦发生矛盾，父子关系、母子关系、夫妻关系乃至兄弟姐妹关系都可能受牵连，弄得全家不得安宁。

婆媳之间的矛盾，大多是围绕经济开支、家务劳动、管教子女、对待家庭成员的态度等一些非原则性问题引起的争执。说白了，就是没有什么大不了的事。但婆媳关系一旦出现问题，调适难度比较大，一定要认真对待。其主要技法有：

（1）爱屋及乌

儿子结婚后母亲有一种被遗弃、备感冷落的感受，会顿时觉得自己已经不是儿子心目中最重要的女人了，她一生的得意之作被儿媳轻易摘走了。所以，你如果爱他，就试着去爱他的父母，毕竟你身边这个好丈夫是他们培养出来的。作为媳妇要主动亲近婆婆，逐步了解婆婆，敬重婆婆；平时处理家庭事务多找婆婆商量，有什么烦心事多找婆婆诉说。不要工作之余夫妻厮守在一起，把婆婆"晾起来"。媳妇对婆婆的爱和尊敬，会自然地消除媳妇是"别人的孩子"的旧观念，形成亲如母女的婆媳关系。

（2）不要与婆婆争她的儿子

婆婆在任何时候都会认为儿子永远是她的"私人财产"。她可以溺爱你的丈夫，可以责骂你的丈夫，可以随时"使唤"你的丈夫，可以任性地让你丈夫做许多你讨厌的事。你在这些时候千万不要怒形于色，怎样应对由丈夫自行处理好了。

（3）别把自己当外人

你是小她一辈的媳妇，事做不好，只要不是恶意中伤，被婆婆不疼不痒地说一句也是应该的，在家里做错了，妈妈不也这么说吗？她也是长辈。

（4）学会向婆婆道歉

向陌生人说"对不起"是轻而易举的事，在家里很多事情是重情不重理，如果真有什么事情你做错了，你要学会向婆婆道歉，一句"对不起"会让大家的日子都好过些。

（5）别当着婆婆的面数落丈夫

当婆婆袒护儿子时，别认为婆婆是在和你过不去，她只是在为自己的"教育成品"做辩护。重新打造丈夫的工程只能在你们的两人世界里进行，而不是对婆婆寄予厚望，让一位女人在比自己小几十岁的女人面前承认自己的"家教"不对，有些太苛求了吧！

（6）在婆婆面前忌使唤丈夫

夫妻间的事情私下讲好，在需要决策问题时，即使你已拿定主意，也要在最后加一句："老公，你的意见呢？"在婆婆面前决不使唤丈夫。相反，做出贤德样子来，婆婆面前给丈夫洗衣端茶，背后让他给你洗脚也无妨。

（7）礼轻情谊重

礼物不需要很贵重，太贵了她会觉得你很浪费，因为礼物只有送到心坎上才是最好的。都是女人，毕竟有相通的地方，留意一下婆婆平时的喜好，买件礼物送给婆婆，让她有了在亲戚邻居面前夸耀的资本，你说婆婆有什么理由不对你另眼相看呢？

（8）多多赞美

作为儿媳妇，要主动和善于发现婆婆的优点，及时给予赞美。比如"衣服洗得真干净"，"妈，您穿这种颜色衣服真好看"，等等。这些不起眼的赞美可令婆婆心怀喜悦，赞美的话可以直接当面说，也可以对别人讲，让越多的人知道她的优点，婆婆越高兴。需注意的是，赞美不同于奉承，赞美是发现并承认实际存在的优点，是诚心的，让人高兴；奉承是夸大优点或编造优点，是虚假的，令人生厌。所以不能用奉承去讨好婆婆。

（9）和婆婆站在同一战壕

一般来讲，婆婆很容易把媳妇看成"编外人员"，而心生隔膜。所以为了使婆婆早日接纳你，你必须要"更高、更快、更强"地灌输给婆婆一些"迷魂汤"，全方位地使她感受到你甚至比她亲儿子还要向着她。这是婆媳相处的重要一招，百试不爽。

女人在婚姻中如何定位

生活中的智慧女人，有美丽的、貌丑的、贤惠的、懒散的……种种不一，但她们的情感世界却是极其丰满的。这些女人具有一个共同的特征，就是拥有着极高的悟性。

这种悟性不单单体现在对婚姻的性质能有一个清醒的认识，尤为重要的是她们能够不断地进行自我反思，对自己所扮演的角色适时地进行转换。

佛经云："要知前世因，今生受者是；要知后世因，今生做者是。"每个女人来到这个世界上，都要在人生的这方大舞台上走一遭，扮演一个属于自己的角色，无论是人生如戏，还是戏如人生，任何一个女人都不可能活在一个没有他人只有自己的真空世界里。女人会面对许多现实与虚幻的东西，而无论是现实抑或是虚幻，最终女人都会找寻属于自己的爱情归宿，而婚姻则是爱情的最终体现。婚姻并不是两个人单纯的凑合，而是基于感情而言，有很多女人以为结婚后，把自己嫁出去了，就一切万事大吉的样子，其实不然，可以说经营婚姻是一门学问，如果对经营婚姻持一种懒惰的态度，那么，婚姻当然会变得索然无味，不尽人意。

诗人舒婷曾写下这样一段文字：大街上，一个安详的老妇人和一个从容的老人微笑着，从不同的方向面对面地走近，走近；然后是微笑着，鼻尖顶着鼻尖地站着，双手紧紧地握在一起，身后西下的阳光把他们的头发和笑容染成一片暖暖的黄，身旁的人们被他们的幸福染成一片温暖。这应该是一种"执子之手，与子偕老"的境界。爱情不只是一味地轰轰烈烈、惊天动地，也有像流水一样绵延不断、静静流淌的感觉。而爱情中的那些海誓山盟、花前月下，也化成婚姻中的相对无言、眼波如流的默契。

婚姻中的女人，身上扮演着多重的角色，妻子，儿媳，母亲。女人不要寄希望于老公，他并不是专门为你准备的白马王子，尽管低情商的他懂得为什么你和自己的妈妈相处得不好。记得当初你们相爱的时候，总是如胶似漆，他不断地对你说一些甜蜜的话语，而结婚后，总有一些现实的问题产生，你们要去做一些实际的事情，还要有一些枯燥的话语要说。时间长了，哪还能有甜言蜜语，有的只是日常对话，既简单又直接的话语。道理很简单，他认为，你与他结婚就是他的人了，是自己的爱人，彼此的客气也就没有必要了。正是这种观念的影响，男人对女人的感情表达得含蓄了，女人就会淡然，男人就会淡漠，于是，对彼此的冷漠就出现了。

婚姻是爱情的必然结果，也应该是爱情的升华，但绝对不是爱情的坟墓。所以，女人在婚姻上应该像在战场上一样聪明、睿智，千万不要亲手将自己的婚姻送入了无声息的沉默之中。好好爱你身边的人，随时与他进行思想的交流与沟通，珍惜现在你所拥有的一切是最聪明最幸福的女人应有的做法！

第七章　教育心理学

一、深谙教育心理学，当最省心的父母

先处理孩子情绪，再处理事情

生活中，不知作为父母的你有没有遇到过这种情况：当孩子不听话时，你采用吓唬的方法，如"你再不听话，狼外婆就来了""你要再吃糖，牙齿就会坏掉，拔牙可疼了"，孩子通常会不再调皮，不再吃那么多糖。其实，之所以出现这种现象，原因就是这些话唤起了孩子内心的恐惧，从而引起了态度和行为的改变。

有时，有的父母为了激发孩子的学习动机，经常给他们讲谁谁谁不努力学习，没考上大学，干着累人的工作，还吃不饱。这种方法在促进孩子学习动机方面，的确能起一定作用，但同时要把握一个度，避免使孩子过度焦虑。心理学研究证明，"恐惧唤起"可以提高劝说的效果，但太强的恐惧可能使效果适得其反，即引起被劝说者的防御机制，使他们拒绝相信这种危险。

在心理学上有个"情绪判断优先效应"，是说人们在做出判断的时候，感性思维也就是情绪往往优先于理性思维。作为家长要懂得利用这一效应，在和孩子交往过程中，要做到"先处理情绪，后处理事情"。比如当孩子处于不愉快状态时，全身系统处于"防卫状态"，在自身与外界之间筑起一道屏障，以保护精神世界免受伤害。这时，任何外界的资讯，包括那些正确有益的资讯都会被拒之门外。这时不管父母说什么，孩子都很难听进去。但是如果先处理情绪，使孩子转换心境，调整到开放状态，就会有利于问题的解决，因为一般情况下情绪是优先于理性思维的，就应当先让情绪说话。这里有则案例就很值得我们借鉴：

宋女士搬了新家，看着刚装饰好的新房，心里别提有多高兴了。晚上，她和老公都要加班，只好让女儿自己在家。可是当她回到家后，却发现洁白的墙壁上被女儿画得乱七八糟，还写上了"爸爸妈妈我爱你们！"几个大字，她正想批评女儿，女儿兴奋地跑过来对她说："妈妈，你看我画得好吗？"

一瞬间，宋女士放弃了训斥女儿的想法，她和蔼地对女儿说："你画得真好，谢谢你。爸爸妈妈也同样爱你。不过，你看这洁白的墙壁，被你画上了画，写上了字，就像别人在你白白的小脸上写字一样，你会高兴吗？所以说墙壁也会非常难受的。以后记住不要在墙上画画，应该在纸上画，最好是在自己的图画本上画，那样多好啊！"

女儿看看被自己画得乱七八糟的墙壁，又摸摸自己的脸，羞愧地对妈妈说"妈妈我错了。"

"嗯，这才是妈妈的乖女儿。我知道你不是故意的，所以妈妈不怪你。不过星期天要和爸爸妈妈一起给墙壁洗脸，好吗？"

"好啊，我要给墙壁洗脸，让它干干净净的。"女儿拍着小手说。

在孩子成长的过程中，不小心摔坏东西、损坏东西的事情是经常有的。对自己不小心造成的破坏，孩子往往也很后悔和难过，甚至感到恐惧。这时父母应该首先体谅孩子的感情，宽容和安慰孩子，而不是马上进行批评和指责。因为一味训斥和打骂孩子，只会让孩子感到恐惧，容易淡忘了事件本身。而且批评和指责还会造成孩子对父母感情的疏远，可能导致以后再发生这种事情他们就隐瞒父母，养成说谎的习惯。

当孩子本意正确、方式错误的时候，父母可以告诉他："我知道你不是故意的，以后注意点哦！""谢谢你的好意，但是你的方法错了，结果让父母非常伤脑筋，以后应该这样……"这种宽容，反而会促使其内心产生思想斗争，下决心"将功折罪"，痛改前非。

硬性教育只会让孩子与你对着干

教育一直是天下所有父母关心的话题，为此父母花费心思，用尽气力，但无奈孩子却不了解父母的这些良苦用心，变得越来越不听话，处处与自己为"敌"，凡事都对自己抱着抵触心态，你要他往东他非朝西，你要他往西他非要朝东……

其实，孩子的这种表现就是心理学上的"逆反心理"。所谓逆反心理，是指人们彼此之间为了维护自尊，而对对方的要求采取相反态度和言行的心理状态。别人要求我们做某事，如果我们觉得这个事情是本来不想做的，或者没有充足的理由，就会因为受强迫而感到自尊受到损害，从而产生故意和对方"对着干"的态度。

孩子从小学进入中学是一个飞跃，这时候他们的心理发生了很大变化。他们认为自己已不是小孩而是大人了，独立活动的愿望越来越强烈。他们一方面想摆脱父母，自作主张，另一方面又必须依赖家庭。这个时期的孩子，由于缺乏生活经验，不能完全恰当地理解自尊，强烈要求别人把他们看作是成人。如果你还把他们当小孩看，无微不至地"关怀"，就会伤及其自尊心，使他们萌生对立情绪，产生反抗心理。如果父母在同伴和异性面前管教他们，他们的"逆反心理"就更强。

家庭和谐是幸福生活的一个很重要因素，所以要了解孩子的这种逆反心理，并采取正确的应对之策。

1. 莫对孩子采取"硬性措施"

有些事情本来孩子没有兴趣，也不会去做，但是如果你采取硬性措施，对孩子进行强行压制，那么他的逆反心理就会变强，本来没打算做的"坏"事也会因为你的压制而去做。所以，身为父母应该了解孩子的这一特点，不能强行压制，要以冷静、民主的态度和孩子沟通。

2. 有时候教育不成时，就让孩子亲身实践

生活中，很多孩子都有"不见棺材不掉泪"的倔劲，你苦口婆心地劝说，他们全然听不进去，所以这个时候父母可以让他亲自尝试，让他吃吃"苦头"，有了这样的经验教训后，以后遇到类似的事情他就不会再与你对着干了。

3. 与孩子心平气和地沟通

十来岁的孩子身体开始发育，由于对性知识好奇，可能会对成人书刊产生兴趣。父母如果看见了孩子在看这些书刊，一定要克制发脾气的冲动，应本着平等的态度，与孩子坐下来讨论一下。首先应该表示理解："青春期的孩子对性好奇是正常的。我看见了，你想把它们藏起来。我猜你一定知道看这些书不太合适。"你可以告诉孩子，裸体本身并没有什么不好："一些著名的油画中有裸体的人物，人体本身是美的。你对它们感兴趣我可以理解。但某些书刊登这些裸体照是另有目的的。它们把人们之间的相爱变成了纯粹的性行为，一点爱的成分都没有了，这就是丑陋的。""我希望你下次看见这样的杂志，能想起我说的话。现在我要扔掉这本书。我不想在我们家看到这种书。"

4. 顺水推舟

孩子的逆反心理让人头疼，但有时它也能起到好的作用，所以，父母对孩子的逆反心理，有时也可以反其道而用之，促使孩子对好的东西产生兴趣。我们可以看看这则例子：

乐乐上了幼儿园大班，无论是画画还是写作业，总要妈妈或是爸爸陪着，结果逐渐产生了依赖性，只要没人陪，他就不写。为了让他改掉这个坏毛病，写作业前妈妈故意说："不许自己写，写得不认真，老师还会责怪我。你先等着，我忙完了事再来陪你。"可是妈妈一离开，乐乐马上就把作业拿出来自己写，等妈妈再回到他身边，作业已经写完了。

这种方法显然要比现实中许多父母"牛不饮水强按头"的方式要好得多，身为母亲的你不妨也试试看。

利用孩子的好胜心，巧用激将法

《三国演义》里有这样一段：

曹操大军即将进攻刘备，敌强我弱，刘备只有与东吴联合才能抗敌。但如果直接表达自己的意愿，事情不一定能办妥。于是诸葛亮便劝孙权投降。孙权反问诸葛亮："你们刘皇叔为什么不投降？"诸葛亮说："刘皇叔是皇室正统，即使战死，也不能投降曹操狗贼啊！"一句话大大刺激了孙权的自尊心，发誓要与曹操决一死战。

诸葛亮的这种方法就是我们常说的"激将法"，在心理学上，通过反向刺激促使被刺激者做正向行为的心理效应，叫作"激将效应"。

一般来说，孩子都有很强的好胜心理，聪明的妈妈就要懂得使用激将效应，来促使他们养成良好的习惯。比如孩子每次吃完饭都不爱漱口，还任性地说："我不喜欢。"那么你就可以对她说："你不是说你像白雪公主吗？我看白雪公主比你干净。"通常情况下，这可以激起孩子的上进心和羞耻心，从而养成讲卫生的好习惯。

曹操

激将效应一般适用于好胜心比较强的孩子。如果孩子一向有上进的精神，由于暂时的挫折而降低自信，你就可以利用他们不服输的精神，把他们的潜能"激"发出来。

小明上幼儿园后，老师要求自己的事情自己做。别的孩子都表现得很好，而小明却常受老师批评。于是爸爸妈妈想出了一个方法。

以前每天早晨都是妈妈给小明穿衣洗脸。这一天，妈妈做好早饭，却故意拿起抹布擦窗户。看报纸的爸爸便冲小明喊："7点多了快起来，要迟到了。"小明委屈地说："晚了能怪我？妈妈不给我穿衣服。"爸爸说："你多大了，还叫妈妈穿？快！自己穿。"妈妈立即抢过话头说："不行，他哪会穿衣服啊，搞完卫生我给他穿。"

可是小明马上利落地把衣服套到身上，一会儿就跑到妈妈面前把小嘴一撅："哼！还说我不会穿！"妈妈和爸爸会心地笑了。

妈妈把洗脸水倒好，对小明说："妈妈打扫完阳台就给你洗脸好吗？"爸爸又说："都是幼儿园的学生了，让他自己洗。"妈妈却故意大声争辩："不行，他自己洗，非把衣服弄湿了不可！"说完妈妈有意拿着扫把去了阳台。等做完事回来，却看见小明已经把小脸洗得干干净净，还朝妈妈说："谁说我洗脸能把衣服弄湿？！"妈妈便故作生气地去检查，看看小明的衣服弄湿了没有。

经过一段时间的训练，小明逐渐养成了自己穿衣洗脸的好习惯。

心理学家指出，激将效应往往在儿童和胆汁质的人、争强好胜性格的人身上，作用比较明显。激将法用得好，可以促使一个人取得学习和事业的进步。所以作为家长要学会使用激将法来激励孩子成长。

需要注意的是，激将法虽然很有效，但是也要注意尽量不要使用横向比较的方法。如果你跟孩子说，你就比不上隔壁的谁谁谁，本来想激发孩子，却反而可能打击了孩子。

了解奖励时机，有效激发孩子的积极性

爱德华·德西是有名的心理学家，他曾做过这样一个实验：

他让大学生做被试，在实验室里解有趣的智力难题。实验分三个阶段：第一阶段，所有的被试都无奖励；第二阶段，将被试分为两组，实验组的被试每完成一个难题可得到 1 美元的报酬，而控制组的被试跟第一阶段相同，无报酬；第三阶段，为休息时间，被试可以在原地自由活动，并把他们是否继续去解题当作喜爱这项活动的程度指标。

结果发现一种明显的趋势：实验组（奖励组）被试在第二阶段确实十分努力，而在第三阶段继续解题的人数很少，表明兴趣与努力的程度在减弱；而控制组（无奖励组）被试有更多人在更多的休息时间在继续解题，表明兴趣与努力的程度在增强。这个结果表明，进行一项愉快的活动（即内感报酬），如果提供外部的物质奖励（即外加报酬），反而会降低这项活动对参与者的吸引力。

这种现象在日常生活中也经常发生。有个孩子对画画感兴趣，自己在家很自觉很认真地画着画，画得很投机、很开心。这时父母走进来，为了表示对孩子的关心，说，孩子你好好画，爸爸奖励你 10 元钱。结果这孩子变成只为钱而画画，没有钱就不想再画画了。在学校，学生认真学习本来是天经地义的事，有些老师为了激发学生的积极性，经常发奖品，结果偶然一次没有奖品时，学生的学习积极性便大打折扣。

这说明，当一个人进行一项愉快的活动时，给他提供奖励，结果反而会降低这项活动对他的内在吸引力。在某些时候，当外加报酬和内感报酬兼得，不但不会使工作的动机力量倍增、积极性更高，反而其效果会降低，变成是二者之差，这就是著名的德西效应。

著名教育家苏霍姆林斯基说过："如果你只指望靠表面看得见的刺激来激发学生的兴趣，那就永远也培养不出学生对脑力劳动的真正热爱。要力求使学生亲自去发现兴趣的源泉，使他们在这种发现中感到自己付出劳动并得到了进步。这本身就是一个最重要的兴趣来源。"

"德西效应"告诉家长和教育者们：奖励孩子时要讲究策略，不要在孩子自愿进行某项活动时提供物质奖励，否则会导致目的转移，适得其反。

鉴于此，家长和老师在教育中要努力避免"德西效应"，要采用正确的奖励方法使孩子的积极性得到最大限度的激发。

认真地回答孩子的每一个问题

一直以来，孩子的学习问题都是父母关心的，那么作为父母，我们是否知道有时孩子学习成绩下降是我们自己造成的？

很多家长在面对孩子的提问时，会表现出不耐烦的情绪，那么这可能就是造成孩子成绩下降的一个重要原因。因为家长冷漠的表现让孩子觉得自己受到了冷遇，所以越来越不想问问题，越来越不想说话，对很多事情也失去了兴趣，这才导致学习成绩日益下滑。

也许反思过后我们会想，孩子还太小，他提的那些问题毫无意义，就算回答了，对他也没什么用。

认为"孩子的问题根本没有意义"，这样的想法和做法真的很愚蠢，因为你已经不知不觉地压抑了孩子的好奇心以及求知欲，更为严重的是抹杀了孩子最可贵的求知精神。

塞德兹博士总是认真而耐心地回答儿子提出的问题，并加以引导，决不会像很多父母那样嫌麻烦，应付了事。

一天，小塞德兹手里拿了一本关于达尔文的进化论的少儿读本，书中用生动的笔调描述了生物进化的过程，并且配有极为有趣的插图。

"爸爸，进化论中说人是由猴子变来的，这是对的吗？"儿子问道。

"我不知道是否完全对，但达尔文的理论是有道理的。"

"可是既然人是由猴子变的，那么为什么现在人是人，猴子仍然是猴子？"儿子问。

"你没有看见书是这样写的吗？猴子之中的一群进化成了人类，而另一群却没有得到进化，所以它们仍然是猴子。"塞德兹说道。

"这恐怕有问题。"儿子怀疑地说。

"什么问题？"

"既然是进化论，那么猴子们都应该进化，而不光是只有一群进化。"

"为什么这样说？"

"我觉得另一群猴子也应该得到进化，变成一群能够上树的人。"

"那是不可能的，因为事实上是猴子当中的一部分没有得到进化……"塞德兹说。

"为什么？"儿子仍然不放过这个问题。

看到这里，你可以想象一下，如果你是塞德兹，面对这样没完没了又毫无意义的问题，是不是早已厌倦了？可塞德兹却尽自己所知向他讲明其中的原因："据我所知，一群猴子由于某种原因不得不在地面上生存，它们的攀缘能力逐渐退化，而又学会了直立行走，经过漫长的进化变成了人类；另一群猴子仍然生活在树上，所以没有得到进化。"

"我明白了。可是为什么要进化呢？如果人能够像猴子那样灵活，不是更好吗？"儿子又开始了另一个问题。

"虽然在身体和四肢上猴子比人灵活，但人的大脑是最灵活的。"塞德兹说道。

"大脑灵活有什么用呢？又不能像猴子那样可以从一棵树跳到另一棵树上。"儿子说道。

"身体灵活固然好，但只有身体上的优势是远远不够的。大脑的灵活才是最重要的，因为只有这样才能创造出文明。"

"为什么要创造文明？"儿子问道。

"因为文明代表着人类的进步。"塞德兹说道。

……

就这样，儿子的问题一个又一个地如潮水般涌来。他的很多问题在成年人看来非常可笑而毫无根据，但即使这样，塞德兹也尽力不让他失望。

用塞德兹自己的话说：其实也并非他的耐心比其他人好，只不过他认识到了认真回答孩子问题的重要性。因为只有这样才能够培养起他追根究底的精神，而不是将这宝贵的品质抹杀掉。

看到小塞德兹的例子，我们家长是不是也应该反省一下自己平时对待孩子问问题的做法呢？想想你的孩子最近是不是不再问你问题了？

延迟满足孩子的要求可以让他更珍惜

现在，很多家庭是独生子女，一个孩子往往有父母、爷爷奶奶、外公外婆六个人照顾，面对孩子的要求，做长辈的也总是满口答应，而这样往往导致孩子长大后没有抗挫能力，不知道珍惜，等等。有心理学家做过这样一个研究：

在美国得克萨斯州一个镇小学的校园里，一个班的一些学生被老师带到空房里。然后一个陌生人走了进来，他给每个学生都发了一粒包装精美的糖果，并告诉他们："这糖果属于你们，你们可以随时吃掉自己的糖果，我要出去办点事，约20分钟后回来。如果坚持到我回来再吃，将会得到两粒同样好吃的糖果。"

面对糖果，部分孩子决心熬过那漫长的20分钟，一直等到这个人回来。为了抵制诱惑，他们或是闭上双眼，或是把头埋在胳膊里休息，或是喃喃自语，或是哼哼叽叽地唱歌，或是动手做游戏，有的干脆努力睡觉。凭着这些简单实用的技巧，这部分孩子勇敢地战胜了自我，最终得到了两块果汁软糖的回报。而另外那部分性急冲动的小孩几乎在陌生人出去的那一瞬间，就立刻去抓取并享用那一块糖了。

大约 20 多分钟后，陌生人回来，对那些能够克制自己的孩子进行了奖励。

耐人寻味的是，这个陌生人跟踪研究这些孩子 20 年，结果发现：那些能够为两块糖抵制诱惑的孩子长大后，有很好的学习品质、较强的社会竞争性、较高的效率、较强的自信心，能较好地应付生活中的挫折、压力和挑战。而经不住诱惑的孩子中有 1/3 左右的人缺乏上述品质，心理问题相对较多。他们的学习成绩不如前者优秀，社交时他们羞怯退缩，固执己见又优柔寡断；一遇挫折，就心烦意乱，把自己想得很差劲或一钱不值；遇到压力，就退缩不前或者不知所措。

这项研究表明，那些能够为获得更多的软糖而等得更久的孩子要比那些缺乏耐心的孩子更容易获得成功。这充分体现了"延迟满足"这种心理对孩子性格的形成有着积极的作用。

所谓延迟满足，是指甘愿放弃即时满足的抉择取向，去等待一种更有价值的长远结果。"延迟满足"用我们平常的话来说，就是忍耐力和自制力。这种品质对于孩子以后的成功是非常重要的。在生活中，我们也会发现，那些事业有成的人，总是能够为了追求更大的目标，克制自己的欲望，放弃眼前的诱惑。把一个个小小的欲望累积起来，成为不断激励自己前进的动力。而那些一时冲动犯罪的人，大多不能克制自己的欲望，被冲动这个魔鬼所控制，最终做出害人害己的行为。

在家庭教育中，如果孩子想要什么，父母就立即满足，孩子会形成这样一种观念：自己想要的东西总是能够很轻易地得到。久而久之，这会导致孩子越来越任性、贪心，急功近利。因为他们没有学会"延迟满足"，因此，进入社会后，势必会饱受挫折与打击。

当然，孩子的"延迟满足"能力的获得，并非一朝一夕、只言片语所能奏效。父母在生活中可以对孩子提出的要求，"延迟"一下"满足"，或制造一些机会，让孩子学会等待，学会珍惜。总之，延迟与否，延迟多长时间，都不是关键所在，最关键的是父母要帮助孩子形成一种认识并最终成为习惯：任何愿望都必须通过自己的不断努力来实现。

给予、付出要适可而止

《新华每日电讯》有一篇"儿子在大学里怎么没学到良心"的报道引起了广泛的关注，现摘录如下：

"我是一位 63 岁的农民，今天我给你们写信，是想说说我的家事。虽说家丑不可

外扬，但这些事憋在心里好长时间了，最近总感到心口疼。"

"我儿子是一名大学生，也是我们家五代人唯一考出的大学生，这是我老两口的骄傲啊！但因为这个不争气的东西我们也伤透了心。"

"记得儿子刚考上大学时，我去学校送他。下了火车后，我扛着笨重的行李走在前，儿子跟在后。刚到学校门口，我被大门前一根铁条绊倒了。我重重地摔倒在地上。儿子向四周看了看，用力拽了一下我的胳膊说：'干什么啊，丢不丢人！'尽管我的双腿摔得很痛，但还是得很快爬起来继续背着行李走着。"

"第一学期儿子一共来了三次电话，每次都是要钱。我和老伴种着三亩地，抽空我就到村里的砖厂去做苦工。开始人家说我老，不肯收，我几乎给人家跪下了，人家可怜我才让干的。小闺女16岁了，初中毕业后上不起学给人家当了保姆，挣上的钱交给我后，全寄给了儿子。甚至有一段时间老伴的眼红肿得厉害，都舍不得花钱买一瓶眼药水！"

"为了能多挣点钱，老伴又在村子里找了一份看孩子的差事。给人家抱一天孩子只挣5元钱，没日没夜的。去年冬天，儿子电话打得特别勤，每次都是要钱。我寄了四次，有6000多元，我以为现在上学就得这么多钱。后来才听村里去打工的一个小伙子回来说，他见到我儿子了，正谈着恋爱，很潇洒。然而最可气的是今年过年儿子回来时，居然虚报学费。如今好几个月过去了，我一想起这事就心痛。我不明白儿子为什么会变成这样，不知他们在大学里除学习文化外，还能否学到要有良心？"

老农对儿子过分的爱反而使儿子不懂得感恩，这种现象正应了心理学上的"交往适度定律"，即如果对别人适度地好，可能得到别人的回报；但是如果对别人过度地好，则可能无法得到别人的回报。

心理学家霍曼斯曾经提出过这样一种观点：人与人之间交往的本质其实是一种社会交换。这种交换同商品交换的原则一样，即人们希望在交往中，得到的不少于付出的。但是如果得到的大于付出的，也会让人心理上失去平衡，觉得没有办法回报，从而选择去逃避或者麻木。案例中的儿子选择的是第二种，他认为父母的付出是理所当然的，一旦达不到他的要求，他会非常不满。

父母对孩子过度的爱容易造就出一批自私、不懂感恩、心智不成熟的儿女，父母对儿女的爱不是无限制的，而是合理的安慰、鼓励、督促、给予，也是合理的争执、对立与批评。它是一方面尊重孩子生活的独立性，另一方面又给予孩子积极的引导。

因此，父母在教育孩子的时候，最好不用给予孩子过度的爱，不能溺爱和娇惯，要让孩子明白你们都为他做了些什么，要让他们明白干净的衣服、可口的食物、舒服的环境，这一切都不是理所当然的。而了解了事实后的孩子会迅速长大，懂得感恩。

对孩子的不良习惯，唠叨不如冷视

生活中，有些父母总是试图用"喋喋不休"的语言，来"强化"孩子的好习惯，比如每天早上就开始那些琐碎的批评：早点起、整理好书包、上学别迟到、不要偷懒……事实上，每天重复同样的语言，不但达不到"强化"的效果，而且还会使孩子麻木。如果想给孩子传递真正重要的价值，就要改正批评琐碎事情的习惯，只强调重点。

对于那些任性、撒娇的孩子们来说，父母用不断唠叨来表达"疼爱"的方式更是不可行的。任性的孩子之所以总也改变不了撒娇的习惯，是因为他们从父母的屡次"重视"中，得到一种心理的满足感，进而这种撒娇行为得到强化。对付这样的孩子，父母不妨"狠狠心"，不去唠叨他们，忘记正在撒娇或争吵的孩子们，使他们尝尝"被忽略"的滋味。

一对夫妇最近为儿子的坏脾气很头疼，虽然儿子锦元只有6岁，却脾气暴躁，稍不如意就大发雷霆、大喊大叫。为此，他们对自己的小叛逆者用尽了各种各样的方法。他们打他、罚他站墙角、逼他早点上床、责骂他、呵斥他，但这些都不起作用。小锦元的暴躁脾气依然如故。

这天晚上，一家人都在客厅里，锦元在看电视，老张夫妇在看报纸。锦元突然说想吃冰淇淋，已经很晚了，商店都关门了，老张夫妇试图跟他解释，劝他明天再吃。然而，锦元的脾气又上来了，便倒在地上大哭大闹。他尖叫，用头撞地，挥手踢脚。这次，父母亲都被彻底激怒了，但却一时不知所措，于是他们便置之不理。他们一声不吭地继续读他们的报纸。

这恰恰是这个小叛逆最不期望的情形。他站了起来，看着他的父母亲，又倒下去把先前的"好戏"上演了第二遍。他的父母亲对此仍然没有任何反应。这一次，他们心照不宣地看着对方，然后惊讶地打量着锦元。

锦元突然又倒在地上上演了第三遍，锦元的父母亲仍然不理睬他。最后，锦元大概也觉得自己趴在地上哭叫实在太傻了，于是自己爬了起来，回房间睡觉去了。

从此，锦元再也不朝别人乱发脾气了。

锦元的暴躁脾气是因为没有得到"强化"而自然消失的。

科学家曾做过这样一个有趣的实验：他们特制了一个大水槽，放进了一条鲸鱼和一些小鱼，很快，小鱼们被吃得精光。接下来，科学家们把一块特殊材料做成的玻璃板放进了水槽，鲸鱼和小鱼被分别放到了玻璃板的两边。看到食物就在眼前，鲸鱼凶狠地朝小鱼们游去，可是，鲸鱼每次都被撞得昏头昏脑，直到它终于意识到眼前这些小鱼是吃不到的。于是，鲸鱼放弃了继续进攻自己的猎物，它的猎食行为因为没有得到强化而消失了。后来，科学家们拿走了横在鲸鱼和小鱼之间的玻璃板。鲸鱼却再也没有对小鱼动过心思。

这个实验证明人或动物为了达到某种目的，会采取一定的行为，当这种行为的结果对他有好处时，这种行为就会得到强化，在以后重复出现；当这种行为对他没有什么好处时，便会逐渐消失或淡化。案例中的锦元就是如此，当他发现发脾气会迫使父母花更多的时间去关心他时，他的这种行为便得到强化，反复发作。而当他发现父母对此不理不问，总是忽略他的脾气时，他这种行为便是徒劳的，自然而然会减弱或消失。

在家庭教育中，恰当地运用"强化心理"可以鼓励孩子保持好习惯，矫正不良习惯。当孩子有了进步时，父母要给予一定的奖励，肯定他的行为，使这种好行为得到强化；当孩子犯错时，可以去责备、批评，也可以用"故意不理会"的方法，这样，他的错误得不到强化，自然会消失。

注意自己的表情，蹲下来和孩子交谈

阿红有一双可爱的儿女，冉冉和森森，当他们准备乘车一同去超级市场时，4岁的儿子森森因为姐姐冉冉先坐进汽车而不高兴，阿红在车门口蹲下来，两只手握住儿子的双手，脸对脸，目光正视着孩子，诚恳地说："森森，谁先坐进汽车并不重要的，对吗？"森森看着妈妈会意地点点头，钻进了汽车并挨着姐姐坐了下来。

第二天上午，阿红带着他们俩去公园玩。当森森跑跑跳跳，要到湖边去看戏水的鸭群时，不小心绊了一跤，眼泪在他的大眼睛里滚动着，马上要流出来了。这时，阿红又很自然地蹲下来，亲切地对儿子说："你已经不是小宝宝了，是不是？你已经是个大男孩了，绊一下是没关系的，对吗？"这时，孩子一下子就收住了眼泪，很自豪地玩去了。

阿红蹲下来与孩子交谈的姿态其实是一种肢体语言的表达，这看似简单的动作，却包含了许多内容：对孩子的尊重、关爱、平等……

父母与孩子之间的沟通障碍其实很大程度来自肢体语言。父母的表情、口气和交谈时的肢体动作传达感情的程度决定了亲子之间的沟通质量。

心理学家认为，在人际交往中，身体语言能比口头语言传递更多的信息。我们用语言所传达的信息不会超过所有信息的30%，而其余70%的信息是通过非语言的方式进行表达的。而在与年龄较小的孩子交往时，这种比重相差更加悬殊。据研究，在孩子语言能力没有成熟前，父母与他交流时，这种非语言的表达方式能占97%的比重。

其实孩子对于妈妈的表情的敏感程度，远远超过了妈妈的想象。曾经有这样一个实验：让妈妈面无表情地看着六个月大，正在笑的孩子，结果，不一会儿，孩子就不再笑了。当妈妈离开后，再次回到孩子身边时，他根本就不看妈妈，故意不理会妈妈。

实验证明，面无表情或郁郁寡欢的妈妈会很容易刺伤孩子的心。孩子虽小，但他却能清晰地从妈妈的表情、动作上感觉到妈妈的态度。

大一点的孩子更不用说了，他们更善于观测父母那些语言之外的东西。所以，作为父母请记住这样一句话：任何时候，孩子更愿意相信父母的表情，而不是父母的话。如果你想和孩子交流，那么请不要用不耐烦的表情，你的不耐烦，非但得不到孩子的真心话，反而惹来他的反感。当孩子犯了错时，也别冲着他大吼大叫，否则他会先被父母这种"可怕"的形象吓到，起初那种想分析自己错误、改正错误的心思就被吓到九霄云外了！

父母的表情是送给孩子最好的成长礼物，所以，在与孩子的交往中，作为家长的你不仅要留意自己的身体语言所传达的信息，也要学会读懂孩子的身体语言。

责骂不是教育孩子的良方

中国人的老观念，棍棒底下出孝子，顽皮的孩子要靠打才能调教得听话。可是孩子的心智发育不成熟，很多道理自己琢磨不清楚，光靠打骂，孩子一时老实了，不久还会故态重萌。

教育孩子要从心灵入手，晓之以理，动之以情，严苛的态度不但教不出好孩子，还会激发孩子的逆反心理，产生反效果。我国著名教育家陶行知先生，就善于用和善的态度与学生交流。他细致耐心的沟通方式，能温柔地打开孩子们的心结，从心底产生改过的动力，教育效果不同凡响。

陶行知看到男生王友用泥块砸自己班的男生，当即制止了他，并令他放学时到校长室去。

放学后，陶行知来到校长室，王友已经等在门口准备挨训了。可一见面，陶行知却掏出一块糖果送给他，并说："这是给你的，因为你按时来到这里，而我却迟到了。"王友惊疑地接过糖果。随之，陶行知又掏出一块糖果放到他手里，说："这块糖果也是奖给你的，因为我不让你再打人时，你立即就住手了，这说明你尊重我，我应该奖你。"王友更惊疑了，他眼睛睁得大大的。

陶行知又掏出第三块糖果塞到王友手里，说："我调查过了，你用泥砸那些男生，是因为他们不守游戏规则，欺负女生；你砸他们，说明你很正直善良，有跟坏人做斗争的勇气，应该奖励你啊！"王友感动极了，他流着眼泪后悔地说道："陶……陶校长，你……你打我两下吧！我错了，我砸的不是坏人，而是自己的同学呀！"

陶行知满意地笑了，他随即掏出第四块糖果递过去，说："为你正确地认识错误，我再奖给你一块糖果，可惜我只有这一块糖了。我的糖用完了，我看我们的谈话也该完了吧！"说完就走出了校长室。

处于逆反时期的孩子，面对无视尊严的训斥，只会失去理智，沸腾起野性的反抗，把老师当成敌人。陶行知先生没有像常规做法那样责骂和体罚学生，因为那样于事无补。他不忘"尊重"二字，用四块糖果劝服了一颗迷茫的心，既盈满爱心，又充满新意，让那位犯错误的少年一生难忘。

从孩子出生的那一刻开始，就被父母寄以很大的期望，希望他能够按照我们规划好的方向成长和发展。但是，一个孩子有一个孩子的脾气秉性，不能见到孩子没有按照预想的方向发展就操起责备的棍棒。

有一个孩子，功课差极了，老师说他的智力有问题。看上去，孩子的确有些沉默寡言，他可以一个人坐在屋前的花园里看着花草小虫很长时间。他的父亲教训他："除了喜欢打猎、养狗、捉老鼠以外，你什么都不操心，将来会有辱你自己，也会辱没我们整个家庭。"

他的姐姐也看不起这个学习成绩平平、行为怪异的兄弟。他在家庭中是一个不受欢迎的人。但是他的母亲爱他，她想，如果孩子没有那些乐趣，不知道他的生活还会有什么色彩。她对丈夫说："你这样对他不公平，让他慢慢学会改变吧！"丈夫说："你这不是教育，你会毁了他的一生。"但她却固执己见，他是她的孩子，需要她的安慰和鼓励。

她支持孩子到花园中去，还让孩子的姐姐也去。母亲耍了一个小心机，她对孩子和他的姐姐说："比一下吧，孩子，看谁从花瓣上先认出这是什么花？"孩子要是比他的姐姐认得快，妈妈就吻他一下。这对孩子来说，是多么令人兴奋的一件事啊，他回答出了姐姐无法回答的一些问题。他开始整天研究花园里的植物、昆虫，甚至观察蝴蝶翅膀上斑点的数量。

对于她的做法，她的丈夫觉得不可理喻，认为那种怜爱是无助无望的，除了暂时麻醉孩子之外，根本毫无益处。

但是，就是这位醉心于花草之中的孩子，多年后成了生物学家，创立了著名的"进化论"。他就是达尔文。

达尔文的母亲并没有像父亲那样因为他不念书、耽于游戏而责骂他。这位细心的母亲看到了儿子性格中与众不同的东西。她循循善诱地对孩子进行引导，终于发掘出了其最闪光的一面。

耐心地与孩子交流，即使孩子不爱说话，也要积极与他聊天；即使孩子很自卑，也要让他意识到这个世界还有阳光；即使他不再懂得爱了，也要将他懵懂的意识唤醒，让他感受到亲情的温暖……父母要引领着孩子的心，让他认识世界、接受世界。

强制孩子做作业只会适得其反

小美是小学五年级的学生，一次，在上数学课的时候，老师搞了一个小小的测试，要求学生背写这两天学过的一条定理。其实老师并没有提前布置过背诵，这次突袭，又要求一字不差地背写定理内容，如果写不对的话要罚写10遍。

没有任何准备的学生们都非常紧张，他们交头接耳，偶尔还有沙沙的翻书声。老师非常恼火，他突然改变了主意，说只要写错一个字，便罚写10遍，写错两个字，罚写20遍，以此类推……

这次测试的结果是50多个学生"全军覆没"。大家多多少少都有些错误，有的甚至被罚写200遍。

小美写错了三个字，被罚写30遍。回家后吃完晚饭，便一头躲进了屋里，开始写"暴力作业"。她从晚上6点一直写到8点。妈妈本来以为她今天作业多，后来才发现原来小美在重复地写定理！

"小美，给妈妈背一遍吧！"

小美准确无误地背了出来，并且她还举了一些公式应用的例子。

聪明的妈妈对自己的女儿说："你已经会用了，不用再写那么多遍了！学习是为了学会，既然已经达到目的，何必再浪费时间呢！明天如果老师问你为什么没有写完，你就说妈妈不让你写的！再不行，我去和老师沟通。"

小美有些犹豫，但她更不想面对那写不完的暴力作业，于是便同意了妈妈的建议。

小美的妈妈很聪明，但更多的妈妈可能做不到这点。她们通常的做法是一边抱怨老师，一边督促孩子赶紧写，以免明天受到老师的批评。殊不知，这些妈妈无意中犯了心理学上的一个错误：感觉剥夺。

提到感觉剥夺，不得不说起一个心理学上的著名实验。美国心理学家黑伯等人，首创了一种"感觉剥夺"实验。把被试者领到一个小房间里，被试者尽可能长时间地躺在床上，只有吃饭、上厕所才能起来。他们会蒙住被试者的眼睛，让他看不见任何东西；再给被试者戴上一副厚厚的棉手套，使他无法真切地感受触摸，而且给他塞上耳塞，让他听不到任何声音。

在这个实验中，被试者在被隔离12、24、48小时后，被要求做简单算术、字谜游戏和组词等测试，结果发现，随着隔离时间的延长，测试的成绩就越差。一些被试者出现了一定的情绪障碍，有的甚至还出现了错觉和幻觉。

这个实验证明：人如果被剥夺感觉，不能持续地从外界获得刺激，人的身心就会变得不正常。这个定律叫作"感觉剥夺定律"。

生活中我们经常发现这样的例子，比如，长途司机，因为工作枯燥，长时间没有变化，就容易处于轻微的感觉剥夺状态。这会导致他们出现幻觉，引发事故。在南极考察的队员，如果长时间只看雪地的白色，不看其他颜色，容易得雪盲症。而这种感觉剥夺表现在孩子的学习上就是：无限制地让孩子做一些枯燥、乏味、重复的学习，孩子会对学习产生恐惧、厌恶的情绪，甚至开始厌学。

作为家长，如果你想要消除孩子学习中的"感觉剥夺"，就必须要对他的那些"暴力"作业说不！让孩子明白这样一个观念：作业不是用来惩罚的！如果妈妈让孩子一次性喝完15碗汤不合理，那么老师的"暴力惩罚"也是不对的。

二、家庭教育心理

家庭教育心理误区

家庭教育是形成孩子较强的生活自理能力、良好的思想品德、健康的心理素质、健全的人格和独立解决问题能力的重要途径。孩子的健康成长离不开家庭教育。然而，尽管现在的父母在孩子身上花的时间、精力和金钱无疑比过去多得多，也比前辈们更讲民主，但总的来说，孩子却比过去娇纵、难管了。综观我国现阶段的家庭教育，普遍存在着以下几大心理误区。

1. 溺爱孩子

近20年来，孩子在家庭中的位置越来越高。一些家长对孩子百依百顺、有求必应，认为爱孩子就应该满足孩子的所有要求，但忽视了父母作为教育者对孩子应有的教导社会规范的职责。可悲的是：家庭越是以孩子为中心，孩子就越以自我为中心，将来难以适应社会。此类家长爱孩子的观念是错误的，爱孩子不仅仅是奉献和给予，更重要的是要教给孩子学习的方法和生存的能力。娇生惯养的孩子步入社会之后，一旦遇到社会现实的冲击和困难挫折的打击就会一败涂地，其生存将受到严重挑战。正如苏联教育家马卡连柯所言："父母对孩子爱的不够，子女就会感到痛苦，但是过分的溺爱虽然是一种伟大的感情，却会使孩子遭到毁灭。"

纠治这种误区的简单做法，就是学会把夫妻关系摆到适当位置。因为，在一个家庭里，只要夫妻感情融洽，对他们的爱情结晶自然充满爱心，孩子就会得到一个优越的环境来发展身心。你不妨告诉孩子：妈妈最爱的人是爸爸，爸爸最爱的人是妈妈，你虽然没有得到最爱，但你同时拥有双份爱。还可以给孩子立下规矩：下班后半小时内不可以打扰爸爸妈妈。结果会发现，以前越关注孩子，孩子的要求越多、越难缠，现在把其位置放对了，孩子反而变得礼貌和独立起来。不要给孩子留下他是家里皇帝的印象，要教育孩子懂得关爱别人。

2. 粗暴打骂孩子

有些家长坚持"棍棒之下出孝子"的育儿"真理"，认为孩子是自己的，想怎么管就怎么管，打骂孩子是对孩子负责。殊不知，粗暴对待孩子不仅削弱了父母在孩子心中的威望，还可能使孩子产生不良心理，如憎恨父母、崇尚暴力或胆怯如鼠等等，对孩子的身心健康发展十分不利。

父母应多和孩子进行心平气和的思想交流，对孩子出现的问题进行理性的心理指导，不可动辄打骂。

3. 对孩子期望过高

家长们望子成龙是情理之中的事，但要把握一个度，不要对孩子期望过高、要求过严。期望过高会使孩子生活在强大的心理压力之下，甚至产生心理焦虑，不利于健康成长。我国著名教育家陶行知先生说过："教育孩子莫做人上人，莫做人外人，要做人中人。"所谓"做人中人"，就是要在平凡的生活中体验人生的价值，成为一个真正的人。想想，如果家长们都只想让自己的孩子当大官、当科学家、当董事长、当总经理、当博士等，孩子们肩负的是怎样的重担？他们美好的梦想在现实面前破碎的时候，将要承受怎样的心理落差呢？

父母应全面衡量子女的能力，给予适当的期望，并根据期望采取积极的教育方式，将更有利于孩子的学习和身心发展。

4. 独断专行

很多家长都喜欢把自己未曾实现的梦想托付给孩子来实现，把自己曾受的屈辱交给孩子去还回，都喜欢把自身的意愿强加于孩子。这些家长们可曾想过孩子的感受？孩子虽然是你生的，但他不是你的附属物，而是一个具有独立人格的人，需要别人的尊重，会有自己的梦想。独断专行之下培养出来的孩子，要么抵触心理特别严重，要么依赖心理过强，缺乏独立决断的能力，很容易在复杂的社会环境中迷失自己、受到伤害。因此，作为家长，要改正这种不好的教育方式。

5. 对孩子唠叨不停

有些家长，特别是母亲居多，教育孩子时喜欢唠叨起来没完。可能开始孩子还听几句，可说多了，孩子就很容易产生逆反心理："真烦，我偏不那样做！"其实，当孩子认为自己并不是被强迫地接受某观点时，父母的意见反而容易被采纳。正如苏联教育家苏霍姆林斯基所说的："成功的教育应该使学生在没有意识到受教育的情况下，受到毕生难忘的教育。这种在潜移默化过程中受到的教育往往具有滴水穿石的作用。"

喋喋不休的传经诵道只会使孩子厌烦，春雨润物般的默化熏陶反而更有效。爱

唠叨的家长们不妨改变一下。

6. 不能以身作则

有些家长对孩子要求十分严格，要求孩子必须怎么做、必须考多少分，却从不注意发挥自己的榜样作用，不能以身作则。这样不仅教育不了孩子，还会让孩子深刻地认识和学习到虚伪的不良品质。这种环境下成长的孩子，性情多半会孤独、冷淡，学习、生活懒散，没有上进心和求知欲望。家长们改正的方法很简单，要求孩子做到的，自己也要尽量做到，否则就别做出过分的要求。

7. 对孩子太过民主

从前的家长对孩子容易简单粗暴，而现在的家长则往往过于民主。有些家长对孩子不溺爱、专制、粗暴，也不唠叨，让孩子自己发展、随意发展，结果连必要的辅导和教育也放弃。有的家长对孩子期望太高，而孩子无法达到要求，于是感到十分失望，丧失了信心，给了孩子充分的民主与自由。孩子缺少父母必要的引导和教育，很容易受社会不良风气的影响而迷失方向。

其实民主是为了了解孩子的想法，并鼓励他发表自己的意见，但并不意味着可以放任自流、讨价还价。当你以恳求、交易、威胁、讲理的方式去对待他的不合理要求时，其实就是放任孩子。

8. 只批评不表扬

谦虚是中国人的传统美德，可有时候却用得不怎么妥当。在教育孩子的问题上，很多家长很谦虚，十分在意孩子身上的缺点和不足，只管批评不会表扬，还喜欢在别人面前讲自己的孩子这里不好那里不好。殊不知，这样的做法会泯灭孩子的自信心，容易使孩子陷于自卑的泥潭。

适当地表扬孩子对孩子的成长是很有利的。正如赏识教育的倡导者周弘说的，"您想让孩子聪明吗？那么找出孩子聪明的'星星之火'，吹风鼓气，它就会成为'燎原之势'。"

9. 只重视考试成绩，忽视品德情操的培养

在应试教育的大潮中，家长们养成了只关心孩子的考试成绩，却忽视对孩子的品德教育。无数的考试、升学教育，让孩子们的品德教育几近空白。不重视品德情操培养、只重视考试升学的教育，会使一些学生长期生活在压抑、焦虑的消极情绪中，很少能体会到成功和快乐，甚至导致性格的扭曲。考试成绩再好但品德发展不良的人会有什么前途呢？

情感丰富、品德高尚的人，容易建立良好的人际关系，学习和工作效率往往较高，成功的概率也较大，更重要的是，生活会很快乐、充实。

10. 只重视分数，忽视技能

高分低能的学生就是这种教育失误造就出来的。家长对孩子的要求大多是搞好学

习，却忽视了对孩子能力的培养。长此以往，孩子的生活技能、学习技能、思考问题、独立解决问题的能力、组织协调能力、交际能力等十分欠缺。这样的孩子步入社会后，很难有大的发展。

目前，教育部门大力提倡的素质教育就是针对这一教育误区的。家长们应该积极响应、跟上形势，对孩子进行家庭素质教育。

11. 误导孩子不负责任

人们常常可以看见这样的情形：孩子被板凳绊倒了，家长们赶紧跑过来，打板凳，安抚孩子。殊不知，这样只会使孩子学会抱怨他人、不负责任。对待这样的情形，不同的国家有不同的方式，而不同的对待方式又造就了孩子不同的人格特征。比如美国的家长是"没看见"，不去干预，孩子学会的是爬起来走，独立性强；日本的家长是批评指责，孩子学会的是寻找原因，承担责任。

其实很多事情家长是不必急于出面的，让孩子学会自己的事情自己做、自己的责任自己担。比如把小伙伴的东西弄坏了，不必掏钱给他赔，让他自己用零花钱去赔；玩具弄丢了，不要急着给他买，让他承受丢三落四的后果。多承担些责任，孩子才会长大。

12. 自以为孩子幸福

很多家长认为现在的孩子吃得好穿得好，肯定感觉很幸福。但幸福不幸福，难道不是只有孩子自己说了算吗？据调查，孩子在下述三种情况下最不开心：

（1）父母吵架离婚时。孩子很惊恐，不知所措，又担心自己没人要。

（2）没人玩时。特别是乔迁新居后，父母给孩子很多限制，墙上不许画、地板上不能拍球、卫生间里不许玩水，更不能领着同伴来胡闹。到最后，很多孩子都想回老房去住。

（3）做不想做的事。被父母逼着、哄着学画画、弹琴、上各种培训班。

安全感、交往、自由都是儿童的基本心理需要。这些需要没有被满足，孩子吃穿得再好也不会感到幸福。孩子总会有自己的小烦恼，父母应注意观察孩子的情绪，肯定、鼓励孩子表达情绪，帮助调整情绪，给孩子真正的幸福。

13. 不让孩子干一点家务活

现在的家长们，尤其是只有一个独生子的家长们，舍不得让孩子干一点家务活，或者认为孩子没有必要干什么家务活。自己统统包揽或者全部交给保姆。其实，家庭教育的最终目的是帮助孩子脱离父母走向独立，成功地构筑自己的生活。而干家务活正是增强他们的能力、自信与责任感的有效途径。比如，当孩子3岁时可以让他们端板凳、递用具，4~5岁叠衣服、理床铺，6岁收拾桌子、整理房间，10岁的孩子就应

该让他们固定地承担家里的某项劳动了，如收拾饭桌、倒垃圾。总之，孩子是家庭成员，就应该让他对家庭尽义务。

根据调查，目前儿童每日劳动时间是：美国 1.2 小时、韩国 0.7 小时、法国 0.6 小时、英国 0.5 小时、日本 0.4 小时、中国 0.2 小时，德国甚至将 6 岁以后让孩子参与家务劳动写进法律。中国几乎是世界上城市儿童劳动时间最少的国家了。中国的家长们应该反思了。

14. 互相拆台

教育孩子的时候，常常出现这样的场景：孩子犯了错误，父母要严惩，而爷爷奶奶不让；爸爸要追究到底，而妈妈容易心软护犊；更有甚者爸爸重罚过后，妈妈悄悄带孩子去饭店吃美食以示慰劳。教育孩子时的互相拆台，会使教育功效事倍功半。所以家庭在教育孩子的问题上要预先协商，达成一致，万不可当着孩子的面相互指责。另外，教育孩子时家长的态度不可朝令夕改、反复无常。比如高兴时孩子犯再大的错也能原谅，不高兴时孩子犯一点小错也揪住不放；或者一段时间放任自流、不闻不问，一段时间又十分苛刻。结果孩子往往不去关注教育的内容，而是小心地揣摩家长的情绪。这样的孩子怎么会有健康的发展呢？

婴儿的心理特点与教育

婴儿期是指人从出生到 1 岁的时期。婴儿出生后主要依靠皮层下中枢来实现非条件反射，如食物反射、防御反射及定向反射，以保证内部器官和外部条件的最初适应。婴儿期由于神经髓鞘不完善，兴奋特别容易扩散，故婴儿易激动。

出生后两周左右，随着脑的不断发育，新生儿出现明显的条件反射。出生两个月以后，婴儿的情绪开始发展：当吃饱、温暖时，婴儿就露出活泼而微笑的表情；反之，婴儿就会哭闹。因此，这一时期父母应经常和婴儿交流，多给予关心、照顾和抚爱，提供适当的玩具和安静舒适的生活环境，积极培养儿童良好的情绪状态。出生 4 个月后，婴儿就开始能够分辨出成人的声音，并开始发出一些声音以回答成人。并会听到母亲说话的声音就兴奋地咿呀起来；5~6 个月婴儿由于条件反射的建立和发展，出现了短暂记忆的表现；7~8 个月起，婴儿逐渐能够将某些词的声音与相应的实物或动作联系起来；10~11 个月起，婴儿开始懂得词的意义、对词的内容发生反应、模仿成人说话，词开始成为信号。所以，这个时期成人在与婴儿接触时应尽可能不断地给予婴儿语言刺激，尽快开发婴儿的语言能力。

对婴儿最重要的人是母亲，没有人可以取代。婴儿出生前，母亲的子宫是一个完美的生活环境；出生后，新的外在环境使婴儿本能地意识到生存的挑战。新生儿没有独立生存能力，完全依赖母亲的呵护。如果得不到母亲的哺乳和及时的关爱，婴儿便感觉到死亡的威胁。母亲的呵护是婴儿最基本的需要，如果得不到满足，婴儿的心理就会受到伤害。

妈妈们应该尽可能地给予新生儿无微不至的关怀和照料。对一个婴儿，怎样关爱也不会宠坏的。如果妈妈不能时刻陪伴孩子，请孩子的父亲、祖父母、外祖父母或尽职的保姆亲戚照料孩子，也可以减少对孩子的伤害。

婴儿的妈妈应特别注意避免以下两个误区。

（1）不要对婴儿忽冷忽热。有些妈妈工作繁忙，有时对孩子呵护有加，有时却好几天见不着面；有些妈妈情绪不稳定，有时对孩子好，有时却嫌孩子烦人；还有些妈妈过早训练孩子按时吃奶的习惯，即使孩子饿了，不到时间也坚持不喂奶。

忽冷忽热的妈妈，往往在婴儿不断哭闹的情况下才给予食物和呵护，没有给孩子充分的安全感。于是婴儿害怕被遗弃，总是想努力哭闹，以吸引妈妈的注意，逐渐形成了依恋心理。依恋儿成年结婚后，强烈的依恋倾向便会倾泻到配偶身上：占有欲极强，要求配偶时时刻刻关注自己，无休止地需要亲密；对配偶爱恨并存、怨气冲天；总在埋怨对方辜负了自己的爱，试图用生气、吵闹和威胁迫使对方关心自己；他们嫉妒、猜疑，无论对方如何表白，就是不信任；不能忍受被忽视，害怕被遗弃。这样的夫妻生活不会幸福。

（2）不要对婴儿持续冷漠。有些可怜的小家伙，是在妈妈不情愿的情况下降生的。因此出生之后就要面对妈妈的懊恼、失望和冷漠。她们往往把孩子看作自己不幸的根源。冷漠的妈妈对婴儿的心理健康发展很不利。

如果不幸降生到冷漠妈妈身边，婴儿对享受妈妈呵护的渴望就会变成失望和痛苦，逐渐形成了回避亲密接触的自我保护方式。他们不常哭闹，似乎很容易满足，给什么吃什么，没有更多要求，不在乎别人是否关心。这样的婴儿看起来很独立，实际上是否定自我的需要。妈妈或许还会为孩子早早表现出的"独立性"而骄傲呢。可是，当孩子长大成人，这种独立性便会发展成孤独型人格。他们否认自己的情感甚至物质需要，性格冷漠甚至冷酷，没有情趣。恋爱的时候，刚开始可能表现出一些热情，但是亲密关系确立后，因为恐惧亲近，他们又会冷漠和退缩。他们较少物质需要，富于独立和忍耐性，在事业上往往很成功，可是内心的孤独和痛苦始终挥之不去。

学前期儿童的心理特点与教育

儿童的学龄前期是指儿童从 3 岁到 6~7 岁这个年龄时期。这一时期是儿童进入幼儿园接受教育的时期，也就是正式进入正规学校学习之前、为接受学校正规教育做准备的时期。

学前期儿童在幼儿期心理发展的基础上，独立意识增强，并初步形成参与社会实

践活动的愿望和能力，比如，愿意并且已有能力帮助父母做些拿板凳、吃饭前拿筷子等事；独立生活能力有了很明显的发展，比如可以自己穿衣、吃饭、收拾玩具、当值日生等等。

进入幼儿园后，独立生活能力进一步提高，产生了新的心理需求，促进了其心理活动的进一步发展。

（1）渴望独立活动的心理需要和学龄前期儿童从事独立活动的经验与水平不足之间产生了矛盾。这是学前期儿童心理上的主要矛盾。而游戏活动就是解决这一矛盾的主要活动形式。在游戏活动中，儿童心理的主要矛盾逐步得到解决，从而也就推动儿童心理不断向前发展。另外，通过帮助教育，在不断提高其社会活动水平的过程中促进了其心理向新水平发展。反过来，心理的发展又使他们活动能力不断提高。这是学龄前期儿童心理发展的突出规律。

（2）随着心理过程的不断发展，学龄前期初步具有了分析、综合与抽象概括能力。这使他们在游戏等活动中，初步学着运用逻辑思维。不过由于知识少、经验不足，尚不能有意地调节和控制自己的行动，即心理的稳定性比较差。

（3）学龄前期的个性特征已开始形成。

另外需要注意的是，学前期儿童的安全感问题。所谓安全感，既包括对生理安全的体验，也包括对心理安全的体验。涉及人身安全、活动安全、危险性、威胁与惩罚、尊重、依赖、信任等多方面。安全感是整个儿童期心理健康发展的重要基础，对学前期儿童尤为重要。安全感有利于学前儿童形成积极的认知愿望；安全感是学前儿童乐于交往、与人建立积极情感关系的保证；安全感决定儿童对群体的归属感；安全感会影响儿童的价值观的形成。

那么什么做法容易使儿童缺乏安全感呢？

（1）过度保护孩子。现今的孩子多为独生子女，因而备受呵护。由于家长们或幼儿园老师们对孩子过度保护，过分夸大环境的不安全性，致使孩子即使在没有任何危险和威胁的情况下，也体验到了不安全感，不敢面对任何困难，动不动就退缩和回避，甚至出现社会适应困难。

（2）家庭冲突和暴力。家庭成员之间的关系，尤其父母之间的关系，会对孩子的安全感产生直接影响。夫妻之间相互尊重、和睦相处，有利于孩子保持平和的心境；而夫妻之间经常吵架甚至拳脚相加，则会把家变成孩子烦恼的根源，使他们经常处于惶恐不安之中，影响儿童以后的健康成长。

（3）不能为儿童提供安全的居住和活动环境。由于对儿童安全感的认识和重视程度的不同、家庭经济条件的差异等原因，不同儿童的生存与活动环境也不一样。当儿童自身或其父母意识到所处环境的不安全性时，有的儿童就会产生不安全感和畏惧心理，久之会使儿童缩手缩脚。

（4）动不动就威胁和惩罚孩子。棍棒教育早已被人们所反对，至今仍有许多家长和教师把它作为灵丹妙药来对付孩子，甚至对学前期儿童滥施威胁和惩罚。当成人威胁或惩罚儿童时，会对儿童心理的发展产生消极的影响。

可以看出，儿童的不安全感多是人为因素造成的。既然如此，可以采取一些措施增加其安全感。

（1）给予无条件的积极关注。儿童可能因为担心失去父母和老师的爱而产生焦虑和不安。因此，不论儿童的言行举止是否令人满意，家长和幼儿园老师要无条件地、积极地关注孩子。

（2）提供安全舒适的成长环境。学前儿童生活与学习的环境主要是家庭和幼儿园。因此，家长和幼儿园老师要负起责任，既要为儿童提供一个安全舒适的物质环境，也要为其发展创造和谐的心理氛围：安全舒适的物质环境包括稳固的住房，温馨舒适的房间设计布置和室内的采光照明，美丽的校园环境，良好的饮食卫生条件，各种器具和设备安全等等；和谐的心理气氛，包括家庭成员之间的和睦相处、互相关心，夫妻之间的恩恩爱爱，幼儿教师的真诚热爱、关心和良好的教育等等。

（3）鼓励探究行为。学前儿童的认知动力强烈，好奇好问、乐于探究。在为他们创造安全的活动环境的基础上，家长和教师还应允许和鼓励他们对一定危险情境的探究行为，培养其冒险精神、增强其安全感。仅仅因为怕出危险而过多地限制儿童的探究行为，会压抑儿童的探究倾向，导致其个性的不健全。

（4）实施心理辅导。学前儿童有不安全感是正常的和必要的，但如果不安全感太强，对不该怕的也怕，就有必要通过心理辅导来增强其安全感。此类儿童的家长或老师也应该积极向有关专家进行咨询，帮助纠治孩子的不良心理倾向。

总之，安全感对于学前儿童的心理发展至关重要。当儿童缺乏必需的安全感时，家长和幼儿园老师们要积极寻找原因，采取适当的措施，培养或增加其安全感，排除其不应有的不安全感，保证儿童的健康成长。

培养儿童自信心，克服自卑感

自信心是儿童健康成长的翅膀，是积累社会阅历与经验的通行证，也是走向成功的金钥匙。拥有自信的儿童，能够客观地认识自身的优点与缺陷，并为自己的优点而自豪，为纠正缺陷而努力。父母作为孩子最忠实的呵护者，一定要引导孩子多接触积极的东西，培养孩子的自信心；帮助孩子克服消极情绪，消除自卑感。

1. 父母要提升自身的自信心

孩子的自信心来自后天的熏陶与培养。如果父母都自信心不足，如何熏陶和培养孩子呢？因此，父母要积极提升自身的自信心。假如你是一位自信心不足的父亲或母亲，应该如何做呢？

（1）总结出你的父母曾经做过的帮助你树立自信心或削弱自信心的事，继承你父母好的做法，摒弃坏的做法。

（2）寻求专家的帮助。

2. 积极回应孩子的暗示或要求

如果孩子给出一个暗示或提出一个要求，比如要吃东西或不舒服而哭泣时，父母都能迅速地做出回应，孩子就会感觉到自己的力量和存在。"有人会听我的，会照顾我，我是有价值的。"在浓郁的爱中，孩子的自信心就会无形地树立起来。因此，父母应该积极主动地回应孩子的暗示或要求。这是树立孩子自信心和自我价值感的关键。

但让孩子学习如何面对挫折也是非常重要的，不要将积极回应当成一味地姑息纵容，那样培养的不是孩子的自信心，而是自我中心意识。

3. 经常积极的评价孩子

给予孩子积极的评价，对于树立孩子的自信心也是十分有意义的。积极向上地评价孩子，他就会积极向上地看待自己和对待别人。

当孩子偶尔犯错的时候，父母不能只是责骂，还应该坚定而严肃地告诉孩子错在哪里、不犯这种错误的好处在哪里。这种积极的教育态度和方式会触发孩子的自我意识，改变自己的错误行为。

4. 培养孩子的责任心

拥有责任感是对自己价值的认识与肯定，是自信的表现。培养孩子的责任心是树立其自信心的重要途径。

平时父母应该多让孩子做一些力所能及的事，让孩子感到自身价值的存在。比如，可以将就餐前整理餐桌的任务交给自己三四岁的孩子。当看着每个人面前整齐的碗筷和大家的笑脸的时候，孩子就特别满足，特别自信。

5. 鼓励孩子勇敢表达自己的情感

鼓励孩子勇敢表达情感，并不是纵容孩子随心所欲地发泄情绪，而是要鼓励和引导其在表达情感和控制情绪之间寻求平衡。

当孩子想要表达情感的时候，父母应高兴地给予孩子机会，接受他的情感，并和他积极交流。比如，孩子抱着已经破损的玩具娃娃走到你面前，拽着你的衣角说："爸爸，你看看我的宝宝生病了。"此时，即使你再忙碌也不能不理孩子，要马上停止工作，轻拥着孩子说："是啊，真替你难过，你的宝宝真的生病了。爸爸一定给你治好它。"如此真诚对待孩子的情感，他的自尊心和自我意识就会提升。

6. 激发孩子的天赋

孩子如果拥有某种天赋或一项特长，他的自信心就比较足，而这种自信的力量也可转移到其他的工作、学习与游戏中。作为父母，要善于发现孩子的天赋与特长，并帮助他不断地巩固与提高，树立他的自信心。

7. 和孩子一起游戏

父母要常和孩子一起游戏，并且要注意让孩子尽情发挥他的创造性。因为孩子在自发创造中游戏会比在大人引导下游戏更加集中精力，更能增进其自信心。在游戏的过程中，父母要把精力集中在孩子身上，让他感到快乐，否则孩子会很失望，觉得自己对你并不重要。可以说，陪孩子游戏是一种神圣的职责，因为你正在培养一个人才。

8. 帮助孩子交朋友

好的朋友对孩子的价值观与自我形象会产生良好的影响。因此，父母应该积极帮助孩子结交真正对其健康发展有积极作用的朋友。

当孩子有找朋友的意识时，父母可以有意安排一些比较适合的集体活动，为孩子的好朋友们敞开大门。通过这些集体活动，家长可以更好地了解孩子，观察孩子的社交能力，总体上了解孩子的个性。当孩子不慎交上不适合的小朋友的时候，家长最好给予适时的干预。

9. 直呼其名

名字里蕴藏着人的自我意识。直呼孩子的名字，而不是整天"宝宝""宝贝"地叫，会增强孩子的自我意识和自信心。那些自信心很强的孩子往往都会直呼朋友的姓名，甚至成年人的名字或头衔。这是因为他们本身的自信心在鼓励他们更加直接地与他人交流。

10. 不要轻易给孩子定性

儿童的个性是发展着的个性，并没有定型。因此，父母随意给孩子定性是不正确的，会伤害和误导孩子。比如说孩子偶尔一次胆小，有的父母就时常提起，慢慢地给孩子贴上了胆小的"标签"。久之，孩子也觉得自己天生胆小，常常拿它来当作失败和退缩的借口。

父母要多为孩子创造机会，积极鼓励孩子，帮助孩子勇敢地尝试。当孩子有过几次成功体验之后，就会"恍悟"：原来我并不胆小。逐渐地，胆小的标签就会被揭去，而被自信所取代。

克服儿童"学校恐惧症"

案例一

活泼好动的小明样样讨人喜欢，就是经常逃学。父母为此伤透了脑筋。训斥、哄骗甚至打骂，都不起作用。一到上学时间，小明要么头晕，要么肚子疼，只要答应不送他去上学，他的病就一下子就好了。即使被迫去上学，他也经常逃学去玩耍。

案例二

小华刚入小学时天真活泼，认真好学，家长没有过多操心。后来，为了让他有个更好的学习环境，家长把他送到了一所重点小学，以为孩子会更加好学，成绩会更好。可结果恰恰相反，过去小华回到家里总是自觉地先做完作业，然后才去玩，可现在常常望着作业发呆；过去回到家里总是滔滔不绝地与父母讲同学、老师和学校的各种趣事，而现在变得沉默寡言。学习成绩逐渐下降，小华对上学的恐惧也逐渐增强，于是经常逃学、生病，让家长十分苦恼。

上二述两个例子中，孩子的问题就在于"学校恐惧症"。

学校恐惧症是儿童恐惧症中的一种，主要表现是：害怕上学，害怕参加考试。如果强迫恐惧症儿童去上学，他们会产生焦虑情绪和焦虑性身体不适，如面色苍白、心率加快、呼吸急促、腹痛呕吐、便急尿频等；如果同意他们暂时在家休息，焦虑情绪和不适症状很快就会得到缓解。孩子怕上学，可又深知不上学不行，于是内心产生了解不开的矛盾，很容易表现出心率加快、呼吸急促、腹痛呕吐、便急尿频等身体不适症状。如果此时家长把孩子当成病人，会使孩子形成习惯反应，同时会给孩子"有病"的消极心理暗示，逐渐形成虚弱自我意识，易使孩子失去自信，不利于他们心理的健康成长。

引起学校恐惧症的原因很多，既有内因也有外因。内因主要在于孩子的性格缺陷，如胆小多疑、过于谨慎敏感等。外因有二：一是家长的溺爱，致使孩子独立性差，难以适应学校生活；二是家长、老师对孩子期望过高，超出孩子心理承受能力而逐渐使其形成焦虑、自卑等心理问题，因而害怕学校、不想上学。

家长在确定孩子患上学校恐惧症后，就应帮助孩子重塑自信，让孩子确信自己没病，是个十分健康的孩子。要积极帮助孩子克服学校恐惧症，但不可操之过急，要循序渐进，可按孩子的恐惧程度由轻到重实施以下步骤：

首先，请同学或请老师来家里辅导孩子。

其次，家长先陪孩子在教室学习，然后让孩子自己在教室学习，逐渐让他在教室和几个同伴一起学习。

再次，让孩子在教室由老师单独辅导，或在教室和几个同伴一起听老师辅导。

最后，让孩子在教室正常上课。

具体纠正步骤可根据孩子的实际情况做出相应调整。

儿童从众心理

从众心理，是个人在真实或臆想的群体舆论压力下，在认识和行动上不由自主地和大多数人趋于一致的心理现象。人们常说的"入乡随俗""随大流""人云亦云"等便是从众心理的写照。

大多数人都具有从众心理。不同的从众心理会产生不同的效果。据此可把从众心理分为积极型和消极型两类：积极型从众心理能够推动人们对事物的积极认识，消极型从众心理则起到阻碍作用。

根据心理学研究，儿童从 7 岁至青春期最容易从众。因为，这个时期儿童的受暗示性和模仿性最强烈。因此，在某一群体中的儿童很容易受到多数人的意见或行为的影响而盲目跟从。然而，由于儿童年龄小，知识和社会经验都比较缺乏，尚不具备正确的认知能力，因而分辨不出外界影响是否健康，往往会养成不良的思想和行为习惯。比如，不少高年级学生在学习团结友爱、互相帮助的作风时，把"哥儿们"的恶劣作风也带进校园。他们今天你请我一个面包，明天我请你一瓶可乐，甚至聚在一起喝酒行令，类似这种事情时有发生。

所以，把握好儿童的从众心理，扬长避短加以运用，发挥其积极作用、消除其消极影响，意义重大。

1. 培养团结向上的健康集体，促进儿童产生积极从众心理

在一个儿童班集体或群体中，大家意见多数一致时，个人就很容易从众。可以利用儿童的这种从众心理特点，加强对集体的教育与培养，促进儿童产生积极的从众心理。

（1）建立健康向上的集体。健康向上的集体具有巨大的教育力量，最容易使个人克服坏思想和坏习惯。建立了健康向上的集体后，教师就可以通过集体去影响学生，使他们产生积极的从众心理，从而去模仿、接受、采纳正确的思想行为，达到教育学生的目的。苏联教育家马卡连柯称这种教育方法为"平行教育作用"。

（2）帮助少数后进儿童进步。利用儿童的从众心理，可以引导小部分后进生与集体先进成员进行比较，帮助他们发现自己与先进成员的差距，激起他们的积极从众心理，达到促使其进步的目的。比如，少数小学生书写很不工整、规范，自己通常觉察不到，如果老师请他们观摩全班学生的作业，他就会了解其中的差距，从而积极从众，改进书写。

2. 消除不良因素，矫正儿童的消极从众心理

不良的环境因素容易催生儿童的消极从众心理，因此应及早消除不良环境因素，使学生无众可从。另外，如果儿童有较强的独立自主性，也不容易产生消极从众心理。应主要采取下面两种措施：

（1）"枪打出头鸟"。在一个小班集体中，总会有几个捣蛋生，成为捣乱的"出头鸟"，很容易号召一帮学生一同违反班规校律。此时应该把力量放在教育几个"出头鸟"上，给他们小官衔，鼓励他们带好头，其他学生也会跟着学乖。

（2）培养儿童的独立自主性。没有独立自主性，儿童就容易盲目从众。比如上课提问的时候，如果前面几位学生给出了同样的答案，其他被提问的同学即使不这样认为，也会做同样的回答。其实呢，这样的答案是错误的。家长和老师都应该积极培养儿童的独立自主性。

纠正儿童逆反心理

儿童的逆反心理是一种正常现象，是两代人之间某些不同观念碰撞的正常的心理过程。一般来讲，孩子在成长过程中会有两个逆反期：第一个逆反期是在孩子三四岁的时候，此时由于儿童自我意识和说话、运动及认知能力的发展，非常想自己尝试做一些小工作，可父母却不放心，限制孩子的这种愿望，故而孩子产生逆反；第二个逆反期是在青春期前后，此时孩子的逆反心理比第一逆反期更为强烈。有逆反情绪的孩子，通常表现为：频繁地大发脾气；与父母过度争吵；明显地对抗和拒绝大人的要求和原则；自己犯错或行为不当，却责怪他人；频繁发怒和怨恨他人等不合作、对抗与敌视的行为。孩子的逆反行为在家里和学校表现得尤其明显。

1. 父母的哪些行为会加重孩子的逆反心理？

父母的下述教育方法往往会加重孩子的逆反心理：

（1）对孩子过于严厉。有些父母仍推崇"棍棒出孝子，不打不成材"的教育思想，时不时地讽刺、挖苦孩子，甚至动手打孩子，伤害了孩子的自尊心。导致的结果是要么使孩子变得怯懦，要么变得十分叛逆。

家长应该多理解、尊重孩子，把他们当成一个开始有独立意识的小伙伴，有事商量着来办，平等相待、循循善诱，以理服人、以情动人。

（2）过高的期望。父母"望子成龙""望女成凤"的心切，可以理解，但是不可盲目。许多父母为了自己的孩子将来能够出人头地，往往不考虑孩子的喜好与能力，强迫孩子学这学那，硬让他们去做他们一时还难以做到的事情，结果给孩子背上了沉重的心理负担，而且很容易引起孩子强烈的逆反心理，使其正常的才能也得不到发挥。

家长的要求与期望不可过高，应该比孩子的实际能力略高一点，让他们经过努力能够达成。这样，孩子不仅不会感到有心理重担，而且能够享受到成功的喜悦，增强自信心。

（3）教训孩子喋喋不休。有些家长教训孩子的时候喜欢唠唠叨叨地说个不停，唯恐孩子听不见他们的话。结果，家长唠叨促成了孩子的逆反，即使孩子知道家长说得有理，也极不愿意听，而且偏会反着做。

父母在教育孩子时，应该简单明了、要言不烦，留给他们理解和调整情绪的时间，这样他们就相对容易接受大人的意见。

（4）压抑孩子的好奇心。对于正在成长的孩子来说，世界充满了神奇。但有的父母不理解孩子的好奇心理，认为孩子在胡闹，甚至通过打骂来压制孩子。孩子的逆反情绪就会逐渐高涨起来。父母应该鼓励孩子去探索，认真对待孩子的问题。这样不仅不会使孩子逆反，还会使孩子变得越来越聪明。

不管是第一期还是第二期的逆反，家长首先应该理解孩子，真正从孩子的角度去考虑和帮助他们解决问题。一味地打压、把自己的观点强加给孩子是不行的，可能产生两种不良后果：遇事唯唯诺诺，或是执拗任性、胡作非为。

2. 如何纠正孩子的逆反心理？

除了注意避免以上四点教育误区外，家长还应该做出以下努力来纠正孩子的过度逆反心理：

（1）确定合理的、与孩子年龄相适应的限制，并坚持下去。

（2）与孩子发生冲突时要冷静，不要使冲突加剧，可以暂停或抽时间出去。

（3）用体育锻炼等来舒缓你的紧张情绪，避免向孩子发脾气。

（4）一旦孩子表现出合作与变通时，要给予他正面的表扬和鼓励。

（5）寻求与孩子老师的合作。

（6）必要时可以寻求儿科医生和心理学家的帮助。

如何应对孩子的"心理断乳期"

当孩子进入了青春期，你就会发现，"变"成了其显著特点。随着孩子的快速发育，不仅生理上在变，心理上也是变化剧烈。家长会发现，不知从什么时候起，孩子不听话了，而且专门与父母对着干，像变了个人似的。你要他这样，他偏要那样；家长多说他两句，他要么不理睬，要么就喊烦。孩子的这种逆反心理是其进入心理学上所谓"心理断乳期"的正常反应。

随着青春期的到来，尤其是第二性别特征的出现，以及社会活动增多和知识面扩大，孩子的心理活动也逐渐复杂，自我意识觉醒，独立活动的愿望变得越来越强烈。

但由于缺乏生活经验，他们不能正确理解自尊，只是强烈要求别人把他们看作成人。如果这时家长还把他们当孩子来看待，他们就觉得家长不尊重他们，就会产生厌烦和反抗心理，做出对立行为。虽然他们的自我意识和独立性有所发展，但自我控制能力还比较差，因此常会无意识地犯错误。他们喜欢怀疑别人，其实没有依据；喜欢批评别人，但很容易走极端；喜欢发表见解，却又条理不清；喜欢与人争论，却又论据不足。

"心理断乳"的真正意义是摆脱对父母的孩子式依恋，走上精神的成熟与独立．也是一个人的社会化过程。因此，父母在这一时期应该把爱孩子的重点放在帮助他们完成从孩子到成人的转变上。只满足于表面上了解孩子是不够的，家长必须学习一些心理学的知识，了解"心理断乳期"的实质，帮助孩子顺利度过"心理断乳期"。

（1）对于孩子消极的青春期逆反心理，家长应根据孩子的心理特点，从行为和心理上进行引导，教育的方式要多样化。应该采用平等对话的方式，让他把心里话说出来，然后家长把自己的观点、经历讲给他听，让孩子自己进行比较。

（2）要理解信任孩子。家长要与他们建立一种亲密的、平等的朋友关系，要相信孩子有独立处理事情的能力；要尊重孩子的人格，充分利用孩子的"小大人"想法，针对家里的一些事情征求、听取孩子的意见；要尽可能支持他们，尤其在他们遇到困难、失败的时候，帮助他们分析事物、明辨是非，然后鼓励他们自己去正确处理。

（3）家长要做出表率。在孩子遇到困难和失败时，应多给予鼓励和安慰；孩子有了成绩，要及时给予表扬；家长自己有缺点和错误，应勇于承认，立刻改正，为孩子做出表率，使孩子从中得到启迪。

（4）家长应尽量避免与孩子发生正面冲突。在孩子发火时，家长应保持冷静。争论激烈时，家长应转移话题或采取冷处理方式，以免孩子萌发对立情绪，使逆反心理更强烈。但家长不能过于迁就孩子的不合理的要求和不良的行为，以防孩子以后总是用反抗的方式来要挟父母，达到自己的目的。孩子平静下来之后，在适当的时候，家长应心平气和地指出孩子的错误和不当之处，使孩子积极克服爱冲动的毛病。对于比较严重的反抗行为，家长可以采取奖赏训练的方法，强化孩子的顺从行为。

（5）鼓励孩子多参加有益于身心的集体活动。通过集体活动，孩子可以广交朋友，丰富、充实自己的精神生活，发展"自我"意识，正确、客观地评价自己，有利于培养活泼开朗的性格、真诚待人的品德，利于顺利度过断乳期。

家庭教育与中学生心理健康

中学生正经历身心巨变，与家庭之间的关系也发生着微妙的变化。曾几何时，家庭是自己温馨的乐园和安全的城堡，可是现在却成了家长的唠叨、管教、干预、限制等等构成的"监牢"。中学生们于是不停地抗争，总是想逃出"监牢"，划出属于自己的小天地，为了达此目的甚至离家出走。究其原因，青少年逆反心理严重，于是儿童时期教育不当产生的问题在青少年时期就爆发式地表现出来。另外，青少年过渡到成年期，在追求独立与建立自我的过程中，常会发生各种特殊的适应困难。

中学阶段是人身心急剧发展变化的时期，也是人一生最关键、最富有特色的时期。如何度过人生路途的"黄金时期"，是摆在每个家庭、每位中学生面前的重要课题。

那么，中学阶段家庭教育对中学生心理健康的影响究竟是怎么样的呢？根据一项针对高中生的调查，学生们认为对自己成长影响较大的前三位因素是：一是父母的影响；二是社会现实的影响；三是学校和老师的影响。可见家庭教育对中学生成长的影响是十分关键的。

1. 父母教养方式与中学生的心理健康

调查研究证实，父母的教养方式对子女的心理素质、生活习惯、学习行为、各项能力等的发展有直接影响，是影响其心理健康和人生成就的重要因素。

我国著名心理学家王极盛教授根据调查指出，家长对子女的教养方式可以分为四种类型：

（1）理解民主型。对孩子从小到大没有打骂，能理性地指导孩子成长，在做人上要求孩子做一个正直有用的人。学习上，对孩子要求不怎么多，只需尽力，不施压力，不要求孩子必须考多少分；为了给孩子创造好的学习环境，有的家长自己不看电视、少说话。

（2）过分保护型。什么事情都由父母代劳，帮助孩子解决一切问题，即溺爱型。家庭溺爱会熄灭孩子的创造欲望，处处需要别人指点与帮助，智力发展受限；使孩子的心理得不到正常、积极、自由的发展，从而懦弱、依赖与无能。

（3）严厉惩罚型。教育孩子态度生硬、言语粗鲁、方法简单，强迫子女接受自己的看法与认识，常挖苦责备，甚至打骂孩子，损伤孩子的自尊心。此种教育方式较以前有所减少，但仍然存在，会使孩子的心理自卑、性格压抑，遇事唯唯诺诺，缺乏独立自主的能力，影响孩子健康人格的发展，同时可能使孩子像父母一样粗鲁、冷酷，不能和他人和睦相处。

（4）过分干涉型。过分限制孩子的言行，逼迫孩子按父母的想法和意愿去活动，不能超越父母的指令，从而使孩子缺乏独立思维，做事没主意，人云亦云，心理得不到健康发展。

2. 家庭价值观念与中学生心理健康

人的行为受其价值观念的影响。重视教育的父母不仅会身体力行做对孩子有益处

的事，在日常家庭生活中也会灌输教育重要的价值观念。孩子的学业进步受到父母的重视，孩子学习的兴趣自然会增加。他们喜欢在学习过程中体验攻克难题的喜悦、获得知识的满足，在学校的各种活动中也都能积极主动、兴致勃勃，感到学习活动本身就是一种享受。因此，这种家庭教育下的学生通常学习成绩优良，心理素质也比较好。

然而，在大力发展经济的背景下，有人短时间暴富起来，知识分子的经济收入与这些人相差悬殊。这种知识贬值、脑体倒挂的现象，使一部分家长认为"读书无用"，对孩子读书缺乏家教，只忙于自己赚钱，对教育价值的判断采取了功利主义的态度。另外，还有一些家长对学校片面追求升学率、学生课业负担过重等问题缺乏全面认识，牢骚不满，影响了孩子对学校生活的兴趣，使孩子产生了厌学、彷徨、无奈、痛苦等心理问题。

3. 父母的期望与中学生心理健康

研究发现，孩子能力的发展、学业成就高低与父母的期望值成正比。父母对子女要求或期望越高，同时在子女成功时给予鼓励、失败时给予惩罚，则子女的进步动机就越强烈，成就越高；反之则较低。

根据上面提及的调查，中学生学习动力有这样的分布：社会竞争激烈，个人要争取一个理想的工作占 55.48%；不辜负父母的期望占 15.24%；同学间的升学竞争很激烈占 12.8%；为了祖国的富强与社会的发展占 10.36%；改善家庭生活的现状，报答含辛茹苦的父母占 6%。

可见，学生的学习动力及对自己的期望值与社会和家庭对他的期望值密切相关。

但期望值不可过高，否则孩子会产生很大的心理压力，甚至产生焦虑症，尤其是考试焦虑症。如果父母对子女的发展限度、能力大小及兴趣不十分了解，却有很强的虚荣心，就容易对子女寄以超出其能力限度的期望，形成子女的心理压力和焦虑。如果学校的领导和教师又把眼睛盯在学生的考分上，一心想让学生在考试中拔尖扬名，则学生的焦虑心理将更为严重。据 1998 年的一项调查，中学生心理紧张的原因，来自父母方面的占 43.6%（其中被父母错怪、误解的占 15.1%，父母感情不和的占 12.1%，受父母打骂训斥的占 7.3%，父母抽烟的占 2.1%，父母要求过高的占 2.4%，被父母强迫做某事的占 1.9%，被父母批评占 1.9%），来自学习上的占 11.3%（其中考试成绩不好的占 8.8%，作业太多占 1.5%，家庭学习环境不好的占有 1%），来自家里其他成员的占 8.7%。

父母应全面衡量子女的能力，给予适当的期望，并根据期望采取积极的教育方式，将更有利于孩子的学习和身心发展。

4. 家庭素质教育不可忽视

著名心理学家丹尼什把孩子的成长生动地比喻为一棵树的生长：心理就像树根一

样，虽然看不见，但却非常重要；看不见的部分关系着一棵树的高大强壮，关系着一个人的生存发展。他指出，树根的成长期是 5 年至 15 年，15 年后才是树干与树叶的成长；一个孩子心理建设的重要成长期也是在人生的头 15 年。在生命最初的年头便学会自我约束、不自私、做好人，将会使孩子的一生充满人性的光彩。

我国目前的家庭教育方式有 3 成以上属于溺爱型，也就是说至少有 3 成以上的孩子的心理可能得不到健康发展。父母们必须重视孩子的心理健康教育，实现学校素质教育与家庭素质教育的同步进行。如果我们的家庭教育观念不向素质教育转变，那么我们的下一代在心理承受能力、学习能力、生活能力、工作能力方面都会存在严重问题。

家庭心理教育应从负两岁开始

我国未成年人的心理健康状况堪忧。近年对全国 22 个城市、24000 名 4~16 岁儿童的调查表明，心理问题发生率为 10.2%~14%。据此估计，我国 3.67 亿未成年人中，有心理健康问题者达 4 千~5 千万人。上海的调查显示：中小学生有心理健康问题的占 21.6%~32%。突出表现为人际关系、情绪稳定性和学习适应等问题；78% 的 6~12 岁的孩子不开心；14~16 岁的学生抑郁症患病率为 4.7%。未成年人的心理健康问题不仅妨碍他们自身成长，增加教育的难度，而且影响其未来子女即再下一代国民素质的提高，还可能引发恶性事件，给家庭、学校、社会带来不幸、不和谐、不安定因素。

家庭心理教育对未成年人的心理健康发展至关重要。因此，要保证孩子的心理健康，得先要保证其父母的心理健康才行。心理健康教育应该首先从成年人开始，其次才是未成年人；首先从父母着手，优化子女先天因素和家庭教育，其次学校和社会才能有效介入。这正是"家庭心理教育从负两岁开始"的含义所在。

1. 优化先天遗传因素

研究证明，心理异常与先天遗传因素相关，比如躁狂抑郁症与遗传因素有关，焦虑症与强迫症在患者亲属中发病较多等。因此，预防儿童心理异常应该从源头抓起：青年男女从择偶开始就要具有优生优育观念和知识，以尽量减少未来子女心理异常的不良先天因素。

（1）积极进行遗传咨询。择偶咨询、孕前咨询、孕早期咨询等，以预防性优生为目的，帮助当事人了解男女双方及先辈是否患有心理、精神疾病，以便对是否适合结婚生育做出决策。青年男女择偶和怀孕前应积极进行咨询。

（2）积极参加婚检。婚前身心健康检查是预防先天性生理心理疾病的重要措施。目前虽然婚检自愿，但建议人们应在结婚前积极参加。相关社会机构和团体应该行动，大力宣传有关科学知识，使更多的未婚夫妻自愿进行婚检，对遗传性心理疾病患者和有家史者及时治疗。另外，建议对自动做婚前体检和心理健康测量的未婚夫妻给以适当形式的鼓励。

（3）做好受孕准备。结婚之后，应在做好物质准备和心理准备之后，选择最好的时机进行生育。

（4）注意孕期心理保健。研究发现，孕妇的心理健康状况直接影响胎儿身心发育。影响孕妇心理健康的因素主要包括：孕妇的年龄、职业、学历、嗜好、孕次、妊娠月份数、早产史、病史、服药史、家庭史，配偶的职业、嗜好、生活习惯，以及生活环境、心理氛围等。孕妇情绪不稳定、分娩态度消极和较少的社会支持等状况会降低其心理健康水平，使胎儿"内生活环境"产生不良变化，严重干扰胎儿生长，导致先天畸形或出生后发生心理障碍。因此，孕妇应特别注意孕期心理保健，积极进行心理健康状况检测，有针对性地接受心理保健指导，保持最佳心理状态。

2. 改善出生环境

医院和其他相关机构应加强临产孕妇的心理护理，帮助解决恐惧、焦虑等生育心理问题。美化生育环境、尽量满足孕妇的心理需求，可以使孕妇心情舒畅、精神愉快，形成最佳临产心身状态。另外，要注意布置好新生儿呱呱坠地时的外界环境，因为新生儿脆弱的神经系统易受其微妙影响。要改善产房和育婴室环境，使婴儿一出生就与父母进行情感交流，感受周围人们的关爱。新生儿父母要注意改善家居条件，使产妇和新生儿出院后能在家中舒适地生活。

3. 提高素质，改善家庭教育环境、观念和方式

家庭教育是影响孩子心理健康的主要后天因素。家庭人际关系不和谐、家庭成员有不良嗜好或反社会行为、夫妻离异等状况，都会使未成年人心理健康发展受阻。违法犯罪青少年大多数出自不和睦家庭和单亲家庭。家庭教育观念和方式的偏差（如过分宠爱、过分放纵、过多干预、过高期望），教育内容的偏颇（如重智轻德、重技艺轻习惯），也导致儿童心理障碍。

只有心理健康的父母才能培养出心理健康的孩子。教育未成年人应从提高成年人素质入手。

三、心理学家的育儿经

如何培养孩子的智力？

孩子的智力是每位父母都十分关注的问题。在我们的印象中，智力一般由父母遗

传。也就是说，聪明的父母生出的孩子也可能聪明。

但是，随着父母生育年龄的增长，不但孩子患自闭症、精神分裂症等神经发育障碍的风险会加大，同时还可能导致阅读障碍和智力水平下降。

昆士兰大学的麦格拉斯（John McGrath）分析了 1959 年到 1965 年间出生的 3.3 万名美国人的资料发现，孩子的智力也受父母生育年龄的影响：父母生育年龄越大，孩子的智力越低，至少在 7 岁之前是这样的。

益智游戏无益，社交、玩具改善智力

在各种因素制约下造成晚婚盛行的今天，想提前结婚生育似乎很难。这时，大龄的父母们可能会通过其他方法提高孩子的智商。比如，许多人都认为玩益智游戏能改善智力。益智游戏真的有这么神奇的效果？

为了检验益智游戏是否具有宣传中声称的效果，剑桥医学研究委员会的神经学家欧文（Adrian Owen）等人做了相关实验。他们让许多成年人完成一系列记忆力测验。

按照实验设计，一些人的任务是玩各种益智游戏，每天 10 分钟，每周 3 次；其余的人则回答常识性问题，方法是从网上找答案。6 周以后，这些人再次完成最初的记忆力测验。

测验结果表明，玩益智游戏并不能提高智力。虽然通过练习，能把游戏玩得更好，但这种效果却无法在日常生活中发挥作用。

但这并不意味着我们就没有办法提高智力。密歇根大学心理学家亚巴拉（Oscar Ybarra）发现，一个人的社交互动水平越高，认知能力表现就越好。在实验中，每天都与别人闲聊 10 分钟的人在智力测验中的成绩，比不参与闲聊的人要好。这说明经常与人友好交谈能提高智力水平。

这种类似的效果在孩子身上同样存在。东京大学的广川信隆（Nobutaka Hirokawa）通过老鼠实验发现，有玩伴或玩具的儿童更聪明。他们将 15 只小鼠放到有多种玩具的笼子里饲养了 4 周时间，同时在另一个没有放置任何玩具的笼子里饲养了 3 只小鼠。

为考察两组小鼠的记忆力和学习能力，研究人员让小鼠在游泳池中反复游泳，记录它们到达泳池中"小岛"的时间。

结果，有玩具的小鼠学习游泳时进步很快。也就是说，在有玩伴或很多玩具的环境下成长的儿童，记忆力和学习能力也会提高。这或许是较多的外界刺激能使大脑更活跃。

对话和手势，提高词汇量

心理学家还发现，社会经济地位也与儿童的智力发展有关。社会经济地位较低的

孩子，往往比社会经济地位较高的同龄人词汇量小。具有较高社会经济地位的父母往往交谈得更多，并且使用的词汇也更广泛，这或许也能够解释他们的孩子为什么更善于使用词汇。

经过研究发现，前者的父母没有足够的时间与孩子对话。加州大学公共卫生系的齐默尔曼（Frederick Zimmerman）教授和同事随机选取了一些来自不同阶层的家庭的婴幼儿，让父母随机选择一天，录下孩子从早晨醒来到晚上睡觉前听到和所说的话。每个家庭在6个月内提供5天录音，其中71个家庭参与研究的时间延长至2年，提供20天的录音。

一般而言，婴幼儿一天听到父母说的字为1.3万个左右，一起对话大约是400个字。于是他们让一些父母每天都多与孩子对话100个字，而另一些孩子多听父母说1000个字。

结果，与父母交流越多的孩子，其语言能力发展最快。因此，虽然鼓励父母通过阅读、讲故事等方式向孩子输入语言是一个合理的建议，但更应该重视与孩子的互动交流。孩子说得越多，语言能力就越强。

除了对话，手势也是增加婴幼儿词汇量的重要方式。社会经济地位越高的孩子语言能力越强，这其中的一个原因是富裕家庭的父母，不但跟孩子交流较多，而且交流时手势也较丰富。因为手势是孩子们早期发育的一种技能，其发育时间在孩子们的词汇技能差异变得明显之前。

影响语言能力的因素

需要提醒的是，有些常见的习惯也会影响孩子语言能力的发展，比如吮吸奶嘴过久。根据弗洛伊德的发育理论，每个人都会经历口唇期，这个时期的主要表现就是吮吸口唇或类似的动作，比如含着奶嘴不放，吸手指。

吮吸奶嘴或手指超过3年的儿童，出现语言障碍的可能性比普通孩子高出约3倍。如果孩子在9个月后才开始吮吸奶嘴等物品，以后语言功能出现障碍的风险会比较低。这或许是吸奶嘴或手指使孩子的交流减少了，最终导致了没能充分利用语言能力发育的关键期。

幼儿长时间看电视，也会影响表达能力。日本小儿科学会最近公布的调查结果表明，2岁以下的婴幼儿看电视的时间越长，语言表达能力越弱。而美国儿科协会建议2岁以下儿童不应看电视，再大一点的孩子每天看电视的时间不能超过2小时。

除此之外，父亲患抑郁症也可能影响孩子的语言能力。东弗吉尼亚医学院的保尔森（James Paulson）对五千个家庭进行调查，并用50个常用词语测试2岁的孩子发现，如果父亲患有抑郁症，那么孩子掌握的词语比其他孩子平均少15个。随着年龄增长，这种差距会不断扩大。这是由于患上抑郁症的父亲给孩子朗读、陪孩子说话的时间减少了。

学习外语的最佳时间

在语言学习中，人们对孩子开始学习外语的时间存在着比较大的争议。有些父母认为，孩子实在不应把大量的时间花在学习英语上，而应该多读读我国的经典。这些人尤其反对从幼儿园就开始学习英语。而有些父母却认为，应该抓住孩子的语言能力发育期，积极培养孩子的语感，甚至一些父母在孩子三四岁时就送孩子去了英语培训班。

究竟什么时候开始学习第二语言比较好呢，是越早越好还是上了中学才开始？东京大学研究语言脑科学的酒井邦嘉（Kuniyoshi Sakai）教授的一项研究表明，从一年级开始学习英语的中学生比初中开始学习的学生能更轻松地理解英语。

1989 年，伊利诺伊大学的约翰逊（Jacqueline Johnson）研究发现，在 7 岁时移民美国的儿童，第二语言的学习能力便开始下降，他们学习掌握英语的速度明显不如更小的移民孩子。

事实上，开始学习句子的时期，即 3 岁，就是学习第二语言的最佳时期。并且，要熟练掌握一门外语，一般人需要学习 6 年的时间。

如果孩子学习外语的起步较晚，要快速提高阅读能力，可以改变字母间距。增加字母间距，能显著改善诵读困难儿童的阅读速度和准确性；特宽的字母间距让文本阅读的准确性加倍，并且增加阅读速度 20% 以上。当一个字母被其他字母包围而不是单独呈现的时候，它更难以辨认。拥挤阻碍了字母识别，而字母识别是所有字母语言阅读的第一步。字母之间的额外间距，使得识别字母最困难的儿童进步最快。

事实上，字间距影响阅读速度和准确性的现象，在成年人身上同样存在。当看到一本文字排得密密麻麻的图书，我们觉得它很难读。因此，现在很多出版商为了迎合读者的快餐阅读需求，加大了字距和行距。在孩子刚开始学习外语时，如果父母也掌控字母之间的距离，那么孩子的外语进步可能会更快。

母亲童年幸福，孩子更聪明

现在，很多父母为如何培养孩子较强的学习能力而苦恼。其实这似乎也很简单，如果母亲童年生活幸福，那么孩子的学习能力会比同龄人好。美国塔夫茨大学的费奇（Larry Feig）通过老鼠证实了这一结论。

研究人员在老鼠的童年时期给其准备了很多玩具、食物，并让这些老鼠的"鼠际关系"非常融洽，但在青春期过后就将玩具拿开。结果，这些老鼠的后代都有很强健

的大脑。

为了验证这个结论，他们将一些童年生活幸福的老鼠妈妈的孩子交给一些并不富裕的"继母"抚养。结果，这些老鼠长大后的记忆力还是非常强。这说明母亲儿时的生存环境会对后代的 DNA 产生永久性影响。这或许可以解释出身于中产阶级的父母的子女都会比较有成就。

减轻学习压力

望子成龙的父母，倾向于要求孩子的学习成绩很好。这是一种普遍的文化信念：学习成绩等同于能力，成绩越好，能力越强；知识匮乏就意味着将来可能会失败。

由于这种误解的存在，学生们害怕失败，而知识的困难使他们产生无能感，最终导致了不愿努力去学习新知识。法国心理学家克鲁泽（Jean—ClaudeCroize）用实验证明了压力对孩子学习的影响。

在一个实验中，研究人员让一群六年级的学生解答字谜。这些字谜的难度相当大，这群小学生不可能解答出来。做完字谜测验之后，研究人员告诉一组孩子，学习困难以及失败是常见的，只要多练习就能取得好成绩。同时，他们只随便问问另一组的孩子是如何试图解决问题的。然后，测验学生们的阅读理解能力、解决问题能力和智商。结果，被告知学习是困难的学生的表现有显著提高。

在另一个实验中，一群六年级的学生先解答一个很难的字谜，然后被告知学习很难，只有多练习才能取得好成绩。另一群学生则只解答简单的字谜，自然没有被告知学习是困难的。接下来，所有的学生都进行阅读理解测验。结论与前一个实验类似：被告知学习是困难的事，需要不断练习的孩子得分最高。

这些实验表明，告诉孩子失败是学习中的正常现象，可能会使孩子更自信。而提高孩子的信心，减少对失败的恐惧，将有助于孩子将来获得成功。

这种现象可以通过大学生的学习变化来证实。由于许多大一学生很难适应新的环境，所以影响了学业，然而有些学生并没有意识到适应问题有多普遍，于是认为是自身有不可改变的缺陷。

弗吉尼亚大学心理学教授威尔逊（Timothy Wilson）告诉这些学生，很多新生都会经历这种困难，但这种困难只是暂时的。同时，威尔逊还让这些人看一盘录像带，内容是几个高年级的学生在采访中谈到他们在大一时也是差生，但后来成绩有了很大的进步。此外，威尔逊还给这些学生读了一份在大一表现差劲但后来进步的校友的统计资料。

结果，这些学生在第二年进步很大，而且也很少退学。因为他们自信挺过这个难关后日子就会好很多。

消除刻板印象，恢复自信

自信对女生学业的影响最为明显。由于刻板印象，人们认为女生的数学能力不如男生，所以，如果在数学考试前得到暗示，女生解答数学难题的能力普遍不如男生，那么女生的考试成绩会下降。

这种现象在老师的教学过程中也存在。芝加哥大学心理学家贝洛克（Sian Beilock）发现，小学女教师若对自己的数学能力不自信，这种焦虑很可能会传递给她的女学生。

他对一群由女教师讲课的一二年级孩子进行了研究。小学生们倾向于模仿和他们性别相同的成年人，如果女教师对数学表现出焦虑，那么她的学生也会留下"男生的数学能力比女生强"的印象。

这项研究发现，开学时孩子们的数学能力和教师对数学的焦虑程度没有联系，但一年之后，女教师对自己的数学能力越焦虑，女生就越倾向于同意"男生数学好"的看法。而这些女生在数学测验中的得分不仅低于同班的男生，也低于没有这种思维定式的女生。

大量的研究表明，女性和男性的数学能力并没有明显差距，从事数学相关工作的女性少于男性的原因，是很多女性认为女性的数学不如男性，于是避开了数学相关的领域。

早期建立的自信对学业的正面效应是持久的。科罗拉多大学心理学家科恩（Geofflrey cohen）让一群 7 年级的学生简要地评价自己的价值。结果，自我评价较高的学生平均成绩有所提高，而且，那些虽然成绩不理想但自我评价高的人，一年后进步的速度比自我评价低的人要大得多。

这说明，最初的心理状态和表现，能够决定后来的结果。因此，早期的正面干预，可以长期打破负面思维，并促进正面结果的产生。

写出焦虑，多做运动

相信存在能力差异最终导致实际表现有差距的可能原因，是这种自我暗示导致了焦虑，并且这种焦虑情绪在考试前最为强烈。因此，掌握消除考试焦虑的方法非常重要。

贝洛克的建议是，在考前几分钟写出担忧，在书写过程中大脑中的焦虑被释放出去，这样可以保持大脑处于最佳状态。因为考取好成绩的欲望过于强烈，会使人产生压力，担心考砸了会造成一系列的严重后果，比如失去就学机会，长辈的赞扬甚至友谊或爱情。然而，这种担忧会与工作记忆竞争大脑资源，导致我们在解决难题时卡壳。

实验中大学生进行了两次考试，其中一组在两次考试中间写下了对考试的忧虑。结果，写下担忧的人成绩提高了 5%，而没有写下忧虑的学生表现则比较糟糕，第二次的成绩比第一次还下降了 12%。在 9 年级学生的期末考试中，这一实验结果也得到了印证。

在考试前写下担心自己粗心大意、害怕犯低级错误等消极的情绪，这并不会影响学生的自信，反而能缓解负面情绪。考前写一些无关考试焦虑的话无助于提高成绩，只有写下与考试相关的话题才能缓解考前焦虑的负面影响，而且，焦虑程度越高的学生通过写作缓解焦虑的作用越好。这说明，掌控负面情绪，可以保证考试时正常发挥。

青少年经常锻炼也能提高学习成绩，因为体育锻炼向大脑供血和供氧更充分，从而改善了认知能力。许多体育生学习成绩不理想的主要原因，是他们花在学习知识上的时间太少，而把主要精力都放在体育训练上。

爱逃课，可能与抑郁症有关

对于父母而言，不但要关心如何提高孩子的学习成绩，同时也要留心孩子的其他行为表现。比如孩子经常旷课就应引起重视，这不仅仅是担心旷课影响学习，更重要的是，这种现象可能是孩子患抑郁症的表现。

加州大学心理学家伍德（Jeffrey Wood）对 1~12 年级学生的到课情况、心理健康及其他情况的数据进行了分析，发现缺课次数与抑郁症和焦虑症及行为问题均相关。旷课多的学生在第二年发生抑郁症和行为问题的可能性更大。有抑郁症和行为问题的学生在来年更易发生旷课行为。

该发现与这两方面互相恶化的假设相一致。例如，患有抑郁症的学生，由于缺乏学习动力与兴趣，导致更爱旷课；而旷课带来的学业荒废和社会孤立感会恶化抑郁症。这种现象最可能发生在初中生身上。

多一点关爱，多一分健康

很多母亲安慰过因跌倒而哇哇大哭的孩子，也曾轻拍着哄他们入睡。这些细心不会白费，母爱的影响会让孩子即使人到中年也不易患某些严重疾病。在低收入家庭中成长的孩子，成年后更容易患慢性病，而母爱则可以使患病的风险降低。

更多母爱，更多健康

英属哥伦比亚大学的米勒（Gregory Miller）招募了约 1200 名低收入家庭出身的中年人，这些人的平均年龄为 46 岁。研究人员先让他们接受全面身体检查，再询问一些关于儿时母亲的问题，比如：她对你面临的困难了解多少？有多关心？你需要帮助的时候，她能为你付出多少时间和精力？

10年后，这些中年人中约一半出现了代谢综合征症状。代谢综合征是导致糖尿病和心脑血管疾病的危险因素，包括腰围大、血压高、胆固醇高、胰岛素抵抗等，出身于社会经济地位低的家庭的人出现代谢综合征症状的比例最高。不过，这种情况较少出现在母亲非常慈祥的孩子身上。

童年发生的事会对成年生活健康留下生物残留并在中年时表现出来。但慈母具有同情心，会告诉孩子们如何应对压力，鼓励他们健康饮食，保持良好的生活习惯。孩子从母亲身上学会这些后，就会对自身健康产生好处。母爱可能足以改变我们的遗传密码，使我们更勇敢，更好地面对压力。通过动物研究发现，有母亲抚育的动物更胆大，而且更爱冒险。

什么样的父母才是合格的？

同时，父母专制的孩子更难适应社会。根据心理学家安斯沃思（Mary Ainsworth）的依恋方式理论，专制的父母可能导致孩子形成回避型依恋或焦虑型依恋——前一种表现为渴望得到爱，但害怕被拒绝，所以一般只会等待别人付出而不主动争取。在大量的调查中，这类性格的孩子大约占总数的25%，而且有相当多的这类人声称自己一生中从未有过爱情。原因是他们不相信别人，发展亲密关系相当困难，而且最容易分手。不但如此，他们的人际关系也非常差，最没有家庭责任感。

而后一种依恋形成的原因是，父母情绪不稳定，并且相当专制，这使得孩子没办法预测父母会在什么时候，以什么方式来回应自己的要求。这类孩子大概占总数的19%。他们长大后渴望与别人亲近，但害怕别人不理睬自己。因此，最可能闪婚，自然也最容易失望和愤怒。

美国新罕布什尔大学心理学家特林克纳（Rick Trinkner）对这种现象进行了研究。他按照管教孩子的方式将父母分为三类：独裁型、许可型和权威型。

独裁型父母高度控制孩子的一切行为，但不理睬孩子的要求和感受，而且也不会和孩子进行双向交流。这种方式最终导致孩子孤单，不自信，也最容易产生矛盾。

其次是许可型父母。这类父母溺爱孩子，他们只满足孩子的要求而不要求孩子。这种家庭的孩子自控力较差，依赖性强。

权威型父母是最为理想的。他们要求和适当控制孩子，但是对于孩子的要求也能够很和蔼并且很爽快地答应，更倾向于进行双向交流，告诉孩子为什么他们要建立规则来指导孩子，并且很善于倾听孩子对规则的看法和建议。这种孩子的自控力强、自立。显然，这种管理孩子的方式比其他两种都更优越。

越打越笨

有抑郁症倾向的父亲更爱打孩子：41%的抑郁父亲打过孩子，正常父亲体罚孩子的比例为13%。而他们陪孩子玩游戏、唱歌的比例差不多，但抑郁的父亲很少给孩子讲故事。

患抑郁症的父亲更爱打孩子的原因，是人抑郁时容易动怒。就如我们在前一节所提及的，虐待可能伤害孩子并引发孩子的暴力倾向：打18个月的儿童可能使他们受伤，殴打年龄稍大的儿童则可能导致他们产生暴力倾向。

更严重的是，这些从小被父母殴打的孩子，不但长大后患抑郁症的风险很高，而且智商也可能受到影响。

美国惩戒与家庭暴力专家施特劳斯（Murray Straus）与同事用4年时间跟踪调查了上千名儿童的智力发展情况。结果，4岁之前经常挨打的儿童，平均智商比从未受过体罚的同龄人要低5。这说明，打得越多，孩子心智发展越慢。

施特劳斯发现，体罚子女的家长比例越高，那个国家的国民平均智商就越低。虽然这并不能证明造成智商低下的原因是体罚，但家长仍需认真考虑管教子女的方式。

关爱越多，问题越少

缺少家庭关爱的孩子，比如被寄养看护的孩子，比享受正常家庭生活的孩子，更可能犯罪。

麻省理工学院经济学教授多伊尔（Joseph Doyle）调查发现，寄养的孩子有被捕经历的占44%，而由亲生父母家庭抚养的孩子，只有14%有相同经历。也就是说，寄养的孩子比亲生父母抚养的孩子成为少年犯的可能性大3倍左右。

另外，被寄养的未成年少女未婚先孕的比例高达56%，但由亲生父母家庭抚养的女孩只有33%有过同样的经历。

这是由于亲生父母抚养的孩子较少积累心理问题。一般来说，我们在生活中遇到挫折时，首先会想到向父母寻求安慰。

威斯康星大学心理学家塞尔茨（Leslie Seltzer）等人将一些小学女生随机分成三组，参加一系列会带来心理压力的活动，包括公开演讲和数学测验等，测验之后第一组接到妈妈的抚慰电话，第二组得到妈妈的拥抱，第三组则既没接到妈妈的电话，也没得到拥抱。最后再测量她们的压力水平。

结果发现，前两组女孩的压力水平明显比没有得到母亲安慰的女孩要低。不过，得到母亲拥抱会使压力降得更明显。

另外，母亲与幼儿关系越差，孩子青少年时期肥胖的概率越大：与母亲关系最差的幼儿，青少年期肥胖的风险是与母亲关系最好的同伴的 2.45 倍。母子关系差的幼儿易受负面情绪影响，情感控制和抗压能力较弱，从而造成他们青少年时期肥胖。

好妈妈代替不了好爸爸

在家庭教育中，母亲是主角，父亲对孩子的重要性被严重低估了。但是，父亲在孩子成长中的作用不容忽视。哈佛大学的一项研究显示，父亲越关注幼儿，孩子就越聪明，适应力越强。得到父亲精心照顾的孩子，性格宽容，富有责任感。

长期缺少父亲陪伴的孩子，不但在同情心、推理和大脑发育方面，都不如那些父亲经常陪在身边的孩子，而且更有攻击性，在学校里不受欢迎，不愿为自己的不良行为承担责任。

此外，父亲的不良情绪对幼儿的影响也相当大。不但母亲的抑郁情绪会导致新生儿哭闹不停，父亲情绪不好的孩子过分哭闹的可能性要比父亲情绪好的孩子高两倍。所以，父亲的良好情绪对孩子健康成长同样重要。

一个有意思的现象是，如果孩子长得像自己，父亲的心情会变得很好，也更疼爱孩子。法国蒙彼利埃大学的阿尔维涅（Alexandra Alvergne）在塞内加尔的几个村庄里选取 30 户家庭为研究对象，这些家庭都有两个 2~7 岁的孩子。

为评估父亲对子女的偏爱程度，研究人员让母亲们填写了一份详细的调查问卷，问题包括父亲与孩子相处的时间，对孩子关爱的程度，甚至他们给孩子零用钱的数目也在调查范围之内。

研究人员同时还对父亲与子女长相的相似度进行了评估，把 1 个孩子和 3 个男人的照片交给一些与他们互不相识的人辨认。如果后者能根据孩子的长相，正确辨认出父亲，研究人员就为父子或父女的相似度加上 1 分。随后，研究人员将两项调查结果进行对比发现，长相与父亲越相像、就越受到父亲的宠爱。

从进化的观点来看，父亲宠爱长得像自己的孩子，根本原因大概是父亲会无意识地认为这孩子是自己亲生的。而那些长得不像自己的孩子，则很可能是妻子与其他男人结合的产物。不用说，即使是自己的孩子，但因长得不像自己，也很难得到父亲的关爱。

这种情况与婴儿性别和父亲的期待不符时大同小异，比如重男轻女观念根深蒂固的家庭，女婴的成长令人担忧，尤其是这个女婴的到来完全破灭了全家的希望时，后果更是难以想象。

爱出问题的青少年

青春期是心理和问题行为的多发期。这个时期的孩子叛逆、冲动、喜欢冒险，并且男孩比女孩表现得更突出。比如，一般男孩冒险受伤的比例是同龄女孩的两倍以上。

1. 青少年爱冒险，爱熬夜

伦敦大学神经学家伯内特（Stephanie Burnett）让一群儿童、青少年和成年男性用电脑游戏进行赌博。游戏中他们可以自由下注。

结果发现，青少年更热衷于能够让他们感到刺激的危险行为，其中14岁的男孩最为明显。虽然青少年能够权衡行为的利弊，但他们更关注这些行为能否带来快乐和刺激，而不顾其危害。比如在20世纪90年代，巴西的青少年中相当流行爬上奔驰的火车并在车顶上狂奔，虽然每年都有几百名青少年因此丧命，但这并没影响孩子们去冒险。

这也证实了青少年最容易在14岁左右出现打架、叛逆行为。此时，他们的冲动和欲望非常强而自控力不足。这个年龄段的男孩更有可能沉湎于冒险行为，尤其是在做错事没有受到惩罚的时候。

伦敦大学

处于青春期的孩子异常行为较多，也可能与他们的作息时间、人际关系有关。喜欢熬夜的人与喜欢早起的人相比，似乎反社会行为更多。夜间活动和熬夜的偏好与问题行为有关，这甚至在儿童时期就表现得很明显。熬夜使得睡眠不足，最终导致注意力不集中，缺乏自控力所需的心理能量。也就是说，处于青春期的部分孩子表现出反社会行为，可能与他们喜欢夜间活动有关。

2. 追随领头羊

模仿同龄人也是导致青少年做出异常行为的重要原因。由于人际关系是青少年走向成人的关键一步，所以，为了避免被人排斥，他们必须认可同龄人的行为，尤其是那些在校园中有影响力的人，而一般欺负小朋友的害群之马往往影响力最大。为了加入这种圈子，圈外的学生甚至不惜做一些出格的行为，比如欺负其他学生，比如吸烟或偷盗，但多数情况下，他们会改变自己的喜好和利益以期博得别人的好感。

挪威经济学家阿尔玛斯（Ingvild Almas）发现，年龄越小的青少年，在分配东西时越不考虑对方的贡献。在一项研究中，每名学生都将和一名陌生学生玩独裁者游戏，游戏中的独裁者按照他自认为公平的方式分配两人共同赢得的现金。

结果，在 10~11 岁的孩子中大约有 2/3 的人在分钱的时候不会考虑自己以及同伴在游戏中的表现，而 18 岁的青少年中只有 23% 的人愿和同伴平分这笔现金，有 43% 的人会给自己多分一些，因为他们认为这是自己挣来的，同伴的贡献不如自己。年龄决定了孩子们如何均衡地分享共同利益。

埃默里大学神经经济学教授伯恩斯（Gregory Berns）也验证了青少年为维护自己在朋友圈里的地位而付出的代价。研究人员请一群 12~17 岁的青少年进行实验，这是个很容易受社会因素影响的年龄段。每个人都要听一段歌曲，然后对熟悉程度和喜爱程度评分。完成这个任务后，有 2/3 的人被告知这首歌曲的流行程度，然后再次播放这个片段，再次评分。

结果，在得知这首歌曲很流行后，大约 80% 的人选择了追随大家的意见。这些青少年在测试时依照自己的想法，改变了他们的评分结果，但并不是因为更喜欢这首歌曲。当他们言不由衷地改变评分时，会感到焦虑和痛苦。

可以看出，他们从众不是要与同龄人保持一致，而是害怕被同龄人排斥——在青少年阶段，如果不遵守圈子的规范，就会遭到朋友们的反对和嘲笑。

因此，父母和老师看到青少年做出一些超出社会规范的行为时，要找到他们从众的源头，而不能一味地强迫他们单独改正。如果孩子所属圈子的领头羊改正了行为，其他人很快就会效仿。

3. 少年真的不识愁滋味？

处于青春期的孩子有时会刻意保持一些负面形象或负面情绪，目的是为了表现出自己的与众不同。德国马克斯·普朗克研究所的里迪格（Michaela Riediger）在一项心理调查中给志愿者专门配备了手机，并在 3 个实验周期内与每人分别联系了 54 次，询问他们当时的情绪。

结果显示，许多青少年有时会故意压抑自己的好心情，说自己情绪低落，这种情

况在 60 岁以上的人群中仅有 10%。因此，有时孩子们的负面情绪并没有他们说的那么严重。

但并不是说就可以不关注孩子的心理健康。毕竟这个年龄段是心理问题的高发期，比如抑郁症就是青春期的一种常见心理问题。

抑郁症一般始于青春期和成年早期，而且发生自我感觉抑郁的风险女孩要高于男孩。事实上，从青春期开始，女性患抑郁症和焦虑症的风险是男性的两倍。同时，随着互联网和电视的普及，孩子的抑郁症状也越来越普遍。因此，心理学家们开始研究电子媒体对青少年的影响。

匹兹堡大学儿科专家普利玛克（Brian Primack）研究发现，长时间沉迷于电视和视频游戏的青少年，长大后更易患上抑郁症。研究人员选出大量当时并无任何抑郁症状的青少年，跟踪观察他们接触电子媒体的时间和反应。

7 年之后，当他们的平均年龄达到 22 岁时，研究人员再次对他们进行测试，有 308 人出现了抑郁症状，这 308 人每天接触电子媒体的平均时间均在 6 小时左右。

每天看电视的时间越长就越可能抑郁。如果接触电子媒体的时间相同，那么男孩比女孩更容易抑郁。而且，看到电视上那些令人忧郁、沮丧的情节和场景，人们会把这些信息内化。

同时，由于沉迷于电视、电脑没有时间参与社会交往、学习知识，从而也加深了青少年的抑郁程度。此外，如前面我们所讲的，电子媒体传递的信息还可能使人更暴力。

由于多数女孩喜欢比较，因此提倡"富养女"的人士认为，女孩的抑郁情绪受社会经济地位的影响。但约翰霍普金斯大学临床心理学家麦德尔森（Tamar Mendelson）等人分析了 1990 年芝加哥地区 15 岁青少年抑郁症主观症状的统计数据后发现，少女发生抑郁症主观症状与社会经济地位无关。然而，如果家庭收入很低，而且父母的受教育水平也较低，那么少女在 17 岁之前发生主观抑郁症的风险较大。

早熟的女孩面临抑郁的风险更大。在 11.5 岁之前就开始月经初潮的女孩，在两三年后很可能出现抑郁症状，而在 13.5 岁后才有月经初潮的女孩，在青春期出现抑郁症状的风险最低。

发育早的女孩更可能在青春期出现抑郁症状的原因，是她们对生理和心理变化准备不足，使得她们不一定能应对男孩或男人们的性挑逗。这导致了少女怀孕越来越普遍。这时，如果家庭和学校及早为她们提供相应的帮助，则能避免她们感到孤独，也更不容易早恋。

有意思的是，独生女往往比有兄弟姐妹的女孩发育更早，确切地说，兄长或姐姐对女孩的初潮时间也有较大影响。澳大利亚西澳大学人类学家米尔恩（Fritha Milne）调查了大量成年女性的初潮时间和首次性关系时间。

结果发现，哥哥或弟弟会影响女孩的发育：有哥哥的女性较晚经历青春期，有弟弟的女性发生第一次性行为的年龄较晚，他们的影响都会使姐妹相应的经历比独生女晚一年左右；而有弟妹的几乎晚了将近两年。这是因为父母往往依靠女儿而非儿子来照顾年纪较小的孩子。女孩常因此被绑在家里，误入歧途的机会自然不多。

4. 不可缺少的性教育

许多独生女的父母担心的是孩子缺乏社交能力，而不是如何避免女孩早熟带来的负面后果。事实上，独生子女的社交能力完全可以通过参加集体活动培养。虽然他们在上学前可能与同龄人交往不多，但上学后交往的机会显著增多。

俄亥俄州立大学社会学者博比特泽海尔（Donna Bobbit—Zeher）调查了上万名青少年学生的交友情况，让学生们从所在学校的学生花名册中挑出最多 5 个同性好友和 5 个异性好友。结果表明，学生获"提名"的次数与性别和是否为独生子女无关。另外，父母年龄和社会经济地位等因素对子女社交能力几乎没有影响。

因此，当独生女进入青春期时，父母最应关注的不是培养孩子的社交能力，而是采取措施帮助女孩避免过早发生性关系。在这个时候，学校和父母可能会加强孩子的性教育。

可是，对孩子进行性教育到底有多大的作用？为此，亚特兰大生殖疾控中心的米勒（Trisha Mueller）对 15 岁及以上的青少年的性教育效果展开了调查。调查的项目包括是否接受性教育、如何拒绝性要求、采取什么避孕措施、性教育的来源、是否有过性经历等。

结果显示，性教育效果明显：如果青少年在第一次面对性问题之前接受过正规的性教育，那么会比没有接受过性教育的青少年更倾向于拒绝，或推迟接受性要求。而且，男孩采取避孕措施的比例更高，但性教育似乎不能提高女孩采取避孕措施的意识。不过总体而言，性教育的成效十分明显。

5. 吸烟的孩子更可能自杀

吸烟也是青春期最常见的行为。不过，许多青少年吸烟并非喜欢吸，而是他们自认为吸烟在别人看来是件很酷的事情。当然，情绪抑郁的青少年也可能吸烟，因为烟雾中含有抑制抑郁的成分。

此外，还有人认为与家人关系不好是导致孩子吸烟的主要原因。英国的怀特

（James White）花 3 年时间调查了大量 11~15 岁的青少年，这些人当时都没有吸过烟。之后，有些青少年开始吸烟。这时，研究人员会询问吸烟少年最近是否与家人发生了争执，同时还会问他们与全家人共餐的次数。

结果显示，与家人发生争执和共餐次数都不是青少年吸烟的原因，最能帮助青少年远离吸烟的是他们的父亲：如果父亲经常抽空和孩子聊天，那么孩子吸烟的概率就比较低。

这其中的原因，可能是父亲陪伴孩子的时间较少，孩子更珍惜这种难得的机会。而母亲对孩子吸烟的影响力没有父亲重要，同样是由于孩子与母亲接触多而产生了过多的分歧。但并不意味着可以忽视母亲的作用；母亲是提升孩子幸福感的重要角色。

不过，总体而言，父母对孩子吸烟的危害并不重视。德国的布朗尼奇（Thomas Bronisch）通过一项有关吸烟危害的研究发现，吸烟会增加自杀倾向。

研究人员分析了 1995 年慕尼黑市 14~24 岁年轻人的吸烟习惯和自杀倾向的数据。4 年后，不吸烟的人中约 15% 表示曾有自杀想法，偶尔吸烟和没有烟瘾但常吸烟的人中有 19% 曾有自杀倾向，而吸烟成瘾的人群中想过自杀的比例高达 30%。

至于有自杀行为的比例，吸烟成瘾的人群是从不吸烟人群的 10 倍以上。也就是说，吸烟程度越深，自杀倾向越明显。由于青少年思想不够成熟，而且又是自杀的高危人群。所以吸烟对青少年的危害更大。

现在，你是否害怕自己的孩子变成吞云吐雾的瘾君子？让孩子不吸烟的办法，除了帮助孩子建立健康的友谊圈、父亲多与孩子交流，同时父母也应该明确反对孩子吸烟。美国国家药物滥用中心的莫尔强（Eric Moolchan）认为，父母限制青少年吸烟有助于降低青少年的吸烟量和尼古丁依赖。他和同事对 408 名试图戒烟的青少年做了调查分析，结果发现，允许吸烟的青少年吸烟量更大，尼古丁依赖程度更高。

因此，家长们应该意识到，向孩子表明反对他们吸烟的态度，有助于他们戒烟和降低对烟草的依赖。